“十三五”江苏省高等学校重点教材（编号：2020-2-144）

隧 道 工 程

Tunnel Engineering

高 玮 主编

科 学 出 版 社

北 京

内 容 简 介

作为土木工程专业隧道与地下工程方向本科生的专业教材，本书全面地介绍了隧道工程学科的基本知识，参考最新规范，并采用大量工程案例进行了说明。本书共12章，分别为绪论、隧道勘察、隧道围岩环境及其分级、隧道总体设计、隧道结构构造、隧道防排水、隧道结构设计、隧道钻爆法施工、隧道掘进机施工、隧道通风、隧道照明及隧道养护。为了便于教与学，每章后均给出思考题。

本书可作为土木建筑工程、交通工程、矿业工程、水利水电工程及国防工程等涉及隧道与地下工程方向的本科生及研究生教材，也可以供上述领域的工程技术人员和科研人员参考。

图书在版编目（CIP）数据

隧道工程/高玮主编. —北京：科学出版社，2022.2

“十三五”江苏省高等学校重点教材

ISBN 978-7-03-071426-8

Ⅰ. ①隧… Ⅱ. ①高… Ⅲ. ①隧道工程–高等学校–教材 Ⅳ. ①U45

中国版本图书馆CIP数据核字（2022）第025697号

责任编辑：惠 雪 纪四稳 曾佳佳 / 责任校对：任苗苗

责任印制：张 伟 / 封面设计：许 瑞

科学出版社 出版

北京东黄城根北街16号

邮政编码：100717

http://www.sciencep.com

北京九州迅驰传媒文化有限公司 印刷

科学出版社发行 各地新华书店经销

*

2022年2月第 一 版 开本：787×1092 1/16

2022年2月第一次印刷 印张：24 1/4

字数：570 000

定价：129.00元

（如有印装质量问题，我社负责调换）

前　言

作为面向土木工程专业隧道与地下工程方向本科生的专业基础课教材，为了满足土木工程不同行业和不同方向的需求，本教材全面介绍隧道工程学科的基本知识，参考最新行业规范，包括公路隧道规范、铁路隧道规范、地铁规范等，并采用大量案例进行说明，使教材具有一定的通用性和实用性。

随着“一带一路”倡议的推进及我国基础设施的不断完善，我国“基建狂魔”的特色还将持续相当长一段时间，而隧道等地下工程的建设可以有效避免对地面生态环境的破坏，因此在建设绿色工程的社会大背景下，我国隧道工程的建设进入了一个大发展的时期。另外，在“交通强国”背景下，我国的交通建设事业也掀起了一个新高潮，而“交通建设、隧道先行”，如川藏铁路建设中出现大量深埋隧道、各大城市轨道交通建设中出现大量地铁隧道等。随着我国隧道工程建设的快速发展，各类超级工程也越来越多，如世界最大断面公路沉管隧道——港珠澳大桥接线拱北隧道(断面达 336.8m^2)，它同时也是世界上最长的海底沉管隧道(长达 5.66km)；在建的世界最长高速公路隧道——全长 22.035km 的乌尉天山胜利隧道等。另外，随着川藏铁路隧道、深中跨海通道等复杂环境下(高山深谷、过江过海等)隧道工程的开建，特殊条件下大型隧道工程的安全建设已成为研究热点，急需大量相关创新型人才。同时，我国在大型隧道施工机械研发、隧道工程高精度勘察、隧道施工养护管理一体化及智能化等领域与世界隧道工程发达国家尚存在一定差距，全面提升我国隧道技术，缩小一定领域与世界先进技术的差距也急需大量创新型人才。因此，为了满足新的工程建设需求及人才培养需求，体现学科发展的最新成果，在编写教材时，做到理论密切联系实际，将学科的最新发展、技术的最新进展编入本教材，使学生通过理论学习和实践教育，掌握专业基本理论，学会基本的设计及施工方法，能够处理一般的工程问题，了解学科的最新发展。本教材结构合理，层次清晰，既方便教师教学，也方便学生学习，做到通俗易懂；内容紧贴社会发展需求和人才培养要求，注重教材的行业通识性，培养具有大工程观的复合型创新人才，并强化教材的课程思政，培养学生的爱国精神，引导大学生学会基本专业知识，培养学习兴趣，成为社会主义现代化建设的合格人才。

作为一本专业通用教材，很难完全满足不同学校、不同工程领域专业课程的需求，因此在使用本教材教学过程中，不同行业、不同学校可根据自己的教学学时，对内容进行适当取舍，也可以补充必要的参考资料。

本教材编写人员分工如下：钟小春负责第 7、9 章的编写工作；胡少斌负责 8.3.1 节、8.4 节的编写工作；其余内容由高玮完成。

本教材编写过程中，硕士生胡承杰、崔爽及周聪负责部分文字输入和图表编辑处理工作，胡承杰负责全书的文字排版工作，另外，博士生陈新和葛双双，硕士生江义伟、韩毅、谢渊、王森等也负责部分插图编辑处理工作，在此一并表示感谢。

鉴于编者水平的局限性，以及时间的限制，教材中存在不足或疏漏之处在所难免，欢迎各同行和读者在使用过程中发现问题，批评指正，共同完善教材。编者联系方式：wgaowh@163.com。

高　玮

2021 年 5 月

目　　录

第1章　绪　　论

1.1　隧道的概念及其分类

1.1.1　隧道的概念

隧道是埋置于地层中的工程建筑物，是人类利用地下空间的一种形式，也是一种地下人工建筑结构。一般情况下，当地下建筑结构为空间封闭结构形式、宽度在 10m 以内时，称为洞室；宽度在 10～35m 时，称为地下厅；大于 35m 时，称为地下广场。当其结构沿长度方向的尺寸大于宽度和高度并具有连通功能时，可称为地道。当地道的断面面积较小(通常认为在 $30m^2$ 以内)时，称为坑道；当断面面积较大时，称为隧道。

为了规范隧道的定义，1970 年，经济合作与发展组织(OECD)召开的隧道会议综合了各种因素，将隧道定义为："以某种用途、在地面下以任何方法按规定形状和尺寸修筑的断面面积大于 $2m^2$ 的洞室均称为隧道。"

1.1.2　隧道的分类

隧道的种类繁多，从不同角度有不同的分类方法，下面给出常见的分类方法。

1. 按隧道所处地质条件分类

隧道按所处地质条件可以分为土质隧道和石质隧道两类。

2. 按隧道埋置的深度分类

隧道按埋置深度可以分为浅埋隧道和深埋隧道。由于深和浅是相对的概念，因此具体定义在各种规范中有明确规定，一般以载荷等效高度(h_q)为原则进行确定，参见 7.2.4 节。近来随着特大山岭隧道增多，也可以把山岭隧道划分为浅埋隧道、深埋隧道和超深隧道三大类，具体见表 1.1。

表 1.1　山岭隧道埋深分类　　(单位：m)

	浅埋隧道	深埋隧道	超深隧道
深度范围	$<(2\sim3)h_q$	$(2\sim3)h_q\sim500$	>500

3. 按隧道断面面积分类

按国际隧道协会(ITA)定义的隧道断面面积划分标准，隧道可以分为极小断面隧道($2\sim3m^2$)、小断面隧道($3\sim10m^2$)、中等断面隧道($10\sim50m^2$)、大断面隧道($50\sim100m^2$)和特大断面隧道(>100m^2)。

4. 按隧道长度分类

隧道按长度一般可以分为四类，具体为短隧道(铁路隧道规定长度 $L\leqslant 500$m，公路隧道规定 $L\leqslant 500$m)、中长隧道(铁路隧道规定 500m$<L\leqslant$3000m，公路隧道规定 500m$<L\leqslant$1000m)、长隧道(铁路隧道规定 3000m$<L\leqslant$10000m，公路隧道规定 1000m$<L\leqslant$3000m)和特长隧道(铁路隧道规定 $L>$10000m，公路隧道规定 $L>$3000m)。

5. 按隧道所在位置分类

隧道按所在位置可以分为山岭隧道、水底隧道和城市隧道三类。

6. 按隧道施工方法分类

隧道施工方法有很多，按其可把隧道分为矿山法隧道、明挖法隧道、盾构隧道、沉埋隧道、掘进机法隧道等。

7. 按隧道断面形式分类

隧道按断面形式可以分为圆形隧道(图 1.1(a))、椭圆形隧道(图 1.1(b))、马蹄形隧道(图 1.1(c))、直墙拱隧道(图 1.1(d))、矩形隧道(图 1.1(e))、梯形隧道(图 1.1(f))、双孔隧道(图 1.1(g))、孪生隧道(图 1.1(h))和双层隧道(图 1.1(i))等。

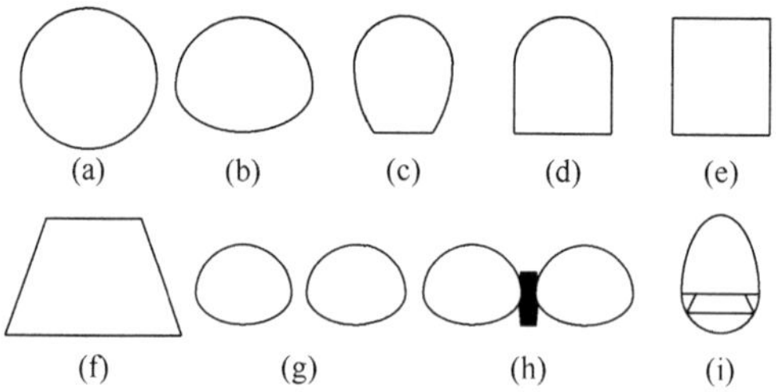

图 1.1　隧道按断面形式分类

8. 按隧道跨度分类

公路隧道按跨度可以分为四类，见表 1.2；铁路隧道按跨度同样也分为四类，见表 1.3。

表 1.2　公路隧道按跨度分类

类别	开挖宽度 B
小跨度隧道	$B<9$m
中跨度隧道	9m$\leqslant B<$14m
大跨度隧道	14m$\leqslant B<$18m
超大跨度隧道	$B\geqslant$18m

表 1.3　铁路隧道按跨度分类

类别	开挖宽度 B
小跨度隧道	5m<B≤8.5m
中跨度隧道	8.5m<B≤12m
大跨度隧道	12m<B≤14m
特大跨度隧道	B>14m

9. 按隧道用途分类

1) 交通隧道

交通隧道是应用最广泛的一种隧道，其作用是提供交通运输和人行的通道，以满足交通线路畅通的要求，一般包括以下几种：

(1) 铁路隧道。

铁路隧道是专供火车运输行驶的通道。当铁路穿越山岭地区时，需要克服高程障碍，由于铁路限坡平缓，最大限坡小于 2.4%(双机牵引)，无法上升到越岭所需要的高度，同时，铁路还有最小半径限制，山岭地区限于地形而无法绕行，常常不能通过展线获得所需的高程。此时，开挖隧道穿越山岭是一种合理的选择。它既可使线路顺直，避免许多无谓的展线，使线路缩短，又可以减小坡度，使运营条件改善，从而提高牵引定数，多拉快跑。所以，在铁路线上，尤其是在山区铁路线上，隧道方案常为人们所选用。

(2) 公路隧道。

公路隧道是专供汽车运输行驶的通道。公路的限制坡度和限制最小曲线半径都没有铁路那样严格，以前在山区为节省工程造价，常常选择盘山修建公路，宁愿延长距离而避开修建隧道昂贵的费用。因此，过去公路隧道为数不多。但是，随着社会经济和生产的发展，高速公路的大量出现，对道路的修建技术提出了较高的标准，要求线路顺直、坡度平缓、路面宽敞等，因此在道路穿越山区时，出现了大量隧道方案。例如，穿越秦岭终南山的隧道将翻越秦岭的道路缩短了 60km，时间减少了两个多小时。隧道的修建在改善公路技术状态、缩短运行距离、提高运输能力以及减少事故等方面起到了重要的作用。

(3) 水底隧道。

水底隧道是修建于江、河、湖、海等水体下，供汽车和火车运输行驶的通道。当交通线路需要跨越水体时，一般可以选择的方案有架桥、轮渡和隧道。当采用架桥方案时，考虑到河道通航需要较高的净空，而桥梁受两端引线高程的限制，一时无法抬起必要的高度，难以克服净空限制这一矛盾。而轮渡方案的通行量有限。此时，采用水底隧道方案可以解决净空限制和通行量小的矛盾。水底隧道方案的优点是不受气候影响，不影响通航，引道占地少，战时不暴露交通设施目标等，因此其越来越受到人们的青睐。例如，横跨黄浦江、全长 2793m 的上海延安东路南线越江水底隧道，把黄浦江两岸的交通连接起来，在一定程度上改变了遇水架桥的思维定式。但水底隧道方案的缺点是造价较高。

(4) 地下铁道。

地下铁道是修建于城市地层中，为解决城市交通问题而修建的火车运输通道。地下铁道可以解决大城市中交通拥挤、车辆堵塞问题，而且能大量快速运送乘客。它可以使很大一部分地面客流转入地下而不占用地面面积。地下铁道没有平面交叉，而各走上、下行线，因而可以高速行车，且可缩短车次间隔时间，节省乘车时间，便利了乘客的活动；另外，地下铁道在战时还可以起到人防的作用。世界上的大城市基本都建有成熟的地下铁路系统，我国北京、上海、广州等城市的地下轨道交通系统为改善城市交通状况、减少交通事故起到了重要的作用。

(5) 航运隧道。

航运隧道是专供轮船运输行驶而修建的通道。当运河需要越过分水岭时，克服高程障碍成为十分困难的问题，一般需要绕行很长的路程。若层层设立船闸，则建设投资很大，运转和维修的费用也很高，而且过往船只会延误大量时间。如果修建航运隧道，把分水岭两边的河道沟通起来，既可以缩短航程，又可以省掉船闸的费用，使船只迅速而顺直地驶过，航运条件大大改善。

(6) 人行隧道。

人行隧道是专供行人通过的通道。其一般修建于城市闹区穿越街道，或跨越铁路、高速公路等，行人众多，往来交错，车辆密集，以及偶有不慎便会发生交通事故的场合。人行隧道的作用是缓解地面交通互相交叉带来的压力，既能少占用地面空间，又能减少交通事故，方便行人。

2) 水工隧道

水工隧道是水利工程和水力发电枢纽的一个重要组成部分，一般包括以下几种：

(1) 引水隧道。

引水隧道是将水引入水电站的发电机组或为水资源的调动而修建的孔道。引水隧道引入的水是水电站发电机组的动力资源。

(2) 尾水隧道。

尾水隧道是把水电站发电机组排出的废水输送出去而修建的孔道。

(3) 导流隧道或泄洪隧道。

导流隧道或泄洪隧道是为水利工程中疏导水流并补充溢洪道流量超限后的泄洪而修建的孔道。它是水利工程的一个重要建筑，其作用主要是泄洪。

(4) 排沙隧道。

排沙隧道是用来冲刷水库中淤积的泥沙而修建的孔道。其为水库建筑物的一个组成部分，其作用是把泥沙裹带送出水库。同时也用来在进行库身检查或修理建筑物时放空水库里的水。

3) 市政隧道

在城市建设和规划中，充分利用地下空间，将各种不同市政设施安置在地下而修建的地下孔道，称为市政隧道。市政隧道与城市中人们的生活、工作和生产关系十分密切，对保障城市的正常运转起着重要的作用，可分为如下几种：

(1) 给水隧道。

给水隧道是为铺设城市自来水管网系统而修建的隧道。在城市中，有序合理地规划和布置与人们生活和生产息息相关的给水管路，是城市市政基础设施的重要任务，要求不破坏市容景观，不占用地面，避免遭受人为的损坏。因此，修建地下孔道来容纳安置这些管道是一种合理的选择。

(2) 污水隧道。

污水隧道是为城市污水排送系统修建的隧道。城市污水除一部分可以净化返用，大部分需要排放到城市以外的河流中，这就需要有地下的排污隧道。这种隧道可能是本身导流排送，也可能是在孔道中安放排污管，由管道排污。污水隧道的进口处多设有拦渣隔栅，把漂浮的杂物拦在隧道之外，不致涌入造成堵塞。

(3) 管路隧道。

管路隧道是为城市能源供给(煤气、暖气、热水等)系统修建的隧道。城市供给煤气、暖气、热水等的管路都放置在地下孔道中，经过防漏及保温措施处理，能源就能安全地输送到目的地。

(4) 线路隧道。

线路隧道是为电力、通信系统修建的隧道。城市中输送电力的电缆以及通信电缆都安置在地下孔道中。这既可以保证电缆不被人为活动所损伤或破坏，又免得悬挂高空，有碍市容景观。这些地下孔道多半沿街道两侧敷设。

在现代城市中，将以上四种具有共性的市政隧道，按城市的布局和规划，合建为一个大隧道，称为共同管沟。共同管沟是现代城市基础设施科学管理和规划的标志，也是合理利用城市地下空间的科学手段，是城市市政隧道规划与修建的发展方向。

(5) 人防隧道。

人防隧道是为战时防空目的而修建的防空避难隧道。城市中建造人防工程，是为了预防战争空袭的需要。人防工程是在紧急情况下人们避难所用的，因此在修建时应考虑人生活环境的一般要求，除应设有排水、通风、照明和通信设备，还应考虑储备饮水、粮食和必要的救护设备。在洞口处还需设置防爆、防冲击波装置等，同时要做到多口连通、互相贯穿，在紧急时刻可以随时找到出口。

4) 矿山隧道

在矿山开采中，为了能从山体以外通向矿床和将开采到的矿石运输出来，通过修建隧道(也称为巷道)来实现，其作用主要是为采矿服务，可以分为下列几种：

(1) 运输巷道。

在矿山开采中，常设一些巷道从山体以外通向矿床，并逐步开辟巷道，通往各个开采面。前者称为主巷道，为地下矿区的主要出入口和运输干道；后者分布如树枝状，分向各个采掘面，此种巷道多用临时支撑，仅供作业人员进行开采工作。

(2) 给水巷道。

给水巷道的作用是送入清洁水为采掘机械使用，并将废水及积水通过泵抽排出洞外。

(3) 通风巷道。

矿山地下巷道穿过许多地层，将会有多种地下气体涌入巷道，再加上采掘机械不断排出废气，以及工作人员呼出气体，使得巷道内的空气变得污浊。如果地层中的气体含有瓦斯，在含量达到一定浓度后，将会发生危险，轻则令人窒息，重则引起爆炸。因此，要净化巷道中的空气，创造良好的工作环境，必须设置通风巷道，用通风机及时把有害气体和污浊空气排除出去，并把新鲜空气补充进来。

需要说明的是，以上所有分类方法中，按用途分类是最常用的一种方法。

1.2 隧道工程发展概况

隧道工程的发展历程与人们生活的水平和生产能力密切相关。人类最早在远古时代就学会了把洞穴作为住处，当社会发展到能制造挖掘机具后，出现了人工挖掘的隧道。古代隧道修建在自身稳定而无须支撑的岩层内，靠人的双手和简单工具开挖。火药的发明，使得隧道的开挖进入快速发展阶段。机械钻孔出现后，用机械开挖取代了人工开挖。混凝土建筑材料的出现，将支护坑道的方法由砌筑的砖石结构改为混凝土衬砌结构。铁路、公路、城市地铁等的发展，更是推动了隧道工程的发展建设。

纵观世界历史，隧道工程的发展大体可分为如下四个阶段。

1. 原始时代

原始时代即人类的出现到公元前3000年的新石器时代，是人类利用隧道来防御自然威胁的穴居时代。这个时期的隧道开始是利用天然的洞穴，逐渐地，人类开始用兽骨、石器等工具挖掘一些洞穴来居住，这些洞穴主要修建在自身稳定而无须支撑的地层内。

2. 远古时代

从公元前3000年到5世纪，即文明黎明时代，是一个为生活和军事防御目的而利用隧道的时代。这个时代隧道的开发技术形成了现代隧道开发技术的基础。例如，古埃及金字塔的建设就开始修建了地下建筑。公元前2200年间的古代巴比伦王朝为连接宫殿和神殿而修建了近1km长的隧道，断面尺寸为3.6m×4.5m，施工期间将幼发拉底河水流改道，采用明挖法建造，该隧道是一种砖砌建筑。另外，我国的帝王将相都修建了大量地下陵墓，我国古籍《左传》中曾记载“隧而相见”，说明当时已经有了通道式隧道。

3. 中世纪时代

约从5世纪到14世纪的1000年。这个时期正是欧洲文明的低潮期，隧道建设技术发展缓慢，没有显著的进步，但由于对地下铜、铁等矿产资源的需求，隧道主要用于地下矿产的开采。

4. 近代和现代

即从16世纪开始至今。这个时期由于火药的发明和应用，加速了隧道技术的发展。有益矿物的开采，灌溉、运河、公路和铁路隧道的修建，以及随着城市的发展修建地下铁道、上下水道等，使得隧道的技术得到极大的发展，其应用范围迅速扩大，甚至有人提出“21 世纪是地下空间的世纪”。

1.2.1　国外隧道工程建设简史

国外的隧道最早用于矿山开采，用于交通的第一座隧道是公元前 2180 年至公元前 2160 年在古巴比伦城中幼发拉底河下修建的一条约 900m 长的砖衬砌地下人行道，它是在旱季将河流改道后用明挖法修建的，是迄今世界上已知的最早用于交通的隧道。公元前 36 年，在意大利那不勒斯和普佐里之间开凿的婆西里勃道路隧道，长约 1500m，宽 8m，高 9m，是在凝灰岩中凿成的一条垂直边墙无衬砌隧道，至今仍可使用，它可能是古代最大的隧道建筑物。

近代隧道兴起于运河时代，从 17 世纪起，欧洲陆续修建了许多运河隧道。其中，法国的马尔帕斯(Malpas)运河隧道，建于 1678～1681 年，长 157m，它可能是最早用火药开凿的航运隧道。1820 年以后，铁路成为新的运输手段，随着铁路的发展，1826 年至 1830 年英国利物浦至曼彻斯特修建了全长 1190m 的铁路隧道。1857～1871 年，修建了连接法国和意大利的仙尼斯峰铁路隧道，长 12.85km。随着铁路运输事业的发展，隧道也越来越多，先从当时经济比较发达的欧洲各国开始，然后是美国和明治维新后的日本。1895～1906 年已出现了长 19.73km 穿越阿尔卑斯山的最大铁路隧道。1988 年日本建成了位于本州和北海道之间横跨津轻海峡的铁路干线青函隧道(图 1.2)，全长 53.85km，是目前世界上最长的铁路隧道；而该隧道 23.30km 在水底，也是目前世界上最长的海底隧道。

(a) 断面实景图

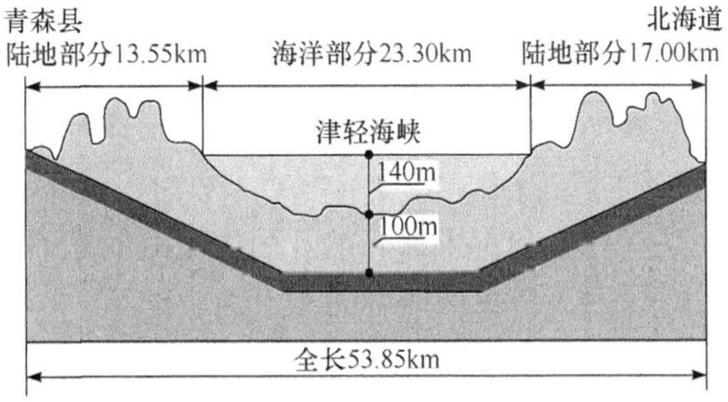

(b) 隧道剖面示意图

图 1.2　日本青函隧道

第一座用于现代交通的水底隧道是 1807 年开工的伦敦泰晤士河下的公路隧道。施工过程中该隧道因水急而停工，1823 年由法国工程师布鲁内尔(Brunel)接手，历时 18 年用盾构法完成。较为完善的水底道路隧道建成于 1927 年，为位于纽约哈得孙河底的荷兰(Nederland)隧道。

19 世纪初，欧洲的法、意、瑞士等已在山区修建公路隧道。2001 年初投入运营的挪威西部的拉达尔隧道(图 1.3)，长度达 24.5km，是目前世界上最长的公路隧道。

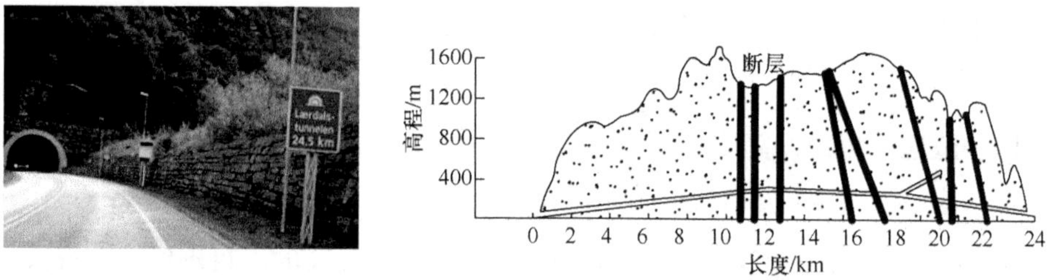

(a) 隧道实景图 (b) 隧道剖面示意图

图 1.3 挪威拉达尔隧道

隧道修建技术的进步主要出现于罗马时代以后，随着测量技术的出现，人们利用棚架支撑岩层和卷扬机提升土石，从两端洞口开挖隧道，使得隧道工程的快速修建成为可能，此后出现了数量较多的各种用途的隧道。尤其是公元 14 世纪欧洲人学会了制造火药，1679 年用于法国拉恩开得克运河隧道开挖，获得了极大成功，使得隧道挖掘技术得到飞速的发展。随着 19 世纪产业革命的发展，隧道开挖出现了各种新方法，迎来了近代隧道修建技术的新曙光。1818 年布鲁内尔发明了盾构，意大利物理学家欧拉顿(Erardon)提出了以压缩空气平衡软弱地层涌水压力防止地层坍塌的方法后，英国的科克伦(Co-Chrane)利用这个原理，发明了用压缩空气开挖水底隧道的方法。第一次应用压缩空气和盾构修建的水底隧道是 1896 年英国格雷特黑德(Greothead)实现的。1905 年欧洲建成的贯穿阿尔卑斯山的辛普伦隧道是最先应用凿岩机和使用三硝基甲苯(TNT)炸药开挖的岩石隧道。

1.2.2 我国隧道工程建设简史

我国隧道工程的建设历史较长，最早有文字记载的地下人工建筑物出现在东周初期(约公元前 700 年)，《左传》中有“若阙地及泉，隧而相见”的记载。最早用于交通的隧道为“石门”隧道，位于今陕西省汉中市褒谷口内，建成于东汉明帝永平九年(公元 66 年)，是供马车和行人通行的。用作通道的还有安徽亳州城内的古地下道，建于宋末元初(约 13 世纪)，是我国最早的城市地下通道。

但我国隧道工程整体发展较慢，隧道设计和施工水平也较落后，建成的隧道规模也较小。1889 年在台湾省台北市至基隆市修建的窄轨铁路上修建了狮球岭隧道，长 261m，是我国第一座铁路隧道。此后在京汉、中东等铁路上修建了一些隧道。1903 年建成第一座长度超过 3km 的兴安岭隧道。1908 年，京张铁路关沟段建成了 4 座隧道，这是我国通过自己的技术力量修建的第一批铁路隧道，其中，八达岭隧道长 1091m。自 20 世纪 50 年代后期，我国才开始了隧道的大量建设，铁路隧道、公路隧道、输水隧道、城市地铁等各种隧道相继建设，隧道的设计和施工水平也达到了世界先进水平。目前我国是世界上铁路隧道最多的国家。我国第一条水底公路隧道是 1970 年建成的上海黄浦江水底隧道。我国公路隧道的建设发展相对迟缓，近几年由于高速公路建设的加快，公路隧道的数量已开始成倍增长。

在隧道施工技术上，我国古代在地下工程方面具有悠久的历史和辉煌的成就，远在几千年前就能开采矿石，是世界上采矿工业发展最早的国家。公元前 1122 年金属矿石开采已相当发达，公元 1271～1368 年就有了深达数百米的盐井。奴隶为封建统治者修建的墓穴，如长沙的楚墓、洛阳的汉墓、西安的唐墓、明十三陵之一的定陵等都是规模较大的地下工程，这些历史古迹都显示出我国古代在隧道建筑方面卓越的水平。

1949 年以前的近百年，我国由于长期处于半封建半殖民地社会，经济落后，地下建筑发展速度极其缓慢，隧道修建屈指可数，而且主要依靠人力开挖。1949 年以来，为改变国家的经济布局，发展内地和山区的经济，先后修建了数十条隧道比重较大的山区铁路，使得我国在铁路隧道的数量和施工技术上都有了较大发展，逐渐掌握了隧道建筑的近代技术，从以人力为主体的施工转向以机械开挖为主体的施工，技术上有了质的飞跃。从我国修建第一条隧道至今，我国隧道发展可以大体划分为三个阶段：第一阶段是 1949 年以前，隧道整体建设水平落后，这一时期隧道施工主要采用人力，施工机具非常简单，施工速度慢，养护维修水平低。第二阶段为 1949 年至 20 世纪 70 年代，这一时期隧道施工技术得到了一定的发展，施工由以前的人力开挖转变为采用中小型机具施工，施工水平整体提升。第三阶段为 20 世纪 80 年代至今，这一时期隧道技术得到飞速发展，隧道施工由传统的施工方法转变为现代先进的施工技术，主要以光面爆破、喷锚支护、复合式衬砌、盾构施工等为特征，施工中采用监控量测手段，采用信息反馈模式指导施工；采用了新奥法、盾构法、掘进机法等一系列先进的施工方法。从这一时期的隧道施工中取得了一系列隧道施工的新技术、新设备、新工艺等，形成了大型、配套的机械化施工技术。目前我国是世界上隧道技术最发达的国家之一。

1.2.3　我国隧道工程发展现状及前景

当今，我国是世界上隧道及地下工程建设规模最大、数量最多、地质条件及结构形式最复杂、修建技术发展最快的国家，我国的隧道施工技术及建设成就已经走在了世界前列。

我国幅员辽阔，山地占国土总面积的 2/3，水系发育，江河纵横，有漫长的海岸线。隧道建设具有数量多、发展速度快、地质条件及施工环境复杂等特点。20 世纪 80 年代以来，我国在隧道勘察、设计、施工、运营管理等方面都取得了很多重大突破。目前我国建成的最长铁路隧道为青藏铁路西格二线新关角隧道(图 1.4(a))，全长 32.645km；最长的公路隧道为秦岭终南山隧道(图 1.4(b))，全长 18.02km；世界上最长的输水隧道为辽宁大伙房水库输水隧道，全长 85.32km；世界上海拔最高的铁路隧道是我国青藏铁路风火山隧道(图 1.5)，平均海拔 4900m；世界上断面最大的高速公路隧道是莲塘隧道(图 1.6)，其最大开挖断面面积达 428.5m^2。而港珠澳大桥水下沉管隧道(图 1.7)，长达 5.66km，最大覆水深度 44m，是迄今世界上最长的海底沉管隧道。

在铁路隧道方面，截至 2020 年底，我国投入运营的铁路隧道 16798 座，总长 19630km，其中，特长铁路隧道共 209 座，总长 2811km，最长的 5 条铁路隧道见表 1.4；全国在建特长铁路隧道 116 座，总长 1675km，其中，最长的 5 条隧道见表 1.5。

(a) 新关角隧道

(b) 秦岭终南山隧道

图 1.4　最长的铁路隧道和公路隧道

(a) 隧道断面

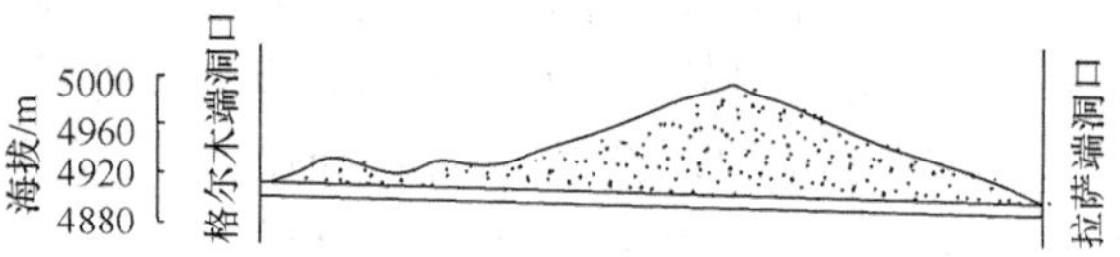

(b) 纵剖面图

图 1.5　风火山隧道

(a) 隧道最大断面图

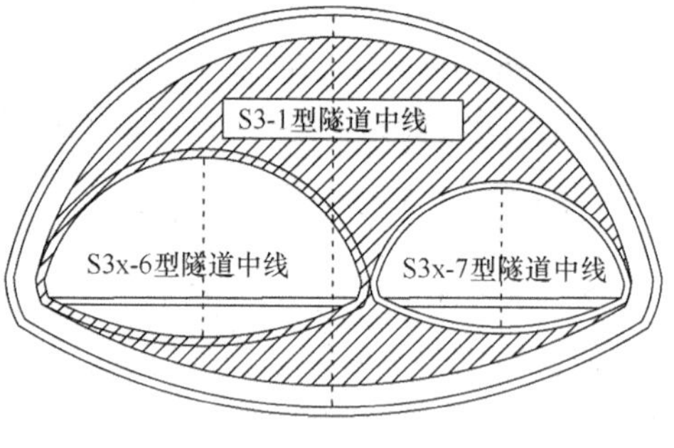

(b) 断面示意图

图 1.6　莲塘隧道

(a) 隧道横断面

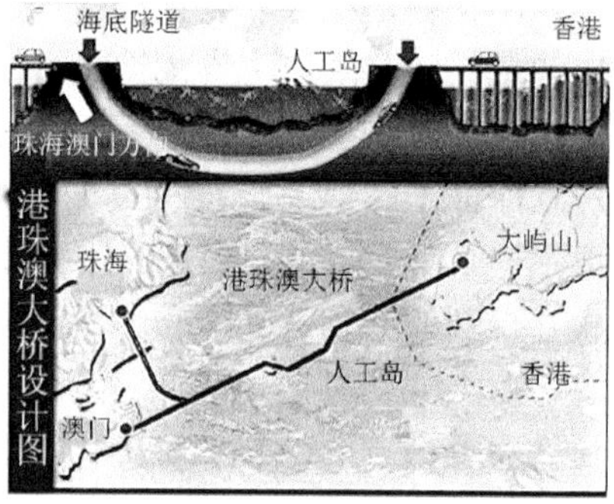

(b) 隧道纵断面

图 1.7　港珠澳大桥水下沉管隧道

表 1.4　投入运营的 5 条最长铁路隧道

隧道名称	长度/km	线别	单洞/双洞	建成时间	设计速度/(km/h)	设计单位	施工单位
新关角隧道	32.645	西格线	双洞单线	2014-04	160	铁一院	中铁十六局
西秦岭隧道	28.236	兰渝线	双洞单线	2014-07	200	铁一院	中铁十八局
太行山隧道	27.839	石太线	双洞单线	2009-04	250	中国铁设(原铁三院)	中铁十二局等
南吕梁山隧道	23.443	瓦日铁路	双洞单线	2013-06	120	铁六院	中铁十一局
峭山隧道	22.751	浩吉线	双洞单线	2019-10	120	铁四院	中铁十六局

表 1.5　在建的 5 条最长铁路隧道

隧道名称	长度/km	线别	单洞/双洞	开工时间	设计速度/(km/h)	设计单位	施工单位
东环隧道	45.042	广佛环线	双洞单线/单洞双线	2013-09	160	铁四院	中铁隧道局、中铁二局等
色季拉山隧道	37.956	川藏铁路	双洞单线	2020-12	200	铁一院	中铁隧道局、中国水电十四局
高黎贡山隧道	34.538	大瑞线	单洞单线	2014-12	140	铁二院	中铁十八局、中铁隧道局
平安隧道	28.426	成兰线	双洞单线	2013-03	200	铁二院	中铁隧道局、中铁三局
云屯堡隧道	22.943	成兰线	单洞双线	2014-03	200	铁二院	中铁二局、中铁十六局

在高速铁路隧道方面，截至 2020 年底，我国建成投入运营的高速铁路隧道 3631 座，总长 6003km，其中特长隧道 87 座，总长约 1096km。2020 年中国新增运营高速铁路隧道 189 座，长约 508km。其中，特长隧道 15 座，总长约 176km，最长的 5 条见表 1.6。在建高速铁路隧道共有 1811 座，累计长度约 2750km。其中特长隧道 50 座，累计长度约 645km，最长的 5 条见表 1.7。其中，北京—张家口高速铁路八达岭地下车站，地下建筑面积 3.98 万 m^2，是迄今世界上最大的高铁地下站，车站两端的渡线隧道开挖跨度 32.7m，是国内单拱跨度最大的暗挖铁路隧道。

表 1.6　2020 年新增运营的 5 条最长高速铁路隧道

隧道名称	长度/km	线别	单洞/双洞	设计速度/(km/h)	设计单位	施工单位
彬县隧道	14.251	银西客专	单洞双线	350	铁一院	中铁十一局
庆阳隧道	13.936	银西客专	单洞双线	350	铁一院	中铁隧道局
珏山隧道	13.421	太焦线	单洞双线	250	中国铁设(原铁三院)	中铁十一局
梨花顶隧道	12.245	京沈客专	单洞双线	350	中国铁设(原铁三院)	中铁十九局、中铁二十二局
贾塬隧道	11.866	银西客专	单洞双线	350	铁一院	中铁一局

表 1.7　在建的 5 条最长高速铁路隧道

隧道名称	长度/km	线别	设计速度/(km/h)	单洞/双洞	设计单位	施工单位
小三峡隧道	18.954	郑万高铁	350	单洞双线	铁二院	中铁隧道局
新华隧道	18.770	郑万高铁	350	单洞双线	铁二院	中铁一局
东茗隧道	18.226	杭绍线	350	单洞双线	中国铁设(原铁三院)	中铁十八局
香山隧道	17.763	中卫至兰州铁路	250	单洞双线	铁五院	中铁北京工程局
新乌鞘岭隧道	17.295	兰张三四线	250	单洞双线	铁一院	中铁三局、中铁十五局

在公路隧道方面，截至 2019 年底，我国(不含港澳台地区)运营的公路隧道有 19067 座，总长约 18966.6km。其中，特长公路隧道 1175 座，总长度 5217.5km；长公路隧道数量达到 4784 座，总长度 8263.1km。已建最长的 5 条山岭公路隧道见表 1.8。

表 1.8　已建 5 条最长山岭公路隧道

隧道名称	长度/km	所在省份	最大埋深/m	车道规模	建成时间
秦岭终南山隧道	18.020	陕西	1640.00	双向四车道	2007 年
锦屏山隧道	17.504	四川	2375.00	双向二车道	2008 年
米仓山隧道	13.833	四川、陕西	1055.00	双向四车道	2018 年
西山隧道	13.654	山西	451.61	双向四车道	2012 年
新二郎山隧道	13.459	四川	1500.00	双向四车道	2017 年

在地铁隧道方面，截至 2020 年底，我国(不含港澳台地区)累计有 40 多个城市建成投运城轨线路 7655.383km(图 1.8)，其中，地铁 6483.03km，占线路总长的 84.69%。在建城轨交通线路共 6374km，其中，地铁 5315.6km，占 83.4%。

水工隧洞方面，截至 2017 年底，规划兴建的 172 项节水供水水利工程已有 109 项开工建设。根据功能需要，水工隧洞的长度往往远超交通隧道。例如，陕西省引汉济渭工程(图 1.9)，工程隧洞长达 98.319km；吉林省引松供水工程隧洞长约 133.99km；在建的新疆北部引水工程喀双隧洞长达 283.27km，堪称世界同类之最；辽宁省新的西北部引水工程隧洞总长也达到了 230.20km。从埋深和规模上看，水工隧洞也很大，例如，锦屏二级引水隧洞埋深达 2600m(与目前世界上最大埋深的法国谢栏引水隧洞埋深 2620m 相近)，而二滩电站导流洞断面面积达 403m^2，天湖抽水蓄能电站的水头则高达 1074m。

城市地下工程方面，随着现代化城市高密度化以及生活水准的高标准化，各种供给设施(如电信、电气、煤气、上下水等)的需求量急剧增加，需要改造和增设的供给管线越来越多，解决这一问题的最好对策是建设统一规划与管理的城市地下共同沟(城市地下公用事业综合隧道)，即城市地下综合管廊。我国目前正在大力发展城市地下综合管廊建设，截至 2015 年底，我国已建和在建管廊 1600km；2016 年开工建设 2005km；2017 年开工建设 2006km。今后我国将继续有序推进综合管廊建设。城市地下空间开发利用也是一个发展方

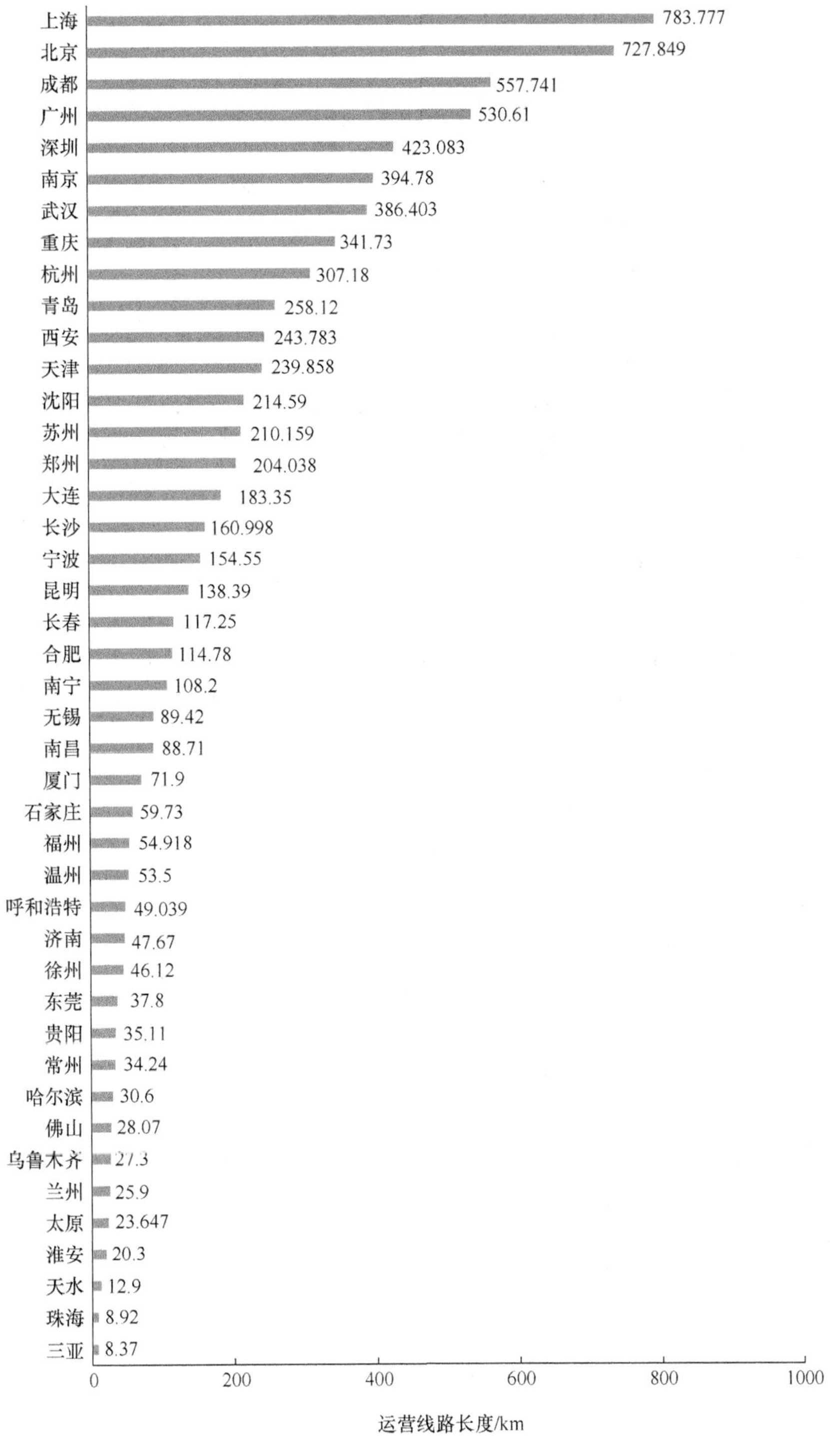

图 1.8 我国各城市城轨交通运营线路规模图(截至 2020 年底)

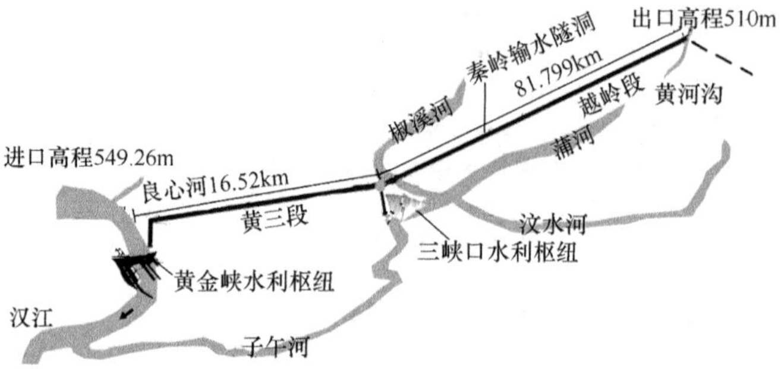

图 1.9　陕西省引汉济渭工程

向，目前较广泛的有高层建筑物的地下室、平战结合的人防工程，如上海人民广场地下商场，哈尔滨、长春、石家庄等的地下商业街。另外，利用地下工程恒温恒型、受地面干扰小、防灾抗灾能力强等特点，我国已修建了许多地下储库，如地下粮库、油库、金库等。

总体来看，随着我国经济的持续发展，综合国力不断增强，高新技术不断发展，我国隧道工程发展前景非常广阔，同时隧道的发展也是我国国民经济发展、国家西部大开发战略、开展通海战略的迫切需要。

在交通隧道方面，随着我国高速公路干线网的不断完善，特别是向我国西部多山地区的不断延伸，海南岛与陆地的跨海延伸，以及辽东半岛、胶东半岛之间的跨海连接，上海崇明岛与陆地之间等长江沿线的地下连接等都需要巨大的隧道工程来支撑，随着西部的开发，我国铁路隧道、公路隧道的单体长度及数量纪录，都将不断被刷新。在跨海、跨江隧道方面，目前我国国内已对琼州海峡隧道完成了可行性研究，已提出了跨越渤海湾连接辽东与胶东半岛的南桥北隧固定联络通道，跨越长江入海口连接上海、崇明、启东的江底隧道，甚至提出了兴建台湾海峡隧道的设想。

在水电隧道方面，随着三峡水利水电工程等一大批大型、超大型水电工程项目的实施与完成，我国在深埋、长大隧道及大跨度地下厂房的设计与施工能力上，都已经、将要达到或接近世界先进水平，随着我国西部大开发的进行，雅鲁藏布江、金沙江等水力资源丰富的江河上进行梯级电站建设，我国水利水电隧道的建设也将进入一个全新的发展时期。

各种用途地下工程的大力发展，能够有效地缓解经济发展，特别是城市发展与我国土地资源紧张的矛盾。充分利用城市地下资源，建设各类地下工程是城市经济高速发展的客观需要，另外，设计与施工技术的发展也为其提供了充分的技术保障。目前，我国沿海地区人均国内生产总值已达到发达国家地下空间开发、地下工程建设达到高潮时的标准。所以，我国特别是东部经济发达地区和大中城市，地下工程的建设必将迎来建设高潮。

1.3　我国隧道工程取得的成就及发展展望

1.3.1　取得的成就

1. 隧道工程勘察技术

目前，随着高分辨率航空遥感技术等先进勘察手段的逐步引入应用，以及无人机勘察技术水平的快速提升，在隧道工程勘察技术方面逐渐形成了“空、天、地”三位一体的综合勘察技术。通过应用空基系统(包括全球定位系统(GPS)卫星、北斗卫星、遥感卫星等)、天基系统(包括邻近空间浮空器和近地无人机搭载的高清摄像机、雷达、激光扫描仪等)及地基系统(包括道旁灾害监测、综合视频监控等)，建立了“空、天、地”三位一体的新型勘察体系，解决了复杂艰险地区传统勘察方式难以实现“上山到顶，下沟到底”的难题。

2. 隧道建设的建筑信息模型技术

建筑信息模型(building information modeling，BIM)技术是建筑学、工程学及土木工程的新工具，其核心是通过建立虚拟建筑工程三维模型，利用数字化技术，为其提供完整的、与实际情况一致的建筑工程信息库。目前 BIM 技术在隧道工程领域得到了广泛应用，其平台整合多源数据，以数字化、信息化和可视化的方式提升了规划、设计阶段的精度和深度，实现了施工阶段的动态模拟和信息化管理水平，并为运营维护阶段实现信息化、精细化资产管理提供技术支持。

3. 隧道机械化及智能化建设技术

隧道建造机械化和智能化是目前的发展方向，三臂液压凿岩台车、三臂拱架安装机、湿喷机械手、全液压自行式仰拱栈桥、新型隧道衬砌台车、衬砌自动养护台车等一系列隧道专业设备的开发与应用(图 1.10)，推进了我国隧道施工机械化发展，明确了智能化发展方向。

(a) 三臂液压凿岩台车　(b) 三臂拱架安装机　(c) 新型隧道衬砌台车

图 1.10　隧道机械化及智能化建设设备

4. 盾构/隧道掘进机制造及再制造技术

在盾构及隧道掘进机再制造方面，首台再制造隧道掘进机已经应用到高黎贡山隧道的施工中，并通过了多个不良地质段。在盾构国产化方面，我国自主制造的盾构已达到 15m 级，例如，应用于汕头苏埃通道的“中铁海湾号”盾构直径达 15.03m，应用于深圳春风隧道的“中铁春风号”盾构直径达 15.80m(图 1.11)。目前，我国的盾构/隧道掘进机制造水平已迈入国际前列。

(a) 直径为15.03m的“中铁海湾号”盾构　　(b) 直径为15.80m的“中铁春风号”盾构

图 1.11　国产泥水平衡盾构机

5. 海上沉管隧道修建技术

2017 年 7 月 7 日，港珠澳大桥主体工程贯通，标志着我国沉管隧道修建技术达到国际领先水平。在沉管隧道的修建过程中突破了包括自稳式巨型钢制圆筒海上围护结构、半刚性管段接头、“三明治”钢-钢筋混凝土倒梯形接头等在内的数个世界级难题(图 1.12)。

(a) 最终接头图　　(b) 倒梯形最终接头

图 1.12　港珠澳大桥沉管隧道新技术

6. 双线铁路马蹄形盾构隧道修建技术

在深埋山岭隧道中，圆截面需要在底部进行预制仰拱块铺设等处理，造成了开挖空间的浪费，而空间利用率较好的矩形盾构隧道在结构形式方面又存在受力较差的缺点，难以满足大埋深大断面山岭隧道的受力要求。在结合矩形与圆形隧道技术优势的前提下，我国研制了马蹄形盾构(图 1.13)，解决了系列关键技术，主要包括低扰动多刀盘多驱动协同开挖技术、多曲率管片拼装技术、双螺旋输送机联合排渣技术、马蹄形盾体设计及姿态控制技术等。其已成功应用于蒙华铁路白城隧道施工，标志着我国盾构与盾构工程技术向多元化方向发展。

图 1.13　马蹄形盾构

7. 隧道大数据平台建设技术

现代信息技术的积累与突破性发展，为隧道行业构建大数据平台奠定了技术基础。目前我国已开发了多个基于多维海量信息构建的隧道大数据平台(图 1.14)，利用平台的深度挖掘与自学习能力，提高工程决策水平，可促进隧道智能化建设的发展。

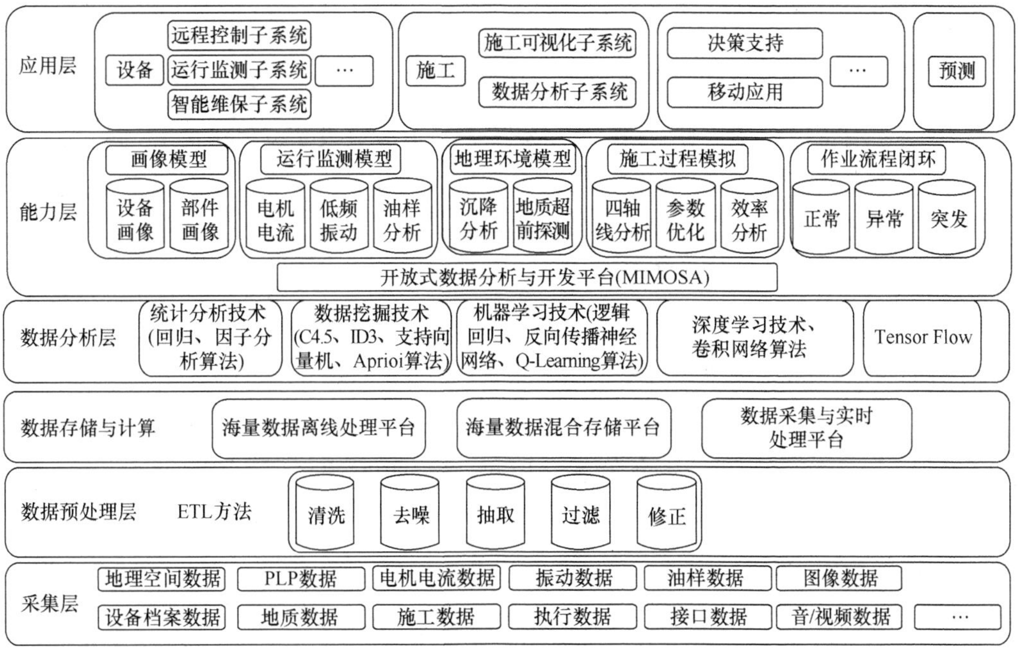

图 1.14 隧道大数据平台基本构架

ETL 指数据仓库技术，PLP 指感知线性预测

1.3.2 发展展望

1. 跨海隧道修建技术

根据我国交通和经济发展需要，中长期规划在琼州海峡、渤海海峡以及台湾海峡修建三座海峡通道，采用隧道形式修建的长度分别达到 28km、126km、147km。海峡环境水深大，地质复杂，海峡通道的长度前所未有，目前的工程技术在工程勘察、设备性能、隧道运维等诸多方面还难以完全满足建设需要。

2. 复杂条件下超长隧道修建技术

目前在建的川藏铁路隧道全长 789km，隧线比约为 82%，将会有 16 座长度 20km 以上的隧道，其中 5 座隧道长度在 30km 以上，1 座隧道长度将达到 42.5km，隧道修建面临着高地震烈度、高应力、高落差、高地温、强活动断层等技术挑战。除了众多技术挑战外，川藏铁路以其复杂恶劣的修建环境给隧道领域在修建理念上提出重大挑战，从隧道修建技术的深远发展来看，必须彻底摒弃“长隧短打”的修建思想，尽快将提升单作业面的施工效率作为今后的技术发展方向，也是解决地形对辅助坑道设置的制约、工程活动对自然与生态环境保护的需要。

3. 生态脆弱区隧道施工环保技术

在今后一个时期内，我国穿越脆弱生态区的隧道将越来越多，动物与植物资源保护、水土资源保护等问题日益突出，如何考虑隧道施工阶段和全寿命运营周期内的隧址区域环境保护问题已成为迫切需求。

4. 城市地下大型综合体的开发技术

随着我国长江经济带、粤港澳大湾区等集群式发展战略的提出和落实，现有城市基础设施的服务能力将无法满足发展要求。近年来繁华城区的大型、超大型地下综合体越来越多，如深圳前海综合交通枢纽和武汉光谷地下综合体等，这些体量空前、功能多样的地下综合体的大规模修建迫切需要从立法、规划设计、建造运营和风险防控等方面进行系统性研究。

5. 高寒环境新材料研发

随着我国在极端环境条件下施工的隧道及地下工程日益增多，传统建筑材料难以满足要求，研发适应高寒环境、长距离运输的新材料，保障隧道结构质量安全，提高服役年限，是未来的一大需求。

6. 隧道病害智能诊断与快速修复技术

我国各领域运营隧道(洞)已接近 5 万 km，已进入建维并重时期，隧道老龄化问题日渐凸显，迫切需要开发隧道病害智能诊断、快速修复与自修复技术。

7. 超长复杂隧道及地下工程智能防灾技术

当超长复杂隧道及大规模地下工程发生火灾时，人员疏散救援困难，易致群死群伤，如何设置工程设施，发展信息化及数字化方法，实现火灾防护及救援的智慧化是未来的重大课题。

思 考 题

1. 何为隧道？其按用途可分成哪几类？
2. 交通线路上修建隧道的意义是什么？
3. 简述我国隧道工程的发展现状和取得的成就。

第 2 章　隧 道 勘 察

隧道是典型的地下工程，其修筑于地下岩土体中。因此，其设计、施工甚至运营都与建筑地区岩土体的特性及其所赋存的地质环境，即隧道通过地段的工程地质及水文地质条件，有着密切的关系。隧道施工开挖的方法、支撑的形式、衬砌结构的类型，以及工程造价、施工管理等，都取决于其所处地段的地层岩性、地质构造、地下水及可能遇到的不良地质等情况。另外，由于隧道是整个路线上的一个组成部分，一般情况下，隧道的位置应当根据整体线路的选定来加以确定。而在特殊情况下，特别是地质条件复杂的长大隧道，其位置的选定则往往取决于地质条件的优劣。

由此可见，为了较好地选定隧道位置，保证隧道的正确设计和施工，必须对隧道所处位置的工程地质及水文地质条件进行仔细的勘察和认真的分析研究，即必须进行相应的地质勘察工作。

隧道勘察的目的在于查明隧道所处位置的工程地质和水文地质条件，以及隧道施工和运营对环境保护的影响。为规划、设计、施工提供所需的勘察资料，并对存在的岩土工程问题、环境问题进行分析评价，提出合理的设计方案和施工措施，从而使隧道工程经济合理、安全可靠。

2.1　勘察的主要方法

隧道勘察的方法主要有收集与研究既有资料、调查与测绘、勘探等。

2.1.1　收集与研究既有资料

隧道勘察各阶段的准备工作，是根据勘察任务的要求，配备必要的专业人员，收集及研究有关资料，了解现场情况，并做好勘察仪器等的准备。其中，收集和研究隧道所处地区的既有有关资料，不仅是外业工作之前准备工作的重要内容，也是隧道勘察的一个主要方法。

收集的资料一般应包括以下几个方面的内容：

(1) 地域地质资料，包括地层、地质构造、岩性、土质等。这些资料一般指地质图及其说明书。通常从地质部门收集地质图，长大隧道还应参考航空照片以及遥感资料。

(2) 地形地貌资料，包括区域地貌类型及主要特征、不同地貌单元与不同地貌部位的工程地质评价等。这些资料通常有地形图和航空照片。一般情况下应从国家测绘系统收集地形图，航空照片一般控制比较严格，收集困难，主要用于重要的长大隧道。地形资料是进行路线选择、线形确定、用地以及自然环境、地形地质判读的基本资料。应当指出，随着国家建设事业的发展，地形地貌可能变化很大，一般均需在现场核查。

(3) 区域水文地质资料，包括地下水的类型、分带及分布、埋藏深度、变化规律等。这些资料一般指地质图及其说明书，通常从地质部门收集。

(4) 特殊地质资料，包括各种特殊地质地段及不良地质现象的分布情况、发育程度与活动特点等。这些资料一般也指地质图及其说明书，通常从地质部门收集；另外，对一些不良地质现象的信息可通过查阅资料和对居民访问等方法获得。

(5) 地震资料，包括沿线及其附近地区的历史地震情况、地震烈度、地震破坏情况及其与地貌、岩性、地质构造的关系等。这些信息可通过查阅相关资料、地方志和对居民访问等方法获得。

(6) 气象资料，包括气温、降水、蒸发、温度、积雪、冻积深度及风速、风向等。这些资料可由气象台站和各种资料期刊、汇编、年鉴等处获得，不足时可以由现场观测取得资料。

(7) 其他有关资料，包括气候、水文、植被、土壤等，这些可通过查阅相关资料及地方志等方法获得。

(8) 工程经验资料，包括区内已有公路、铁路等其他土建工程的地质问题及其防治措施等。这些资料可以从施工记录和工程报告总结等文件中得到。

上述资料，应包括政府和生产、科研、教学等部门所出具的一切有参考价值的地质图、文献、调查报告以及与工程有关的法令、法规、方针、政策等。

收集到的资料，应汇总、分析研究其对隧道规划设计、施工与维护管理的影响，以及对进一步调查所起的作用等。对收集到的资料进行分析研究和判断，可以初步掌握隧道所经地区地质条件的概况和特点，粗略判定可能遇到的主要地质问题，并了解这些问题的研究现状和工程经验。这对于做好准备工作和外业工作是十分必要的。在隧道勘察工作中，正确运用这种方法，可以减少外业工作的盲目性，提高工作质量。

2.1.2 调查与测绘

调查与测绘是地质勘察的主要方法。通过观察和访问，对隧道通过地区的工程地质及水文地质条件进行综合性的全面研究，将查明的地质现象和获得的资料，填绘于有关的图表与记录本中，这种工作统称为调查测绘(调绘)。隧道地质测绘，一般可在沿线两侧带状范围内进行，通常采用沿线调查的方法，对不良地质地段及地质条件复杂的路段，应扩大调绘范围，以得到完整可靠的地质资料。

1. 地质调查

地质调查主要采用直接观察和访问当地群众的方法，需要时可配合适量勘探和试验工作。

1) 直接观察

直接观察是地质调查最重要及最基本的方法。它主要利用自然迹象和露头，进行由此及彼、由表及里的观察分析工作，以达到认识隧道通过地带地质条件的目的。

在隧道工程地质调查中，常采用地貌学和地植物学的方法观察分析有关自然现象。前者根据地貌的形态特征，推断其形成原因和条件，并评价其地质条件；后者根据植物群落的种属、分布及其生态特征，推断当地的气候、土质及水文地质等条件。有些对土质、水分、盐分等条件要求特别严格的植物，可以作为指示植物加以利用。地植物学方法，在潮湿茂密的林区是十分必要的，而在植物缺少的沙漠地区则是足够准确的。

2) 访问当地群众

访问当地群众是地质调查常用的方法。对沿线居民调查访问，可以了解有关问题的历史情况及当地与自然灾害作斗争的经验，这对于直接观察往往是必不可少的补充。在某些情况下，这种方法尤其重要。例如，对历史地震情况的调查，对沿线洪水位的调查，对风沙、雪害、滑坡、崩塌、泥石流等不良地质的发生情况、活动过程及分布规律的调查都离不开调查访问当地群众。

为使调查访问获得较好的结果，一般应注意以下几点：

(1) 选择合适的对象。通常应是年纪大的，对所调查的问题有切身经历的人，要多找几个，以避免错误。

(2) 进行仔细的询问，认真听取各处意见，应到现场边看边问。

(3) 对所提供的情况，应进行核对、分析和判断。

2. 地质测绘

与地质调查相比，地质测绘的范围往往比较大，并且要求把调查研究结果填绘于一定比例尺的地形图上，以编制工程地质图。测绘范围以能满足工程技术要求为前提，并应包括与地质环境有关的范围。测绘地图的比例尺可在以下范围内选用：可行性研究阶段为1:5000～1:50000，初步勘察阶段为1:2000～1:10000，详细勘察阶段为1:200～1:2000。为了达到测绘精度要求，实测所用地形图的比例尺必须大于或等于提成图比例尺，以下分两种情况说明。

1) 无航摄资料时

地质测绘主要依靠野外工作，为此需要讲究测绘方法与量测精度，以求用较少的工作获得符合要求的结果。

(1) 标测方法。

根据不同比例尺的精度要求，对观察点、地质构造及地质界线等的标测方法有以下几种：

① 目测法，即根据地形、地物目估或步测距离。此法适用于小比例尺的地质测绘。

② 半仪器法，即用简单的仪器(如罗盘、气压计等)测定方位和高程，用徒步式测绳量距离。此法适用于中比例尺的地质测绘。

③ 仪器法，即用测量仪器测定方位和高程，此法适用于大比例尺的地质测绘及重要地质点。

测绘精度的要求：相当于测绘底图上宽度不小于 2mm 的地质现象应尽量标绘在图上；具有重要工程意义的地质体，即使小于图上 2mm 的宽度也应以扩大比例尺的方法标绘在图上；相反，对于工程意义不大且相近的几种地质体可合并标绘。

(2) 地质测绘的基本方法。

① 路线法，即沿着一些选择的路线(直线形式、“S”线形等)穿越测绘场地，并把观

测路线和沿线查明的地质现象、地质界线填绘在地形图上。此方法一般用于各类比例尺测绘。

② 布点法，即根据地质条件复杂程度和不同的比例尺，预先在地形图上布置一定数量的观测点及观测路线。此法适用于大、中比例尺测绘。

③ 追索法，即沿地层、构造和其他地质单元界线布点追索，以便查明某些局部的复杂构造。此法多用于中、小比例尺测绘。

2) 有航摄资料时

遥感地质调查可采用多种遥感手段和方法进行，利用现有遥感影像资料进行判释。应充分利用近期的黑白或彩色红外航空相片及热红外航空扫描图像，必要时结合使用陆地卫星图像或其他遥感图像。重点研究地区可收集不同时期的遥感资料。

基于航摄资料绘制工程地质图的方法如下：

(1) 立体镜判释。立体镜是航空相片立体观察的仪器。利用判释标志，结合所需掌握的区域地质资料，将判明的地层、构造、岩性、地貌、水文地质条件以及不良地质现象等调绘在单张相片上，并据此确定需要调查的地点和路线。

(2) 实地调查测绘，即对判释的内容，通过实地调查测绘进行核对、修改与补充。重要的地质点应刺点记录。

(3) 绘制工程地质图，即根据地形、地貌、地物的相对位置，将测绘在相片上的地质资料，利用转绘仪器绘制于等高线图上，并进行野外核对。

3. 调查测绘的内容

调查测绘的内容应视要求而定。调查测绘的重点也因勘察设计阶段及工程类型的不同而各有侧重，但基本内容主要有以下几个方面。

1) 地形、地貌

地形、地貌方面包括：地形、地貌的类型、成因、特征与发展过程；地形、地貌与岩性、构造等地质因素的关系；地形、地貌与工程地质条件的关系，对路线布置及路基工程的影响等。

2) 地层、岩性

地层、岩性方面包括：地层的层序、厚度、时代、成因及其分布情况；岩性、风化破碎程度及风化层厚度；土石的类别、工程性质及对工程的影响等。

3) 地质构造

地质构造方面包括：断裂、褶曲的位置、构造线走向，产状等形态特征和地质力学特征；岩层的产状和接触关系、软弱结构面的发育情况及其与路线的关系、对路基的稳定影响等。

4) 第四纪地质

第四纪地质方面包括：第四纪沉积物的成因类型、土的工程分类及其在水平与垂直方向上的变化规律；土的物理、水理、化学、力学性质；特殊土及地区性土的研究和评价。

5) 地表水及地下水

地表水及地下水方面包括：河、溪的水位、流量、流速、冲刷、淤积、洪水位与淹没情况；地下水的类型、化学成分与分布情况，地下水的补给与排泄条件，地下水的埋藏深度、水位变化规律与变化幅度，地面水及地下水对隧道工程的影响。

6) 特殊地质、不良地质

特殊地质、不良地质方面包括：各种不良地质现象及特殊地质问题的分布范围、形成条件、发育程度、分布规律及其对隧道工程的影响。

7) 地震

根据沿线地震基本烈度的区域资料，结合岩性、构造、水文地质等条件，通过访问、确定大于7度的地震烈度界线。

8) 工程经验

调查访问所在地区既有地下工程及其他建筑物的稳定情况和工程措施，以便借鉴。

2.1.3 勘探

为了查明隧道区域岩土体的性质和分布，进行其物理力学性质的室内试验，都必须依赖于勘探。常用的勘探方法有挖探、简易钻探、钻探和地球物理勘探等。

1. 挖探

挖探是地质勘探中广泛采用的一种方法，其最大优点是能取得详尽的直观资料和原状土样，但勘探深度有限，且劳动强度大。其主要包括坑探和槽探。

1) 坑探

坑探通过用机械或人力垂直向下掘进的土坑或称为试坑(深者称为探井)进行。坑探断面根据开口形状可分为圆形、椭圆形、正方形、长方形等，其断面尺寸有 1m×1m、1.5m×1.5m 等。其选用根据土层性质、用途及深度而定。试坑深一般为 2～3m，较深的需进行加固。

坑探适用于不含水或地下水量微小的稳固地层，主要用来查明覆盖层的厚度和性质、滑动面、断层、地下水位及采取原状土样等。

2) 槽探

槽探的试坑挖掘成狭长的槽形，其宽度一般为 0.6～1m，长度视需要而定，深度通常小于 2m，一般应垂直于岩层走向或构造线布置。

槽探适用于基岩覆盖层不厚的地方，常用来追索构造线，查明坡积层、残积层的厚度及性质，揭露地层层序等。

2. 简易钻探

简易钻探是地质勘探中经常采用的方法，其优点是工具轻、体积小、操作方便、进尺较快、劳动强度小；缺点是不能采取原状土样或不能取样，在密实或坚硬的地层内不易钻进或不能使用。简易钻探包括小螺纹钻勘探、钎探、洛阳铲勘探等。

1) 小螺纹钻勘探

小螺纹钻的钻具结构包括螺纹钻头和钻杆等，用人工加压回转钻进。其适用于黏性土及亚砂土地层，可以取得扰动土样，但其钻探深度小于 6m。

2) 钎探

钎探又称锥探，是用钎具向下冲入土中，凭感觉探查疏松覆盖层的厚度或基岩的埋藏深度，其探深一般可达 10m 左右。钎探常用来查明黄土陷穴、沼泽、软土的厚度及其基底的坡度等。

3) 洛阳铲勘探

洛阳铲勘探是借助洛阳铲的重力冲入土中，钻成直径小而深度较大的圆孔，通过此孔进行勘探，其可采取扰动土样。洛阳铲勘探的深度一般为 10m，但在黄土层中可达 30m 以上。

3. 钻探

在地质勘察工作中，钻探是广泛采用的一种最重要的勘探手段，它可以获得深部地层的可靠地质资料，一般在挖探、简易钻探不能达到目的时采用。根据钻进时破岩方法的不同，钻探可分为冲击钻进、回转钻进、冲击回转钻进及振动钻进等。

1) 冲击钻进

冲击钻进是将钻具提升到一定高度，利用钻具的重力和冲击力，使钻头冲击孔底以破碎岩土层，随着钻孔的延伸可以用钢丝绳或用钻杆连接钻头。这种方法能保持较大的钻孔口径。人力冲击钻进适用于黄土、黏性土、砂性土等疏松的覆盖层，但劳动强度大。机械冲击钻进适用于砾、卵石层及基岩。由于这种方法对下方的岩土层有夯实加密作用，易使岩土样变形而失真，因此该法不能取原状试样。

2) 回转钻进

回转钻进是利用钻具回转，使钻头的切削刃或研磨材料削磨岩土，可分为孔底全面钻进与孔底环状钻进(岩芯钻进)两种。工程地质勘探广泛采用岩芯钻进，这种方法能取得原状土和比较完整的岩芯。人力回转钻进适用于沼泽、软土、黏性土、砂性土等松软地层，在黏性土层中常使用螺纹钻或勺形钻，设备简易，但劳动强度较大。机械回转钻进有多种钻头和研磨材料，可适应各种软硬不同的地层，其中岩芯钻进依岩石的可钻性分为硬质合金钻进和金刚石钻进两种工艺形式。

3) 冲击回转钻进

冲击回转钻进也称为综合钻进，钻进过程是在冲击与回转综合作用下进行的。它适用于各种不同的地层，钻进效率高，能采取岩芯，在地质勘探中应用较为广泛，目前应用的钻进方法有气动和液动两种。

4) 振动钻进

振动钻进是利用机械动力所产生的振动力，通过连接杆及钻具传到钻头周围的地层中，由于振动器的高速振动，地层的抗剪强度急剧降低，借助振动器和钻具的重量，切削孔底地层，达到钻进的目的。其也可以用于不同的地层，但不能采取岩芯。

4. 地球物理勘探

地球物理勘探简称物探。不同成分、结构、产状的地质体，在地下半无限空间属于不同的物理场分布。凡是以各种岩土物理性质的差别为基础，采用专门的仪器，观测天然或人工的物理场变化来判断地下地质情况的方法，统称为物探。

物探方法是地层在自然状态下，各种物理力学指标均未受到破坏的情况下进行的一种比较好的原位测试方法。其优点是效率高、成本低、仪器和工具比较轻便。但是，由于不同岩土体可能具有某些相同的物理性质，或同一种岩土体可能具有某些物理性质的差异，有时较难得出肯定的结论，必须使用钻探加以校核、验证，因此物探有其一定的适用条件。物探与调查测绘、挖探、钻探密切配合时，对指导地质判断、合理布置钻孔、减少钻探工作量等方面都能取得良好的效果。另外，恰当地运用多种物探方法进行综合勘探，也能取得较好的效果。

物探按其所利用的岩土体物理性质的不同可以分为电法勘探、电磁法勘探、地震波勘探、声波探测、重力勘探、磁力勘探与放射性勘探等。在隧道工程中，较常用的有电法勘探、地震波勘探、电磁法勘探(地质雷达勘探)、声波探测等。其中，电法勘探是通过仪器测定岩土体的导电性差异来判断地下地质情况。当地层间具有一定的导电性差异，所测地层具有一定的长度、宽度和厚度，相对埋深不太大，且地形较平坦，游散电流与工业交流电等干扰因素不大时，电法勘探能取得较好的效果。地震波勘探是根据岩土体的弹性性质差异，通过人工激发弹性波的传播，来探测地下地质情况的一种物探方法。地震波勘探直接利用岩土体的固有性质(密度与弹性)，较其他物探方法准确，且能探测很大深度。其主要用于探测覆盖层的厚度、地层的埋深及厚度、断层破碎带的位置及产状等，而且能研究岩石的弹性，测定岩石的弹性系数等。电磁法勘探(地质雷达勘探)是利用高频电磁脉冲波的反射，探测地层构造和地下埋藏物体的一种物探方法，与探空雷达原理一致，故又称探地雷达勘探。该法通过发射天线向地下辐射宽带的脉冲波，在地下传播中遇到不同介质的介电常数和导电率存在差异时，将在其分界面上发生反射，返回地表的电磁波被接收天线接收，根据接收的回波来判断目标的存在，并计算其距离和位置。其可用于空中、地面与井中探测，但主要用于地面探测。声波探测是利用声波在岩体(岩石)中的传播特性及其变化规律，测试岩体(岩石)的物理力学性质的一种物探方法，其也可利用应力作用下岩体(岩石)的声发射特性对岩体进行稳定性监测。

2.2 地质及水文勘察

2.2.1 地质勘察

隧道是修建在天然地层中的建筑物，它从位置选择到设计、施工，均与地质条件有密切关系。地质条件包括地层性质、地质构造、岩层产状、裂隙发育程度及风化程度、隧道埋深及其与地形的关系、地层含水程度、地温及有害气体情况、有无不良地质现象及其影响等。因此，在隧道勘察中，应十分注意地质勘察工作。隧道的地质勘察一般分两阶段进行，即初步勘察(初勘)与详细勘察(详勘)。对地形、地质条件简单的中、短隧道采用一阶段勘察，但勘察工作应按相应要求和深度，提供施工图设计所需资料。地形、地质条件复杂的长大隧道可采用多阶段勘察，但为配合整个路线勘察工作，地质勘察宜与路线勘察阶段相当。

1. 初步勘察

1) 目的和任务

隧道设计和施工方案的正确性直接取决于地质勘察工作的完整性与可靠程度，所以地质勘察工作对隧道工程至关重要。初勘阶段的工作是为选择隧道方案做出地质论证。因此，对各个隧道方案，必须有计划地进行现有地质资料的搜集和现场实地调查测绘，以取得充分的第一手资料。然后通过分析研究，为选择或复查隧道位置及洞口位置的最佳方案做出符合实际的地质论证。其目的是查明地形、地质条件对隧道线形、隧道位置(洞口及长度)、引道，以及施工道路、其他附属工程的影响。

初勘的任务，首先是选择隧道位置。初勘阶段必须初步查明各隧道方案的工程地质、水文地质条件，以便根据地质特征比选确定最优方案，并为初步设计提供所需地质资料。当隧道位置选定后，根据初勘结果初步确定隧道通过地带的围岩级别。根据围岩级别可以大致确定隧道开挖难易程度、施工方法、支护类型及设计所需参数。通过初勘为隧道的初步设计提供必要的地质资料。

2) 基本内容

初勘与详勘在基本内容方面没有明确划分的限界。初勘一般通过调绘，查明控制隧道方案的主要地质问题，得出定性评价，而深入细致的定量工作在详勘阶段完成。

(1) 地形、地貌。

了解隧道通过地带的自然地理概况，查明有关控制点的海拔。地形、地貌是构造内力及外界影响长期作用的结果。地质构造运动与外界气候、水文、植被及人类活动长期相互作用，常会产生相应的地形、地貌特征。地质构造及其岩性是形成地形、地貌的主要条件。通过露头调查或采用其他勘探手段，可以发现它们之间的关系及规律，从而可以推断不完全显露或隐埋部分的地质情况。通过了解隧道通过地带的自然地理概况，可以查明地形、地貌与构造及岩性等地质因素的关系和规律。

(2) 地质构造。

地质构造的表现形态主要有单斜、褶曲、断层、节理、劈理及其他面状、线状构造等，需查明其组合方式。地质构造的组合形态是构造应力场的结果，要查清隧道处的区域构造应力场的方向和性质，以及与隧道的关系和对隧道的影响。隧道的轴线应尽量接近构造应力方向或与其具有较小的夹角，以免造成洞身横面变形。

单斜构造(包括水平、竖直岩层)应查明其产状及不同岩层的成层条件，另外，还需查明其层厚及层间接触关系(整合或不整合)。褶曲构造应查明其基本因素，如轴部(核、枢纽、轴面)、翼部(轴部两侧倾斜岩层)及过渡带(两翼岩层相互过渡的弯曲部分)。另外，还应查明褶曲构造的范围。断裂构造中位移变化显著者称为断层，仅有微量位移的为节理。对于断层，应查明其几何要素(断层面、断盘、断层线及位移)、性质及类型、破碎带的规模及影响范围。节理是一些构造形成时的伴生构造，其发展程度取决于岩性、层厚及局部应力，其对地下水分布及传导的预测有参考意义，因此应调查其在褶曲或断层的部位、产状要素、填充物特征及密度(条/m)等。

(3) 地层岩性。

查明隧道通过区域的地层层序、岩性、成因、年代、产状、状态、分布规律及其接触关系、接触面特征，岩层风化破碎程度及抗风化能力的强弱。沉积岩、层状岩浆岩和区域变质岩一般具有层状结构。地层界面一般按岩性及岩相所显示的特征即按岩石种类、名称、矿物成分、颗粒大小、空隙状态及结构颜色等区分。对难以确定层序的变质岩、岩浆侵入体及逆转地层，主要按岩石年代及生成条件考虑。另外，要了解岩土体的物理力学性质、水理性质，有无损害健康的物质或气体，并查明其成分、含量和分布情况；并了解地温分布规律。

(4) 特殊地质、不良地质。

特殊地质、不良地质地区，须查明其发生发展的原因、类型、范围，并推断其今后的发展趋势对隧道的影响，提出整治意见及初步设计所需的资料。岩堆、崩塌、滑坡、泥石流、冰川、雪崩、积雪、多年冻土、泥沼、软土、黄土、膨胀土、盐渍土、沙漠、岩溶等地区的初勘按相应勘测规定办理。另外，流沙地层，应查明其范围、厚度、成分、密实程度及可能发生的流动性质。含煤地层或其他矿场，应查明地质构造、成层特征、埋藏深度、层位、层数、厚度、覆盖情况及露头，煤层或其他矿场上、下岩层的岩性、厚度、裂隙及软弱夹层，有害气体的含量和压力，并判断其对隧道的影响。水库地区，应查明其覆盖层与岩层的分布情况、库岸的稳定性、遇水侵蚀软化岩层及软弱结构面的特征、水库的设计水位、水库引起的其他不良地质问题等。对于水库引起的塌岸，应查明范围，并按垂直库岸方向布置勘探，绘出塌岸边界。在湿陷性土类地区，应查明地下水浸润线。

3) 主要方法

初勘阶段主要以调绘为主，配合物探，并充分利用以往的地质资料，只有当不进行钻探、试验工作不足以说明地质情况而影响方案的选定时，才进行代表性的钻探试验工作。初勘时可以根据测区所有天然或人工露头的地质条件，进行调查和测绘，得出全面的定性评价。对不显露部分再配合物探进行补充验证，对隧道通过地带的围岩做出初步评定。

地质初步调绘应由有经验的地质工程师以现地踏勘的方式进行，主要查明滑坡、崩塌、断层、破碎带、地下水以及其他地质特征，做好调绘记录。参加调绘的人员应包括设计、施工的主要负责人，如果有必要还应有气象、农业、生物及环境等方面专家参加。调绘的范围根据隧道的规模、已有资料的精度、露头的多少等决定，一般可在路线中线两侧带状范围内进行。调绘时可以使用1/25000～1/1000的地形图。调绘的有效路线是与地层和断层的走向、褶曲轴的方向成正交的路线，以及沿河川、洼地、山谷和新建道路的路线。地质调绘应在测区及有影响的地区广泛周密地查找露点，观测点最好选择既在平面又在剖面的代表性露头，以便推测各类地质构造、岩层层序、岩性等地质特征。露头调查除采集一些样品供室内试验，如有机会遇到大型露头且表面较平坦的地方，应在现场做些物探参数的测定，此样品更能代表岩体原始状况。因此，通过室内外试验，可求得围岩的物理力学特性参数。

物探工作的测区，一般不超过地质调绘的范围。由于物探易受外界干扰和地质解释的多解性，利用已知地质条件进行对比验证很有必要，故对已有地质结论或物探测线的地质构造，应进行勘察，以便对此验证。物探测线一般应与构造走向正交，避免旁侧地层的不同电性或物性的影响，以测得真实的剖面层次。在测区内，测线的方向、间距及测点的疏密，激发点(或供电电极)与接收点(或测量电极)的距离与布置形式，应按物探方法并结合地形条件等因素选定。

初勘阶段一般不进行钻探。但当隧道必须通过不良地质、特殊地质地段或有重大地质疑点而需要钻探时，可在调绘及物探基础上合理布置钻孔位置，洞身轴线应布有钻孔，钻孔孔数应至少两个，其深度一般在拟定的洞底标高以下 1～2m。当洞身所在地层无变化时，其他钻孔可以提高，但在洞底标高以下遇有软弱地层或影响隧道稳定的其他不良地质时，应酌情加深钻孔。在洞底标高 3 倍洞径高度范围内，应采取岩样进行室内物理力学试验。当围岩开挖后，应力重分布区域较大时，3 倍洞径高度范围可适当加大。

4) 应提交的资料

初勘野外工作结束后，应在现场进行初步资料整理，并做好检校工作。文字说明的提纲、图表的底图、勘察及各项调查等原始资料的分析整编应在工地完成。最后提供下列资料：隧道工程地质说明书(对地质工作做一扼要叙述，并做出评价，提出对隧道初步设计的各项建议及以后详勘应进行的工作)；隧道工程地质平面图(图上应填绘物探、钻探等平面布置及挖探点位置，比例尺为 1:2000～1:5000)；隧道工程地质纵断面图(图中应标明勘探点，若进行震探时，则应标明岩层的弹性纵波波速，比例尺为横向 1:500～1:5000，竖向 1:200～1:1000)；洞口、洞身工程地质横断面图(应标明勘探点，若进行振探，则应标明岩层的弹性纵波波速，比例尺为 1:200～1:500)。另外，还应提供钻孔地质柱状剖面图、试验资料汇总表、航空照片地质解释资料及工程地质照片、野外素描图等。严重影响隧道方案的特殊地质、不良地质地区，应编制专项资料。

2. 详细勘察

1) 目的和任务

详勘的目的是根据批准的初步设计，对已选定的隧道位置进行详细的地质勘察，为编制隧道施工图提供地质资料。详勘的主要任务是对隧道所在区域的地形、地貌(包括洞外接线)、工程地质特征及水文地质条件做出正确的评价；根据控制围岩稳定的诸因素及地层弹性纵波波速，分段确定隧道洞身的围岩级别。由于隧道地质情况千变万化，施工时各段洞身掘进及衬砌类型等也不尽相同，要求详勘时应根据地质变化提供相应的施工设计资料及建议。

2) 基本内容

在初勘的基础上开展进一步深入细致的工作，着重查明和解决初勘时未能查明、解决的地质问题，补充、核对初测时的地质资料。对初勘时建议深入调查、勘探的重大复杂地质问题做出可靠的结论。应根据地质特征，着重分析隧道围岩的稳定性及洞口斜坡的稳定性。正确评价和预测隧道区域的工程地质、水文地质条件及其发展趋势，提供设计、施工所需的定量指标，并给出设计施工应注意的事项及整治措施意见。

详勘的内容主要有岩性、地质构造、地下水与地表水、地下资源等。岩性勘察包括岩石的种类和岩石特征，松散堆积物，岩石的物理、力学性质，风化以及变质情况等。

地质构造包括地层、褶皱、断层与破碎带、节理及围岩结构完整状态。地下水与地表水的涌水及枯水状态，含水层与隔水层。地下资源包括矿物资源、天然气、温泉地热等。对上述事项应逐个研究和说明，着重分析其对隧道设计与施工的影响。

3) 主要方法

详勘阶段使用的主要方法有调绘、物探、坑探、槽探、钻探等。为了克服主观性增加客观性(即减少判断的主观性)，可采取多组比较和综合的方法。地质调绘的范围、测点，物探网的网、线、点的范围和布置，物探方法的运用，以及坑探、槽探的位置等应与初勘时未能查明的地质条件或沿隧道轴线方向有复杂地质问题的地段相适应，以达到进一步查明和补充校核的目的。

详勘可在中线两侧各 200～500m、洞口外延长线上 100m 范围内进行。调查区的地质情况和露头的多少、调查者本身的水平、费用的多少、调查时间的长短等，对调查精度有直接影响。详勘通常使用 1:5000～1:1000 比例的地质图。

钻探主要用于如下地段：有丰富地下水，洞顶沟谷有覆盖层，且洞身埋藏较浅的地段；洞身穿过古河谷；地质构造较复杂且有软弱夹层，地下水通道面及其他软弱结构面；特殊地质、不良地质影响隧道严重时；露头缺乏，覆盖层较厚，且在较大范围内未能取得物探解释的可靠对比资料，无法鉴定隧道通过部分的围岩类别时。上述钻探区域，钻探位置、孔深、孔数及取样等应按不同地质问题的需要而定，在隧道中线上一般应布置钻孔。

4) 应提交的资料

详勘野外工作结束后，原始记录、计算、底图等应在工地认真进行校检、分类整理，完成详勘说明书。详勘完成后提交下列资料：

(1) 概况，即勘察目的、场所、范围、项目、方法、时间及参加人等。

(2) 地形、地质概况，即地形概况、区域地质概况、地质组成和地质构造等。

(3) 地层情况，即时代、岩相、风化及变质情况、物理力学性质及对工程的影响；地层分布，成层状态、褶曲、断层、破碎带、层理、片理、节理等及其对工程的影响。

(4) 调查中遗留的问题，对今后进一步调查的建议等。

(5) 地质平面图、地质断面图及纵断面图。地质平面图(比例尺为 1:5000～1:1000)包括地质时代、岩相及地层划分，并能进行地质构造判读；地质断面图包括钻探、挖探、电探、弹性波探测等的结果；纵断面图包括沿隧道中线纵断面上的隧道路面标高、地质构造、岩性、涌水等(比例尺为 1:5000～1:1000，洞口附近为 1:500～1:100)。

(6) 选线、设计及施工应注意的问题。

(7) 围岩分级情况等。

最终汇总形成详勘说明书(根据详勘提出对设计及施工方案的建议)及地质详勘成果书(包括地质平面图及剖面图，重大地质问题的评价，钻探、试验资料整编等)。

2.2.2 水文勘察

涌水及枯水调查本来是同一问题的两个方面，但设计与施工中应分别考虑。涌水可以使岩质软化，使软岩山体松弛，并使其强度降低；促使围岩中软弱夹层泥化；减少层间阻力，易于造成岩体滑动，使某些岩类溶解和膨胀，使山体出现附加压力；厚含水层出现大量涌水时将产生动水压力，出现流沙及渗透压力；含有害化合物的地下水(硫酸、二氧化碳等)对隧道结构将产生侵蚀作用；另外，只要充满地下水(即使只有一层薄的水膜)，理论上也存在静水压力，作用于隧道结构。因此，涌水是造成塌方和使围岩失稳的重要原因之一。枯水可能影响隧道上方和使四周的井和泉干涸，造成工业用水及饮水困难。目前对隧道涌水和枯水的定量分析非常困难，因此必须进行调查预测。

1. 涌水调查

1) 涌水调查的分类

涌水可分为集中涌水和稳定涌水。集中涌水经常以突然发生大量涌水的形式出现，往往造成停工和人身伤亡事故。为了预测施工中可能出现的集中涌水，要通过对构造裂隙、地下水露头的调查，判明含水层、透水层、隔水层的范围及其与隧道的关系和影响程度；调查地下水的类型及其与地表水的相互补给关系，地下水的动态变化规律；调查地下水的流量、流向及水质等。

有的地下水比较集中，会出现短暂的大量涌水；有的地下水面积分布很广，储有大量水量。因此，一般隧道涌水规律为：首先出现短暂的大量涌水，然后逐渐稳定在一个定值，一直继续到衬砌完工以后。这种状态的涌水称为稳定涌水，其受隧道长度、埋深、位置、含水层规模和透水性等影响，并与流域的枯水流量有密切关系，所以预测是可能的。一般情况下稳定涌水受季节的影响较小，但是隧道洞口附近或者覆盖层较薄的隧道，往往要受季节影响。

2) 涌水调查的内容

要预测地下水的涌水量，须调查的内容如下：隧道中心线上“谷”和“梁”的分布情况；断层及透水性岩层的性状和分布；地下水状况；已建工程的涌水资料、单位流域的枯水量及其比流量等。在火山碎屑岩地区、水平岩层地区以及裂隙节理发育的山岭等地带，涌水量和该地的地形、河川溪流的流量以及隧道通过位置的状态有一定关系。因此，应尽可能广泛地收集关于可能出现涌水的地点、最大涌水量、水压、稳定涌水量、山体稳定情况等资料。

预测可能出现集中涌水的地点时，必须分析隧道中心线上“谷”和“梁”的地貌特征。聚集在断层破碎带、透水层等含水层中的地下水，是沿着不透水层(如黏土层)等隔水层底板流出来的。含水层的分布要通过地质调查才能明确，但是地貌特征的分析可以作为一种辅助手段。一般情况下，“谷”附近涌水多，而“梁”附近涌水较少。

集中涌水受含水层的规模、渗透性、水压等条件支配。含水层的规模决定于它的厚度、埋藏条件(破碎带、透水层的延续性和封闭情况)及补给条件等。含水层指松散砂砾、砂砾岩、火山砂砾等埋藏有地下水的透水性地层。此外，断层、破碎带、裂隙多的岩石等由于它们的透水性较大，也可以看成含水层。关于含水层的性质，要调查它的走向、倾向、厚度、渗透性、水压、发生坍塌事故的可能性，特别是要查明含水层与隧道的交叉状况。

3) 涌水调查的方法

所有的水文地质勘察都可以利用钻探成果。在钻探过程中，当发现有含水层存在时，要对其水位(有两个以上含水层存在时要分层考虑)、涌水量、钻进中的漏水情况，以及钻孔孔壁坍塌情况等特别加以注意。另外，可以利用钻孔进行抽水试验及各种探测，也可以利用岩芯做渗透试验等。所有这些试验成果，都是分析地层的渗透性及坍塌性的有用资料。利用钻孔测量含水层的静水位及压力水位，若有两层以上含水层，则应分别测量。除钻孔，井、泉、溪流水面等都表示含水层的地下水面。地下水面和压力水位受季节影响而变动，因此要调查它的水文动态。当地下水受到抽水及灌溉等影响时，要查明使用水量、使用时间和地下水变化的关系。

当与隧道所在区域的地貌、地质等条件相似地区的已建工程，或者在区域附近已建有相应工程设施时，要调查它的地质情况、集中涌水地点、水量、稳定涌水量、季节变化、山体稳定状态、涌水状况与地貌特征的关系等情况。同时，还要查明它们与新建隧道的位置关系，如高低差及距离。要把井水水位、泉水水位、溪流水位、钻孔水位以及已查明的附近已建工程的地下水位记录在流域图上。

4) 涌水调查的范围

涌向隧道的地下水范围，依据隧道通过地区山体的大小、含水层的分布、岩层的渗透性等情况而定。涌水调查的范围，一般应以包括隧道路线在内，被明显的沟谷割切为单独的山体为准。但是，当含水层分布情况较明显时，可以根据含水层的规模、渗透性及隧道通过地段与其周围地区的高程差等具体情况，适当缩小或扩大调查范围。正常稳定的涌水量，与流向隧道的地下水范围及流量有关。向隧道集结的地下水范围(隧道涌水的渗流范围)，可以根据山体大小、隧道位置、深度等的相互关系，大体推测出来。

2. 枯水调查

因隧道施工而伴生的枯水现象，是由于隧道内涌水的结果而产生的，所以调查内容与涌水调查相同。但枯水问题有时会对社会产生巨大的影响，所以调查也要考虑到将来的水利规划远景。

枯水调查的主要内容有：水利资源的利用状况，溪流的流域和流量，泉水、地下水的状态，植被、气象，与隧道涌水有关联的问题，以及以往工程的枯水资料等。水利资源利用状况调查内容主要包括饮用水，农业灌溉用水，畜牧/果树/园艺/工业用水，水力发电用水，渔业、航运用水等，要调查各种工程的使用水量、使用水位、季节性变化以及将来的规划，同时要调查水质、水温、鱼类繁殖等情况。河川溪流调查主要内容基本和涌水调查内容相同，但是由于各个地区水利资源开发程度不同，要综合考虑流域的划分。泉水调查的主要内容：对于泉水，有的直接流入河中，不易被发现，有的在地面上可以直接目睹；对于后者，可以测出它的位置、标高、水位或压力、水量、水温等，而且也要调查它的季节性变化及降雨后的变化情况，同时要进行水质化验。地下水调查的主要内容包括地下水的利用状况(使用时间、水量等)、季节性变化及雨后变化等内容。植被调查的主要内容：可按照分区、分类，分别调查树龄、密度、生长情况等，并要考察分析是否受到隧道涌水的影响。气象调查的主要内容：只限于测定降雨量及蒸发量，一般情况只调查地下水的主要来源降雨量即可。与隧道涌水有关联问题的调查内容：在开挖过程中，如果出现了涌水现象，要把涌水的位置、初期水量、累计水量、稳定水量等各项内容调查清楚；同时，要调查分析前述各项调查内容是否受到涌水的影响。以往工程的枯水资料调查内容包括：以涌水调查的各项内容为准，但是新旧工程的影响是相互交错的，须调查清楚以往工程影响的范围及状况。

枯水调查的范围与隧道涌水调查基本相同。但是，由于枯水现象所引起的水位下降、流量减少等影响往往波及下游，因此在决定调查范围时要考虑这一点。另外，进行枯水调查时，须查清它的影响范围和不受影响的分界点，调查范围应该宽泛些。

调查结果可以用坐标图表示，横轴表示时间，纵轴表示调查项目。

2.3　建筑环境评价

随着社会发展，环境保护已被提到议事日程，保护环境、改善环境已列入国家法律，因此隧道设计与施工中必须提高环境保护意识，否则会给周围环境造成不良影响，致使周围环境质量下降。对于环境保护问题，应按照国家颁布的法律、法规中的有关规定，无论在工程设计还是在施工中，都应采取相应措施，以满足环境保护的要求。环境评价的目的在于修建工程以前，调查本地区的环境现状，不因修建工程给该地区的环境保护带来重大障碍，研究有关对环境影响的内容及其程度，提出防止环境破坏的措施等。

2.3.1　环境保护项目

1. 水资源

修建隧道工程可能会引起水资源的严重流失，对隧道上方的水利设施产生极大的影响，造成区域内居民用水困难，使隧道范围内的田地干枯、植被枯黄，甚至引起较大区域的地表塌陷。因此，在隧道工程设计及施工中应采取措施，防止水资源流失。

2. 植被

树木、草皮等植被不但能固着表土，减少水土流失，防止土壤沙化，还能涵养水源，保留土壤肥力，调节气候，改善环境。虽然隧道工程本身对植被的破坏远小于路基工程，但在施工过程中对植被的破坏也是比较严重的，故应在施工组织设计中采取有效的保护措施。

3. 特殊保护区

特殊保护区指名胜古迹、风景游览区、疗养区、温泉区、自然保护区等。在上述地区范围修筑隧道，应采取相应的措施，保持原有的景致特征，防止大气、水质、噪声、振动及粉尘污染。另外，隧道洞口及附属设施应与当地景致协调。

4. 特殊地质段

对地层发育良好、层序完整、界线清楚、化石丰富以及对地层学、古生物学研究有价值的地段，应采取有效的措施进行保护。

5. 环境污染的防治

1) 污水防治

施工中排放的废液含有固体物质、油类物质及酸碱物质，以及为防渗漏和加固地层所采用的化学浆流失，这些有害液体进入地面及地下水体中将对水生生物、人体健康和树木花草带来不同程度的危害，施工中应本着因地制宜、工艺简单、有利施工的原则选择防治措施。

2) 烟气污染防治

燃料的不完全燃烧会产生二氧化硫、氮氧化物、碳氧化物、碳氧化合物和烟尘等有害物质，会因地形、风向、温度的影响，聚积不散，造成严重的空气污染。因此，在城市附近、风景旅游区、文物古迹区的隧道工程，烟气排放应符合国家或地方规定的标准。

3) 粉尘污染防治

粉尘是大气中的颗粒物质，对人体的危害较大。施工中的爆破作业，砂、石、水泥、石灰的装卸、搅拌、破碎、堆放，以及车辆的运输作业、运营车辆都是粉尘污染源。因此，靠近城市或具有旅游价值的环境保护区内的隧道工程，要采取适当的措施，减少粉尘污染。

4) 噪声污染防治

噪声是国际公认的一种环境公害，对人的中枢神经系统、心血管系统、内分泌系统等多方面都有危害，其主要来自施工工程机械和运营车辆等。目前对噪声的控制主要是在传播途径上采取措施。

5) 振动的防治

振动是声源激发固体构件并伴随噪声同时产生的。强烈的振动会引起稳定性差的建筑物发生破坏，对人体有心理和生理上的影响。隧道施工中的振动主要是由爆破和机械振动引起的，应根据地域环境特点，采取必要措施对其危害加以限制。

6) 有害物质的防护

隧道开挖过程中，岩层内有害物质被释放出来导致环境污染，主要有：煤系地层中的瓦斯溢出导致人员窒息或燃烧爆炸；地质构造板块边缘储藏的地热资源直接排入水体对水生生物的危害；酸性岩区和沉积岩区的岩体和弃渣含有较高计量的放射性元素氢、钍、镭对环境产生的不利影响。这些都应该采取必要措施对其危害加以限制。

6. 弃渣处理

弃渣处理是施工组织设计的重要内容，从环境保护要求出发，应着重注意以下几点：

(1) 在选择、规划弃渣场地时，应按国家土地利用的基本政策，尽量占用荒地，少占耕地，控制侵占良田，尽可能少地改变原有自然环境。

(2) 严禁向河谷倾倒弃渣，应在掌握河流特性，经弃渣设计后，分层碾压弃渣，并确保能防止本岸、彼岸、下游出现各种水害。

(3) 对含有放射性物质的水、弃渣，应经严格测定后，依据含量或浓度确定处置措施。

(4) 对可利用的隧道挖渣，应尽量就地加工成工料或骨料用于工程，或作为路基填料，以减少堆放数量和减少占用土地。

(5) 根据弃渣地区的降水、地面径流及地形情况，对弃渣松散堆体设置排水管、盲沟、截排水沟、加固弃渣堆坡脚，以确保弃渣体的稳定，防止发生人为的灾害，有条件时应在弃渣堆上覆盖 30cm 以上厚度的耕植土，改土造田或种树绿化。

2.3.2 环境现状调查

环境现状调查要选取被认为因隧道的修建、使用而引起环境现状恶化的项目来进行，其主要内容如下所述。

(1) 地物、地貌：隧道洞口附近居民住宅、企事业单位的分布情况及规模；地物的结构类型、用途、稳定情况；应保持风景、名胜古迹、历史文物的具体位置和保护的级别；土地、水面利用状况；交通状况。

(2) 地形、地质：地形特征及可供选择的施工便道、临时建筑及弃渣场地；地质构造及不稳定地层类型；区域水文基本特征、地下水及地表水补给状况；河谷的水文特征，如比降、流向、河湾冲高、冲淤的变化、糙率等；温泉地热。

(3) 大气质量：气象资料，如降雨、降雪、风速、风频、气温、逆温、大气稳定度；大气污染现状，如空气总悬浮微粒、飘尘、二氧化硫、一氧化碳、氮氧化物；大气质量已达国家或地方标准情况。

(4) 水体质量：水源类型、供水量、供水方式、水源补给转化情况；排水途径及方式；现有水质污染程度；现有水体质量已达国家或地方标准情况。

(5) 噪声、振动：工程周围环境噪声本底值；施工机械、运输装卸及爆破产生的噪声、振动的限制标准；施工机械产生的噪声、振动方面的资料。

(6) 生态资源：森林、草场、水域的面积和位置，植物的种类、密度、分布、管理程度、季节变化等；野生动物、珍稀动物、水生生物的种类、密度、分布、管理程度、季节变化等。

2.3.3 环境影响预测及评价

1. 大气

从运营车辆排出的废气，通过隧道洞口或专门的排风井排出。对人体健康危害大的是一氧化碳、氧化氮、碳氢化合物，预测范围通常是隧道运营对环境有影响的范围，一般为隧道洞口或排风井附近 100～150m 范围。另外，根据地形、气象条件的变化，当废气影响范围扩大时，预测范围也相应扩大。

预测方式有类似条件隧道沿线实测方法和扩散模式方法，一般采用扩散模式方法。隧道工程多伴有地形起伏的丘陵或山区，大气污染物质扩散受大气湍流、山区逆温、风向风速的不规则变化等的影响。因此，污染物落地浓度计算模式，应根据工程所在地区环保部门推荐的模式或修正系数确定，在《制定地方大气污染物排放标准的技术原则和方法》中，关于地面点源扩散的高斯模式，可供计算时参考。

2. 水质

从隧道内排出的施工及运营污水，要根据附近排水处理设备、河流状态、流量等判断，当认为显著影响接纳水体相应的排放标准时，应根据需要预测其扩散量。

3. 噪声

隧道进出口噪声预测要根据不同的地形、植被等情况拟定相似的噪声预测公式。

4. 振动

振动主要考虑施工阶段爆破所造成的地层振动及其危害，它与炸药的种类、用量、爆破源的距离、地层性质、爆破方法、炮眼布置等多种因素有关。

5. 地表沉陷

在隧道洞口附近、浅埋地段及不良地质地段，当开挖支护造成地表沉陷影响波及附近建筑物的正常使用及稳定时，要根据隧道工程的地质状况、断面形状、施工方法及开挖支护情况对地表沉陷进行预测。

6. 地形、地质

对于改变土地形状、有关挖掘、弃渣填筑等，要用图表分析其数量、位置、形状、面积、施工方法等。

7. 植物

为掌握因隧道工程等直接影响的植被改变量，同时在有贵重植被等情况下：一方面要考虑地下水变动及隧道使用的影响，并和自然环境相对比；另一方面，在可能的范围内要进行客观预测。预测方法可以考虑调查相似隧道类似植被的影响实例，例如，作为类似隧道的必要条件，应考虑高程、地形、地质等；作为类似植被的必要条件，则为双方植被所包括的同一品种的数量等。

8. 动物

隧道给动物的影响，既有由于隧道工程而直接变迁其繁殖区域的，也有由于交通带来的危害、噪声及排出废气等带来的影响。这些因素与动物之间的关系并不明确，要想正确掌握它是困难的。但是，在被认为会直接影响珍稀动物等繁殖的区域，或者由于使用隧道而带来严重影响的情况下，要根据以往资料在可能范围内客观地预测。

9. 自然景观

有优美景观的情况下，对洞门用透视图、剪辑相片进行研究，同时根据现有的见解预测其变化，并且探究与自然景观协调的构造物形状、色彩等。

预测完成后，对能够掌握定量预测影响的项目(大气性质、水质、噪声、振动、地表沉降等)，应根据预测结果，对照环境保护规定的指标进行评价。而对于与自然环境有关的植物、动物、风景名胜区及已明确其价值者(法定纪念物，学术上重要的动植物等)，要拟定定性的保护目标，据此进行评价。关于不能拟出客观保护目标的项目，可按类似事例进行客观评价。

2.3.4　环境保护措施

根据预测及评价的结果，探讨适应工程各阶段的环境保护措施，并要对其进行明确制定。

1. 水资源的保护措施

水资源的保护措施如下：

(1) 当浅埋隧道施工时，为防止开挖施工引起地表水漏失和地层下陷，可结合地下水位涨落及水力坡度的变化情况、地面下沉与掘进及衬砌衔接关系的观测，采取超前支护方法，实施预注浆，对洞身围岩体进行加固。

(2) 当隧道穿过与地表水连通的破碎带时，为防止突发性的泥石漏入或漏失地表水，可根据探水孔流出的水量和水压变化，采取洞内超前帷幕注浆，以加固破碎带和封堵水路。

(3) 如预计隧道会与地下径流相遇，应及早采取拦、堵、截等保水措施，以减少水源高程损失；一旦水资源经隧道漏失，可利用地形、地质等有利条件设置蓄水池，将未污染的水流经沟、槽或专设管路提升，引入蓄水池供给用户。

2. 污水的防治措施

污水的防治措施如下：

(1) 对隧道涌水量大的地方，设截水管由衬砌背后引出并导入蓄水池，避免与洞内施工污水汇合外排，可减少污水处理量，并可充分利用水资源充实施工用水。

(2) 利用洞外自然沟壑地形，设置污水处理设施。对地形条件复杂的地区，采用平流斜板一级处理池。经处理后的水质要符合接纳水体相应的排放标准，并注意排放过程不应选在田地、坡脚以免产生水毁现象。

(3) 尽量选用毒性小、污染少的注浆材料，尽量减少配制浆液过程的洒漏和注浆过程的浆液漏失，对进入排水系统中的有害物质进行净化处理，避免浆液流入地面水系和人畜用水水源。

3. 粉尘污染防治措施

粉尘污染防治措施如下：

(1) 施工中改进爆破方法，采用松动爆破、无声振动等技术；炮眼钻孔严禁干孔施钻。

(2) 散装水泥、石灰采用密闭罐运输、存放。

(3) 搅拌场、弃渣设隔尘隔声的隔离设施。

(4) 绿化洞口附近的荒山、荒地，充分利用植被的天然吸尘作用。

4. 有害气体的防治措施

隧道内车辆运营的有害气体都由隧道通过通风排放口排出，由隧道通风排放口排出的有害气体扩散后的落地浓度应符合排放标准，否则应做处理设计。

5. 噪声控制措施

噪声控制措施如下：

(1) 施工中选择低噪声的机械设备进场施工。噪声大的机械设备远离居民点或施工人员住地布设。合理安排机械作业，减少同时作业的机械台数，对产生噪声大的作业，不安排在夜间或节假日。

(2) 运营中设置隔声屏或利用绿化带减少噪声传播。

6. 振动防治措施

振动防治措施如下：

(1) 对搅拌机、球磨机、空压机、碎石机等的基础埋入半地下，并铺设砂石垫层以减轻振动影响。

(2) 通过试验选择炸药品种，调整用药量，减少一次齐发的药量，以期达到减小爆破振动的目的。

7. 有毒有害物质的防护措施

有毒有害物质的防护措施如下：

(1) 有瓦斯溢出的隧道施工，应采用防爆型机具设备，加强施工通风，采用多种方法监测隧道内的瓦斯含量，使其达到规定标准。

(2) 含有放射性物质的水、弃渣应置放于远离人群活动或居住的地方。弃渣应以高密度物质材料封闭，或在弃渣上以黏土、水泥等覆盖，也可以种植树木让其自然衰变。

8. 自然环境的保护措施

隧道施工过程中，土地形状、河道、植被改变，以及设置构造物及开采材料等的影响，破坏了原有自然环境，因此要探讨设计出自然环境的复原、修饰与绿化等措施及方案。

2.3.5 环境评价报告

环境评价及其防治措施制定完成后，要提交最终的环境评价报告，其内容主要包括：该环境工程的必要性、概要及其效果；环境现状调查；环境预测及评价；环境保护措施的制定。

思 考 题

1. 为什么要进行隧道勘察，其目的是什么？
2. 隧道地质勘察的两个阶段在目的、任务、内容、方法及提交资料等方面有何要求？
3. 隧道勘探有哪些方法，各有何特点？
4. 建筑环境评价的目的和内容是什么？

第3章　隧道围岩环境及其分级

3.1　围岩及其评价

围岩指隧道周围一定范围内，对隧道稳定有影响的那部分岩土体，也可表述为：隧道周围一定范围内，受隧道工程施工和车辆荷载影响的那部分岩土体，或指对地下洞室稳定性有影响的那部分岩土体。这部分岩土体在隧道开挖和支护过程中将产生应力重新分布，其性质也有所变化。围岩的工程性质一般包括三个方面：物理性质、水理性质和力学性质。而对围岩稳定性影响最大的为力学性质，即围岩抵抗变形和破坏的性能。需要说明的是，围岩既可以是岩体，也可以是土体。

围岩范围的大小应视具体工程条件而定。显然，围岩的内边界就是隧道的外周边。从工程应用和力学分析的角度，围岩的外边界应划在因隧道施工引起应力变化和位移小到可以忽略不计的地方。但从区域地质构造的角度，围岩的范围则大一些。其具体范围很难确定，但岩体力学应用弹塑性理论的分析方法，可以给出简化条件下围岩的范围大小和形状，其对隧道工程设计和施工有着重要的指导意义。

对围岩的地质状态评价包括两个方面的内容：调查、评价每一单个岩土体的特征及整个围岩体的状态。

对单个岩土体进行物理、力学特征的评价与分析，属于岩石力学及土力学的范畴。其任务主要包括以下几个方面：岩土体的类型、矿物成分、级配、含水量等；岩土体的变形性质，如弹性模量 E、泊松比 μ、内摩擦角 φ 和黏结力 c；岩土体的强度和抗裂性，如抗拉、抗压、抗剪强度及裂缝状态；透水性、溶解性、膨胀性、松动性及风化程度等。

围岩体的整体特征取决于构成围岩的每一个岩土体的特征，但不等于它们之和。对由多种岩土体所构成的围岩进行力学和水文学的调查及评价，属于工程地质学的范畴，其主要包括：线路范围内岩土体的整体构造特征，如岩土体的构成成分、构造状态、层/系位置、裂隙间距等；岩土体的强度及初始应力；岩土体的自承能力；岩土体开挖后所需的必要支护手段；地面水及地下水的位置与隧道的关系、水流方向及分布、岩土体透水性等；岩土体的温度、气体含量、特殊化学元素含量等。

岩土体的构造可为均匀的，或各向异性的。岩土体构造的不连续性，指岩土体内部存在的不连续面即分离层，它中断了岩土体的外形及力学延续性并引起物理及力学特征的跳跃。分离层包括裂隙、夹层、节理、层理等。这些不连续面的存在可为微观的，也可长达几公里。

实践表明，不同岩石、不同土体及不同地层结构，对隧道的稳定性会产生不同的影响。在隧道开挖中，有些岩石坚硬，形成稳定状态，而同样的岩石，由于地层构造不同却产生塌方病害。有些土体，虽然强度不高，如西北的黄土，却能构成稳定状态；同样的土体，遇水发生突泥，导致隧道失稳。因此，隧道围岩是否构成稳定状态，不仅与岩土体性质有关，还与其存在的形态密切相关。所以，隧道围岩评价是一个复杂的工程概念。

3.2 围 岩 分 级

由于隧道工程所处地质环境十分复杂，人们对它的认识还远不够完善。根据长期的工程实践，工程师认识到各种围岩的物理性质之间存在一定的内在联系和规律，依照这些联系和规律，可将围岩划分为若干类型，这就是围岩分级。围岩分级是评价围岩性质，确定围岩压力，判定其稳定性的重要方法，也是合理选择隧道支护类型及施工方法的重要依据。对于隧道工程，围岩级别是隧道设计和施工的基础，关系到隧道结构、安全、稳定、经济等。围岩级别高，有利于隧道安全、稳定；围岩级别低，隧道建设造价偏高、不经济。隧道围岩分级的目的可以概括为：作为选择施工方法的依据；进行科学管理及正确评价经济效益；确定结构上的荷载(松散荷载)；给出结构的类型及其尺寸；制定劳动定额、材料消耗标准的基础等。

因此，在隧道建造中，应对隧道围岩级别判别予以高度重视，从多方面获取信息，在对单个及整体岩石进行调查及评价之后，根据一定的准则对围岩的状态进行综合研究分析、判断，确定相应围岩级别。一个较好的、符合工程实际情况的围岩分级，可以改善地下结构设计，发展新的隧道施工工艺，降低工程造价，多快好省地修建隧道，可见，研究隧道围岩分级有着十分重要的意义。

从使用角度，比较理想的围岩分级方法应该是：准确客观，有定量指标，尽量减少因人而异的随机性；便于操作使用，适于一般勘测单位所具备的技术装备水平；最好在挖开地层前得到结论。

实际上，人们对围岩及其自然规律的认识是不断深化的，因此围岩分级也有一个发展的过程，它是在人们的不断实践和对围岩地质条件逐渐加深了解的基础上发展起来的，不同国家、不同行业都根据各自的工程特点和目的提出了各自的围岩分级方法。例如，日本最初主要借用适合土石方工程的“国铁土石分类”来进行隧道的设计与施工，其主要根据开挖岩(土)体的难易程度(强度)来划分；苏联在很长时期内采用以岩石的坚固性来分类，采用一个综合性的指标值f，称为岩石坚固性系数，理论上坚固性是指围岩抵抗任何外力作用及其造成破坏的能力，不同于强度和硬度，实际上只反映岩石抗压强度的性能，很少考虑岩体的构造特征；在英、美等国，主要沿用太沙基(K.Terzaghi)提出的分级法，其能考虑一些岩体的构造和岩性等的影响，较好地反映了隧道围岩的稳定状况，目前美国也用岩石质量指标(RQD)或隧道围岩在不支护条件下暂时稳定的时间作为分级依据；我国在 20 世纪 50 年代初期的铁路隧道围岩分级，基本上是沿用 50 年代以前岩石极限抗压强度与岩石天然容重为基础的分级，这种分级仅运用土石方工程的土石分级法，以后都借用苏联的岩石坚固性系数进行分类，即通常所说的“普氏系数”(f值)。在长期的地下工程实践中发现，这种单纯以岩石坚固性(主要是强度)指标为基础的分类方法不能全面反映隧道围岩的实际状态。人们逐渐认识到，隧道的破坏主要取决于围岩的稳定性，而影响围岩稳定性的因素是多方面的，其中，隧道围岩结构特征和完整状态，是影响围岩稳定性的主要因素。隧道围岩体的强度，对隧道的稳定性有着重要的影响，地下水、风化程度也是隧道围岩丧失稳定性的重要原因。从围岩的稳定性出发，我国在 1975 年编制了《铁路隧道围岩分类》，代替了多年沿用的以岩石坚固性系数来分级的方法。我国公路隧道围岩分级起步较晚，随着经济的发展，我国公路交通得到较大发展，1990 年，以铁路隧道围岩分级为基础，编制了《公路隧道围岩分级》。

从国内外的发展可以看出，以隧道围岩的稳定性为基础进行分级是总的趋势。但分级指标方面，大多数正在从定性描述、经验判断向定量描述发展。国内外现有的围岩分级法可以分为定性、定量、定性与定量相结合三大类。定性分级的做法为：在现场对影响岩体质量的诸因素进行定性描述、鉴别、判断，或对主要因素做出评判、打分，有的还引入部分量化指标进行综合分级，如原有的公路、铁道隧道围岩分类(分级)等方法。定性分级方法的经验成分较大，有一定人为因素影响和不确定性，在使用中往往存在不一致性，因此随勘察人员的认识和经验的差别，经常对同一围岩做出级别不同的判断。定量分级的做法为：根据对岩体性质进行测试的数据或对各参数打分，经计算获得岩体质量指标，并以该指标值进行分级。但由于岩体性质和赋存条件十分复杂，分级时仅采用少数参数和某个数学公式难以全面准确地概括所有情况，而且参数测试数量有限，数据的代表性和抽样的代表性均存在一定局限，实施难度较大。因此，现行规范采用定性划分和定量评价相结合的综合评判方法，两者可以互相校核和检验，以提高分级的可靠性。

3.2.1 围岩分级指标及其选择

围岩分级的指标主要考虑影响围岩稳定性的因素或其组合因素，其大体有以下几种。

1. 单一岩性指标

单一岩性指标一般有岩石的抗压和抗拉强度、弹性模量等物理力学参数，以及岩石的抗钻性、抗爆性等工程指标。在一些特定的分级中，如确定钻眼功效、炸药消耗量等以及土石方工程中划分岩石的软硬、开挖的难易时，均可采用岩石的单一岩性指标进行分级。一般多采用岩石的单轴饱和极限抗压强度作为基本的分级指标，该指标具有试验简单、数据可靠的优点。但单一岩性指标只能表达岩体特征的一个方面，用来作为分级的唯一指标并不合适，如老黄土地层，在无水的条件下，其强度虽然低，但稳定性却很高。

2. 单一综合岩性指标

单一综合岩性指标指以单一指标反映岩体的综合因素。这些指标有：

(1) 岩体弹性波传播速度。弹性波传播速度与岩体的强度和完整性成正比，其指标为一个既能反映岩体力学性质又能反映岩体破碎程度的综合因素。

(2) 岩石质量指标(RQD)。其为一个反映岩体强度和岩体破碎程度的综合指标。岩石质量指标是指钻探时岩芯的复原率，或称为岩芯采取率。钻探时岩芯采取率、岩芯的平均长度和最大长度受岩体原始裂隙、硬度、均质性的影响，岩体质量的好坏主要取决于岩芯采取长度小于 10cm 以下的细小岩块所占的比例。因此，岩芯采取率是以单位长度钻孔中 10cm 以上的岩芯占有的比例来判断的。其计算公式如下：

$$\text{RQD}=\frac{10\text{cm以上岩芯累计长度}}{\text{单位钻孔长度}}\times 100\% \tag{3.1}$$

(3) 围岩自稳时间。隧道开挖后，围岩通常都有一段暂时稳定的时间，不同的地质环境，自稳时间不同，它也是一个综合岩性指标。劳费尔(H. Lauffer)提出的隧道围岩自稳时间 t_s 的计算公式为

$$t_s=\text{常数}\times L^{-(1+a)} \tag{3.2}$$

式中，L 为隧道未支护地段的长度；a 为一个常数，视围岩情况在 0～1 变化，好的岩体可取 0，极差的取 1。

单一综合岩性指标一般与地质勘察技术的水平有关，因此其应用受到一定限制。

3. 复合指标

该指标是一种用两个或两个以上的岩性指标或综合岩性指标所表示的复合性指标。具有代表性的复合指标为巴顿(N. Barton)等提出的岩体质量指标 Q，其综合表达了影响岩体质量的 6 个地质因素，计算公式为

$$Q=(\text{RQD}/J_h)(J_r/J_a)(J_w/\text{SRF}) \tag{3.3}$$

式中，RQD 为岩石质量指标，其取值方法见式(3.1)。J_h 为节理组数目，岩体越破碎，取值越大，可参考下列经验数值：没有或很少节理，$J_h=0.5$～1.0；两个节理组时，$J_h=4$；破碎岩体时，$J_h=20$。J_r 为节理粗糙度，节理越光滑，取值越小，可参考下列经验数值：不连续节理，$J_r=4$；平整光滑节理，$J_r=0.5$。J_a 为节理蚀变值，蚀变越严重，取值越大，可参考下列经验数值：节理面紧密结合，节理中填充物坚硬不软化，$J_a=0.75$；节理中填充物是膨胀性黏土，如蒙脱土，$J_a=8$～12。J_w 为节理含水折减系数，节理渗水量越大，水压越高，取值越小，可参考下列经验数值：微量渗水，水压<0.1MPa，$J_w=1$；渗水量大，水压特别高，持续时间长，$J_w=0.05$～0.1。SRF 为应力折减系数，围岩初始应力越高，取值越大，可参考下列经验数值：脆性而坚硬、有严重岩爆现象的岩石，SRF=10～12；坚硬、有单一剪切带的岩石，SRF=2.5。

这 6 个地质参数表达了岩体的岩块大小(RQD/J_h)、岩块的抗剪强度(J_r/J_a)、作用应力(J_w/SRF)。因此，岩体质量指标 Q 是岩块尺寸、抗剪强度、作用应力的复合指标。

复合指标能考虑多种因素的影响，判断隧道围岩的稳定性比较合理可靠，它可以根据工程对象的要求，选择不同的指标。但是，复合指标的定量数值，一般通过试验、现场实测或凭经验确定，带有较大的主观性。

通过以上分析可见，对隧道围岩的分级，首先应考虑选择对围岩稳定性有重大影响的主要因素，如岩石强度、岩体的完整性、地下水、地应力、结构面产状及它们的组合关系作为分级指标；其次，选择测试设备比较简单、人为因素影响小、科学性较强的定量指标；最后，考虑分级指标要有一定的综合性，如复合指标等。总之，选取的分级指标应有足够的实测资料为基础，能全面反映围岩的工程性质。

3.2.2 围岩分级方法

国内外隧道围岩分级方法有很多，所采用的指标也不相同，但都是在隧道工程实践基础上逐步建立起来的。随着人们对隧道工程、地质环境之间相互关系的认识和理解，围岩分级方法也在逐步深化和提高。在发展过程中围岩分级方法大体有以下几种类型。

1. *以岩石强度或岩石的物性指标为代表的分级方法*

1) 以岩石强度为基础的分级方法

这种围岩分级方法单纯以岩石的强度为依据，例如，我国 1949 年以前及 1949 年以后的最初几年的土石分级法，即把岩石分为坚石、次坚石、松石及土四类，并设计出相应的四种隧道衬砌结构类型。在国外，如日本，初期采用的是“国铁铁石分级法”。这种分级方法认为隧道开挖后，其稳定性主要取决于围岩的强度。围岩越坚硬，隧道越稳定；反之，围岩越松软，稳定性就越差。实践证明，这种认识是不全面的，例如，我国陕北的老黄土，无水时直立性很强，稳定性相当高，在无支护条件下可维持十几年、几十年之久，但其单轴抗压强度却很低；又如，在江西、福建一带的红砂岩，整体性好，隧道开挖后稳定性较好，但其强度却不高。因此，单纯以围岩强度为基础的分级方法需要改进完善。

2) 以岩石的物性指标为基础的分级方法

这种分级方法中具有代表意义的为我国工程界曾经广泛采用的苏联学者普洛托奇雅柯诺夫教授提出的坚固性系数分级法(或称为f值分级法、普氏分级法)，它把围岩分成 10 类。f值是一个综合物性指标值，它表示围岩在开挖中各个方面的相对坚固性，如岩石的抗钻性、抗爆性、强度等。但以往人们确定 f 值主要采用强度试验方法，再兼顾其他指标，即用 $f_{岩石}=\frac{1}{100}R_c \sim \frac{1}{150}R_c$ (R_c 为岩石饱和单轴极限抗压强度)表示，它仍是岩石强度指标的反映。实际上，在我国把 f 值应用到隧道工程的设计、施工时，考虑了地质条件的影响，即考虑了围岩的节理、裂隙、风化等条件，把由强度决定的 f 值适当降低，即 $f_{岩体}=Kf_{岩石}$ (K 为地质条件折减系数)。

这种方法的优点是指标单一，使用方便，尤其是在f值分级法中，还将定量指标值f与作用在支护结构上的围岩压力直接联系起来，给设计和施工带来较大的方便。但其缺点是不能全面反映岩体固有的性态。

2. *以岩体构造和岩性特征为代表的分级方法*

1) 太沙基分级方法

这种分级方法是早期提出的，限于当时的条件，仅把不同岩性、不同构造条件的围岩分成九类，每类都有一个相应的围岩压力范围值和支护措施建议，见表 3.1。在分级时以隧道有水的条件为基础，当确认无水时，IV～VII 类围岩的围岩压力值应降低 50%。这一分级方法曾长期被各国采用，至今仍有广泛的影响。

表 3.1　太沙基分级方法

类别	描述	荷载系数 H_p	支护建议及其他
I	岩石坚硬完整，不含裂隙，开挖后，在开挖面可能产生爆裂或碎裂	0	在爆裂或碎裂部位局部支撑
II	厚层坚硬岩，结构面黏结好，掌子面上常见爆裂或碎裂现象	0～0.5B	破裂部位局部支撑，荷载能在不同岩层间传递
III	巨块状岩体，含长大裂隙，裂隙镶嵌较好，直立岩墙不需支护，可能出现破裂	0～0.25B	破裂部位局部钢支撑
IV	岩石新鲜，含一定量裂隙，裂隙镶嵌不好，有少量张开，直立岩墙不需支护，可能出现破裂	(0.25～0.35)(B+H)	没有侧压力
V	岩石未风化，但裂隙较多，而且裂隙张开甚至脱离，直立岩墙需要支护	(0.35～1.1)(B+H)	没有或有少量侧压力
VI	岩石未风化，但裂隙密集，岩体被切割成碎块，而且块体间镶嵌不好，较松散，开挖面需要大量支护	1.1(B+H)	有大量侧压力，地下水作用时会恶化，需要环状肋梁支撑
VII	岩石会向隧道内缓慢挤入，但是没有明显体积变形，埋深一般为 150～1000m	(1.1～2.1)(B+H)	侧压力严重，需要支柱支撑，建议用环状肋梁
VIII	岩石会向隧道内缓慢挤入，但是没有明显的体积变形，埋深一般>1000m	(2.1～4.5)(B+H)	—
IX	遇水膨胀岩体	与 B、H 无关	需要环状肋梁支撑，极端情况下需要柔性支撑

注：①B 为洞宽，H 为洞高；②假设隧道在地下水位以下，对于地下水位以上的隧道，IV～VI 类岩体的 H_p 值降低 50%；③假设隧道采用钻爆法开挖，对于机械开挖隧道，II～VI 类岩体的 H_p 值降低 20%～25%。

2) 以岩体综合物性为指标的分级方法

20 世纪 60 年代我国在大量铁路隧道修建经验的基础上，提出了以岩体综合物性指标为基础的岩体综合分级法，并于 1975 年修正后正式作为铁路隧道围岩分级方法，后经多次修订列入我国现行的《铁路隧道设计规范》(TB 10003—2016)。

另外，劳费尔(H. Lauffer)提出的自稳时间分级，也可以看成这种分级。他根据围岩的自稳时间和未支护地段的长度，将围岩分为稳定的、易掉块的、极易掉块的、破碎的、很破碎的、有压力的、有很大压力的七级(A～G)，如图 3.1 所示。

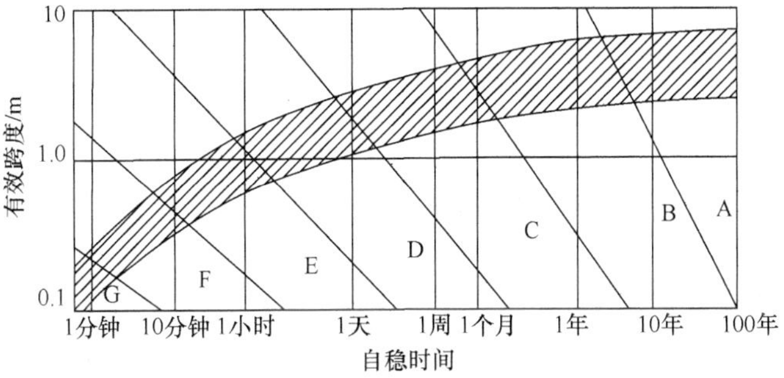

图 3.1　自稳时间分级法

这类方法的优点是正确考虑了地质构造特征、风化状况、地下水情况等多种因素对隧道围岩稳定性的影响，并建议了各类围岩应采用的支护类型和施工方法；缺点是分级指标缺乏定量描述，没有提供预测隧道围岩级别的方法，在一定程度上要等到隧道开挖后才能确定。

3. 与地质勘察手段相联系的分级方法

1) 弹性波(纵波)速度分级方法

随着工程地质勘探方法，尤其是物探方法的发展，1970 年前后，日本提出按围岩弹性波速度进行分级的方法。围岩弹性波速度是判断岩性、岩体结构的综合指标，它既可反映岩石软硬，又可表达岩体结构的破碎程度。该法根据岩性、构造状况及围岩压力状态，将围岩分成七类。我国从 1986 年起，也开始将围岩弹性波(纵波)速度引入围岩分级法中。

2) 以岩石质量为指标的分级方法(RQD 分级方法)

RQD 分级方法规定如下：

RQD>90%　　优质
75%<RQD≤90%　　良好
50%<RQD≤75%　　好
25%<RQD≤50%　　差
RQD≤25%　　很差

这类方法的优点是分级指标大体上是半定量的，同时考虑了多种因素的影响；缺点是分级的判断带有一定主观性，例如，弹性波速度低，可能是岩体完整但岩质松软、地质坚硬但比较破碎、地形上局部高低相差悬殊等几种原因引起的，仅弹性波速度这一个指标，很难客观地得出正确的结论。

4. 多种因素的组合分级方法

岩体质量 Q 分级方法、我国国防工程围岩分级法等，均属于此类方法。

岩体质量 Q 分级方法，根据不同的 Q 值，可以把岩体质量评为九级，见表 3.2。

表 3.2　岩体质量评估

岩体质量	特别好	极好	良好	好	中等	不良	坏	极坏	特别坏
Q	400～1000	100～400	40～100	10～40	4～10	1～4	0.1～1	0.01～0.1	0.001～0.01

这类方法是当前围岩分类方法的发展方向，优点很多，如可以依据 Q 值及等效尺寸给出支护方式，但部分定量指标仍需凭经验确定。

5. 以工程对象为代表的分级方法

专门适用于喷锚支护的原国家建设委员会颁布的围岩分类法(1979 年)及苏联在巴库修建地下铁道时采用的围岩分级方法(1966 年)等均属于这一类型。

这类方法的优点是目的明确，而且和支护尺寸直接关联，使用方便，能指导施工；但分级指标以定性描述为主，带有很大的主观因素。

由上述介绍可知，隧道围岩分级方法有简有繁，并无统一格式。但围岩分级方法有以下几方面的发展趋势：

(1) 分级应主要以岩体为对象。单一的岩石只是分级中的一个要素，岩体包括岩块和各岩块之间的软弱结构面。因此，分级的重点应放在岩体的研究上。

(2) 分级宜与地质勘探手段有机地联系起来，这样才能有一个既方便而又较可靠的判断手段。随着地质勘探技术的发展，分级指标将更趋定量化。

(3) 分级要有明确的工程对象和工程目的。目前多数分级方法都与隧道支护相联系，隧道围岩的稳定性、开挖后暂时稳定的时间等与支护方法及其类型密切相关。因此，进行分级时以此来体现工程目的必不可少。

(4) 分级宜逐渐定量化。目前大多数分级指标是经验或定性的，只有少数分级是半定量化的，这是由客观条件下地质体非常复杂造成的。

值得注意的是，近年来国内外有关学者提出了多种新的分级方法，例如，采用模糊数学分级、根据隧道周边位移收敛值分级、采用人工智能-专家系统分级等的建议。这些设想都将使围岩分级方法日趋完善。

3.2.3 我国现行公路隧道围岩分级方法

我国铁路部门颁布的《铁路隧道设计规范》(TB 10003—2016)和我国公路部门颁布的《公路隧道设计规范 第一册 土建工程》(JTG 3370.1—2018)对围岩稳定性的级别划分趋于一致。其推荐围岩分级方法为：定性划分和定量相结合的综合评判方法，宜采用分两步进行分级的方针。即以岩石强度和岩体完整性作为基本分级标准，初步将围岩划分为Ⅰ～Ⅵ级共六个基本级别；然后适当考虑地下水和地应力等对围岩稳定性的影响程度，对基本级别适当修正，确定出围岩的最终级别。

这里先以《公路隧道设计规范 第一册 土建工程》(JTG 3370.1—2018)给出的隧道围岩分级为例进行说明，然后简单介绍铁路隧道的围岩分级方法。

公路隧道围岩分级的综合评价方法采用两步，按以下顺序进行：

(1) 根据岩石坚硬程度和岩体完整程度两个基本因素的定性特征和定量计算得到岩体基本质量指标(BQ)，综合进行初步分级。

(2) 在岩体基本质量分级的基础上，考虑修正因素的影响，修正岩体基本质量指标值，得出基本质量指标修正值[BQ]，再结合岩体的定性特征进行综合评判，确定围岩的最终分级。

围岩分级中岩石的坚硬程度和围岩的定性划分及定量指标是在比较了国内外相关规范和众多分级方法后提出的，一般应符合下列规定。

1. 岩石坚硬程度

1) 定性划分

岩石坚硬程度的定性划分，主要考虑岩石的成分、结构及其成因，还应考虑岩石风化作用的程度及岩石受水作用后的软化、吸水反应情况等。为便于现场鉴别岩石的坚硬程度，在定性鉴定中规定了锤击难易、回弹强度、手触感受和吸水反应等方法，具体见表 3.3。

表 3.3　岩石坚硬程度的定性划分

名称		定性鉴定	代表性岩石
硬质岩	坚硬岩	锤击声清脆，有回弹，振手，难击碎；浸水后，大多无吸水反应	未风化到微风化的花岗岩、正长岩、闪长岩、辉绿岩、玄武岩、安山岩、片麻岩、石英片岩、硅质板岩、石英岩、硅质胶结的砾岩、石英砂岩、硅质石灰岩等
	较坚硬岩	锤击声较清脆，有轻微回弹，稍振手，较难击碎；浸水后有轻微吸水反应	中等(弱)风化的坚硬岩；未风化到微风化的熔结凝灰岩、大理岩、板岩、白云岩、石灰岩、钙质胶结的砂页岩等
软质岩	较软岩	锤击声不清脆，无回弹，较易击碎；浸水后指甲可刻画出印痕	强风化的坚硬岩，中等(弱)风化的较坚硬岩，未风化到微风化的凝灰岩、千枚岩、砂质泥岩、泥灰岩、泥质砂岩、粉砂岩、页岩等
	软岩	锤击声哑，无回弹，有凹痕，易击碎；浸水后手可掰开	强风化的坚硬岩，中等(弱)风化到强风化的较坚硬岩，中等(弱)风化的较软岩，未风化的泥岩、泥质页岩、绿泥石片岩、绢云母片岩等
	极软岩	锤击声哑，无回弹，有较深凹痕，手可捏碎；浸水后可捏成团	全风化的各种岩石、强风化的软岩、各种半成岩

在表 3.3 中规定了用定性鉴定和代表性岩石两项指标作为定性评价岩石坚硬程度的依据。在定性划分时，应注意做综合评价，在相互检验中确定坚硬程度并命名。表 3.3 中岩石风化程度的划分和定义可按表 3.4 进行。

表 3.4　岩石风化程度的划分

名称	风化特征	风化程度参数指标	
		波速比 k_v	风化系数 k_f
未风化	结构构造未变，岩质新鲜	0.9～1.0	0.9～1.0
微风化	结构构造、矿物成分和色泽基本未变，部分裂隙面有铁锰质渲染或略有变色	0.8～0.9	0.8～0.9
中等(弱)风化	结构构造部分破坏，矿物成分和色泽较明显变化，裂隙面出现风化矿物或存在风化夹层	0.6～0.8	0.4～0.8
强风化	结构构造大部分破坏，矿物成分和色泽已明显变化，长石、云母和铁锰矿物已风化蚀变	0.4～0.6	<0.4
全风化	结构构造全部破坏，已崩解和分解成松散土状或砂状矿物，矿物全部变色，光泽消失。除石英颗粒外的矿物大部分风化蚀变为次生矿物	0.2～0.4	—

注：①波速比 k_v 为风化岩石弹性纵波速度与新鲜岩石弹性纵波速度之比；②风化系数 k_f 为风化岩石与新鲜岩石的单轴饱和抗压强度之比。

2) 定量划分

岩石坚硬程度的定量指标用岩石单轴饱和抗压强度 R_c 表达。一般采用实测值，若无实测值，则可采用实测的岩石点荷载强度指数 $I_{S(50)}$的换算值，即按式(3.4)计算：

$$R_c=22.82I_{S(50)}^{0.75} \tag{3.4}$$

R_c 与岩石坚硬程度定性划分的关系可按表 3.5 确定。

表 3.5　R_c 与岩石坚硬程度定性划分的对应关系

R_c/MPa	>60	60～30	30～15	15～5	<5
坚硬程度	坚硬岩	较坚硬岩	较软岩	软岩	极软岩

2. 岩体完整程度

1) 定性划分

岩体完整程度的定性划分，采用结构面发育程度、主要结构面的结合程度及其类型作为划分依据，应注意上述三项依据的综合分析评价，在此基础上对岩体完整程度进行定性划分并定名，具体见表 3.6。

表 3.6　岩体完整程度的定性划分

名称	结构面发育程度		主要结构面的结合程度	主要结构面类型	相应岩体结构类型
	组数	平均间距/m			
完整	1～2	>1.0	好或一般	节理、裂隙、层面	整体状或巨厚层结构
较完整	1～2	>1.0	差	节理、裂隙、层面	块状或厚层状结构
	2～3	1.0～0.4	好或一般		块状结构
较破碎	2～3	1.0～0.4	差	节理、裂隙、层面、小断层	裂隙块状或中厚层结构
	≥3	0.4～0.2	好		镶嵌碎裂结构
			一般		中、薄层状结构
破碎	≥3	0.4～0.2	差	各种类型结构面	裂隙块状结构
		≤0.2	一般或差		碎裂状结构
极破碎	无序		很差	—	散体状结构

注：平均间距指主要结构面(1～2 组)间距的平均值。

表 3.6 中主要结构面是指相对发育的结构面或对围岩稳定性影响较大的结构面，结构面发育程度由结构面组数和平均间距来反映，间距的确定主要参考我国工程实践和有关规范的划分情况。结构面的结合程度应从结构面特征(即张开度)、粗糙状况、充填物性质及其性状等方面进行评价。还应注意描述结构面两侧壁岩性的变化、充填物性质(来源、成分、颗粒大小)、胶结情况及赋水状态等，综合分析评价它们对结合程度的影响。结构面结合程度划分可按表 3.7 确定。

表 3.7　结构面结合程度划分

结合程度	结构面特征
好	张开度小于 1mm：硅质、铁质或钙质胶结，或结构面粗糙、无填充物 张开度 1～3mm：硅质或铁质胶结 张开度大于 3mm：结构面粗糙、硅质胶结
一般	张开度小于 1mm：结构面平直，钙泥质胶结或无填充物 张开度 1～3mm：钙质胶结 张开度大于 3mm：结构面粗糙，铁质或钙质胶结
差	张开度 1～3mm：结构面平直，泥质胶结或钙泥质胶结 张开度大于 3mm：多为泥质或岩屑胶结
很差	泥质充填或泥夹岩屑充填，充填物厚度大于起伏差

岩层厚度分类可按表 3.8 确定。

表 3.8　岩层厚度分类

单层厚度 h/m	$h > 1.0$	$0.5 < h \leqslant 1.0$	$0.1 < h \leqslant 0.5$	$h \leqslant 0.1$
厚度分类	巨厚层	厚层	中厚层	薄层

2) 定量划分

国内外普遍采用的岩体完整程度定量指标有岩体完整性指数 K_V、岩体体积节理数 J_V、岩石质量指标 RQD、节理平均间距、岩体与岩块的动静弹模比、岩体龟裂系数等。目前国内诸多围岩分级(分类)方法中，大多数认为 K_V、J_V 和 RQD 三项指标能较全面地体现岩体的完整状态。其中，K_V 和 J_V 两项指标具有应用广泛、测试和量测方法简便的特点。而 RQD 指标在国外应用较多，我国工程勘探中，由于钻头、钻具及工艺等原因，RQD 指标数量少，且缺乏统一性和可比性。因此，我国《公路隧道设计规范 第一册 土建工程》(JTG 3370.1—2018)中选用 K_V 和 J_V 来定量评定岩体的完整程度。

根据实测的包含各种结构面及充填物的岩体声波纵波速度 V_{pm} 和基本无明显结构面的岩块纵波速度 V_{pt} 可得出 K_V 值，即 $K_V=(V_{pm}/V_{pt})^2$。它既反映了岩体结构面的发育程度，又反映了结构面的性状，是一项能从量上全面反映岩体完整程度的指标。岩体完整性系数 K_V 与岩体完整程度定性划分的对应关系见表 3.9。

表 3.9　K_V 与岩体完整程度定性划分的对应关系

K_V	>0.75	0.75～0.55	0.55～0.35	0.35～0.15	<0.15
完整程度	完整	较完整	较破碎	破碎	极破碎

K_V 宜采用弹性波探测值计算，若无探测值，则用岩体体积节理数(J_V)按表 3.10 确定。

表 3.10　J_V 与 K_V 的对照关系

J_V /(条/m^3)	<3	3～10	10～20	20～35	≥35
K_V	>0.75	0.75～0.55	0.55～0.35	0.35～0.15	≤0.15

岩体体积节理(结构面)数 J_V 值是国际岩石力学学会推荐用来定量评价岩体节理化程度和单元岩体块度的一个指标，而且在勘察各阶段及施工阶段容易获得。但因 J_V 值不能反映结构面的结合程度，特别是结构面的张开程度和充填物性状等，规范规定 J_V 值作为评价岩体完整程度的辅助定量指标。

岩体完整程度的定量指标 K_V、J_V 的测试和计算方法应符合下述规定：

(1) 岩体完整性指数(K_V)，应针对不同的工程地质岩组或岩性段，选择有代表性的点、段，测试岩体弹性纵波速度，并应在同一岩体取样测定岩石纵波速度。

(2) 岩体体积节理数(J_V)，应针对不同的工程地质岩组或岩性段，选择有代表性的露头或开挖壁面进行节理(结构面)统计。除成组节理，对延伸长度大于 1m 的分散节理也应予以统计。已被硅质、铁质、钙质充填再胶结的节理不予统计。

每一测点的统计面积不应小于 2m×5m。根据节理统计结果，按式(3.5)计算：

$$J_V = S_1 + S_2 + \cdots + S_n + S_k \tag{3.5}$$

式中，S_i 为第 $i\,(i=1,2,\cdots,n)$ 组节理每米长测线上的条数；S_k 为每立方米岩体非成组节理条数。

3. 围岩基本质量指标

围岩基本质量指标(BQ)应根据分级因素的定量指标 R_c 值和 K_V 值，按式(3.6)计算：

$$\mathrm{BQ} = 100 + 3R_c + 250K_V \tag{3.6}$$

使用式(3.6)时，应遵守的限制条件为：①当 $R_c > 90K_V + 30$ 时，应以 $R_c = 90K_V + 30$ 和 K_V 代入计算 BQ 值；②当 $K_V > 0.04R_c + 0.4$ 时，应以 $K_V = 0.04R_c + 0.4$ 和 R_c 代入计算 BQ 值。

第一个条件是对式(3.6)上限的限制，这是注意到当岩石的 R_c 过大而岩体的 K_V 不大时，坚硬但完整性较差的岩体，其稳定性较低，R_c 虽高但对稳定性的作用不大，如果不加区别地将原来测得的 R_c 值代入公式，过大的 R_c 值会使岩体基本质量指标提高，导致对岩体质量等级及实际稳定性做出错误的判断。使用这一限制条件可获得经修正过的 R_c 值。例如，当 $K_V=0.05$ 时，利用限制条件计算得 $90K_V+30=79.5$，当实测值 R_c 大于 79.5MPa，取用 79.5MPa，反之，取用实测值。

第二个条件是对式(3.6)下限的限制，这是针对岩石的 R_c 很低而相应岩体 K_V 值过高的情况给定的。这时注意到完整性虽好，但特别软弱的岩体，其稳定性仍然不好，将过高的实测 K_V 值代入公式也会得出高于岩体实际稳定性或质量等级的错误判断。使用这一限制条件可获得经修正过的 K_V 值。例如，当 $R_c = 10\text{MPa}$ 时，利用限制条件 $0.04R_c + 0.4 = 0.8$，而实测 K_V 值大于 0.8 时，取用 0.8，反之，取用实际值。

4. 围岩质量指标的修正

实际上，影响隧道围岩稳定性的因素有很多，岩石坚硬程度和岩体完整程度仅仅是岩体的基本属性，反映了岩体质量的基本特征，但它们远不是影响围岩稳定性的全部重要因素。当隧道围岩存在地下水、高初始应力、不利软弱结构面等时，其稳定性也要受到影响，因此将它们作为围岩分级的修正因素。围岩分级时，若遇上述情况之一，应对岩体基本质量指标 BQ 进行修正得到其修正值[BQ]，可按式(3.7)计算：

$$[BQ] = BQ - 100(K_1 + K_2 + K_3) \tag{3.7}$$

式中，[BQ]为围岩基本质量指标修正值；BQ 为围岩基本质量指标；K_1 为地下水影响修正系数；K_2 为主要软弱结构面产状影响修正系数；K_3 为初始应力状态影响修正系数。

三个主要影响因素及其修正系数的确定如下。

1) 地下水的影响及其修正

地下水是影响围岩稳定的主要因素。水的作用主要表现为溶蚀岩石和结构面中易溶胶结物，溶蚀充填物的细小颗粒，使岩石软化、疏松，充填物泥化强度降低，增加动、静水压力等。这些作用对岩体质量的影响，有的可在基本质量中反映出来，如对岩石的软化作用，采用了单轴饱和抗压强度。但其他作用在基本质量中得不到反映，需要用修正措施来反映它们对岩体质量的影响。目前，国内外在围岩分级中考虑水的影响时主要有四种方法：修正法、降级法、限制法和不考虑。我国公路隧道围岩分级采用的是修正法，并给出定量的修正系数，这一方法不仅考虑了出水状态，还考虑了岩体基本质量级别。这是由于对岩体质量的影响，不仅与水的赋存状态有关，还与岩石性质和岩体完整程度有关。岩石越致密，强度越高，完整性越好，则水的影响越小；反之，水的影响越大。如基本质量好的岩体含水不多、无水压，则认为水对岩体质量无不利影响，取修正系数为 0；基本质量差的岩体，呈涌水状出水，水压力较大，不利影响最大，取修正系数为 1(即降一级)。对其他中间情况，在同一出水状态下，基本质量越差的岩体，对其影响越大，修正系数也随之加大。K_1 的取值见表 3.11。

表 3.11　地下水影响修正系数 K_1

地下水出水状态	BQ				
	>550	451～550	351～450	251～350	≤250
潮湿或点滴状，$p\le0.1$ 或 $Q\le25$	0	0	0～0.1	0.2～0.3	0.4～0.6
淋雨状或涌流状，$0.1<p\le0.5$ 或 $25<Q\le125$	0～0.1	0.1～0.2	0.2～0.3	0.4～0.6	0.7～0.9
淋雨状或涌流状，$p>0.5$ 或 $Q>125$	0.1～0.2	0.2～0.3	0.4～0.6	0.7～0.9	1.0

注：①在同一地下水状态下，岩体基本质量指标 BQ 越小，修正系数 K_1 取值越大；同一岩体地下水量、水压越大，修正系数 K_1 取值越大。②p 为围岩裂隙水压(MPa)，Q 为每 10m 洞长的出水量(L/(min×10m))。

2) 软弱结构面的影响及其修正

软弱结构面是影响围岩稳定性的一个重要因素，考虑这一因素时，应注意对稳定影响大、起控制作用的软弱结构面。起控制作用的软弱结构面是指成层岩体的泥水层面，一组很发育的裂隙，次生泥水夹层，含断层泥、糜棱岩的小断层等。

由于结构面产状不同，与隧道轴线的组合关系不同，对围岩稳定性的影响程度也不同。例如，当成层岩体、层面性状较大，为陡倾角且走向与轴线夹角很大时，对围岩稳定性无不利影响；反之，当倾角较小且走向与轴线夹角很小时，就容易发生沿层面的过大变形，甚至发生拱顶倒塌或侧壁滑移。又如，一条小断层，当其倾角很大且与洞轴夹角很大时，洞室稳定，基本无影响，反之则有很大的影响。这种不利影响无法在岩体基本质量及其指标中反映出来。为了反映这种组合关系对围岩稳定性的影响，使用对基本质量指标进行修正的方法，其修正系数 K_2 取值见表 3.12。

表 3.12　主要软弱结构面产状影响修正系数 K_2

结构面产状及其与洞轴线的组合关系	结构面走向与洞轴线夹角小于 30°，结构面倾角为 30°～75°	结构面走向与洞轴线夹角大于 60°，结构面倾角大于 75°	其他组合
K_2	0.4～0.6	0～0.2	0.2～0.4

注：①表中“其他组合”是指结构面倾角小于 30°，夹角为任意值；倾角为任意值，夹角为 30°～60°；倾角小于 75°，夹角大于 60°；倾角小于 30°或大于 75°，夹角小于 30°。②一般情况下，结构面走向与洞轴线夹角越大，结构面倾角越大，修正系数 K_2 取值越小；结构面走向与洞轴线夹角越小，结构面倾角越小，修正系数 K_2 取值越大。③本表特指存在一组起控制作用结构面的情况，不适用于有两组或两组以上起控制作用结构面的情况。

3) 初始应力状态的影响及其修正

岩体初始应力状态对隧道围岩稳定性的影响非常明显，特别是高初始应力的影响。当岩石强度与最大初始应力之比($R_c/\sigma_{\max}$)大于定值时，可以认为对隧道围岩稳定性不起控制作用，当此比值小于一定值时，再加上隧道周边应力集中的影响，对围岩稳定性或变形破坏影响表现显著，尤其当岩石强度接近初始应力值时，这种现象更为突出。为了反映这种影响，采用降低基本质量指标 BQ 的办法来处理，引入修正系数 K_3。在极高应力地区，基本质量差的岩体，将会发生不同程度的塑性挤压、流动变形，基本丧失自稳能力，采取较大的修正系数；基本质量好的岩体，在极高应力区岩体虽然未丧失自稳能力，但明显地影响其自稳性。在高应力地区，初始应力对围岩稳定性的影响大为减少，但仍影响其稳定性，故取较小的修正系数。

一般情况下，根据岩体(围岩)钻探和开挖过程中出现的主要现象，如岩芯饼化或岩爆现象，将应力状态划分为极高应力和高应力，可按表 3.13 的规定进行。

表 3.13　初始应力状态的确定

初始应力状态	主要现象	$R_c/\sigma_{\max}$
极高应力	硬质岩：开挖过程中有岩爆发生，有岩块弹出，洞壁岩体发生剥离，新生裂缝多，成洞性差 软质岩：岩芯常有饼化现象，开挖过程中洞壁岩体有剥离，位移极为显著，甚至发生大位移，持续时间长，不易成洞	<4
高应力	硬质岩：开挖过程中可能出现岩爆，洞壁岩体有剥离和落块现象，新生裂缝较多，成洞性差 软质岩：岩芯时有饼化现象，开挖过程中洞壁岩体位移显著，持续时间较长，成洞性差	4～7

注：$\sigma_{\max}$ 为垂直洞轴线方向的最大初始应力。

初始应力状态影响修正系数 K_3 可按表 3.14 选用。

表 3.14　初始应力状态影响修正系数 K_3

初始应力状态	BQ				
	>550	550～451	450～351	350～251	≤250
极高应力	1.0	1.0	1.0～1.5	1.0～1.5	2.0
高应力	0.5	0.5	0.5	0.5～1.0	0.5～1.0

5. 围岩级别的确定

根据调查、勘探、试验等资料，隧道围岩的定性特征、围岩基本质量指标(BQ)及其修正值[BQ]、土体隧道中的土体类型及密实状态等定性特征，公路隧道围岩的级别按表 3.15 确定。

表 3.15　公路隧道围岩级别

围岩级别	围岩主要定性特征	围岩基本质量指标(BQ)及修正值[BQ]
I	坚硬岩，岩体完整	>550
II	坚硬岩，岩体较完整； 较坚硬岩，岩体完整	550～451
III	坚硬岩，岩体较破碎； 较坚硬岩，岩体较完整； 较软岩，岩体完整，整体状或巨厚层状结构	450～351
IV	坚硬岩，岩体破碎； 较坚硬岩，岩体较破碎到破碎； 较软岩，岩体较完整到较破碎； 软岩，岩体完整到较完整	350～251
V	土体：压密或成岩作用的黏性土及砂性土；黄土(Q_1、Q_2)；一般钙质、铁质胶结的碎石土、卵石土、大块石土 较软岩，岩体破碎； 软岩，岩体较破碎到破碎； 全部极软岩和全部极破碎岩 一般第四系的半干硬至硬塑的黏性土及稍湿至潮湿的碎石土，卵石土、圆砾、角砾土及黄土(Q_3、Q_4)，非黏性土呈松散结构，黏性土及黄土呈松软结构	≤250
VI	软塑状黏性土及潮湿、饱和粉细砂层，软土等	

注：本表不适用于特殊条件的围岩分级，如膨胀性围岩、多年冻土等。

当根据岩体基本质量指标定性划分和按[BQ]确定的级别不一致时，应重新审查定性特征和定量指标计算参数的可靠性，并对它们重新观察、测试。

3.2.4 我国现行铁路隧道围岩分级方法

1. 基本因素和指标

我国现行《铁路隧道设计规范》(TB 10003—2016)中的围岩分级方法仍然由岩石坚硬程度和岩体完整程度两个因素确定。在确定岩石坚硬程度时，首先将岩浆岩、沉积岩和变质岩三大岩类按岩性、物理力学参数、耐风化能力划分为硬质岩和软质岩两大类。然后根据单轴饱和极限抗压强度 R_c 再分为五级，即极硬岩、硬岩、较软岩、软岩及极软岩，见表 3.16。这些量级的规定是与工程实践密切联系的，其中，强度在 60MPa 以上的围岩完整性较好，开挖后的隧道一般在较长时间内能稳定而不坍塌；而 30MPa 的限界是岩石能否取之作为建筑材料的限界指标；5MPa 是岩石能否成岩的限界。

表 3.16　岩石坚硬程度的划分

岩石类别		单轴饱和抗压强度 R_c/MPa	定性鉴定	代表性岩石
硬质岩	极硬岩	>60	锤击声清脆，有回弹，振手，难击碎；浸水后，大多无吸水反应	未风化到微风化的 A 类岩石
	硬岩	30～60	锤击声较清脆，有轻微回弹，稍振手，较难击碎；浸水后，有轻微吸水反应	微风化的 A 类岩石，未风化到微风化的 B、C 类岩石
软质岩	较软岩	15～30	锤击声不清脆，无回弹，较易击碎；浸水后指甲可刻出印痕	强风化的 A 类岩石，弱风化的 B、C 类岩石，未风化到微风化的 D 类岩石
	软岩	5～15	锤击声哑，无回弹，有凹痕，易击碎；浸水后手可掰开	强风化的 A 类岩石，弱风化到强风化的 B、C 类岩石，弱风化的 D 类岩石，未风化到微风化的 E 类岩石
	极软岩	<5	锤击声哑，无回弹，有较深凹痕，手可捏碎；浸水后可捏成团	全风化的各类岩石和成岩作用差的岩石

表 3.16 中，岩石风化程度的划分和定义可按表 3.4 进行；A、B、C、D、E 类岩性类型的划分见表 3.17。

表 3.17　岩性类型的划分

岩性类型	代表岩性
A	岩浆岩(花岗岩、闪长岩、正长岩、辉绿岩、安山岩、玄武岩、石英粗面岩、石英斑岩等)； 变质岩(片麻岩、石英岩、片岩、蛇纹岩等)； 沉积岩(熔结凝灰岩、硅质砾岩、硅质石灰岩等)
B	沉积岩(石灰岩、白云岩等碳酸盐类)
C	变质岩(大理岩、板岩等)； 沉积岩(钙质砂岩、铁质胶结的砾岩及砂岩等)
D	第三纪沉积岩类(页岩、砂岩、砾岩、砂质泥岩、凝灰岩等)； 变质岩(云母片岩、千枚岩等)，且岩石单轴饱和抗压强度>15MPa
E	晚第三纪到第四纪沉积岩类(泥岩、页岩、砂岩、砾岩、凝灰岩等)，且岩石单轴饱和抗压强度≤15MPa

岩体完整程度按表 3.18 划分。

表 3.18　岩体完整程度划分

<table>
<tr><th rowspan="2">完整程度</th><th colspan="3">结构面发育程度</th><th rowspan="2">主要结构面结合程度</th><th rowspan="2">主要结构面类型</th><th rowspan="2">相应结构类型</th><th rowspan="2">岩体完整性指数 K_v</th><th rowspan="2">岩体体积节理数/(条/m³)</th></tr>
<tr><th>定性描述</th><th>组数</th><th>平均间距/m</th></tr>
<tr><td>完整</td><td rowspan="2">不发育</td><td>1～2</td><td>>1.0</td><td>结合好或一般</td><td>节理、裂隙、层面</td><td>整体状或巨厚层状结构</td><td>$K_v>0.75$</td><td>$J_v<3$</td></tr>
<tr><td rowspan="2">较完整</td><td>1～2</td><td>>1.0</td><td>结合差</td><td rowspan="2">节理、裂隙、层面</td><td>块状或厚层状结构</td><td rowspan="2">$0.55<K_v\leqslant 0.75$</td><td rowspan="2">$3\leqslant J_v<10$</td></tr>
<tr><td rowspan="2">较发育</td><td>2～3</td><td>1.0～0.4</td><td>结合好或一般</td><td>块状结构</td></tr>
<tr><td rowspan="3">较破碎</td><td>2～3</td><td>1.0～0.4</td><td>结合差</td><td rowspan="3">节理、裂隙、劈裂、层面、小断层</td><td>裂隙块状或中厚层状结构</td><td rowspan="3">$0.35<K_v\leqslant 0.55$</td><td rowspan="3">$10\leqslant J_v<20$</td></tr>
<tr><td rowspan="2">发育</td><td rowspan="2">≥3</td><td rowspan="2">0.4～0.2</td><td>结合好</td><td>镶嵌碎裂结构</td></tr>
<tr><td>结合一般</td><td>薄层状结构</td></tr>
<tr><td rowspan="2">破碎</td><td>≥3</td><td>0.4～0.2</td><td>结合差</td><td rowspan="2">各种类型结构面</td><td>裂隙块状结构</td><td rowspan="2">$0.15<K_v\leqslant 0.35$</td><td rowspan="2">$20\leqslant J_v<35$</td></tr>
<tr><td>很发育</td><td>≥3</td><td>≤0.2</td><td>结合一般或差</td><td>碎裂结构</td></tr>
<tr><td>极破碎</td><td>无序</td><td>—</td><td>—</td><td>结合很差</td><td></td><td>散体结构</td><td>$K_v\leqslant 0.15$</td><td>$J_v\geqslant 35$</td></tr>
</table>

注：①平均间距指主要结构面间距的平均值；②围岩结构面结合程度的划分见表 3.7；③围岩层状岩层厚度的划分见表 3.8。

2. 基本分级

铁路隧道围岩基本质量指标(BQ)的计算与公路隧道围岩基本质量指标(BQ)相同，见式(3.6)。在确定分级的因素及指标后，根据 BQ 值及围岩弹性纵波速度对围岩进行基本分级，见表 3.19。

表 3.19　围岩基本分级

级别	岩体特征	土体特征	围岩基本质量指标 BQ	围岩弹性纵波速度/(km/s)
I	极硬岩，岩体完整	—	>550	A:>4.5
II	极硬岩，岩体较完整； 硬岩，岩体完整	—	550～451	A:4.5～5.3；B:>5.3；C:>5.0
III	极硬岩，岩体较破碎； 硬岩或软硬岩互层，岩体较完整； 较软岩，岩体完整	—	450～351	A:4.0～4.5；B:4.3～5.3；C:3.5～5.0；D:>4.0
IV	极硬岩，岩体破碎；硬岩，岩体较破碎或破碎；较软岩或软硬岩互层，且以软岩为主，岩体较完整或较破碎；软岩，岩体完整或较完整	具有压密或成岩作用的黏性土、粉土及砂类土，一般钙质、铁质胶结的粗角砾土、粗圆砾土、碎石土、卵石土、大块石土、黄土(Q_1、Q_2)	350～251	A：3.0～4.0；B：3.3～4.3；C：3.0～3.5；D：3.0～4.0；E：2.0～3.0

续表

级别	岩体特征	土体特征	围岩基本质量指标 BQ	围岩弹性纵波速度/(km/s)
V	较软岩，岩体破碎；软岩，岩体较破碎至破碎；全部极软岩及全部极破碎岩(包括受构造影响严重的破碎带)	一般第四系坚硬、硬塑黏性土，稍密及以上、稍湿或潮湿的碎石土、卵石土、圆砾土、角砾土、粉土及黄土(Q_3、Q_4)	≤250	A：2.0～3.0；B：2.0～3.3；C：2.0～3.0；D：1.5～3.0；E：1.0～2.0
VI	受构造影响严重呈碎石、角砾及粉末、泥土状的富水断层带，富水破碎的绿泥石或炭质千枚岩	软塑状黏性土，饱和粉土、砂类土等，风积沙，严重湿陷性黄土	—	<1.0(饱和状态的土<1.5)

同公路隧道围岩分级类似，铁路隧道围岩基本分级确定后，也要结合隧道工程的特点，考虑地下水出水状态、初始应力状态及主要结构面产状状态等因素进行修正。其修正宜采用定性修正与定量修正相结合的方法，综合分析确定围岩级别。

围岩级别定性修正采用降级法。当考虑地下水影响时，首先根据单位时间渗水量将地下水状态分为三级，见表 3.20。

表 3.20　地下水状态分级

地下水出水状态	渗水量 L/(min · 10m)
潮湿或点滴状	<25
淋雨状或线流状	25～125
涌流状	>125

当考虑初始应力影响时，首先对初始应力状态进行分级，当无实测资料时，可根据隧道工程埋深、地貌、地形、地质、构造运动史，主要构造线与开挖过程中出现的岩、岩芯饼化等特殊地质现象进行分级，具体见表 3.21。

表 3.21　初始应力状态评估基准

初始应力状态	主要现象	评估基准 R_c/σ_{max}
一般应力	硬质岩：开挖过程中不会出现岩爆，新生裂缝较少，成洞性一般较好。 软质岩：岩芯无或少有饼化现象，开挖过程中洞壁岩体有一定的位移，成洞性一般较好	>7
高应力	硬质岩：开挖过程中可能出现岩爆，洞壁岩体有剥离和落块现象，新生裂缝较多，成洞性差。 软质岩：岩芯时有饼化现象，开挖过程中洞壁岩体位移显著，持续时间较长，成洞性差	4～7
极高应力	硬质岩：开挖过程中有岩爆发生，有岩块弹出，洞壁岩体发生剥离，新生裂缝多，成洞性差。 软质岩：岩芯常有饼化现象，开挖过程中洞壁岩体有剥离，位移极为显著，甚至发生大位移，持续时间长，不易成洞	<4

然后，根据地下水状态对围岩级别进行修正，见表 3.22。

表 3.22　考虑地下水影响的修正

地下水状态分级	围岩级别				
	I	II	III	IV	V
潮湿或点滴状出水	I	II	III	IV	V
淋雨状或线流状出水	I	II	III 或 IV*	V	VI
涌流状出水	II	III	IV	V	VI

*围岩岩体为较完整的硬岩时定为 III 级，其他情况定为 IV 级。

在此基础上再根据初始应力状态对围岩级别进行修正，见表 3.23。

表 3.23　考虑初始应力影响的分级修正

初始应力状态	围岩级别				
	I	II	III	IV	V
极高应力	I	II	III 或 IV*	V	VI
高应力	I	II	III	IV 或 V**	VI

本表不适用于特殊围岩。

*当围岩岩体为较破碎的极硬岩或较完整的硬岩时，定为 III 级；当围岩岩体为完整的较软岩或较完整的软硬互层时，定为 IV 级。

**当围岩岩体为破碎的极硬岩或较破碎及破碎的硬岩时，定为 IV 级；当围岩岩体为完整及较完整的软岩或较完整及较破碎的较软岩时，定为 V 级。

主要结构面产状状态对围岩级别的修正，应考虑主要结构面产状与洞轴线的组合关系，并结合结构面工程特性、富水情况等因素综合分析确定。

围岩级别定量修正也采用修正系数法，基本方法同公路隧道围岩分级相同。其围岩基本质量指标修正值[BQ]可按式(3.7)计算，其修正系数 K_1、K_2、K_3 值可分别按表 3.11、表 3.12 和表 3.14 确定。

在确定了分级的因素及指标后，根据围岩的主要工程地质特征、结构特征和完整性及围岩弹性纵波速度等要素在《铁路隧道设计规范》(TB 10003—2016)中将隧道围岩划分为 6 级，见表 3.24。

表 3.24　铁路隧道围岩分级

级别	围岩主要工程地质条件		围岩开挖后的稳定状态(小跨度)	围岩基本质量指标修正值[BQ]	围岩弹性纵波速度/(km/s)
	主要工程地质特征	结构特征和完整状态			
I	硬质岩(单轴饱和抗压极限强度 R_c>60MPa)：受地质构造影响轻微，节理不发育，无软弱面(或夹层)；层状岩层为巨厚层或厚层，层间结合良好，岩体完整	呈巨块状整体结构	围岩稳定，无坍塌，可能产生岩爆	>550	A：>4.5
II	硬质岩(R_c>30MPa)：受地质构造影响较严重，节理较发育，有少量软弱面(或夹层)和贯通微张节理，但其产状及组合关系不致产生滑动；层状岩为中厚层或厚层，层间结合一般很少有分离现象，或为硬质岩石偶夹软质岩石	呈巨块状或大块状结构	暴露时间长，可能会出现局部小坍塌，侧壁稳定，层间结合差的平缓岩层顶板易坍落	550～451	A：4.5～5.3 B：>5.3 C：>5.0

续表

<table>
<tr><th rowspan="2">级别</th><th colspan="2">围岩主要工程地质条件</th><th rowspan="2">围岩开挖后的稳定状态(小跨度)</th><th rowspan="2">围岩基本质量指标修正值[BQ]</th><th rowspan="2">围岩弹性纵波速度/(km/s)</th></tr>
<tr><th>主要工程地质特征</th><th>结构特征和完整状态</th></tr>
<tr><td rowspan="2">III</td><td>硬质岩(R_c>30MPa)：受地质构造影响严重，节理发育，有层状软弱面(或夹层)，但其产状及组合关系不致产生滑动；层状岩层为中层或薄层，层间结合差，多有分离现象；硬、软质岩石互层</td><td>呈块(石)碎(石)状镶嵌结构</td><td rowspan="2">拱部无支护时可产生小坍塌，侧壁基本稳定，爆破振动过大易坍塌</td><td rowspan="2">450～351</td><td rowspan="2">A：4.0～4.5
B：4.3～5.3
C：3.5～5.0
D：>4.0</td></tr>
<tr><td>软质岩(R_c=15～30MPa)：受地质构造影响轻微，节理不发育；层状岩层为厚层、巨厚层，层间结合良好或一般</td><td>呈大块状结构</td></tr>
<tr><td rowspan="3">IV</td><td>硬质岩(R_c>30MPa)：受地质构造影响极严重，节理很发育；层状软弱面(或夹层)已基本被破坏</td><td>呈碎石状压碎结构</td><td rowspan="3">拱部无支护时可产生较大的坍塌，侧壁有时失去稳定</td><td rowspan="3">350～251</td><td rowspan="3">A：3.0～4.0
B：3.3～4.3
C：3.0～3.5
D：3.0～4.0
E：2.0～3.0</td></tr>
<tr><td>软质岩(R_c=5～30MPa)：受地质构造影响极严重，节理很发育；层状软弱面(或夹层)已基本被破坏</td><td>呈块(石)碎(石)状镶嵌结构</td></tr>
<tr><td>土体：①具有压密或成岩作用的黏性土、粉土及砂类土；②黄土(Q_1、Q_2)；③一般钙质、铁质胶结的碎、卵石土，大块石土</td><td>1 和 2 呈大块状压密结构；3 呈巨块状</td></tr>
<tr><td rowspan="2">V</td><td>岩体：较软岩，岩体破碎；软岩、岩体较破碎至极破碎；全部极软岩及全部极破碎岩(包括受构造影响严重的破碎带)</td><td>呈角砾碎石状松散结构</td><td rowspan="2">围岩易坍塌，处理不当会出现大坍塌，侧壁经常出现小坍塌；浅埋时易出现地表下沉(陷)或坍塌至地表</td><td rowspan="2">≤250</td><td rowspan="2">A：2.0～3.0
B：2.0～3.3
C：2.0～3.0
D：1.5～3.0
E：1.0～2.0</td></tr>
<tr><td>土体：一般第四系坚硬、硬塑的黏性土，稍密及以上、稍湿或潮湿的碎石土、卵石土、圆砾土、角砾土、粉土及黄土(Q_3、Q_4)</td><td>非黏性土呈松散结构，黏性土及黄土呈松软结构</td></tr>
<tr><td rowspan="2">VI</td><td>岩体：受构造影响很严重，呈碎石、角砾及粉末、泥土状的富水断层带，富水破碎的绿泥石或炭质千枚岩</td><td rowspan="2">黏性土呈易蠕动的松软结构，砂性土呈潮湿松散结构</td><td rowspan="2">围岩极易坍塌变形，有水时土砂常与水一起涌出，浅埋时易塌至地表</td><td rowspan="2">—</td><td rowspan="2"><1.0(饱和状态的土<1.5)</td></tr>
<tr><td>土体：软塑状黏性土，饱和粉土、砂性土等，风积沙，严重湿陷性黄土</td></tr>
</table>

注：①弹性纵波速度中 A、B、C、D、E 指岩性类型，划分见表 3.17；②强膨胀岩(土)、第三系富水弱胶结砂泥岩、岩体强度应力比小于 0.15 的极高应力软岩等，属于特殊围岩(T)，相应工程措施应进行针对性的特殊设计。

在隧道施工过程中，根据对隧道围岩的直接观察、量测和试验结果，可进一步核定岩层构造、岩性及地下水等情况，从而可以判断围岩的稳定程度。当发现设计文件与实际情况不相符合时，应及时修改围岩级别，并变更支护设计。

另外，隧道施工过程中可根据揭示的地质情况进行围岩亚分级，见表 3.25。

表 3.25　围岩亚分级

围岩级别		围岩主要工程地质条件		围岩基本质量指标 BQ
级别	亚级	主要工程地质特征	结构特征和完整状态	
III	III_1	极硬岩(R_c>60MPa)，岩体较破碎，结构面较发育、结合差	裂隙块状或中厚层状结构	391～450
		硬岩(R_c=30～60MPa)或软硬岩互层以硬岩为主，岩体较完整，结构面不发育、结合差	块状或厚层状结构	
	III_2	极硬岩(R_c>60MPa)，岩体较破碎，结构面发育、结合良好	镶嵌碎裂状或薄层状结构	351～390
		硬岩(R_c=30～60MPa)或软硬岩互层以硬岩为主，岩体较完整，结构面较发育、结合良好	块状结构	
		较软岩(R_c=15～30MPa)，岩体完整，结构面不发育、结合良好	整体状或巨厚层状结构	
IV	IV_1	极硬岩(R_c>60MPa)，岩体破碎，结构面发育、结合差	裂隙块状结构	311～350
		硬岩(R_c=30～60MPa)，岩体较破碎，结构面较发育、结合差或结构面发育、结合良好	裂隙块状或镶嵌碎裂状结构	
		较软岩(R_c=15～30MPa)或软硬岩互层以软岩为主，岩体较完整，结构面较发育、结合良好	块状结构	
		软岩(R_c=5～15MPa)，岩体完整，结构面不发育、结合良好	整体状或巨厚层状结构	
	IV_2	极硬岩(R_c>60MPa)，岩体破碎，结构面很发育、结合差	碎裂结构	251～310
		硬岩(R_c=30～60MPa)，岩体破碎，结构面发育或很发育、结合差	裂隙块状或碎裂状结构	
		较软岩(R_c=15～30MPa)或软硬岩互层以软岩为主，岩体较破碎，结构面发育、结合良好	镶嵌碎裂状或薄层状结构	
		软岩(R_c=5～15MPa)，岩体较完整，结构面较发育、结合良好	块状结构	
		①土体：具压密或成岩作用的黏性土、粉土及砂类土。②黄土(Q_1、Q_2)。③一般钙质、铁质胶结的碎石土、卵石土、大块石土	①和②呈大块状压密结构，③呈巨块状整体结构	
V	V_1	较软岩(R_c=15～30MPa)，岩体破碎，结构面发育或很发育	裂隙块状或碎裂结构	211～250
		软岩(R_c=5～15MPa)，岩体较破碎，结构面较发育、结合差或结构面发育、结合良好	裂隙块状或镶嵌碎裂结构	
		一般坚硬黏质土、较大天然密度硬塑状黏性土及一般硬塑状黏质土；压密状态稍湿至潮湿或胶结程度较好的砂类土；稍湿或潮湿的碎石土，卵石土、圆砾、角砾土及黄土(Q_3、Q_4)	非黏性土呈松散结构，黏性土及黄土呈松软结构	
	V_2	软岩、岩体破碎；全部极软岩及全部极破碎岩(包括受构造影响严重的破碎带)	呈角砾状松散结构	≤210
		一般硬塑状黏土及可塑状黏质土；密实以下但胶结程度较好的砂类土；稍湿或潮湿且较松散的碎石土、卵石土、圆砾、角砾土；一般或坚硬松散结构的新黄土	非黏性土呈松散结构，黏性土及黄土呈松软结构	

同样围岩亚分级也应在表 3.25 的基础上，结合隧道工程的特点，考虑地下水出水状

态、初始应力状态、主要结构面产状状态等因素进行修正。围岩亚分级修正也宜采用定性修正与定量修正相结合的方法。

定性修正采用降级法，地下水出水状态分级宜按表 3.20 确定，地下水对围岩亚级级别的修正宜按表 3.26 进行。

表 3.26　地下水影响的修正

地下水出水状态	围岩级别 III		围岩级别 IV		围岩级别 V	
	III_1	III_2	IV_1	IV_2	V_1	V_2
潮湿或点滴状	III_1	III_2	IV_1	IV_2	V_1	V_2
淋雨状或线流状	III_2	IV_1	V_1	V_2	VI	VI
涌流状	IV_1	IV_2	V_1	V_2	VI	VI

围岩初始应力状态按表 3.22 评估。初始应力对围岩亚级级别的修正宜按表 3.27 进行。主要结构面产状状态对围岩亚分级的修正同前。围岩亚级分级定量修正应采用围岩基本质量指标修正值[BQ]，其值可按式(3.7)计算确定，修正系数确定方法同前，并根据修正后的围岩基本质量指标[BQ]按表 3.25 重新确定围岩级别。

表 3.27　初始应力影响的修正

初始应力状态	围岩级别 III		围岩级别 IV		围岩级别 V	
	III_1	III_2	IV_1	IV_2	V_1	V_2
极高应力	III_2	IV_1	V_1	V_2	VI	VI
高应力	III_1	III_2	IV_2	V_1	VI	VI

注：本表不适用于特殊围岩。

思　考　题

1. 何为围岩，为何要进行围岩分级？
2. 围岩分级考虑的主要指标有哪些，如何进行表征？
3. 简述隧道围岩分级的几种方法。
4. 简述我国公路隧道围岩分级及铁路隧道围岩分级的异同。

第 4 章　隧道总体设计

4.1　总体设计的原则

隧道设计应满足各级铁路、公路远景交通规划的要求，其建筑限界、断面净空、隧道结构及洞内通风、照明等设施，应按远景交通量设计。

隧道总体设计应遵循以下原则：

(1) 隧道设计须与线路总体设计相协调。在地形、地貌、地质、气象、人文和环境等调查的基础上，综合比选隧道各轴线方案走向，平、纵面线形，洞口位置等，提出推荐方案。

(2) 隧道位置应选择在稳定的地层中。当隧道地质条件很差时，特长、长隧道的位置控制路线走向，以避开不良地质地段。中、短隧道的位置可服从路线走向，路桥隧综合考虑。

(3) 越岭隧道应进行较大范围的方案选择，进行全面技术、经济比较，选择在地质条件较好的地段穿越。沿河傍山隧道，其位置宜向山侧内移，避免一侧洞壁过薄产生偏压。

(4) 根据线路等级和交通量确定车道数目和建筑限界。在满足隧道功能和良好受力的前提下，确定经济合理的断面内轮廓。

(5) 隧道内外平、纵、横线形应协调，满足行车的安全、舒适要求。

(6) 原则上采用直线，避免曲线。当必须设置曲线时，其半径不宜小于不设超高的平面曲线半径。

(7) 根据隧道长度、交通量及其构成、交通方向及环保要求等，选择合理的通风方式，确定通风、照明、监控等机电设施的设置规模。特长隧道应作防灾专项设计。

(8) 应结合线路等级、隧道规模、施工方法、工期和营运要求，对洞内外排水系统、消防给水系统、辅助通道、弃渣处理、管理设施、交通工程设施、环保要求及绿化美化等进行全面综合考虑。

(9) 当隧道对相邻建筑物有影响时，应在设计与施工中采取必要的措施。

4.2　隧 道 选 址

隧道工程对线路技术条件、工程造价、施工工期等都起着控制作用。因此，在线路勘测设计中，正确选择隧道线路是一个十分重要的课题。

隧道位置与线路是互相影响的。一般情况下，当一段线路的方案比选确定后，区段上隧道的位置就只能依从于线路的位置大体决定，最多是在上、下、左、右很小幅度内做少量移动。但是，如果隧道较长、工程规模大、投资量大、工期长、技术上有一定的困难，属于本区段的重点控制工程，那么这一区段的线路就要依从于隧道所选定的最优位置，然后将线路以相应的引线凑到隧道位置上。所以，隧道位置的选定应与线路的选定同时考虑，又与隧道工程规模的大小紧密相关。

隧道具体位置的选择与当地工程地质条件、水文地质条件、地形地貌条件、工程难易程度、投资数额、线路技术条件、工期要求及施工技术现有水平和以后的运营条件等因素有关，其他如辅助坑道及运营通风的设置条件、施工场地、弃渣处理、运输便道的利用及引入等因素也存在不同程度的影响。其中，最为重要的是地质条件和地形条件。

要选择好隧道线路位置，主要应对沿线的地形、地质进行详尽的了解，充分掌握这两方面的资料，认识它们之间的内在联系，分清主次统筹研究，处理好近期与远期、隧道工程与其他工程的关系，从而选择出较为理想的隧道线路位置和恰当的隧道进出口位置。

在确定路线时，通常在多个路线方案中，根据地形图和各种调查资料，进行技术、经济比较之后，最后确定一条路线。如果路线(包括隧道)长度较长且起终点间地形、地质条件比较复杂，为提高精度，可先在 1:50000～1:25000 的地形图上进行大范围的选择，找出所有可能的路线方案，然后在 1:5000 的地形图上比选确定。如果路线短且工程简单，那么可以直接在 1:5000 的地形图上选择。在 1:50000～1:25000 地形图上比选时，为了明确路线是否经济、技术是否可行及是否符合工程实际，可参考已有的地质等资料，在地形图上徒手描绘大概的平面线形图，判断隧道位置和规模，对所有可能的路线方案进行比较，估算建设费用，去掉一些明显没有进一步比较价值的路线方案，选出进一步比较的路线方案。然后在 1:5000 地形图上研究路线控制点，拟订几条比较路线的平面线形、纵坡，使其与交通安全、地形、地物协调，并确定出线形指标好、工程造价低的线路。

4.2.1　按地形条件进行选择

隧道位置的选择在很大程度上受地形的制约。当线路前进方向遇到地形障碍时，采用隧道来克服地形障碍是一种有利的手段。地形障碍一般有高程障碍和平面障碍之分。

1. 高程障碍

线路前进方向如果遇到高山，由于线路坡度的限制，不能在一定距离内拔起越过山峰，高山就成为高程障碍。要克服这种障碍，有三种方案可供选择。

1) 绕行方案

克服高程障碍的一个比较简易的办法是避开前方的山峰，迂回绕行而过。但应具备以下条件：附近地形开阔、山坡地带宽敞。绕行方案的优点是工程容易，工期较短，工程费用也较少。其缺点是绕行势必要延长路线，必然增加今后长期的运程；路线弯道增多，曲线半径也可能减小，使长期的运行条件变坏，行车速度有所降低。尤其是今后国民经济的发展，对运输任务提出更高的要求时，会给技术改造带来困难。此外，当绕行方案靠近山坡、地质条件复杂地区时，工程困难程度也较大。所以，从长远利益来看，这一方案是不可取的，只有具体条件相宜时，才能采用。

2) 深堑方案

当地形比较开阔，有山谷台地可用于展线时，可以尽量把线路展长、坡度用足，以争取把线路标高抬起到可能的高度。然后把高程存在的不足之处，在山顶部位开凿深路堑通过。若具备上述条件，深堑方案也不失为一个可供比较的方案。该方案的优点是展线比绕行方案略少，但缺点是急弯陡坡仍然较多，绕行方案的缺点依然存在。另外，在山顶开挖深路堑，工程量往往很大，施工困难，边坡切削太多，易引起塌方落石，需要加强防护。若地下水发育，还会引起滑坡，给今后的运行和养护遗留下防不胜防的隐患。这一方案在展线方面具备改良性质，而在劈山方面仍包含着不利因素。所以，其也不是太好的方案。

3) 隧道方案

当地形紧迫、山坡陡峭、不具备上述条件时，开凿隧道穿山而过，就成为唯一可行的方案，而且是比较有利的方案。隧道方案的优点是它能使线路平缓顺直，不需用较大的坡度，不需设置太多、太急的曲线。在长期的运营中，由于技术条件好，可以使行驶速度提高，缩短运程，又不受外界干扰，战争时期是良好的掩护所。但缺点是修建隧道可能使工程量加大，工期更长。因此，从全局和长远考虑，隧道方案往往是比较合理的。

2. 平面障碍

路线进入山区，由于山区山峦起伏，河谷蜿蜒，线路不得不依山傍河迂回前进。若有时走行在凹岸，则须注意是否受到河水冲刷；若走行在凸岸山嘴，则沿山坡绕行，当凸度较大时，曲线半径势必很小，行车条件恶化。若山嘴伸出太急，则线路就无法随之环绕。这就出现了平面障碍。解决平面障碍有以下两种方案。

1) 沿河傍山绕行方案

沿着山体自然弯曲傍山绕行，若地形条件尚能允许，则可采用。在不得已时，只得大劈坡，或高层填土，上设挡土墙，下设护坡护岸，有时还需跨谷建桥，为防滚石坠落，还需设置防护明洞。这往往使线路增长，桥隧毗邻，工程量大，运营条件差，并常伴有一些不良地质灾害出现。由于线路走行在山坡表层内，地层多为风化松散带，施工时极易塌方。至于遇急弯猛拐处，线路条件也较差，行车速度受限。因此，这种方案只有在条件允许时才能采用。

2) 隧道直穿方案

如果在平面障碍的前方，开凿隧道，穿山而过，虽然初期工程略大一些，但线路顺直平缓，工程单一，可不设急弯，没有陡坡，可缩短路线行程，改善运营条件，而且不受山坡塌方落石的威胁。从长远利益来看，隧道方案往往是比较合理的。

实际上，当隧道穿越山体时，根据隧道轴线与地形的关系，大概有如图 4.1 所示的几种关系，其主要特征如下：

(1) 坡面正交型。坡面正交型是最理想的隧道轴线和坡面的位置关系，但当隧道洞口位于坡面中部时，在施工上必须特别注意便道与线路的关系。

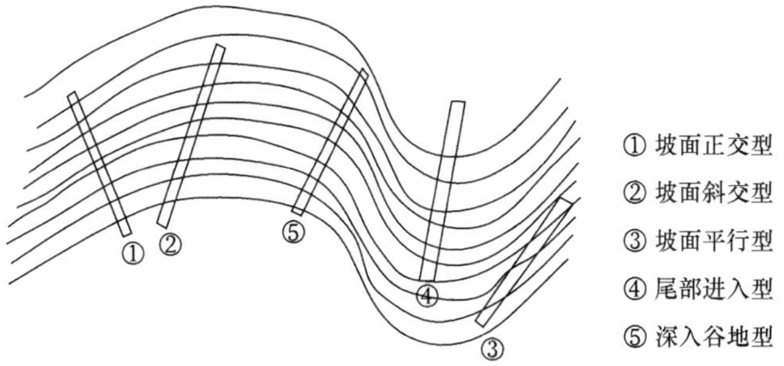

图 4.1　隧道轴线与地形的关系

(2) 坡面斜交型。当隧道轴线斜向穿过坡面时，形成非对称的开挖边坡和洞口，如果为顺坡向地层尚有偏压作用，必须考虑偏压的影响。

(3) 坡面平行型。对于过大的斜交，若通过较长的山间，山坡侧的覆盖土会相当少，此时必须特别考虑偏压。另外，这种位置关系常发生问题，应尽量避免。

(4) 尾部进入型。一般适用于稳定岩体，但为断层侧丘时，其背后多有断层。

(5) 深入谷地型。一般是岩堆等未固结的堆积层，层厚较大，地下水位高，易发生泥石流、雪崩等灾害。

根据上述分类，应尽量选择坡面正交型、尾部进入型；不得已时，可选择坡面斜交型；应尽量避免坡面平行型和深入谷地型。

4.2.2　按地质条件进行选择

隧道是埋置在地层内的结构物，受地层岩土体的包围。周围地层的地质条件，对结构物应具备的构造形式和适宜的施工方法都有着决定性的影响。在选择隧道位置时，应力求选择在地质构造简单、岩性较好的稳固地层中，这样将对施工和运营有利，也可节约投资。对岩性差的地层、断层破碎带、含水层等工程地质和水文地质极为复杂的严重不良地质地段，应避免穿越，以免增加设计、施工难度，使运营困难，甚至影响隧道的性能和安全，发生意料不到的灾害。若不能绕避而必须通过时，应有充分的理由，并应缩短其穿越长度，采取可靠的工程处理措施，以确保隧道施工及运营的安全。因此，如何避开不良地质区域，或如何拟定克服不良地质的措施，是选择隧道位置时必须谨慎考虑的问题。

不同地质条件对隧道位置的影响不同，以下分别进行介绍。

1. 单斜构造

单斜构造地层大体平行而有同一倾角。常见的工程地质问题有不均匀的地层压力、偏压、顺层滑动等，故隧道中线以垂直走向穿越最为有利。按岩层倾角不同，单斜构造可分为以下三种情况。

1) 水平或缓倾角岩层

当隧道通过坚硬的较厚岩层时，围岩较为稳定。若通过很薄的岩层，则施工时顶部易产生掉块现象，此时，以不透水的坚硬岩层作顶板最佳。图 4.2 为缓倾角岩层中的隧道位置。

图 4.2　缓倾角岩层隧道位置选择

2) 陡倾角岩层

陡倾角岩层一般有偏压和不均匀压力存在，当有软弱夹层且伴以有害节理切割时，易产生塌方和顺层滑动。在此情况下，以明洞通过时应慎重对待。隧道开挖虽处于约束状态，但当开挖造成临空面后，洞壁若有两组及以上软弱结构面或节理裂隙组合，同样将引起较大偏压或顺层坍滑。当隧道中线可能沿两种不同岩性的岩层走向通过时，地层滑动将使隧道结构受到很大的剪力，以致结构物损坏。应避免将隧道置于两种不同岩层的软弱构造(破碎)带(图 4.3(a)中 B 位置)，而宜将隧道置于岩性较好的单一岩层中(图 4.3(a)中 A 位置)。若隧道恰好在层间软弱面处，地层滑动会使隧道的某一段发生横向推移，而与邻段断开错位。若层间软弱面在隧道上部，或是距上部不太厚的地方，则常会把隧道的拱部挤裂。

因此，在单斜构造地质条件下，必须事先把地层构造和倾角大小调查清楚，一定要尽可能避开软弱结构面，特别是不要把隧道中线设成与软弱结构面的走向一致或平行，至少要成一定的交角，尽量垂直走向布置，如图 4.3(b)所示。

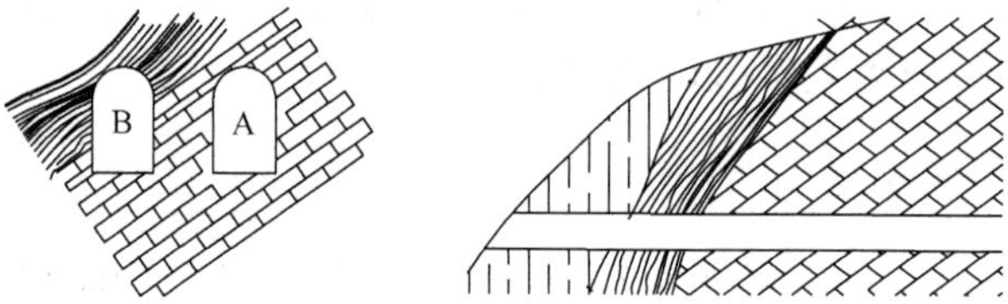

(a)　　(b)

图 4.3　软弱结构面地带隧道位置选择

3) 直立岩层

当隧道通过直立岩层时，其中线宜垂直于岩层走向穿过，如图 4.4(a)所示。当隧道中线与岩层走向一致时，应避开不同岩层的接触带。应该注意的是，当层状岩层较薄，并有软弱夹层，伴有微量地下水活动时，也可产生不对称压力，在隧道开挖过程中易产生坍塌，如图 4.4(b)所示，甚至会产生大的坍塌，致使地面形成“天窗”，在选择隧道位置时应予以重视。

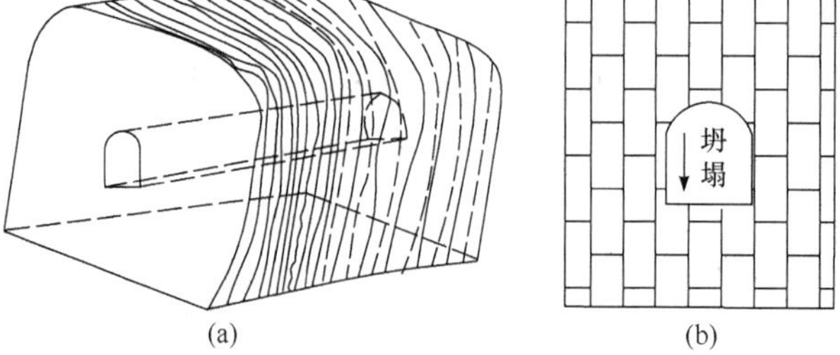

(a)　　(b)

图 4.4　直立岩层隧道位置选择

2. 褶皱构造

褶皱构造有向斜和背斜两种基本类型，当隧道通过褶皱构造时，应尽量避免将隧道置于向斜或背斜的轴部，如图 4.5 中的 A 及 C 所示，而应将隧道置于翼部，如图 4.5 中的 B 位置所示，此时，隧道所处的地质条件类似于单斜构造。

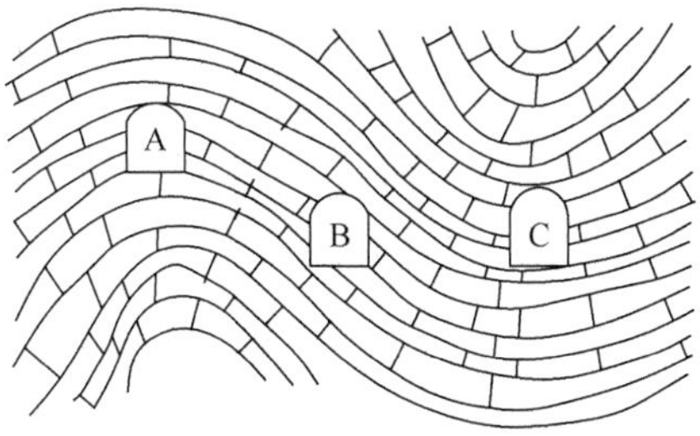

图 4.5　褶皱构造隧道位置选择

背斜的地层受弯而在上面出现开裂，切割岩体成为上大下小的楔块。楔块受到两侧邻块的夹持，使得楔块的重量由邻块分担，因而只产生小于原重的压力。与此相反，向斜地层受弯而在下面开裂，切割岩体成为上小下大的楔块。这种楔块在重力作用下，极易脱离母岩而坠落，产生较大的压力，给结构物以较大的荷载，而且在施工时极易发生掉块或塌方，对工程产生不利影响。因此，隧道通过背斜较向斜略好。如向斜轴部处于含水层中，地下水积聚在凹底，洞身开挖所出现的涌水及坍塌会比背斜严重，这将增加施工的困难。

3. 断裂构造及接触带

断裂构造及不同岩层的接触带，其裂隙发育，并被挤压破碎的碎块石角砾及断层泥充填，地下水量也较大，常呈突水涌出，一般在该处开挖隧道易产生坍塌，给施工带来一定困难，同时地层压力变化较大，衬砌结构也难处置。因此，在选择隧道位置时，切忌沿着(或靠近平行)断层带或破碎带，不得已时，隧道走向要与断层走向隔开足够的安全距离，如图 4.6(a)所示，特别是对于区域性大断裂，应注意绕避。当隧道线路必须通过断层带时，应尽量使隧道走向与断层走向正交或斜交跨过，如图 4.6(b)所示，同时应避开严重破碎带，并应使通过断层的地段最短。

(a)　(b)

图 4.6　断裂构造地带隧道位置选择

4. 不良地质

不良地质指滑坡、错落、崩坍、岩堆、危岩、落石、岩溶、陷穴、泥石流、流沙、断层、褶皱、涌水及第四纪堆积层等地质不良地段。它们各有其特点，也各有其不良影响，以下分别进行说明。

1) 滑坡地区

在山区修建隧道时，经常遇到滑坡现象，它给施工、运营可能造成极大危害，因此当隧道线路必须通过滑坡地段时，应慎重对待。由于滑坡对隧道的危害很大，在隧道通过滑坡地区时，必须查明滑坡类型、范围、深度、滑动方向及发生发展原因和规律，地下水情况等。当采用隧道避开滑坡时，应使隧道洞身埋藏在滑床(可能滑动面)以下一定厚度的稳固地层中，如图 4.7 所示，以确保施工及运营过程中滑坡滑动时不致影响隧道安全。当隧道通过古滑坡体时，应充分预计到不致因施工开挖和运营中人为因素导致古滑坡体的复活。

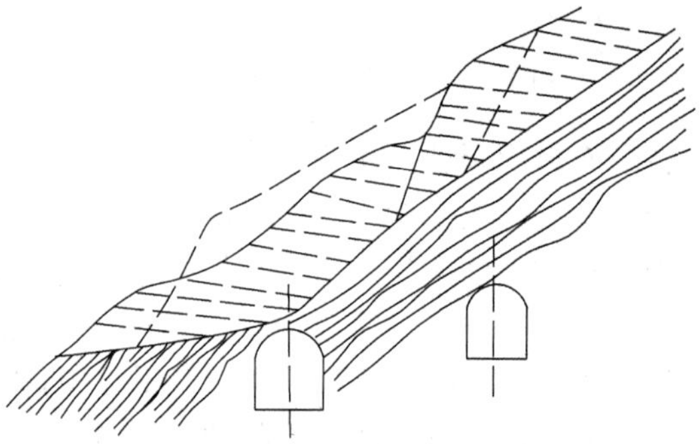

图 4.7　滑坡地带隧道位置选择

当隧道或明洞必须通过滑坡体时，应在查明滑坡的成因、性质、类型和构造的基础上，采取上部减载、下部支挡、抗滑桩(墙)、地表及地下排水，加强衬砌结构等工程措施，在确保滑坡稳定的情况下，才允许隧道或明洞在滑坡体中通过。

当隧道穿山坡进洞，通过不稳定并有软弱夹层的岩体时，有引起山体滑动的可能。为此，当选择隧道位置时，应充分预计由于施工开挖和爆破、河岸冲刷和剥蚀、人文活动的影响所导致软弱夹层的不稳定和山体的滑动，当隧道通过时，宜避开软弱面(夹层)而将其置于可能滑动面以下一定深度处并应有足够的覆盖厚度，对上述可能产生的危害必须采取相应的工程措施，以防患于未然。

2) 岩堆、崩坍、错落、堆积层及危岩落石地区

山体岩石经风化、温度变化、冻融交替等作用逐渐崩解成碎块，在重力作用下，自山坡滚落至坡脚形成一种松散的碎石堆积层。岩堆表面的坡度一般与该堆积物的安息角接近，常处在极限平衡状态或趋于暂时稳定的过渡状态(与原地面基床坡度陡缓密切相关)。当基床陡峻时，一经外界某种因素(如暴雨、地震、爆破开挖等)影响，即会丧失平衡，向下滑移或坍落。当隧道通过岩堆地区时，极易引起坍塌、衬砌开裂和难以处理的工程事故。

崩坍的破坏现象是急剧、猛烈的，规模大者达万方以上，对隧道的威胁很大，一旦发生崩坍危及隧道，可能导致砸毁隧道洞口或明洞衬砌，中断交通，甚至堵塞河道。

错落在外形和成因方面与滑坡类似，但它的错动面或软弱带不像滑坡面那样光滑和

有规律，对隧道具有与滑坡相同的危害。

堆积层一般多呈松散状态，隧道开挖后容易引起坍塌，情况严重者常导致地表开裂、坍陷，洞内压坏支撑或衬砌变形，对隧道施工威胁很大。

在上述不良地质地区选择隧道位置时，应查明工程地质及水文地质情况，原则上应避免从不稳定的岩堆、崩坍、错落、堆积层地区通过，应将洞身置于稳定的地层，并有足够的安全厚度，如图4.8中B所示。当隧道必须通过时，应避开堆积层中的软弱层面和堆积体与基岩的接触处，而将隧道置于稳定的堆积体中，且一定要采取有效可靠的工程措施，方得以如图4.8中A所示位置通过。

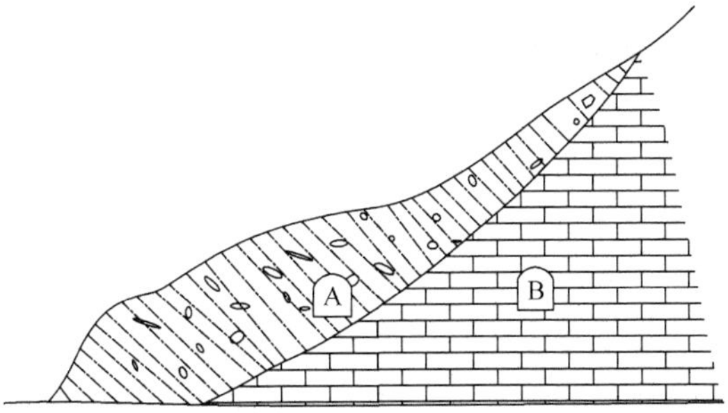

图4.8 岩堆地带隧道位置选择图

过去往往忽视危岩、落石的危害性，只注重路基、堑坡开挖的安全临界高度，因而在运营期常常引起断道，危害运营安全。为了防治危岩和落石危害，隧道位置宜移动到坡体内部，如图4.9所示。为此，当新建线路时，在充分掌握地形、地质，确认危岩、落石危害范围的情况下，不宜采用短隧道群、高边坡防护方案。如已成为路堑，当采用“支、顶、锚、拦”等措施的把握不大时，以采取隧道或明洞方案为宜，以免危害运营，事倍功半。

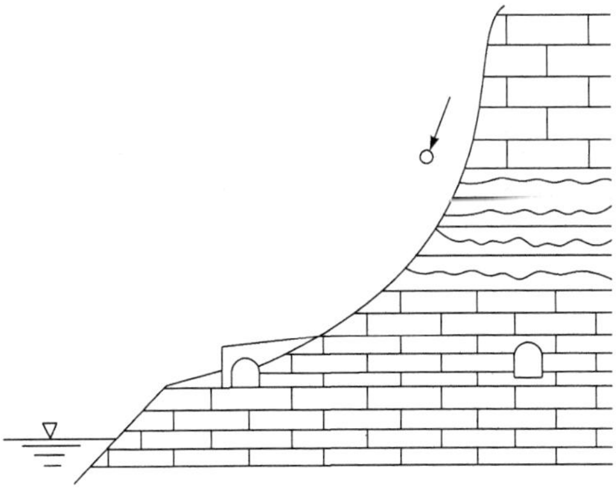

图4.9 落石地带隧道位置选择

3) 泥石流

当线路通过泥石流地区时，首先应充分预计和判明泥石流的成因、规模、发展趋势和冲、淤变化规律，论证以路基、桥梁通过或者以隧道等方式绕道的合理性，并判定工程安全度，以决定隧道方案的可行性。在选择隧道位置时，务必躲开泥石流泛滥区。

当采用隧道与明洞方案比较时，一般以隧道方案通过较为安全可靠。在决定隧道位置时应使洞身置于泥石流下切深度以下基岩中或稳定的地层内(图 4.10)，其顶板覆盖厚度应充分考虑如下因素的最不利影响：①预计河床(主河谷和本沟)最大下切及侵蚀基准面对隧道的影响；②泥石流可能的改道和变迁对洞身的影响；③充分预计隧道防排水处理难以达到要求或泥石流沟床顶板坍顶等危害的最不利情况时的影响；④施工爆破可能带来的危害，如顶板塌陷引起超载等对施工、衬砌结构安全等的影响。

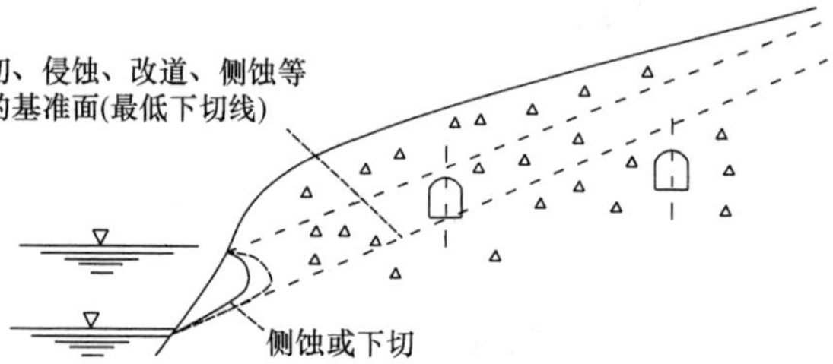

图 4.10　泥石流侧蚀地段的隧道位置选择

当采用明洞方案穿过泥石流时，除应考虑上述因素，其基础必须置于基岩或牢固可靠的地基上。洞顶回填的处理，应考虑河床下切和上涨及相互转化的各种不利情况。

在受彼岸山嘴或洪积扇影响而压缩河床，导致冲刷侧蚀威胁线路安全时，应考虑侧蚀作用对隧道或明洞的危害，在这种情况下，线路位置宜往里靠，如图 4.10 所示。

当隧道(明洞)洞口位置毗邻泥石流冲沟时，应注意适当延长以避免泥石流可能扩散范围的影响。

4) 溶洞地区

当隧道通过岩溶地区时，应力求避免穿越岩溶严重发育的网状洞穴区、巨大空洞区及有利于岩溶发育的构造带，尽量避开把洞身置于碳酸盐岩与非碳酸盐岩(可溶岩与非可溶岩)的接触带。当不可能避免时，应选择在较狭窄地段，以垂直或大角度穿过，使通过岩溶地段的洞身最短。

当洞身不能避开时，宜使隧道与溶洞壁间(特别是顶板及底板)有足够的岩壁厚度，如图 4.11 所示，或采取相应的工程处理措施，并要选择在岩溶水不发育的地带通过，特别

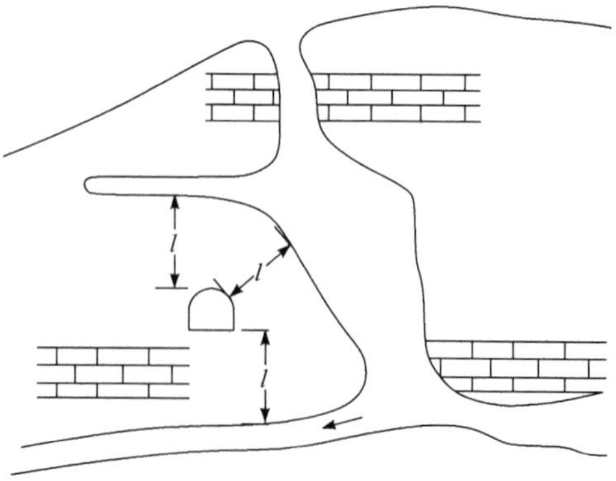

图 4.11　溶洞地区隧道位置选择

注意岩溶水突然袭击的可能性。这种现象对施工运营危害极大，须采取合理可行的预防措施。当实在无法做到而又在坚硬的岩类中时，可在隧道内建桥跨过。

5) 瓦斯地区

在煤系地层中蕴藏着有害气体，如甲烷(CH_4)和二氧化碳(CO_2)等。当隧道在这些地段施工时，有害气体会逸出，轻则使人窒息，重则引起爆炸，危害甚大。在选择隧道位置时，尽量避开瓦斯地区。不得已时，应做好通风稀释。

6) 黄土地区

黄土地区常见的有冲沟、陷穴、滑坡及泥石流等不良地质现象，对隧道危害不容忽视，特别是在有地下水活动和陷穴密集的地段，隧道施工中极易发生坍塌，产生较大的围岩压力，导致支撑变形、基础下沉及衬砌开裂等危害。因此，选择隧道位置时应避开沟壑及地下水活动和地面陷穴密集的地区。

4.2.3　按隧道线路类别进行选择

1. 越岭隧道

我国幅员辽阔，山川交错，当路线需要从一个水系过渡到另一个水系时，必须跨越高程很大的分水岭，线路为穿越分水岭而修建的隧道称为越岭隧道。当线路必须跨越分水岭时，一般从分水岭的山脊线上高程较低处(称为垭口)通过。越岭地段通常地形陡峻，山峦起伏，工程地质及水文地质条件复杂，自然条件及交通运输条件比较困难，地形变化较大。越岭线路的特点是要克服很大的高差，线路长度和平面位置又取决于线路纵坡。可见，越岭隧道位置的影响因素很多，如分水岭垭口的高低、垭口两侧沟谷的地势、山体覆盖的厚薄、山坡的陡度及山前台地分布情况等。因此，选择越岭隧道位置时应综合分析，慎重比选。

越岭隧道主要应解决的问题是垭口的选择、过岭高程的确定及垭口两侧线路展线方案的布局，这三者相互联系又相互影响。如何处理好三者之间的关系相当重要。因此，要全面考虑垭口的位置、高程、地形条件、地质情况和不同的洞外展线方式，方能做好方案的比选工作。在选择越岭隧道的位置时，应在附近较大范围内对各个垭口普遍进行调查，弄清各个垭口的高程和垭口处的工程地质与水文地质条件。还要对垭口两侧的沟谷地势、山体厚薄及山坡谷地的分布情况做出详细的调查。然后，选择一个最恰当垭口并把隧道定在最合适的高程上。

1) 平面位置选择

一般情况下，越岭隧道常常有若干个垭口可以通过，此时就要进行分析比较，选定最理想的垭口。垭口是选定越岭隧道线路方案的控制点，因此应根据线路走向及地形条件选择可供越岭的垭口。在选择越岭垭口时，可由面到线、由线到点、由近而远、由低而高，寻找可能穿越的各个垭口进行研究。垭口位置的选择一般可利用小比例尺地形图、航空照片、卫星照片等根据线路的方向和克服高程的不同要求及条件，进行大面积纸上选线，然后对这些方案进行同等调查研究，特别是区域工程地质的调查、测绘，查清区域性构造与线路的关系，以及地质条件与隧道的关系。从平面上考虑，当然是与连接两端控制点的航空直线方向越靠近越好，这样线路距离最短。但是天然的地形往往做不到完全符合航空直线，只能是尽可能靠近它，使线路略微短一些。除了考虑平面位置，还要考虑垭口两端沟谷的分布情况和台地的开敞程度、主沟高程是否相差不大、与沟谷是否靠近等，以便设计必要的展线。结合线路条件和施工水平，合理地确定隧道工期。要充分注意到，较长的隧道往往具有显著的技术经济效益和较好的运营条件，但常因工期原因而遇到困难。因此，要正确处理好施工与运营的要求，近期与远期的利益，结合两端展线情况，对各方案做出评价，全面进行技术经济比选，合理确定方案。

垭口比选的基本原则归纳如下：

(1) 优先考虑在路线总方向上或其附近的低垭口，因为这种垭口在两侧具备良好展线的横坡，一般越岭隧道较短。

(2) 虽远离线路总方向，但垭口两侧有良好的展线条件，又不损失越岭高程的垭口。

(3) 隧道一般选在分水岭垭口两边河谷标高相差不多并且两边河谷平面位置接近处。

(4) 工程地质和水文地质条件良好的垭口。

经隧道长度、施工难度、运营条件等综合比选几个可能的平面方案，最后确定最佳方案。

图 4.12 为沙木拉打越岭隧道的方案比选平、纵断面示意图。成昆线乃托至泸沽一段有明显的分水岭把两地隔开。乌斯河一侧与分水岭的高差达 1600m，分水岭与泸沽一侧高差也有 620m。线路要跨越，必须选择隧道通过。由于工程较大，需要慎重比选，于是在小相岭纵横几十千米范围内进行了大面积的测绘及调查，得知这一地区是个横断山脉，

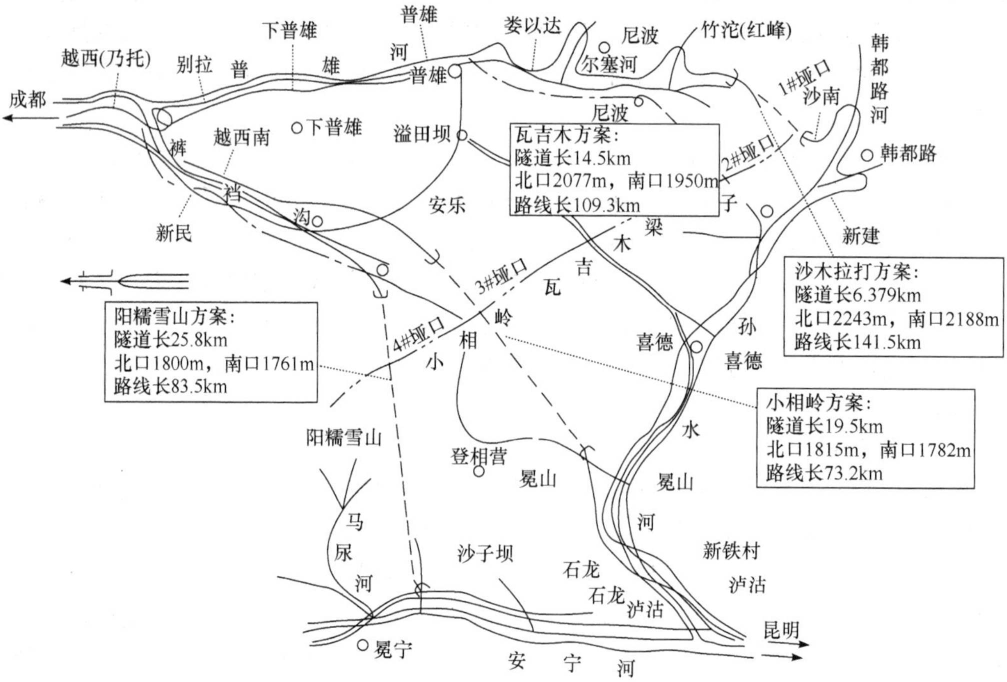

(a) 平面图

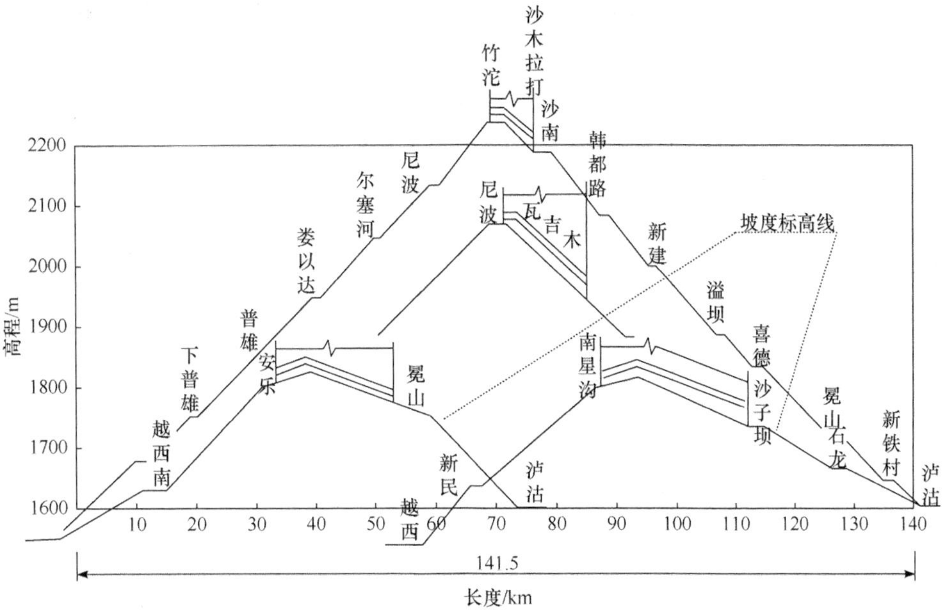

(b) 纵断面图

图 4.12　沙木拉打越岭隧道方案示意图

小相岭的脊线是明显的分水岭，所有可跨越的垭口都在 2500m 高程以上。越西至泸沽两控制点间，在线路航空方向及其附近，共找到 1#、2#、3#、4#四个垭口，可作为越岭隧道位置的比选方案，除 1#垭口高程较低，其余三个垭口高程与泸沽的高差达 700m，各方案线路沿河谷倾坡而下，地势开阔，都有展线条件。通过比选，3#垭口最靠近航空方向，线路长度最短，其越岭隧道长度为 19.5km；4#垭口稍偏离航空方向，越岭隧道最长为 25.8km，其造价最高；2#垭口偏离航空方向稍远，其越岭隧道长度为 14.5km，两端引线工程较大；1#垭口线路较长，但越岭隧道最短，仅为 6.379km。就当时的技术条件及施工工期等因素，经综合比选后，确定采用 1#垭口越岭隧道方案。事实证明，这一方案是比较切合当时的具体情况和工期要求的。

2) 立面位置选择

在越岭垭口选定后，由于越岭隧道标高不同会出现不同长度的展线及隧道方案，即存在隧道标高的选择问题。一般来说，分水岭的山体，一般是上部比较陡峭而下部比较平缓。隧道标高越高，隧道长度越短，相应的施工工期也越短，但两端的引线却要迂回盘绕以凑必要的高程，这样两端展线长度增加，出现隧道群，且线路拔起高度大，坡陡弯多技术条件恶化，运营条件差，线路通过能力降低；而低标高隧道则与之相反，隧道位置定得越低，隧道将越长，工程规模要更大一些，但施工难度增加，施工期延长。但是，它无须太多的引线，线路顺直平缓，技术条件好，对今后运行有利。因此，在选择越岭隧道标高时，务必全面衡量，从技术和经济两方面，尤其是在今后长期运行条件上，做出综合的比较，决定取舍。随着技术经济条件的改善，目前一般考虑运营条件的改善和通过能力的提高，宜采用低标高方案，但必须进行地形、地质、施工、运营、经济技术等多种因素综合比较来确定最优隧道标高。

图 4.13 为穿越娄山山脉分水岭的越岭隧道选线实例。该隧道垭口地形陡峻，山梁薄，分水岭两侧地面高差较大。根据地形及分水岭两侧沟谷等具体情况，在不同高程位置上选择了三个主要方案：马鞍山方案越岭隧道长 2810m，洞口位置最高，隧道最短，线路拔起高度最大，展线最长，运营条件相对较差；雷神坡方案越岭隧道长 3490m，其高程较马鞍山方案低，线路条件也有所改善；凉风垭方案越岭隧道长 4270m，越岭高程较上面两个方案均低，线路顺直，展线最短，但越岭隧道最长，在两控制点比较段之间，隧道总长及其他工程较少，总造价也低，与马鞍山方案相比较，越岭高程降低达 96m，线路长度缩短 14.7km，并避开了一段岩溶地区。经比选后，采用了越岭隧道最长的凉风垭方案。

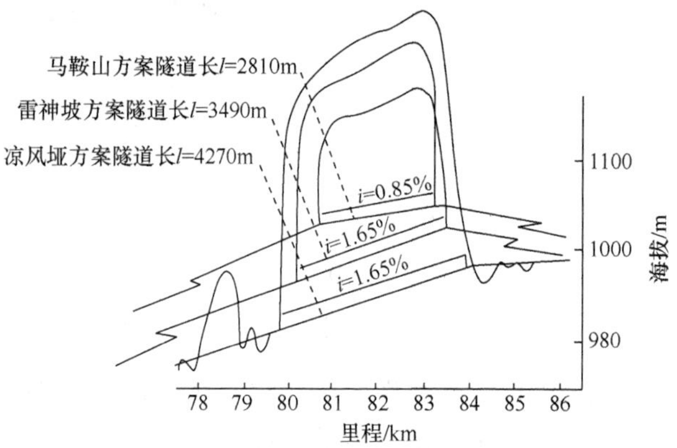

图 4.13　隧道立面位置选择示意图

综上所述，拟定隧道穿越分水岭时的高程是越岭隧道选择中的一个重要环节。随着我国隧道设计与施工技术水平以及施工机械化程度的逐步提高，为使道路交通量满足和适应国民经济发展的需要，在技术可行、经济合理的条件下，应充分认识越岭长隧道方案的优越性，并通过慎重比选确定。

2. 傍山隧道

山区道路通常傍山沿河而行，山区水流的特点是河床狭窄、弯曲。经过常年的河水侵蚀和风化作用，地势往往变得陡峻。为改善线形，提高车速，缩短里程，节省时间，常常修建傍山隧道。傍山隧道一般埋藏较浅，地层受风化影响较大，一般岩体风化破碎，施工中容易破坏山体平衡，造成各种工程病害；山坡也常有滑坡、松散堆积、泥石流等不良地质现象，地质情况较为复杂。另外，这种线路平面受到山坡和河谷的制约，高低受到标高和限制坡度的控制，比选方案时，可能移动的幅度不大。但是，虽然摆动的幅度很有限，其对工程的难易、大小都有关系。

一般情况下，傍山隧道经常是沿河的浅埋隧道和隧道群；隧道若稍偏河流一侧，则其位置恰恰落在山体的风化表层内，极易引起塌方落石；如果稍偏靠山一侧，形成浅埋，洞顶覆盖太薄，洞身覆盖里侧厚外侧薄，将受到山体的偏侧压力，对施工和结构的受力状态十分不利，有时会导致施工困难和结构的不安全。当河流湍急、冲刷严重时，对山坡稳定和隧道安全威胁较大。因此，在傍山隧道位置选择时，应根据地形、地质，河流冲刷情况及洞外的相关工程和运营条件等综合考虑，基本原则归纳如下：

(1) 傍山隧道在埋深较浅的地段，一定要注意洞身覆盖厚度问题。为保持山体稳定和避免偏压产生，隧道位置宜往山体内侧靠。

(2) 河岸存在冲刷现象或河道窄、水流急、冲刷力强的地段，要考虑河岸冲刷对山体和洞身稳定的影响，隧道位置宜往山体内侧靠一些，有可能时尽量设在稳定的岩层中，如图 4.14 所示。

(3) 傍山隧道位置应考虑施工便道设置和既有道路的位置，应注意既有边坡的可能坍塌和施工便道对洞身稳定的影响，如图 4.15 所示。

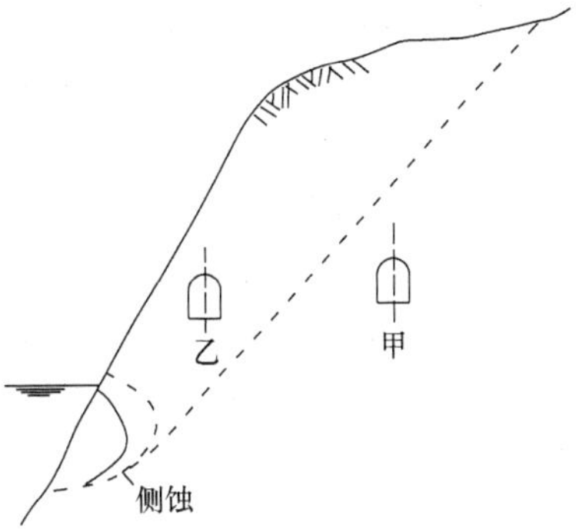

图 4.14 冲刷对洞身位置影响示意图

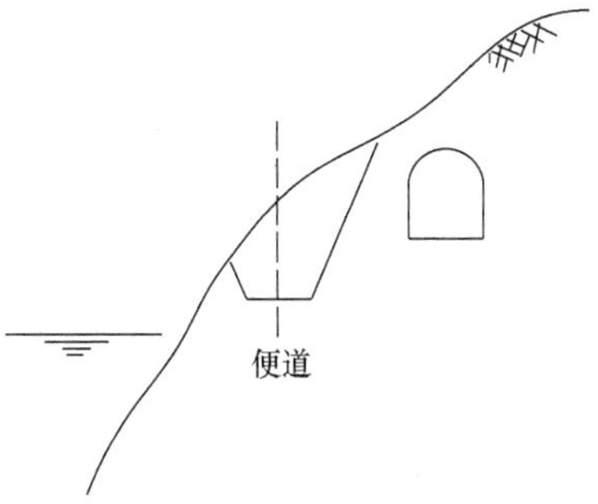

图 4.15 道路对洞身稳定影响示意图

(4) 线路沿山嘴绕行应与直穿山嘴的隧道方案进行比较。例如，当山嘴地段地形陡峻、地质复杂、河岸冲刷严重、以路堑或短隧道通过难以长期保证运营安全时，应“截弯取直”以较长隧道方案通过。

4.2.4 洞口位置选择

隧道位置选定以后，隧道长度由它两端的洞口位置确定，而隧道的造价大小和施工难易在很大程度上与其长度密切相关。而洞口是隧道进出的咽喉，又是隧道施工中的主要通道。洞口位置选择是否合理，将对隧道的施工工期、造价、运营安全等产生重大的影响，所以在隧道线路设计中，洞口位置的选择是一项很重要的工作。

隧道的进出口是隧道建筑物唯一的暴露部分，也是整个隧道的薄弱环节。由于洞口处地质条件差，多为严重风化的堆积体；覆盖层厚度较薄，若地形倾斜又易造成浅埋侧压；还受地表水的冲刷，加上隧道一旦开挖，山体受扰动等原因，容易造成山体失稳，产生滑动和坍塌。如洞口位置选择不当，可能导致洞口塌方而无法进洞，或病害整治工程量过大，甚至遗留后患。

选择时要结合洞口的地形、地质条件，施工、运营条件及洞口的相关工程(桥涵、通风设施等)综合考虑。理想的洞口位置应选择在地质条件良好，地势开阔，施工方便，技术、经济合理之处。

洞口位置选择的一般原则和要求如下：

(1) 洞口部分在地质上通常是不稳定的。洞口应避开不良地质地段，如断层、滑坡、岩堆、岩溶、流沙、泥石流、盐岩、多年冻土、雪崩、冰川等。当确定洞门位置时，对边坡、仰坡的稳定应着重考虑，并结合洞外相关工程和施工难易程度，通过技术经济比较确定，以免造成难以整治的病害，危及施工和运营安全。一般应设在山体稳定、地质条件好的地方。

(2) 隧道宜长不宜短，应“早进洞，晚出洞”。即在决定隧道洞口位置时，为了确保施工、运营的安全，宁可早一点进洞，晚一点出洞，这样做虽然隧道修长了一些，却较安全可靠。当然，并不意味着进洞越早越好，出洞越晚越好，而是应当从安全等多方面比较确定。

图 4.16　沟谷附近洞口位置示意图

(3) 洞口不宜设在沟谷低洼处和汇水沟处，如图 4.16 中的 A 线。沟谷洼地地势狭窄、施工不便，且防洪困难。在一般情况下，垭口沟谷在地质构造上是最薄弱的环节，常会遇到断层带、古塌方、冲积土等不良地质。此外，地表流水都汇集在沟底，再加上洞口路堑开挖，破坏了山体原有的平衡，更容易引起塌方，甚至不能进洞。因此，一般宜将洞口选在沟谷地质条件较好一侧有足够宽度的山嘴处，让出沟心，留出泄水的通路，如图 4.16 中的 B 线。

(4) 当洞口处为悬崖陡壁时，一般不宜扰动坡面和破坏地表植被及暴露风化破碎岩层，以保持山体的天然平衡。因为山体经过若干年的地质构造运动，内力已经自行调整，达到稳定的平衡。如不扰动，它是稳定的。一旦挖开，尤其是刷方太甚，原有的平衡遭到破坏，反而会产生移动，出现塌方。所以，不宜破坏天然平衡，尽管纵坡超出了限值，仍以不动为好。如果岩壁稳定，无崩塌或落石可能，则可以考虑贴壁，如图 4.17 所示。若有塌方可能，则采用接长明洞的办法，将洞口推到塌方范围以外 3～5m 处，如图 4.18 所示。

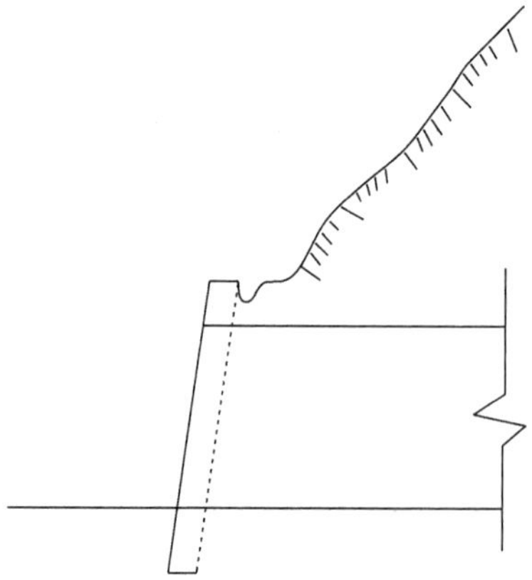

图 4.17　贴壁进洞洞口断面示意图

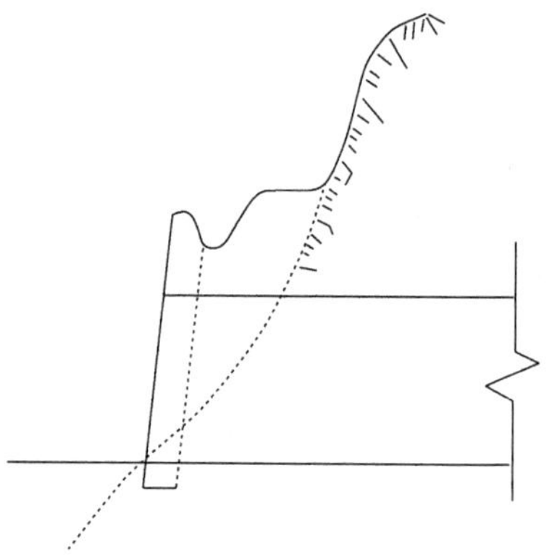

图 4.18　陡壁下接长明洞断面示意图

(5) 当洞口地形平缓时，一般应早进洞晚出洞。在这种情况下，洞口位置选择余地较大，应结合洞外路堑、填方、弃渣场地、工期等具体情况确定，如图 4.19 所示。如果洞口位于堆积层上，为避免引起坍塌、滑坡、保持山体稳定，一般不宜大量清刷。需要时可接长明洞，以确保施工和运营安全。

(6) 考虑洞口边仰坡不致开挖过高和洞口段衬砌结构受力，洞口线路位置宜与地形等高线大体上正交，使隧道正面进入山体，如图 4.20(a)所示，这样洞口结构物不受偏压。特别是在土质松软、岩层破碎、构造不利的傍山隧道，更应注意。对于傍山隧道因限于地形，有时无法与等高线正交，只能斜交进洞(图 4.20(b))，应尽可能加大斜交角度(一般不小于 45°)，或采取工程措施，以降低垂直等高线方向的开挖高度，并根据具体情况，采取斜交洞门、台阶式正交洞门或修建一段明洞等。

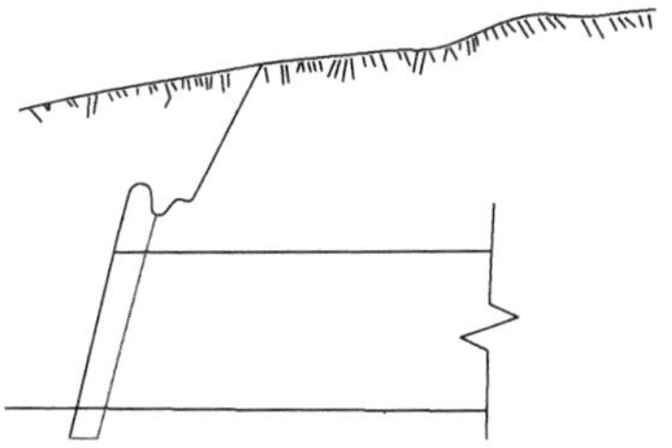

图 4.19　缓坡洞口纵断面示意图

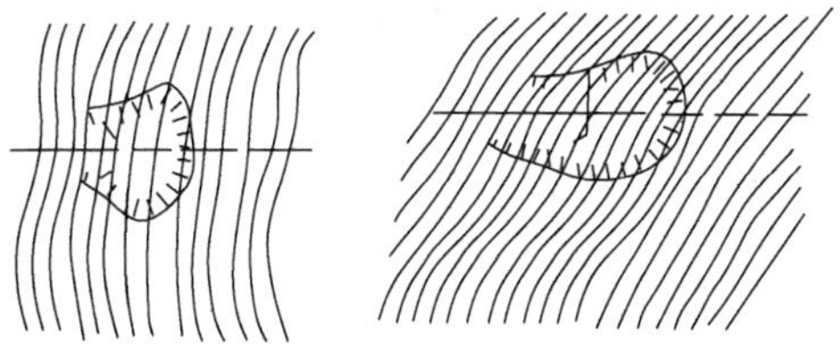

(a) 正交洞门平面示意图　(b) 斜交洞门平面示意图

图 4.20　洞口位置与地形等高线示意图

(7) 长大隧道应在洞门附近考虑施工场地、弃渣场以及便道等的位置，当洞口附近有居民点时，考虑提前进洞，尽可能减少附近地上构筑物、地下埋设物与隧道的相互影响，并减少对环境(农业、交通、居民生活)的影响。

(8) 当位于有可能被淹没的河滩、水库回水影响范围以内或山洪地区时，洞口的路肩设计标高应位于设计洪水位(包括浪高)以上 0.5m，以免洪水倒灌到隧道中。特殊地区应研究雪崩、阵风、风吹雪等对安全行驶的影响，考虑在洞口设置防雪工程、防风工程和防冻害工程的必要性。

(9) 减少洞口路堑段长度，延长隧道，提前进洞。对处于漫坡地形的隧道，其洞口位置变动范围较大，一般应采取延长隧道的办法，以解决路堑弃土及排水的困难。

(10) 若洞口附近遇有水沟或水渠横跨线路，应慎重处理。当线路横沟进洞时，设置桥涵净空不宜太小，以免后患。当地形条件不适于设置桥涵时，应结合地形、地质情况和水流大小，经过技术经济比较，采取相应的工程措施。

(11) 当洞口地势开阔，有利于施工场地布置时，可利用弃渣有计划、有目的地改造洞口场地，以便布置运输便道、材料堆放场、生产设施用地及生产生活用房等。另外，在桥隧相连时，应注意防止因弃渣乱堆造成桥孔堵塞或推坏桥梁墩台建筑物。

总之，隧道洞口位置的选择，应根据地形、地质条件，考虑边坡、仰坡的稳定，结合洞外有关工程及施工难易程度，本着“早进晚出”的指导思想，全面综合地分析确定。

4.2.5　地下铁道选址

城市地下铁路的选线主要取决于站点的选址，因此结合城市地铁建设要求，按照“协调发展，按需设置，技术可行，经济合理”的根本原则，归纳总结出地铁站点选址的如下几条原则。

1. 与城市发展相协调

城市地铁站点的设置往往能吸引大量人流的聚集，也能增强区域间的可达性，进而带动沿线片区经济的发展与规划格局的变更。地铁站点一般会聚集大量的人流、商流，使地铁沿线片区发展成为城市副中心，形成城市空间新格局。为了协调城市的远期发展规划，地铁站点的选址应与近远期的城市土地开发和道路网建设相结合，在满足现有条件的同时为后续城市发展留有余地，满足城市未来交通出行、环境发展和城市规划布局的长远发展要求。

2. 满足乘客出行需求

1) 满足乘客乘车需求

城市地铁的客流主要是城市客流，它具有明显的潮汐式特点。客流在上下班的高峰时期迅速集聚，这就要求城市地铁能在很短的时间内实现客流疏散。因此，要真正达到迅速疏散客流的目的，城市地铁与其他交通方式之间在客流量和时间上都要充分协调好。可将地铁站位选择在公交车站密集区，或者是通过先进的设施与空间立体化衔接，合理组织人车分离，满足城市居民便捷乘车要求，提高居民出行质量。而站点的设置，应选择在人流集散强度大的区域，并能满足乘客便捷进出站的要求。偏远处乘客可以与地面公交配合，安排一些接运公交线路将乘客从低密度地区运到地铁线路站点，尽可能方便乘客出行。

2) 方便乘客换乘

城市地铁站位应保证各交通方式客运设备的运输能力相互适应和匹配，充分考虑地铁站位的乘客流量、换乘时间和与站位其他交通方式顺畅衔接和配套的策略，使乘客尽可能均匀分布在换乘过程的每一个环节，实现便捷换乘，不要在任何环节滞留、集聚，使旅客在完成各交通方式间的搭乘转换时形成一个完整而连续的过程。同时，城市地铁线路站点的设置要充分与现有铁路、公交、航空以及其他轨道交通线路等交通方式密切配合，集多条城市轨道交通线路于一体，形成地铁枢纽，减少乘客换乘步行距离，节省出行时间，保证乘客换乘的便捷性。

3. 保证施工建设的顺利实施

地铁车站的建设，尤其是地下车站的建设，往往由于周围地质条件和既有建(构)筑物的影响而增加施工难度。在城市中心区，地下污水管、电缆等管线布设较多，车站建设之前需先探测地下管线情况并根据方案做管线迁移。在管线布设较多的地方，管线迁移工作量大、工程复杂。地铁线路站点的出入口应结合车站主体位置进行合理设置，其出入口红线内及地下车站主体上方的地面建筑物需进行拆迁。因城市中心征地拆迁成本较高，征地难度大，在实施过程中给线路站点的选址带来难度。因此，为减小车站结构建设难度，城市地铁线路站位的选择要充分考虑实地管线以及周边征地拆迁情况。

4. 节约车站建设投资

不同站点位置的地质条件、施工方式以及车站设计方案都有所不同。而地铁车站建设的工程造价远远大于区间隧道的建设，其建设费用在地铁建设中所占比例很大。在满足乘客出行需求、保证施工技术条件的状况下，为提高地铁建设的经济意义，站点规划建设过程中应尽量减少投资浪费，创造更多的经济效益。

5. 符合线路规划对车站间距的要求

站点选址是继线路规划之后的“点”阶段，是站位方案确定后对站址优化修正的细化阶段。在选址过程中，备选方案的站址要在相邻站点最小站间距与最大站间距要求之间的合理范围内，即按照城市地铁的建设程序，站点选址要充分符合线路规划中站位规划对车站间距的要求。

6. 统筹兼顾方便运行和施工

需兼顾整条线路运营组织的便利性，通过站点设置尽量构筑起最优的市区轨道交通线路骨架。确定站址时应注重发挥网络整体运营效率，为今后线路的合理运营创造条件。考虑站点甚至区间线路的工程可实施性，尽量减小工程建设的实施难度。

7. 尽量减少工程投资

地铁线路的路由走向与客运交通走廊应相吻合，同时要降低这两大因素的工程投资。地铁站点应尽量设置于道路之上，有利于地铁线路尽可能地沿城市道路敷设，减小工程建设难度和风险，并有利于减少工程投资。

8. 充分发挥运行效率

考虑列车的运行条件以及列车性能的发挥，线路上的站点应尽量均衡分布。在符合站点间距要求及道路安全规定等各项指标条件的基础上，站点选址应尽量满足城市居民出行的便利性。

总之，地铁站点的选址要以“协调发展、按需设置、技术可行、经济合理”为根本原则并结合地铁建设根本原则及建设实施中的实际要求和作业特点。城市地铁线路站点建设的原则是与城市发展相协调、满足乘客出行需求、保证施工建设的顺利实施、节约车站建设的投资。

4.3　隧道线形设计

4.3.1　平面线形设计

隧道平面是指隧道中心线在水平面上的投影。隧道是线路的一个组成部分，因此隧道的平面线形除应满足相关规定，还应考虑到由于隧道内的运营和养护条件比洞外明线差的特点，适当提高线形标准。

1. 铁路隧道

铁路线路应越直越好，线路顺直，列车可以快速通过，走行的距离也较短，有利于列车多拉快跑，提高线路的运营效率。在隧道内，线路更应设计成直线，除了上述原因，还由于位于曲线上的隧道有以下缺点：

(1) 曲线上的隧道，由于列车倾斜和平移，隧道建筑限界需要加宽，隧道的尺寸相应加大，不但增大了开挖土石的数量，而且增加了衬砌的圬工量；

(2) 在不同曲率曲线上的隧道建筑限界加宽不同，隧道的断面是变化的，因而施工时，支护和衬砌的尺寸均不一致，技术上较为复杂；

(3) 列车运行在曲线隧道内时空气阻力比直线隧道大，机车牵引力的损失大，降低了运营效率，甚至可能造成溜车事故；

(4) 列车在曲线上行驶会产生离心力，再加上洞内空气潮湿，钢轨磨损加速，从而使洞内的养护工作量增大；

(5) 曲线隧道洞身弯曲，洞壁对气流的阻力加大，使通风条件变坏，有害气体不易排出；

(6) 运营中为了保证隧道建筑限界的要求和正常的行车条件，需要经常检查线路平面和水平，曲线隧道较直线隧道增加了维护作业量和难度；

(7) 由于曲线关系，在洞内进行施工测量时，操作复杂，精度也有所降低。

由此可见，从节省工程投资、减少施工难度、简化洞内施工维修作业、缩短作业时间、争取较好的通风条件、改善维修养护人员和乘务员的工作环境和看视条件以及提高行车速度等方面，直线隧道都优于曲线隧道。

因此，一般情况下隧道内的线路尽量采用直线，但是，受到某些地形或地质原因限制时，有时不得不采用曲线。例如，当线路绕行于山嘴时，为了避免直穿隧道太长，或是为了便于开辟辅助性的横洞，有时也会有意识地设置与地形等高线相接近的曲线隧道。当隧道越岭时，线路常常是沿着垭口的一侧山谷转入山体后，又沿垭口另一侧山谷转出。这样可以使隧道较长的中段放在直线上，但两端为了转向都要落在曲线上。若垭口两侧沟谷地势开阔，则可将曲线放在洞口以外。如果因地势条件必须把曲线引进隧道，施工时先按主体的直线隧道开挖，两端暂开直照准导坑，以补救曲线所形成的缺点，待全隧道的导坑开通后，再把两端按原设计的曲线调整过来，如图 4.21 所示。

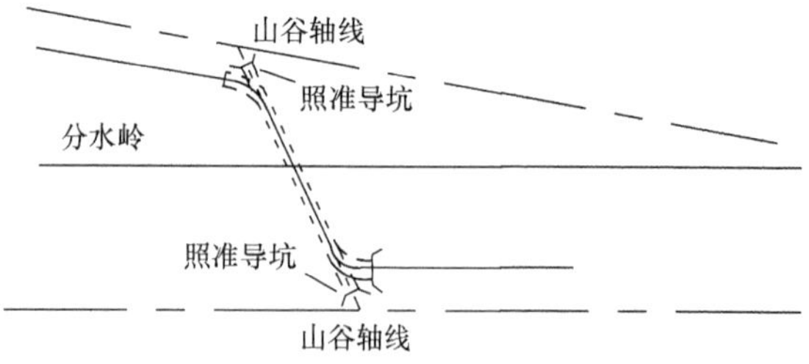

图 4.21　隧道设置曲线示例

有时，隧道已经施工，在开挖过程中发现前方有不良地质，不宜穿过。此时，不得不临时改线绕行，于是也出现曲线，而且将是左转与右转两个曲线，才能回到原线上来。

上述情况在山区铁路中会经常遇到。

当隧道必须设置曲线时，应注意以下几方面的问题：

(1) 设计时尽可能采用较短的曲线，或是半径较大的曲线，且将曲线设置在隧道洞口附近为宜，使曲线的影响小一些；

(2) 在曲线两端应设缓和曲线时，尽量不使洞口恰恰落在缓和曲线上，因为缓和曲线在平面上半径总在改变，竖向的外轨超高也在变化。这样，在双重变化下，列车行驶不平稳，所以，应尽可能将缓和曲线设在洞外一个适当距离以外；

(3) 隧道内若设置圆曲线，其长度不应短于 1 节车厢的长度；

(4) 在一座隧道内尽量不设一个以上的曲线，尤其是不宜设置反向曲线或复合曲线，如果列车同时跨在两个曲线上，行驶会很不平稳；

(5) 当必须设置两条曲线时，两曲线间应有足够长的夹直线，一般是要求在 3 倍车辆长度以上。

2. 公路隧道

公路隧道的平面线形设计与普通公路一样，应按《公路工程技术标准》(JTG B01—2014)规定进行，同时要考虑隧道特点。隧道的平面线形原则上采用直线，避免设置曲线。若在某些情况下必须设置曲线，其曲线半径不宜小于不设超高的平面曲线半径，见表 4.1，并应符合视距要求(表 4.2)。在隧道洞口不应采用小半径曲线的引线与隧道衔接。

表 4.1　不设超高的最小圆曲线半径　(单位：m)

路拱	设计速度						
	120km/h	100km/h	80km/h	60km/h	40km/h	30km/h	20km/h
≤2%	5500	4000	2500	1500	600	350	150
>2%	7500	5250	3350	1900	800	450	200

表 4.2　公路停车视距与会车视距

参数	公路等级								
	高级公路、一级公路				二、三、四级公路				
设计速度/(km/h)	120	100	80	60	80	60	40	30	20
停车视距/m	210	160	110	75	110	75	40	30	20
会车视距/m	—	—	—	—	220	150	80	60	40

这里有两个问题应当引起注意：一是小半径曲线，二是超高。如果设置小半径曲线，会产生视距问题，为确保视距，势必要加宽隧道断面。当设置超高时，车辆倾斜，也会导致隧道断面的加宽。隧道断面加宽，一方面要增加工程费用，另一方面会使施工变得困难。加宽后的断面宽度不统一，以及不同断面之间的相互过渡都给隧道施工带来困难。由于隧道内一般禁止超车，只能采用停车视距，设计时根据停车视距可以换算出设置曲线时的不加宽最小平曲线半径。

即使曲线隧道不加宽，在测量、衬砌、内装和吊顶等工序上也会变得很复杂。此外，曲线隧道增加了通风阻抗，对自然通风不利。从这些方面考虑，也希望不设曲线。不过，是否设置曲线，应该根据隧道洞口部分的地形地质条件及引线的线形等进行综合考虑确定。例如，当沿河(溪)线的傍山隧道穿过山嘴时，会出现曲线隧道。又如，原设计为直线的隧道，在施工中遇到溶洞，不得不改线绕行时也会出现部分曲线隧道。由隧道及其前后引线组成的路段应做到线形平顺、连续、行车安全舒适，并与环境景观协调一致。当长大隧道需要考虑利用竖井、斜井通风时，在线形上应考虑便于设置。另外，隧道内应尽量避免设反向曲线，以利于运营和施工。

需要指出，单向行车隧道，如果在出口一侧设置大半径曲线，面向驾驶者的出口墙壁亮度是逐渐增加的，尤其是隧道出口处的阳光可以直接射入、洞门面向大海等亮度高的场合，有利于驾驶员的“亮适应”。此时，设置曲线反而是有利的，遇到这种情况时应慎重考虑。

4.3.2　纵断面线形设计

隧道纵断面是隧道中心线展直后在垂直面上的投影。隧道内线路纵断面设计包括选定隧道内线路的坡道形式、坡度大小、坡段长度和坡段间的衔接等。

1. 铁路隧道

1) 坡道形式

隧道内线路坡度一般可设置为单面坡(即向隧道一端上坡或下坡)和人字坡(即从隧道中间向洞口两端下坡)两种，如图 4.22 所示。

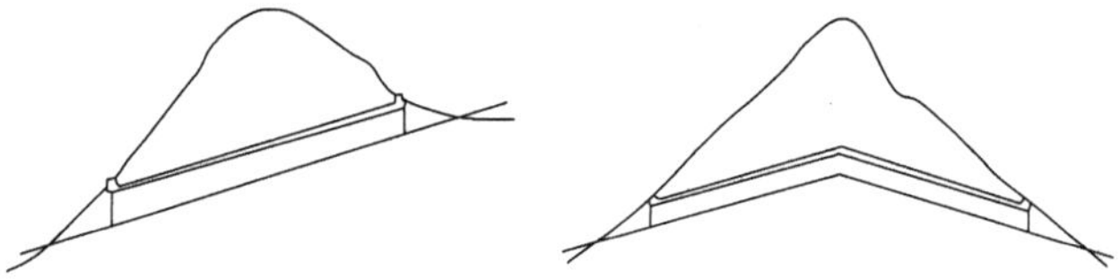

(a) 单面坡　　(b) 人字坡

图 4.22　坡道形式示意图

单面坡多用于线路的紧坡地段或是展线地区，因为单面坡可以争取高程，拔起或降落一定的高度。单面坡隧道两洞口的高程差较大，由此产生的气压差和热位差也较大，能促进洞内的自然通风。它的缺点为：上洞方施工时，由于下坡开挖，洞内的水自然地流向开挖工作面，使开挖工作受到干扰，需要随时抽水外排。此外，在运渣时，空车下坡重车上坡，运输效率低。

人字形坡道多用于长隧道，尤其是越岭隧道。因为越岭无须争取高程，垭口两端都是沟谷地带，同是向下的人字形坡道，正好符合地形条件。人字坡的优点是施工时水自然流向洞外，排水措施相应简化，而且重车下坡，空车上坡，运输效率高。但其缺点是列车通过时排出的有害气体聚集在两坡间的顶峰处，尽管用机械通风，有时也排除不干净，长时间积累，浓度渐渐增大，使驾驶员以及洞内维修人员的健康受到影响。

两种不同的坡型适用于不同的隧道。对位于紧坡地段，要争取高程的区段上隧道、位于越岭隧道两端展线上的隧道、地下水不大的隧道，或是可以单口掘进的短隧道，可以采用单面坡。对于长大隧道、越岭隧道、地下水丰富而抽水设备不足的隧道，宜采用人字坡。

2) 坡度大小

考虑到运营效率，线路应具有良好的行车条件，铁路隧道行车线路的坡度以平坡为好。但是，天然地形起伏不定，为了能适应天然地形的形状以减少工程数量，需要随着地形的变化设置与之相适应的线路坡度。但坡度不能太大，若坡度超过了线路最大允许的限制坡度，机车的牵引能力不足，将导致列车爬不上去，此时必须减轻列车的牵引重量。因此，当依据地形设计坡度时，应不超过限制坡度。如果在平面上有曲线，还需为克服曲线的阻力，再减去一个曲线当量坡度，即

$$i_{允}=i_{限}-i_{曲} \tag{4.1}$$

式中，$i_{允}$ 为设计中允许采用的最大坡度，‰；$i_{限}$ 为按照线路等级规定的限制最大坡度，‰；$i_{曲}$ 为曲线阻力折算的坡度当量，‰。

按现行《铁路线路设计规范》(TB 10098—2017)，对于高速铁路、城际铁路，其区间正线的最大坡度不宜大于 20‰，困难情况下不应大于 30‰；动车组走向线的最大坡度不宜大于 30‰，困难情况下不应大于 35‰；而客货共线铁路的限制坡度最大值应满足表 4.3 的规定。

表 4.3　客货共线铁路的限制坡度最大值　(单位：‰)

参数		铁路等级							
		I 级			II 级			III 级	IV 级
		平原	丘陵	山区	平原	丘陵	山区		
牵引类型	电力	6.0	12.0	15.0	6.0	15.0	20.0	25.0	30.0
	内燃	6.0	9.0	12.0	6.0	9.0	15.0	18.0	30.0

隧道内行车条件要比明线差，对线路最大限制坡度的要求更为严格。因此，隧道内线路的最大允许坡度要在明线最大限制坡度上乘以一个折减系数。考虑坡度折减有以下原因：

(1) 机车的牵引能力有时是由车轮与轨面之间的黏着力来控制的。隧道内空气的相对湿度较露天处大，因而在钢轨踏面上凝成一层薄膜，使轮轨之间的黏着系数降低，于是机车的牵引力也随之降低。因此，隧道内线路的限制坡度应比明线的限制坡度有所减小。

(2) 列车在隧道内行驶，其作用犹如一个活塞，洞内空气将像活塞那样给前进的列车以空气阻力，使列车的牵引力减弱。所以，隧道内的限制坡度要比明线的限制坡度小。

由于上述原因，隧道内线路的限制坡度要在明线限制坡度的基础上进行折减。按现行《铁路线路设计规范》(TB 10098—2017)，除隧道长度小于 400m，上述影响不太显著，坡度可以不折减以外，其余凡长度大于 400m 的隧道都要考虑坡度的折减。

最大坡度的折减应符合下列规定：

(1) 长度大于 400m 的内燃牵引铁路隧道、电力牵引重载铁路单洞单线隧道和 160km/h 及以下客货共线铁路单洞单线隧道内的线路坡度，不得大于最大坡度乘以表 4.4

规定的系数所得的数值。

表 4.4　内燃、电力牵引铁路隧道内线路最大坡度折减系数

隧道长度 L/m	内燃牵引	电力牵引	
		160km/h 及以下客货共线铁路单洞单线	重载铁路单洞单线
$400<L\leqslant1000$	0.90	0.95	
$1000<L\leqslant4000$	0.80	0.90	
$L>4000$	0.75	0.85	

(2) 长度大于 1000m 的电力牵引客货共线铁路的 120km/h 及以上单洞双线和 200km/h 单洞单线隧道内的线路坡度，不得大于最大坡度减去表 4.5 规定的减缓值所得的数值。

表 4.5　电力牵引客货共线铁路隧道内线路最大坡度减缓值　　(单位：‰)

隧道长度/m	设计速度 200km/h		设计速度 160km/h	设计速度 120km/h
	单洞单线	单洞双线	单洞单线	单洞双线
$1000<L\leqslant5000$	0.46	0.09	0.13	0.29
$5000<L\leqslant15000$	0.76	0.27	0.32	0.53
$15000<L\leqslant25000$	0.89	0.35	0.40	0.62
$L>25000$	0.93	0.37	0.43	0.66

(3) 长度大于 5000m 的电力牵引重载铁路单洞双线隧道内的线路坡度，不得大于最大坡度减去表 4.6 规定的减缓值所得的数值。

表 4.6　电力牵引重载铁路单洞双线隧道内线路最大坡度减缓值

隧道长度/m	$5000<L\leqslant10000$	$10000<L\leqslant15000$	$L>15000$
坡度减缓值/‰	0.06	0.14	0.20

另外，不但隧道内的线路应按上述方式予以折减，洞口外一段距离内，也要考虑相应的折减。因为当列车的机车一旦进入隧道，空气阻力就会增加，黏着系数也开始减小。所以在上坡进洞前半个远期货物列车长度范围内，也要按洞内一样予以折减。至于列车出洞，机车已达明线，就不存在折减的问题，如图 4.23 所示。

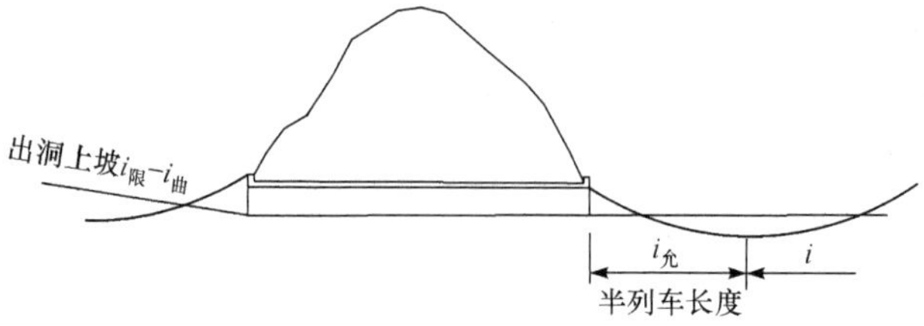

图 4.23　洞内、洞口线路坡度折减方式示意

除了最大坡度的限制，还要限制最小坡度。因为隧道内的水全靠排水沟向外流出，《铁路隧道设计规范》(TB 10003—2016)规定，隧道内线路不得设置平坡，最小的允许坡度不宜小于 3‰。

3) 坡段长度

铁路隧道内线路的坡型单一，但不宜把坡段定得太长，尤其是单坡隧道。如果是一路大上坡，列车就必须用尽机车的全部潜在能力，持续奋进。这样，会越爬越慢，以至于有停车的可能或出现车轮打滑的情况，容易发生事故。在下坡时，由于坡段太长，制动时间过久，机车闸瓦摩擦发热，将使燃油失效，以致刹不住车，发生溜车事故。所以，在限坡地段，坡段不宜太长。如果隧道很长，坡度又不想变动，为了不使机车爬长坡，可以设缓坡段，使机车有一个喘息和缓和的时间。

考虑到长远发展，坡段长度尽量不小于远期到发线的长度。对于凸形纵断面的分坡平道，当货物列车以接近计算速度通过时，车钩呈拉紧状态，附加力及附加加速度的变化较小，接近规定最大坡差的假设条件，可以用较短的坡度长度。

此外，顺坡设排水沟时，如果坡段太长，水沟难以布置，不是流量太大，就是沟槽太深，有时为此需要设置许多抽水、扬水设施，分级分段排水。这也给今后的运营和维修增加了工作量。所以，隧道内线路的坡段不宜太长。

与此相反，隧道内的线路坡段也不宜太短，因为坡段太短就意味着变坡点多而密集，列车行驶不平稳，驾驶员操纵要随时调整。列车过变坡点时，受力情况也随之变化，车辆间会发生相互冲撞，产生附加应力。如果坡段过短，一列车在行驶中，同时跨越两个变坡点，车体、车钩都同时受到不利的影响，有时会因此发生事故。实践指出，坡段长度尽量不小于列车的长度。

《铁路线路设计规范》(TB 10098—2017)规定，纵断面宜设计为较长的坡段，坡段长度应符合下列规定：旅客列车设计行车速度为 200km/h 的路段，坡段长度一般条件下不宜小于 600m，且不宜连续使用；困难条件下不应小于 400m，且不应连续使用。旅客列车设计速度为 160km/h 的路段，坡段长度不应小于 400m，且不应连续使用两个以上。旅客列车设计速度小于 160km/h 的路段，应符合下列规定。

(1) 坡段长度不宜小于表 4.7 规定的数值。

表 4.7　最小坡段长度　(单位：m)

远期到发线有效长度	1050 及以上	850	750	650
最小坡段长度	400	350	300	250

(2) 凸形纵断面顶部为缓和坡度差而设置的分坡平段的长度不应小于 200m。

(3) 困难条件下，因坡度减缓或折减而形成的坡段、长路堑内为排水而设置的人字坡坡段长度均可减至 200m。

4) 坡段间的衔接

对于铁路隧道，为了行车平顺，两个相邻坡段坡度的代数差值不宜太大，否则会引起车辆之间仰俯不一，车钩受到扭力，容易发生断钩。因此，在设计坡度时，坡间的代数差要有一定的限制。从安全的观点出发，两坡段间的代数差值不应大于重车方向的限坡值。

对于人字坡形的越岭隧道，坡顶一侧为上坡，另一侧为下坡，它们的代数坡差很容易超过限值。此时，允许在坡顶处设置一段长度不超过 200m 的分坡平道。

在整个隧道内，由于坡度不同，纵断面上把各坡段连起来形成了一条折线链。当坡度差小于 0.3%时，行车不平顺的情况还不太严重，当坡差大于 0.3%时，列车行驶就有不平顺的感觉。为此，在变坡点处应设置竖曲线来连接，且竖曲线的设置应符合下列规定。

(1) 相邻坡段的坡度差符合下列条件时，应以圆曲线形竖曲线连接。

① 路段设计速度为 160km/h 及以上的地段，当相邻坡段的坡度差大于 1‰时，竖曲线半径不得小于 15000m。

② 当路段设计速度小于 160km/h，相邻坡段的坡度差大于 3‰时，竖曲线半径不得小于 10000m。

(2) 改建既有线时，当既有线是采用抛物线形竖曲线，且折算竖曲线半径不小于上述规定时，可保留既有线的坡段连接标准。

此外，还要注意，如果隧道内有缓和曲线，务必不要使缓和曲线与竖向曲线相重叠。在缓和曲线范围内，外轨轨面高程一般以不大于 0.2%的超高递减，坡度逐渐升高。在竖曲线范围内的轨顶将以一定的变化率圆顺变化。若两者重叠，则两者变化率不能协调，而在一定程度上外轨顶改变了竖曲线和缓和曲线在立面上的形状。若要做好理论要求的形状，则对养护工作要求较高，存在一定困难。

2. 公路隧道

公路隧道的坡道形式也分为单面坡和人字坡，一般单面坡多数用在越岭线路的展线及沿河(溪)线隧道中，单面坡隧道对运行时通风、排水有利，尤其是下行单向隧道通风条件较好，但在上方洞施工困难，特别是在有较大地下水时施工更困难。人字坡常出现在越岭隧道中，人字坡有利于从两端施工时的出渣和排水，但对运营通风不利。

纵坡坡度以不妨碍排水的缓坡为宜。隧道纵坡过大，不论是在汽车的行驶还是在施工及养护管理上都不利，公路隧道控制坡度的主要因素是通风问题，汽车排出的有害物质随着坡度的增大而急剧增多，一般把纵坡保持在 2%以下较好，因为超过 2%时有害物质的产生量会迅速增加；所以，隧道内纵断面线形应考虑行车安全、运营通风规模、施工作业和排水要求确定，最小纵坡不应小于 0.3%，最大纵坡不应大于 3%；短于 100m 的隧道可不受此限制。高速公路、一级公路的中短隧道，受地形等条件限制时，经技术经济论证、交通安全评价后，隧道最大纵坡可适当加大，但不宜大于 4%。不存在通风问题的隧道，如独立明洞和短于 50m 的直线隧道，可按公路所在等级规定设置纵坡。对于单向通行的隧道，或设计成下坡的隧道，因为两端洞口高差是决定自然通风效果的重要因素之一，所以坡度和断面都应适当加大。

从施工中和竣工后的排水需要考虑，在隧道内不应采用平坡。施工时，为了使隧道涌水和施工用水能通过施工排水侧沟中流出，需要 0.3%的坡度。若预计漏水量相当大，则需采用 0.5%的坡度。竣工后的排水，包括涌水、漏水、清洗隧道用水、消防用水等，如果能满足施工排水的需要，其最小坡度不宜小于 0.2%。在高寒地区，为了减少冬季排水沟产生冻害，应适当加大纵坡，使水流动能增加，对排水有利。采用人字坡从两个洞口开挖隧道时，施工涌水容易排出；采用单坡从两个洞口开挖隧道时，处于高位的洞口，涌水不能自然向外流出，设计时应综合考虑这些问题。陡坡隧道，且涌水量又大时，应考虑减缓坡度。

隧道纵坡对施工作业安全及工程费用都有影响，设计时应考虑到这个问题。《公路隧道设计规范 第一册 土建工程》(JTG 3370.1—2018)规定，隧道纵坡形式宜采用单面坡，地下水发育的长隧道、特长隧道可采用双向坡。纵坡变更处应根据视距要求设置竖曲线，其半径和最小长度应符合表 4.8 的要求。为了提高视线的诱导作用及满足乘客乘坐舒适，在隧道中应尽可能考虑选用较大的竖曲线半径和竖曲线长度。

表 4.8　竖曲线最小半径和最小长度　(单位：m)

参数	设计速度						
	120km/h	100km/h	80km/h	60km/h	40km/h	30km/h	20km/h
凸形竖曲线最小半径	17000	10000	4500	2000	700	400	200
凹形竖曲线最小半径	6000	4500	3000	1500	700	400	200
竖曲线最小长度	100	85	70	50	35	25	20

4.3.3　地下铁道线形设计

地下铁道的规划必须与城市总体规划和地面路网规划统一考虑，其一般原则包括：

(1) 线路走向及路由应该与城市交通主客流方向一致，如沿城市地面干道布设；

(2) 与城市的街道布局和发展规划密切结合，并为长远发展留有余地；

(3) 在长途汽车站、火车站、飞机场、商业中心和大型居民区等客流集散量大的地区设置车站；

(4) 适当选择路网密度和分布，以减小路网中各车站之间的时距(时间距离，即任意两个车站之间的行走总时间)；

(5) 与其他城市公共交通系统相协调；

(6) 路网中各规划线上的运量负荷应该尽量均匀；

(7) 线路走向除了考虑地形、地貌、地质、水文等自然条件，还应该充分了解沿线既有的地面和地下建筑情况，并与地面建筑和市政设施的未来发展相结合，从而合理有效地综合利用地面和地下的空间资源。

路网的结构形式(即路网中各条线路组成的几何形状)一般应该与城市路网的结构形式相适应。路网结构形式是否得当，直接关系到路网的经济与社会效益。路网结构形式与政治经济、社会、历史等众多因素有关，其选择和形成并无定规，几种典型的形式包括放射形、放射加环线形、棋盘形和棋盘加环线形。

选择线路方向及路由时需要考虑的因素主要有线路的用途、客流分布和走向、城市道路网分布(快速路、主干道、次干道和支路等)、隧道主体结构施工方法(明挖、盖挖、矿山法暗挖和盾构法暗挖等)。

地铁的规划设计年限可以划分为初期、近期和远期。根据国内外经验，设计年限分期采用的设计标准可以按该期最后一年采用：初期为建成通车，也就是交付运营以后的第 3 年；近期为第 10 年；远期为第 25 年。地铁工程的建设规模要按远期设计年限的预测客流量和列车通过能力确定。由于地铁属于大型建设工程，投资大且建设周期长，为了节省初期和近期投资，对于可以分期建设的工程，应分期扩建或增建。但地下车站和区间隧道等土建工程，后期扩建、增建往往困难很大，应一次建成。

1. 平面设计

地下铁道线路的正线必须是双线，其平面设计必须与城市发展规划相结合。地下铁道往往是在高人口密度、高建筑密度和高交通密度的城市环境里修建的，剩余空间有限而宝贵。地下铁道线路必须尽量节省空间，浅埋线路尽量与道路红线相平行。地铁的区间隧道、车站和出入口等，应尽量与城市建筑相结合。地铁线路平面设计的技术指标主要有如下两个方面。

1) 曲线半径和长度

宜大不宜小，最大一般很少超过 3000m；400m 以下的曲线半径会产生较大的轮轨磨耗和噪声，应尽量少用。《地铁设计规范》(GB 50157—2013)规定：正线及辅助线的圆曲线最小长度，A 型车不宜小于 25m，B 型车不宜小于 20m，困难情况下不得小于 1 个车辆的全轴距。平面圆曲线半径应根据车辆类型、地形条件、运行速度、环境要求等综合因素比选确定。最小曲线半径应符合表 4.9 的规定。

表 4.9　圆曲线最小曲线半径　　(单位：m)

线路	A 型车		B 型车	
	一般地段	困难地段	一般地段	困难地段
正线	350	300	300	250
出入线、联络线	250	150	200	150
车场线	150	—	150	—

2) 曲线连接

缓和曲线一般采用三次抛物线。在正线上，当圆曲线的半径小于或等于 3000m 时，圆曲线与直线之间应根据圆曲线半径和行车速度设置一定长度的缓和曲线，困难地段不宜采用复曲线。在复曲线上，当两圆曲线的曲率差大于 1/2500 时，中间应设大于 20m 的缓和曲线。

在平面相对位置上，地铁线路应该与城市道路、地面建筑物和地下设施或其他建筑物相协调；图 4.24 中三种不同地铁线路平面位置选择各有利弊，一般可以选择城市道路红线范围以内的位置。如图 4.25 所示，一般车站平面位置往往可以有跨路口站位、偏路口站位、两路口之间站位和道路红线外侧站位等四种选择。

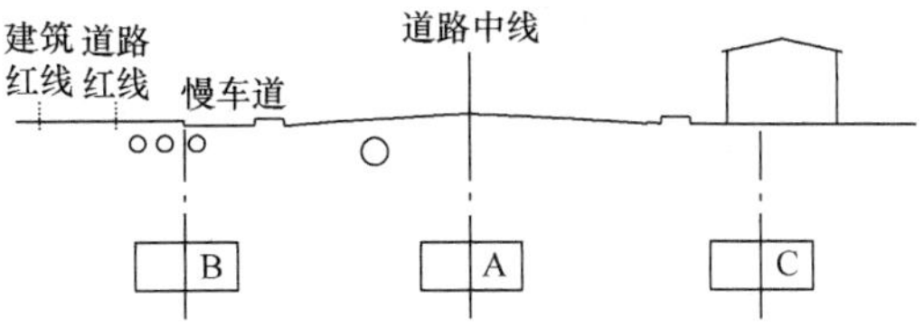

图 4.24　地铁线路与周边环境相对位置的选择

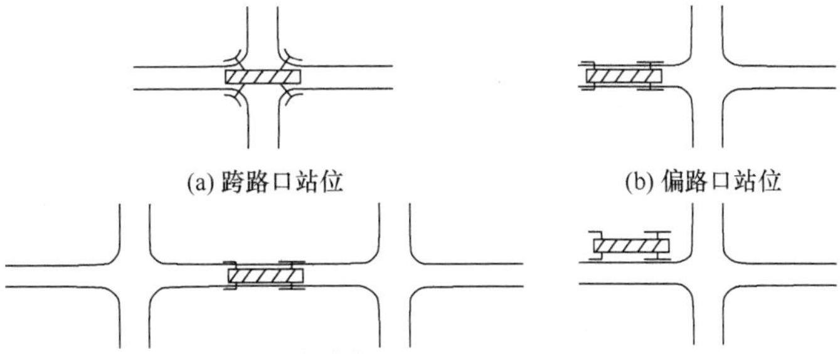

(c) 两路口之间站位　(d) 道路红线外侧站位

图 4.25　地铁车站站位与道路的相对平面位置选择

2. 纵断面设计

地铁线路纵断面设计应该在保证列车运行安全、平稳的前提下，综合考虑列车运行规律、地形、地质、水文、埋深、施工方法以及地面和地下既有建筑物及设施等条件，例如，将车站设在高于区间隧道的地方可以节省列车的牵引能量。

最大允许坡度与行车系统有关。《地铁设计规范》(GB 50157—2013)规定，正线的最大坡度宜采用 30‰，困难地段最大坡度可采用 35‰。在山地城市的特殊地形地区，经技术经济比较，有充分依据时，最大坡度可采用 40‰；联络线、出入线的最大坡度宜采用 40‰；区间隧道的线路最小坡度宜采用 3‰；困难条件下可采用 2‰；区间地面线和高架线，当具有有效排水措施时，可采用平坡。若兼顾纵向排水需要，则不宜过小，在车站站台计算长度范围内线路坡度宜采用 2‰，在困难条件下可采用 3‰，坡段纵向长度不宜小于远期列车长度；两相邻竖曲线之间的过渡直线坡段的长度不应小于 50m；当相邻坡段坡度之间的代数差等于或大于 2‰时，应设置圆形竖曲线。竖曲线的半径不应小于表 4.10 的规定。

表 4.10　竖曲线半径　(单位：m)

线别		一般情况	困难情况
正线	区间	5000	2500
	车站端部	3000	2000
联络线、出入线、车场线		2000	

此外，车站站台有效长度内和道岔范围内不得设置竖曲线，竖曲线与道岔端部的距离应符合表 4.11 的规定。

表 4.11 道岔两端与平、竖曲线端部的最小距离 (单位：m)

项目	至平面曲线端或竖曲线端	
	正线	车场线
道岔型号	60kg/m-1/9	50kg/m-1/7
道岔前端/后端	5/5	3/3

注：道岔后端至站台端位置应按道岔警冲标位置控制。

4.4 隧道横断面设计

在地层中修建的隧道，必须要有足够的横断面净空以满足运营安全的要求。隧道净空是指隧道衬砌的内轮廓线所包围的空间，其是根据隧道建筑限界确定的。

4.4.1 铁路隧道横断面设计

1. 直线隧道净空

铁路隧道的隧道建筑限界是根据基本建筑限界制定的，基本建筑限界又是根据机车车辆限界制定的。

限界是一种规定的轮廓线，这种轮廓线以内的空间是保证列车安全运行所必需的。建筑限界是建筑物不得侵入的一种限界。

1) 机车车辆限界

它是指机车车辆最外轮廓的限界尺寸。要求所有在线路上行驶的机车车辆停在平坡直线上时，沿车体所有部分都必须容纳在此限界范围内而不得超越。

2) 基本建筑限界

它是指线路上各种建筑物和设备均不得侵入的轮廓线。它的用途是保证机车车辆的安全运行及建筑物和设备不受损害。

3) 隧道建筑限界

它是指包围基本建筑限界外部的轮廓线。要比基本建筑限界大一些，留出少许空间，用于安装通信信号、照明、电力等设备。

对于速度小于 160km/h 新建和改建的内燃牵引及电力牵引客货共线铁路隧道，建筑限界如图 4.26 所示。对于速度大于 160km/h 而不大于 200km/h 的内燃牵引及电力牵引客货共线铁路隧道，建筑限界如图 4.27 所示。内燃牵引及电力牵引双层集装箱运输隧道建筑限界如图 4.28 所示。

4) 直线隧道净空

直线隧道净空要比隧道建筑限界稍大一些，除了满足限界要求，还要考虑避让救援通道，并考虑不同围岩压力作用下衬砌结构的合理受力形状(拱部采用三心拱，边墙采用直墙式或曲墙式)及施工方便等因素。

高速铁路的隧道建筑限界及净空又有一定差别，图 4.29 为武广客运专线设计速度 350km/h 双线铁路隧道建筑限界及净空(衬砌内轮廓)。

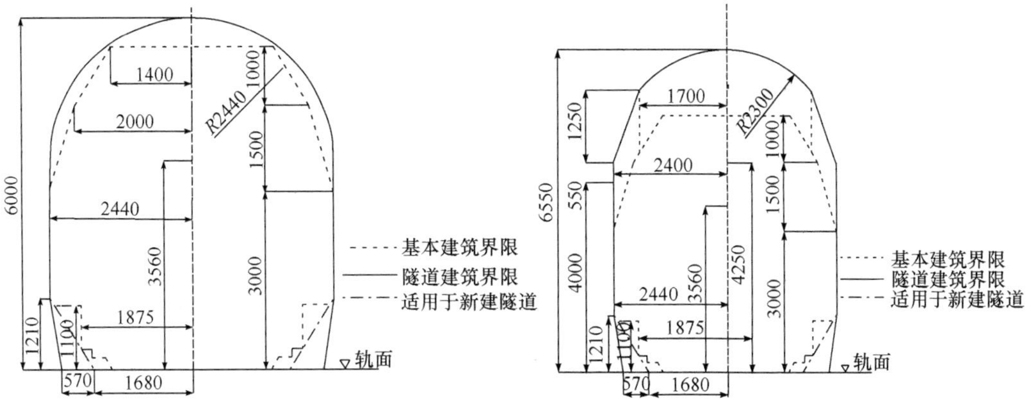

(a) 内燃牵引区段　　(b) 电力牵引区段

图 4.26　客货共线铁路隧道建筑限界(v≤160km/h)(单位：mm)

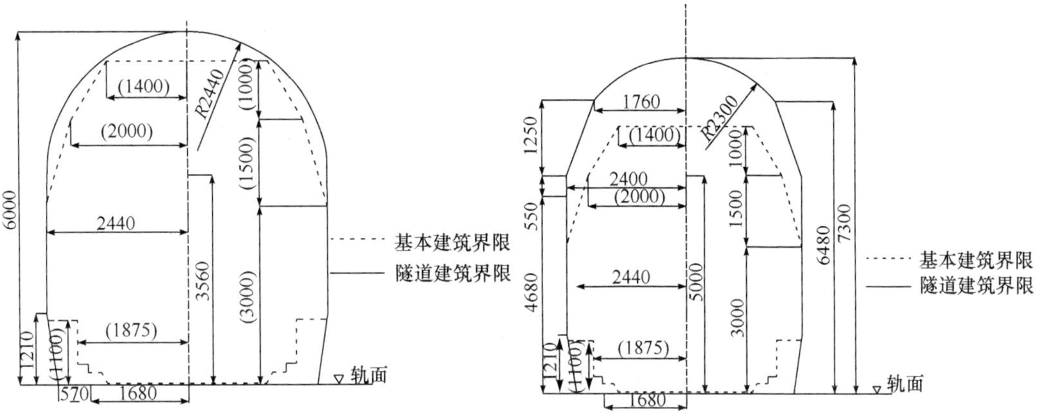

(a) 内燃牵引区段　　(b) 电力牵引区段

图 4.27　客货共线铁路隧道建筑限界(160km/h<v≤200km/h)(单位：mm)

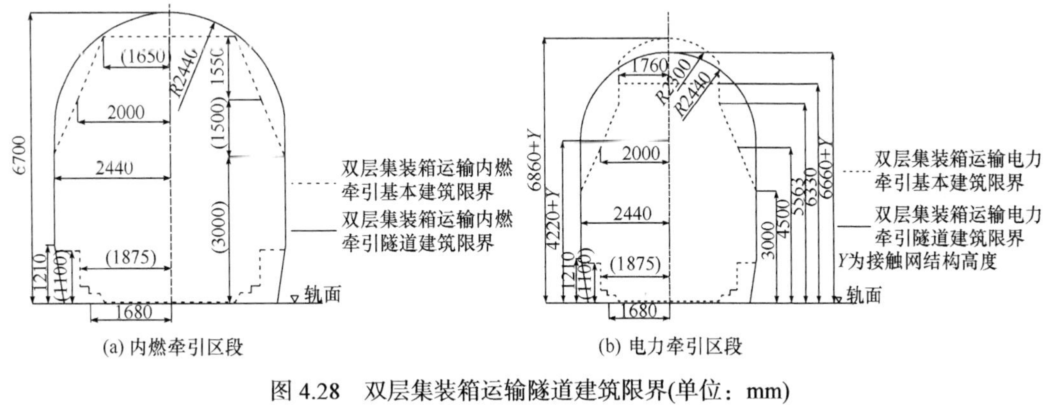

(a) 内燃牵引区段　　(b) 电力牵引区段

图 4.28　双层集装箱运输隧道建筑限界(单位：mm)

2. 曲线隧道净空加宽

1) 加宽原因

当车辆通过曲线时，转向架中心点沿线路运行，而车辆本身却不能随线路弯曲，仍

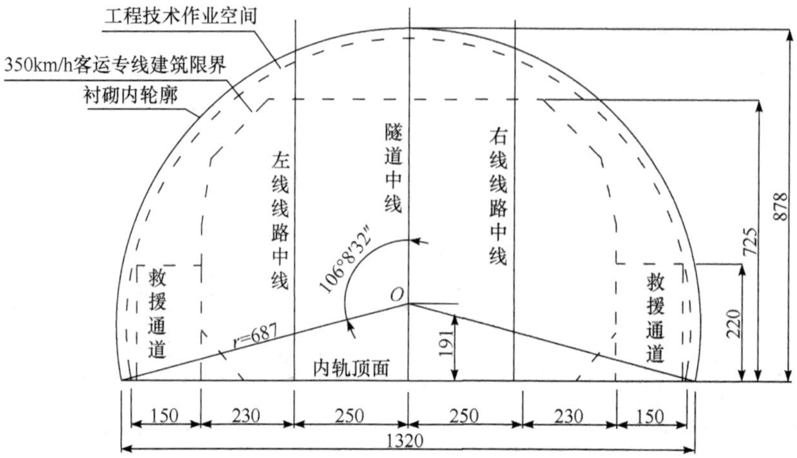

图 4.29　速度 350km/h 双线铁路隧道建筑限界及净空断面(单位：cm)

保持其矩形形状，故其两端向曲线外侧偏移($d_{外}$)，中间向曲线内侧偏移($d_{内1}$)，如图 4.30 所示。由于曲线外轨超高，车辆向曲线内侧倾斜，使车辆限界上的控制点在水平方向向内移动了一个距离 $d_{内2}$，如图 4.31 所示。为了考虑这些因素，曲线隧道净空应该加宽。

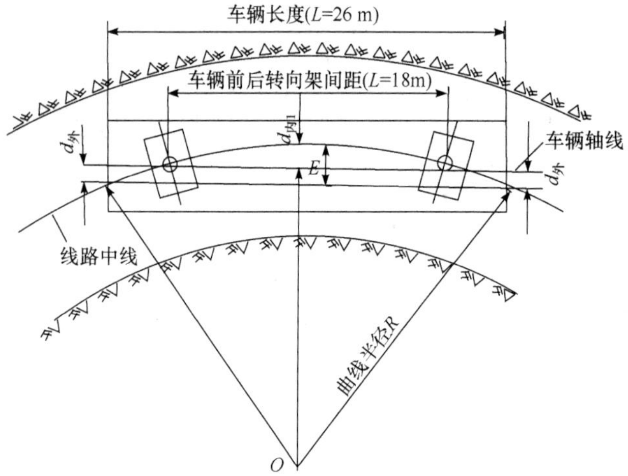

图 4.30　曲线隧道净空加宽平面示意图

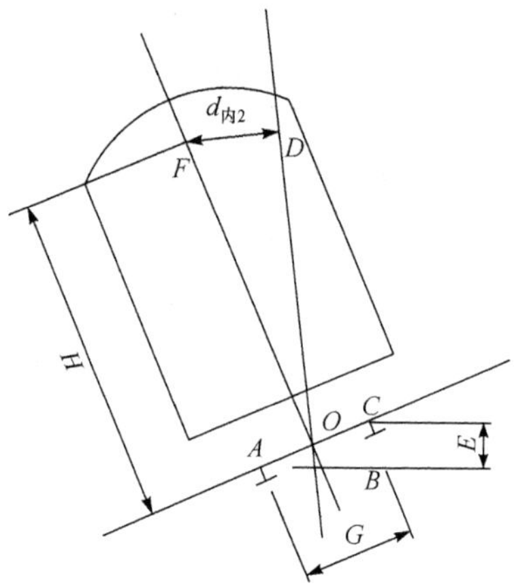

图 4.31　曲线隧道净空加宽断面示意图

2) 加宽值的计算

曲线隧道净空的加宽值计算公式如下：

$$W_1 = d_{内1} + d_{内2}(内侧加宽)$$
$$W_2 = d_{外}(外侧加宽) \tag{4.2}$$
$$W = W_1 + W_2 = d_{内1} + d_{内2} + d_{外}(总加宽)$$

(1) 单线曲线隧道加宽值的计算(图 4.32)。

车辆中间部分向曲线内侧的偏移 $d_{内1}$ 计算公式如下：

$$d_{内1} = \frac{l^2}{8R} \tag{4.3}$$

式中，l 为车辆转向架中心距，取 18m；R 为曲线半径，m。

由此，计算得

$$d_{内1}=\frac{18^2}{8R}\times 100=\frac{4050}{R}\ \ (\text{cm}) \tag{4.4}$$

车辆两端向曲线外侧的偏移 $d_{外}$ 计算公式如下：

$$d_{外}=\frac{L^2-l^2}{8R} \tag{4.5}$$

式中，L 为标准车辆长度，我国为 26m。

由此，计算得

$$d_{外}=\frac{26^2-18^2}{8R}\times 100=\frac{4400}{R}\ \ (\text{cm}) \tag{4.6}$$

外轨超高使车体向曲线内侧倾移 $d_{内2}$ 计算公式如下：

$$d_{内2}=\frac{H}{150}E\ \ (\text{cm}) \tag{4.7}$$

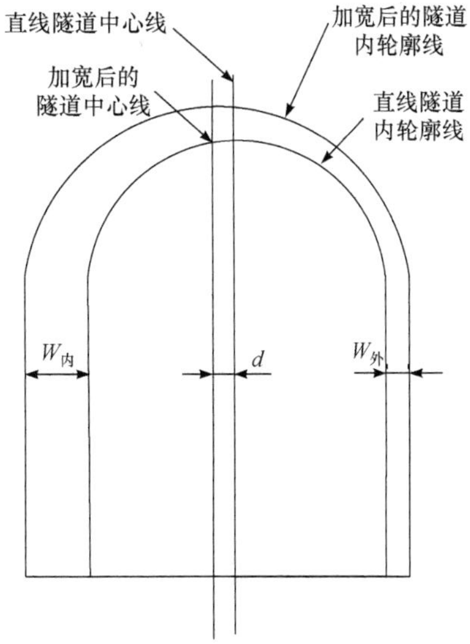

图 4.32　单线曲线隧道加宽示意图

式中，H 为隧道限界控制点自轨面起的高度，cm；E 为曲线外轨超高值，其最大值不超过 15cm，且

$$E=0.75\frac{v^2}{R}\ \ (\text{cm}) \tag{4.8}$$

其中，v 为铁路远期行车速度，km/h。

在我国铁路隧道标准设计中，$d_{内2}$ 为将相应的隧道建筑限界绕内侧轨顶中心转动 $\arctan\frac{E}{150}$ 角求得，可近似取 $d_{内2}=2.7E$ (cm)。则隧道内侧加宽值为

$$W_1=d_{内1}+d_{内2}=\frac{4050}{R}+2.7E\ \ (\text{cm}) \tag{4.9}$$

隧道外侧加宽值为

$$W_2=d_{外}=\frac{4400}{R}\ \ (\text{cm}) \tag{4.10}$$

隧道总加宽值为

$$W=W_1+W_2=\frac{4050}{R}+2.7E+\frac{4400}{R}\ \ (\text{cm}) \tag{4.11}$$

或

$$W=\frac{8450}{R}+2.7E\ \ (\text{cm}) \tag{4.12}$$

(2) 双线曲线隧道加宽值的计算。

双线曲线隧道的内侧加宽值 W_1 及外侧加宽值 W_2 与单线隧道加宽值的计算相同。内

外侧线路中线间的加宽值 W_3 按以下情况计算(图 4.33)。

当外侧线路的外轨超高大于内侧线路的外轨超高时，得

$$W_3 = \frac{8450}{R} + \frac{H}{150} \times \frac{E}{2} \ \text{(cm)} \tag{4.13}$$

式中，H 为车辆外侧顶角距内轨顶面的高度，取 360cm；E 为外侧线路的外轨超高值(cm)。

由此，计算得

$$W_3 = \frac{8450}{R} + \frac{360}{150} \times \frac{E}{2} \ \text{(cm)} \tag{4.14}$$

或

$$W_3 = \frac{8450}{R} + 1.2E \ \text{(cm)} \tag{4.15}$$

其他情况时为

$$W_3 = \frac{8450}{R} \ \text{(cm)} \tag{4.16}$$

3) 曲线隧道中线与线路中线偏移距离

从以上计算可知，曲线隧道内外侧加宽值不同(内侧加宽值大于外侧加宽值)，断面加宽后，隧道中线应向曲线内侧偏移一个距离(d)，该值的计算公式如下。

单线隧道(图 4.32)偏移值为

$$d = \frac{1}{2}(W_1 - W_2) \ \text{(cm)} \tag{4.17}$$

双线隧道(图 4.33)内侧线路中线至隧道中线的距离为

$$d_1 = 200 - \frac{1}{2}(W_1 - W_2 - W_3) \ \text{(cm)} \tag{4.18}$$

外侧线路中线至隧道中线的距离为

$$d_2 = 200 + \frac{1}{2}(W_1 - W_2 + W_3) \ \text{(cm)} \tag{4.19}$$

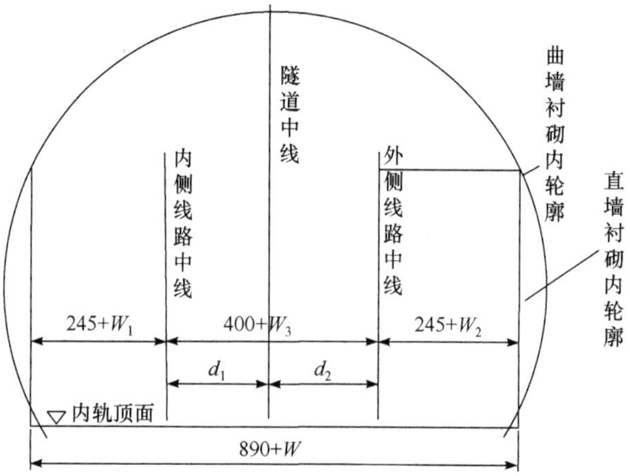

图 4.33　双线曲线隧道加宽示意图

4) 速度 200km/h 以上曲线隧道净空加宽

最高速度 200km/h 的铁路单、双线隧道内净空面积采用 $52m^2$ 和 $80m^2$ 断面形式也是经过优化比选的，既充分满足了空气动力学效应标准的要求，又完全满足建筑物接近限界及其他工程使用空间的需要，且留有富余量，考虑到最高速度 200km/h 铁路隧道线路采用最小圆曲线半径 2200m，推荐圆曲线半径为 3500～6000m，按《铁路隧道设计规范》(TB 10003—2016)曲线隧道的加宽也是较小的，完全在富余量以内，可以不考虑内轮廓加宽，见表 4.12。

表 4.12　最高速度 200km/h 的铁路曲线隧道加宽表

圆曲线半径/m	外轨超高/mm	隧道内外侧加宽总和/cm
2500	45	15
3000	35	12
4000	25	9

3. 曲线隧道与直线隧道的衔接

根据《铁路隧道设计规范》(TB 10003—2016)规定：位于曲线地段的隧道，断面加宽除圆曲线部分按上述计算值予以加宽，缓和曲线部分可分两段加宽，即自圆曲线至缓和曲线中点，并向直线方向延长 13m，采用圆曲线加宽断面(按 W 值加宽)；其余缓和曲线，自直缓分界点向直线段延长 22m，采用缓和曲线中点加宽断面，其加宽值取圆曲线之半(即按 $W/2$ 加宽)，如图 4.34 所示。

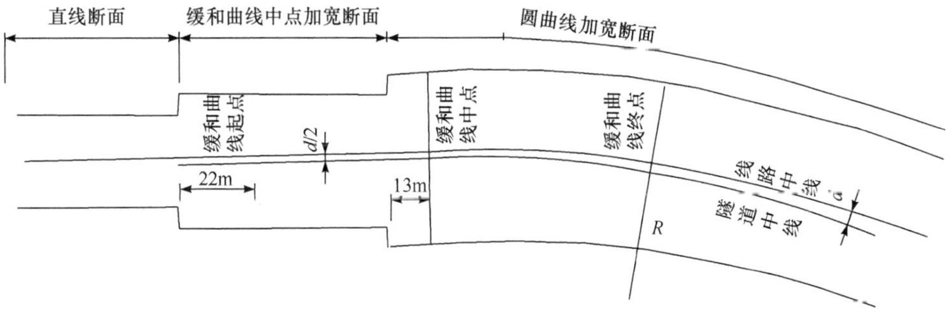

图 4.34　曲线隧道与直线隧道衔接方法平面示意图

上述分别延长 22m 和 13m 的理由为：当列车由直线进入曲线，车辆前面的转向架进入缓和曲线起点后，由于缓和曲线外轨设有超高，故车辆开始向内侧倾斜，车辆的后端点已偏离线路中心，所以从车辆的前转向架到车辆后端点的范围内应按圆曲线加宽值的一半($W/2$)加宽，此段长度为两转向架间距离 18m 加转向架中心到车辆后端点距离 4m 共 22m。当车辆的一半进入缓和曲线中点时，其车辆后端偏离中线值应根据前面转向架所在曲线的半径及超高值决定。此时，前面转向架已接近圆曲线，故车辆后段(按切线支距法原理推算，近似取车长之半 26/2=13m)应按圆曲线加宽值(W)加宽。

位于曲线车站上的隧道，断面加宽应根据站场线路具体要求计算确定。当隧道位于反向曲线上且其间夹直线长度小于 44m 时，重叠部分按两端不同的曲线半径分别计算内外侧加宽值，取其中较大者。

4.4.2　公路隧道横断面设计

1. 隧道建筑限界

公路隧道净空包括隧道建筑限界、通风及其他所需的断面面积。断面形状和尺寸应根据围岩压力求得最经济值。在设计中，应充分研究各种车道与公路设施之间所处的空间关系，任何部件(包括隧道本身的通风、照明、安全、监控及内装等附属设施)均不得侵入隧道建筑限界之内。公路隧道的建筑限界如图 4.35 所示，其一般由行车道宽度 W、侧向宽度 L(包括 L_R、L_L)、人行道宽度 R 或检修道宽度 J 等组成。当设置人行道时，含余宽 C。

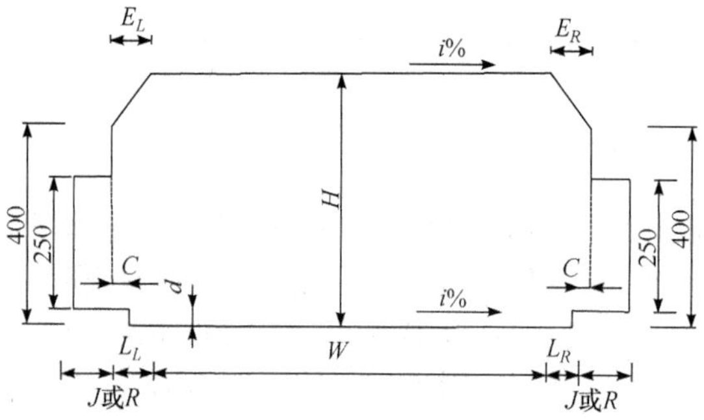

图 4.35　公路隧道建筑限界(单位：cm)

图 4.35 中，H 为建筑限界高度；W 为行车道宽度；L_L 为左侧向宽度；L_R 为右侧向宽度；C 为余宽；J 为检修道宽度；R 为人行道宽度；d 为检修道或人行道高度；E_L 为建筑限界左顶角宽度，大小等于左侧向宽度；E_R 为建筑限界右顶角宽度，当 $L_R \leqslant 1\text{m}$ 时，$E_R = E_L$，当 $L_R > 1\text{m}$ 时，$E_R = 1\text{m}$。

各级公路隧道建筑限界的基本宽度见表 4.13，并且应该满足以下规定。

(1) 对于建筑限界高度，高速公路、一级公路、二级公路取 5.0m；三、四级公路取 4.5m。

(2) 当设置检修道或人行道时，不设余宽；当不设置检修道或人行道时，应设不小于 25cm 的余宽。当设计速度大于 100km/h 时，余宽应不小于 0.5m。

(3) 对于隧道路面横坡，当隧道为单向交通时，应取单面坡；当隧道为双向交通时，可取双面坡。坡度应根据隧道长度及平、纵线形等因素综合分析确定，一般可采用 1.5%～2.0%。

(4) 当路面采用单面坡时，建筑限界底边线与路面重合；当采用双面坡时，建筑限界底边线应水平置于路面最高处。

(5) 检修道或人行道的高度可按 250～800mm 取值，并应综合考虑下列因素：检修人员或行人步行时的安全；满足其下放置电缆、给水管等的空间尺寸要求，以及电缆沟排水空间要求；紧急情况时，驾乘人员拿取消防设备方便。

表 4.13　两车道公路隧道建筑限界横断面组成及基本宽度

公路等级	设计速度/(km/h)	车道宽度 W/m	侧向宽度 L/m		余宽 C/m	检修道宽度 J/m		建筑限界基本宽度/m
			左侧 L_L	右侧 L_R		左侧	右侧	
高速公路，一级公路	120	3.75×2	0.75	1.25	0.50	1.00	1.00	11.00
	100	3.75×2	0.50	1.00	0.25	0.75	0.75	10.50
	80	3.75×2	0.50	0.75	0.25	0.75	0.75	10.25
	60	3.50×2	0.50	0.75	0.25	0.75	0.75	9.75
二、三、四级公路	80	3.75×2	0.75	0.75	0.25	1.00	1.00	11.00
	60	3.50×2	0.50	0.50	0.25	1.00	1.00	10.00
	40	3.50×2	0.25	0.25	0.25	0.75	0.75	9.00
	30	3.25×2	0.25	0.25	0.25	0.75	0.75	7.50
	20	3.00×2	0.25	0.25	0.25	—	—	7.00

注：三车道、四车道隧道除增加车道数外，其他宽度同表 4.13，增加车道的宽度不应小于 3.5m。

各级公路行车道的宽度，均按限界的规定设置，隧道内的车道宽度原则上应与前后道路一致，一般应避免产生“瓶颈”，并在车道两侧设置足够富余量。隧道墙壁往往给驾驶员以危险感，唯恐与之冲撞，行驶的车辆多向左侧偏离，无形中减少了行车道的有效宽度，从而导致隧道中交通容量的降低，这种现象称为墙效应。因此，在公路隧道中，为了保证一定车速的安全通行，应于行车道两侧设置一定宽度的路缘带、余宽或人行道，以消除或减小墙效应的不良影响，满足侧向净空的需要。

设置路缘带的目的为诱导驾驶员视线，增加行车安全；为行车道提供一定必需的侧向净宽，保证行车道的充分使用。

设置余宽的目的为作为防止汽车驶出车道外的防冲设施以及养护工维修时的通道。检修道的宽度应考虑小型检修工具车通行的需要。

2. 隧道净空

公路隧道的净空除应符合隧道建筑限界的规定外，还应考虑洞内排水、通风、照明、防火、监控、营运管理等附属设施所需要的空间，并考虑围岩压力影响、施工等必要的富余量，使确定的断面形式及尺寸达到安全、经济、合理。

一般公路隧道，特别是 1km 以下的隧道，应考虑自行车和行人的通过。但是当隧道附近有迂回道路时，安全起见，自行车和行人不应通过隧道。有行人通行的隧道，原则上应设置人行道，人行道的宽度一般不宜小于 0.75m，以便肩挑背负者使用。在有自行车通行的隧道，人行道宽度不宜小于 1m，以供下车推行自行车。必要时可设置栏杆，以消除隧道内混合交通的干扰和隐患。城市附近及行人众多的隧道，人行道的宽度应根据需要适当加宽，以保证非机动车及行人不侵占行车道。在行人和自行车非常多的情况下，因修很宽的人行道而加大隧道断面，需要的通风设备也相应增大，这时人和自行车与隧道要分开，这时修建小断面的人行隧道专供徒步行人通行反而有利。人行隧道与车行隧道分开，对安全也很有利，在火灾时可以作为避难救护伤员使用，平时也可兼作管理人员的通道。需通行自行车时，应另设自行车道，自行车不应混杂在行人中穿行。在山岭地区修建长大隧道时，专为行人需要加大通风设施及其功率是不经济的，应另寻其他途径解决行人问题。人行道、自行车道或自行车道与车行道在同一隧道中时，为保证安全，应使其比车行道高出 0.25m。为了彻底解决安全问题，或者对行车速度严加管制，或者把人行道等与车行道用护栏隔开，或者把设在路肩上的人行道等置于 1m 以上的台阶并加设保护栏。

车行道的净高，通常由汽车载货限制高度和富余量决定。另外，隧道内的路面全部更换比较困难，一般应估计到将来可能进行罩面，其厚度通常按 20cm 预留。还应估计冬季积雪等可能减少净空。对不能满足净高要求的路段，应设标志牌，标明该处净高，并指明迂回道路。人行道、自行车道及自行车道的净空为 2.5m。隧道的内轮廓线在施工中不可避免要产生凸凹不平，一般还应考虑 5cm 的误差。

公路隧道的净空断面受通风方式影响很大。自然通风的隧道，断面适当大些。当采用射流式通风机进行纵向通风时，应考虑射流风机本身的直径、悬吊架的高度和富余量，总计约为 1.5m 的高度。长大隧道的通风管断面面积、通风区段的长度、通风竖井或斜井的长度和数量、设备费和长期运营费等应综合考虑。在平顶以上设置通风管道时，应保证顶板的厚度，还应考虑到顶板的挠度及富余量。如考虑美观用石棉或瓷砖进行内装时，还应另外留出 10cm 的空间。在吊设吸声板时，应预留相应位置。重要的长大隧道，防灾设备(如火灾传感器、监视电视摄像机、通过率计等)也要占用空间。维修时往往是在不进行交通管制的条件下工作，另外，还要有管理人员的通道，这些均根据实际需要可能设置在隧道的一侧或两侧，其要根据实际隧道具体确定。

3. 紧急停车带及错车道

高速公路、一级公路的特长和长隧道应根据需要设置紧急停车带，这是考虑到车辆若在隧道内发生事故时，有一个应急的抢险、疏导车辆的余地，便于较快地消解塞阻，减少损失。紧急停车带(或加宽带)的设置，可参照世界道路协会(PIARC)隧道技术委员会推荐值办理：超过 2km 的隧道须考虑设置宽 2.5m、长 25～40m 的紧急停车带，间隔为 750m。超过 10km 的特长隧道，还应设置可供大型车辆使用的 U 形加宽带(宽 2.5m，长 25m 以上)及 U 形回车场。交通量大的城市隧道，考虑到故障车的停车，路面宽度最小推荐为 8～8.5m。

单车道隧道，为保证安全运输，除两端洞外应设错车道，洞内视隧道长度设置错车道，错车道间距不宜大于 200m，错车道的设置按《公路工程技术标准》(JTG B01—2014)的规定执行。

按照我国《公路隧道设计规范 第一册 土建工程》(JTG 3370.1—2018)，紧急停车带设置应符合下列规定：

(1) 紧急停车带宽度为向行车方向右侧加宽不小于 3.0m，且紧急停车带宽度与右侧侧向宽度(L_R)之和不应小于 3.5m。

(2) 紧急停车带长度不宜小于 50m，其中有效长度不应小于 40m。

(3) 紧急停车带横坡可取 0～1%。

(4) 单向行车隧道紧急停车带设置间距不宜大于 750m，并不应大于 1000m。

(5) 双向行车隧道紧急停车带应两侧交错设置，同一侧间距宜采用 800～1200mm，并不应大于 1500m。

4. 独立双洞设计

公路隧道中的基本组成部分是专供车辆通行使用的车行隧道。在每个车行隧道中，原则上规定采用双向交通的最小单位为 2 车道。若交通量超过对向 2 车道的容量，则应设置两条各为单向交通的 2 车道，即合计 4 车道的隧道。从交通安全上考虑，不应设置双向交通的 3 车道隧道。当大于 4 车道时，原则上隧道也应修成两条以上的 2 车道。隧道前后公路若为 6 车道时，如有可能，应修成两条单向 3 车道的隧道。另外，为了交通安全，高速公路、一级公路的隧道一般设计为上下行分离的两座独立隧道。由于地质条件的关系，隧道宽度过大则不经济，施工上也增加了难度，因此大断面隧道可以设计为两座隧道。一般情况下，两座隧道的间距越小越好。但如果太小，隧道间的围岩很难保持稳定，会给施工带来巨大的困难，可见，两座独立相邻隧道的间距是设计中需要重点考虑的问题。

从理论上说，两相邻隧道应分别置于围岩压力相互影响及施工影响范围之外，或者说其间岩柱具有足够的强度和稳定性，不致危及相邻隧道的施工及结构的安全，保证车辆安全营运。但由于影响两相邻隧道间距的因素很多，而这些因素的影响也难以定量确定，因此实际工程中还需根据经验通过工程类比分析确定。一般情况下，两相邻隧道的最小净距由围岩级别、断面尺寸、施工方法、爆破振动影响等因素确定，通常可按表 4.14 的规定选用。

表 4.14　分离式独立双洞间的最小间距

围岩类型	I	II	III	IV	V	VI
最小间距/m	1.0B	1.5B	2.0B	2.5B	3.5B	4.0B

注：B 为隧道跨度。

4.4.3　隧道衬砌横断面的初步拟定

隧道净空确定以后，可据此进行隧道衬砌横断面的初步拟定。

初步拟定衬砌结构形状和尺寸可采取经验类比的方法。具体方法为根据工程类比和设计者的经验首先假定断面尺寸，然后经分析计算、检算，修正假定尺寸，并反复这个过程，最终确定合理的横断面形式和尺寸。

设计衬砌横断面主要解决内轮廓线、轴线和断面厚度三个问题。

1) 内轮廓线

衬砌的内轮廓必须符合前述的隧道建筑净空限界。结构的任何部位都不应侵入限界以内，同时又应尽量减小坑道的断面面积，使土石开挖量和圬工砌筑量最少。因此，内轮廓线应尽可能地接近建筑限界，但又不能随着限界曲折，而是衬砌内表面力求平顺圆滑，使结构受力合理。另外，还应考虑衬砌施工的简便。

2) 轴线

以混凝土为材料的隧道衬砌是一种受压结构，结构的轴线应尽可能地符合荷载作用下的压力线。若是两线重合，则结构的各个截面都只承受单纯的压力而无拉力，其最为理想，但事实上很难做到。一般总是使结构的轴线接近于压力线使大部分区域上主要承受压力，而部分区域断面承受很小的拉力，从而充分地利用混凝土材料的性能。

从理论和实践得出，当衬砌承受径向分布的静水压力时，结构轴线以圆形最合适。当衬砌主要承受竖向荷载和不大的水平荷载时，结构轴线上部宜采用圆弧形或尖拱形，下部可以做成直线形，即三心圆拱和直墙式衬砌。当衬砌在承受竖向荷载的同时，又承受较大的水平荷载时，衬砌结构的轴线上部宜采用圆弧形或平拱形，下部可采用凸向外方的圆弧形，即五心圆曲墙式衬砌。当有沉陷可能和受底压力时，则结构底部还应有凸向下方的仰拱为宜。

3) 截面厚度

衬砌各截面厚度随所处工程地质条件和水文地质条件不同而有较大变化，并且与隧道的跨径、荷载大小、衬砌材料以及施工条件等有关。从施工角度出发，截面的厚度不应太薄，否则将使施工操作困难和质量不易保证。根据以往经验，拱圈可以采取等截面，也可采取在拱脚部分加厚 20%～50%的变截面。仰拱厚度一般略小于拱顶厚度，但从施工和衬砌质量要求出发，一般不应小于规范规定的最小厚度，其值见表 4.15。

表 4.15 截面最小厚度 (单位：cm)

建筑材料种类	隧道和明洞衬砌			洞门端墙、翼墙和洞门挡土墙
	拱圈	边墙	仰拱	
混凝土	20	20	20	30
片石混凝土	—	50	50	50
浆砌粗料石或混凝土块	30	30	—	30
浆砌块石	—	30	—	30
浆砌片石	—	50	—	50

4) 断面轮廓线

(1) 衬砌内轮廓线。

衬砌内轮廓线是衬砌的完成线在内轮廓线之内的空间，即隧道的净空断面。该线应满足所围成的断面面积最小，适合围岩压力和水压力的特点，以既经济又适用为目的。

(2) 衬砌外轮廓线。

为保持净空断面的形状，衬砌必须有足够的厚度(或称最小衬砌厚度)的外缘线。为保证衬砌的厚度，侵犯该线的围岩必须全部除掉，木质临时支撑或木模板等也不应侵入。因此，该线又称为最小开挖线。

(3) 实际开挖线。

为保证衬砌外轮廓，开挖时往往稍大，尤其是在用钻爆法开挖时，实际开挖线不可避免地成为不规则形状。因为它比衬砌外轮廓线大，所以又称为超挖线。超挖部分的大小称为超挖量，一般不应超过 10cm，实际上凹凸不平，这样的限制线只能是平均线，它是设计时进行工程量计算的依据。在施工中，尤其是在用钻爆法施工时，很难掌握刚好达到平均线，常常比它要大，这就造成了不必要的工程量，如何控制它，至今仍为一个难题。按设计要求所有超挖部分，都要用片石回填密实。由于施工上的困难，不容易做到密实，但这是设计及施工中都应着重强调的问题。

思　考　题

1. 隧道总体设计的原则是什么？
2. 如何根据地形进行隧道选址？
3. 简述不良地质条件对隧道选址的影响。
4. 如何进行洞口位置选择？
5. 隧道平面线形设计应注意的问题是什么？
6. 铁路隧道纵断面线形设计应注意的问题是什么？
7. 如何进行地铁线形设计？
8. 何为隧道建筑限界，其作用是什么？

第 5 章　隧道结构构造

隧道结构由主体构造物和附属构造物两大类组成。主体构造物是为了保持围岩稳定和安全运营而修建的人工永久建筑物，通常包括洞身衬砌和洞门构造物。洞身衬砌的形式由隧道的几何设计确定。在山体坡面有发生崩坍和落石可能时，往往需要接长洞身或修筑明洞。洞门的构造形式由多方面因素决定，如岩体的稳定性、通风方式、照明状况、地形地貌及环境条件等。附属构造物是主体构造物以外的其他建筑物，是为了运营管理、维修养护、给水排水、供蓄发电、通风、照明、通信、安全等而修建的构造物。附属构造物的形式主要由它们各自的功能等条件决定。

5.1　洞 身 衬 砌

隧道开挖以后，周围地层原有的平衡状态遭到破坏，引起隧道变形甚至崩塌。因此，开挖后的隧道，为了保持围岩的稳定性，一般都需要修建支护结构，即洞身衬砌。

5.1.1　衬砌形式

隧道的衬砌形式，主要是根据隧道所处的地质、地形条件，考虑其结构受力的合理性、施工方法和施工技术水平等因素来确定的。其形式大致有下列几类。

1. *直墙式衬砌*

直墙式衬砌形式通常用于地层垂直压力为主要计算荷载、水平压力很小的情况，一般适用于 I～II 级围岩，有时也可用于 III 级围岩。衬砌结构由上部拱圈、两侧竖直边墙及下部铺底三部分组成。直墙式衬砌结构的拱部可以采用割圆拱、坦三心圆拱或尖三心圆拱。三心圆拱指拱轴线由三段圆弧(以大小两种不同半径分别作成三心圆弧线，中间用较小的半径，两边用较大的半径)组成，其轴线形状比较平坦时($r_1>r_2$)称为坦三心圆拱，形状较尖($r_1<r_2$)时称为尖三心圆拱，$r_1=r_2=r$ 时为割圆拱(图 5.1)。这种结构拱圈是等厚，所以外弧的半径各自增加一个拱圈厚度的尺寸。由于它们是同心圆弧，所以内外半径的圆心是重合的。两侧边墙是与拱圈等厚的竖直墙，与拱圈平齐衔

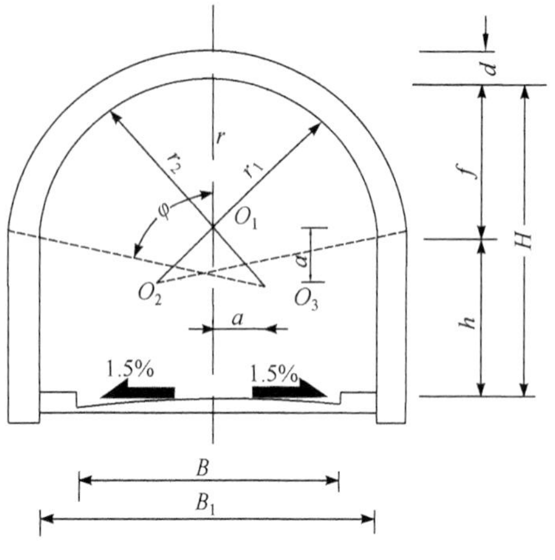

图 5.1　直墙式衬砌

接。整个结构是敞口的，并不闭合，只是以混凝土做成平槽，称为铺底。

在围岩完整性比较好的 I～II 级围岩中，几乎没有水平侧压力，也没有地下水侵入，为了节省边墙圬工，可以简化边墙。若边墙采用连拱或柱，则称为连拱边墙或柱式边墙，如图 5.2 所示。另外，也可以采用大拱脚薄边墙衬砌结构，如图 5.3 所示。该法的最大问题是大拱脚支座施工困难，在非均质岩层中很难用钻爆法做出整齐稳定的支座。

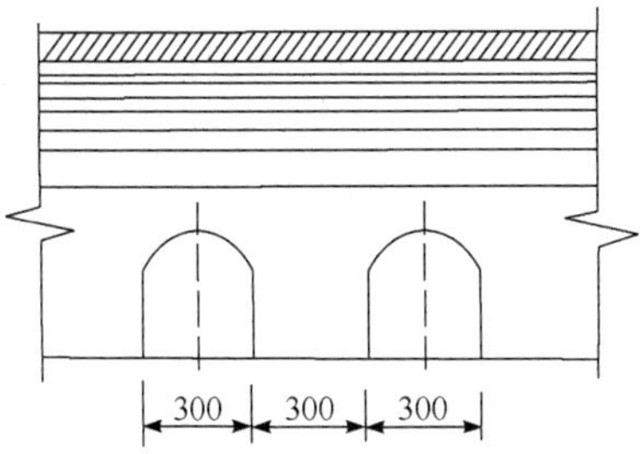

图 5.2　连拱边墙或柱式边墙(单位：cm)

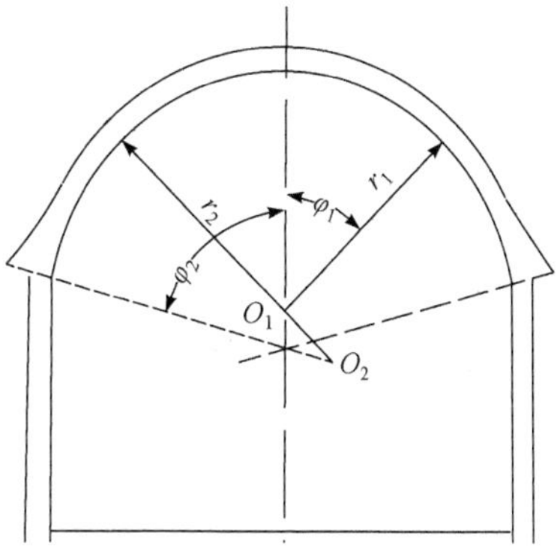

图 5.3　大拱脚薄边墙衬砌

2. 曲墙式衬砌

曲墙式衬砌适用于地质比较差，围岩松散破碎，强度不高，又有地下水，侧向水平压力较大的 IV 级以下围岩中。它由顶部拱圈、侧面曲边墙和底部仰拱(或铺底)组成(图 5.4)。

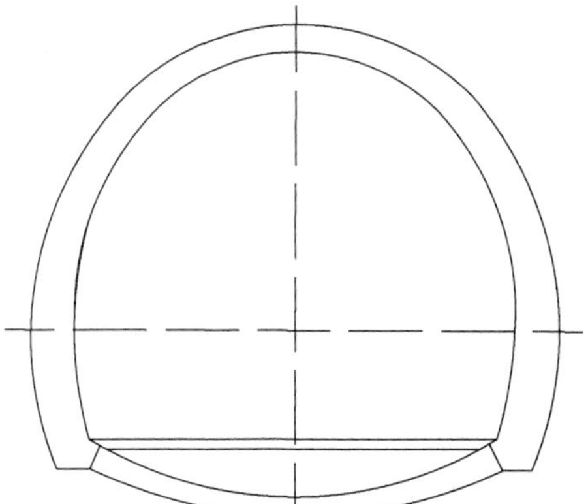

图 5.4　曲墙式衬砌

除在 IV 级围岩无地下水，且基础不产生沉降的情况下可不设仰拱，只做平铺底外，一般均设仰拱，以抵御底部围岩压力，防止衬砌沉降，并使衬砌形成一个环状封闭整体结构以提高衬砌承载能力。顶部拱圈的内轮廓与直墙式衬砌的拱部一样，但其拱圈截面变厚度，拱顶处薄而拱脚处厚。边墙也变厚度，为向外拱的曲线形，以抵抗水平压力。仰拱为等厚度。

3. 偏压衬砌

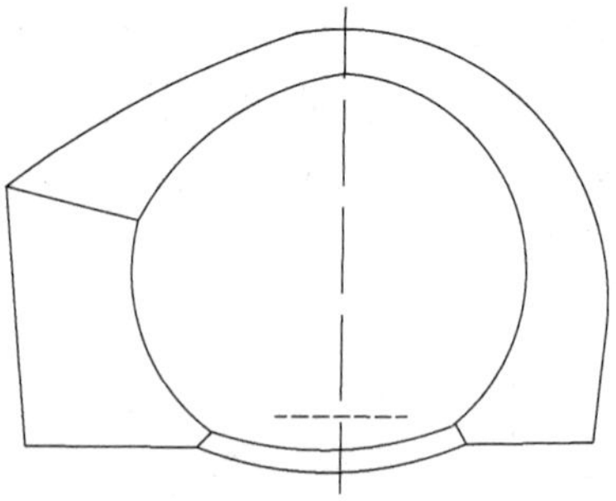

图 5.5　偏压衬砌

当地面坡陡于 1:2.5、线路外侧山体覆盖较薄，或由于地质构造造成偏压时，为了承受这种不对称围岩压力，可以采用偏压衬砌结构，这种结构的两边边墙厚度不同，如图 5.5 所示。

4. 喇叭口衬砌

在双线隧道中有时为绕过困难地形或避开复杂地质地段，减少工程量，可将一条双幅隧道分建为两个单线隧道或将两条单线隧道并建为一条双幅隧道(或车站隧道中的过渡线部分)，此时衬砌结构产生了一个过渡区段，这部分衬砌的断面及线间距均有变化，相应形成了一个喇叭形，称为喇叭口衬砌，如图 5.6 所示。

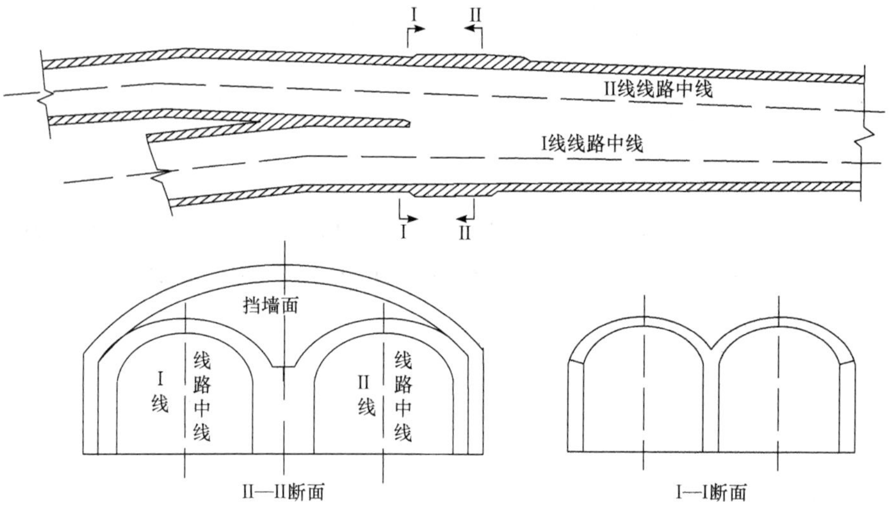

图 5.6　喇叭口衬砌

5. 圆形断面衬砌

为了抵御膨胀性围岩压力或者水底隧道的较大均匀静水压力，隧道可以采用圆形或近似圆形断面，这种衬砌结构称为圆形断面衬砌。

实际上，水底隧道广泛使用盾构法施工，此时其断面为圆形，这种结构通常用预制的节段在现场拼装。此时，在顶棚以上的空间和路面板以下的空间可用作通风管道，车行道两侧的空间可以设置人行道或自行车道，有剩余空间时还可以设置电缆管道等，如图 5.7 所示。水底隧道的另一种施工方法是沉管法，有单管和双管之分，其断面可以是圆形，也可是矩形。

岩石掘进机是开挖岩石隧道的一种机械化切削设备，其开挖断面通常为圆形，开挖后可用喷混凝土衬砌、喷锚衬砌或拼装预制构件衬砌等多种形式，这些都属于圆形断面衬砌。

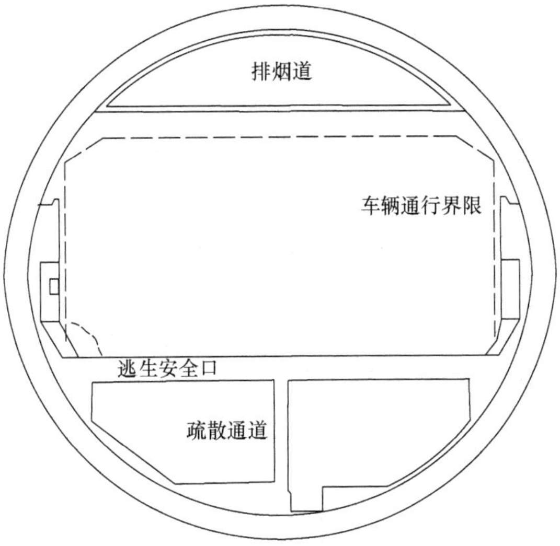

图 5.7　圆形断面衬砌

6. 矩形断面衬砌

在用沉管法施工时，其断面可以用矩形形式。明挖法施工时，尤其是在修筑多车道隧道时，其断面广泛采用矩形，这种情况下回填土厚度一般较小，加之在软土中修筑隧道时，软土不能抵御较大的水平推力，因而不应修筑拱形断面隧道，且矩形断面的利用率也较高。城市中的过街人行地道，通常都在软土中通过，其断面也是以矩形为基础组成的。这种矩形断面隧道采用的衬砌结构称为矩形断面衬砌，如图 5.8 所示。

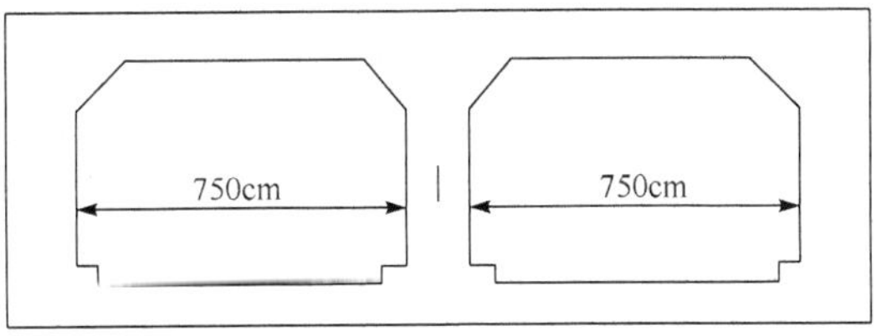

图 5.8　矩形断面衬砌

5.1.2　衬砌结构

在隧道工程中，支护结构通常分为初期支护(一次支护)和永久支护(二次支护、二次衬砌)。一次支护是为了保证施工的安全，加固岩体和阻止围岩的变形、坍塌而设置的临时支护措施，其常用结构有木支撑、型钢支撑、格栅支撑、锚喷支护等，其中型钢支撑、格栅支撑、锚喷支护一般作为永久支护的一部分，与永久支护共同工作。二次支护是为了保证隧道使用的净空和结构的安全而设置的永久性衬砌结构。常用的永久支护结构有整体式衬砌、复合式衬砌、拼装式衬砌及锚喷式衬砌等四种。

洞口一般较洞身围岩条件差，节理裂隙发育，风化较严重；再加隧道埋深浅，受地形、地表水、地下水、风化冻裂影响明显；容易形成偏压，甚至受仰坡后围岩纵向推力的影响，围岩容易失去稳定，使衬砌产生病害。因此，洞口一般采用加强的衬砌形式，如复合式衬砌，不宜采用锚喷式衬砌。

1. 整体式衬砌

整体式衬砌是传统衬砌结构，其为隧道开挖后，以较大厚度和刚度的整体模筑混凝土作为隧道结构。该方法不考虑围岩的承载作用，主要通过衬砌的结构刚度抵御地层的变形，承受围岩压力。整体式衬砌采用就地灌筑混凝土衬砌的方式，也称为模筑混凝土衬砌。其工艺流程为：立模→灌筑→养护→拆模。它作为一种支护结构，从外部支撑隧道围岩，其特点为对地质条件的适用性较强，易于按需成型，整体性好，抗渗性强，并适用于多种地质条件，且适合于多种施工方法，如可用木模板、钢模板或衬砌模板台车等。

整体式衬砌按照工程类比进行，不同的围岩级别采用不同的衬砌厚度，其形式有直墙式和曲墙式两种，而曲墙式又分为有仰拱和无仰拱两种。一般情况下，III 级及以上围岩，由于围岩稳定或基本稳定，拱部围岩荷载较小，且往往呈现较小的局部荷载。在施工时，临时支撑，尤其是纵横梁一般都能撤走，超挖空间容易回填密实，不易形成偏载，衬砌工作条件较好，故衬砌截面可以采用等截面形式。而 III 级以下围岩与上述情况往往相反，因此，采用变截面形式为宜。对 III 级及以上围岩，墙部是稳定的，侧压力较小，故一般地区也可采用直墙式衬砌，便于施工，并可减少墙部开挖量。IV 级及以下围岩，地基松软，往往侧压力较大，故宜采用曲墙带仰拱的衬砌。设置仰拱不仅是满足地基承载力的要求，更重要的是使结构及时封闭，提高结构的整体承载力和侧墙抵抗侧压力的能力，抵御结构的下沉变形，达到调整围岩和衬砌应力状态的目的，使衬砌处于稳定状态。

严寒地区修建隧道，由于地下水随季节温度发生变化，围岩易产生冻胀压力，使侧墙内移或开裂；曲墙式衬砌的抗冻胀能力较强，墙部破坏的情况远小于采用直墙式衬砌的隧道，故严寒地区隧道，不管围岩等级如何，只要有地下水存在，衬砌形式应采用曲墙式衬砌。严寒地区隧道衬砌施工特别要强调根据情况设置伸缩缝，防止或减少衬砌因温度降低而收缩，引起衬砌开裂和破坏，造成病害。

2. 拼装式衬砌

整体式衬砌在灌注以后不能立即承受荷载，必须经过一个养护的过程，因而施工进度受到一定限制。随着隧道施工机械化的发展，出现了拼装式衬砌(装配式衬砌)，如图 5.9 所示。这种衬砌是将若干在工厂或现场预制的构件运入隧道内，用机械拼装而成，一经装配，即可承受围岩压力。国外早在 19 世纪就已开始使用装配式衬砌，尤其在盾构法施工的隧道中采用较多。目前我国多在使用盾构法施工的城市地下铁道和水底隧道中采用。在铁路、公路隧道中由于装配式衬砌要求有一定的机械化设备，施工工艺复杂，衬砌的整体性及抗渗性差而没有普遍推广使用。

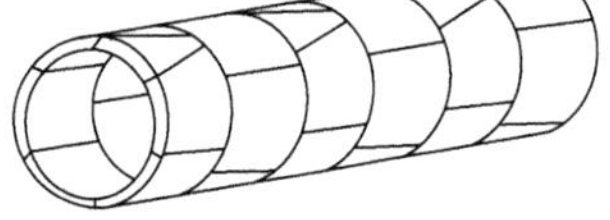

图 5.9　拼装式衬砌示意图

装配式衬砌结构具备下列优点：①一经装配成环，不需养护时间即可承受围岩压力；②大量构件可以在工厂成批生产，在洞内进行机械化拼装，从而改善劳动条件，节省劳动力；③拼装时，不需要临时支护，从而节省了大量的支撑材料及劳动力；④采用机械化提高了拼装速度，缩短了工期，还可能降低造价。

但装配式衬砌也存在着一些缺点，如需要隧道内有足够的拼装空间，制备构件尺寸要求一定的精度，接缝多、防水较困难等。

在盾构法施工的圆形隧道中，广泛采用装配式管片衬砌。在施工阶段作为临时支撑使用，并承受盾构千斤顶顶力和其他施工荷载；竣工后则作为永久性承重结构，并防止泥水渗入。必要时可在其内部灌筑混凝土或钢筋混凝土内衬，以提高隧道的防水能力，修正施工误差，并起装饰作用。在矿山法施工的隧道中，当地质条件允许并有施工场地和相应的机械设备时，也可采用装配式衬砌。马蹄形装配式衬砌，可由数块管片或砌块拼装而成。也可采用石块砌筑边墙，顶拱用一整块半圆拱或两块三铰拱构件组成直墙拱形衬砌。用明挖法施工的地下结构，更适于采用装配式衬砌。当具有一定的运输和吊装能力时，对无水地层或解决好接头防水措施后，都可以大力推广。也可以先装配内层为一次衬砌，再以它为模板，在其外层再灌筑一层现浇衬砌。

装配式衬砌的构造应满足下列条件：①强度足够而且耐久；②能立即承受荷载；③装配简便，构件类型少，形式简单，尺寸统一，便于工业化制作和机械化拼装；④构件尺寸大小和重量适合拼装机械的能力；⑤有防水设施。

3. 锚喷式衬砌

锚喷式衬砌也称为锚喷结构，其既可作为隧道临时支护，又可作为隧道永久结构。锚喷结构是喷射混凝土加锚杆等构成的一种支护结构，实际上，其包括锚喷支护结构、喷射混凝土支护结构和锚杆支护结构。

1) 锚喷支护结构

喷射混凝土是以压缩空气为动力，将掺有速凝剂的混凝土拌和料与水汇合成为浆状，喷射到隧道的岩壁上凝结而成的。当岩壁不够稳定时，可加设锚杆、金属网和钢架，这样构成的一种支护结构，称为锚喷支护结构，如图 5.10 所示。

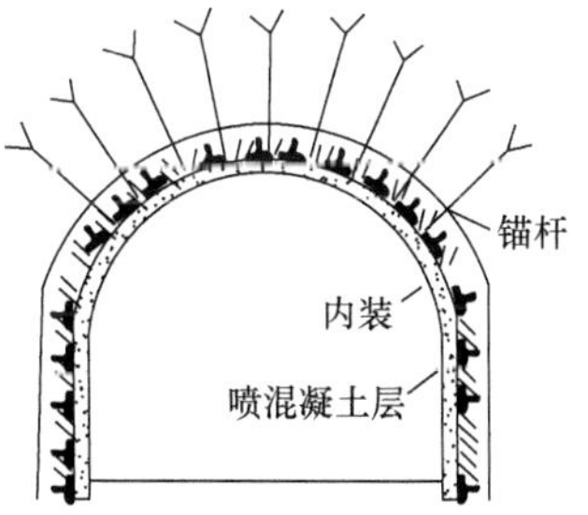

图 5.10　锚喷支护结构

锚喷支护是一种符合岩体力学原理的支护方法，它与围岩密贴、支护及时，且柔性好。同时封闭了围岩壁面以防止风化，并能封闭围岩的张性裂隙和节理，提高围岩的固有强度，控制围岩的变形，并能充分调动围岩本身的自稳能力，从而更好地起到支护作用。另外，锚喷支护有效地利用了洞内净空，能提高作业的安全性和作业效率，并能适应软弱和膨胀性地层中的隧道开挖，还能用于整治塌方和隧道衬砌的裂损。

锚喷支护包括喷射混凝土锚杆联合支护、喷射混凝土钢筋网联合支护、喷射混凝土与锚杆及钢筋网联合支护、喷射钢纤维混凝土锚杆联合支护以及上述几种类型加设型钢支撑(或格栅支撑)而成的联合支护等多种形式。

在层状围岩中，其结构面或产状可能引起不稳定，开挖后表面张裂、岩层沿层面滑移或受挠折断，可能引起坍塌。块状围岩受软弱结构面交叉切割，可能形成不稳定的危石。应加入锚杆支护，通过联结作用、组合原理保护和稳定围岩，并通过喷射混凝土表面封闭和支护的配合，使围岩和锚杆喷射混凝土形成一个稳定的承载结构。锚杆与层面垂直，能够充分发挥锚杆的锚固作用，有效增加层面或结构面间的压应力和抗滑动摩阻力。锚杆应与没有松动、较完整的稳定围岩体相联结，锚杆应有足够的锚固长度，伸入松动围岩以外或伸入承载环以内一定深度。

当围岩呈块(石)碎(石)状镶嵌结构，稳定性较差时，锚喷混凝土的主要作用原理是整体加固作用。依靠锚杆和钢筋网喷混凝土的支护力和锚杆的联结及本身的抗剪强度，提高围岩承载圈的抗压强度和抗剪强度，达到对围岩的整体加固作用，使围岩和锚喷支护共同成为一个承载结构。当围岩块度较小，围岩的稳定性较差时，围岩内缘及锚杆之间会出现松弛带，要通过钢筋网喷混凝土来保证其稳定性，使其不进一步松弛，甚至坍落，保证承载圈的有效性。而且在支护过程中也可能产生较大的变形和围岩压力，因而加强喷层结构，提高其强度和变形能力都是必要的。此时要加入钢筋网，以提高其抗拉强度和整体强度，减少裂缝，并避免过厚的喷层，且使结构更可靠。

锚喷衬砌的内轮廓线，宜采用曲墙式的断面形式，是为了使开挖时外轮廓线圆顺，尽可能减少围岩的应力集中，减小围岩内缘的拉应力，尽可能消除围岩对支护的集中荷载，使支护只承受较均匀的变形压力，使喷层结构都处于受压状态而不产生弯矩。

在某些不良地质地段、大面积涌水地段和特殊地段，不宜采用喷锚支护作为永久衬砌。地下水发育或大面积淋水地段，喷射混凝土很难成型，且即使成型，也难以保证其强度及与围岩的黏结力，也无法保证锚杆与围岩的黏结或锚固力，难以发挥喷锚支护所应有的作用。膨胀性围岩和不良地质围岩，如黏土质胶结的砂岩、粉砂岩、泥砂岩、泥岩等软岩，开挖后极易风化潮解，遇水泥化、软化、膨胀，造成大的围岩压力，稳定性极差，甚至流坍。堆积层、破碎带等不良地质地段，往往有水，施工时缺乏足够的自稳能力和稳定时间。这样，锚杆无法同膨胀性围岩和有水堆积层、破碎带形成可靠的黏结，喷射混凝土与围岩面也很难形成良好的黏结。因此，喷锚支护难以阻止围岩的迅速变形和通过喷锚支护形成可靠、稳定的承载圈。

不宜采用喷锚支护单独作为永久衬砌的情况有：对衬砌有特殊要求的隧道或地段，如洞口地段要求衬砌内轮廓很整齐、平整；辅助坑道或其他隧道与主隧道的连接处及附近地段；有很高防水要求的隧道；围岩及覆盖太薄，且其上已有建筑物，不能沉落或拆除者等；地下水有侵蚀性，可能造成喷射混凝土和锚杆材料的腐蚀；最冷月平均气温低于−5℃地区的冻害地段。

2) 喷射混凝土支护结构

喷射混凝土的拌和材料包括：标号不低于 325 号的普通硅酸盐水泥和粒径不大于 16mm 的坚硬耐久卵石或碎石，以及不含土质或杂物的河沙再加上少量的速凝剂。在我国较为普遍采用的是干拌和料。在输送到喷嘴以前，与水汇合而成喷射的浆液，称为干喷。也可以把拌和料先与水拌和，以浆液从输料管送至喷嘴，与速凝剂汇合然后喷出，称为湿喷。二者共同之处是都借助于喷出的压力和速度，使材料有力地与岩壁黏着牢固，凝成固结的衬砌层。掺入的速凝剂是为了使喷出的浆液黏附在岩壁上以后，能迅速凝结，减少向下流淌和向后回弹，并使之早强，及时发挥支护作用。

喷射混凝土层是依从洞壁形状而成型的。为了使喷层厚度均匀、喷混凝土结构的受力状态合理，一般要求使用预裂和光面爆破的方法开挖隧道，使围岩扰动最少，爆破后的岩壁平整光滑，减少超欠挖，喷层厚度也比较均匀。喷层的厚度一般最薄不应小于 5cm，遇有局部岩体突出，也足以覆盖。最厚应不大于 25cm，再厚则失去了柔性衬砌的特点，也达不到节省圬工的目的。

在比较松散软弱的岩层中，为了提高喷层的强度及稳定性，可以加金属网或钢支撑，使之结合成一体，变为钢筋混凝土层。钢筋网的钢筋直径一般为 6～12mm，间距为 200mm。钢筋网与岩面绑扎焊接牢固后，即可喷射混凝土。

一般情况下，喷射混凝土支护结构不能单独作为衬砌结构，但在围岩良好、完整、稳定的地段，如 II 级及以上，只需采用喷射混凝土衬砌即可，此时喷射混凝土的作用为：局部稳定围岩表层少数已松动的岩块；保护和加固围岩表面，防止风化；与围岩形成表面较平整的整体支撑结构，确保安全。

3) 锚杆支护结构

锚杆是一种插入围岩内的杆形构件，利用锚杆杆体或杆端锚头的膨胀作用，或利用灌浆黏结，把锚杆固定在岩体内，使之增加岩体的紧密程度，补强抗剪能力，起到组合、悬吊及挤压加固的作用，从而提高围岩的自稳能力。

相对于模筑混凝土衬砌而言，锚杆支护结构是一种与模筑混凝土衬砌本质不同的支护方式。从作用原理上看，它不是以一个刚度强大的结构物来抵抗围岩所给予它的压力荷载，而是施加一种措施以发挥围岩本身的自稳能力，与围岩合成一体，共同作用，成为柔性的衬砌。从施工方法来看，它不用拱架和模板来灌注和盛装建筑材料，而是把建筑材料插入围岩中，直接形成支护层，是一种典型的内部支护结构。它节约了大量的材料，降低了工人的劳动强度，使隧道断面减小，从而减少开挖量，圬工量也节省。但一般情况下，锚杆支护结构不能单独作为衬砌结构使用。

4. 复合式衬砌

复合式衬砌是目前隧道工程中常采用的衬砌结构形式。不同于单层模筑混凝土衬砌，它把衬砌结构分成两层或两层以上，它们可以是同一种形式、方法和材料施作的，也可以是不同形式、方法、时间和材料施作的。复合式衬砌一般包括外衬和内衬两层，也称其为双层衬砌。其按内、外衬的组合情况可分为以下几类：锚喷支护与混凝土衬砌、锚喷支护与喷射混凝土衬砌、可缩性钢拱架(或格栅钢构拱架)喷射混凝土与混凝土衬砌、装配式衬砌与混凝土衬砌等。目前最通用的是外衬为喷锚支护结构、内衬为整体式模筑混凝土衬砌。

复合式衬砌的设计，目前以工程类比为主，理论验算为辅。其施工过程为：首先在隧道洞壁表面施作薄层的锚喷柔性支护结构，并允许它产生适度变形及少许的裂纹，把围岩因开挖而引起的变形压力全部吸收或吸入大部分，并使洞壁位移逐渐稳定，以使外衬与围岩共同组成的初期支护体系处于暂时平衡状态。然后，施工同时定期量测支护变形信息，将这些信息反馈到施工和结构的设计中以确定内衬的最佳施作时间及适宜的厚度。最后，在外衬变形终止或基本稳定以后，再施作内衬。另外，为了防止地下水流入隧道内，两层衬砌之间设置防水层。

复合式衬砌既能调动围岩的自承载能力，又可充分发挥结构的承载能力，其主要构造如下。

1) 外衬(也称为初次衬砌)

为了使围岩在开挖后的变形及早受到约束，外衬多使用能达到早强要求的喷射混凝土和锚杆，使柔性的外衬既能容许围岩有所变形，而又施加约束使其变形不会发展太大、太快。一般来说，外衬的厚度多在 5～20cm。为此，开挖时，要求采用光面爆破，使洞壁平整光顺，喷层足以覆盖凸点，同时内表面也平整，便于以后敷设防水层。

2) 内衬(也称为二次衬砌)

从理论上讲，围岩的变形压力基本已被外衬所吸收，内衬不再受力，而仅仅作为洞内的被服，使洞内外观整齐，或用以隔潮。但实际上，外衬的变形并未完全停止，况且影响外衬共同作用的因素很多，仍会有一部分变形需由内衬承担。所以，设计时内衬仍应按受力结构来计算。内衬可以采用喷射混凝土柔性结构，也可以用较厚的模筑混凝土刚性结构，其厚度视外衬变形的情况而定。

3) 防水层

内外层衬砌之间的防水层可以用软聚氯乙烯薄膜、聚乙丁烯片、聚乙烯片等防水卷材，或用喷涂乳化沥青等防水剂。如喷层表面凹凸不平，须先以砂浆敷面，做成找平层，务必使岩壁与防水层密贴。防水层接缝处，一般用热水焊接，或用电敏电阻焊接，也可用适当的溶剂作溶解焊接，用以保证防水的质量。

另外，在两层衬砌之间宜设置缓冲、隔离的防水夹层。设置防水夹层的目的为：当第一层结构产生变形及变形压力较大时，仍给予极少量变形的可能，可降低变形压力。而当一次衬砌支护力不够时，可将少量变形压力均匀地传递到二次衬砌上，并依靠二次衬砌进一步制止继续变形，且不使一次衬砌出现裂缝时，二次衬砌也出现裂缝。两层衬砌之间有了隔离层(即防水夹层)，防水效果良好，且可减少二次衬砌混凝土的收缩裂缝。

复合式衬砌最适宜在 II～V 级围岩中使用，但遇到下列情况时，应慎重对待，必要时应辅以相应的加固措施：①拱顶以上覆盖厚度小于隧道直径；②有明显偏压力；③无自稳能力的未胶结砂砾石地层中；④大膨胀性的地层中；⑤大涌水的地层中；⑥严重冻害的地层中。

复合式衬砌可以保证初期支护施作及时，刚度小，易变形，与围岩密贴，从而能保护和加固围岩，促进围岩的应力调整，充分发挥围岩的自承载作用。二次衬砌完成后，衬砌内表面光滑平整，可以防止外层风化，装饰内壁，增强安全感。它既能够充分发挥喷锚支护的优点，又能发挥二次衬砌永久支护的可靠作用。复合式衬砌的设计、施工工艺过程与其相应的衬砌及围岩受力状态均较合理，十分符合衬砌结构的力学变化过程，能按衬砌受力和变形的规律、时间和变形发展的状况，给予最适宜的工程措施；且其质量可靠，能够达到较高的防水要求；也便于采用锚喷、钢支撑等工艺。

复合式衬砌的初期衬砌限制围岩在施工期间的变形，达到围岩的暂时稳定；二次衬砌则提供结构的安全储备或承受后期围岩压力。因此，初期衬砌应按主要承载结构设计，二次衬砌在 III 级及以上围岩时按安全储备设计；在 IV 级及以下围岩时按承载(后期围压)结构设计，并均应满足构造要求；在 IV 级及以下围岩或可能出现偏压时，应设置仰拱。

总之，复合式衬砌可以满足初期支护施作及时、刚度小、易变形的要求，且与围岩密贴，从而能保护和加固围岩，充分发挥围岩的自承载作用。二次衬砌内表面光滑平整，可以防止外层风化，装饰内壁，增强安全感，是一种合理的结构形式，是目前公路、铁路等隧道主要的结构形式。

5.1.3　衬砌结构的构造要求

1. 隧道衬砌的建筑材料及要求

修建隧道衬砌的材料，应具有足够的强度和耐久性，在某些环境中，还必须具有抗冻、抗渗和抗侵蚀性。此外，还应满足就地取材、能降低造价、施工方便及易于机械化施工等要求。常用的隧道衬砌材料有以下几种。

1) 混凝土与钢筋混凝土

混凝土是目前隧道施工采用最广泛的建筑材料之一。这种材料的优点是：整体性和抗渗性较好，既能在现场浇筑，也可以在加工厂预制，而且能采用机械化施工。另外，可以在水泥中掺入密实性附加剂，以提高混凝土的密实度，从而提高混凝土的抗渗性和防水性能。此外，混凝土可以根据使用和施工需要加入其他附加剂，如低温早强剂、常温早强剂、速凝剂、缓凝剂、塑化剂、加气剂和减水剂等。现浇混凝土的缺点是：混凝土浇筑后需要养护而不能立即承受荷载，需要达到一定强度后才能拆模，占用和耗用较多的拱架及模板，化学稳定性(耐侵蚀性能)较差。

隧道工程所用的混凝土强度等级不应低于 C15，最冷月平均温度低于零下 15℃的地区及受冻害影响的隧道，应适当提高混凝土强度等级。

钢筋混凝土材料主要用在地震区、偏压、通过断层破碎带或淤泥、流沙等不良地质地段的隧道衬砌中，其强度等级对于衬砌段不应低于 C20。在特殊情况下，可采用旧钢轨或焊接钢筋骨架加强衬砌。

2) 片石混凝土

为了节省水泥，围岩较好地段的边墙衬砌，可采用片石混凝土(片石的掺量不应超过总体积的 20%)。此外，当起拱线以上 1m 以外有超挖时，其超挖部分也可用片石混凝土进行回填。选用的石料要坚硬，其强度等级不应低于 MU40，不应采用有裂隙和易风化的石料。

3) 石料和混凝土预制块

石料衬砌的优点是：可就地取材，造价较低，可保证衬砌厚度并能较早地承受荷载，可以节省水泥和模板，耐久性和耐侵蚀性能较好。其缺点是：整体性差，砌缝多，容易漏水，防水性能较差，施工主要靠手工操作，难以机械化施工，费工、费时，施工进度较慢，而且需要大量熟练工人。对于在盛产石料及隧道边墙地基的地质条件较好的地区，本着就地取材及经济的原则，可采用石料衬砌。

石料的强度等级不应低于 MU60，且不应采用有裂隙和易风化的石料。混凝土预制块强度等级不应低于 MU20。

4) 喷射混凝土

喷射混凝土早期强度和密实性均较普通混凝土高，能封闭围岩的裂隙，并能很快起到支护围岩的作用。其施工过程可以全部机械化，且不需要拱架和模板。对于较软的不稳定围岩，它还可以与锚杆、钢丝网等配合使用，是一种理想的衬砌材料。

喷射混凝土的强度等级采用 C20，所用的水泥应优先采用硅酸盐水泥或普通硅酸盐水泥，也可采用矿渣硅酸盐水泥，必要时可采用特种水泥。粗集料应采用坚硬耐久的碎石或卵石，不得使用碱活性骨料，石子粒径不宜大于 16mm，喷射钢纤维混凝土的石子粒径不宜大于 10mm，骨料级配宜采用连续级配，细集料采用坚硬耐久的中砂或粗砂，细度模数宜大于 2.5，砂的含水率宜控制在 5%～7%。钢筋网材料可采用 Q235 钢，直径宜为 6～12mm。

喷射钢纤维混凝土中的钢纤维宜采用普通碳素钢制成，等效直径为 0.3～0.5mm 的方形或圆形断面，长度宜为 20～25mm，长径比宜为 40～60，抗拉强度不得小于 380MPa，不得有油渍和明显的锈蚀。钢纤维掺量宜为混合料质量的 1%～3%。

5) 锚杆

锚杆是用机械方法加固围岩的一种金属材料。锚杆的杆体宜用 20MnSi 钢筋，也可采用 Q235 钢筋；缝管式锚杆宜采用 16MnSi 钢管，也可采用 Q235 钢管；锚杆直径宜为 18～22mm，垫板可采用 Q235 钢板。锚杆用的各种水泥砂浆强度等级不应低于 MU20。

6) 装配式材料

对于衬砌材料，可采用一些装配式材料，如钢筋混凝土大型预制块、加筋肋铸铁预制块等。采用新奥法施工时，为了防水、防落石和美观，可以加设离壁式结构，如采用波纹钢拱式大型装配预制件或采用玻璃钢代替钢材等作为衬砌材料。

2. 隧道衬砌的其他构造要求

隧道衬砌的其他构造要求如下：

(1) 隧道洞口段比隧道中段受力复杂，除了受横向的竖直与水平荷载，还受纵向的推力荷载。所以，规范规定隧道洞口段应设置加强衬砌，并宜与洞身衬砌整体砌筑，其长度应根据地质、地形等条件确定。

(2) 围岩较差段的衬砌应向围岩较好地段延伸 5～10m。

(3) 偏压衬砌段应延伸至一般衬砌段内 5m 以上。

(4) 不设仰拱的隧道应做底板，其厚度按照相应规范确定。

(5) 对衬砌有不良影响的软硬地层分界处，应设置变形缝。

(6) 运营通风洞和联络通道等与主隧道连接处的衬砌设计应做加强处理。

5.2 洞　　门

洞门(隧道门的简称，通常也泛指隧道门及明洞门)是隧道洞口用圬工砌筑，以保护洞口、排放流水并加以建筑装饰的支护结构物。它是隧道两端的外露部分，也是联系洞内衬砌与洞口外路堑的支护结构，是整个隧道结构的主要组成部分。洞门是标志隧道的建筑物，应与隧道规模、使用特性以及周围建筑物、地形条件等相协调。洞门结构常由坡面稳定构造物、坡面截排水系统和碎落阻挡构造物组成。

洞门的作用有以下几个方面：

(1) 减少洞口土石方开挖量。洞口段范围内的路堑是依照地质条件以一定的边坡而开挖的。当隧道埋深较大时，开挖量很大。设置隧道洞门，起到挡土墙的作用，可以减少土石开挖量。

(2) 稳定洞口边仰坡。洞门附近边坡上的岩土体不断受到风化作用，坡面松石通常都比较破碎松软，易于失稳，形成崩塌，仰坡上的石块也会沿着坡面向下滚落。有时会堵塞洞口，甚至砸坏线路，对行车安全造成威胁。为了保护岩(土)体的稳定和使车辆不受崩塌、落石等威胁，确保行车安全，应根据实际情况，选择合理的洞门形式。因此，洞门对于确保洞内施工安全和隧道正常运营具有重要的作用。

(3) 引离地面流水。地表流水往往汇集在洞口，如不予以排除，将会浸及道路，妨碍行车安全。洞门还必须具备拦截、汇集、排除地表水的功能，使地表水沿排水渠道有序排离洞门，防止地表水沿洞门流入洞内。因此，在修建洞门时，洞门上方女儿墙应有一定的高度，并设有排水沟渠，以便把流水引入侧沟排走，保证洞口的正常干燥状态。

(4) 装饰洞口。洞口是隧道唯一的外露部分，是隧道的正面外观。洞门是各类隧道的咽喉，在保障安全的同时，还应适当进行洞门的美化和环境的美化，因此修建洞门也算是一种装饰。特别是在城市附近、风景区及旅游区内的隧道，更应配合当地环境，艺术处理，对其进行美化。

一般情况下，山岭隧道常用的洞门形式主要有端墙式、翼墙式和环框式。水底隧道的洞门通常与附属建筑物，如通风站，供、蓄、发电间，管理所等结合起来修建。城市隧道既可能是山岭隧道，也可能是水底隧道，不过一般情况下交通量都比较大，对建筑艺术上的要求也较高。

5.2.1　洞口段

对于隧道洞口设计和施工，必须掌握隧道洞口附近的地形、地下水、气象等自然条件以及房屋结构物等社会条件，分析其对坡面稳定、气象灾害、景观调和、车辆运行的影响，从而得到经济、安全、合理的隧道洞口结构、施工方法和洞口养护管理措施等。

隧道洞口，包括隧道的洞口段、洞门及其前后一部分线路区间的总体设计。对于每个隧道，由于所处的地质及线路位置等设计条件不同，很难明确表示隧道洞口的范围。为了设计和研究隧道洞口问题的需要，借鉴已有的工程经验，可以将隧道洞口的范围大致定义如图 5.11 所示，而将隧道施工可能影响的坡面和地表的范围称为洞口段。一般将隧道洞口段定义为洞门向洞内延伸到可能形成承载拱的 D～$2D$(D 为隧道开挖宽度)埋深的范围，而且洞口处至少应保证 2～3m 的覆盖土。

隧道洞口段不仅受围岩内部条件影响，而且受地形、地质、周边环境及气象等外部条件影响，因此它是隧道洞门设计和施工的难点。

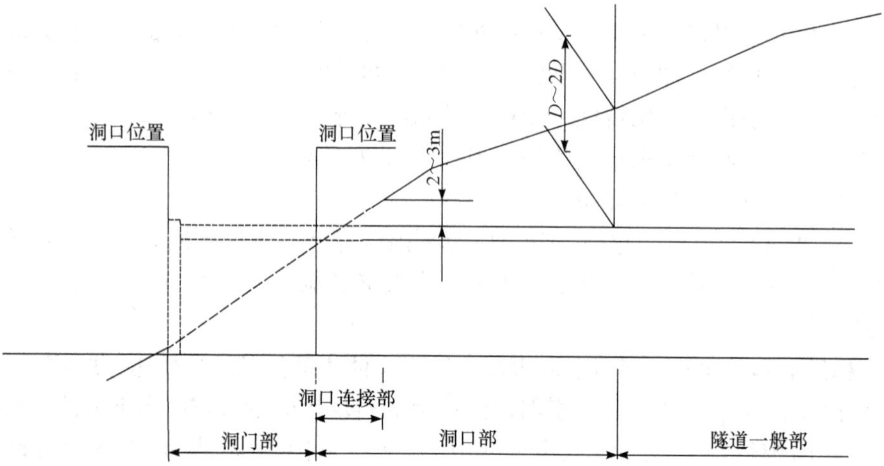

图 5.11　隧道洞口段范围

5.2.2　洞门形式

1. 端墙式洞门

端墙式洞门俗称一字式洞门，适用于自然山坡陡峻、洞门地形开阔、岩层较为坚硬完整、岩质稳定的 III 级以上围岩、开挖坡度 1:0.5～1:0.3 的洞口地段，是最常用的洞门形式。这种洞门只在隧道正面设置能抵抗山体纵向推力的端墙。它的作用不仅是起挡土墙的作用，而且能支持洞口正面上的仰坡，并将从仰坡流下来的地面水汇集到排水沟中。端墙的构造一般采用等厚的直墙。直墙圬工体积比其他形式都小，而且施工方便。墙身向后倾斜，斜度约为 1:10，这样可以受到较竖直墙小的土石压力，而且对端墙的倾覆稳定有利，其形式如图 5.12 所示。

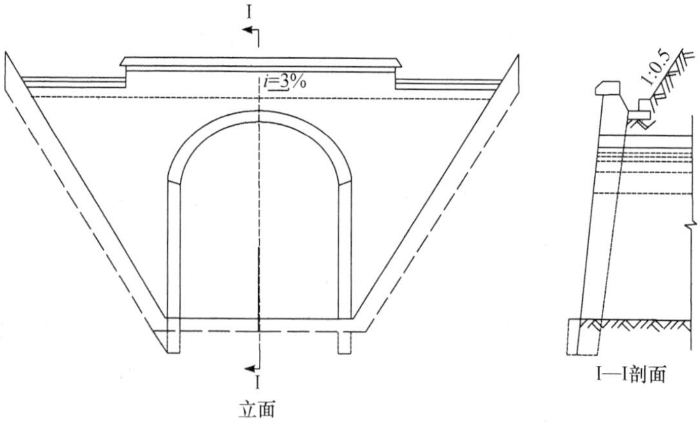

图 5.12　端墙式洞门

端墙式洞门具有结构简单、工程量小、施工简便的优点，在岩层较好时使用最为经济，也是最常见的一种洞门。其缺点是洞门顶排水条件较差，若横向山坡一侧较低，宜开挖沟槽横向引排水。

2. 翼墙式洞门

当洞口地质较差(IV 级以下围岩)，岩土体纵向推力较大、需要开挖路堑时，可以在端墙式洞门以外，增加单侧或双侧的翼墙，成为翼墙式洞门，俗称八字式洞门。翼墙式洞门由端墙及翼墙组成。翼墙起支撑端墙及保持路堑边坡稳定的作用，同时对减少洞口开挖高度和压缩端墙宽度均有利。翼墙与端墙共同作用，抵抗山体纵向推力，增加洞门的抗滑移和抗倾覆能力。

翼墙式洞门的正面端墙一般采用等厚的直墙，微向后方倾斜，斜度为 1:10，翼墙前面与端墙垂直，顶面斜度通常与仰坡坡度一致，顶面上一般均设置水沟，将端墙背面排水沟汇集的地表水排至路堑边沟。洞门顶上，端墙与仰坡坡脚之间的排水沟一般采用宽 60cm、深 40cm 的槽形，沟底应有坡度不小于 0.3%的排水坡，排水沟的形式视洞口的地形和洞门的构造形式而定。使用较多的是单向顺坡排水，把水引到洞门一侧以外的低洼山体处，或引到路堑侧沟中。当地形不允许向一侧排水时，也可采用双向排水，把水引到端墙两侧，水从端墙后面沿预留的泄水孔流出墙外。也可以引到翼墙顶上，沿着倾斜的凹槽流入路堑边沟。其形式如图 5.13 所示。

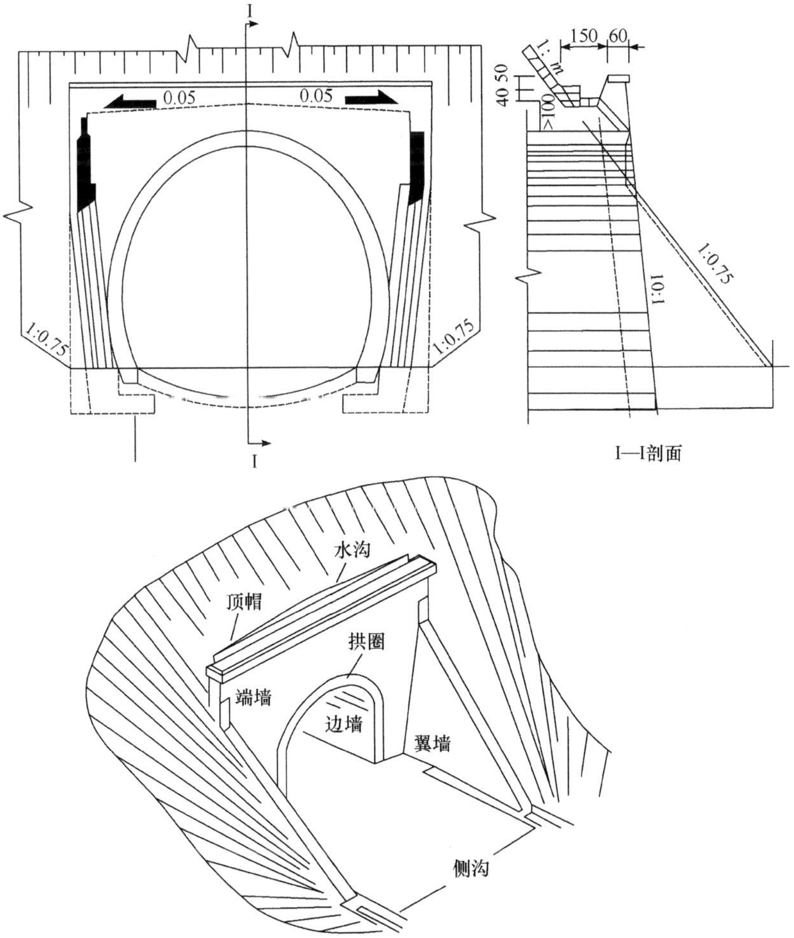

图 5.13　翼墙式洞门

3. 环框式洞门

环框式洞门，即只镶饰于隧道衬砌两端部分的结构，其结构像一个框形，是一种不负载的简单洞口环框，起加固洞口、减少雨后洞口滴水的作用，并对洞口做出简单的装饰。它适用于隧道洞口岩层坚硬、整体性好、节理不发育、不易风化、路堑开挖后仰坡极为稳定，且没有较大排水要求的情况。环框应与洞口环节衬砌用同一材料进行整体砌筑或衔接。环框微向后倾，其倾斜度与顶上的仰坡一致。环框的宽度与洞口外观相匹配，一般不小于 70cm，突出仰坡坡面不少于 30cm，使仰坡上流下的水不从洞口正面淌下，如图 5.14 所示。

当洞口为松软的堆积层时，通常应避免大刷仰、边坡，一般宜采用接长明洞，恢复原地形、地貌的办法。此时，仍可采用洞口环框，但环框坡面较平缓，一般与自然地形坡度相一致。环框两翼与翼墙一样能起到保护路堑边坡的作用。环框四周恢复自然植被原状，或重新栽植根系发达的树木等，以使仰坡和边坡稳定。不过，环框上方及两侧仍应设置排水沟渠，以排除地表水，防止漫流。倾斜的环框还有利于向洞内散射自然光，增加入口段的亮度。

4. 柱式洞门

柱式洞门是从端墙式洞门发展起来的，它实际也是一种端墙形式的洞门。柱式洞门适用于洞口地形较陡、地质条件较差、有较大侧压力、仰坡有下滑可能性的地段，或洞口处地形狭窄、受地形或地质条件限制、不能设置翼墙的地段，这时可以在端墙中部对称设置两个断面较大的柱墩，以增加端墙的稳定性，如图 5.15 所示。

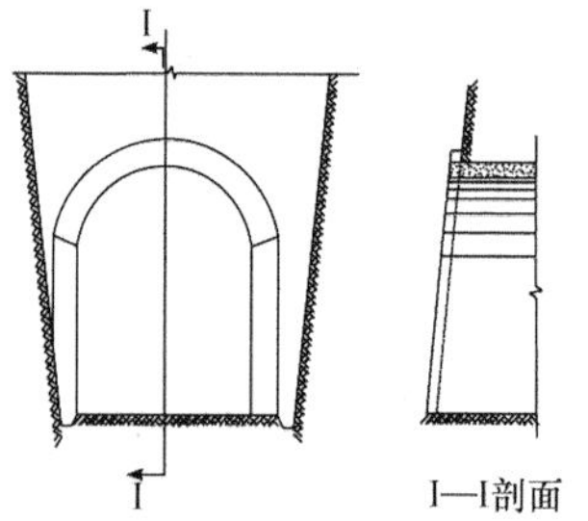

图 5.14 环框式洞门

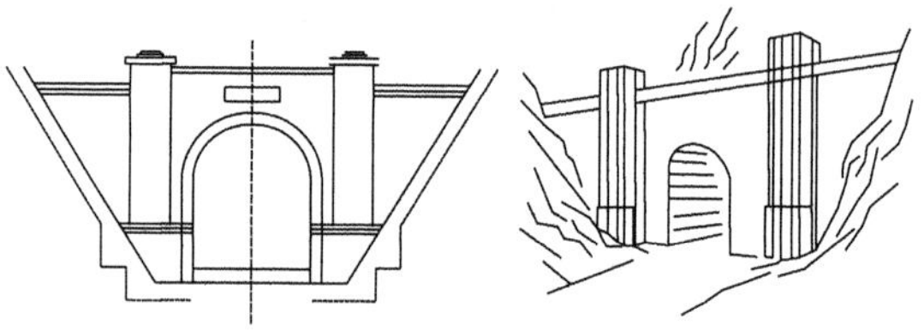

图 5.15 柱式洞门

由于柱式洞门墙面有凸出线条，较为雄伟美观，所以在城市、风景区或有建筑艺术装饰要求的地区，适宜采用，特别是对于较长大的隧道，采用柱式洞门比较壮观。柱式洞门的缺点为，工程量较翼墙式洞门大、造价较高、施工也较为复杂。柱式洞门两侧与路堑边坡接触处需嵌入岩层内，其嵌入深度及形式视岩层情况确定。

5. 耳墙式洞门

耳墙式洞门即带耳墙的翼墙式洞门，它是将翼墙式洞门端墙两侧各接出一个耳墙至边坡内，呈带耳墙的结构，形成耳墙式洞门，如图 5.16 所示。

耳墙式洞门结构形式对于排泄仰、边坡地表汇水，阻挡洞顶风化落石，效果良好，并可大大减少水对坡面的冲刷，洞口宽敞，结构比较美观，而且对于边坡、仰坡坡度不一致的洞口，设计时也便于处理。耳墙式洞门因增加了耳墙，虽略增加了圬工量，但可减少铺砌范围，总的造价与无耳墙的翼墙式洞门相比，增加费用很有限。由于这种洞门形式保持了翼墙式洞门的优点，克服了其不足之处，可减少运营期间的养护工程量，是一种经济适用且美观的洞门形式。

6. 台阶式洞门

当洞门处于傍山侧坡地区，地面横坡较陡、洞门一侧边坡较高时，为了减小仰坡高度及外露坡长，可以将端墙一侧顶部改为逐步升级的台阶形式，以适应地形的特点，减少仰坡土石开挖量，形成台阶式洞门，如图 5.17 所示。这种洞门有一定的美化作用。

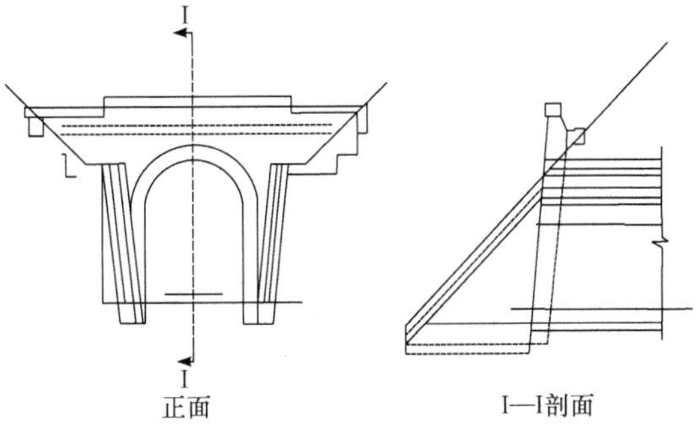

图 5.16　耳墙式洞门

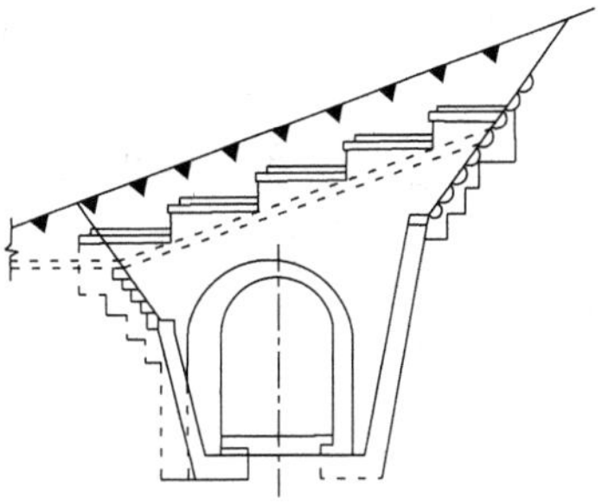

图 5.17　台阶式洞门

台阶式洞门一般配合偏压隧道衬砌使用，故也称为偏压隧道门。它通常需在靠山侧设置挡墙，以降低边坡开挖高度，并压缩端墙宽度。低山坡一侧如地质较差，地面较高，也可采用矮挡墙。在选用台阶式洞门时，通常需要根据洞口地形、地质条件，与采用明洞或斜洞门做技术经济比较。

7. 斜交式洞门

当线路方向与地形等高线斜交时，如采用端墙式洞门等，可能出现低山侧洞门端墙上部露空，或者高山侧因自然坡面陡而开挖很高。为了避免出现此种现象，通常应将隧道洞门做成近似平行地形等高线方向设置，使洞门左右仍保持近似对称，修建成斜交式洞门，如图 5.18 所示。这样将使衬砌洞口段和洞门相对于线路呈斜交形式。

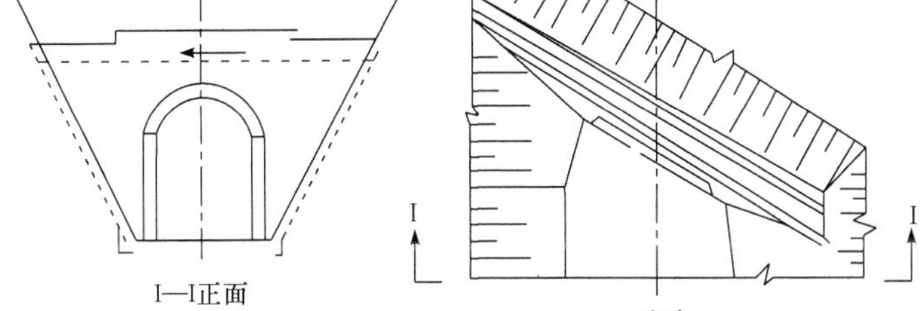

图 5.18　斜交式洞门

斜交式洞门与线路中线的交角不应小于 45°，一般斜交式洞门与衬砌洞口段整体砌筑。由于斜交式洞门与线路中线斜交，洞口环节衬砌跨度加大，衬砌洞口段的受力情况复杂，施工也不方便。另外，在松软地层中，不宜采用斜交式洞门，只有在十分必要时才采用它。

斜交式洞门一般分为端墙式和翼墙式两种，个别情况因受地形限制也可采用柱式斜洞门。

8. 遮光棚式洞门

对于公路隧道，当洞外需要设置遮光棚时，其入口通常外伸很远。遮光构造物有开放式和封闭式之分，前者遮光板之间是透空的，后者则用透光材料将前者透空部分封闭。但由于透光材料上面容易沾染油污，养护困难，因此很少使用后者。遮光构造物形状上有喇叭式与棚式之分。遮光棚式洞门如图 5.19 所示。

图 5.19　遮光棚式洞门

5.2.3　洞门的构造要求

洞口仰坡坡脚至洞门墙背应有不小于 1.5m 的水平距离，以防仰坡土石掉落到路面上，危及安全。洞门端墙与仰坡之间水沟的沟底与衬砌拱顶外缘的高度不应小于 1m，以免落石破坏拱圈。洞门墙顶应高出仰坡脚 0.5m 以上，以防水流溢出墙顶，也可防止掉落土石弹出。水沟底下填土应夯实，否则会使水沟变形，产生漏水，影响衬砌强度。

洞门用混凝土整体灌筑，其强度不应低于 C20。如用钢筋混凝土材料，其强度不应低于 C15。另外，洞门挡墙、挡土墙、路缘石和人行道盖板等经常使用石料。

洞门墙应根据情况设置伸缩缝、沉降缝和泄水孔，以防止洞门变形。洞门墙的厚度可按挡土墙的方法计算或结合其他工程类比确定，但墙身厚度最小不得小于 0.5m，具体对不同材料的最小值有如下要求：浆砌片石为 0.4m；片石混凝土为 0.35m；混凝土、块石为 0.3m；钢筋混凝土为 0.2m。

洞门墙宽度与路堑横断面相适应，下底宽度应为路面底宽加上两侧水沟及马道的宽度，上方则依边坡坡度按高度比例增宽，两侧还要嵌入边坡以内约 30cm 以增加洞门的稳定性。

洞门墙基础必须置于稳固地基上，这是因为通常洞口位置的地形、地质条件比较复杂，有的为松散堆积覆盖层，有的半软半硬，有的地面倾斜陡峻，为了保证建筑物稳固，应视地形、地质条件，洞门墙基础埋置足够的深度。基底埋入土质地基的深度不应小于

1m，嵌入岩石地基的深度不应小于 0.5m。

当基础设置在岩石上时，应清除表面强风化层。当风化层较厚，难以全部清除时，可根据地基的风化程度及其相应的容许承载力，将基底埋在风化层中。斜坡岩基应挖台阶，以防墙体滑动，岩基的废渣均应清除干净，这样才能确保洞门稳定。在松软地基上，当地基强度偏小时，可根据情况采用扩大基础、换土、桩基、压浆加固地基等措施。当地基为冻胀土层时，冻结时土壤隆起、膨胀力大，而解冻时由于水融作用，土壤变软后沉陷，建筑物相应下沉，产生衬砌变形。根据一般设置基础的经验，要求基底设在冻结线以下不小于 0.25m(当地最大的冻结深度)。如果冻结线较深，施工有困难，可采取非冻结性的砂石材料换填，也可设置桩基等。不冻胀土层中的地基，如岩石、卵石、砾石、砂等，埋深可不受冻结深度限制。

5.3 明　　洞

明洞是指当隧道埋深较浅，上覆岩土体较薄，难以采用暗挖法时，用明挖法修筑的隧道。这样修筑的构筑物净空与隧道相同，和地表相连处也设有洞门、排水设施等。明洞具有地面、地下建筑物的双重特点，既作为地面建筑物用以抵御边坡、仰坡的塌方、落石、滑坡、泥石流等灾害，又作为地下建筑物用于在深路堑、浅埋地段不适宜暗挖隧道时，取代隧道。

明洞一般修筑在隧道的进出口处，当遇到地质条件差且洞顶覆盖层较薄用暗挖法难以进洞，洞口路堑边坡上有落石而危及行车安全，铁路、公路、河渠必须在线路上方通过且不宜做立交桥或涵渠，或为了减少隧道工程对环境的破坏影响，保护环境和景观，洞口段需延长者，均需要修建明洞。它是隧道洞口或线路上起防护作用的重要建筑物，明洞净空必须满足隧道建筑限界要求，洞门一般采用直立端墙式洞门，如图 5.20 所示。

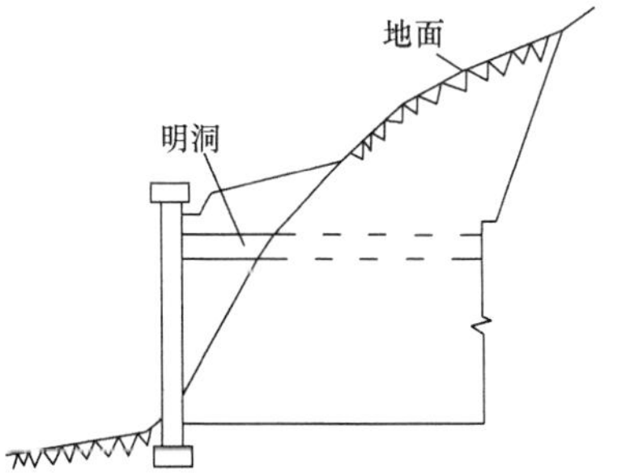

图 5.20　明洞示意图

明洞的结构形式应根据地形、地质、经济、运营安全及施工难易等条件进行选择，目前采用最多的是拱式明洞和棚式明洞。

5.3.1　明洞形式

1. 拱式明洞

隧道进出口两端的接长明洞或在路堑边坡不稳定地段修建的独立明洞等，多采用拱式明洞。拱式明洞由拱圈、边墙和仰拱(或铺底)组成，内轮廓与隧道一致，但由于它周围是回填的土石，得不到可靠的围岩抗力支持，因而结构截面的厚度要比隧道略大一些。

拱式明洞结构坚固、整体性好，能承受较大的垂直压力和侧压力，其适用范围较广。拱式明洞有以下四种。

1) 路堑对称型

这类形式适用于洞顶地面平缓，两侧路堑边坡处于对称或接近对称，地质条件基本相同，边坡岩层基本稳定，山坡有少量坍塌、落石及隧道洞口围岩破碎，洞顶覆盖较薄，难以用暗挖法修建隧道的地段，如图 5.21 所示。

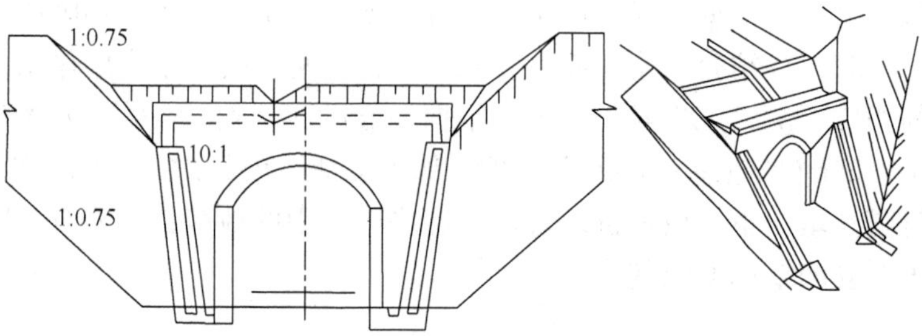

图 5.21　路堑对称型明洞

此种明洞承受对称荷载，拱、墙均为等截面，边墙为直墙式。洞顶做防水层，上面夯填土石后，覆盖防水黏土层，并在其上做纵向水沟，以排出地表水。

2) 路堑偏压型

这种明洞适用于两侧山坡高差较大的不对称路堑，高侧边坡有坍塌、落石或泥石流。低侧边坡明洞墙顶以下部分为挖方，且能满足外侧边墙嵌入基岩的要求。

路堑偏压型明洞承受不对称荷载，拱圈为等截面，边墙为直墙式，外侧边墙厚度大于内侧边墙厚度，如图 5.22 所示。

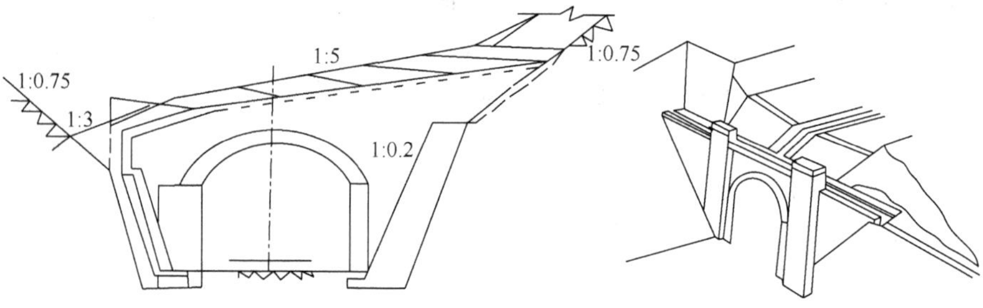

图 5.22　路堑偏压型明洞

3) 半路堑偏压型

半路堑偏压型拱式明洞适用于地形倾斜，半路堑靠山侧边坡较高，有坍塌、落石或泥石流等不良地质现象，而外侧地面较为宽敞和稳定供回填土石，上部填土坡面线能与地面相交以增加明洞抵抗侧向压力的地段。此种明洞承受偏压荷载，拱圈等厚，内侧边墙为等厚直墙式，外侧边墙为不等厚墙式，如图 5.23 所示。

4) 半路堑单压型

在傍山隧道的洞口或傍山线路上半路堑地段，一侧边坡陡立且有塌方、落石的可能，对行车安全有威胁，或隧道必须通过不良地质地段而急需提前进洞时，由于外侧地形狭小，地面陡峻，无法回填土石以平衡内侧压力，宜修建半路堑单压型拱式明洞。

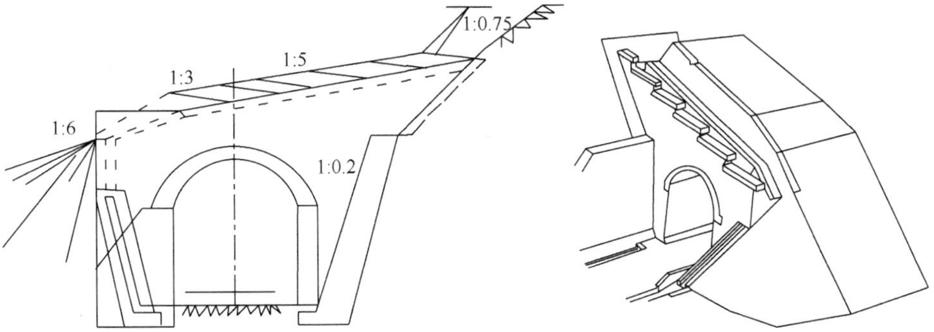

图 5.23　半路堑偏压型明洞

此种明洞荷载不对称，承受偏侧压力，拱圈等截面(有时也可能采用变截面)，内侧边墙为等厚直墙，外侧边墙为设有耳墙的不等厚斜墙，如图 5.24 所示。

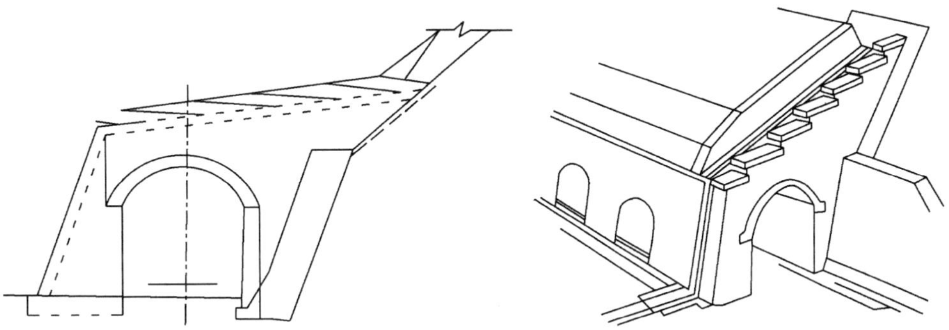

图 5.24　半路堑单压型明洞

拱式明洞在露天施工，不受地下坑道条件的限制，所以可以采用钢筋混凝土作拱圈。外边墙体积大，可以用混凝土或石料，其边墙一般采用直墙。当半路堑单压型明洞外墙尺寸较厚(可达 3～5m)，为节省圬工量，通常在浆砌片石的外墙上每隔 3～4m 开设一个孔洞。

当采用偏压拱形明洞时，要特别注意处理好外墙基础，以防止因外墙下沉而引起拱圈开裂。故外墙必须设置于稳固地基上，如有困难，可用桩基(或加深基础)及加固地基等方法处理。

2. 棚式明洞

当山坡塌方、落石数量较少、山体侧压力不大，或因受地质、地形条件的限制，难以修建拱式明洞时，可采用棚式明洞，简称棚洞。

棚洞顶板为梁式结构。内侧边墙一般采用重力式挡墙，当岩层完整、山体坡面较陡采用重力式挡墙开挖量较大时，也可采用钢筋混凝土锚杆挡墙。但在地下水发育地段不宜采用。棚洞的类型主要取决于外侧边墙的结构形式，通常有墙式、钢架式、柱式和悬臂式(不修建外墙)等。

1) 墙式棚洞

墙式棚洞适用于边坡存在坍塌、落石的地段，横向断面类似桥跨结构，内墙除起挡

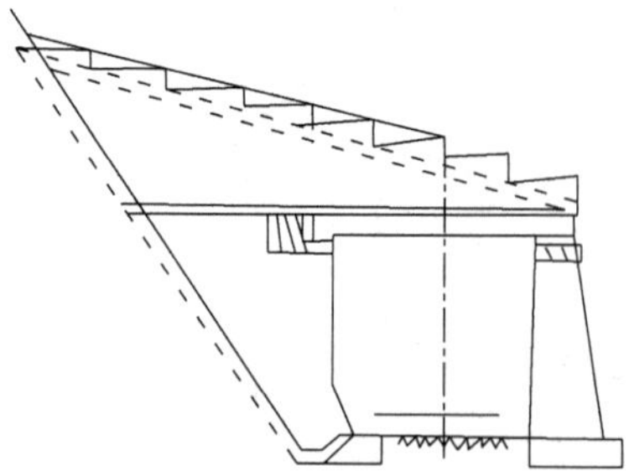

图 5.25　墙式棚洞示意图

墙作用，还承受顶板下传的垂直荷载，外墙只承受顶板下传的垂直荷载，可以较薄，如图 5.25 所示。

2) 钢架式棚洞

钢架式棚洞适用于边坡有少量落石，或在连接两座隧道间需建明洞时，为改善隧道通风条件而采用。或者当地形狭窄、山坡陡峻，基岩埋置较深而上部地基稳定性差时，为了使基础置于基岩上且减小基础工程，可采用钢架式外墙。此棚洞的外墙结构为连续钢框架，因此对地基承载力要求较高，如图 5.26 所示。

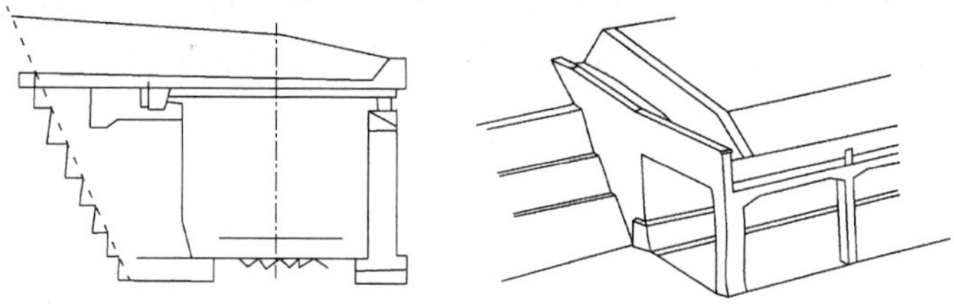

图 5.26　钢架式棚洞示意图

3) 柱式棚洞

柱式棚洞适用于边坡有少量落石、地基承载力高或基岩浅的地段。外墙采用独立柱和纵梁方式，结构简单，预制吊装方便，但整体稳定性较差，如图 5.27 所示。

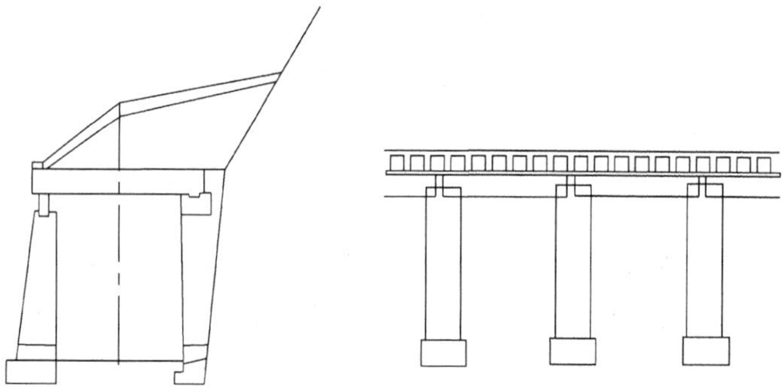

图 5.27　柱式棚洞示意图

4) 悬臂式棚洞

对稳固陡峻的山坡，坡面有少量落石，且外侧地基不良或不宜设基础时，可采用悬臂式棚洞，如图 5.28 所示。

悬臂式棚洞的内墙为重力式，上端接筑悬臂式横梁，其上铺以盖板，在盖板的内端设平衡重来维持结构受外荷载作用下的稳定性。同时，为了保证棚洞的稳定性，要求悬臂必须伸入稳定的基岩内。

悬臂式棚洞由于对内墙的稳定性要求很高，施工时必须十分谨慎，且该棚洞结构不对称，抗震性能差，选用时应慎重。

3. 箱形明洞

在明洞净高、建筑高度受到限制、地基软弱的地方，可采用箱形明洞。图 5.29 为一方形钢构明洞，其为用钢筋混凝土制成的方形整体明洞。若右侧地层顺层滑动，利用上部回填土石的压力及底层的弹性抗力，平衡侧向地层滑动的推力，并传于左侧地层上，回填土高度根据两侧地层滑动力的大小决定，需要分段施工，两侧紧贴地层，保持原地层不致因施工开挖而产生滑动，超挖回填片石的强度不低于该处岩土体的抗压强度等。

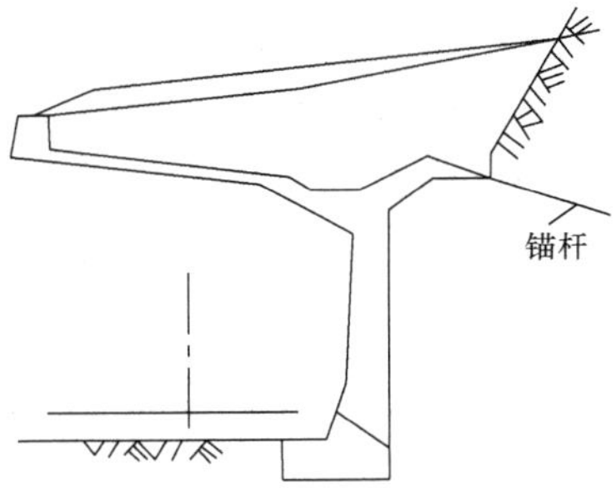

图 5.28　悬臂式棚洞示意图

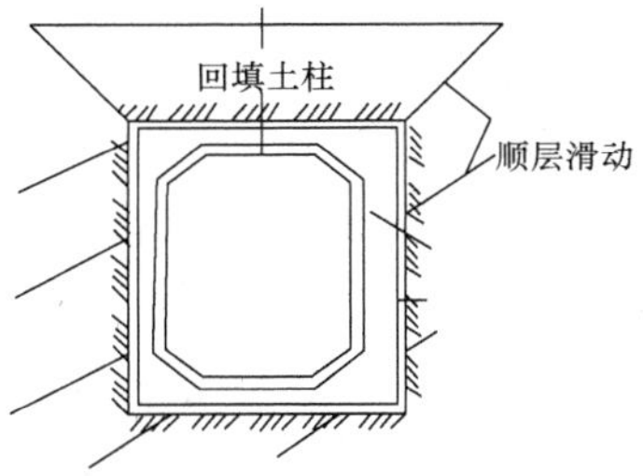

图 5.29　箱形明洞

5.3.2　明洞基础

明洞基础应置于稳固的地基上。当基岩埋深较浅时，基础可设置于基岩上；当基础位于软弱地基上时，基础可采用仰拱、整体式钢筋混凝土底板等结构。外墙基础趾部，应有一定的嵌入深度并应设在冻结线以下 0.25m，且保证一定的护基宽度，其规定如表 5.1 所示。

表 5.1　明洞墙嵌入深度

岩层种类	埋深 h/m	护基宽 L/m
较完整的坚硬岩层	0.25	0.25～0.50
一般岩层(如砂页岩互层)	0.60	0.60～1.50
松软岩石(如千枚岩等)	1.00	1.00～2.00
砂夹砾石	1.5	1.5～2.5

明洞基础应遵守隧道衬砌基础的有关规定。当两侧边墙地基软硬不均时，应采取措施加以处理，以免引起过大的沉降和不均匀沉陷，使明洞结构产生裂缝或破坏。可采取下述措施：基岩不深时可加深基础，设置于基岩上；采用钢筋混凝土或混凝土仰拱；采用钢筋混凝土底板，修筑整体式基础；可采用桩基或加固地层等措施。

当地基为完整坚固的岩体时，基础可切割成台阶。台阶平均坡度不陡于 1:0.5；坡度线与水平线的夹角不得大于岩层的内摩擦角；台阶宽度不小于 0.5m，最低一层基础台阶宽度不小于 2m。当基础外侧受水流冲刷影响时，为了使基础外侧护基部分岩土稳定或为防止河岸冲刷的影响，应另采取挡墙、护岸、边坡加固等防护、防冲刷措施。

明洞外边墙、棚洞立柱基础埋置位置在路面 3m 以下时(一般指半路堑单压式明洞的外侧边墙及立柱)，应在路基处设置钢筋混凝土横向水平拉杆或锚杆，或给立柱加设横撑和纵撑，以减小墙底转角，改善结构受力条件，增加墙柱约束，减小其长细比的影响，以确保整个结构的整体性、外侧边墙及立柱的整体及局部稳定性。

5.3.3　明洞填土

明洞顶设计填土的厚度，应根据山坡病害的情况，预计明洞顶可能出现的坍塌量及将来明洞所要起的作用来确定，规范确定填土厚度一般不小于 2m。明洞顶填土横坡以能顺畅排除坡面水为原则，不小于 2%。但山坡崩落的石块、边坡冲刷的泥石及坡面坍塌等多堆积于坡脚附近，因此设计填土坡应较实际填土坡适当加大，作为安全储备。一般只考虑边坡的少量坍塌，故明洞顶设计填土坡度可为 1:5～1:3，1:5 是对称式明洞边坡基本稳定的情况，实际填土坡可为 1:10～1:5。

当边坡有病害，未来可能发生较大的坍塌，而该隧道又处于地震烈度 8 度以上地区，地震时增加了坍塌的数量，应酌情增加填土厚度，如洞顶设计填土厚度可采用 2.5～3m，设计填土坡度可为 1:3～1:2，实际填土坡可为 1:5～1:3。当洞顶填土的目的主要为了支挡边坡的滑坍和防护山坡可能发生的大量塌方、泥石流时，则应将边坡稳定情况、边坡刷坡情况结合设计回填坡度，综合分析确定回填厚度，确保边坡和明洞的稳定与安全。一般设计回填坡度为 1:3～1:1.5，实际填土坡度为 1:5～1:3。

当明洞保护洞口自然环境时，则应将明洞完全伸出自然山坡坡面，以不破坏自然地面及其景观为原则。开挖部分回填至原自然地面坡度，必要时可在其上进行植被保护。

明洞应重视拱背和墙背的回填，其中重视拱背回填是为了保护拱背及拱脚，增强拱脚的固结，增加其稳定性。墙背回填质量的好坏，直接影响到墙背岩土的稳定、侧压力的大小，也影响到墙背抗力的大小。在实际采用回填措施时，应根据明洞类型、山坡岩土类别、设计要求、施工方法等确定。一般 II、III、IV 级围岩，其回填要求用片石混凝土或浆砌片石回填密实，并与围岩面结合良好。对于 V、VI 级围岩，墙背回填料的内摩擦角也应高于围岩的内摩擦角，如采用浆砌片石、干砌片石回填等。

5.4　附属构造物

除了以上主体构造物，隧道工程还有一些为其他用途设置的其他建筑物，如防排水、通风、管理、照明、通信、安全等而修建的附属构造物。一些主要附属构造物(如防排水构造物等)将在单独章节介绍，这里仅介绍一些其他附属构造物。

5.4.1　铁路隧道附属构造物

1. 避车洞

当列车通过隧道时，为了保证洞内行人、维修人员及维修设备(小车、料具)的安全，在隧道两侧边墙上交错均匀修建的人员躲避及放置车辆、料具的洞室称为避车洞。速度

200km/h 以上的高速铁路隧道，避车洞的设置将从空气力学上影响高速运行的列车，而高速运行的列车将产生强烈的列车风。为了解决此问题，采用较大净空面积的隧道，在隧道净空轮廓范围内设置宽 1.2m 的人员待避区，此时不再设置避车洞；或者从维修管理模式上改变行车间隔时间，不进洞维修，每天集中在“天窗”(停止行车，进行线路、电网、信号等设备检查与维修)时段进行综合检查与维修时，也可不设人员待避区或避车洞。

1) 避车洞的布置

避车洞根据其断面尺寸的大小分为大避车洞及小避车洞两种。

(1) 大避车洞。

设置大避车洞的主要目的是停放线路工作小车或堆放一些必要的材料和工具。大避车洞的净空尺寸为宽 4m，深 2.5m，中心高 2.8m，如图 5.30 所示。

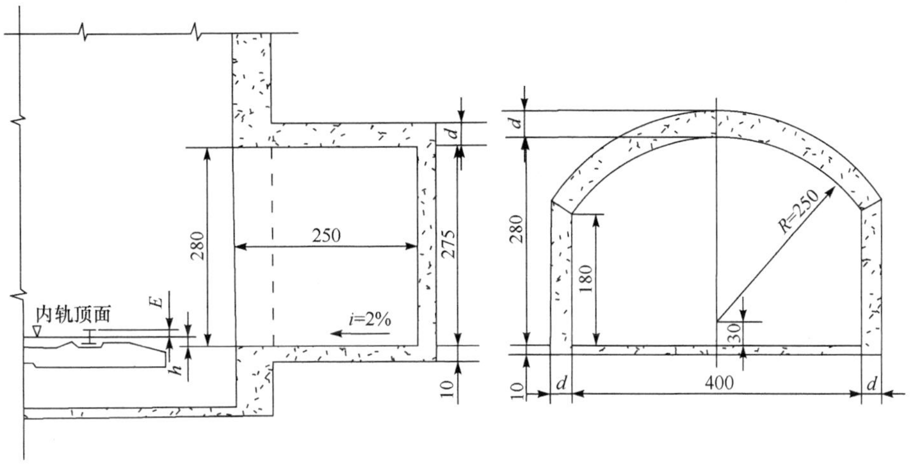

图 5.30　大避车洞(单位：cm)

碎石道床的隧道，每侧相隔 300m 应布置一个大避车洞。混凝土宽枕道床或整体道床的隧道，因人员行车待避较方便，且线路维修工作量较小，每侧相隔 420m 布置一个大避车洞。当隧道长度在 300～400m 时，可在隧道中间布置一个大避车洞。隧道长度在 300m 以下时，可不布置大避车洞。如果两端洞口接桥或路堑，当桥上无避车台或路堑两边侧沟外无平台时，应与隧道一并考虑布置避车洞。

(2) 小避车洞。

设置小避车洞的主要目的是为人员待避。小避车洞的净空尺寸为宽 2m，深 1m，中心高 2.2m，如图 5.31 所示。

无论在碎石道床或整体道床的隧道内，每侧边墙上应在大避车洞之间间隔 60m(双线隧道按 30m 计)布置一个小避车洞。例如，当隧道邻近有农村市镇，或曲线半径小、视距较短时，小避车洞可适当加密。

隧道相关规范规定大、小避车洞应在隧道全长范围内，在两侧边墙上交错设置。大、小避车洞平面布置的方法如图 5.32 所示。

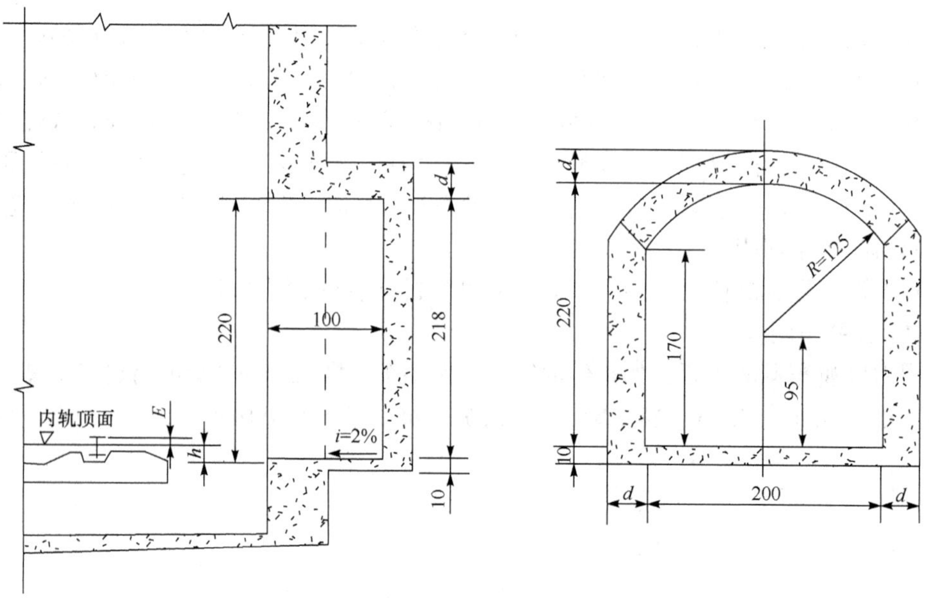

图 5.31　小避车洞(单位：cm)

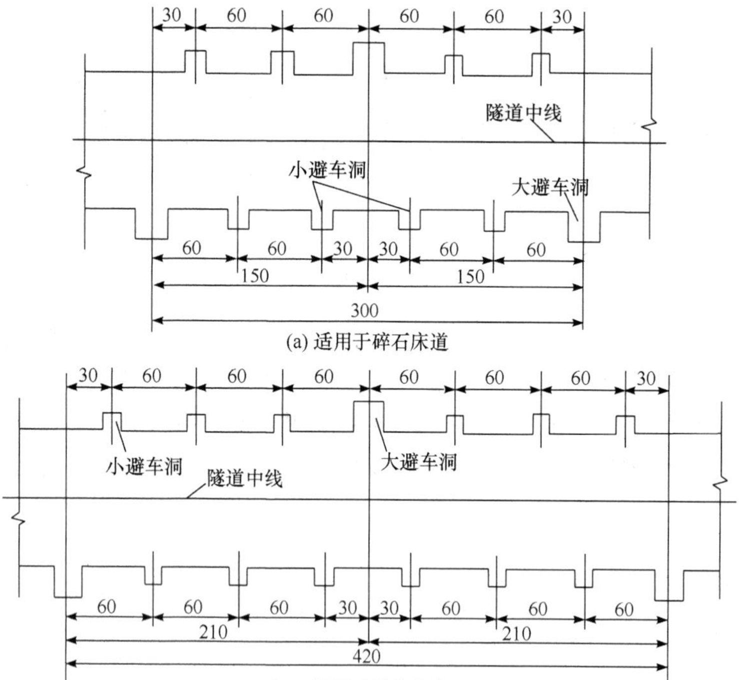

(a) 适用于碎石床道

(b) 适用于整体床道

图 5.32　大、小避车洞平面布置图(单位：m)

2) 避车洞的建筑要求

为了使避车洞与隧道衬砌整体连接，避车洞应使用与衬砌同级的混凝土并与衬砌同时修筑。由于避车洞的修建，衬砌构造变得复杂。所以，避车洞不宜设在有衬砌伸缩缝或沉降缝的断面上，也不宜设在衬砌断面变化的衔接处。避车洞的底面应与道床、人行道或侧水沟的盖板面等高齐平，以便行人、小车等躲避列车，杜绝不安全事故的发生。

当避车洞位于曲线上时，因受曲线外轨超高的影响，碎石道床隧道内，各种不同的超高值 E，线路内侧和外侧轨枕端头道床面(避车洞底面)低于内轨顶面的高度分别为 h_1 及 h_2(图 5.33)，其值按式(5.1)和式(5.2)计算：

$$h_1=25+0.33E(\text{内侧}) \tag{5.1}$$

$$h_2=25-1.33E(\text{外侧}) \tag{5.2}$$

式中，E 为曲线外轨超高值(cm)；25cm 为隧道内线路采用钢筋混凝土轨枕未加超高时，内轨顶面至轨枕端头道床面(避车洞底面)的高度。当线路为整体道床时，应根据钢轨扣件的类型及道床结构形式和尺寸等另行确定。

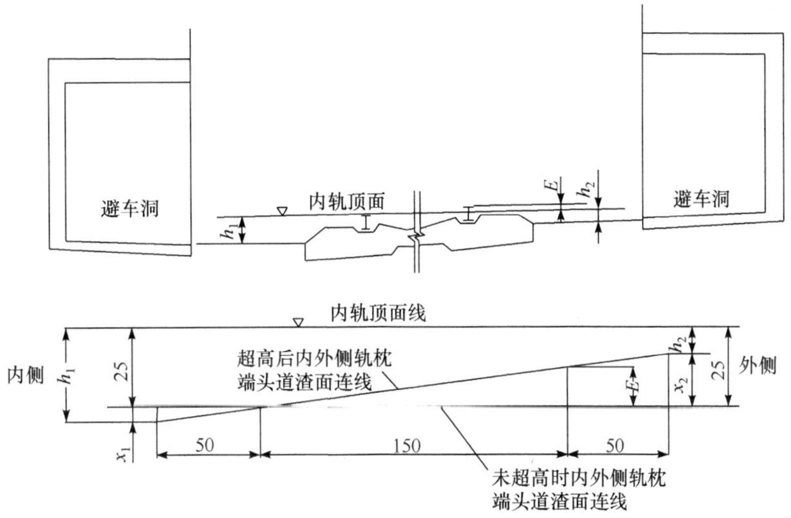

图 5.33　位于曲线上的避车洞(单位：cm)

2. 电力及通信设施

1) 电缆槽

穿越铁路隧道的各种电缆，如照明、通信、信号以及电力等电缆，必须有一定的保护措施，即设置电缆槽来防止潮湿、腐烂及人为破坏。

电缆槽用混凝土浇筑围成，附设在侧水沟的同侧(内侧)或异侧而不侵入隧道净空限界的位置上。槽内铺以细砂或自熄性泡沫塑料为垫层，低压电缆可以直接放在垫层面上，高压电缆则在槽边预埋的托架上吊起。槽顶有盖板作为防护，盖板顶面应与避车洞底面或道床顶面齐平；当电缆槽与水沟同侧并行时，应与水沟盖板齐平。通信和信号电缆可以放在同一个电缆槽内，但缆间距离不应小于 100mm。电力线必须单独放在另外的电缆槽内。托架的间隔，在直线段不应超过 20m，曲线段不应超过 15m。通信、信号电缆槽在转折处，应以半径不小于 1.2m 的曲线连接，以免电缆弯曲而折断，电力电缆槽的弯曲半径宜为电缆外径的 6～30 倍。

当隧道长度大于 500m 时，需要在设有电缆槽的同侧大避车洞内设置余长电缆腔；当隧道长度在 500～1000m 时，需要在隧道中间设置 1 处；1000m 以上的隧道则每隔 420m 或 600m 增设 1 处。

2) 信号继电器箱和无人增音站洞

在隧道内如需要设置信号继电器，应在电缆槽同侧设置信号继电器箱洞，其宽度为 2m，深度为 2m，中心高度为 2.2m。

根据电信传输衰耗和通信设计要求，在隧道内设置无人增音站时，其位置可根据通信要求确定，也可与大避车洞结合使用，但应将大避车洞加深 2.5m。如不能结合时，应另行修建，其尺寸与大避车洞相同。

电力牵引的长隧道，如需设置存放维修接触网的绝缘梯车洞，宜利用施工辅助坑道或避车洞修建，其间距约 500m。隧道内还有一些专门的构造设备，如洞门的检查梯、洞内变压器洞库、双孔隧道之间的行人横洞(宽 2m，高 2.2m，间距 300～400m)和行车横洞(宽 4m，高 4.5m，间距 600～800m)、存放消防器材及救援设施的洞室、报警及其他应急设施等。这些都可以按照具体需要予以布置。

5.4.2　公路隧道附属构造物

1. 内装、顶棚及路面

1) 内装

为了确保行车安全，在公路隧道中必须采取措施，使墙面在长期运营中保持必要的亮度。因此，墙面须用适当的材料加以内装处理，以改善隧道内的环境，提高能见度和吸收噪声。人眼对波长 555nm 的黄绿光最为敏感，所以内装材料应尽量采用淡黄和浅绿色。作为背景的墙面，要能衬托出障碍物的轮廓，具有良好的反射率，减少眩光，并使这种反射呈漫反射。未经内装的混凝土衬砌表面，特别容易吸附汽车引擎排出废气中的黏稠油分，并与烟雾、尘埃一起沾在表面上。在隧道内潮湿、漏水的情况下，这种污染的过程非常快，能快速使墙面的反光率降到极低的水平。经过内装的墙面，污染仍然是不可避免的。但要求装修材料具有不易污染、易清洗、耐刷、耐酸碱、耐腐蚀、耐高温及便于更换或修复等特点，表面应该光滑、平整和明亮。装修材料还应具有吸收噪声的作用，隧道内噪声源主要来自两方面：通风机产生的噪声和汽车行驶时引擎发出的噪声。因此，隧道内装的作用，包括美化洞室、使隧道漏水不露出墙面、隐藏各种管线、提高照明和通风效果、吸收噪声等。

通常用于隧道的内装材料有：

(1) 块状混凝土材料。其表面粗糙，容易污染而且不好清洗，但衬砌表面不需特殊处理即可设置，比较经济。

(2) 饰面板、镶板等质地致密材料。其不容易污染，清洗效果好，洗净率高。板背后的渗漏水很隐蔽，即使外露也容易洗净。各种管线容易在板背后隐蔽设置，板背后的空间有利于吸收噪声。

(3) 瓷砖镶面材料。其表面光滑，容易洗净且效果良好。但其要求衬砌平整，以便镶砌整齐。另外，在隧道漏水部位可以考虑用排水管道疏导，而且，镶面后面可以埋设小管线。但这种材料没有任何吸声作用。

(4) 油漆材料。其比块状混凝土材料容易清洗，但不及其他两种材料。其对衬砌表面要求很高，需要压光、平整。另外，由于浸湿的油漆损坏很快，隧道不能有漏水现象，而且这种材料也没有吸声作用。

随着建筑材料工业技术的发展，新材料相继出现，许多新型材料都可以使用。但用于内装的新材料应该具有：①耐火性，在高温条件下仍能维持原状，不燃烧、不分解有害成分等；②耐蚀性，长期在油垢及有害气体作用下不变质，在洗涤剂等化学物质作用下不被侵蚀；③不怕水，大多数隧道都存在漏水问题，在水的浸泡下，在潮湿环境中不变质、不霉烂；④材料来源广泛，价格相对便宜。

内装需要考虑吸声，因此可以使用的方法有：

(1) 多孔吸声材料。它是应用最广的基本吸声材料，种类很多，如玻璃棉、矿棉、无机纤维材料及其成型板材等。

(2) 利用吸声结构吸声。目前可用的吸声结构有膜共振吸声结构、板共振吸声结构、腔共振吸声结构、穿孔板式共振吸声结构等。

另外，吸声材料应当具有内装材料特性，吸声结构应与内装相结合。

2) 顶棚

顶棚的反射率对提高照明效果非常有利，经过顶棚的反射光使路面产生二次反射，能明显增加路面亮度。顶棚用漫反射材料可以避免产生眩光，其颜色的明亮程度直接影响路面亮度，因此其应该是浅色的，但是又应有别于墙面，在色调和饱和度上可以有所不同。

顶棚是背景的一部分，特别是在有坡度处和变坡点附近对识别障碍物和察觉隧道内异常现象很有帮助。顶棚可以美化隧道，特别是与整齐排列的灯具相互衬托，更可以起到美化的效果，并有明显的诱导作用。

根据实际需要可以把顶棚做成平顶或者拱顶。在自然通风或诱导通风时，可以用拱顶。在半横向或横向通风时可以用平顶。顶棚以上可以作为通风道和供管理人员使用的通道，因此设计荷载可按(据国外资料)10MPa 考虑。

3) 路面

隧道内的路面除了具有足够的强度和耐久性，其特殊要求有以下几点：

(1) 路面材料应具有抵御水的冲刷和含化学物质水的侵蚀能力，尤其地下水可能为承压水时，更为突出；路面的坡度应能迅速排出清洗用水。

(2) 车辆在隧道内的减速及制动次数较高，因此横向抗滑要求更高。

(3) 容易修补。

(4) 路面漫反射率高，颜色明亮，有良好的照明效果。路面作为发现障碍物的背景，比墙面和顶棚有更大、更关键的作用。

目前，路面材料主要有两种，即混凝土和沥青混凝土。由于混凝土的反射率较沥青混凝土路面高，横向抗滑性好，是过去广泛使用的材料。但其最大缺点是产生裂缝时不容易修补，更换时要停止交通。在高寒地区还受到防滑链的损害，必须考虑设置磨耗层。

沥青路面的反射率较低，为了改善路面亮度，需要在面层加入石英和铝的混合物，有的加入浅色石子和氧化钛做填充料。

隧道内的路基应具有足够的承载力，尤其要求在有丰富地下水的条件下也能满足要求，这就要求有良好的排水性能，在车道板下面铺设透水性好的路基材料，必要时设置仰拱。在确定隧道纵坡时保证排水沟排水顺畅，保证路面有 1%～1.5%的横坡。

2. 紧急停车带

紧急停车带是为故障车辆离开干道进行避让，以免发生交通事故，引起混乱，影响通行能力而专供紧急停车使用的停车位置。尤其在长大隧道中，故障车必须尽快离开干道，否则会引起交通阻塞，甚至导致交通事故。为使车辆能在发生火灾时避难和退避，还应设置方向转换场。

紧急停车带的间隔主要根据故障车的可能滑行距离和人力可能推动的距离确定。紧急停车带间隔一般取 500～800m。汽车专用隧道取 500m，隧道长度大于 600m 时应在中间设置一处。混合交通隧道取 800m，隧道长度大于 900m 时应在中间设置一处。紧急停车带的有效长度，应满足故障车辆进入所需的长度，一般全挂车可以进入的长度为 20m，最低值为 15m，宽度一般为 3m。隧道内的缓和路段施工复杂，所以通常将停车带两端各延长 5m 左右。

紧急停车带及方向转换场的设置参见图 5.34(以上数据为国外资料，仅供参考)。

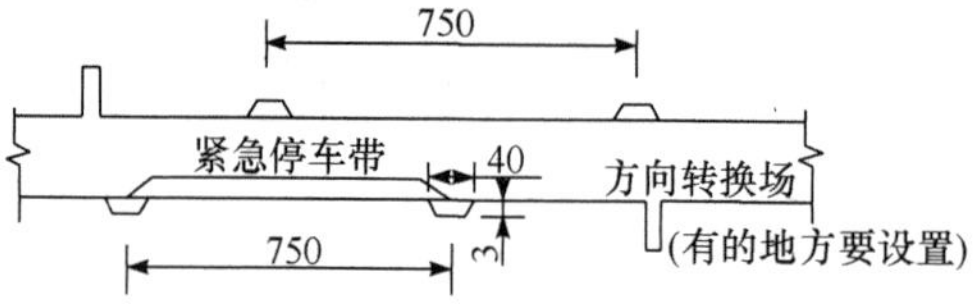

图 5.34 紧急停车带及方向转换场的设置(单位：m)

3. 洞内预留预埋构造物

公路隧道通常需设置一定数量的设备洞室用来放置各种电气设备、通信设备和消防设备等，以及保证这些设备和洞室的联络、控制、安装和检修的预埋件。设备洞室主要有配电洞室、变压器洞室、灭火洞室及紧急电话洞室等。预埋件主要有接地扁钢、风机吊挂、穿线管路等。这些预留洞室和预埋件设计应符合交通工程和机电专业要求。

隧道内设备洞室的位置、尺寸一般根据隧道安全运营的设备需要确定。为了方便施工及管理，设备洞室几何形状和尺寸类型不宜过多，应尽可能采用标准化设计：

(1) 配电洞室尺寸根据设备产品确定，一般为 800mm×950mm×400mm(宽×高×深)，配电洞室底面高出检修道或人行道顶面一般为 1.1m 左右。

(2) 变压器洞室尺寸根据设备产品确定，一般为 2.5m×3m×1.8m(宽×高×深)，下部设两道竖向 500mm×600mm 的电缆槽与主洞电缆沟相连。

(3) 灭火器洞室的空间尺寸根据放置消防设备的类型有所不同，常见的消防设备有洞内消火栓、水成膜泡沫装置、灭火器等，如图 5.35 所示。

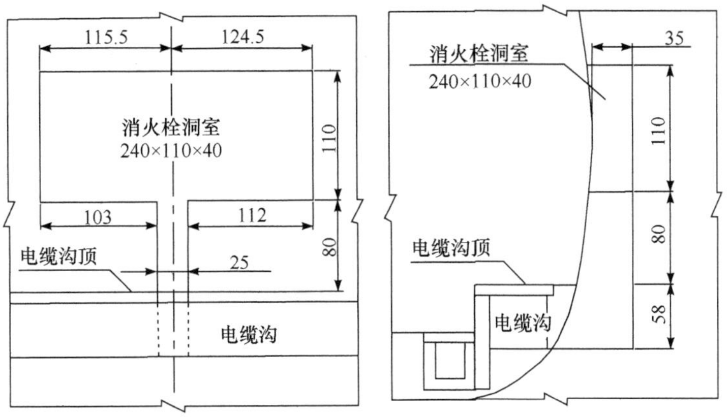

(a) 消火栓灭火器

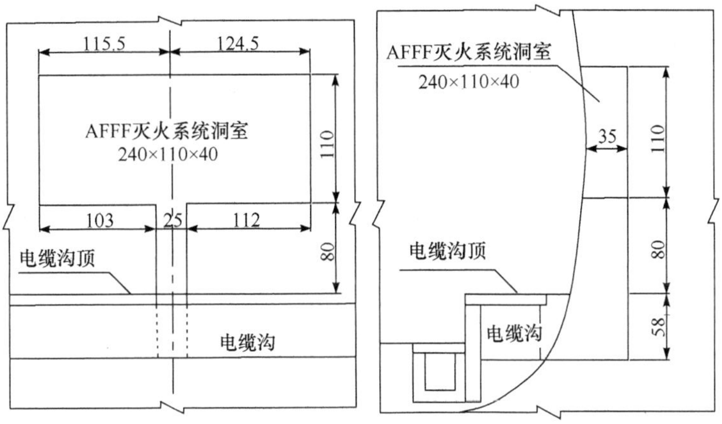

(b) AFFF灭火系统洞室

图 5.35　灭火器洞室构造图(单位：cm)

一般预留洞室对结构影响不大，不需要特殊处理。但较大的预留洞室可能对结构承载能力造成有害影响，预留洞室尺寸越大，侵入结构深度越大，对衬砌结构影响也越大，所以要尽可能减小其尺寸和侵入结构的深度。一般宽度小于 1500mm 的预留洞室可不作特殊处理。对深度较大的预留洞室，衬砌结构的剩余厚度一般不小于 100mm。当预留洞室遇到衬砌内的钢筋时，钢筋需断开或绕行通过。衬砌无钢筋地段，根据预留洞室大小确定是否增加构造钢筋。预留洞室布置在衬砌结构变形缝、施工缝位置时，对衬砌结构影响较大。

(4) 紧急电话洞室构造可参考图 5.36 设置。

为保证洞内电气设备的使用安全及使用寿命，要求设备预留洞室不容许渗水。因此，预留洞室需采取可靠的防水和引排水措施。

隧道内架空电缆、射流风机等设施的预埋件，不仅要达到规定的安全系数，而且要满足规定的使用寿命，进行防腐处理。隧道内承重要求的预埋件包括架空电缆、标志标线指示牌、摄像机云台、射流风机的预埋件。风机安装前需做预埋件支撑能力的荷载试验。预埋在衬砌内的各种管线壁距衬砌内外侧边缘不应小于 100mm，此为管线完全埋入衬砌部分，不包括管口。

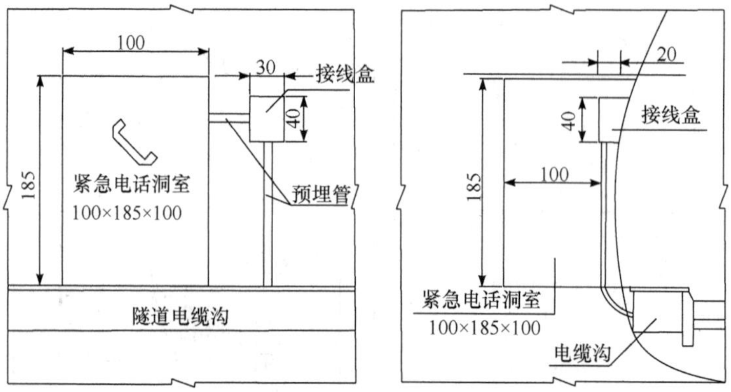

图 5.36　紧急电话洞室构造图(单位：cm)

电缆沟主要是为了布设通信电缆、电力电缆、消防管等，通信电缆和电力电缆通常分别置于两电缆沟内。一般情况下，放置通信电缆的电缆沟尺寸不小于 500mm×500mm，主要放置电力电缆的电缆沟尺寸不小于 700mm×600mm。电缆在隧道内完成平面或竖向转变过渡时，电缆管沟尺寸需符合电缆弯曲半径的要求，其弯曲半径不小于 1.2m，转折角不大于 30°，转折长度不小于 0.6m，需敷设消防管的电缆沟，尺寸相应加大。一般隧道电缆沟侧壁上均设有托架。为避免失控车辆撞坏电缆，电缆沟外侧壁需考虑车辆撞击影响，具备一定的防撞击能力。电缆沟是用隧道纵坡自然排水，沟底需设横向坡、积水槽，并设连接路侧边沟的横向泄水孔。

思　考　题

1. 隧道衬砌有几种形式，它们的适用条件是什么？
2. 洞门有何作用，有哪些形式，它们的特点是什么？
3. 简述明洞的概念、类型及特点。
4. 明洞基础和填土有哪些要求？
5. 简述铁路隧道附属构造物的种类及选用原则。
6. 公路隧道附属构造物有哪些，各自的特点是什么？

第6章　隧道防排水

6.1　防排水原则

水不仅是影响隧道正常施工的因素之一，也是影响隧道正常运营的重要因素之一。

在施工期间，地下水的作用不仅降低围岩的稳定性(尤其是对软弱破碎围岩影响更为严重)，增加开挖难度，且增加了支护的难度和费用，甚至需采取超前支护或预注浆堵水和加固围岩。此外，若对地下水处理不当，则可能造成更大的危害，如地下、地上水位下降及水环境的改变，影响农业生产和生活用水，或被迫停工，影响工程进度等。在运营期间，地下水常从混凝土衬砌的施工缝、变形缝(伸缩缝和沉降缝)、裂缝甚至混凝土孔隙等通道渗漏进隧道，另外，维修工作也会导致废水残留。隧道内的水会导致很多问题：

(1) 使洞内通信、供电、照明等设备发生锈蚀，且容易发生漏电事故，造成金属的电蚀现象。

(2) 使路面积水或结冰，造成打滑，危及行车安全。

(3) 使钢轨及扣件易于锈蚀，木枕易于腐烂，从而缩短设备的使用寿命。

(4) 由于结冰膨胀和侵蚀性地下水的作用，不仅使隧道侵蚀破坏，危害隧道结构的耐久性，而且隧道衬砌渗水反复冻融循环，在衬砌内部造成衬砌混凝土冻胀开裂破坏。

(5) 在严寒地区，冬季渗入洞内的水结成冰凌，倒挂在衬砌拱顶上，侵入净空限界，过往的车辆有刮碰的危险。

(6) 有时道床冒水，结成冰膜，遮盖了轨面，需要工班人员随时破冰，增加了维修养护费用。

总之，隧道工程中地下水的存在是必然的，但它对工程的危害却是可以避免和减少的。为避免和减少水的危害，隧道防排水是隧道设计、施工和运营中的一个非常重要的问题。因此，做好隧道防排水意义重大，隧道规范也对此给出了具体要求。

按照重要性，《铁路隧道设计规范》(TB 10003—2016)将铁路隧道防水等级分为四级，各等级的防水标准如表6.1所示。

表6.1　铁路隧道防水等级标准

防水等级	标准
一级	不允许渗水，结构内缘表面无湿渍
二级	不允许漏水，结构内缘表面可有少量因渗水形成的湿渍或水膜；总湿渍面积不大于总防水面积的2/1000；任意100m^{2}防水面积上的渗水不超过3处，其单个形成的湿渍或水膜面积不大于0.2m^2；平均渗入量不大于0.05L/(m^2·d)，任意100m^{2}防水面积上的渗入水量不大于0.15L/(m^2·d)
三级	有少量漏水点，不得有线流和漏泥沙，安装设备的孔眼不渗水；任意100m^{2}防水面积上的漏水点、渗水形成的水膜或湿渍不超过7处；当单个湿渍或水膜面积不大于0.3m^{2}时，单点漏水量不得大于2.5L/d
四级	有漏水点，但不得漏泥沙

而《公路隧道设计规范 第一册 土建工程》(JTG 3370.1—2018)给出的公路隧道防排水设计标准如下。

(1) 高速公路、一级公路、二级公路隧道防排水应满足下列要求：

① 拱部、边墙、设备箱洞不渗水，路面无湿渍；

② 有冻害地段的隧道衬砌背后不积水，排水沟不冻结；

③ 车行横通道、人行横通道等服务通道拱部不滴水，边墙不淌水。

(2) 三级公路、四级公路隧道防排水应满足下列要求：

① 拱部不滴水，边墙不淌水，设备箱洞不渗水，路面不积水、不淌水；

② 有冻害地段的隧道衬砌背后不积水、排水沟不冻结。

其中，不渗水是指隧道衬砌、路面、设备箱洞等结构表面无湿润痕迹。不滴水是指水滴间断地脱离拱部、边墙向下滴落，有时连续出水，也称为滴水成线。不积水是指路面结构底部和衬砌背后不产生积水。在冻害地区，积水会造成衬砌背后和路面底部冻胀，影响隧道结构和行车安全。不冻结是指排水沟不出现结冰冻胀。在冻害地区，排水沟冻结将会影响隧道内排水系统的通畅，甚至造成整个隧道的冻胀病害。

隧道防排水应根据“防、截、堵、排、结合，因地制宜综合治理”的原则，采取切实可靠的设计、施工措施。

防，就是要求隧道衬砌结构具有一定的防水能力，能防止地下水渗入。

截，是指截断地表水和地下水流入隧道的通路，也就是在隧道以外将地表水和地下水疏导截流，使之不能进入隧道工程范围内。

堵，即堵住地下水从衬砌背后渗入隧道内，就是以衬砌混凝土为基本防水层，以其他防水材料为辅助防水层，阻隔地下水，使之不能进入隧道内的防水措施，必要时还可以采用注浆堵水措施。堵水措施可以较好地保护地下水环境。

排，就是人为设置排水系统，将地下水排出隧道。

结合，就是因地制宜，综合考虑，适当选择治水方案，做到技术可行，费用经济，效果良好，保护环境。这要根据围岩的工程地质条件，地下水的水量大小及埋藏和补给条件，工程结构的设计使用要求，施工技术水平及环境保护要求等情况来选择确定。结合的又一层含义是设计、施工、维修相结合，但以施工为主，充分结合现场实际，实行点面结合，将大面积渗漏水汇集为局部出水，进行有组织排水。应尽可能在施工中就将水治理好，保护地下及地表水的自然环境，减少对水环境的破坏并尽量恢复其自然环境。

6.2 防排水措施

6.2.1 主要防排水措施

1. 防水措施

(1) 防止地表水的下渗。当隧道地表的沟谷、坑洼积水对隧道有影响时，宜采取疏导、勾补、铺砌和填平等措施，对废弃的坑穴、钻孔等填实封闭，防止地表水下渗。当地表处理较困难时，也可采取洞内加固地层或引排等，减少地表水下渗对隧道的影响。

(2) 隧道附近水库、池沼、溪流、井泉的水，当有可能渗入隧道，影响农田灌溉及生活用水时，应采取措施进行处理。

(3) 公路隧道规范规定，混凝土衬砌抗渗等级不得低于 P6，若必要可采用防水混凝土(不小于 P8)。而铁路隧道规范规定，隧道衬砌应采用防水混凝土，防水等级为一、二级的隧道工程模筑混凝土，抗渗等级不应低于 P8；地下水发育地段的隧道及寒冷地区隧道抗冻设防段衬砌混凝土抗渗等级不应低于 P10。

(4) 施工缝、变形缝、伸缩缝等应采用可靠的堵水措施。铁路隧道规范规定，防水等级为一、二级的隧道衬砌施工缝、变形缝应按表 6.2 选用防水措施。

(5) 围岩破碎、含水、易坍塌地段，宜采用注浆加固围岩及必要的防水措施。

(6) 在初期支护与二次衬砌之间，宜设置防水板或系统盲(管)沟。当隧道底部有涌水时，应采用封闭式防水板。

(7) 在有侵蚀性地下水时，应针对侵蚀类型，采用抗侵蚀性混凝土及压注抗侵蚀浆液，敷设防水层、防蚀层等措施，可适当提高混凝土抗渗等级。

(8) 最冷月平均气温低于−15℃的地区和高海拔地区，对地下水的处理应以堵为主。

(9) 隧道预留洞室的防水措施宜与正洞一致。

(10) 衬砌背后纵向盲沟、横向导水管应具有防冻能力。

表 6.2　铁路隧道衬砌结构防水设防要求

<table>
<tr><td colspan="2">工程部位</td><td colspan="2">拱墙</td><td colspan="2">仰拱(底板)</td><td colspan="6">施工缝</td><td colspan="4">变形缝</td></tr>
<tr><td colspan="2">防水措施</td><td>防排水板</td><td>防水涂料</td><td>防排水板</td><td>预埋注浆管</td><td>中埋式止水带</td><td>排水板</td><td>预埋注浆管</td><td>背贴式止水带</td><td>防水密封材料</td><td>水泥基渗透结晶型防水材料</td><td>中埋式止水带</td><td>排水板</td><td>背贴式止水带</td><td>防水密封材料</td></tr>
<tr><td rowspan="3">防水等级</td><td>一级</td><td>应选</td><td>可选</td><td colspan="2">必要时选一种</td><td>应选</td><td colspan="5">至少选一种</td><td>应选</td><td colspan="3">至少选两种</td></tr>
<tr><td>二级</td><td>应选</td><td>—</td><td colspan="2">必要时选一种</td><td>应选</td><td colspan="5">可选一种</td><td>应选</td><td colspan="3">至少选一种</td></tr>
<tr><td>三级</td><td colspan="2">可选一种</td><td>—</td><td>—</td><td colspan="6">可选一种</td><td colspan="4">可选一种</td></tr>
</table>

2. 排水措施

(1) 隧道内纵向应设排水沟，横向应设排水坡。

(2) 围岩地下水出露处，宜在衬砌背后设竖向盲沟或排水管(槽)、集水钻孔等予以引排，对于颗粒易流失的围岩，不宜采用集中疏导排水。

(3) 根据工程地质和水文地质条件，应在衬砌外设环向盲沟、纵向盲沟和隧底排水盲沟，组成完整的排水系统，保证不积水。

(4) 当地下水发育，含水层明显，又有长期补给来源，洞内水量较大时，可利用辅助坑道或设置泄水洞等作为截、排水设施。

(5) 隧道洞内宜按地下水与运营清洗污水、消防污水分离排放的原则设置纵向排水系统。

(6) 预测涌水量较大的隧道，应加大洞内中心水沟、路侧边沟的排水断面。

3. 截水措施

(1) 在洞口仰坡外缘5m以外，设置天沟，并加以铺砌。当岩石外露，地面坡度较陡时可不设天沟。仰坡上可种植草皮、喷抹灰浆或加以铺砌。

(2) 隧道、辅助坑道的洞口及明洞边坡、仰坡开挖线3～5m以外应根据实际情况和需要设置截水沟。截水沟的布置应避免影响边坡、仰坡景观。

(3) 对洞顶天然沟槽加以整治，使山洪宣泄畅通。

(4) 对洞顶地表的陷穴、深坑加以回填，对裂缝进行堵塞。在处理隧道地表水时，要有全局观点，不应妨害当地农田水利规划，做到因地制宜，一改多利，各方满意。

(5) 在地表水上游设截水导流沟，地下水上游设泄水洞，洞外井点降水或洞内井点降水。

(6) 明洞顶截水沟应设置在洞顶边仰坡外不小于5m，截水沟坡度应根据地形设置，且不应小于3‰，沟水应引至沟谷或涵洞处排泄，并不应对相邻工程产生冲刷等不利影响。

4. 堵水措施

(1) 喷射混凝土和模筑混凝土衬砌堵水。当围岩有大面积裂隙渗水，且水量、压力较小时，可结合初期支护采用喷射混凝土堵水。但应注意此时需加大速凝剂用量，进行连续喷射，且在主裂隙处不喷射混凝土，使水流能集中于主裂隙流入盲沟，通过盲沟排出。普通混凝土的抗渗性较差，要堵水需采用防水混凝土模筑。

(2) 防水层。防水层种类很多，大致可归纳为两类：一类为黏结式防水层，如用沥青将油毡(或麻片)黏结在衬砌的外表面(适用于明挖修建的地下工程)，复合式衬砌在初期支护与二次模筑衬砌之间可黏结软聚氯乙烯薄膜、聚异丁烯片、聚乙烯片等防水卷材；另一类为喷涂式防水层，如涂膜防水胶、阳离子乳化沥青等防水剂。

(3) 压浆。向衬砌背后压注水泥砂浆，用以填充衬砌与围岩之间的空隙，以堵住地下水的通路，并使衬砌与围岩形成整体，改善衬砌受力条件。采用压浆分段堵水，使地下水集中在一处或几处后再引入隧道内排出，可收到良好的防水效果。

6.2.2　常用治水方法

1. 截水方法

截水方法有在地表水上游设截水导流沟、地下水上游设泄水洞或洞外井点降水，如图6.1所示。

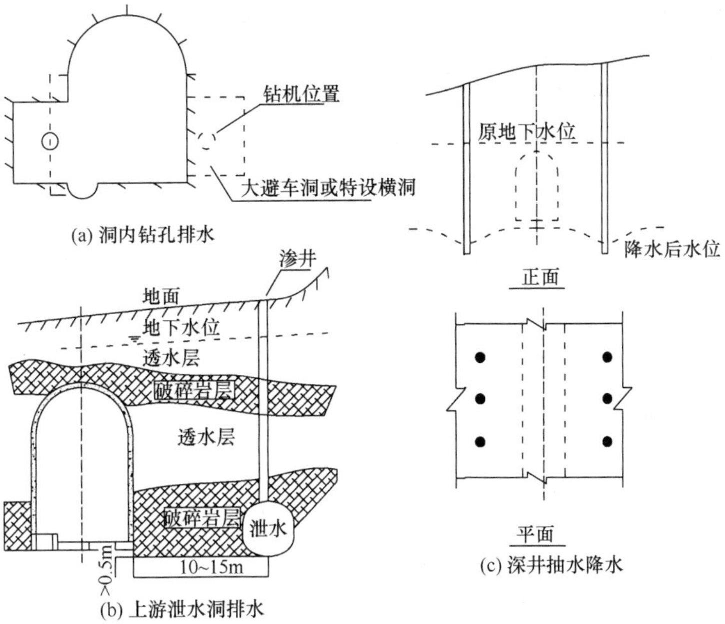

图 6.1　截水方法

截水导流沟和泄水洞完成后即可自行永久发挥作用，而洞外井点降水，则需用水泵抽水，因此它只能解决浅埋隧道在施工期间的降水问题。当隧道埋深较大时，可在洞内设井点降水，以解决洞内局部区段的降水问题。此外，辅助坑道中的平行导坑、横洞、斜井、竖井均可以作为泄水洞。

2. 堵水方法

常用的堵水方法有喷射混凝土堵水、塑料板堵水、模筑混凝土衬砌堵水。当水量大、压力大时，可采取注浆堵水，注浆既可堵水也可起到加固围岩的作用。

1) 喷射混凝土堵水

具体见 6.2.1 小节，这里不再赘述。

2) 塑料板堵水

当围岩有大面积裂隙滴水、流水，且水量压力不太大时，可在喷射混凝土等初期支护施作完毕后，二次支护施作前，在岩壁大面积铺设塑料板堵水。

塑料板防水层是近十年国际上发展起来的一项防水技术，它具有优良的防水、耐腐蚀性能，在隧道工程中得到了日益广泛的应用。

塑料板铺设固定时不能绷得太紧，要预留一定的松弛度，使得在灌筑二次支护混凝土时，塑料板能向凹处变形、服帖，不产生过度张拉和破坏。

防水层铺设应满足下列要求：

(1) 基面应平整、无尖锐物，其平整度应符合 $D/L\leqslant 1/10$ 的要求(D 为基面相邻两凸面间凹进去的深度；L 为基面相邻两凸面间的距离，且 $L\leqslant 1\text{m}$)。

(2) 缓冲层应固定牢靠，与基面密贴，缓冲层接缝搭接宽度不应小于 5cm。

(3) 铺设固定应松紧适度并留有余量，以保证混凝土浇筑后与初期支护表面密贴。

(4) 防水层可按规定采用黏结或焊接，焊接应采用双焊缝，单条焊缝的有效焊接宽度不应小于 15mm；分段铺设的防水层边缘部位应预留至少 60cm 余量以利搭接；防水层搭接缝应与衬砌施工缝错开 1～2m。

3) 模筑混凝土衬砌堵水

模筑混凝土本身具有一定的抗渗阻水性能，但普通混凝土的抗渗性较差，尤其是在施工质量不高的情况下，如振捣不密实，施工缝、沉降缝、伸缩缝处理不好，配比不当等，则更易形成水的渗漏、漫流。当地下水有侵蚀性时，对混凝土的腐蚀更为严重。

若能保证混凝土衬砌的抗渗防水性能，则不需要另外增加其他防水堵水措施。因此，充分利用混凝土衬砌的防水性能，是经济合算和最基本的防水方法。

在工程中，改善和利用混凝土衬砌的抗渗防水性能，可以从两个方面来考虑。

(1) 防水混凝土的抗渗标号及抗压强度应满足设计要求。防水混凝土的抗渗等级不得小于 P8，其配合比选择应注意以下几点：水灰比不得大于 0.6；水泥用量不得少于 320kg/m^3；砂率应适当提高，并不得低于 35%；当掺用活性粉细料时，不得少于 280kg/m^3。

(2) 防水混凝土衬砌施工必须采用机械振捣。施工缝、沉降缝及伸缩缝采用中埋式塑料或橡胶止水带，或采用背贴塑料止水带止水。

4) 注浆堵水

注浆在加固围岩的同时，实际上也起到了堵水作用。《铁路隧道设计规范》(TB 10003—2016)规定在下列情况下隧道工程可采用注浆防水：掌子面前方存在较高水压的富水区，开挖后存在突水、突泥风险；掌子面开挖可能导致不可接受的地下水环境改变、地表沉降者；开挖后洞壁出水超过允许排放标准；初期支护完成后仍有较大面积的渗漏水。此外，若二次支护因混凝土质量欠佳而产生渗漏，则可以对其进行结构注浆堵水。注浆材料宜选择以水泥基为主的注浆材料，注浆浆液应对环境污染小、对人体无害。

在地下水较丰富的地区，衬砌接缝处常用止水带防水。其类型很多，如金属(铜片)止水带、聚氯乙烯止水带及橡胶止水带等，目前金属止水带已很少使用，聚氯乙烯止水带的弹性较差，只能用于相对变形较小的场所，橡胶止水带则可用于变形幅度较大的场合。在水底隧道中，20 世 50 年代以后广泛使用钢边缘止水带，它是在两侧镶有 0.6～0.7mm 厚的钢片翼缘的一种橡胶止水带，刚度较高，便于安装。

3. 排水方法

排水是利用盲沟、泄水管、渡槽、中心排水沟或路侧排水沟等，将水排出洞外。盲沟为用片石或卵石干砌而成的厚 30～40cm、宽 100～150cm 的排水通道，如图 6.2 所示。盲沟可以根据需要砌至拱脚或砌至边墙底部，然后用泄水管将水引入隧道的排水沟内。盲沟间距设置应因地制宜。渡槽是在衬砌内表面设置的环向槽，其尺寸按水量大小确定，其间距一般应与筑拱环节长度配合，施工缝往往是漏水最多的位置。

隧道内的排水一般均采用排水沟方式，类型主要有中心排水沟和路侧排水沟，在严寒地区应设置防冻水沟，如图 6.3 所示。排水沟断面可为矩形或圆形，通常为矩形，以便于清理和检查。

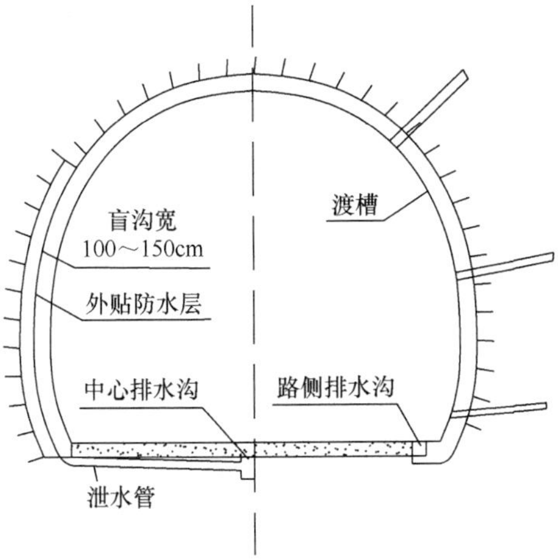

图 6.2　排水盲沟、泄水管、渡槽、中心排水沟和路侧排水沟

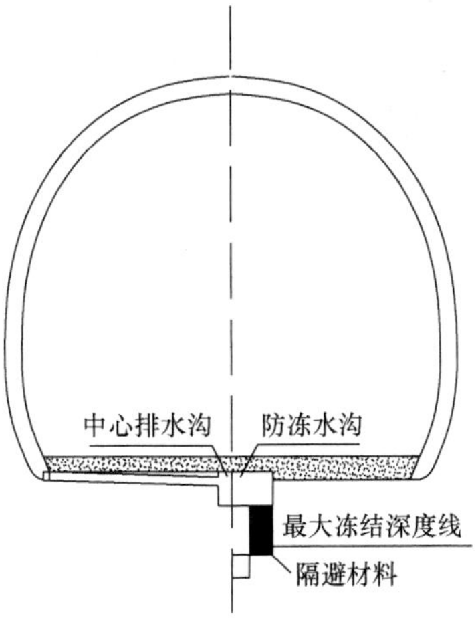

图 6.3　中心排水沟、防冻水沟

过水面积应根据水量大小确定。沿纵向在适当间隔处应设置检查坑和汇水坑，但不应设在路线中心。

1) 盲沟

盲沟的作用是在衬砌与围岩之间提供过水通道，并使之汇入泄水孔。它主要用于引导较为集中的局部渗流水。

我国较为传统的盲沟有灌砂木盒、灌砂竹筒。因其加工、安装均较麻烦，且接头处易被混凝土阻塞，因此现在逐步被新型柔性盲沟所替代。柔性盲沟通常由工厂加工制造。它具有现场安装方便、布置灵活、连接容易、接头不易被混凝土阻塞、过水效果良好、成本也不太高等优点。其构造形式有以下几种：

(1) 弹簧软管盲沟。这种盲沟一般是采用 10 号铁丝缠成直径 5～8cm 的圆柱形弹簧或采用硬质又具有弹性的塑料丝缠成半圆形弹簧，或带孔塑料管，以此作为过水通道的骨架，安装时外覆塑料薄膜和铁窗纱，从渗流水处开始沿环向铺设并接入泄水孔，如图 6.4 所示。

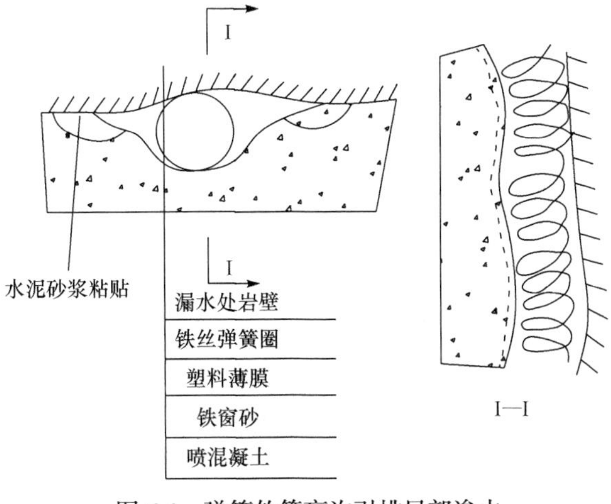

图 6.4　弹簧软管盲沟引排局部渗水

(2) 化学纤维渗滤布盲沟。这种盲沟以结构疏松的化学纤维布作为水的渗流通道，其单面有塑料敷膜，安装时使敷膜朝向混凝土一面，可以阻止水泥浆渗入滤布。这种渗滤布式盲沟质量轻，便于安装和连续加垫焊接，宽度和厚度也可以根据渗排水量的大小进行调整，是一种较理想的渗水盲沟，其布置方式如图 6.5 所示。

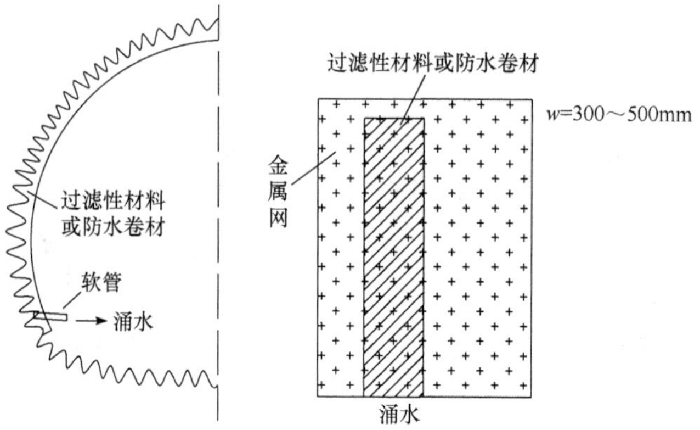

图 6.5　渗滤布盲沟汇集引排大面积渗透

2) 排水沟

排水沟承接泄水孔泄出的水，并将其排出隧道。隧道纵向排水沟有单侧、双侧、中心式三种形式。它是根据线路坡度、路面形式、水量大小等因素确定的。洞外排水应根据地形、地质、气象情况，结合农田水利情况全面规划，综合治理，因地制宜地设置疏水、截水、引水设施。

3) 泄水孔

泄水孔是设于衬砌边墙下部的出水孔道，它将盲沟流来的水直接泄入隧道内的纵向排水沟。泄水孔的施作，有两种方法：

(1) 在立边墙模板时，安设泄水管，并特别注意使其里端与盲沟接通，外端穿过模板。泄水管可用钢管、竹管、塑料管、蜡封纸管等，这种方法主要用于水量较大时。

(2) 当水量较小时，可以待模筑边墙混凝土拆模后，再根据记录的盲沟位置钻泄水孔。泄水孔的位置应按设计要求设置。

6.3　防排水系统

6.3.1　密封防水系统

在隧道建造中，一般均需采取密封防水措施，只是密封程度不一，主要视隧道的用途而定。如通行车辆的隧道，密封的目的则为保护隧道结构物本身；而对于通往行人，放置货物和仪器的隧道，则密封要求较高；对于排废水、饮用水的过水隧道则需绝对密封。

密封通过建造不透水层来实现，根据不透水层所处的位置，又可分为外层密封、中层密封和内层密封三种形式。这里所指的密封系统为隧道结构的组成部分，为永久性的结构。

1. 外层密封

外层密封即密封层在承重结构外面，对于双层结构，密封层则在外层外面，外层密封为传统隧道建造中主要采用的密封手段。密封系统主要由保护层、密封层和抹平层构成。保护层由砌石块构成，抹平层为砂浆，密封层为不透水的金属板，如铝板、铅板等。由于金属板易腐蚀，且在密封层上易产生局部应力集中，导致密封层被破坏，因此这种传统外层密封方式已逐渐被淘汰。在现代隧道建造中，外层密封常用在采用明挖法建造的隧道中，因为明挖法隧道的覆盖层较小，即密封层上作用的土压力较小。但外水压力有可能很大，需要密封层阻水能力大。为提高密封层承载能力，常使用金属板上涂沥青作为密封层，在金属板上涂沥青可防止腐蚀，改善防水层的受力，提高密封层的寿命。目前，很少采用外层密封，只有在某些特殊情况下，如岩石中含有化学腐蚀成分、寒冷地区水冻裂外壳等时，才考虑采用外层密封。实现外层密封的另一手段为采用不透水混凝土，即外层结构由不透水混凝土构成。

在特殊地质条件下，目前外层密封常采用如图 6.6 所示的多层结构，其特点为密封层由多种材料，如人工合成材料、沥青、混凝土等构成，并根据不同的要求进行组合，以使密封层具有承受大位移和防止开裂或防止冷冻等不同的功能。

外层密封的优点为：①阻水能力大；②可用于防止水侵蚀或冻裂的承重结构。其缺点为：① 密封层厚度大，需增大开挖面；②隧道结构与围岩接触差，对结构受力不利；③易产生局部变形而引起应力集中，使密封层遭到破坏，寿命难以保证；④维修困难；⑤在围岩压力较大时，很难建造密封层的临时安全支撑，施工困难大。

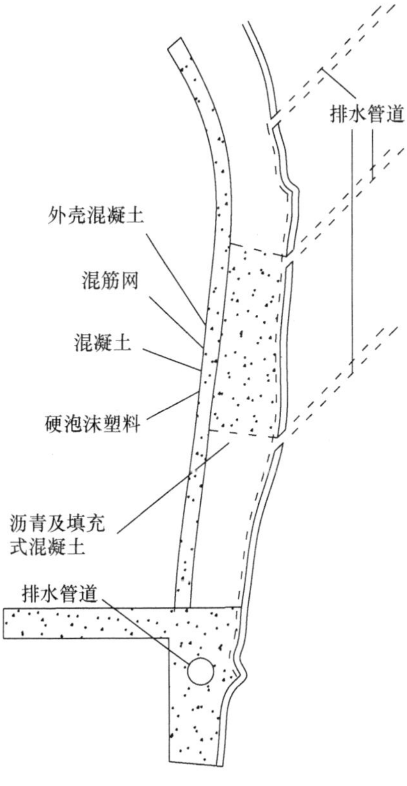

图 6.6　多层结构密封构造

2. 中层密封

中层密封即在双层衬砌的外层与内层之间设一不透水薄层。不透水薄层可以只设在洞周一个部分，即在仰拱处不密封，如图 6.7 所示，也可沿整个洞周形成如图 6.8 所示的封闭式密封层。如采用不封闭的中层密封时，密封层的底部需与积水排水管道相接，将阻在不透水层外的水沿不透水层流入积水排水管道中，然后由纵向主排水管道将水排出洞外。对于如图 6.7(b)所示的截面形状，当隧道受力较大时，需附加护拱，以保护密封层。

用于部分截面的中层密封常为人工合成材料制成的薄膜，成品的薄膜呈带状，并沿隧道周边黏结形成连续的薄膜。其底部接排水管(图 6.9)。用于部分截面中层密封的薄膜

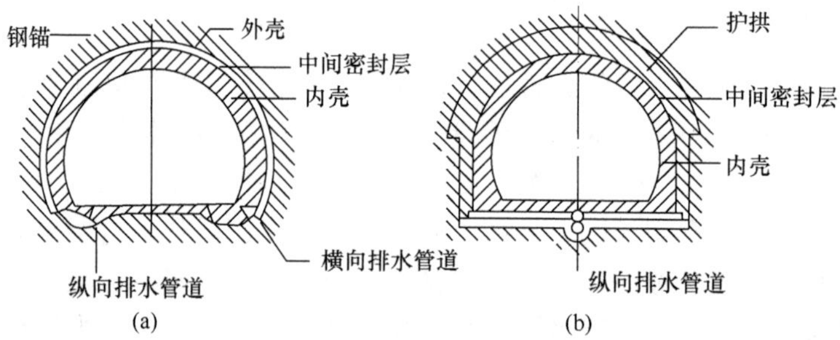

图 6.7　部分截面中层密封构造

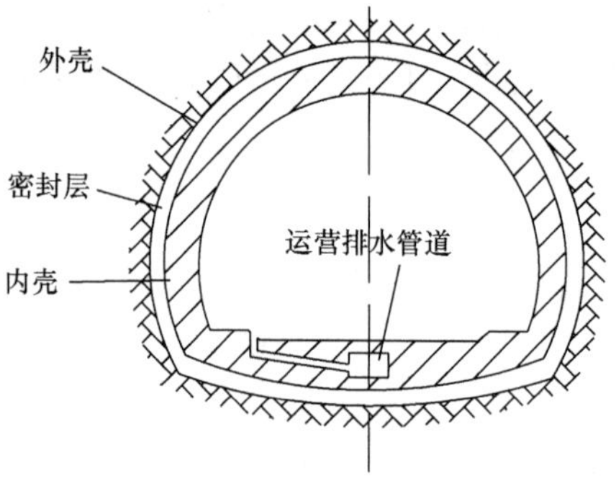

图 6.8　全截面中层密封构造

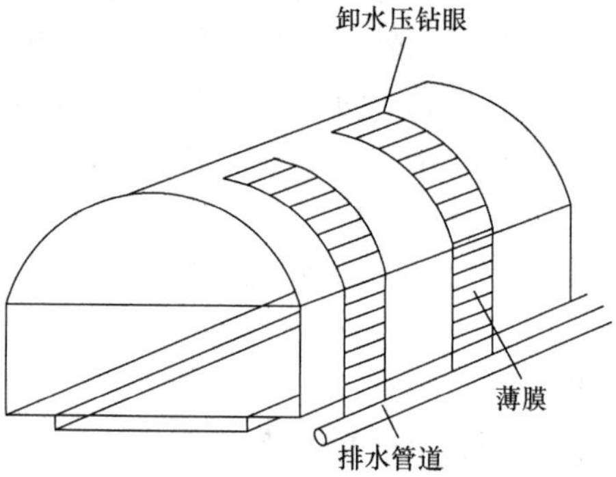

图 6.9　部分截面中层密封层

通常内面为平滑面，另一面为平滑状的凸凹面，平滑面与内层接触，凸凹面与外层接触，通过外层衬砌进入的水，可沿凸凹面流向排水管。部分截面中层密封的优点为：地下水是流通的，因此在内层上不形成静水压力，内层的构造可不必增加用于抵抗静水压力的强度部分，以降低造价。其主要缺点为：排入排水管道的水，有时带有纤维或泥沙，会引起排水管道阻塞，从而增加管道清理和维修的工作量。因此，部分截面中层密封一般只适用于在隧道外部只出现渗水的情况。

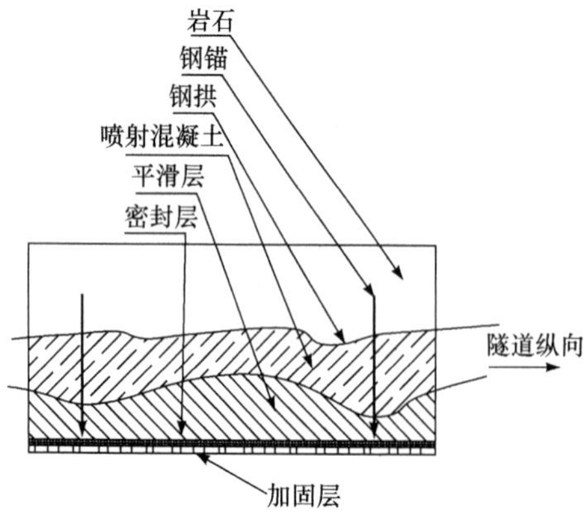

图 6.10　中层密封层构造

中层密封层通常用水泥浆黏在外层衬砌上，为了防止外层表面不平滑而引起的局部应力集中，需在外层必要的地方用水泥砂浆作一抹平层(图 6.10)，以避免局部应力集中损坏密封层。除了抹平层外有时还在密封层与内层相接触的表面，再喷一层水泥浆作为加固层，加固层在必要时，还可放置钢筋网，以增大密封层的强度及固定薄膜。

中层密封层也可采用如图 6.8 所示的全截面密封形式，当采用这种密封形式时，地下水被全部堵在内层以外，所设的排水管道只用于排走运营过程中的水。全截面中层密封的密封层通常也为人工合成材料制成的薄膜，薄膜的厚度为 2mm 左右，薄膜不必设置流线，即薄膜的两面均为光滑表面。全截面中层密封的优点为：外部水不进入排水管道，内部排水管道所需排走的水量小，管道维修量小。其缺点为：要求隧道衬砌本身也为封闭式，即需建仰拱，从而提高了造价。另外，外部水不流通，在内层结构上形成静水压力，特别是当地下水位较高时，会产生较大的静水压力，要求提高内层结构的强度，来承担静水压力，从而提高了造价。通常认为，在有地下水和裂隙水的地段，为了防止含泥沙的地下水堵塞管道，常采用全截面中层密封的方式。用于中层密封的密封薄膜通常用焊接法黏成连续薄膜。由于通常的人工材料具有热塑性，即在加热到一定温度后，可呈流体状，而这一特性可用于薄膜带之间相互焊接上。

内层衬砌各结构段之间需设置接缝，接缝的构造除需考虑受力条件外，还需考虑如何保证密封的连续性，即接缝处所产生的应力及位移不会破坏密封层。接缝的构造主要有如图 6.11 所示的四种形式。如图 6.11(a)所示的接缝构造方式为施工作业接缝，图 6.11(b)为人工合成材料止水带接缝，图 6.11(c)为可伸长和转动式接缝，图 6.11(d)为加强式接缝。

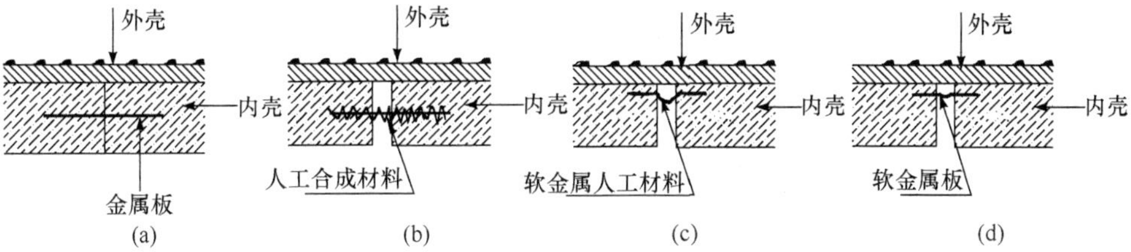

图 6.11　内层接缝构造示意图

尽管中层密封只可保护内层结构不被水侵蚀，但实践证明它的防水效果较好，目前一般采用暗挖方式建造的隧道均采用中层密封。因此，中层密封系统是目前隧道建造中常采用的方式。其优点有：①工艺简单，造价比外层密封便宜；②不易被磨损、破坏，相对寿命较长。其缺点有：①不能保护外层结构，不适应严寒地区或含有腐蚀性的地层；② 当密封薄膜不能用水泥浆黏结时，需用化学黏结材料并附加保护；③封闭式中层密封承受静水压力，增大了内层结构的内力。

3. 内层密封

内层密封的密封层在承重结构内部，对于双层结构，密封层在内层的内部，如图 6.12 所示。

内层密封的密封层通常由薄钢板或钢管构成，厚度在 6～8mm。内层密封一般只用于直径较小、内部压力较大的输水隧道。

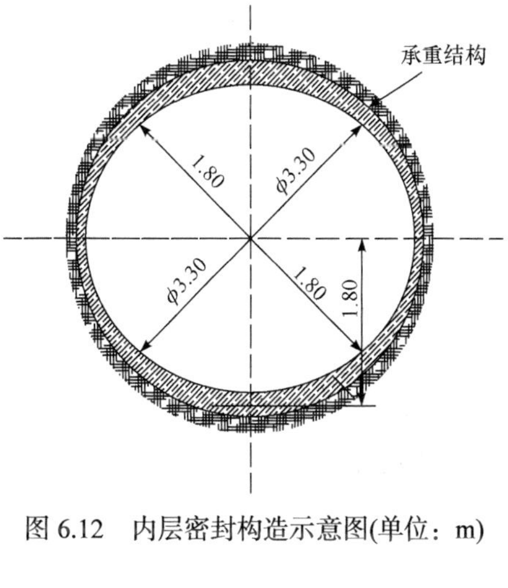

图 6.12　内层密封构造示意图(单位：m)

6.3.2　排水系统

排水系统的设置应结合隧道具体情况，既要有利于隧道上部的疏水、截水、引水，将地面水引排到隧道以外，又要考虑地面农田灌溉、水利设施及人民生活需要，要因地制宜，采用有效的排水措施。

排水系统的功能包括两个方面：① 排走进入隧道的地下水；② 排走洞内运营的内部水。

1. 纵向积水管道

在隧道建造中，通常由纵向积水管、横向排水沟和主排水沟构成隧道的排水系统。纵向积水管的功能与传统隧道建造中的排水槽一样，积水管的直径在 100～300mm，其上表面开有小孔，积水通过小孔流入积水管中。

当地下水较多时，管道的设计需考虑具有较大的排水能力，则可增加管道的直径，或增加纵向积水管数，并沿隧道的纵向每隔一段距离增加竖向排水槽等。

在公路隧道中常用如图 6.13 所示的排水系统。纵向积水管设在密封层下端，纵向积水管的直径通常在 150mm 左右，厚度为 15mm 左右，积水管用无砂混凝土做成。纵向积水管沿纵向设有流水坡度(1:25 左右)，并每隔 20～25m 通过横向排水管与主排水管相连。为了便于清理纵向积水管中的淤积物，通常每隔 50m 左右建造一个可重复打开的清理井。

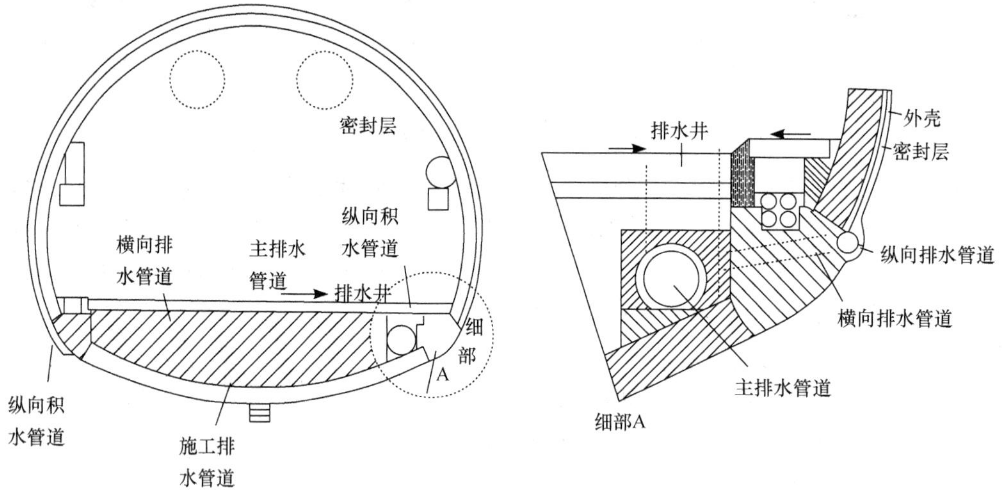

图 6.13　公路隧道常见排水系统

2. 主排水沟

除了长度在 100m 以下，且长年干燥无水的隧道，一般的隧道都设置排水沟，使漏到洞内和从路基涌出的地下水，沿着带一定坡度的排水沟，顺着线路方向引出洞外。排水沟的断面按排水量计算确定，但一般沟底宽不应小于 40cm，沟深不应小于 35cm。沟底纵坡宜与线路一致。水沟上应设有预制的钢筋混凝土盖板。排水沟在一定长度后设检查井，以便随时清理残渣。

排水沟一般有两种形式，一种是侧式水沟，设在线路的两侧或一侧，视水量大小而定。当为一侧时，应设在来水的一侧。如为曲线隧道，应设在曲线内侧。水沟隔一定距离应设一横向联络沟，以平衡不均匀的流水量。另一种是中心式水沟，水沟设在线路中线的下方，或设在双线隧道两线路之间。图 6.14 为公路隧道常采用的中心式水沟排水系统。

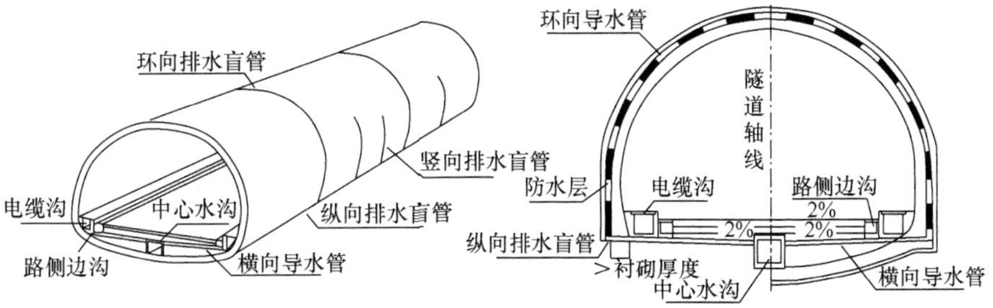

图 6.14　公路隧道中心式水沟排水系统

当主排水沟设在隧道一侧时，为排走内部运营水，需在隧道底表面设置约 1:25 的横向坡度，将水排入如图 6.13 所示的排水井中，排水井深度为 60～80cm，排水井除了用于排水，还作为清理主排水管的井口。

主排水沟通常由混凝土管构成，直径约 25cm，主排水沟的纵坡应与隧道的纵坡一致。当隧道较长，或当隧道纵坡小于水流坡度(约为 1:25)时，也可将主排水沟沿隧道纵向设置上下坡度，将水排入固定地点，然后用水泵抽出，对于地铁和城市隧道常用水泵将水排入城市下水道中。

公路隧道的主排水沟常设置在一侧，一方面，这样可在清理管道时不妨碍隧道正常使用，另一方面，公路隧道多需承受较大的垂直及水平压力，通常需设仰拱，而其拱脚处有足够的地方可安放主排水沟。主排水沟设置在墙脚处的缺点为：当管道漏水时，常引起仰拱开裂，甚至局部破坏，较严重时，可在墙脚处变成铰，而改变了承重结构的受力系统。

当隧道衬砌为不封闭式，即无仰拱时，主排水沟通常设在中轴线上，如地铁及铁路隧道。主排水沟设在中轴线上的缺点为维修清理管道时会阻碍或需停止隧道的运行。但当衬砌为密封式时，这个问题不突出。因为主排水沟只用于排走运营时的内部水，管道不易被堵塞，相对维修量小，图 6.15 为铁路隧道常采用的排水系统构造方式。

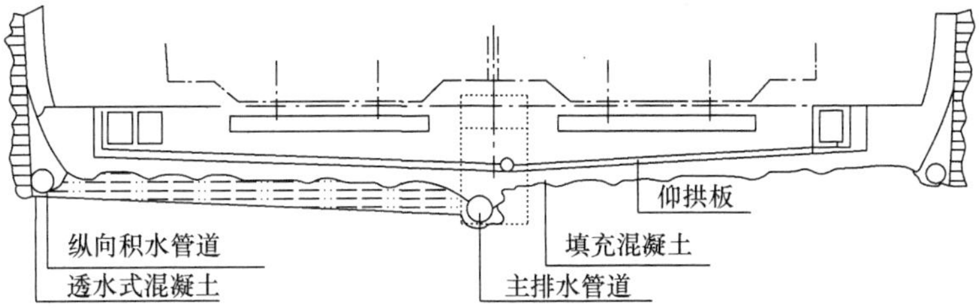

图 6.15　铁路隧道排水系统构造方式

在严寒地区，为了不使水流冻结而堵死水沟，应采取防寒措施，一般可修筑浅埋水沟，即将水沟加深，用轻质混凝土做成上下两层，各自设钢筋混凝土盖板，两层盖板之间用保温材料填充密实，其厚度不小于 70cm，如图 6.16 所示。当浅埋保温水沟不足以防止冻害时，可设置中心深埋渗水沟，如图 6.17 所示，即利用地温本身的作用，以达到保温防冻害的目的。当隧道内冻结深度较深，用明挖法会影响边墙稳定时，可采用暗挖法修筑泄水洞。

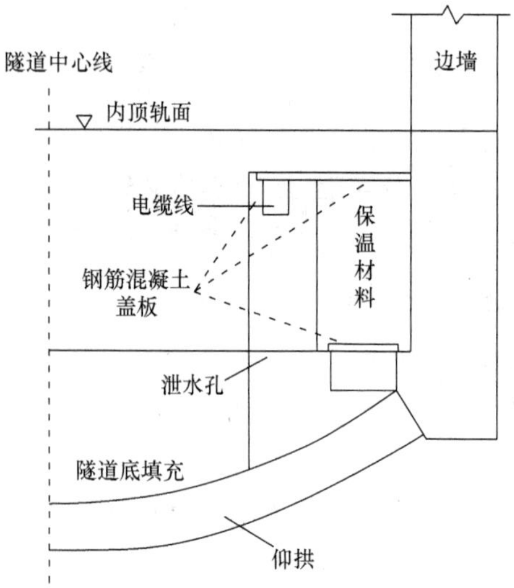

图 6.16　钢筋混凝土盖板设置示意图

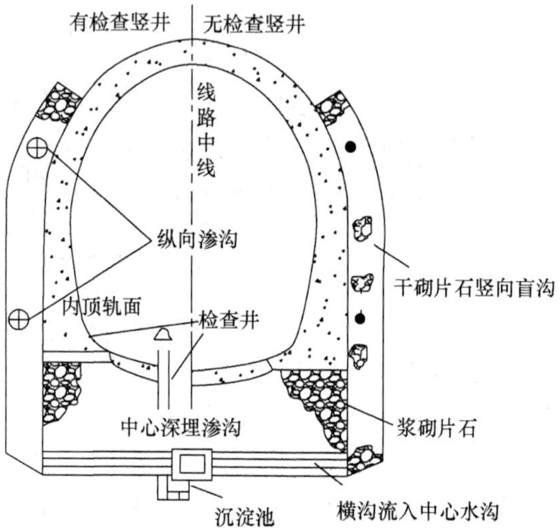

图 6.17　中心深埋渗水沟示意图

在衬砌背后，用片石或埋管设置环向或竖向盲沟，以汇集衬砌周围的地下水，并通过盲沟底部泄水孔(或预埋管)引入隧道侧沟排出。

思 考 题

1. 隧道防排水的原因是什么？
2. 隧道防排水的原则是什么？
3. 主要防水措施有哪些？
4. 简述隧道主要治水方法。
5. 简述隧道主要防排水系统。

第 7 章　隧道结构设计

7.1　隧道结构设计理论及发展

7.1.1　计算模型

国际隧道协会(ITA)在 1978 年成立了隧道结构设计模型研究组，收集和汇总了各会员方采用的地下结构设计方法，如表 7.1 所示。经过总结，国际隧道协会认为，目前采用的地下结构设计方法可以归纳为以下四种设计计算模型：

(1) 以参照过去隧道工程实践，采用工程类比为主的经验设计法。

(2) 以现场测量和实验室试验为主的实用设计法，如以洞周变形位移量测值为根据的收敛-限制法。

(3) 作用-反作用模型，如弹性地基圆环计算和弹性地基框架计算等计算法。

(4) 连续介质模型，包括解析法和数值法。解析法中有封闭解，也有近似解；数值计算法目前主要为有限元法。

表 7.1　国际隧道协会各会员方采用的地下结构设计计算方法

国名	盾构开挖的软土质隧道	喷锚钢拱支撑的软土质隧道	中硬石质深埋隧道	明挖法框架隧道
奥地利	弹性地基圆环	弹性地基圆环；有限元法；收敛-约束法	经验法	弹性地基框架
德国	覆盖层小于 2*D*，顶部无支撑的弹性地基圆环；覆盖层大于 3*D*，全支撑弹性地基圆环；有限元法	同左	全支撑弹性地基圆环；有限元法；连续介质或收敛法	弹性地基框架(底压力分布简化)
法国	弹性地基圆环；有限元法	有限元法；作用-反作用模型；经验法	连续介质模型；收敛法；经验法	—
日本	局部支撑弹性地基圆环	局部支撑弹性地基圆环；经验法加测试；有限元法	弹性地基框架；有限元法；特殊曲线法	弹性地基框架；有限元法
中国	自由变形或弹性地基圆环	初期支护：有限元法；收敛法 二期支护：弹性地基圆环	初期支护：经验法 永久支护：作用-反作用模型 大型洞室：有限元法	弯矩分配法计算箱型框架
瑞士	—	作用-反作用模型	有限元法；收敛法	—
英国	弹性地基圆环；缪尔伍德法	收敛-约束法；经验法	有限元法；收敛法；经验法	矩形框架
美国	弹性地基圆环	弹性地基圆环；作用-反作用模型	弹性地基圆环；Proctor-White 方法；有限元法；经验法	弹性地基上的连续框架

各种设计计算模型或方法各有其适用场合，由于地下结构的设计计算受到围岩环境等各种复杂因素的影响，因此实际工程中经验类比法常占有重要地位。表 7.1 中列出的各种结构内力分析方法虽然有较为严密的理论基础，但其计算结果常要用经验类比来判断和补充。

按照我国地下结构多年的设计计算实践，有以下四种设计计算模型。

1) 经验类比模型

幅度和跨度不大的岩石地下结构，如矿山巷道与不受动荷载作用的小跨度工事衬砌等，常可按经验类比法直挖选定衬砌结构的形式和断面尺寸，并据此绘制结构施工图。

2) 荷载结构模型

荷载结构模型的原理是按地层分类法或由实用公式确定地层压力，按弹性地基上结构物的计算方法计算衬砌内力并进行结构截面设计。其认为地层对结构的作用只是产生作用在地下结构上的荷载，以计算衬砌在荷载作用下产生的内力和变形。荷载结构模型是我国目前广泛采用的一种地下结构设计计算方法。

3) 地层结构模型

地层结构模型的原理是将衬砌和地层视为整体共向受力的统一体系，按变形协调条件分别计算衬砌与地层的内力，并据此验算地层的稳定性和进行结构截面设计。其认为衬砌与地层一起构成受力变形的整体，并可按连续介质力学原理来计算衬砌和周围地层的内力和变形。地层结构法的特点是不仅计算衬砌结构的内力，而且计算洞室周围地层的应力。由于地层结构法能更好地描述隧道衬砌和周围地层的关系，在工程设计中得到了越来越多的应用。

4) 收敛限制模型

收敛限制模型的原理是按弹-塑性理论推导公式后，在以洞周位移为横坐标、支护反力为纵坐标的坐标平面上绘出表示地层受力变形特征的洞周收敛线，并按结构力学原理在同一坐标平面上绘出表示衬砌结构受力变形特征的支护限制线，得出其交点，根据交点表示的支护抗力值设计衬砌结构。软岩地下洞室、大跨度地下洞室和特殊洞形地下洞室的设计较适合于采用收敛限制法。由于收敛限制法的计算原理尚待进一步完善，目前多数仅按洞周收敛值的量测来进行反馈和监控，用以指导地下结构的设计和施工。

我国工程界对地下结构的设计比较注重理论计算和工程经验。除了确有经验可供类比的工程，在地下结构的设计过程中一般都要进行受力分析。盾构法隧道的周围地层以松软土质居多，一般认为理论模型的可靠性更大，世界各国都推荐采用。

7.1.2　计算理论发展

早期地下工程的建设完全依据经验，19 世纪初才逐渐形成结构计算理论，并开始用于指导地下结构的设计与施工。在地下结构计算理论形成的初期，人们仅仿照地面结构的计算方法进行地下结构的计算。经过较长时间的实践，地下结构受力变形的特点才开始被认识，并逐渐形成以考虑地层对结构受力变形影响为特点的地下结构计算理论。其发展大致可分为以下七个阶段。

1) 刚性结构阶段

19 世纪的地下结构大多是砖石砌筑的圬工结构，这类材料的抗拉强度较低，且结构物存在较多接缝，容易产生裂缝。为了维持结构稳定，地下结构截面都很大，使结构受力后产生的弹性变形较小，因而最先出现的计算理论是将地下结构视为刚性结构的压力线理论。

2) 弹性结构阶段

19 世纪后期，混凝土和钢筋混凝土材料开始出现，并被用于地下工程，使地下结构具有了较好的整体性，此后，地下结构开始按弹性连续框架进行内力计算。荷载为主动地层压力，按超静定结构力学原理进行计算。

3) 假定抗力阶段

混凝土衬砌在受主动荷载的作用产生弹性变形的同时，受到地层对其变形产生的约束作用。将地层对衬砌的约束按衬砌受有弹性抗力的作用考虑，根据经验假定弹性抗力的分布形式，此后地下结构的计算理论便进入了假定抗力阶段。其为目前隧道结构计算的常用方法。

4) 弹性地基梁阶段

由于假定抗力法对抗力图形的假定带有较大的任意性，人们开始研究将衬砌视为弹性地基梁的结构计算理论。此方面主要有局部变形理论和共同变形理论两种。局部变形理论是以温克尔(E. Winkler)假定为基础的，它认为应力(σ_i)和变形(δ_i)之间呈直线关系，即$\sigma_i = k\delta_i$，k 为围岩弹性抗力系数，如图 7.1(a)所示。其相当于认为围岩是一组各自独立的弹簧，每个弹簧表示一个小岩柱。虽然实际弹性体变形互相影响，施加于一点的荷载会引起整个弹性体表面的变形，即共同变形，如图 7.1(b)所示。但温克尔假定能反映结构的应力与变形的主要因素，且计算简便实用，可以满足工程设计的需要。应当指出，弹性抗力系数并非常数，它取决于很多因素，如围岩的性质、衬砌的形状和尺寸以及荷载类型等。而共同变形理论把围岩视为弹性半无限体，考虑相邻质点之间变形的相互影响(图 7.1(b))。此法比较符合实际情况，但它所需围岩物理力学参数较多，计算繁杂，模型也有严重缺陷，目前很少采用。

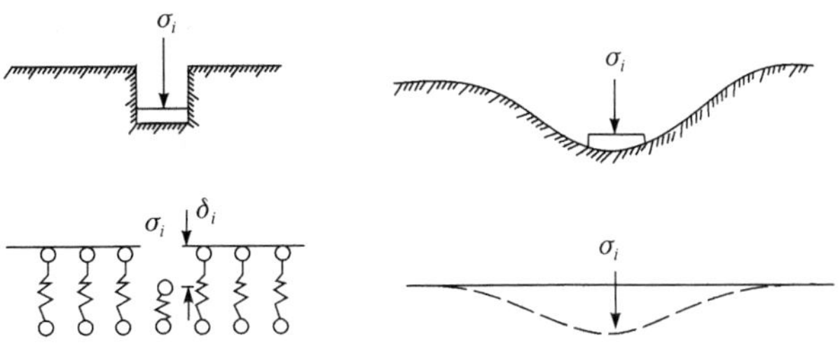

(a)局部变形理论示意图　　(b)共同变形理论示意图

图 7.1　弹性变形理论简图

5) 连续介质阶段

鉴于人们认识到地下结构与地层是一个受力整体，按连续介质力学计算地下结构内力的方法也逐渐有所发展。例如，缪尔伍德提出了圆形衬砌的简化弹性解析解，塔罗勃和卡斯特奈得出了圆形洞室的弹塑性解等。此外，我国学者也按弹塑性和黏弹性本构模型进行了大量研究工作，发展了圆形隧道的解析解理论。但由于目前弹塑性力学发展所限，仅在特殊情形下才能获得隧道结构受力及变形的理论解析解。

6) 数值方法阶段

由连续介质力学建立地下结构的解析计算法是一个困难的任务，目前仅对圆形及椭圆形衬砌中的简化本构关系有了较多的研究成果。20 世纪 60 年代以来，随着电子计算机的推广和岩土介质本构关系研究的进展，地下结构的数值计算方法有了较大发展，目前已成为地下工程计算的主要方法。

7) 极限状态设计阶段

以上所述各种计算方法大都假定衬砌结构处于弹性受力阶段，这些方法常不能反映实际结构破坏时的极限承载能力。实际上，整体式衬砌的最大受力截面发生裂缝或装配式衬砌的接缝发生塑性变形，并不意味着衬砌结构的承载能力已消耗殆尽，衬砌结构此后仍可继续维持稳定。由此，提出了按极限状态计算地下结构内力的公式。但由于地下结构上的荷载不像地面结构上作用荷载明确(主要是因为地下结构上的荷载受到的影响因素较多，如隧道所处地层条件与地质演变历史的影响，以及施工方法与技术熟练程度的影响等)，使得短期内无法形成类似地面结构相对较为成熟的承载能力极限状态和正常使用极限状态的结构设计理论。

应该指出，由于围岩介质性质的复杂多变且具有地域性等特点，这些方法各有其适用条件和局限性。然而，由于试验条件不断完善和新型数值计算方法的提出，地下结构计算理论必将日益完善。

7.2　隧道设计荷载确定

7.2.1　荷载类型及其组合

围岩压力与结构自重荷载是隧道结构计算的基本荷载。明洞及明挖法施工的隧道，填土压力与结构自重荷载是地下结构的主要荷载。表 7.2 为《公路隧道设计规范 第一册 土建工程》(JTG 3370.1—2018)列出的隧道结构承受的荷载类型，并按其可能出现的最不利组合考虑。表中的永久荷载加基本可变荷载对应于《铁路隧道设计规范》(TB 10003—2016)中的主要荷载，其他可变荷载对应于铁路隧道的附加荷载，偶然荷载对应于铁路的特殊荷载。

由于隧道设计中贯彻了“早进晚出”的原则，洞口接长明洞的边坡都不很高，加之落石多为滚滑、跳跃落下，直接砸落在明洞上者极少。实际工程中当遇到有大量落石和堕落高度较大的石块，可设法避开或者采取清除危石、加固坡面等措施，故一般情况下落石冲击力不考虑。在设计山岭公路隧道建筑物时，一般不需要考虑列车荷载及公路车辆荷载，只有当隧道结构构件直接承受公路车辆荷载及列车荷载才按有关规定进行计算。

作用在衬砌上的荷载，按其性质可以分为主动荷载和被动荷载。主动荷载是主动作用于结构并引起结构变形的荷载；被动荷载是因结构变形压缩围岩而引起的围岩被动抵抗力，即弹性抗力，它对结构变形起限制作用。主动荷载包括主要荷载(长期及经常作用在结构上的荷载，有围岩压力、回填土荷载、衬砌自重、地下静水压力等)和附加荷载(非经常作用的荷载，有灌浆压力、冻胀压力、混凝土收缩应力、温差应力以及地震力等)。计算荷载应根据这两类荷载同时存在的可能性进行组合。在一般情况下可仅按主要荷载进行计算。特殊情况下才进行必要的组合，并选用相应的安全系数验算结构强度。被动荷载主要是围岩的弹性抗力，它只产生在被衬砌压缩的那部分周边地基上。其分布范围和图式一般可按工程类比法假定，做简化处理。

表 7.2　作用在隧道结构上的荷载

编号	荷载类型		荷载名称
1	永久荷载(恒载)		围岩压力
2			结构自重
3			填土压力
4			混凝土收缩和徐变影响力
5	可变荷载	基本可变荷载	公路车辆荷载、人群荷载
6			立交公路车辆荷载及其所产生的冲击力和土压力
7			立交铁路车辆荷载及其所产生的冲击力和土压力
8		其他可变荷载	立交渡槽流水压力
9			温度变化的影响力
10			冻胀力
11	偶然荷载		落石冲击力
12			地震力
13			施工荷载

7.2.2　荷载的来源

隧道结构所受荷载主要来源于隧道施工产生的围岩压力。围岩压力指引起地下开挖空间周围岩体和支护结构变形或破坏的作用力，它包括由地应力引起的围岩应力及围岩变形受阻而作用在支护结构上的作用力。从狭义来理解，围岩压力是指围岩作用在支护结构上的压力。在工程中一般研究狭义的围岩压力。因此，在工程的概念上，结构上的荷载就是围岩压力。

人们对围岩压力的认识，是从开挖洞穴后围岩的支护初期坍塌的现象开始的。随着隧道和地下工程的发展，人们从支撑和衬砌的变形、开裂和破坏现象，进一步认识到围岩压力的存在。如在破碎的地层中开挖坑道，原先互相联系的一些岩块会由于扰动失去相互支持而松弛、错动位置或坍落；在松散的砂质地层中开挖坑道，由于连接不紧密的砂的移动，就会填塞隧道空间，甚至发生地表的坍陷。在这种不稳定的地层中修建隧道时，出现塌方是常见现象。又如，在松软地层中修建隧道，常常会看到围岩内挤、支护结构下沉或断裂。在衬砌后混凝土拱顶可能会出现被压酥掉皮等现象。在稳定的地层中开挖坑道，由于围岩在爆破后发生松动及暴露后受到风化，个别落石现象也不可避免。在完整而坚硬的岩层中开挖隧道，也会遇到小块岩石突然脱离岩体向隧道内弹出，人们称为"岩爆"。这些都是围岩压力的现象。为了保证隧道有足够净空，需要修建支护结构，以阻止围岩的移动和崩塌，也就是承受围岩压力。

根据围岩压力的作用形态，其一般可分为四种类型：

(1) 松动压力。由于开挖而松动或坍塌的岩体以重力形式直接作用在支护结构上的压力称为松动压力。松动压力按作用在支护结构上力的位置不同，分为竖向压力和侧向压力。

(2) 形变压力。形变压力是由于围岩变形受到与之密贴的支护结构的抑制，而使围岩与支护结构在共同变形过程中，围岩对支护结构施加的接触压力。所以形变压力除与围岩应力状态有关，还与支护施作时间和支护结构本身刚度有关。

(3) 膨胀压力。当围岩具有吸水、应力解除等膨胀性特征时，由于围岩膨胀所引起的压力称为膨胀压力。它与形变压力的基本区别在于它是由吸水、应力解除等膨胀引起的。

(4) 冲击压力。冲击压力是在围岩中积累了大量的弹性变形能以后，由于隧道的开挖，围岩的约束被解除，能量突然释放所产生的压力。由于冲击压力是岩体能量的积累与释放问题，所以它与高地应力和完整硬岩直接相关。

在以上四类围岩压力中，由于松动压力在实际工程中容易得到，因此其是目前进行结构设计主要考虑的荷载。以下介绍目前工程中常用的结构荷载(松动压力)确定方法。

7.2.3 荷载确定的计算理论

1) 全土柱理论

当隧道埋深很小、隧道开挖无支护、破坏漏斗达到地表、地质条件较软弱忽略楔形滑体滑面摩阻力时，垂直土层压力随埋深而增加，用式(7.1)计算，其称为全土柱理论，即作用在结构上的土层压力等于土柱的全部重量。

$$q = \gamma H \tag{7.1}$$

式中，q 为作用在支护结构上的均布荷载，kN/m^2；γ 为围岩重度，kN/m^3；H 为隧道埋深，指隧道顶至地面的距离，m。

2) 普氏理论

普氏提出了基于自然拱概念的计算理论，认为在具有一定黏聚力的松散介质中开挖坑道后，其上方会形成一个抛物线形的自然拱，作用在支护结构上的围岩压力就是自然拱内松散岩体的重量，普氏理论计算简图如图 7.2 所示。而自然拱的形状和尺寸(即它的高度 h_k 和跨度 b_t)与隧道周围岩体的坚固性系数 f 有关，表示如下：

$$h_k = \frac{b_t}{f} \tag{7.2}$$

$$f = \frac{\tau}{\sigma} = \frac{\sigma \tan\varphi + c}{\sigma} = \tan\varphi + \frac{c}{\sigma} = \tan\varphi_0 \tag{7.3}$$

式中，h_k 为自然拱高度，m；b_t 为自然拱跨度的一半，m；φ、φ_0 为岩体的内摩擦角和综合摩擦角，(°)；τ、σ 为岩体的抗剪强度和剪切破坏时的正应力，Pa；c 为岩体的黏聚力，Pa。

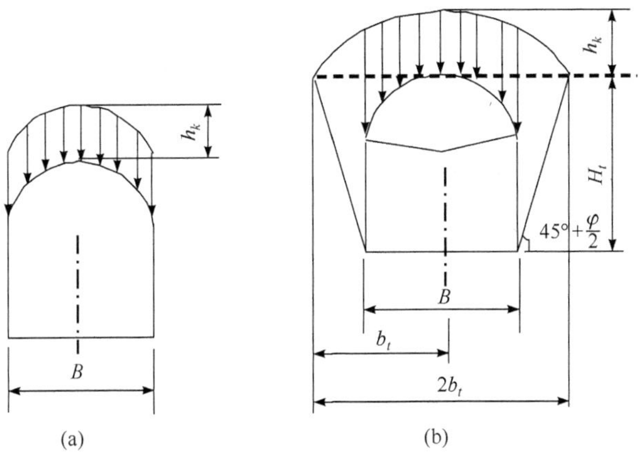

图 7.2　普氏理论计算简图

在坚硬岩体中，坑道侧壁较稳定，自然拱的跨度即坑道的跨度，如图 7.2(a)所示。在松散和破碎岩体中，坑道的侧壁受到扰动而产生滑移，自然拱的跨度也相应加大，如图 7.2(b)所示。此时的 b_t 值计算式为

$$b_t = b + H_t \tan\left(45° - \frac{\varphi_0}{2}\right) \tag{7.4}$$

式中，b 为隧道净跨的一半，m；H_t 为隧道的净高，m；φ_0 为岩体的综合摩擦角，$\varphi_0=\arctan f$ 。

围岩垂直均布松动压力如式(7.5)计算：

$$q = \gamma H_t \tag{7.5}$$

按普氏理论算得到的软质围岩松动压力，与实际情况相比偏小，而对坚硬围岩则偏大，因此其一般在松散、破碎围岩中较为适用。

3) 太沙基理论

太沙基也将岩体视为散粒体，认为坑道开挖后，其上方的岩体因坑道的变形而下沉，并产生如图 7.3 所示的错动面 OAB。假定作用在任何水平面上的竖向压应力 σ_V 是均布的，相应的水平力 $\sigma_H=\lambda\sigma_V$ (λ 为侧压力系数)。在地面深度为 h 处取出一厚度为 dh 的水平条带单元体，考虑其竖向力的平衡条件得出：

$$2b(\sigma_V + \mathrm{d}\sigma_V) - 2b\sigma_V + 2\lambda\sigma_V \tan\varphi_0 \mathrm{d}h - 2b\gamma \mathrm{d}h = 0 \tag{7.6}$$

解上述微分方程，并引进边界条件(当h=0时，$\sigma_V = 0$)，得洞顶岩层中任意位置深度的垂直压力为

$$\begin{aligned} \sigma_V &= \frac{b(\gamma - c/b)}{\lambda \tan\varphi} \cdot \left(1 - \mathrm{e}^{-\lambda \tan\varphi \cdot h/b}\right) + p_0 \cdot \mathrm{e}^{-\lambda \tan\varphi \cdot h/b} \\ b &= a + H' \cot\left(\frac{\pi}{4} + \frac{\varphi_0}{2}\right) \end{aligned} \tag{7.7}$$

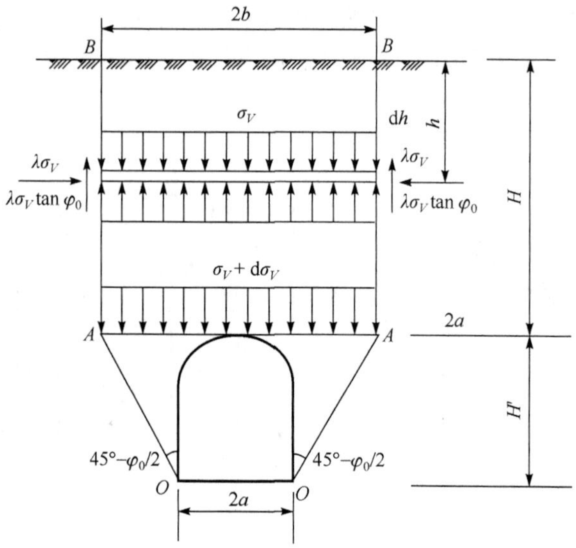

图 7.3 太沙基理论计算简图

随着坑道埋深 h 的加大，$e^{-\lambda\tan\varphi_0\frac{h}{b}}$ 趋近于零，则 σ_V 趋于某一固定值，且

$$\sigma_V = \frac{b(\gamma - c/b)}{\lambda\tan\varphi_0} \tag{7.8}$$

太沙基根据试验结果得出 λ=1~1.5，取λ=1，则有

$$\sigma_V = \frac{b(\gamma - c/b)}{\tan\varphi_0} \tag{7.9}$$

如以 $\tan\varphi_0 = f$ 代入并忽略黏聚力的影响，得到

$$\sigma_V = \frac{\gamma b}{f} \tag{7.10}$$

式中，b、φ_0 意义同上。

此时便与普氏理论计算公式得到相同的结果。

4) 比尔鲍曼理论

当隧道结构的埋深增加或土质较好时，工程实践和试验表明，作用在结构上的垂直土层压力比按全土柱理论计算的结果要小，从而产生考虑土柱两侧摩擦力和黏聚力的土柱计算理论，计算简图如图 7.4 所示。

洞室上覆土层垂直向下滑动时，土柱两侧产生两个滑动面 AB 和 CD，滑动面的起点在墙基，滑动面与垂直线的夹角为 $45°-\varphi/2$，在洞室上方则垂直向上发展，隧道上方的土柱为 $GJKH$。由此可以认为，作用在结构上的垂直土层压力为 Q(总压力)，等于土柱 $GJKH$ 的重量 G 减去两侧 GJ、KH 面上的约束力 T，即

$$Q = G - 2T \tag{7.11}$$

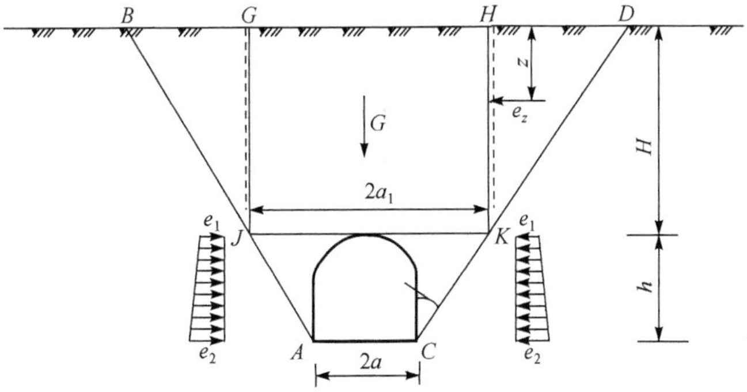

图 7.4　比尔鲍曼理论计算简图

如图 7.4 所示，约束力 T 为土柱滑动面 GJ 和 HK 的摩擦力和黏聚力之和，作用在土柱侧面处任一点的约束应力为

$$t = c + e_z \tan\varphi \tag{7.12}$$

$$e_z = \gamma z \tan^2\left(45° - \frac{\varphi}{2}\right) - 2c\tan\left(45° - \frac{\varphi}{2}\right) \tag{7.13}$$

式中，e_z 为距地面深度 z 处点上的侧压力，kPa；c 为土层的黏聚力，kPa；φ 为土层的内摩擦角，(°)；γ 为围岩重度，$\mathrm{kN/m^3}$。

将式(7.12)积分得土柱侧面的总约束力 T_1 为

$$T_1 = \int_0^H t\mathrm{d}z = \int_0^H (c + e_z \tan\varphi)\mathrm{d}z = \frac{1}{2}\gamma H^2 K_1 + cH(1 - 2K_2) \tag{7.14}$$

其中，$K_1 = \tan\varphi\tan^2\left(45° - \frac{\varphi}{2}\right)$，$K_2 = \tan\varphi\tan\left(45° - \frac{\varphi}{2}\right)$。

因此，作用在结构上总的垂直土层压力为

$$Q = G - 2T = 2a_1\gamma H - \gamma H^2 K_1 - 2cH(1 - 2K_2) = 2a_1\gamma H\left[1 - \frac{H}{2a_1}K_1 - \frac{c}{a_1\gamma}(1 - 2K_2)\right] \tag{7.15}$$

$$a_1 = a + h\tan\left(45° - \frac{\varphi}{2}\right)$$

式中，a_1 为土柱宽度的一半，m；a 为隧道跨度的一半，m；h 为隧道的高度，m。

作用在结构顶部的垂直均布压力 q 为

$$q = \gamma H\left[1 - \frac{H}{2a_1}K_1 - \frac{c}{a_1\gamma}(1 - 2K_2)\right] = \gamma h_B \tag{7.16}$$

式中，h_B 为比尔鲍曼理论的压力拱高度。

由于比尔鲍曼公式中内摩擦角一般取小于 30°，故仅适用于软弱围岩隧道。

比尔鲍曼理论与太沙基理论基础较为接近，太沙基理论考虑土体形成拱效应的主应力旋转，认为形成拱的土柱中水平应力接近甚至超过竖向应力水平，而比尔鲍曼理论则没有考虑这种旋转。因此，两者最大的区别在于侧向土压力系数的选择。

5) 谢家烋理论

(1) 简化假定。

施工中，上覆岩体的下沉和位移与许多因素有关，如支护是否及时、岩体的性质、坑道的尺寸及埋置深度的大小、施工方法是否合理等。为方便计算，根据实践经验作如下简化假定，如图 7.5 所示。

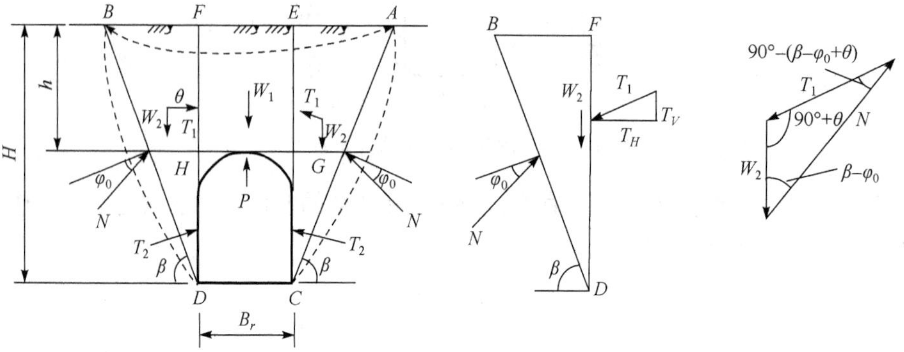

图 7.5　谢家烋理论计算简图

① 岩体中所形成的破裂面是一个与水平面成 β 角的斜面，见图 7.5 中的 AC 及 BD。

② 当洞顶上覆盖岩体 $FEGH$ 下沉时受到两侧岩体的夹持，带动了两侧三棱岩体 ACE 和 BDF 的下滑，而当整个下滑岩体 $ABDHGC$ 下滑时，又受阻于未扰动岩体。据此所形成的作用力有：洞顶上覆盖岩体 $EFHG$ 的重量 W_1；两侧三棱体 ACE、BDF 的重量 W_2；两侧三棱体给予下沉岩体 $EFDL$ 的阻力 T(对整个下滑岩体来说为内力)，$T=T_1+T_2$；在整个下滑岩体滑动时，两侧未扰动岩体给予的阻力 N。

③ 斜面 AC、BD 为假定破裂滑面，该滑面的抗剪强度取决于滑面的摩擦角 φ 及黏聚力 c，为简化计算，采用岩体的综合摩擦角 φ_0。应注意，洞顶岩体 $EFHG$ 与两侧三棱体之间的摩擦角 θ 与 φ_0 是不同的。因为 EG、FH 面上没有发生破裂，所以它介于零与岩体内摩擦角之间，即 $0<\theta<\varphi_0$，显然 θ 值与岩体的物理力学性质有着密切的关系。在计算时可按表 7.3 取值。

表 7.3　各级围岩的 θ 值　　(单位：°)

围岩级别	I	II	III	IV	V	VI
θ	75.6	66.6	58.5	38.5	22.5	10.5

(2) 求解步骤。

由图 7.5(a)可知，作用在支护结构上总的垂直压力 Q 为

$$Q=W_1-2T_1\sin\theta \tag{7.17}$$

式中，W_1 为已知的 $EFHG$ 的土体重，$T_1\sin\theta$ 为 $EFHG$ 土体下滑时受两侧土体夹持的摩擦力，其中 θ 已作假定可知，但是 T_1 未知，必须先算出 T_1 值，才能求出 Q。

① 求两侧三棱体对洞顶土体的约束力 T_1。取三棱体 BDF(或 ACE)作为脱离体分析，

如图 7.5(b)所示，作用在其上的力有 W_2、T、N，其中 W_2 为 BDF 的土体自重，T 为隧道与上覆土体下沉而带动两侧 BDF 和 ACE 随着下滑时在 FD 面产生的带动下滑力，N 为 BD 面上的摩擦阻力。由图 7.5(a)可知 $T=T_1+T_2$，T_1、T_2 分别为上覆土体部分和衬砌部分带动 FD 和 EC 面下滑时的带动力，其方向如图所示，因此为了求出 T_1，必须先求出 T。根据力的平衡条件，由图 7.5(b)所示的力三角形求出 T 值。

三棱体重量 W_2 为

$$W_2=\frac{1}{2}\gamma\times\overline{BF}\times\overline{DF}=\frac{1}{2}\gamma H^2\frac{1}{\tan\beta}\sqrt{a^2+b^2} \tag{7.18}$$

式中，γ 为围岩重度；H、β 意义如图 7.5(a)所示。

根据正弦定理，有

$$\frac{T}{\sin(\beta-\varphi_0)}=\frac{W_2}{\sin\left[90°-(\beta-\varphi_0+\theta)\right]} \tag{7.19}$$

将式(7.18)代入式(7.19)，化简后有

$$T=\frac{1}{2}\gamma H^2\frac{\tan\beta-\tan\varphi_0}{\tan\beta\left[1+\tan\beta(\tan\varphi_0-\tan\theta)+\tan\varphi_0\tan\theta\right]}\frac{1}{\cos\theta} \tag{7.20}$$

令

$$\lambda=\frac{\tan\beta-\tan\varphi_0}{\tan\beta\left[1+\tan\beta(\tan\varphi_0-\tan\theta)+\tan\varphi_0\tan\theta\right]} \tag{7.21}$$

$$T=\frac{1}{2}\gamma H^2\frac{\lambda}{\cos\theta} \tag{7.22}$$

从散体极限平衡理论可知，T 为 FD 面的带动下滑力，则 λ 为 FD 面上的侧压力系数，而 T 又为 T_1 和 T_2 之和，衬砌上覆土体下沉时受到两侧摩阻力为 T_1，其值根据上述概念可直接写出

$$T_1=\frac{1}{2}\gamma h^2\frac{\lambda}{\cos\theta} \tag{7.23}$$

可知欲求得 T_1 必须先求 λ。但是从式(7.21)中可以看出，λ为β、φ_0、θ 的函数。前面已说明，φ_0、θ 已知，而 β 为 BD 及 AC 滑动面与隧道底部水平面的夹角，由于 BD 和 AC 滑动面并非极限状态下的自然破裂面，它是假定与土体 $EFHG$ 下滑带动力有关的，而其最可能的滑动面位置必然是 T 力为最大值时带动两侧土体 BFD 和 ECA 的位置。基于这一概念，应当利用求 T 的极值来求得 β 值。

② 求破裂面 BD 的倾角。根据前述，令 $\frac{\mathrm{d}\lambda}{\mathrm{d}\beta}=0$，经简化得

$$\tan\beta=\tan\varphi_0+\sqrt{\frac{(\tan^2\varphi_0+1)\tan\varphi_0}{\tan\varphi_0-\tan\theta}} \tag{7.24}$$

由式(7.24)知，在 T 极值条件下的 β 值仅与 φ_0、θ 有关，而 φ_0、θ 是随围岩级别而定

的已知值，在求得 β 后则 T_1 也可求得。

③ 求围岩总的垂直压力 Q。将求得的 T_1 值代入式(7.17)，得 Q 值为

$$Q = W_1 - 2 \times \frac{1}{2}\gamma h^2 \frac{\lambda}{\cos\theta}\sin\theta \tag{7.25}$$

而 $W_1 = \gamma B_r h$，则

$$Q = \gamma h(B_r - h\lambda\tan\theta) \tag{7.26}$$

④ 求围岩垂直均布松动压力 q，即

$$q = \frac{Q}{B_r} = \gamma h\left(1 - \frac{h\lambda\tan\theta}{B_r}\right) = \gamma hK \tag{7.27}$$

式中，K 为压力缩减系数，$K = 1 - \dfrac{h\lambda\tan\theta}{B_r}$；$B_r$ 为隧道开挖宽度；h 为洞顶岩体覆盖层厚度。

7.2.4 铁路、公路隧道规范推荐方法

根据大量隧道塌方资料的统计分析，可找出隧道围岩破坏范围形状和大小的规律性，从而得出计算围岩松动压力的统计公式。我国现行规范中推荐的围岩垂直均布松动压力 q 的计算公式，就是根据 1000 多个塌方点的资料进行统计分析而拟定的。

1) 深埋隧道

当隧道为深埋时，围岩压力为松弛荷载，其垂直均布压力按式(7.28)和式(7.29)计算。

单线隧道垂直压力为

$$q = \gamma h_q = 0.41 \times 1.79^S \gamma \tag{7.28}$$

双线及多线隧道垂直压力为

$$q = \gamma h_q = 0.45 \times 2^{S-1} \gamma\omega \tag{7.29}$$

式中，q 为垂直均布压力，kN/m^2；h_q 为荷载等效高度，m；S 为围岩级别，如 III 级围岩 S=3；γ 为围岩重度，kN/m^3；ω 为宽度影响系数，$\omega=1+i(B-5)$；B 为隧道宽度，m；i 为 B 每增减 1m 时的围岩压力增减率，以 B= 5m 的围岩垂直均布压力为准，当 B<5m 时，取 i=0.2；B=5～15m 时，取 i=0.1。

式(7.28)和式(7.29)适用条件为：①H/B<1.7(H 为隧道的高度)；②深埋隧道；③不产生显著偏压力及膨胀压力的一般围岩；④采用钻爆法施工的隧道。

2) 浅埋隧道

浅埋隧道和深埋隧道的分界，按荷载等效高度值，并结合地质条件、施工方法等因素综合判定。按荷载等效高度的判定公式为

$$H_p = (2\sim2.5)h_q \tag{7.30}$$

式中，H_p 为浅埋隧道分界深度，m。

在矿山法施工的条件下，IV～VI 级围岩取

$$H_p = 2.5h_q \tag{7.31}$$

I～III 级围岩取

$$H_p = 2h_q \tag{7.32}$$

浅埋隧道分两种情况分别计算：

(1) 极浅埋。当埋深(H)小于或等于等效荷载高度 h_q 时，荷载视为均布垂直压力，即

$$q = \gamma H \tag{7.33}$$

式中，q 为垂直均布压力，kN/m^2；γ 为隧道上覆围岩重度，kN/m^3；H 为隧道埋深，指隧道顶至地面的距离，m。

(2) 浅埋。当埋深大于 h_q 且小于等于 H_p 时，隧道为浅埋，竖直地层荷载可采用谢家烋理论的计算公式。在上述产生垂直压力的同时，隧道也会有侧向压力出现，即围岩水平均布松动压力 e，e 可按表 7.4 中的经验公式计算(一般取平均值)，其适用条件同上。

表 7.4　规范规定的水平均布松动压力

围岩级别	I～II	III	IV	V	VI
水平均布压力	0	<0.15q	(0.15～0.3)q	(0.3～0.5)q	(0.5～1.0)q

以隧道规范为依据的不同埋深下的围岩压力计算结果如图 7.6 所示。

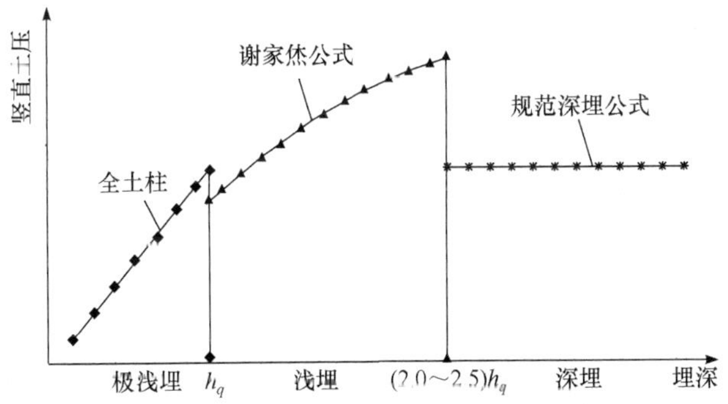

图 7.6　规范围岩压力计算示意图

7.2.5　常用深浅埋的判别方法

当埋深较浅时，土柱重量(作用力)大于土柱两侧的摩擦力和黏聚力，地层不能发挥成拱作用，开挖所引起的应力重分布波及地表，土体塌落是整体塌落。当埋深较大时，土柱两侧的摩擦力和黏聚力迅速增大，并大于土柱的重量，地层能发挥成拱作用，地层中应力重分布达不到地表，土柱底部局部变形或塌落便是隧道围岩压力的来源。

理论和实践都证明：深、浅埋条件下围岩压力的确定方法不同，其围岩压力数值差异很大，因此划分浅埋和深埋的限界是十分必要的。目前常用的分界理论主要有以下四种。

1) 按压力拱理论划分

当隧道上覆地层的厚度 $H \geqslant (2.0\sim2.5)h_q$ (h_q 为压力拱的高度)时为深埋；当 $H < (2.0\sim2.5)h_q$ 时为浅埋。

2) 按太沙基理论划分

太沙基理论认为：当覆土层厚度 $H \geqslant 5a_1$ (a_1 为自然拱半跨)时，土层压力将趋近常数，通常作为深埋与浅埋的分界点。

3) 经验判断法

松散地层地铁隧道设计，提出松散土层中分界深度为

$$H_{分界}=(2\sim3)D \tag{7.34}$$

式中，D 为隧道的跨度，m。

4) 理论估算法

由比尔鲍曼公式(7.16)得知，当埋深达到一定值以后，垂直土层压力 q 值不再增加。对式(7.16)埋深 H 求导数，并令 $\partial q/\partial H=0$ ，即可得对应 $q_{\min}$ 值时的 $H_{\max}$ ，此 $H_{\max}$ 可以认为是浅埋、深埋的分界深度 $H_{分界}$ ，即

$$H_{分界}=H_{\max}=\frac{a_1}{K_1}\left[1-\frac{c}{\gamma a_1}(1-2K_2)\right] \tag{7.35}$$

式中，$K_1=\tan\varphi\tan^2(45°-\varphi/2)$，$K_2=\tan\varphi\tan(45°-\varphi/2)$；$a_1=a+h\tan(45°-\varphi/2)$，为自然拱半跨，m；$a$ 为隧道跨度一半，m；h 为隧道的高度，m；c 为土层的黏聚力，Pa；φ 为土层的内摩擦角，(°)；γ 为围岩重度，kN/m^3。$H \leqslant H_{分界}$ 为浅埋；$H > H_{分界}$ 为深埋。

7.3 土体盾构隧道结构设计(装配式衬砌结构)

7.3.1 盾构管片形式及其拼装方式

土体盾构隧道一般采用装配式衬砌结构。盾构隧道断面普遍为圆形，一个圆形管片环一般由 3～10 个管片通过螺栓连接而成。通常有一个封顶块、几个邻接块和几个标准块。当管片环的分块数目从制作、防水、拼装速度方面考虑时，分块的数目越少越好，最少可以分为 3 块；但从运输及拼装方便而言又希望分块的数目多些。故一个管片环的分块数目主要由管片制作、运输、安装等方面的实践经验综合决定，同时也应符合力学性能的要求和防水效果。

管片形式有多种，如箱型管片、中子型管片、平板型管片，如图 7.7 所示。目前管片制作材料主要有铸铁、钢材及混凝土等。钢筋混凝土管片有一定的强度，且价格低廉，加工制作比较容易。使用高精度钢模就能保证其尺寸精度，同时具有良好的耐久性和耐压性，在土压作用下很少被压坏。另外，钢筋混凝土管片刚度大，只要在施工时加以注意就可以保持良好的防水性能，因此是目前最为常用的管片。

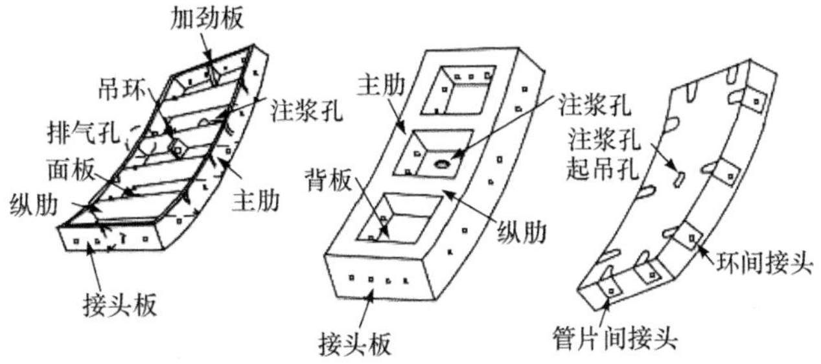

(a) 箱型管片　(b) 中子型管片　(c) 平板型管片

图 7.7　管片类型

盾构隧道装配式衬砌结构是由若干弧形的管片拼装成环，然后每环之间又逐一连接而成，当管片与管片、环与环之间通过螺栓或者其他方式连接之后，形成了多处接头，这些接头所采用的基本接头结构有螺栓接头结构、铰接头结构、插入式接头结构等。在每环连接过程中，沿隧道的长度方向管片的连接产生了两种方式，即通缝和错缝，如图 7.8 所示。

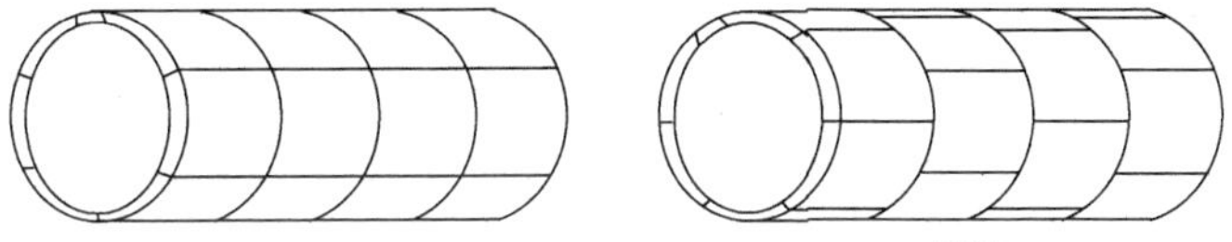

(a) 通缝　(b) 错缝

图 7.8　盾构管片环的拼装形式

通缝拼装方式与柔性衬砌设计理论密切相关，达到柔性衬砌结构的方法一般有三种：装配式接头的刚度减小；接头数量增加；衬砌厚度减薄。在通缝拼装方式下，相邻衬砌间没有剪切力及弯矩的相互传递，纵缝接头的变形没有受到相邻管片的约束，仅靠接头本身的螺栓连接，因此通缝拼装方式能够使衬砌结构获得较好的柔性。

错缝拼装主要通过相邻环相互错开的方式实现。一般为圆形管片环通过相互错开的两相邻环向接头使隧道纵缝不在同一条直线上，达到提高隧道空间刚度的目的。其优点主要有：使圆环接缝刚度分布均匀，提高了管片衬砌的横向刚度，减少了接缝和整个结构的变形；纵、环缝相交处只有三缝交汇，比通缝拼装时的四缝交汇，在接缝防水上较容易处理；而且，在错缝拼装方式下，接缝的变形小，有利于防水。由于错缝方式有不少优点，在防水要求比较高的盾构隧道或软土地区，常采用错缝拼装方式。

7.3.2　盾构管片设计方法

在常用荷载结构法的基础上，基于接头方式，有四种理论计算方法，即惯用计算法、修订惯用计算法、多铰环计算法及梁-弹簧模型计算法，如图 7.9 所示，下面分别进行介绍。

1) 惯用计算法

该法于 1960 年前后提出，在日本得到了广泛应用。惯用计算法将管片环作为刚度均匀的环来考虑，不考虑管片接头部分的弯曲刚度下降，因此管片环和管片主截面具有同样刚度并且弯曲刚度均匀，这种方法是一种经典计算方法。但不考虑管片接头部分的弯

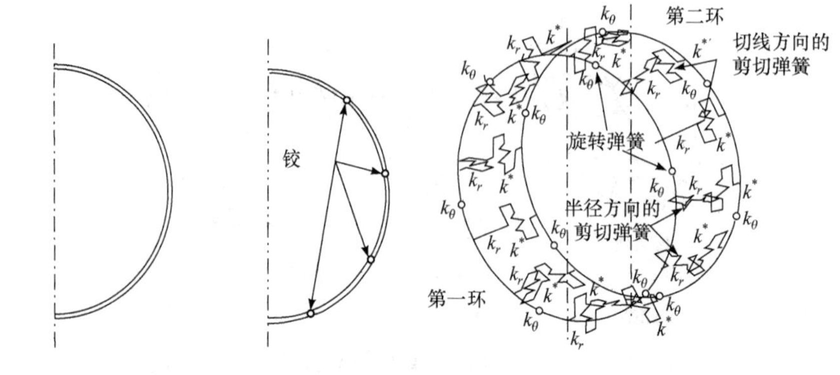

(a) 完全等刚度的圆环和平均等刚度的圆环　(b) 多铰圆环　(c) 同时考虑旋转弹簧和剪切弹簧的圆环

图 7.9　管片设计方法

曲刚度下降是此法的不足之处。现代管片一般是通过高强螺栓来连接的，管片接头处的刚度一般小于管片刚度。采用惯用计算法，对管片内力的影响比较显著，按该模型进行计算，会使结构偏于安全而不经济。

2) 修订惯用计算法

这种方法也是将管片环作为弯曲刚度均匀的环，但考虑了管片接头部分的弯曲刚度下降和环向螺栓处管片弯矩的上升。另外，此法认为管片接头存在着铰功能，认为弯矩并不全部经由管片接头传递，而是其中一部分通过环之间接头的剪切阻力传递给由接头连接的相邻管片。

管片环弯曲刚度有效率 η 和弯矩提高率 ξ 的定义如下：修正惯用法假设将接头部分弯曲刚度的下降作为环整体弯曲刚度的下降，认为管片环是弯曲刚度为 ηEI 的等效均质环，弯曲刚度有效率 η 是等效均质环的弯曲刚度与管片主体截面弯曲刚度的比值。该法中，还考虑到错缝拼装接头部分的弯矩分配，把弯曲刚度为 ηEI 的等效均质环推算出来的截面弯矩再增减 $\xi(\xi\leqslant 1)$，设 $(1+\xi)M$ 为主截面的设计弯矩，而 $(1-\xi)M$ 为接头的设计弯矩，弯矩的提高率 ξ 是传递给接头邻近管片上的弯矩 M_2 与等效均质环上产生的弯矩 M 之比 (M_2/M)，如图 7.10 所示。弯曲刚度有效率 η 的取值一般根据大量使用经验和地面试验的结果经验值进行确定。计算时，过小的 η 会导致过大的围岩地基抗力，使得管片环上产生的截面内力偏小。弯矩提高率 ξ 值和 η 一样，以试验结果等为基础，依靠经验进行确定。根据国内外大量地面管片错缝接头荷载试验结果，参数 η 取 0.6～0.8，ξ 为 0.2～0.5。此模型若取 $\eta=1$，$\xi=0$，则为均质圆环模型。表 7.5 为修正惯用法进行管片截面内力计算的公式。

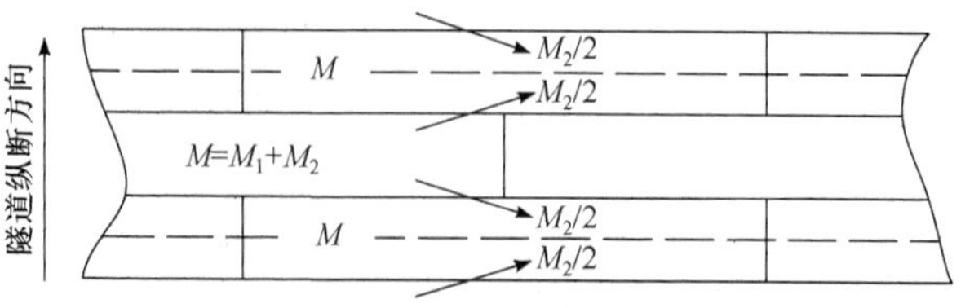

图 7.10　错缝拼装后管片环间弯矩传递效应示意图

表 7.5　惯用计算法和修正惯用计算法的管片截面内力计算公式

荷载	弯矩	轴力	剪力
垂直荷载 $(P_{e1}+P_{w1})$	$M=\frac{1}{4}(1-2\sin^2\theta)(P_{e1}+P_{w1})R_c^2$	$N=(P_{e1}+P_{w1})R_c\sin^2\theta$	$Q=-(P_{e1}+P_{w1})R_c\sin\theta\cos\theta$
水平荷载 $(q_{e1}+q_{w1})$	$M=\frac{1}{4}\left(1-2\cos^2\theta\right)(q_{e1}+q_{w1})R_c^2$	$N=(q_{e1}+q_{w1})R_c\cos^2\theta$	$Q=-(q_{e1}+q_{w1})R_c\sin\theta\cos\theta$
水平三角形荷载 $(q_{e2}+q_{w2}-q_{e1}-q_{w1})$	$M=\frac{1}{48}\left(6-3\cos\theta-12\cos^2\theta+4\cos^3\theta\right)\cdot\left(q_{e2}+q_{w2}-q_{e1}-q_{w1}\right)R_c^2$	$N=\frac{1}{16}\left(\cos\theta+8\cos^2\theta-4\cos^3\theta\right)\cdot\left(q_{e2}+q_{w2}-q_{e1}-q_{w1}\right)R_c$	$Q=\frac{1}{16}\left(\sin\theta+8\sin\theta\cos\theta-4\sin\theta\cos^2\theta\right)\cdot\left(q_{e2}+q_{w2}-q_{e1}-q_{w1}\right)R_c$
地基抗力 $(q_r=k\cdot\delta)$	$0\leqslant\theta<\pi/4$ 时 $M=\left(0.2346-0.3536\cos\theta\right)k\delta R_c^2$ $\pi/4\leqslant\theta\leqslant\pi/2$ 时 $M=\begin{pmatrix}-0.3487+0.5\sin^2\theta+\\0.2357\cos^3\theta\end{pmatrix}k\delta R_c^2$	$0\leqslant\theta<\pi/4$ 时 $N=0.3536\cos\theta\cdot k\delta R_c$ $\pi/4\leqslant\theta\leqslant\pi/2$ 时 $N=\begin{pmatrix}-0.7071\cos\theta+\cos^2\theta+\\0.7071\sin^2\theta\cos\theta\end{pmatrix}k\delta R_c$	$0\leqslant\theta<\pi/4$ 时 $Q=0.3536\sin\theta\cdot k\delta R_c$ $\pi/4\leqslant\theta\leqslant\pi/2$ 时 $Q=\begin{pmatrix}\sin\theta\cos\theta-\\0.7071\cos^2\theta\sin\theta\end{pmatrix}k\delta R_c$
自重 $(P_{g1}=\pi\cdot g_1)$	$0\leqslant\theta<\pi/2$ 时 $M=\left(\frac{3}{8}\pi-\theta\cdot\sin\theta-\frac{5}{6}\cos\theta\right)g\cdot R_c^2$ $\pi/2\leqslant\theta\leqslant\pi$时 $M=\left[-\frac{1}{8}\pi+(\pi-\theta)\sin\theta-\frac{5}{6}\cos\theta-\frac{1}{2}\pi\cdot\sin^2\theta\right]g\cdot R_c^2$	$0\leqslant\theta<\pi/2$ 时 $N=\left(\theta\cdot\sin\theta-\frac{1}{6}\cos\theta\right)g\cdot R_c$ $\pi/2\leqslant\theta\leqslant\pi$时 $N=\left(-\pi\cdot\sin\theta+\theta\cdot\sin\theta+\pi\cdot\sin^2\theta-\frac{1}{6}\cos\theta\right)g\cdot R_c$	$0\leqslant\theta<\pi/2$ 时 $Q=-\left(\theta\cdot\cos\theta+\frac{1}{6}\sin\theta\right)g\cdot R_c$ $\pi/2\leqslant\theta\leqslant\pi$时 $Q=\left[(\pi-\theta)\cos\theta-\pi\cdot\sin\theta\cdot\cos\theta-\frac{1}{6}\sin\theta\right]g\cdot R_c$
管片环的水平直径点的水平方向变位 (δ)	不考虑衬砌自重引起的地基抗力 $\delta=\frac{[2(p_{e1}+p_{w1})-(q_{e1}+q_{w1})-(q_{e2}+q_{w2})]R_c^4}{24\left(\eta\cdot EI+0.0454k\cdot R_c^4\right)}$　i) 考虑了衬砌自重引起的地基抗力 $\delta=\frac{[2(p_{e1}+p_{w1})-(q_{e1}+q_{w1})-(q_{e2}+q_{w2})+\pi g]R_c^4}{24(\eta\cdot EI+0.0454k\cdot R_c^4)}$　ii) EI 为单位宽度的管片弯曲刚度		

由于该法实际上是对惯用计算法的修正，计算结果要比惯用计算法更精确，但过于笼统。由于管片接头位置及受力不明确，同时参数 η 和 ξ 取值困难，因此计算结果随意性较大。

3) 多铰环计算法

这种方法将管片接头作为铰结构来考虑，地基与管片环之间的相互作用以地基弹簧来表示。其中要注意的是，多铰环本身是个非静定结构，只有在周围围岩的作用下才能成为静定结构，因此对作用于环上的荷载分布以及地基抗力的确定极为重要。同时，由于是以隧道周围围岩普遍抗力为前提，要注意其适用地基的局限性。

这种方法是英国和苏联使用较多的计算方法，其多以比较良好的围岩为对象。同时为了得到由于隧道变形而产生的地基抗力，管片环多采用错峰拼装，管片环间多数采用通缝拼装。但是采用该计算方法，求得的截面内力中弯矩会有相当大的减少。另外，该方法多以比较良好的围岩为对象，则周围围岩的好坏会给隧道的安全性带来决定性的影响，所以对隧道竣工后会不会由于邻近施工等因素引起围岩扰动，以及隧道防渗等问题都要进行认真讨论。

4) 梁-弹簧模型计算法

对于盾构隧道，当土体中管片衬砌产生变形时，衬砌周围的土体将阻止管片衬砌变形，这就是土体抗力。实际上，管片衬砌变形时，除拱顶，其余部位均有土体抗力作用。此法分析管片衬砌内力时，常用的力学模型有两种，一种是全周弹簧模型，如图 7.11 所示；另一种是局部弹簧模型，如图 7.12 所示。

在盾构隧道结构断面受力的工程设计中，目前普遍采用梁-弹簧系统模型来模拟其力学性态。这种方法是将管片主截面模拟成梁、将管片环向接头模拟成旋转弹簧、将环径向接头模拟成剪切弹簧，如图 7.13 所示。另外，此法中将地基与管片环之间的相互作用用地基弹簧来表示，因此其是一个较为接近实际情况的设计计算方法。

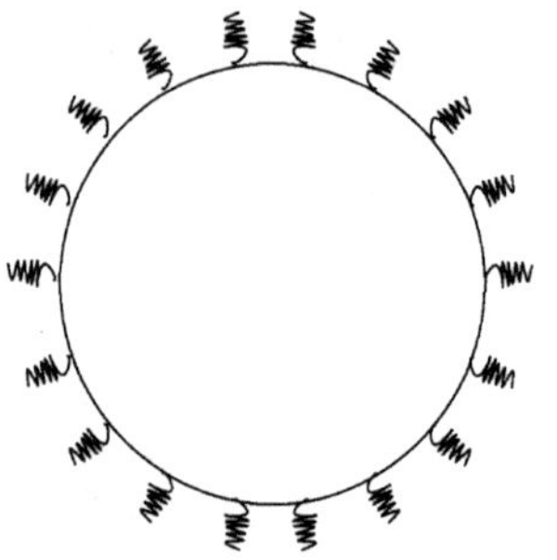

图 7.11　全周弹簧模型

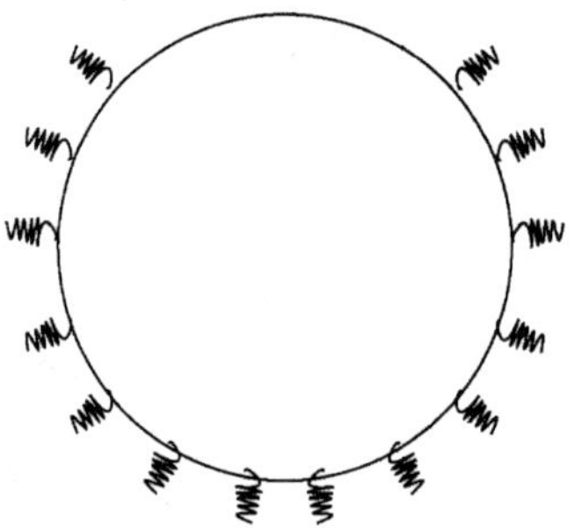

图 7.12　局部弹簧模型

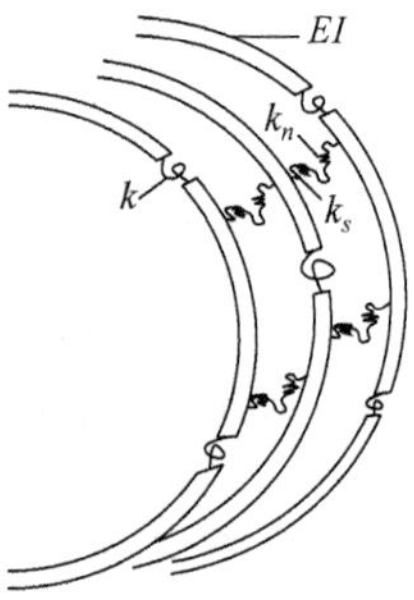

图 7.13　梁-弹簧模型示意图

对于这种模型，如何确定旋转弹簧转动刚度 k_θ 是该模型的关键点，其大小直接影响管片的内力。参照国内有关试验研究结果，其值通常为 10^3～10^6kN · m/rad，并且在日常设计中，常做如下设置：管片内侧受拉时取为 5×10^4kN · m/rad，管片外侧受拉时取为 3×10^4kN · m/rad。剪切弹簧的剪切刚度 k_n 和 k_s 通常为 10^4～10^7kN/m，并且 k_n 和 k_s 一般不相等，在日常设计中，它们常取 10^5kN/m 的数量级。

梁-弹簧模型方法考虑了由于接头引起的管片环的刚度降低和错缝接头的拼接效应。此法可以对任意一种管片环的组装法以及接头位置进行考虑，也可以计算出环接头上的剪力。此模型若将旋转弹簧和剪切弹簧刚度同时取为零，则成为自由铰圆环模型；若将旋转弹簧刚度取为无穷大，剪切弹簧刚度取为零，则成为均质圆环模型，所以该模型实际上包含了前述两种模型。因此，梁-弹簧模型计算法是一种较为合理的计算模型，在各种地层中均能得到较为理想的计算结果。但是此方法也有一定的局限性：

(1) 难以准确模拟和描述管片接头的非线性力学状态，而大量的接头试验表明，接头内力-变形关系在整个加载过程表现出明显的非线性特征。

(2) 隧道衬砌结构由螺栓连接的管片组成，其本身是非连续性的，因此相邻两管片间的夹角是不连续的，而梁-弹簧模型不能描述此非连续性。

(3) 梁-弹簧模型不能直接和精确地得到管片接头的张开位移，而这正是管片设计者和研究者所关注和需要的。

综上所述，多铰环法的问题较多，使用时要慎重。因为多铰环法的计算弯矩最小，表面上似乎可以进行最为经济的设计。但是，弯矩的降低是以接头作为铰工作为前提的，接头要发挥铰的作用，必须设计特殊的接头结构或在施工后将接头螺栓卸除，也就是欧洲有时采用的方法。如果螺栓不作为铰工作，实际发生的弯矩有可能大于设计弯矩，从而发生安全问题。相反，如果不考虑围岩条件而一味卸除螺栓，会造成管片的过大变形，造成漏水等问题。梁-弹簧法是最为符合实际情况的计算方法，但是具体计算较为烦琐，需要编制较为复杂的程序。另外，管片间螺栓的旋转弹簧模量、管片环间的剪切弹簧模量的确定也会对计算结果产生较大影响。修正惯用法计算方法简单，结果也比较符合实际，是一个简单实用的方法。日本对一些大直径、大埋深的盾构隧道一般采用梁-弹簧法设计，而小型隧道则多用修正惯用法。

7.3.3　作用在管片上的荷载

1) 隧道所受荷载种类

衬砌设计中主要考虑的荷载有：垂直与水平土压力、水压力、衬砌自重、上覆荷载的影响、地基抗力、施工荷载、地震影响、邻近施工的影响、地基沉降的影响、并行设置隧道的影响、内部荷载等。其中，垂直土压力和水平土压力、衬砌自重、上覆荷载的影响、地基抗力、千斤顶推力和壁后注浆压力等施工荷载，是设计时必须考虑的基本荷载。地震影响、邻近施工的影响、地基沉降的影响、并行设置隧道的影响、含内水压等内部荷载，应根据隧道的目的、施工条件和占地条件等加以考虑。盾构管片环的常用荷载体系如图 7.14 所示。

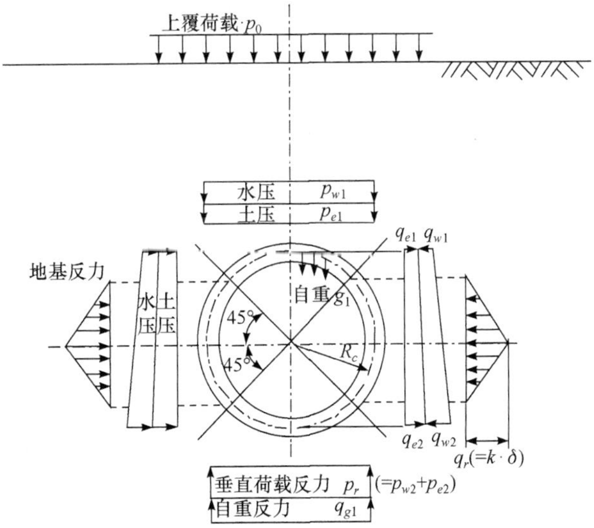

图 7.14　盾构隧道管片环荷载体系

2) 垂直土压力与水平土压力

将垂直土压力作为作用于衬砌顶部的均布荷载考虑。其大小宜根据隧道的覆土厚度、隧道断面形状、外径和围岩条件等决定。

考虑长期作用于隧道上的土压力时，如果覆土厚度小于隧道外径，一般不考虑地基的拱效应，采用考虑全部覆土厚度的总土压力作为垂直土压力，但当覆土厚度大于隧道的外径时，地基产生拱效应的可能性比较大，在计算时可以采用松弛土压力。在砂性土中，当覆土厚度大于 D_0～$2D_0$(D_0 为管片环外径)时多采用松弛土压力。在黏性土中，如果是由硬质黏土($N \geqslant 8$，N 为标准贯入击数)构成的良好地基，当覆土厚度大于 D_0～$2D_0$ 时多采用松弛土压力。对于中等固结的黏土($4 \leqslant N < 8$)或软黏土($2 \leqslant N < 4$)，将隧道的全覆土重量作为土压力考虑。

松弛土压力的计算方法一般多采用太沙基公式。水平土压力为作用在衬砌两侧的分布荷载，其大小根据垂直土压力与侧向土压力系数来计算。必须注意，此处的垂直土压力是松弛土压力公式所得到的设计计算土压力再加上以隧道顶点为基点所计算的与深度成正比的土体自重。

在难以得到地基抗力的条件下，可以选择考虑施工条件的静止土压力作为侧向土压力系数。在可以得到地基抗力的条件下，使用主动土压力系数作为侧向土压力系数，或者以上述静止土压力系数为基础考虑适当的折减。侧向土压力系数不但应考虑土的性质，也应考虑与设计计算方法和施工方法的关系进行决定，一般可按如表 7.6 所示的范围，根据与地基抗力系数的关系进行确定。侧向土压力系数(λ)、地基抗力系数(k)要在充分考虑地基条件和隧道用途之后，慎重进行确定。

表 7.6　侧向土压力系数(λ)和地基抗力系数(k)

土与水的计算	土的种类	λ	$k/(\mathrm{MN/m^3})$	N 值的大致范围
土水分离	非常密实的砂性土	0.35～0.45	30～50	$30 \leqslant N$
	密实的砂性土	0.45～0.55	10～30	$15 \leqslant N < 30$
	松散的砂性土	0.50～0.60	0～10	$N < 15$
	固结黏性土	0.35～0.45	30～50	$25 \leqslant N$
	硬的黏性土	0.45～0.55	10～30	$8 \leqslant N < 25$
	中硬黏性土	0.50～0.65	0～10	$4 \leqslant N < 8$
土水一体	中硬黏性土	0.55～0.65	5～10	$4 \leqslant N < 8$
	软黏土	0.65～0.75	0～5	$2 \leqslant N < 4$
	超软黏土	0.70～0.85	0	$N < 2$

3) 水压力

通常情况下，作用于衬砌的水压应为静水压力，作用于衬砌的合成水压是浮力。如果拱顶处合成垂直土压和静止荷载比浮力大，其差值以垂直土压的形式作用于衬砌底部(地基反作用力)。如果浮力大于拱顶处的合成垂直土压和静止荷载，隧道将漂浮。水压力的确定原则如下：

(1) 从保证设计安全性出发，应考虑到施工过程及将来的地下水位变化确定地下水位。

(2) 垂直方向的水压力作为均布荷载，作用在衬砌顶部的水压力等于作用在其顶点的静水压力值；作用于底部的水压力等于作用在衬砌最低点上的静水压力。

(3) 水平方向的水压力作为分布荷载，其大小与静水压力相同。

隧道拱顶处的水压力为 $p_{w_1}=\gamma_w H_w$，其中，γ_w 为水重度。隧道任意一点的水压力为 $p_w=p_{w_1}+\gamma_w R_c(1-\cos\theta)$，其中，$R_c$ 为一次衬砌的半径，θ 为管片截面内力计算位置的角度。

4) 自重静载

自重是沿着衬砌轴线分布的垂直荷载。一次衬砌的自重根据式(7.36)计算：

$$w_1=\frac{W_1}{2\pi R_c} \tag{7.36}$$

式中，W_1 为每延米管片环的重量。

当箱形管片的自重沿着中心线分布不均匀时，可采用平均重量。

二次衬砌的施工时间一般多在管片环已具有某种程度稳定后才进行，因此二次衬砌的自重由其自身来承担，在一次衬砌设计时不考虑二次衬砌的自重。但是，当二次衬砌与一次衬砌共同作用承受荷载时，必须根据二次衬砌的施工时间，考虑二次衬砌的自重进行计算。

计算衬砌自重时所用的单位体积重量可按表 7.7 采用。如果实际重量明确，则应按实际重量计算。

表 7.7　材料的单位体积重量　(单位：kN/m^3)

一次衬砌			二次衬砌	
混凝土类	钢制	铸铁制	素混凝土	钢筋混凝土
26.0	78.5	72.5	23.5	25.0

5) 上覆荷载

衬砌设计中的荷载确定应能够再现路面交通荷载、建筑物荷载、堆土荷载等上覆荷载的影响，并应考虑土中应力的传播。

上覆土对衬砌的影响，因荷载种类、上覆土厚度、荷载的位置和范围、建筑物和结构物的基础形式、应力传播介质的地基特性而异。因此，设计时荷载的评价方法难以统一规定，在评价上覆荷载影响时，一般应考虑土中的应力传递特性。

6) 地基抗力

通常，地基抗力的考虑方法有两种，一种方法是认为地基抗力与地层位移无关，另一种方法则认为地基抗力与地层位移有关。前者将地基抗力认为是与作用荷载相平衡的反作用力，一般预先对其分布形状进行假定。后者采用温克勒(Winkler)的假定等，认为地基抗力是由衬砌向围岩方向位移而发生的反力。

地基抗力的范围、分布形状和大小，与截面内力的计算方法有很大关系，其考虑方法也有很大不同。本书以惯用计算法和梁-弹簧模型法为代表，给出地基抗力的计算方法。

惯用计算法中，土压力、水压力、自重、上覆荷载在垂直方向的地基抗力与地基位移无关，取与垂直荷载相平衡的均布反力作为地基抗力。作用在隧道侧面的水平方向地基抗力，则伴随衬砌向围岩方向的变形而产生，故在衬砌水平直径上下各 45°中心角的范围内，采用以水平直径处为顶点三角形分布的地基抗力。作用于水平直径点上地基抗力的大小与衬砌向围岩方向的水平变形成正比(图 7.14)。在使用惯用计算法进行设计计算时，水平方向的地基抗力系数可根据土质条件，参考表 7.6 进行取值。

梁-弹簧模型计算方法中，根据地基变位确定的地基抗力来考虑管片与围岩的相互作用，将地基考虑为地基弹簧确定地基抗力。此时，管片环在地基侧的变位使地基被动受压，而向隧道内空侧变位时地基主动受压。这些行为所产生的荷载均作为地基抗力。

欧美各国，地基被动和主动行为所产生的地基抗力，通过全周地基弹簧模型(图 7.15(a))考虑；在日本，只有地基被动行为产生的地基抗力通过部分地基弹簧模型(图 7.15(b))考虑。在评价地基被动行为时，将周围地基假定为弹性体，地基的弹簧常数根据该地基的变形模量、泊松比以及壁后注浆的影响等因素确定，或者参考惯用计算法中的地基抗力系数来规定。地基主动行为的主动地基弹簧，其拉伸作用力，部分减少了设计荷载，所以地基弹簧常数的设定及其使用需要考虑地基主动特性和壁后注浆的影响等施工条件。地基弹簧一般按照半径方向和切线方向进行模型化，在通常荷载状态下，考虑切线方向的地基抗力，截面内力会变小，从设计安全角度出发，考虑半径方向地基弹簧的较多。另外，研究邻近施工影响及切线方向的地基抗力对截面内力的计算极为重要时，大多采用半径方向地基弹簧常数的 1/3 左右。

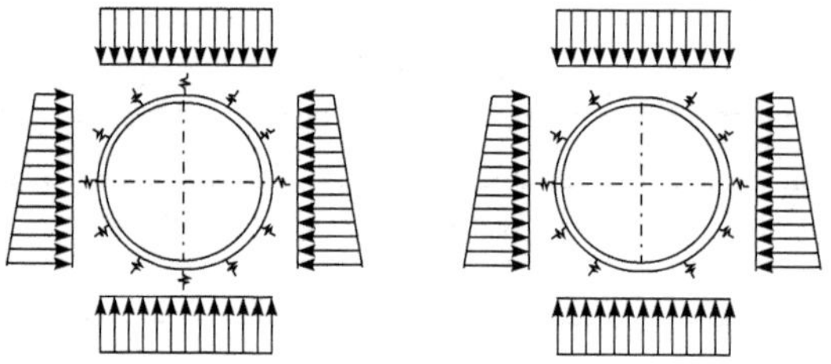

(a) 全周地基弹簧模型　　(b) 部分地基弹簧模型

图 7.15　地基弹簧模型

地基抗力按式(7.37)计算：

$$q_r = k \cdot \delta \tag{7.37}$$

式中，q_r 为地基抗力；k 为地基抗力系数；δ 为盾构隧道水平直径点水平方向的位移，按下列方法计算。

不考虑衬砌自重引起的地基抗力时：

$$\delta = \frac{\{2(p_{e1} + p_{w1}) - (q_{e1} + q_{w1}) - (q_{e2} + q_{w2})\} R_c^4}{24\left(\eta \cdot EI + 0.0454k \cdot R_c^4\right)} \tag{7.38}$$

考虑衬砌自重引起的地基抗力时：

$$\delta = \frac{\{2(p_{e1} + p_{w1}) - (q_{e1} + q_{w1}) - (q_{e2} + q_{w2}) + \pi g\} R_c^4}{24\left(\eta \cdot EI + 0.0454k \cdot R_c^4\right)} \tag{7.39}$$

式中，EI 为单位宽度管片的弯曲刚度，符号意义如图 7.14 所示。

7) 施工荷载

施工期间作用在管片上的临时荷载统称为施工荷载，主要包括：

(1) 千斤顶推力。千斤顶推力是在盾构推进过程中以盾构千斤顶推力的反力形式作用于管片上的临时荷载，在施工荷载中对管片影响最大。设计时，应对盾构千斤顶推力对管片的影响进行分析，应检验偏心造成的剪切力和弯矩，包括管片拼装处于公差极限的情况。

(2) 壁后注浆压力。壁后注浆压力一般取比泥水压力、泥土压力大 50～100kN/m^2 为标准，为了控制地基沉降，有时也会设定高注入压力(比泥水压力、泥土压力大 200～300kN/m^2)。另外，在注入孔压力会更大。

(3) 管片装配器的操作荷载。管片装配器的操作荷载是作用于管片上的装配器荷载。除用此荷载计算起吊环之外，也要用来计算管片装配过程中对管片各部分的影响。最近，由于接头的简化、管片的大型化及管片的装配自动化，管片组装机的装备能力有增大的倾向。因此，在组装管片时，对于拉伸、压入、旋转、滑动等管片组装机的能力，需要考虑冲击等因素，确保管片完整性。

(4) 其他。作为施工荷载，除上述内容外，还应考虑以下情况，如后方台车、管片运输车、土砂运送台车等自重的影响，真圆保持器操作的影响，刀盘旋转力的影响，盾尾反力，盾尾油脂压力，盾尾和管片的接触等。

8) 地震效应

当考虑地震影响时，应根据隧道的重要程度，考虑隧道的周围环境、围岩条件、所在地区的地震烈度、隧道的结构/形状及其他必要的条件。

盾构隧道地震中虽受到了一些损坏，但与明挖隧道不同，并没有影响到主体结构。因此，覆土厚、处于良好地基中的隧道，一般对地震的影响可不予研究。不过在符合下列条件时，一般认为隧道会受到地震的影响，需要特别研究：

(1) 如地下接合部位以及与竖井的接合部等衬砌结构发生变化时(管片种类的变化、二次衬砌的有无等)；

(2) 软弱地基中；

(3) 地质、覆盖层厚度、基岩深度等地基条件发生突变时；

(4) 急转弯的曲线部位；

(5) 松散饱和砂质地基，有发生液化的可能性时。

9) 邻近施工及地基沉降的影响

在以下特殊情况下邻近施工的影响比较大，有必要使用能考虑荷载随时间变化的计算方法(荷载历史及衬砌的应力历史)：

(1) 隧道顶部或顶部附近建造新的结构物，上部荷载发生大的变化；

(2) 隧道下部或下部附近进行开挖工程，垂直土压力和水平土压力等荷载条件及地基抗力系数等围岩性质发生大的变化；

(3) 隧道侧向地基受到扰动，侧向土压力及地基抗力发生大的变化；

(4) 作用于隧道的水压力发生大的变化。

在软弱地基中修筑隧道时，不仅要考虑到隧道施工所引起的地基下沉，还必须注意由地基原有条件所产生的沉降问题。应根据需要，对地基下沉对隧道本身以及隧道与竖井接合处的影响进行研究。

10) 内部荷载及其他荷载

内部荷载是指在隧道完工后作用于衬砌内侧的荷载，对衬砌结构有很大影响时，须按照实际情况确定。其他荷载包括管片的储藏、搬运以及采用特殊的组装方法时所产生的临时性荷载，因地形、土性等原因而对隧道产生的偏心荷载等，也包括由于采用特殊施工法和设置开口部位而产生的荷载等。

7.3.4 盾构隧道衬砌设计的结构力学法

隧道衬砌接缝的模型如图 7.16 所示，隧道的半径取为 R，管片截面的刚度取为 EI，假定接缝的抗弯刚度为一个常数 k_θ，认为结构和周围压力相对于垂直中心线对称，从而顶部和底部的剪切力是零，因此可认为隧道是一个二阶超静定结构。假设在隧道半径上有 n 个接缝(n_1 接缝在 0°～45° 范围内，n_2 在 45°～90° 范围内，n_3 在 90°～135° 范围内，n_4 在135°～180° 范围内，于是有 $n=n_1+n_2+n_3+n_4$)。力法方程所采用的符号约定如下：当隧道的内表面受拉力时弯矩为正，衬砌的横截面受压时轴向力为正，当它趋向于使部分在顺时针方向上旋转时剪切力为正；为与结构力学中的概念相对应，方便描述制定，在广义上，力指弯矩、剪切力或轴向力；位移有时也可指转角。力法方程可以通过在顶部和底部考虑零转角和零水平位移来建立，表示为

$$\begin{cases}\delta_{11}x_1+\delta_{12}x_2+\varDelta_{1p}=0\\ \delta_{21}x_1+\delta_{22}x_2+\varDelta_{2p}=0\end{cases} \tag{7.40}$$

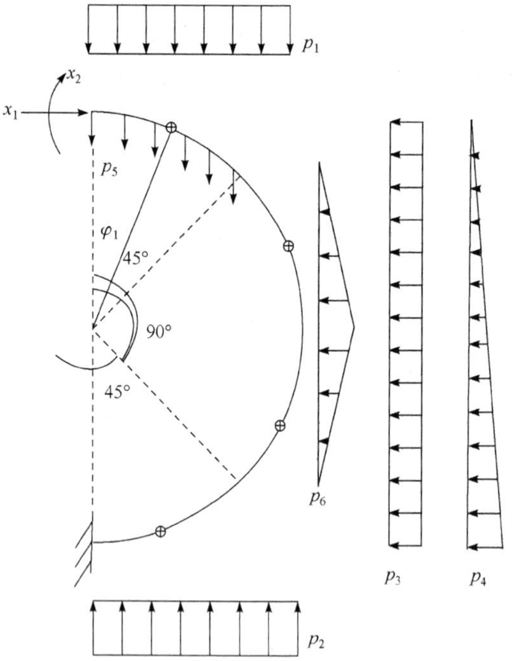

图 7.16　衬砌环力法计算简图

式中，x_1 和 x_2 分别为每单位长度上顶部的弯矩和轴向力，为多余未知力；δ_{ii} 是一个无量纲单位多余未知力 x_i=1 在 x_i 的位置(第一个下标)沿着 x_i 方向(第二个下标)产生的位移；δ_{ij} 是在多余未知力 x_i 的位置沿着 x_i 的方向在单位多余未知力 x_j=1 的作用下的位移；$\varDelta_{ip}$ 是在周围土压力作用下在多余未知力 x_i 的位置沿 x_i 的方向所产生的位移；i=1,2；j=1,2。

可以解出 x_1 和 x_2 如下：

$$x_1 = \frac{\delta_{12}\Delta_{2p} - \delta_{22}\Delta_{1p}}{\delta_{11}\delta_{22} - \delta_{12}\delta_{21}} \tag{7.41}$$

$$x_2 = \frac{\delta_{21}\Delta_{1p} - \delta_{11}\Delta_{2p}}{\delta_{11}\delta_{22} - \delta_{12}\delta_{21}} \tag{7.42}$$

单位力 x_1=1 和 x_2=1 作用下每单位长度的构件弯矩($\bar{M}$)、轴向力($\bar{N}$)和剪切力($\bar{Q}$)为

$$\begin{cases} \bar{M}_1 = 1 \\ \bar{N}_1 = 0 \\ \bar{Q}_1 = 0 \end{cases} \tag{7.43}$$

$$\begin{cases} \bar{M}_2 = R(1-\cos\phi) \\ \bar{N}_2 = \cos\phi \\ \bar{Q}_2 = -\sin\phi \end{cases} \tag{7.44}$$

由于轴向和剪切力对位移的影响较小，仅考虑弯矩的影响。基于虚功原理，δ_{11}、$\delta_{12}(\delta_{21})$ 和 δ_{22} 可由式(7.45)、式(7.46)和式(7.47)确定：

$$\delta_{11} = \frac{R\pi}{EI} + \sum_{i=1}^{n}\frac{1}{K_\theta^{(i)}} \tag{7.45}$$

$$\delta_{12} = \frac{R^2\pi}{EI} + R\sum_{i=1}^{n}\frac{1}{K_\theta^{(i)}}(1-\cos\phi_i) \tag{7.46}$$

$$\delta_{22} = \frac{3R^3\pi}{2EI} + R^2\sum_{i=1}^{n}\frac{1}{K_\theta^{(i)}}(1-\cos\phi_i)^2 \tag{7.47}$$

式中，i 指第 i 个接缝。

由周围压力引起的内力可以由如图 7.16 所示的六种加载情况累积确定(j=1,2,⋯,6)，表示为

$$\begin{cases} M_p = \sum_{j=1}^{6} M_{pj} \\ N_p = \sum_{j=1}^{6} N_{pj} \\ Q_p = \sum_{j=1}^{6} Q_{pj} \end{cases} \tag{7.48}$$

式中，M_{pj}、N_{pj} 和 Q_{pj} 分别是第 j 次加载时单位长度的弯矩、轴力和剪力。

荷载 p_1 作用情况 1 为

$$\begin{cases} M_{p1} = -\frac{1}{2}p_1R^2\sin^2\phi \\ N_{p1} = p_1R\sin^2\phi \qquad , \quad 0 \leqslant \phi \leqslant \pi \\ Q_{p1} = p_1R\sin\phi\cos\phi \end{cases} \tag{7.49}$$

荷载 p_2 作用情况 2 为

$$\begin{cases} M_{p2}=-\dfrac{1}{2}(p_2-p_1)R^2(1-\sin\phi)^2 \\ N_{p2}=-(p_2-p_1)R(1-\sin\phi)\sin\phi, \quad \dfrac{\pi}{2}\leqslant\phi\leqslant\pi \\ Q_{p2}=-(p_2-p_1)R(1-\sin\phi)\cos\phi \end{cases} \tag{7.50}$$

荷载 p_3 作用情况 3 为

$$\begin{cases} M_{p3}=-\dfrac{1}{2}p_3R^2(1-\cos\phi)^2 \\ N_{p3}=-p_3R(1-\cos\phi)\cos\phi, \quad 0\leqslant\phi\leqslant\pi \\ Q_{p3}=p_3R(1-\cos\phi)\sin\phi \end{cases} \tag{7.51}$$

荷载 p_4 作用情况 4 为

$$\begin{cases} M_{p4}=-\dfrac{1}{12}p_4R^2(1-\cos\phi)^3 \\ N_{p4}=-\dfrac{1}{4}p_4R(1-\cos\phi)^2\cos\phi, \quad 0\leqslant\phi\leqslant\pi \\ Q_{p4}=\dfrac{1}{4}p_4R(1-\cos\phi)^2\sin\phi \end{cases} \tag{7.52}$$

荷载 p_5 作用情况 5 为

$$\begin{cases} M_{p5}=-p_5R^2(\cos\phi+\phi\sin\phi-1) \\ N_{p5}=p_5R\phi\sin\phi \qquad\qquad , \quad 0\leqslant\phi\leqslant\pi \\ Q_{p5}=p_5R\phi\cos\phi \end{cases} \tag{7.53}$$

荷载 p_6 作用情况 6 为

$$\begin{cases} M_{p6}=-\dfrac{p_rR^2}{3}\left[\cos2\phi-2\cos\left(\phi+\dfrac{\pi}{4}\right)\right] \\ N_{p6}=\dfrac{p_rR}{3}\left[\cos2\phi-2\cos\left(\phi+\dfrac{\pi}{4}\right)\right] \quad , \quad \dfrac{\pi}{4}\leqslant\phi\leqslant\dfrac{3\pi}{4} \\ Q_{p6}=-\dfrac{2p_rR}{4}\left[\sin2\phi-2\sin\left(\phi+\dfrac{\pi}{4}\right)\right] \\ M_{p6}=\dfrac{2\sqrt{2}p_rR^2}{3}\cos\phi \\ N_{p6}=-\dfrac{2\sqrt{2}p_rR}{3}\cos\phi, \qquad \dfrac{3\pi}{4}\leqslant\phi\leqslant\pi \\ Q_{p6}=\dfrac{2\sqrt{2}p_rR}{3}\sin\phi \end{cases} \tag{7.54}$$

通过虚功原理，基于式(7.43)、式(7.44)和式(7.48)～式(7.54)，Δ_{1p} 和 Δ_{2p} 由式(7.55)和式(7.56)确定：

$$\Delta_{1p}=\sum_{j=1}^{6}\Delta_{1pj} \tag{7.55}$$

$$\Delta_{2p}=\sum_{j=1}^{6}\Delta_{2pj} \tag{7.56}$$

式中，六种加载情况下的 Δ_{1pj} 和 Δ_{2pj} (j=1,2,⋯,6)分别为

$$\Delta_{1p1}=-\frac{\pi p_1 R^3}{4EI}-\frac{1}{2}p_1R^2\sum_{i=1}^{n}\frac{1}{K_\theta^{(i)}}\sin^2\phi_i \tag{7.57}$$

$$\Delta_{1p2}=-\frac{(p_2-p_1)R^3}{4EI}\left(\frac{3\pi}{4}-2\right)-\frac{(P_2-P_1)R^2}{2}\sum_{i=n_1+n_2+1}^{n}\frac{1}{K_\theta^{(i)}}(1-\sin\phi_i)^2 \tag{7.58}$$

$$\Delta_{1p3}=-\frac{3\pi p_3 R^3}{4EI}-\frac{P_3R^2}{2}\sum_{i=1}^{n}\frac{1}{K_\theta^{(i)}}(1-\cos\phi_i)^2 \tag{7.59}$$

$$\Delta_{1p4}=-\frac{5\pi p_4 R^3}{24EI}-\frac{P_4R^2}{12}\sum_{i=1}^{n}\frac{1}{K_\theta^{(i)}}(1-\cos\phi_i)^3 \tag{7.60}$$

$$\Delta_{1p5}=-p_5R^2\sum_{i=1}^{n}\frac{1}{K_\theta^{(i)}}(\cos\phi_i+\phi_i\cos\phi_i-1) \tag{7.61}$$

$$\Delta_{1p6}=-\frac{p_rR^3}{EI}-\frac{P_rR^2}{3}\sum_{i=n_1+1}^{n_4}\frac{1}{K_\theta^{(i)}}\left[\cos 2\phi_i-2\cos\left(\phi_i+\frac{\pi}{4}\right)\right]+\frac{2\sqrt{2}p_rR^2}{3}\sum_{i=n-n_4+1}^{n}\frac{1}{K_\theta^{(i)}}\cos\phi_i \tag{7.62}$$

$$\Delta_{2p1}=-\frac{\pi p_1 R^4}{4EI}-\frac{P_1R^3}{2}\sum_{i=1}^{n}\frac{1}{K_\theta^{(i)}}(1-\cos\phi_i)\sin^2\phi_i \tag{7.63}$$

$$\Delta_{2p2}=-\frac{(p_2-p_1)R^4}{2EI}\left(\frac{3\pi}{4}-\frac{5}{3}\right)-\frac{(p_2-p_1)R^3}{2}\sum_{i=n_1+n_2+1}^{n}\frac{1}{K_\theta^{(i)}}(1-\cos\phi_i)(1-\sin\phi_i)^2 \tag{7.64}$$

$$\Delta_{2p3}=-\frac{5\pi p_3 R^4}{4EI}-\frac{P_3R^3}{2}\sum_{i=1}^{n}\frac{1}{K_\theta^{(i)}}(1-\cos\phi_i)^3 \tag{7.65}$$

$$\Delta_{2p4}=-\frac{35\pi p_4 R^4}{96EI}-\frac{p_4R^3}{12}\sum_{i=1}^{n}\frac{1}{K_\theta^{(i)}}(1-\cos\phi_i)^4 \tag{7.66}$$

$$\Delta_{2p5}=\frac{\pi p_5 R^4}{4EI}-p_5R^3\sum_{i=1}^{n}\frac{1}{K_\theta^{(i)}}(1-\cos\phi_i)(\cos\phi_i+\phi_i\sin\phi_i-1) \tag{7.67}$$

$$\begin{aligned}\Delta_{2p6}=&-\frac{p_rR^4}{3EI}\left(3+\frac{\pi\sqrt{2}}{2}\right)-\frac{P_3R^2}{3}\sum_{i=n_1+1}^{n-n_4}\frac{1}{K_\theta^{(i)}}\left[\cos 2\phi_i-2\cos\left(\phi_i+\frac{\pi}{4}\right)\right]\\&\cdot(1-\cos\phi_i)+\frac{2\sqrt{2}p_rR^3}{3}\sum_{i=n-n_4+1}^{n}\frac{1}{K_\theta^{(i)}}\cos\phi_i(1-\cos\phi_i)\end{aligned} \tag{7.68}$$

基于上述方程获得的系数 δ_{11}、δ_{12}、δ_{22}、Δ_{1p}和Δ_{2p}，通过式(7.41)和式(7.42)获得多余未知力 x_1 和 x_2，则沿衬砌单位长度的总内力(即单位长度总弯矩 M、总轴力 N 和总剪力 Q)

可以表示为

$$\begin{cases} M = \bar{M}_1 x_1 + \bar{M}_2 x_2 + M_p \\ N = \bar{N}_1 x_1 + \bar{N}_2 x_2 + N_p \\ Q = \bar{Q}_1 x_1 + \bar{Q}_2 x_2 + Q_p \end{cases} \tag{7.69}$$

可以确定顶部的垂直位移$\varDelta_v$(沿垂直方向上总的直径的变化量，向下为正)和起拱处的水平位移$\varDelta_h$(沿水平方向半径的变化量，向外为正)。根据虚功原理，通过式(7.70)可以确定隧道顶部垂直位移为

$$\varDelta_v = \varDelta_{v1} + \varDelta_{v2} + \varDelta_{v3} \tag{7.70}$$

式中

$$\varDelta_{v1} = -\frac{2R^2 x_1}{EI} - R x_1 \sum_{i=1}^{n} \frac{1}{K_\theta^{(i)}} \sin\phi_1 \tag{7.71}$$

$$\varDelta_{v2} = -\frac{2R^3 x_2}{EI} - R^2 x_2 \sum_{i=1}^{n} \frac{1}{K_\theta^{(i)}} \sin\phi_1 (1 - \cos\phi_i) \tag{7.72}$$

$$\varDelta_{v3} = \sum_{j=1}^{6} \varDelta_{v3j} \tag{7.73}$$

其中

$$\varDelta_{v31} = -\frac{2p_1 R^4}{3EI} - \frac{p_1 R^3}{2} \sum_{i=1}^{n} \frac{1}{K_\theta^{(i)}} \sin^3\phi_i \tag{7.74}$$

$$\varDelta_{v32} = \frac{(p_2 - p_1)R^4}{2EI}\left(\frac{5}{3} - \frac{\pi}{2}\right) + \frac{(p_2 - p_1)R^3}{2} \sum_{i=n_1+n_2+1}^{n} \frac{1}{K_\theta^{(i)}} \sin\phi_i (1 - \sin\phi_i)^2 \tag{7.75}$$

$$\varDelta_{v33} = \frac{4p_3 R^4}{3EI} + \frac{P_3 R^3}{2} \sum_{i=1}^{n} \frac{1}{K_\theta^{(i)}} (1 - \cos\phi_i)^2 \sin\phi_i \tag{7.76}$$

$$\varDelta_{v34} = \frac{p_4 R^4}{3EI} + \frac{p_4 R^3}{12} \sum_{i=1}^{n} \frac{1}{K_\theta^{(i)}} (1 - \cos\phi_i)^3 \sin\phi_i \tag{7.77}$$

$$\varDelta_{v35} = \frac{p_5 R^4}{EI}\left(\frac{\pi^2}{4} - 2\right) + p_5 R^3 \sum_{i=1}^{n} \frac{1}{K_\theta^{(i)}} (\cos\phi_i + \phi_i \sin\phi_i - 1)\sin\phi_i \tag{7.78}$$

$$\begin{aligned} \varDelta_{v36} = {} & \frac{\sqrt{2} p_r R^4}{3EI}\left(\frac{1}{3} + \frac{\pi}{4}\right) + \frac{p_r R^3}{3} \sum_{i=n_1+1}^{n-n_4} \frac{1}{K_\theta^{(i)}} \left[\cos 2\phi_i - 2\cos\left(\phi_i + \frac{\pi}{4}\right)\right] \sin\phi_i \\ & - \frac{2\sqrt{2} p_r R^3}{3} \sum_{i=n-n_4+1}^{n} \frac{1}{K_\theta^{(i)}} \cos\phi_i \sin\phi_i \end{aligned} \tag{7.79}$$

类似地，可以确定起拱处的水平位移为

$$\varDelta_h = \varDelta_{h1} + \varDelta_{h2} + \varDelta_{h3} \tag{7.80}$$

其中

$$\varDelta_{h1}=\frac{R^2x_1}{EI}-Rx_1\sum_{i=n_1+n_2+1}^{n}\frac{1}{K_\theta^{(i)}}\cos\phi_1 \tag{7.81}$$

$$\varDelta_{h2}=\frac{R^3x_2}{EI}\left(1+\frac{\pi}{4}\right)-R^2x_2\sum_{i=n_1+n_2+1}^{n}\frac{1}{K_\theta^{(i)}}(1-\cos\phi_i)\cos\phi_i \tag{7.82}$$

$$\varDelta_{h3}=\sum_{j=1}^{6}\varDelta_{h3j} \tag{7.83}$$

$$\varDelta_{h31}=-\frac{p_1R^4}{6EI}+\frac{p_1R^3}{2}\sum_{i=n_1+n_2+1}^{n}\frac{1}{K_\theta^{(i)}}\sin^2\phi_i\cos\phi_i \tag{7.84}$$

$$\varDelta_{h32}=-\frac{(p_2-p_1)R^4}{6EI}+\frac{(p_2-p_1)R^3}{2}\sum_{i=n_1+n_2+1}^{n}\frac{1}{K_\theta^{(i)}}\cos\phi_i(1-\sin\phi_i)^2 \tag{7.85}$$

$$\varDelta_{h33}=-\frac{p_3R^4}{2EI}\left(\frac{5}{3}+\frac{\pi}{2}\right)+\frac{P_3R^3}{2}\sum_{i=n_1+n_2+1}^{n}\frac{1}{K_\theta^{(i)}}(1-\cos\phi_i)^2\cos\phi_i \tag{7.86}$$

$$\varDelta_{h34}=-\frac{p_4R^4}{4EI}\left(1+\frac{5\pi}{16}\right)+\frac{p_4R^3}{12}\sum_{i=n_1+n_2+1}^{n}\frac{1}{K_\theta^{(i)}}(1-\cos\phi_i)^3\cos\phi_i \tag{7.87}$$

$$\varDelta_{h35}=-\frac{p_5R^4}{EI}\left(\frac{\pi}{8}-1\right)+p_5R^3\sum_{i=n_1+n_2+1}^{n}\frac{1}{K_\theta^{(i)}}(\cos\phi_i+\phi_i\sin\phi_i-1)\cos\phi_i \tag{7.88}$$

$$\begin{aligned}\varDelta_{h36}=&-\frac{p_rR^4}{3EI}\left(\frac{\sqrt{2}}{6}+\frac{3\sqrt{2}\pi}{8}+\frac{1}{3}\right)+\frac{p_rR^3}{3}\sum_{i=n_1+n_2+1}^{n-n_4}\frac{1}{K_\theta^{(i)}}\left[\cos2\phi_i-2\cos\left(\phi_i+\frac{\pi}{4}\right)\right]\cos\phi_i\\&-\frac{2\sqrt{2}p_rR^3}{3}\sum_{i=n-n_4+1}^{n}\frac{1}{K_\theta^{(i)}}\cos^2\phi_i\end{aligned} \tag{7.89}$$

以上衬砌接缝模型考虑了衬砌接缝非连续的影响；当接缝抗弯刚度 k_θ 趋于无穷大时，则与隧道的连续模型——惯用法模型相一致。

以上推导过程实际上假设了隧道结构对称和荷载对称。当不对称时，不能采用对称的简化方法计算，需要考虑两环的错缝拼装管片整体计算，同样可以推导类似计算公式，但计算公式更为复杂，设计中一般采用计算机编程实现。

7.4　岩体隧道结构设计(整体式衬砌结构)

岩体隧道一般采用整体式衬砌结构，按照结构形式不同，其一般可分为半衬砌结构、厚拱薄墙衬砌结构、直墙拱形衬砌结构、曲墙拱形衬砌结构和连拱隧道结构等多种形式。以下对其中典型的三种结构的设计计算进行介绍。

7.4.1　半衬砌结构的计算

半衬砌结构是指隧道开挖后，只在拱圈部位修建拱圈，而侧壁不修建侧墙(或仅砌筑构造墙)的结构，如图 7.17 所示。半衬砌结构适合于围岩比较稳定、完整性较好的岩层。

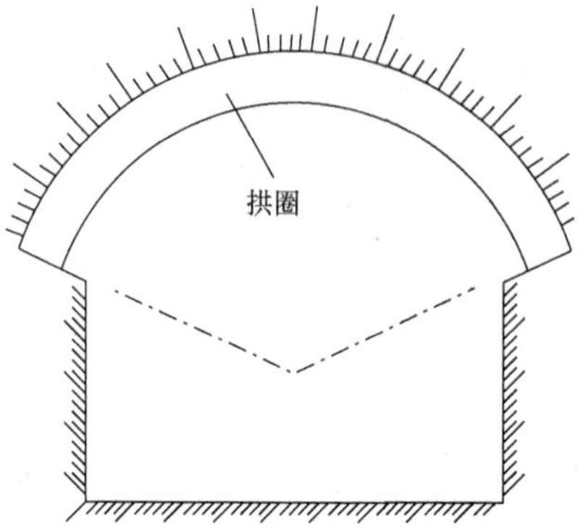

图 7.17　半衬砌结构

1. 计算图示、基本结构及正则方程

道路隧道中的拱圈，一般矢跨比不大，在垂直荷载作用下拱圈向坑道内变形，为自由变形，不产生弹性抗力。由于支撑拱圈的围岩是弹性的，即拱圈支座是弹性的，在拱脚反力作用下围岩表面将发生弹性变形，使拱脚产生角位移和线位移。拱脚位移将使拱圈内力发生改变，计算中除按固端无铰拱考虑，还必须考虑拱脚位移的影响。通常拱脚截面剪力很小，其与围岩之间的摩擦力很大，可以认为拱脚没有沿隧道径向的位移，如图 7.18(a)所示。切向位移可以分解为垂直方向和水平方向两个分位移。在结构对称和荷载对称条件下，两拱脚的位移也是对称的。对称的拱脚垂直位移对拱脚内力不产生影响。拱脚的转角 β_0 和切向位移的水平分位移是必须考虑的。图 7.18 中为正号方向，即水平分位移向外为正，转角与正弯矩方向相同时为正。当采用力法计算时，将拱圈在拱顶处切开，取基本结构如图 7.18 所示。固定无铰拱为三次超静定结构，有三个多余未知力，即弯矩 X_1、轴力 X_2 和剪力 X_3。当结构对称与荷载对称时，变成二次超静定结构。按拱顶切开处的截面相对变位为零的条件，可建立正则方程式：

$$\begin{aligned} &X_1\delta_{11}+X_2\delta_{12}+\beta_a+\varDelta_{1p}=0 \\ &X_1\delta_{21}+X_2\delta_{22}+f\beta_a+u_a+\varDelta_{2p}=0 \end{aligned} \tag{7.90}$$

式中，δ_{ik} 为单位变位，即在基本结构上，因 $\bar{X}_k=1$ 作用，在 X_i 方向产生的变位；$\varDelta_{ip}$ 为荷载变位，即基本结构因外荷载作用，在 X_i 方向的变位；f 为拱圈的矢高；β_a、u_a 为拱脚截面的最终转角和水平位移。

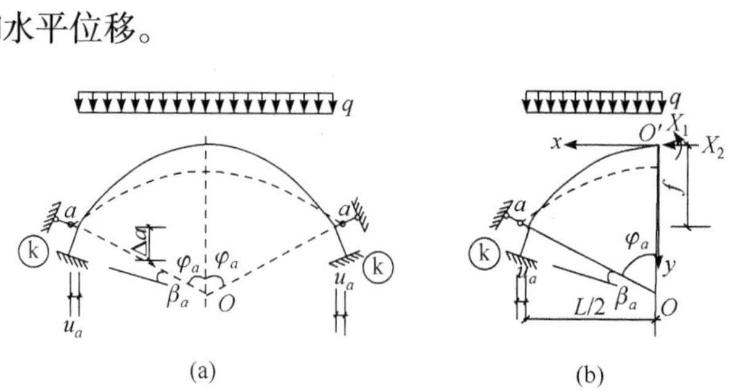

图 7.18　半衬砌基本结构和约束

由结构力学求变位的方法(轴向力与剪力影响忽略不计)可知

$$\begin{cases}\delta_{ik}=\int\frac{\bar{M}_i\bar{M}_k}{EI}\mathrm{d}s\\ \Delta_{ip}=\int\frac{\bar{M}_iM_p^0}{EI}\mathrm{d}s\end{cases}\tag{7.91}$$

式中，$\bar{M}_i$ 为基本结构在 $\bar{X}_i=1$ 作用下所产生的弯矩；$\bar{M}_k$ 为基本结构在 $\bar{X}_k=1$ 作用下所产生的弯矩；M_p^0 为基本结构在外荷载下所产生的弯矩；EI 为结构的刚度。

在进行具体计算时，由于结构对称、荷载对称，只需要计算半个拱圈。在很多情况下，衬砌结构厚度是改变的，可将拱圈分成偶数段，用抛物线近似积分代替，则式(7.91)可以改写为

$$\begin{cases}\delta_{ik}\approx\frac{\Delta S}{E}\sum\frac{\bar{M}_i\bar{M}_k}{I}\\ \Delta_{ip}\approx\frac{\Delta S}{E}\sum\frac{\bar{M}_iM_p^0}{EI}\end{cases}\tag{7.92}$$

利用式(7.92)，参照图 7.19，可以求得

$$\begin{cases}\delta_{11}\approx\frac{\Delta S}{E}\sum\frac{1}{I}\\ \delta_{11}\approx\frac{\Delta S}{E}\sum\frac{y}{I}\\ \delta_{22}\approx\frac{\Delta S}{E}\sum\frac{y^2}{I}\\ \Delta_{1p}\approx\frac{\Delta S}{E}\sum\frac{M_p^0}{EI}\\ \Delta_{2p}\approx\frac{\Delta S}{E}\sum\frac{yM_p^0}{EI}\end{cases}\tag{7.93}$$

式中，ΔS 为半拱弧长 n 等分后的每段弧长。

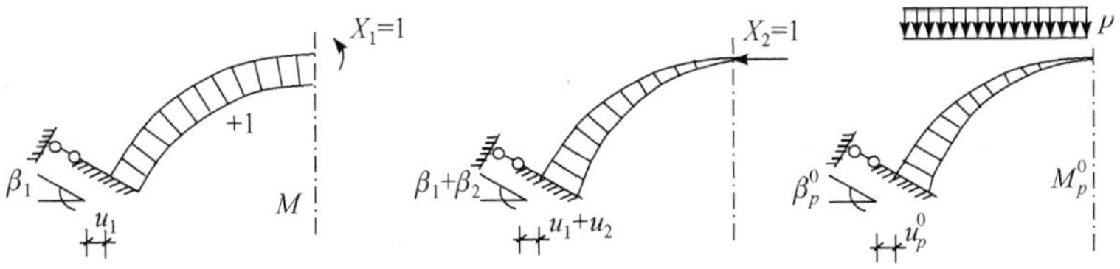

图 7.19　单位变位及荷载变位的计算简图

计算表明，当拱厚 $d<l/10$ (l 为拱的跨度)时，曲率和剪力的影响可以略去。当矢跨比 $f/l>1/3$ 时，轴力影响可以略去。

2. 拱脚位移计算

1) 单位力矩作用时

单位力矩作用在拱脚围岩上时，拱脚截面绕中心点 a 转过一个角度 $\bar{\beta}_1$，如图 7.20 所

示。拱脚截面仍保持为平面，其内外缘处围岩最大应力 σ_1 和拱脚内外缘最大沉陷 δ_1 为

$$\begin{cases}\sigma_1 = \dfrac{\bar{M}_a}{W_a} = \dfrac{6}{bh_a^2} \\ \delta_1 = \dfrac{\sigma_1}{k_a} = \dfrac{6}{k_a bh_a^2}\end{cases} \tag{7.94}$$

拱脚截面绕中心点 a 转过一个角度 $\bar{\beta}_1$，点 a 不产生水平位移，则有

$$\begin{cases}\bar{\beta}_1 = \dfrac{\delta_1}{\frac{h_a}{2}} = \dfrac{12}{k_a bh_a^2} = \dfrac{1}{k_a I_a} \\ \bar{u}_a = 0\end{cases} \tag{7.95}$$

式中，h_a 为拱脚截面高度；W_a 为拱脚截面的截面模量；k_a 为拱脚围岩基底弹性抗力系数；I_a 为拱脚截面惯性矩；b 为拱脚截面纵向单位宽度，取 1m。

2) 单位水平力作用时

单位水平力可以分解为轴向分力 $(1\cos\varphi_a)$ 和切向分力 $(1\sin\varphi_a)$，计算时只需要考虑轴向分力的影响，如图 7.21 所示。作用在围岩表面的均布应力 σ_2 和拱脚产生的均匀沉陷 δ_2 分别为

$$\begin{cases}\sigma_2 = \dfrac{\cos\varphi_a}{bh_a} \\ \delta_2 = \dfrac{\sigma_2}{k_a} = \dfrac{\cos\varphi_a}{k_a bh_a}\end{cases} \tag{7.96}$$

δ_2 的水平投影即点 a 的水平位移 $\bar{u}_2$，均匀沉陷时拱脚截面不发生转动，即

$$\bar{u}_2 = \delta_2 \cos\varphi_a = \frac{\cos^2\varphi_a}{k_a bh_a},\quad \bar{\beta}_2 = 0 \tag{7.97}$$

3) 外荷载作用时

在外荷载作用下，基本结构中拱脚点 a 处产生弯矩 M_{ap}^0 和轴力 N_{ap}^0，如图 7.22 所示。则拱脚截面的转角 β_{ap}^0 和水平位移 u_{ap}^0 为

$$\begin{cases}\beta_{ap}^0 = M_{ap}^0 \bar{\beta}_1 + H_{ap}^0 \bar{\beta}_2 = M_{ap}^0 \beta_1 \\ u_{ap}^0 = M_{ap}^0 \bar{u}_1 + H_{ap}^0 \bar{u}_2 = N_{ap}^0 \dfrac{\cos\varphi_a}{k_a bh_a}\end{cases} \tag{7.98}$$

拱脚的最终转角 β_a 和水平位移 u_a 可分别考虑 X_1、X_2 和外荷载的影响，按叠加原理求得

$$\begin{cases}\beta_a = X_1 \bar{\beta}_1 + X_2\left(\bar{\beta}_2 + f\bar{\beta}_1\right) + \beta_{ap}^0 \\ u_a = X_1 \bar{u}_1 + X_2\left(\bar{u}_2 + f\bar{u}_1\right) + u_{ap}^0\end{cases} \tag{7.99}$$

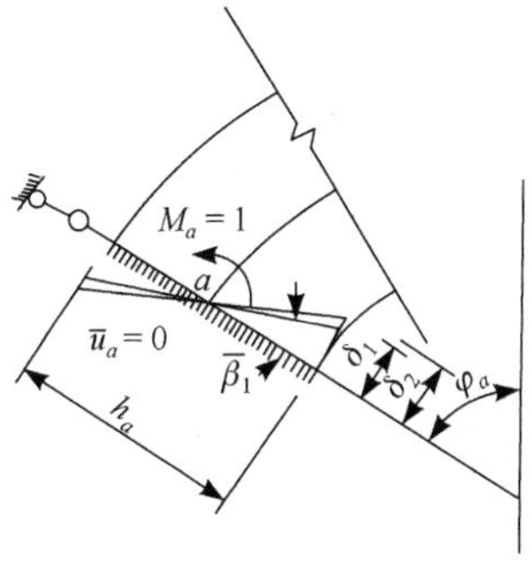

图 7.20　拱部受力分析图

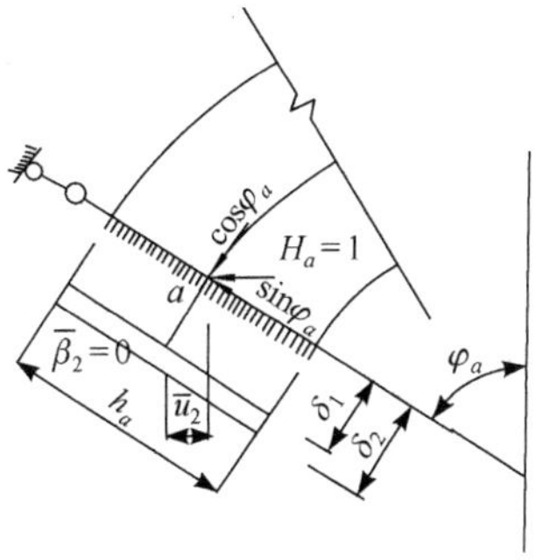

图 7.21　拱脚受力图

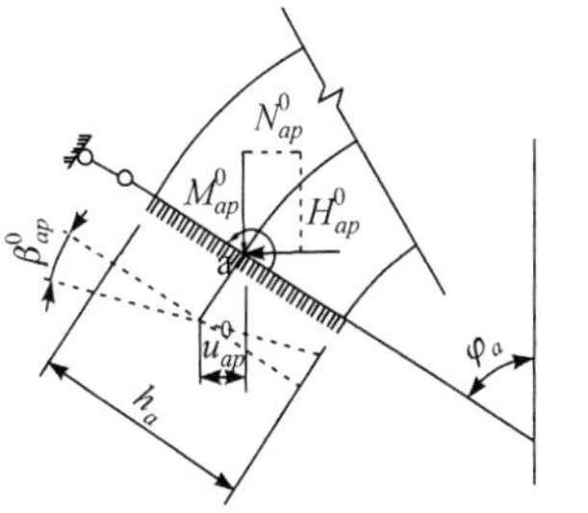

图 7.22　拱脚受力变形图

4) 拱圈截面内力

将式(7.98)代入正则方程(7.99)可得

$$\begin{cases} X_1\left(\delta_{11}+\overline{\beta}_1\right)+X_2\left(\delta_{12}+\overline{\beta}_2+f\overline{\beta}_1\right)+\left(\Delta_{1p}+\beta_{ap}^0\right)=0 \\ X_1\left(\delta_{21}+\overline{u}_1+f\overline{\beta}_1\right)+X_2\left(\delta_{22}+\overline{u}_2+f\overline{u}_1+f\overline{\beta}_2+f^2\overline{\beta}_2\right)+\left(\Delta_{2p}+f\beta_{ap}^0+u_{ap}^0\right)=0 \end{cases} \tag{7.100}$$

令

$$\begin{cases} a_{11}=\delta_{11}+\overline{\beta}_1,\quad a_{22}=\delta_{22}+\overline{u}_2+f\overline{u}_1+f\overline{\beta}_2+f^2\overline{\beta}_1 \\ a_{12}=a_{21}=\delta_{12}+\overline{\beta}_2+f\overline{\beta}_1=\delta_{21}+\overline{u}_1+f\overline{\beta}_1,\quad a_{10}=\Delta_{1p}+\beta_{ap}^0,\quad a_{20}=\Delta_{2p}+f\beta_{ap}^0+u_{ap}^0 \end{cases}$$

则式(7.100)可以改写为

$$\begin{cases} a_{11}X_1+a_{12}X_2+a_{10}=0 \\ a_{21}X_1+a_{22}X_2+a_{20}=0 \end{cases} \tag{7.101}$$

求解二元一次方程组，可得多余未知力为

$$\begin{cases} X_1=\dfrac{a_{22}a_{10}-a_{12}a_{20}}{a_{12}^2-a_{11}a_{22}} \\ X_2=\dfrac{a_{11}a_{20}-a_{12}a_{10}}{a_{12}^2-a_{11}a_{22}} \end{cases} \tag{7.102}$$

则任一截面 i 处的内力(图 7.23)为

$$\begin{cases} M_i=X_1+X_2y_i+M_{ip}^0 \\ N_i=X_2\cos\varphi_i+N_{ip}^0 \end{cases} \tag{7.103}$$

式中，M_{ip}^0、N_{ip}^0 为基本结构因外荷载作用在任一截面 i 处产生的弯矩和轴力；y_i 为截面的纵坐标；φ_i 为截面 i 与垂直线之间的夹角。

求出截面弯矩和轴力后，即可绘出内力图，如图 7.24 所示，并确定出危险截面。

上述计算是将拱圈视为自由变形得到的计算结果。由于没有考虑弹性抗力，所以弯矩是比较大的，截面也较厚。若围岩较坚硬，或者拱的形状较尖，则需考虑弹性抗力，可参考曲墙式衬砌进行计算。

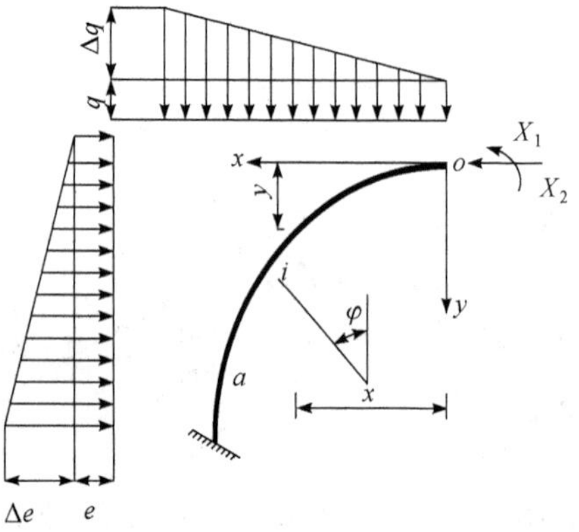

图 7.23　拱脚内力计算图

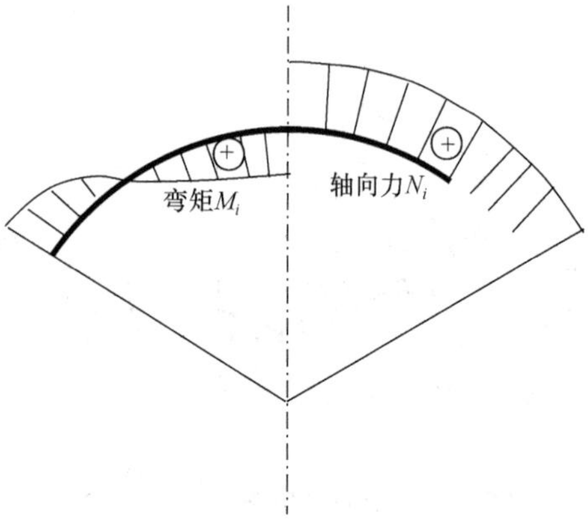

图 7.24　拱圈内力图

7.4.2　曲墙结构的计算

在衬砌承受较大的垂直方向和水平方向围岩压力时，一般情况下都采用曲墙式衬砌形式，其由拱圈、曲边墙和仰拱组成曲墙式衬砌，常用于 IV～VI 级围岩，拱圈和曲边墙作为一个整体按无铰拱计算。施工中先施作仰拱时，应考虑仰拱对衬砌的影响，后施作仰拱时，一般不考虑仰拱对衬砌的影响。

1) 计算简图

在主动荷载作用下，拱顶衬砌向洞室内变形形成脱离区，两侧衬砌向围岩方向变形，产生围岩对衬砌的被动弹性抗力，形成抗力区。弹性抗力分布规律按结构变形特征作以下假定，如图 7.25 所示。

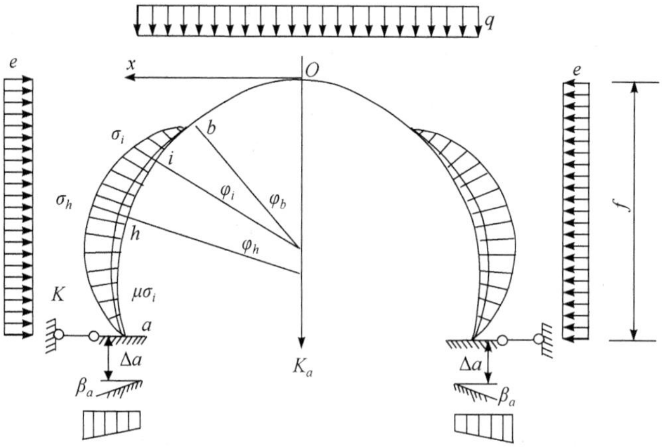

图 7.25　按结构变形特征的抗力分布

(1) 上零点 b(即脱离区与抗力区的分界点)与衬砌中心线垂线夹角为 $\phi_b = 45°$ 。

(2) 下零点 a 在墙脚附近，墙脚处摩擦力较大，水平位移较小，可认为弹性抗力为零。

(3) 最大抗力点 h 假定发生在最大跨度处附近，计算时一般取为 $\overset{\frown}{ah} = \frac{2}{3}\overset{\frown}{ab}$ ，简化计

算可假定在分段的接缝上。

(4) 抗力图形的分布按以下假定计算。

拱部 $\widehat{bh}$ 段抗力按二次抛物线分布，任意点的抗力 σ_i 与最大抗力 σ_h 的关系为

$$\sigma_i = \left(\frac{\cos^2\phi_b - \cos^2\phi_i}{\cos^2\phi_b - \cos^2\phi_h} \right) \sigma_h \tag{7.104}$$

边 $\widehat{ah}$ 墙段抗力 σ_i 为

$$\sigma_i = \left[1 - \left(\frac{y_i'}{y_h'} \right)^2 \right] \sigma_h \tag{7.105}$$

式中，ϕ_i、ϕ_b、ϕ_h 分别为 i、b、h 点所在截面与衬砌中心垂线的夹角，(°)；y_i' 为 i 点所在截面与衬砌外轮廓线的交点至最大抗力点 h 的垂直距离，m；y_h' 为墙底外缘至最大抗力点 h 的垂直距离，m。

$\widehat{ah}$ 段边墙外缘一般都做成直线段，而且较厚，因刚度较大，故抗力分布也可假定为与高度呈直线关系。若 $\widehat{ah}$ 段的一部分外缘为直线时，则可将其分为两部分分别计算，即曲边墙段按式(7.105)计算，直边墙段按直线关系计算。

两侧衬砌向围岩方向变形产生弹性抗力，同时也引起摩擦力 S_i，其大小等于弹性抗力和衬砌与围岩间的摩擦系数 μ 的乘积，为

$$S_i = \mu\sigma_i \tag{7.106}$$

计算表明，摩擦力影响很小，可以忽略不计，且忽略摩擦力的影响是偏于安全的。

弹性抗力的精确分布状况，需要用逐步逼近法求得。

墙脚弹性固定在地基上，可以发生转动和垂直位移，在结构和荷载均对称时，垂直位移对衬砌内力不产生影响。在经过上述分析后，如果不考虑仰拱作用，可将计算图式表示为图 7.26 的形式。

2) 主动荷载作用下的力法方程和衬砌内力

取基本结构如图 7.27 所示，多余力为 X_{1p}、X_{2p}，根据拱顶截面水平位移和转角为零的条件，可以列出力法方程

$$\begin{cases} X_{1p}\delta_{11} + X_{2p}\delta_{12} + \varDelta_{1p} + \beta_{ap} = 0 \\ X_{1p}\delta_{21} + X_{2p}\delta_{22} + \varDelta_{2p} + f\beta_{ap} + u_{ap} = 0 \end{cases} \tag{7.107}$$

式中，β_{ap}、u_{ap} 分别为墙底的转角和水平位移。

分别计算 X_{1p}、X_{2p} 和外荷载影响，然后按叠加原理相加即可得到

$$\beta_{ap} = X_{1p}\bar{\beta}_1 + X_{2P}\left(\bar{\beta}_2 + f\bar{\beta}_1\right) + \beta_{ap}^0 \tag{7.108}$$

由于墙底不考虑水平位移，故 $u_{ap} = 0$，代入式(7.107)整理后得

$$\begin{cases} X_{1p}\left(\delta_{11} + \bar{\beta}_1\right) + X_{2p}\left(\delta_{12} + f\bar{\beta}_1\right) + \varDelta_{1p} + \beta_{ap}^0 = 0 \\ X_{1p}\left(\delta_{21} + f\bar{\beta}_1\right) + X_{2p}\left(\delta_{22} + f^2\bar{\beta}_1\right) + \varDelta_{2p} + f\beta_{ap}^0 = 0 \end{cases} \tag{7.109}$$

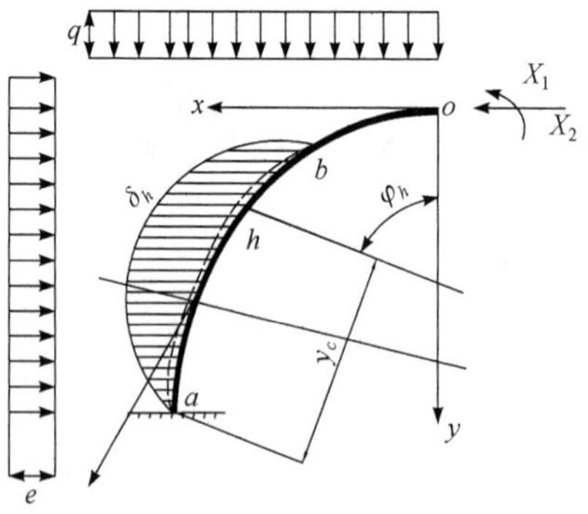

图 7.26　曲墙衬砌计算简图

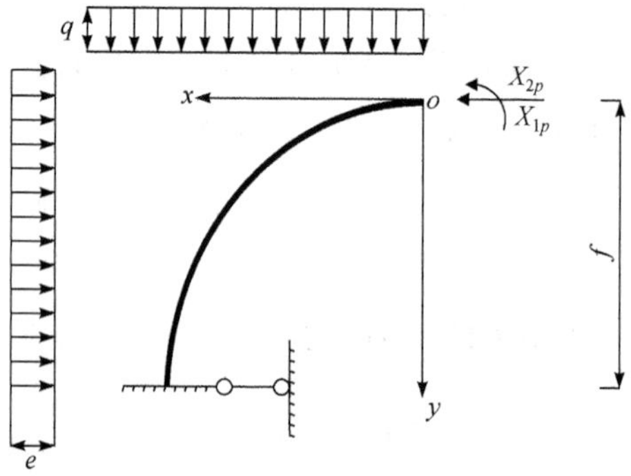

图 7.27　曲墙衬砌计算基本结构

式中，δ_{ik}、$\varDelta_{ip}$ 为基本结构的单位位移和主动荷载位移，可由式(7.91)求得；$\bar{\beta}_1$ 为墙底的单位转角(°)，可参照式(7.95)计算；β_{ap}^0 为基本结构墙底的荷载转角(°)，可参照式(7.98)计算；f 为衬砌矢高，m。

求得 X_{1p}、X_{2p} 后，在主动荷载作用下衬砌内力可参照式(7.103)计算得到：

$$\begin{cases} M_{ip} = X_{1p} + X_{2p} y_i + M_{ip}^0 \\ N_{ip} = X_{2p} \cos\phi_i + N_{ip}^0 \end{cases} \tag{7.110}$$

这里，被动荷载抗力 σ_i 的作用未考虑在内。由于被动抗力 σ_i 是一个未知数，需要利用最大抗力点 h 处的变形协调条件增加一个方程式。在主动荷载作用下，通过式(7.110)可以解出内力 M_{ip}、N_{ip}，并求出 h 点的位移 δ_{hp}，如图 7.28(b)所示。被动荷载作用下的内力和位移，可以通过 $\bar{\sigma}_h = 1$ 的单位弹性抗力图形作为外荷载时，所求得的任一截面内力 $\bar{M}_{i\sigma}$、$\bar{N}_{i\sigma}$ 和最大抗力点 h 处的 $\delta_{h\sigma}$，见图 7.28(c)，并利用叠加原理求出 h 点的最终位移，为

$$\delta_h = \delta_{hp} + \sigma_h \delta_{h\sigma} \tag{7.111}$$

由温克尔假定可以得出 h 点的弹性抗力 σ_h 与位移 δ_h 的关系式为 $\sigma_h = K\delta_h$，利用式(7.111)可得 h 点的弹性抗力 σ_h 为

$$\sigma_h = \frac{\delta_{hp}}{\dfrac{1}{K} - \delta_{h\sigma}} \tag{7.112}$$

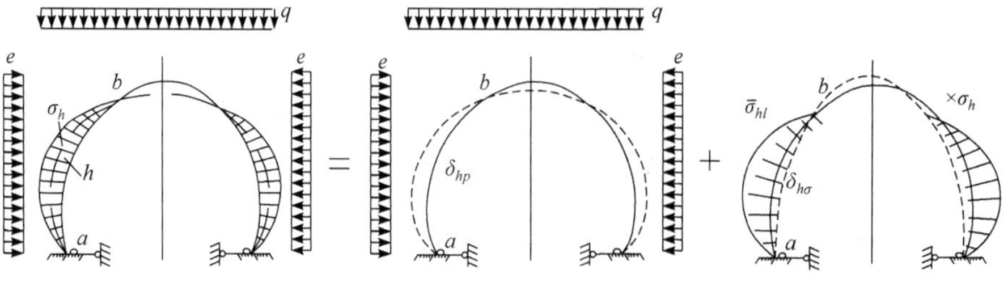

图 7.28　主动荷载与被动荷载叠加

3) 最大弹性抗力值的计算

由式(7.112)可知，欲求 σ_h 则应先求出 δ_{hp}、$\delta_{h\sigma}$。变位由两部分组成，即结构在荷载作用下的变位和因墙底变位(转角)而产生的变位之和。前者按结构力学方法，先画出 M_{ip}、$M_{i\sigma}$ 图，如图 7.29(a)和(b)所示，再在 h 点处所求变位方向上加一单位力 p=1，绘出 $\bar{M}_{ih}$ 图，如图 7.29(c)所示。墙底变位在 h 点产生的位移可由几何关系求出，如图 7.29(d)所示。位移可以表示为

$$\begin{cases}\delta_{hp}=\int\dfrac{M_p\bar{M}_h}{EI}\mathrm{d}s+y_{ah}\beta_{ap}\approx\dfrac{\Delta s}{E}\sum\dfrac{M_p\bar{M}_h}{I}+y_{ah}\beta_{ap}\\ \delta_{h\sigma}=\int\dfrac{M_\sigma\bar{M}_h}{EI}\mathrm{d}s+y_{ah}\beta_{a\sigma}\approx\dfrac{\Delta s}{E}\sum\dfrac{M_\sigma\bar{M}_h}{I}+y_{ah}\beta_{a\sigma}\end{cases}\tag{7.113}$$

式中，β_{ap} 为因主动荷载作用而产生的墙底转角(°)，可参考式(7.108)计算；$\beta_{a\sigma}$ 为因单位弹性抗力作用而产生的墙底转角(°)，可参照式(7.98)计算；y_{ah} 为墙底中心 a 至最大弹性抗力截面的垂直距离，m。

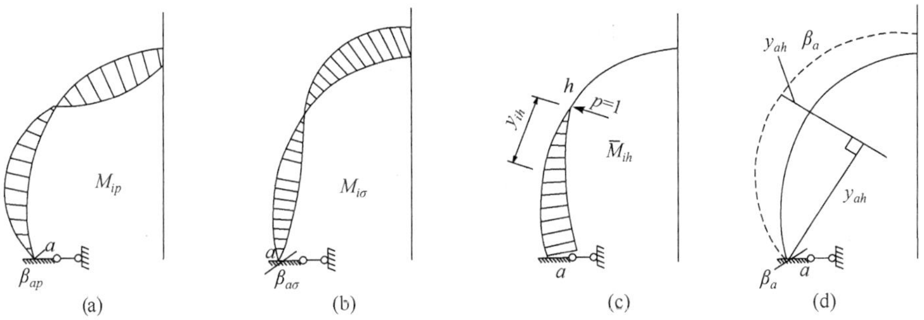

图 7.29　指定点的内力及变位图

若 h 点所对应的 $\varphi_h\approx 90°$ 时，则该点的径向位移与水平位移相差很小，故可视为水平位移。当结构和荷载均对称时，拱顶截面的垂直位移对 h 点径向位移的影响可以忽略不计。因此计算该点的水平位移时，可以取如图 7.30 所示的结构，使计算得到简化。

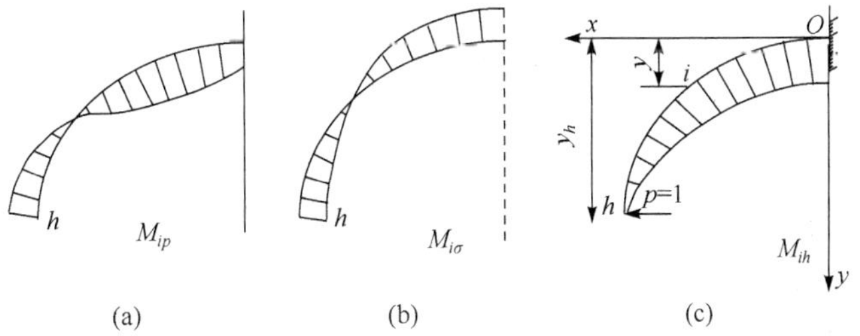

图 7.30　外荷载及单位荷载弯矩图

按结构力学方法，在 h 点加一单位力 p=1，可以求得 δ_{hp}、$\delta_{h\sigma}$，为

$$\begin{cases}\delta_{hp}=\int\dfrac{M_p(y_h-y)}{EI}\mathrm{d}s\approx\dfrac{\Delta s}{E}\sum\dfrac{M_p}{I}(y_h-y)\\ \delta_{h\sigma}=\int\dfrac{M_\sigma(y_h-y)}{EI}\mathrm{d}s\approx\dfrac{\Delta s}{E}\sum\dfrac{M_\sigma}{I}(y_h-y)\end{cases}\tag{7.114}$$

式中，y_h、y 为 h 点和任一点的垂直坐标。

4) 单位抗力作用下的内力

将 $\overline{\sigma}_h = 1$ 弹性抗力图视为外荷载单独作用时，多余力 $X_{1\sigma}$、$X_{2\sigma}$ 可以参照 X_{1p}、X_{2p} 的求法得出，参照式(7.109)可以列出力法方程，为

$$\begin{cases} X_{1\sigma}\left(\delta_{11}+\overline{\beta}_1\right)+X_{2\sigma}\left(\delta_{12}+f\overline{\beta}_1\right)+\varDelta_{1\sigma}+\beta_{a\sigma}^0=0 \\ X_{1\sigma}\left(\delta_{21}+f\overline{\beta}_1\right)+X_{2\sigma}\left(\delta_{22}+f^2\overline{\beta}_1\right)+\varDelta_{2\sigma}+f\beta_{a\sigma}^0=0 \end{cases} \tag{7.115}$$

式中，$\varDelta_{1\sigma}$、$\varDelta_{2\sigma}$ 为单位弹性抗力图为荷载引起的基本结构 $X_{1\sigma}$、$X_{2\sigma}$ 方向的位移(m)；$\beta_{a\sigma}^0$ 为单位弹性抗力图为荷载引起的基本结构墙底转角(°)，$\beta_{a\sigma}^0 = M_{a\sigma}^0\overline{\beta}_1$；其余符号意义同前。

解出 $X_{1\sigma}$、$X_{2\sigma}$ 后，即可求出衬砌在单位弹性抗力图为荷载单独作用下任一截面内力，为

$$\begin{cases} M_{i\sigma}=X_{1\sigma}+X_{2\sigma}y_i+M_{i\sigma}^0 \\ N_{i\sigma}=X_{2\sigma}\cos\phi_i+N_{i\sigma}^0 \end{cases} \tag{7.116}$$

5) 衬砌最终内力计算及校核计算结果的正确性

衬砌任一截面最终内力值可利用叠加原理求得：

$$\begin{cases} M_i=M_{ip}+\sigma_h M_{i\sigma} \\ N_i=N_{ip}+\sigma_h N_{i\sigma} \end{cases} \tag{7.117}$$

在校核计算结果正确性时，可以利用拱顶截面转角和水平位移为零的条件及最大弹性抗力点 a 的位移条件，为

$$\begin{cases} \displaystyle\int\frac{M_i}{EI}\mathrm{d}s+\beta_a\approx\frac{\Delta s}{E}\sum\frac{M_i}{I}+\beta_a=0 \\ \displaystyle\int\frac{M_i y_i}{EI}\mathrm{d}s+f\beta_a\approx\frac{\Delta s}{E}\sum\frac{M_i y_i}{I}+f\beta_a=0 \\ \displaystyle\int\frac{M_i y_{ih}}{EI}\mathrm{d}s+y_{ah}\beta_a\approx\frac{\Delta s}{E}\sum\frac{M_i y_{ih}}{I}+y_{ah}\beta_a=\frac{\sigma_h}{K} \end{cases} \tag{7.118}$$

式中，β_a 为墙底截面最终转角，$\beta_a=\beta_{ap}+\sigma_h\beta_{a\sigma}$。

7.4.3　直墙拱结构的计算

直墙拱结构一般由拱圈、竖直侧墙和底板组成。直墙式衬砌的计算方法很多，如力法、位移法及链杆法等，本节仅介绍力法。计算时仅计算拱圈及直边墙，底板不进行衬砌计算，需要时按路面结构计算。

1) 计算简图

该种结构由拱圈和侧墙共同承受外力作用，计算内力和变位的关键是如何考虑弹性抗力。拱圈按弹性无铰拱计算，拱脚支撑在边墙上，边墙按弹性地基上的直梁计算，并考虑边墙与拱圈之间的相互影响，如图 7.31 所示。由于拱脚并非直接固定在岩层上，而是固定在直墙顶端，因此拱脚弹性固定的程度取决于墙顶的变形。拱脚有水平位移、垂直位移和角位移，墙顶位移与拱脚位移一致。当结构对称和荷载对称时，垂直位移对衬

砌内力没有影响，计算中只需考虑水平位移与角位移。边墙支撑拱圈并承受水平围岩压力，可看成置于具有侧向弹性抗力系数为 k 的弹性地基上的直梁。

衬砌结构在主动荷载(围岩压力和自重)作用下，拱圈顶部向坑道内部产生位移，如图 7.32 所示，这部分结构自由变形，无围岩弹性抗力。拱圈两侧压向围岩，形成抗力区，引起弹性抗力。在实际施工中，拱圈上部间隙一般很难做到回填密实，因而拱圈弹性抗力区范围一般不大。由于拱圈是弹性地基上的曲梁，尤其是曲梁刚度改变时，其计算非常复杂，因而仍用假定抗力分布图形法。直墙式衬砌拱圈变形与曲墙式衬砌拱圈变形近似，计算时可用曲墙式衬砌关于拱部抗力图形的假定，认为按二次抛物线形状分布。上零点 φ_b 位于 45°～55°，最大抗力 σ_h 在直边墙的顶面(拱脚)c 处，b、c 间任一点 i 处抗力为 φ_i 的函数，为

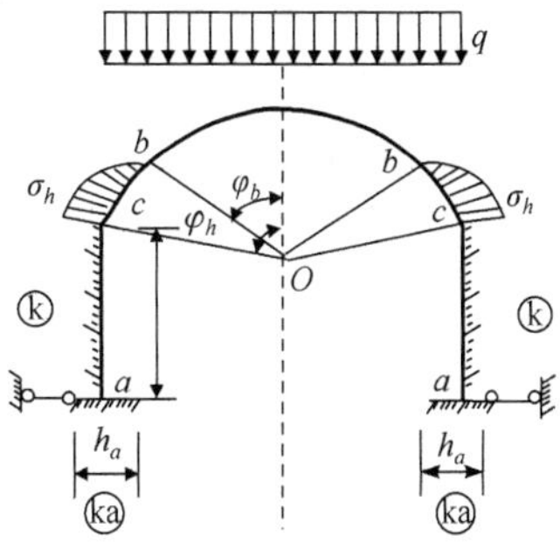

图 7.31　直墙拱结构计算简图

$$\sigma_i = \frac{\cos^2\varphi_b - \cos^2\varphi_i}{\cos^2\varphi_b - \cos^2\varphi_h}\sigma_h \tag{7.119}$$

当 $\varphi_b = 45°$、$\varphi_h = 90°$ 时，可以简化为

$$\sigma_i = \left(1 - 2\cos^2\varphi_i\right)\sigma_h \tag{7.120}$$

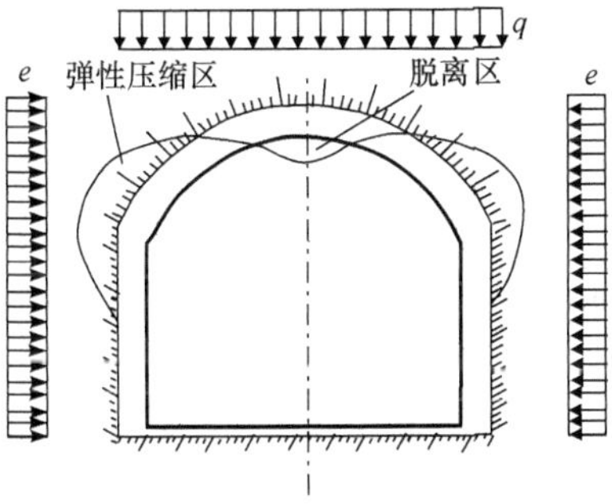

图 7.32　直墙拱结构受力图

弹性抗力引起的摩擦力，可由弹性抗力乘摩擦系数 μ 求得，但通常可忽略不计。弹性抗力 σ_i(或 σ_h)为未知数，但可由温克尔假定建立变形条件，增加一个 $\sigma_i = k\delta_i$ 的方程式。

由上述可以看出，直墙式衬砌的拱圈计算原理与半衬砌拱圈计算及曲墙式衬砌计算相同，可以参照相应公式计算。

2) 边墙的计算

由于拱脚不直接支撑在围岩上，而是支撑在直边墙上，因此直墙式衬砌的拱圈计算中的拱脚位移，需要考虑边墙变位的影响。直边墙的变形和受力状况与弹性地基梁相类似，可以作为弹性地基上的直梁计算。墙顶(拱脚)变位与弹性地基梁(边墙)的特征值及换算长度 αh 有关，按 αh 可以分为三种情况：短梁($1 < \alpha h < 2.75$)、长梁($\alpha h \geqslant 2.75$)及刚性梁($\alpha h \leqslant 1$)。

(1) 边墙为短梁。

短梁的一端受力及变形对另一端有影响，当计算墙顶变位时，要考虑到墙脚的受力

和变形的影响。设直边墙(弹性地基梁)c 端作用有拱脚传来的力矩 M_c 、水平力 H_c 、垂直力 V_c 及沿墙身梯形分布的主动侧压力，求墙顶所产生的转角 β_{cp}^0 及水平位移 u_{cp}^0 。由于垂直力 V_c 变位仅在有基底加宽时才产生影响，而目前直墙式衬砌的边墙基底一般均不加宽，所以不考虑。根据弹性地基上直梁的计算公式可以求得边墙任一截面的位移 y 、转角 θ 、弯矩 M 和剪力 H ，再结合墙底的弹性固定条件，得到墙底的位移和转角。这样就可以求得墙顶的单位变位和荷载(包括围岩压力及抗力)变位。由于短梁一端荷载对另一端的变形有影响，墙脚的弹性固定状况对墙顶变形必然有影响，所以计算公式的推导很复杂。下面仅给出结果，如图 7.33 所示。

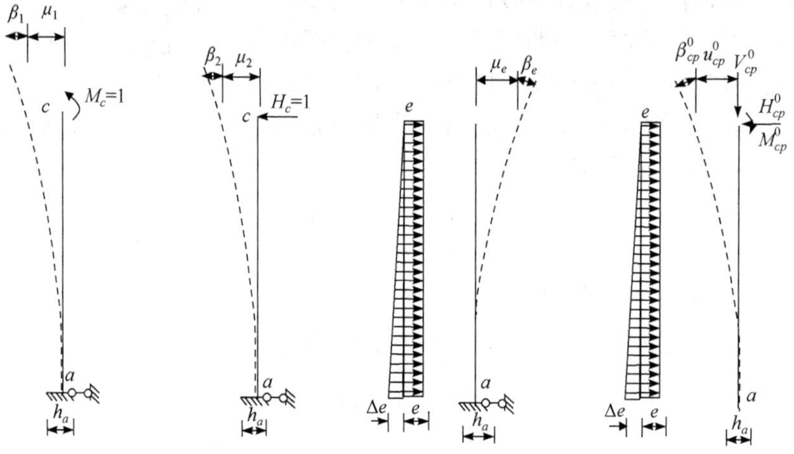

图 7.33　短梁计算简图

墙顶在单位弯矩 $\bar{M}_c=1$ 单独作用下，墙顶的转角 $\bar{\beta}_1$ 和水平位移 $\bar{u}_1$ 为

$$\begin{aligned}\bar{\beta}_1&=\frac{4\alpha^3}{c}(\varphi_{11}+\varphi_{12}A)\\ \bar{u}_1&=\frac{2\alpha^3}{c}(\varphi_{13}+\varphi_{11}A)\end{aligned}\tag{7.121}$$

墙顶在单位弯矩 $\bar{H}_c=1$ 单独作用下，墙顶的转角 $\bar{\beta}_2$ 和水平位移 $\bar{u}_2$ 为

$$\begin{aligned}\bar{\beta}_2&=\bar{u}_1=\frac{2\alpha^3}{c}(\varphi_{13}+\varphi_{11}A)\\ \bar{u}_2&=\frac{2\alpha^3}{c}(\varphi_{10}+\varphi_{13}A)\end{aligned}\tag{7.122}$$

在主动侧压力的作用下，墙顶位移为

$$\begin{aligned}\beta_e&=-\frac{\alpha}{c}(\varphi_4+\varphi_3A)e-\frac{\alpha}{c}\left[\left(\varphi_4-\frac{\varphi_{14}}{\alpha h}\right)+\left(\varphi_3-\frac{\varphi_{10}}{\alpha h}\right)A\right]\Delta e\\ u_e&=-\frac{1}{c}(\varphi_{14}+\varphi_{15}A)e-\frac{1}{c}\left(\frac{\varphi_2}{2\alpha h}-\varphi_1+\frac{\varphi_4}{2}A\right)\Delta e\end{aligned}\tag{7.123}$$

其中，$\alpha=\sqrt[4]{\frac{k}{4EI}}$；$A=\frac{k\beta_a}{2\alpha^3}=\frac{6}{nh_a^3\alpha^3}$；$n=\frac{k_0}{k}$；$c=\left(\varphi_9+\varphi_{10}A\right)$；$k_0$为基底弹性抗力系数；$k$为侧向弹性抗力系数；$\beta_a=\frac{1}{k_0I_a}$是基底作用有单位力矩时所产生的转角；$h$为边墙的侧面高度；在边墙顶$x=0$，在墙底$x=h$。

$$
\begin{cases}
\varphi_1=\text{ch}\alpha x\cos\alpha x,\quad \varphi_2=\text{ch}\alpha x\sin\alpha x+\text{sh}\alpha x\cos\alpha x\\
\varphi_3=\text{sh}\alpha x\sin\alpha x,\quad \varphi_4=\text{ch}\alpha x\sin\alpha x-\text{sh}\alpha x\cos\alpha x\\
\varphi_5=(\text{ch}\alpha x-\text{sh}\alpha x)(\cos\alpha x-\sin\alpha x),\quad \varphi_6=\cos\alpha x(\text{ch}\alpha x-\text{sh}\alpha x)\\
\varphi_7=(\text{ch}\alpha x-\text{sh}\alpha x)(\cos\alpha x+\sin\alpha x),\quad \varphi_8=\sin\alpha x(\text{ch}\alpha x-\text{sh}\alpha x)\\
\varphi_9=\frac{1}{2}\left(\text{ch}^2\alpha x+\cos^2\alpha x\right),\quad \varphi_{10}=\frac{1}{2}(\text{sh}\alpha x\text{ch}\alpha x-\sin\alpha x\cos\alpha x)\\
\varphi_{11}=\frac{1}{2}(\text{sh}\alpha x\text{ch}\alpha x+\sin\alpha x\cos\alpha x),\quad \varphi_{12}=\frac{1}{2}\left(\text{ch}^2\alpha x-\sin^2\alpha x\right)\\
\varphi_{13}=\frac{1}{2}\left(\text{ch}^2\alpha x+\sin^2\alpha x\right),\quad \varphi_{14}=\frac{1}{2}(\text{ch}\alpha x-\cos\alpha x)^2\\
\varphi_{15}=\frac{1}{2}(\text{sh}\alpha x+\sin\alpha x)(\text{ch}\alpha x-\cos\alpha x)
\end{cases}
\tag{7.124}
$$

墙顶单位变位求出后，由基本结构传来的拱部外荷载，包括主动荷载及被动荷载使墙顶产生的转角及水平位移，即不难求出。当基础无展宽时，墙顶位移为

$$
\begin{cases}
\beta_{cp}^0=M_{cp}^0\overline{\beta}_1+H_{cp}^0\overline{\beta}_2+e\overline{\beta}_e=0\\
u_{cp}^0=M_{cp}^0\overline{u}_1+H_{cp}^0\overline{u}_2+e\overline{u}_e=0
\end{cases}
\tag{7.125}
$$

墙顶截面的弯矩M_c、水平力H_c、转角β_c和水平位移u_c为

$$
\begin{cases}
M_c=M_{cp}^0+X_1+X_2f\\
H_c=H_{cp}^0+X_2\\
\beta_c=X_1\overline{\beta}_1+X_2\left(\overline{\beta}_2+f\overline{\beta}_1\right)+\beta_{cp}^0\\
u_c=X_1\overline{u}_1+X_2\left(\overline{u}_2+f\overline{u}_1\right)+u_{cp}^0
\end{cases}
\tag{7.126}
$$

以M_c、H_c、β_c和u_c为初参数，即可由初参数方程求得距墙顶为x任一截面的内力和位移。若边墙上无侧压力作用，即$e=0$时，则有

$$
\begin{cases}
M=-u_c\frac{k}{2\alpha^2}\varphi_3+\beta_c\frac{k}{4\alpha^3}\varphi_4+M_c\varphi_1+H_c\frac{1}{2\alpha}\varphi_2\\
H=-u_c\frac{k}{2\alpha}\varphi_2+\beta_c\frac{k}{2\alpha^2}\varphi_3-M_c\alpha\varphi_4+H_c\varphi_1\\
\beta=u_c\alpha\varphi_4+\beta_c\varphi_1-M_c\frac{2\alpha^3}{k}\varphi_2-H_c\frac{2\alpha^2}{k}\varphi_3\\
u=u_c\varphi_1-\beta_c\frac{1}{2\alpha}\varphi_2+M_c\frac{2\alpha^2}{k}\varphi_3+H_c\frac{\alpha}{k}\varphi_4
\end{cases}
\tag{7.127}
$$

(2) 边墙为长梁。

当换算长度 $\alpha h \geqslant 2.75$ 时，可将边墙视为弹性地基上的半无限长梁(简称长梁)或柔性梁，近似看为 $\alpha h=\infty$。此时边墙具有柔性，可认为墙顶的受力(除垂直力)和变形对墙底没有影响。这种衬砌应用于较好围岩中，不考虑水平围岩压力作用。由于墙底的固定情况对墙顶的位移没有影响，故墙顶单位位移可以简化为

$$\begin{cases}\bar{\beta}_1=\dfrac{4\alpha^3}{k}\\ \bar{u}_1=\bar{\beta}_2=\dfrac{2\alpha^2}{k}\\ \bar{u}_2=\dfrac{2\alpha}{k}\\ \beta_e=-\dfrac{\alpha}{c}(\varphi_4+\varphi_3 A)\\ u_e=-\dfrac{1}{c}(\varphi_{14}+\varphi_{15}A)\end{cases} \tag{7.128}$$

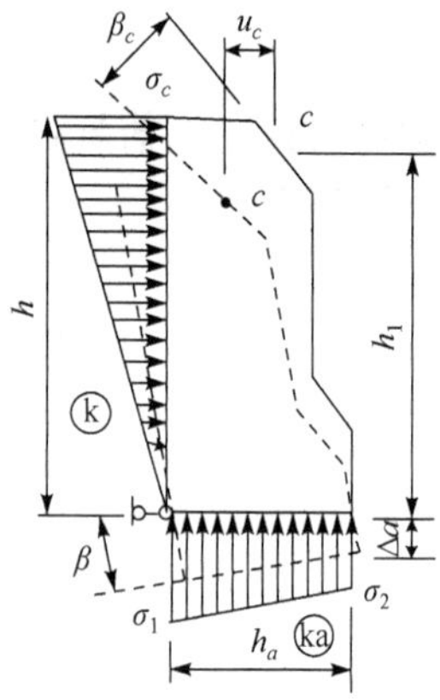

图 7.34　边墙受力示意图

(3) 边墙为刚性梁。

当换算刚度 $\alpha h \leqslant 1$ 时，可近似作为弹性地基上的绝对刚性梁，近似认为 $\alpha h=0$(即 $EJ=\infty$)。边墙本身不产生弹性变形，在外力作用下只产生刚体位移，即只产生整体下沉和转动。由于墙底摩擦力较大，所以不产生水平位移。当边墙向围岩方向位移时，围岩将对边墙产生弹性抗力，墙底处为零，墙顶处为最大值 σ_h，中间呈直线分布。墙底面的抗力按梯形分布，如图 7.34 所示。

由静力平衡条件，对墙底中点 a 取矩，可得

$$M_a-\left[\frac{\sigma_h h^2}{3}+\frac{(\sigma_1-\sigma_2)h_a^2}{12}+\frac{sh_a}{2}\right]=0 \tag{7.129}$$

式中，$s=\mu\dfrac{\sigma_h h}{2}$ 是边墙外缘有围岩弹性抗力所产生的摩擦力；μ 为衬砌与围岩间的摩擦系数；σ_1、σ_2 为墙底两边沿的弹性应力。

由于边墙为刚性，故底面和侧面均有同一转角 β，两者应相等，则有

$$\begin{cases}\beta=\dfrac{\sigma_1-\sigma_2}{k_a h_a}=\dfrac{\sigma_h}{kh}\\ \sigma_1-\sigma_2=n\sigma_h\dfrac{h_a}{h}\end{cases} \tag{7.130}$$

式中，$n=k_a/k$，对同一围岩，因基底受压面积小，压缩得较密实，可取为 1.25。

从而可得

$$\sigma_h = \frac{12M_a h}{4h^3 nh_a^3 + 3\mu h_a h^2} = \frac{M_a h}{I'_a} \tag{7.131}$$

式中，$I'_a = \dfrac{4h^3 nh_a^3 + 3\mu h_a h^3}{12}$ 称为刚性墙的综合转动惯量，因而墙侧面的转角为

$$\beta = \frac{\sigma_h}{kh} = \frac{M_a}{kI'_a} \tag{7.132}$$

由此可求出墙顶(拱脚)处的单位位移及荷载位移如下。

当 $\bar{M}_c = 1$、作用于 c 点时，$M_a = 1$，故

$$\begin{cases} \bar{\beta}_1 = \dfrac{1}{kI'_a} \\ \bar{u}_1 = \bar{\beta}_1 h_1 = \dfrac{h_1}{kI'_a} \end{cases} \tag{7.133}$$

式中，h_1 为自墙底至拱脚 c 点的垂直距离。

当 $\bar{H}_c = 1$、作用于 c 点时，$M_a = h_1$，故

$$\begin{cases} \bar{\beta}_2 = \dfrac{h_1}{kI'_a} = \bar{\beta}_1 h_1 \\ \bar{u}_2 = \bar{\beta}_2 h_1 = \dfrac{h_1^2}{kI'_a} = \bar{\beta}_1 h_1^2 \end{cases} \tag{7.134}$$

当主动荷载作用于基本结构时，$M_a = M_{ap}^0$，则有

$$\begin{cases} \beta_{cp}^0 = \dfrac{M_{ap}^0}{kI'_a} = \bar{\beta}_1 M_{ap}^0 \\ u_{cp}^0 = \beta_{cp}^0 h_1 = \dfrac{M_{ap}^0 h_1}{kI'_a} \end{cases} \tag{7.135}$$

由此不难求出拱顶的多余未知力和拱脚(墙顶)处的内力，以及边墙任一截面的内力。

7.4.4　衬砌截面强度验算

为了保证衬砌结构强度的安全性，需要在计算出结构内力之后进行强度验算。目前我国《公路隧道设计规范 第一册 土建工程》(JTG 3370.1—2018)规定，隧道衬砌和明洞按破坏阶段验算构件截面强度。也就是根据混凝土和石砌材料的极限强度，计算出偏心受压构件的极限承载能力，与构件实际内力相比较，计算截面的抗压(或抗拉)强度安全系数 K，并检查是否满足规范所要求的范围。

$$K = N_{jx}/N \geqslant K_{gf} \tag{7.136}$$

式中，K 为混凝土或石砌结构强度安全系数；N_{jx} 为截面的极限承载能力；N 为截面的实际内力；K_{gf} 为规范所规定的强度安全系数，见表 7.8 和表 7.9。

表 7.8　混凝土和砌体结构的强度安全系数

破坏原因	圬工种类			
	混凝土		砌体	
	永久荷载+基本可变荷载	永久荷载+基本可变荷载+其他可变荷载	永久荷载+基本可变荷载	永久荷载+基本可变荷载+其他可变荷载
混凝土或砌体达到抗压极限强度	2.4	2.0	2.7	2.3
混凝土达到抗拉极限强度	3.6	3.0		

表 7.9　钢筋混凝土结构的强度安全系数

破坏原因	荷载组合	
	永久荷载+基本可变荷载	永久荷载+基本可变荷载+其他可变荷载
钢筋达到计算强度或混凝土达到抗压或抗剪极限强度	2.0	1.7
混凝土达到抗拉极限强度	2.4	2.0

当按破损阶段验算构件截面的强度时，应根据不同的荷载组合，分别采用不同的安全系数，并应不小于如表 7.8 和表 7.9 所示的数值。验算施工阶段的强度时，安全系数可采用表 7.8 和表 7.9 “永久荷载+基本可变荷载+其他可变荷载”栏内的数值乘以折减系数 0.9。

衬砌的任一截面均应满足强度安全系数的要求，否则必须修改衬砌形状或尺寸，重新计算，直到满足要求。

对混凝土和石砌矩形截面构件，当偏心距 $e_0 \leqslant 0.2d$ 时，按抗压强度控制承载能力，并用式(7.137)计算：

$$KN \leqslant \varphi \alpha R_a bd \tag{7.137}$$

式中，N 为轴向力；b 为截面宽度；d 为截面厚度；φ 为构件的纵向弯曲系数，对于隧道衬砌、明洞拱圈及墙背紧密回填的明洞边墙，可取 $\varphi=1$，其他见表 7.10；α 为轴向力的偏心影响系数，可查规范，见表 7.11，或按 $\alpha=1-1.5e/d$ 计算；R_a 为混凝土或石砌体的抗压极限强度。

表 7.10　混凝土或砌体构件的纵向弯曲系数 φ

H/h	<4	4	6	8	10	12	14	16
纵向弯曲系数 φ	1.00	0.98	0.96	0.91	0.86	0.82	0.77	0.72
H/h	18	20	22	24	26	28	30	
纵向弯曲系数 φ	0.68	0.63	0.59	0.55	0.51	0.47	0.44	

注：H 为构件的高度，h 为截面短边的边长(当轴心受压时)或弯矩作用平面内的截面边长(当偏心受压时)。当 H/h 为表列数值的中间值时，φ可按内插法求得。

表 7.11　偏心影响系数α

e_0/h	α	e_0/h	α	e_0/h	α	e_0/h	α	e_0/h	α
0.00	1.000	0.10	0.954	0.20	0.750	0.30	0.480	0.40	0.236
0.02	1.000	0.12	0.923	0.22	0.698	0.32	0.426	0.42	0.199
0.04	1.000	0.14	0.886	0.24	0.645	0.34	0.374	0.44	0.170
0.06	0.996	0.16	0.845	0.26	0.590	0.36	0.324	0.46	0.142
0.08	0.979	0.18	0.799	0.28	0.535	0.38	0.278	0.48	0.123

注：表中的 e_0 为轴向力偏心距；表中 $\alpha=1.000+0.648(e_0/h)-12.569(e_0/h)^2+15.444(e_0/h)^3$。

根据抗裂角度要求，混凝土矩形截面偏心受压构件，当 $e_0>0.2d$ 时，按抗压强度控制承载能力，用式(7.138)计算：

$$KN \leqslant \varphi \frac{1.75R_l bd}{\dfrac{6e_0}{d}-1} \tag{7.138}$$

式中，R_l为抗拉极限强度。

钢筋混凝土偏心受弯构件或偏心受压构件的截面强度可按《公路隧道设计规范 第一册 土建工程》(JTG 3370.1—2018)附录 N 中的公式计算。

《公路隧道设计规范 第一册 土建工程》(JTG 3370.1—2018)对隧道衬砌和明洞混凝土偏心受压构件的轴向力偏心距限制为：不宜大于截面厚度的 45%；石料砌体偏心受压构件不宜大于截面厚度的 30%。基底偏心距的限制为：岩石地基不应大于墙底厚度的 25%；土质地基不应大于墙底厚度的 1/6。

隧道衬砌和明洞的基底应力不得大于地基容许承载力。隧道衬砌地基容许承载力可根据围岩类别用工程类比和经验估算的方法加以确定，有条件的可进行现场试验。

当拱脚截面的混凝土为间隙灌注或拱圈为混凝土而边墙用石砌时，按式(7.137)进行验算，其偏心距按石砌构件要求加以限制。

思　考　题

1. 隧道结构内力计算模型及发展阶段有哪些？
2. 作用在隧道结构上的荷载有哪些？
3. 深埋隧道与浅埋隧道如何区分？其受力特征有何不同？
4. 隧道围岩压力确定方法有哪些？
5. 何为局部变形理论及共同变形理论，二者的优缺点是什么？
6. 说明盾构隧道管片结构内力计算步骤(以修正惯用法为例)。
7. 修正惯用法计算管片环内力时，如何确定管片环弯矩刚度有效率？

第 8 章　隧道钻爆法施工

8.1　施工方法及其选择

8.1.1　影响因素及选择原则

隧道施工过程通常包括：在地层中挖出土石，形成符合设计轮廓尺寸的坑道；进行必要的初期支护和砌筑最后的永久衬砌，以控制坑道围岩变形，保证隧道长期安全使用。

一个多世纪以来，世界各国的隧道工作者在实践中已经创造出能够适应各种围岩的多种隧道施工方法。习惯上将它们分为矿山法、掘进机法、沉埋法、顶进法、明挖法等。矿山法包括传统矿山法和新奥法。由于在这种方法中，多数情况下都需要采用钻眼爆破进行开挖，故又称为钻爆法。掘进机法包括岩石掘进机法和盾构掘进机法。这些施工方法按照隧道穿越地层的不同，可以归纳如图 8.1 所示。

- 隧道施工方法
  - 山岭隧道施工方法
    - 矿山法(钻爆法)
    - 岩石掘进机法
  - 浅埋及软土隧道施工方法
    - 明挖法
    - 盖挖法
    - 浅埋暗挖法
    - 盾构法
  - 水底隧道施工方法
    - 沉埋法
    - 盾构法

图 8.1　常见隧道施工方法

隧道施工方法的选择主要依据围岩的工程地质和水文地质条件，并结合隧道工程结构条件和工程施工条件等综合考虑研究确定。围岩工程地质及水文地质条件，即隧道所处的地下建筑环境条件，主要表现为围岩的自稳能力和抗扰动能力、被挖除岩体的抗破坏能力、地下水储藏条件、地应力大小、地温、易燃易爆有害物质及这些条件的变化情况；隧道工程结构条件主要表现为隧道长度、隧道断面大小、形状、洞室的组合形式以及支护结构类型等情况；隧道工程施工条件主要表现为施工对围岩的扰动、支护对围岩提供帮助或限制的有效性、施工作业对空间的要求、提高施工速度的要求、控制施工成本的要求、保证工程质量及施工安全的要求、减少环境污染的要求、施工人员素质、施工队伍的技术及管理水平等。

隧道施工方法选择的原则为：应根据实际隧道工程上述三个方面的条件，尤其是围岩工程地质和水文地质条件，充分研究、综合考虑，选择适当的施工方法，并根据各方面条件的变化及时调整和改变施工方法。所选施工方法必须与围岩的自稳能力和被挖除岩土体的坚硬程度相适应，并尽量减少对围岩的扰动，保持围岩的自稳能力不显著降低，利用围岩自稳能力并保持围岩稳定。所选施工方法必须与隧道断面大小、形状以及洞室的组合情况相适应，必须与施工技术水平相适应，并能够满足施工安全、作业空间、施工速度、施工成本控制、工程质量、环境保护、施工组织和管理方面的要求。

对以上进行总结，可以归纳得到选择施工方法时，需要考虑的一些主要因素，包括：①工程的重要性，一般由工程的规模、使用上的特殊要求及工期的缓急体现出来；②隧道所处的工程地质和水文地质条件；③施工技术条件和机械装备状况；④施工中动力和原材料的供应情况；⑤工程投资与运营后的社会效益和经济效益；⑥施工安全状况；⑦有关污染、地面沉降等环境方面的要求和限制。

实际上，由于地质条件的复杂性和多变性，以及地质勘探、施工技术和人们对工程问题认识的局限性，人们在隧道施工过程中不可避免地会遇到预料之外的地质条件，甚至发生工程事故。所以，隧道施工人员，一方面应根据隧道工程各方面的具体条件加以综合考虑、反复比较，选择最经济、最合理的施工方法，一般是多种方法、多种技术的综合利用；另一方面应密切关注施工过程中的各种因素变化，及时根据实际情况调整施工方案、施工方法、施工技术和施工进度等各项计划。可见，隧道施工方法的选择，是一项“模糊”决策过程，它依赖于有关人员的学识、经验、毅力和创新精神。对于重要工程则需汇集专家意见，广泛论证，必要时应当开挖试验洞对理论方案进行实际验证。

根据大量施工经验，常见隧道施工方法的适应性如表 8.1 所示，供初步选择施工方法时参考。

表 8.1 隧道施工方法及其适用条件

地层条件	传统矿山法	新奥法	浅埋暗挖法	明挖法	盖挖法	盾构法	TBM 法	沉埋法
山岭隧道	适用	适用、最常用	浅埋段适用	浅埋段适用	—	软岩段适用	适用	—
浅埋隧道(软岩、土质)	可用	加特殊措施适用	常用	常用	适用	适用		—
水下隧道(水下地层)	—	硬岩段适用	—	—	—	软岩段适用	—	—
水底隧道(水下河床)	—	—	—	—	—	—	—	适用

8.1.2 主要施工方法

1. 传统矿山法

传统矿山法是山岭隧道的一种常规施工方法，因最早应用于采矿坑道而得名。它是以钻眼爆破进行开挖，以木或钢构件作为临时支撑，待隧道开挖成型后，逐步将临时支撑撤换下来，以整体式衬砌作为永久性支护的施工方法。施工中，采用纵向分段、横向全断面或分部开挖，每一部分开挖成型后对暴露围岩加以适当的支撑或支护，继而提供必要的永久性人工结构，以保持隧道长期稳定。目前，传统矿山法发展为主要采用钢构件承受早期围岩压力，以维护围岩的临时稳定，然后在此基础上，再施作内层衬砌，以承受后期围岩压力，并提供安全储备。施作后的钢构件支撑无须拆除和撤换，也更为安全。

1) 基本施工程序及优缺点

传统矿山法的基本施工程序如图 8.2 所示。

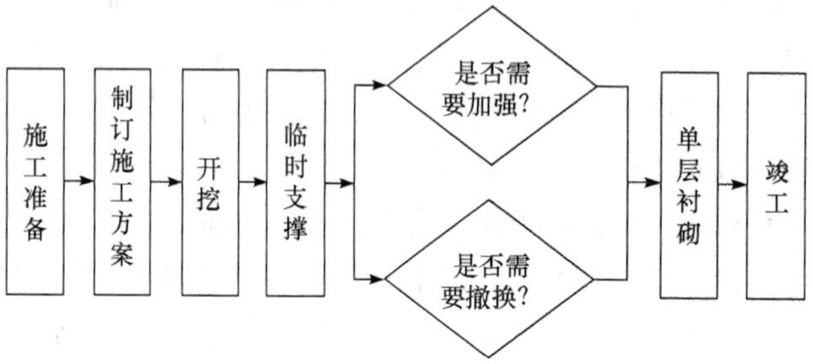

图 8.2　传统矿山法施工程序

传统矿山法将围岩与单层衬砌之间的关系等同于地面工程的“荷载(围岩)-结构(衬砌)”力学体系，其作为一种维持坑道稳定的措施，是很直观和奏效的，也容易被施工人员理解和掌握。因此，直至现在，这种方法还常被应用于不便采用锚喷支护的隧道或处理塌方等。

2) 施工原则

传统矿山法施工的基本原则可以归纳为“少扰动、早支撑、慎撤换、快衬砌”。

少扰动：指在进行隧道开挖时，尽量减少对围岩的扰动次数、强度、范围和持续时间。

早支撑：指开挖后应及时施作临时构件支撑，使围岩不致因变形松弛过度而产生坍塌失稳，并承受围岩松弛变形产生的压力，即早期松弛荷载。

慎撤换：指拆除临时支撑而代之以永久性模筑混凝土衬砌时要慎重，要防止撤换过程中的围岩坍塌失稳。每次撤换的范围、顺序和时间要视围岩稳定性及支撑的受力状况而定。若预计到不能拆除，则应在确定开挖断面大小及选择支撑材料时予以研究解决。

快衬砌：指拆除临时支撑后要及时修筑永久性混凝土衬砌，并使之尽早承载参与工作。

2. 新奥法

新奥法——新奥地利隧道施工法(new Austrian tunneling method，NATM)是奥地利隧道工程师拉布西维兹在传统矿山法基础上提出的。它是以控制爆破(光面爆破、预裂爆破等)或机械开挖为主要开挖方法，以喷射混凝土和锚杆作为主要支护手段，通过监测控制围岩的变形，动态修正设计参数和变动施工方法的一种隧道施工方法，其核心内容是充分发挥围岩的自承载能力，它是在锚喷支护技术的基础上总结和发展起来的。该法于 1954～1955 年首次应用于奥地利的普鲁茨-伊姆斯特电站的压力输水隧洞中，1963 年正式命名为新奥法。目前已成为隧道工程的主要施工方法，基本替代了传统矿山法。

1) 基本施工程序及优缺点

新奥法的基本施工程序如图 8.3 所示。

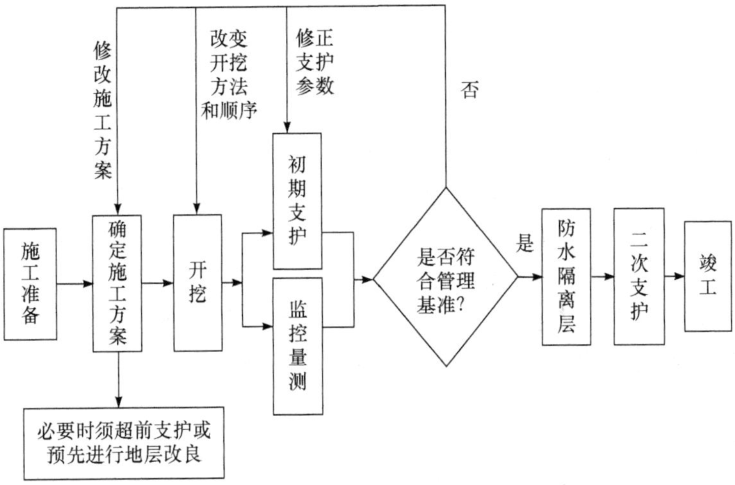

图 8.3 新奥法施工程序

新奥法的优缺点如下：

(1) 各工序的组合和调整灵活性很大，尤其是当地质条件发生变化时，它依然表现出很强的适应性。

(2) 与传统矿山法的钢木构件临时支撑相比，新奥法的锚喷初期支护具有显著的灵活性、及时性、密贴性、深入性、柔韧性、封闭性等工程特点。

(3) 施工机械和设备的配套比较灵活，且多数是常规设备，其组装设备简单、转移方便，重复利用率高。

(4) 新奥法的实施不仅要求有良好的施工组织和管理，也要求技术人员和量测人员都十分熟练，否则容易发生错误；作业质量与每位施工人员的仔细操作有关。

(5) 开挖暴露出的地质条件会立即改变其状态，因此要求施工地质人员要亲临现场，以便发现问题。

(6) 其采用现场量测进行动态控制施工，往往给施工带来不便。

(7) 必须加强防护干喷射带来的灰尘及化学药品带来的损害，尤其是对眼睛的防护，湿喷虽然可以避免此缺点，但在同样条件下，湿喷对围岩的支护不如干喷有效。

2) 施工原则

新奥法施工的基本原则可以归纳为“少扰动、早支护、勤量测、紧封闭”。

少扰动：指在隧道开挖时，要尽量减少对围岩的扰动次数、强度、范围和持续时间。即要求能机械开挖的就不用钻爆法开挖；采用钻爆法开挖时，要严格控制爆破；尽量采用大断面开挖；根据围岩级别、开挖方法、支护条件选择合理的循环进尺。

早支护：指开挖后及时施作初期锚喷支护，使围岩的变形进入受控状态。这样做一方面是为了使围岩不致因变形过度而产生坍塌失稳；另一方面是使围岩变形适度发展，以充分发挥围岩的自承载能力。必要时可采取超前预支护措施。

紧封闭：一方面是指采取喷射混凝土等防护措施，避免围岩因长时间暴露而导致强度和稳定性的衰减(尤其是对易风化的软弱围岩)；另一方面是指要适时对围岩施作封闭支护，这样做不仅可以及时阻止围岩变形，而且可以使支护和围岩进入良好的共同工作状态。

3. 新意法

20 世纪 70 年代中期，意大利 Pietro Lunardi 教授通过对数百座隧道进行理论和现场试验研究，逐步创立了岩土控制变形分析法。该法是通过对隧道掌子面前方超前核心土的勘察、量测，预报围岩应力-应变形态，并对隧道开挖后围岩的稳定、暂时稳定和不稳定进行划分，在此基础上进行信息化设计和施工，确保隧道安全穿越各种地层(尤其是复杂不良地层)和实现全断面开挖的一种隧道设计、施工方法，其实质是新奥法的变种。2006 年被命名为新意大利隧道施工法(new Italian tunneling method，NITM)，简称新意法。

1) 相关概念

(1) 超前核心土。超前核心土是指掌子面前方一定体积的圆柱形围岩体，其高度和直径大致为隧道直径。

(2) 掌子面挤出变形。掌子面挤出变形是指开挖岩土体对隧道开挖产生的变形反应的主要表现形式，主要发生在超前核心土内；挤出变形的大小取决于超前核心土的强度、变形特性及其所处的原始应力场；挤出变形发生在隧道掌子面的表面，沿隧道水平轴线方向发展，其几何形状大概呈轴对称(掌子面鼓出)，或在掌子面形成螺旋状突出。

(3) 隧道预收敛。隧道预收敛是指隧道掌子面前方理论轮廓线的收敛变形，取决于超前核心土的强度及变形特性与其原始应力状态之间的关系。

2) 基本施工程序及优点

新意法的设计施工步骤如图 8.4 所示。

新意法的优点如下：

(1) 新意法重视隧道加固措施，把隧道加固措施视为控制和调节隧道变形不可缺少的工具，从而把隧道加固措施视为隧道最终稳定结构的一部分(关注隧道的变形量，隧道工程的造价与其变形量成正比)。值得注意的是，在地下工程的总造价中，隧道加固措施和地层改良措施的造价变化幅度很大；而隧道开挖和衬砌的造价相对较为稳定，对于所有地层，其变化幅度都不大。

(2) 采用新意法可以对隧道进行完整可靠的设计，从而可以在各种地层中，甚至在最困难的地层条件下都可以进行机械化全断面施工。

(3) 采用新意法可以估算出工程的工期和造价，避免各种纠纷。

(4) 采用新意法可以很容易在隧道施工期间客观地量测出掌子面-超前核心土体系的应力-应变状态，有效克服了之前围岩分级方法的缺陷。

3) 新意法与新奥法的比较

(1) 地层变形反应的分析方式不同。

新奥法对地层变形反应的分析仅限于掌子面后方，仅对隧道收敛进行分析；而新意法不仅对掌子面后方的地层变形反应(收敛)进行分析，且更注重对掌子面及其前方地层的变形反应(掌子面挤出变形和预收敛)进行分析。

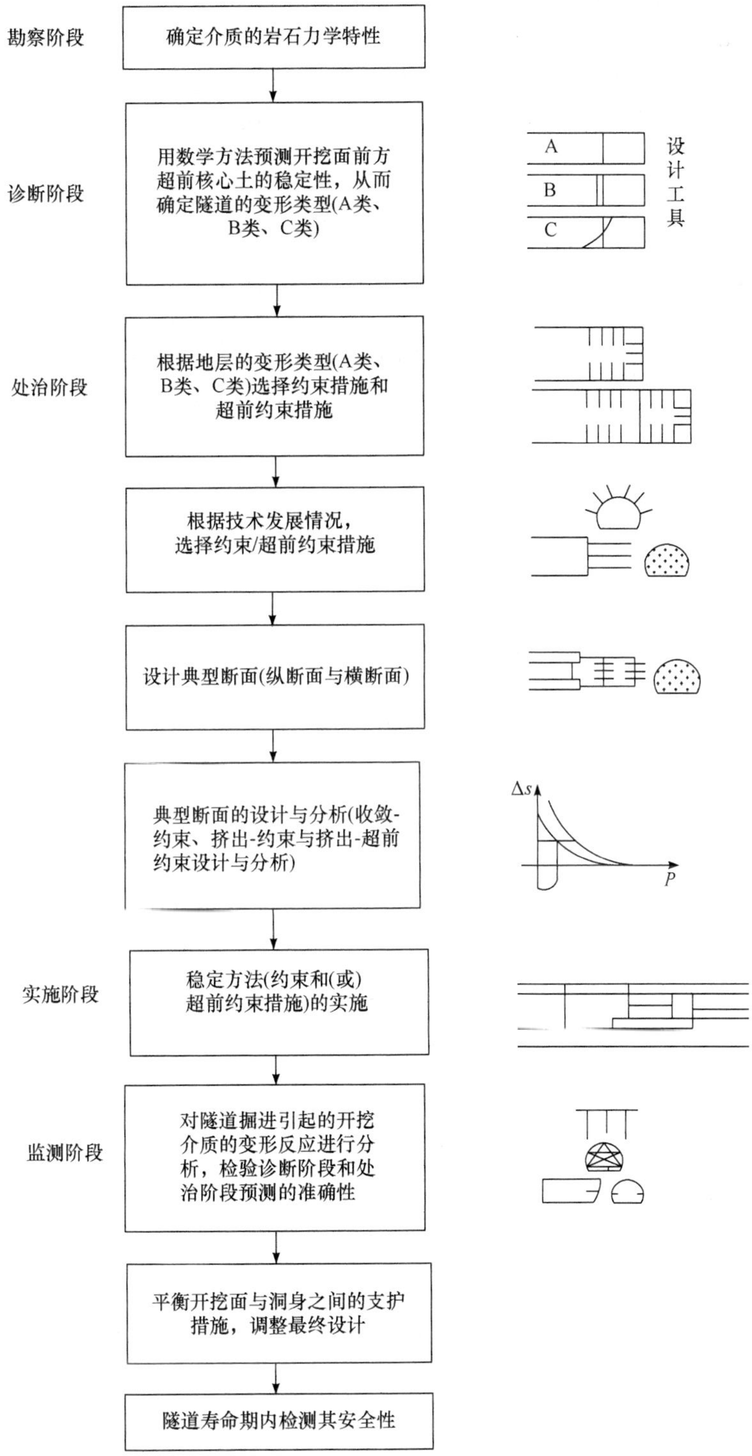

图 8.4　新意法设计施工步骤

(2) 地层变形反应的控制方式不同。

新奥法采用锚杆、喷射混凝土、钢拱架和施作仰拱等手段，仅对掌子面后方施加约束作用；而新意法不仅要求支护措施(包括二次衬砌和仰拱)要与掌子面保持适当距离，不能落后掌子面太远，对隧道提供连续的约束作用，而且要求对超前核心土采取适当的防护和加固措施，提高其强度和变形特性，提供超前约束。

4. 浅埋暗挖法

浅埋暗挖法是在距离地表较近的地下进行各种类型地下洞室暗挖施工的一种方法，是基于新奥法基本原理而提出的一种适用于软弱地层的隧道工程设计、施工方法。其施工的地下洞室具有埋深浅(最小覆跨比可达 0.2)、地层差(通常为第四纪软弱地层)、存在地下水(需降低地下水位)、周围环境复杂(邻近既有建、构筑物)等特点。该法的优点有造价低、拆迁少、灵活多变、无须太多专用设备及不干扰地面交通和周围环境等。

1) 施工程序

浅埋暗挖法施工程序如图 8.5 所示。

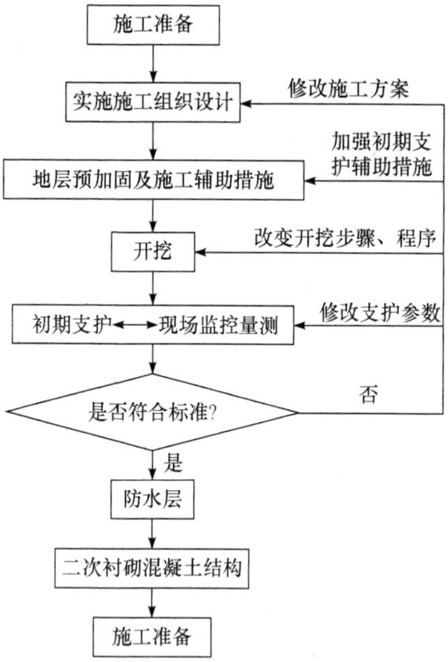

图 8.5　浅埋暗挖法施工程序

2) 施工原则

浅埋暗挖法的施工原则为，“管超前、严注浆、短进尺、强支护、快封闭、勤量测”。

管超前：采用超前支护的各种手段提高土体的稳定性，控制下沉，防止围岩松弛和坍塌。

严注浆：导管超前支护后，立即进行压注水泥浆或其他化学浆液，填充围岩空隙，使隧道周围形成一个具有一定强度的壳体，以增强围岩的自稳能力，确保开挖过程中的安全。

短进尺：严格限制进尺的长度，在施工中可采取留核心土，目的除减少开挖时间外，预留的土体还可以平衡掌子面土体，防止滑塌。

强支护：初期支护必须牢固，具有较大的刚度，以控制初期结构的变形，保证结构稳定。

快封闭：为有效控制围岩松弛，必须及时采用临时仰拱或使支护体系封闭成环。

勤量测：按照规定频率对规定部位进行监测，掌握施工动态，调整施工参数并设置各部位的变形警戒值。

5. 沉埋法

沉埋法又称沉管法，是修建水底隧道的一种施工方法。在沉管法施工时，要先在隧址附近修建的临时干坞内预制钢筋混凝土管段，预制的管段用临时隔墙封闭起来，然后浮运到隧址的规定位置，此时已于隧址处预先挖好一个水底基槽。待管段定位后，向管段内灌水压载，使其下沉到设计位置，将此管段与相邻管段在水下连接起来，并处理基础，最后回填覆土，隧道内部铺装，从而形成一个完整的水底隧道。

沉埋法施工步序较多，如图 8.6 所示。在所有的工序中，干坞修筑、管段制作，管节浮运、沉放、水下对接和基础处理的难度较大，是影响沉管隧道成败的关键。

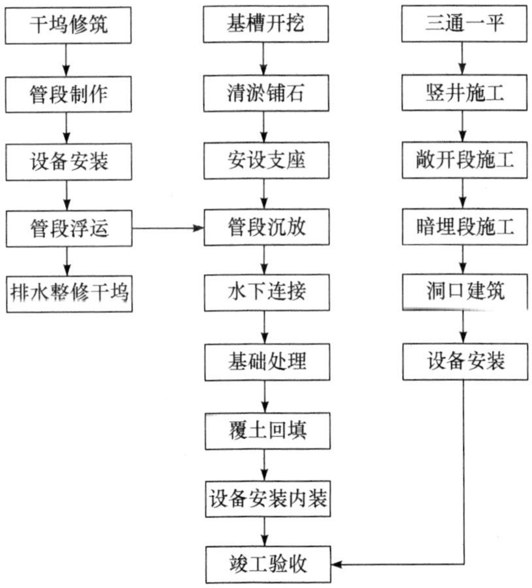

图 8.6　沉埋法施工程序

沉埋法的优点有：对地质水文条件适应能力强(施工较简单、地基荷载较小)、可浅埋，与两岸道路衔接容易(无须长引道，线形较好)；防水性能好(接头少，漏水概率降低，水力压接滴水不漏)；施工工期短(管段预制与基槽开挖平行，浮运沉放较快)；造价低(水下挖土与管段制作成本较低)；施工条件好(水下作业极少)；可做成大断面多车道隧道。其缺点有：管段制作混凝土工艺要求严格，需保证合适的干舷与抗浮系数；当车道较多时，需增加沉管隧道高度，导致压载混凝土量、挖土方量与引道结构工程量增加。

6. 明挖法及盖挖法

二者均为浅埋隧道的施工方法。明挖法是将隧道上覆一定范围内的覆土及隧道内的地层逐层分块挖除，并逐次分段施作隧道衬砌结构，然后回填土，形成隧道。其优点是施工技术简单、快速、经济及主体结构受力条件较好等，在没有地面交通和环境等条件限制时，是首选方法。但其缺点很明显，如阻断交通时间较长、会产生噪声与振动等。

明挖法施工的主要工序为：降低地下水位、基坑(边坡)支护、土方开挖、防水工程及结构施工等。其中，基坑(边坡)支护是关键工序，具体参见基坑工程相关书籍。

盖挖法是由地面向下开挖至一定深度后，施工结构顶板，并恢复地面原状，其余绝大部分土体的挖除和主体结构的施作在封闭顶板掩盖下完成的施工方法。其特点有：

(1) 如在道路下施工，封闭道路时间短，而且允许分段实施，一旦路面先期恢复(或盖挖系统完成后)，后续施工对地面交通几乎不产生影响；

(2) 对周围环境的干扰时间较短，对防止地面沉降及对周围建筑物、地下管线的保护具有良好的效果；

(3) 挖土是在顶部封闭状态下进行，大型机械应用受到限制，施工工期较长；

(4) 结构的主要受力构件常兼有临时结构和永久结构的双重功能；

(5) 需设置中间竖向临时支撑系统，与侧墙共同承受结构封底前的竖向荷载；

(6) 对地下连续墙、中间支撑柱与底板、楼盖的连接节点需进行处理。

按照盖板下土体挖除和主体结构施作的顺序，盖挖法可以分为盖挖顺作法、盖挖逆作法和盖挖半逆作法三种。盖挖法主要适用于城市地铁、特浅埋隧道工程中，尤其适用于地铁车站等地下洞室建筑物的施工。其中，盖挖顺作法主要适用于单层地铁车站施工，盖挖逆作法主要适用于多层地铁站施工。具体参见相关书籍。

7. 盾构法及 TBM 法

盾构法是 1818 年法国工程师布鲁诺(M.I.Brunel)受到蛀虫钻孔的启发而发明的一种隧道掘进施工方法。它是在一种钢制的活动防护装置(称为盾构)的掩护下进行隧道开挖的方法，同时在盾构的尾部拼装预制的管片、砌块或者现浇混凝土以形成隧道的衬砌结构。盾构机借助于盾尾千斤顶的顶力实现掘进，与此同时在衬砌结构和土体之间注入浆液以防止地层的过大变形。TBM 法是用掘进机切削破岩，开凿岩石隧道的一种施工方法。该法始于 20 世纪 30 年代，随着掘进机技术的迅速发展和机械性能的日益完善，掘进机施工得到了很快发展。与钻爆法相比，其大大降低工人劳动强度，保证施工人员安全，且掘进速度快，有发展到自动化的可能等。这两种方法的具体情况见本书第 9 章。

由以上介绍可以发现，目前常用的隧道施工方中，主要包括以新奥法为代表的非机械开挖方法(钻爆法)及以 TBM 法、盾构法为代表的掘进机法两大类，本书将分两章对这两类方法进行介绍(本章主要介绍新奥法，第 9 章介绍掘进机法)。

8.2　新奥法常用开挖方法

隧道施工就是要挖除坑道范围内的岩土体，并尽量保持坑道围岩的稳定。显然，开挖是隧道施工的第一道工序，也是关键工序。在坑道的开挖过程中，围岩稳定与否，虽然主要取决于围岩本身的工程地质条件，但无疑开挖方法对围岩稳定状态有着直接而重要的影响。因此，隧道开挖的基本原则是：在保证围岩稳定或减少对围岩扰动的前提条件下，选择恰当的开挖方法，并应尽量提高掘进速度。即在选择开挖方法时，一方面应考虑隧道围岩地质条件及其变化情况，选择能适应地质条件及其变化，并能保持围岩稳定的方法和方式；另一方面应考虑坑道范围内岩土体的坚硬程度，选择能快速掘进，并能减少围岩扰动的方式。

新奥法施工，按其开挖断面的大小及位置，通常可分为全断面法、台阶法、分部开挖法三大类及若干变化方案，一些主要的开挖方法归纳如表 8.2 所示。

表 8.2　一些主要开挖方法

序号	名称	断面示意图	纵断面示意
1	全断面法	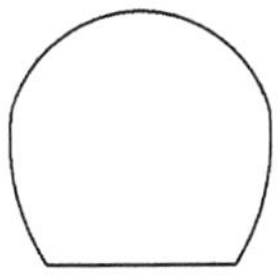	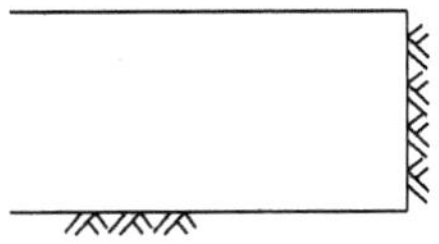
2	台阶法	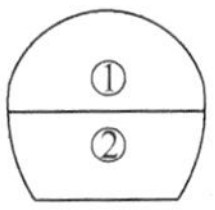	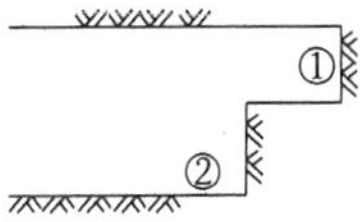
3	分部开挖法	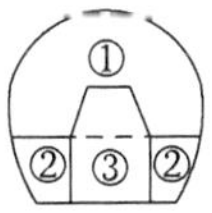	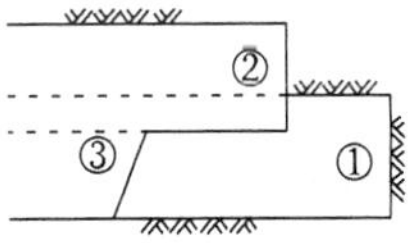
4	单侧壁导坑法	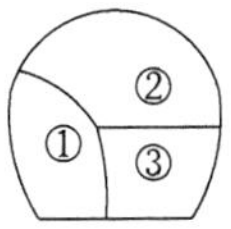	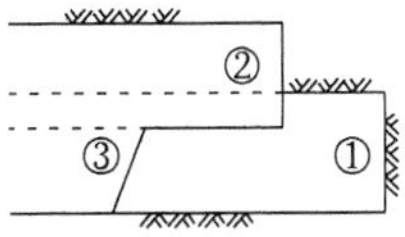
5	双侧壁导坑法	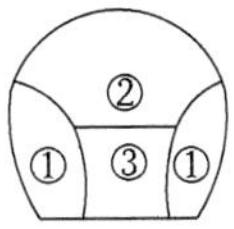	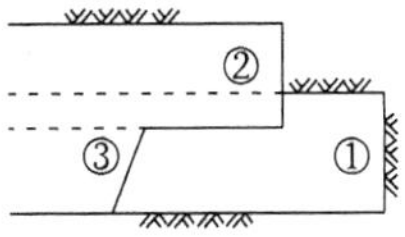
6	中洞法	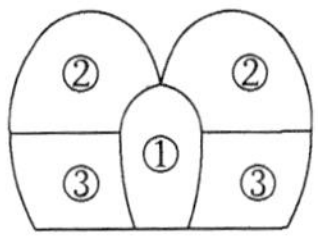	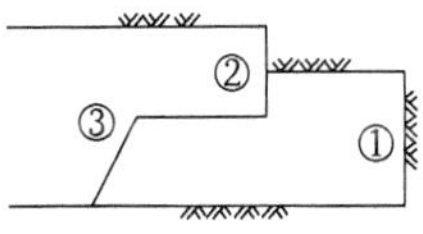

续表

序号	名称	断面示意图	纵断面示意
7	中隔壁法(CD 法)	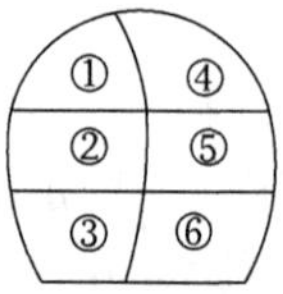	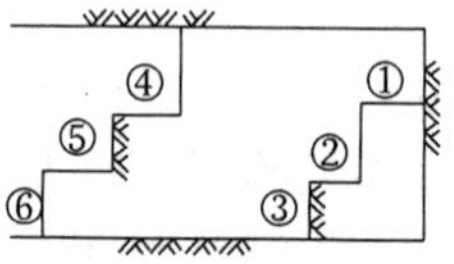
8	交叉中隔壁法(CRD 法)	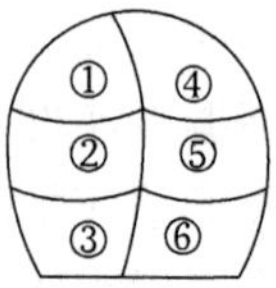	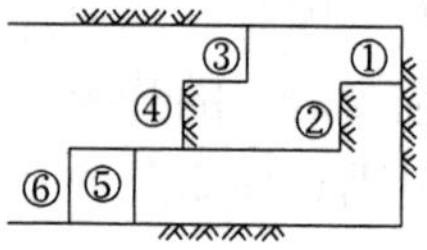

8.2.1　全断面法

按照隧道设计轮廓线一次爆破成型的施工方法称为全断面法，其施工顺序如下：

(1) 用钻孔台车钻眼，然后装药，连接导火线；

(2) 退出钻孔台车，引爆炸药，开挖出整个隧道断面；

(3) 排除危石，安设拱部锚杆和喷第一层混凝土；

(4) 用装渣机将石渣装入出渣车，运出洞外；

(5) 安设边墙锚杆和喷射混凝土；

(6) 必要时可喷拱部第二层混凝土和隧道底部混凝土；

(7) 开始下一轮循环；

(8) 在初期支护变形稳定后，或按施工组织中规定日期砌筑内层衬砌。

全断面法适用于 I～III 级岩质较完整的硬岩中，需要具备大型施工机械。另外，隧道长度或施工区段长度不宜太短，否则采用大型机械化施工的经济性差，根据经验，此长度不应小于 1km。

全断面法施工中，根据围岩稳定程度也可以不设锚杆或设短锚杆。另外，也可先出渣，再施作初期支护，但一般仍先施作拱部初期支护，以防止应力集中而造成围岩松动剥落。

全断面法的优点有：①工序少，相互干扰少，便于组织施工和管理；②工作空间大，便于组织大型机械化施工，因此施工效率高。但是，采用全断面法应注意下列问题：①摸清开挖面前方的地质情况，随时准备好应急措施(包括改变施工方法等)，以确保施工安全；②各种施工机械设备务求配套，以充分发挥机械设备的效率；③加强各项辅助作业，尤其加强施工通风，保证工作面有足够的新鲜空气；④加强对施工人员的技术培训，施工人员对施工方法的技术熟练状况直接关系到施工效果。

8.2.2　台阶法

这种方法是将断面分成上半断面和下半断面两部分进行开挖，根据台阶长度，台阶法可分为长台阶法、短台阶法和超短台阶法等三种，如图 8.7 所示。

三种台阶法的选择根据两个条件决定：①初期支护形成闭合断面的时间要求，围岩越差，闭合时间要求越短；②上断面施工所用的开挖、支护、出渣等机械设备对施工场地大小的要求。应该注意，在软弱围岩中应以前一条件为主，兼顾后者，确保施工安全；在围岩条件较好时，主要考虑更好地发挥机械效率，保证施工经济性，故只需考虑后一条件。

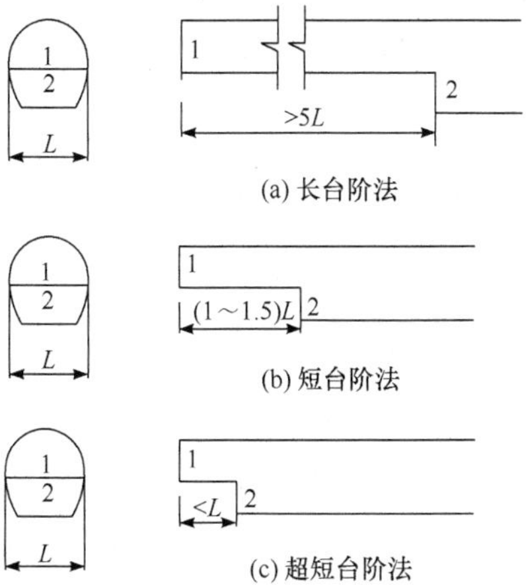

图 8.7　台阶法分类

1. 长台阶法

长台阶法施工中，上、下台阶断面相距较远，一般上台阶超前 50m 以上或大于 5 倍洞跨。施工时上下台阶都可配备同类机械进行平行作业，当机械不足时也可用一套机械设备交替作业，即在上半断面开挖一个进尺，再在下断面开挖一个进尺。当隧道长度较短时，也可先将上半断面全部挖通后，再进行下半断面施工，此称为半断面法。

长台阶法的作业顺序为：

(1) 对于上半断面，用钻孔台车钻眼、装药爆破；安设锚杆和钢筋网，必要时加设钢支撑、喷射混凝土；用推铲机将石渣推运到台阶下，再由装载机装入车内运至洞外。

根据支护结构形成闭合断面的时间要求，必要时在开挖上半断面后，可设临时底拱，形成上半断面的临时闭合结构，然后在开挖下半断面时将临时底拱挖掉。但此做法很不经济。

(2) 对于下半断面，用钻孔台车钻眼、装药爆破，装渣直接运至洞外；安设边墙锚杆(必要时)和喷射混凝土，用挖掘机开挖水沟，喷底部混凝土。

(3) 待初期支护的变形稳定后，或根据施工组织所规定的日期敷设防水层(必要时)和建造内层衬砌。

相对于全断面法，长台阶法一次开挖的断面和高度都比较小，只需配备中型钻孔台车即可施工，而且对维持开挖面稳定也十分有利。因此，它的适用范围较全断面法广泛，凡是全断面法中开挖面不能自稳，但围岩坚硬不用底拱封闭断面的情况，都可采用长台阶法。

2. 短台阶法

这种方法的两个断面相距较近，一般上台阶长度大于 1～1.5 倍但小于 5 倍洞跨，上下断面采用平行作业。

短台阶法的作业顺序和长台阶法相同。由于短台阶法可缩短支护结构闭合的时间，改善初期支护的受力条件，有利于控制隧道收敛速度和量值，所以适用范围很广，II～V 级围岩都能采用，尤其适用于 IV、V 级围岩，是新奥法施工中主要采用的方法之一。

短台阶法的缺点是：上台阶出渣对下半断面施工的干扰较大，不能全部平行作业。

为解决这种干扰，可采用长皮带机运输上台阶的石渣，或设置由上半断面过渡到下半断面的坡道，将上台阶的石渣直接装车运出。过渡坡道的位置可设在中间，也可交替设在两侧。

采用短台阶法时应注意下列问题：初期支护全断面闭合要在距开挖面 30m 以内，或距开挖上半断面开始的 30 天内完成；当初期支护变形、下沉显著时，要提前闭合，研究在保证施工机械正常工作的前提下台阶的最小长度。

3. 超短台阶法

这种方法的上台阶仅超前 3～5m，只能采用交替作业。

超短台阶法的施工作业顺序为：用一台停在台阶下的长臂挖掘机或单臂掘进机开挖上半断面至一个进尺，安设拱部锚杆、钢筋网或钢支撑，喷拱部混凝土；用同一台机械开挖下半断面至一个进尺，安设边墙锚杆、钢筋网或接长钢支撑，喷边墙混凝土(必要时加喷拱部混凝土)；开挖水沟，安设底部钢支撑，喷底拱混凝土，修筑内层衬砌。另外，也可采用小型机具在上下台阶交替开挖，由于上半断面施工作业场地狭小，常常需要配置移动式施工台架，以解决上半断面施工机具的布置问题。

由于超短台阶法初期支护全断面闭合时间更短，更有利于控制围岩变形。在城市隧道施工中，能更有效地控制地表沉陷。所以，超短台阶法适用于膨胀性围岩和土质围岩，要求及早闭合断面的场合。

超短台阶法的缺点是：上下断面相距较近，机械设备集中，作业时相互干扰较大，生产效率较低，施工速度较慢。采用超短台阶法施工时应注意以下问题：在软弱围岩中施工时，应特别注意开挖工作面的稳定性，必要时可采用辅助施工措施，如向围岩中注浆或打入超前水平小钢管，对开挖面进行预加固或预支护。

8.2.3　分部开挖法

分部开挖法是将整个断面分成几个部分开挖的方法，主要包括三种方式：台阶分部开挖法、单侧壁导坑法及双侧壁导坑法。除此之外，还有中洞法、中隔壁法及交叉中隔壁法等多种其他形式。

1. 台阶分部开挖法

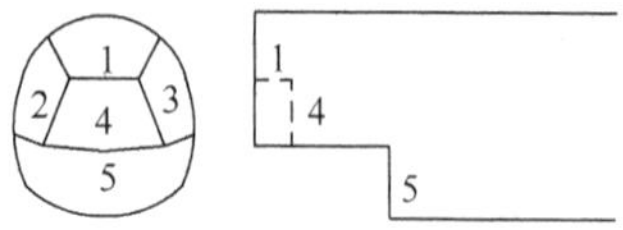

图 8.8　台阶分部开挖法

台阶分部开挖法又称环形开挖留核心土法，该法一般将断面分成环形拱部(图 8.8 中的 1、2、3)、上部核心土 4、下部台阶 5 等三部分。根据断面大小，环形拱部又可分成几块交替开挖(1、2、3)。环形开挖进尺一般为 0.5～2m，不宜过长；上部核心土和下台阶的距离，一般为 1 倍洞跨。

1) 施工作业顺序

台阶分部开挖法施工作业顺序为：①用人工或掘进机开挖环形拱部；②架立钢支撑、喷混凝土；③在拱部初期支护保护下，开挖核心土和下台阶，随时接长钢支撑和喷混凝土、封底；④根据初期支护变形情况或施工安排建造内层衬砌。

由于拱形开挖高度较小，或地层松软锚杆不易成型，所以该法施工中应不设或少设锚杆。

2) 基本特点及适用范围

在台阶分部开挖法中，因为上部留有核心土支挡开挖面，而且能迅速及时地建造拱部初期支护，所以开挖工作面稳定性好。与台阶法一样，核心土和下部开挖都在拱部初期支护保护下进行，施工安全性好。该法适用于一般土质或易坍塌的软弱围岩中，常用于 IV～VI 级围岩隧道。

3) 主要优点及注意的问题

台阶分部开挖法的主要优点有：

(1) 与超短台阶法相比，台阶长度可以加长，以减少上下台阶施工干扰；

(2) 与下述侧壁导坑法相比，施工机械化程度较高，施工速度可加快。

应注意的问题：虽然核心土增强了开挖面的稳定，但开挖中围岩要经受多次扰动，而且断面分块多，支护结构形成全断面封闭的时间长，这些都有可能使围岩变形加大。因此，常需结合辅助施工措施对开挖工作面及其前方岩土体进行预支护或预加固。

2. 单侧壁导坑法

该法一般是将断面分成三块：侧壁导坑 1、上台阶 2、下台阶 3(表 8.2)。侧壁导坑尺寸应本着充分利用台阶的支撑作用，并考虑机械设备和施工条件而定，一般其宽度不宜超过洞宽的 50%，高度以到起拱线为宜，这样，导坑可分二次开挖和支护，不需要架设工作平台，人工架立钢支撑也较方便。导坑与台阶的距离一般应以导坑施工和台阶施工不发生干扰为原则，所以在短隧道中可先挖通导坑，再开挖台阶。上、下台阶的距离视围岩情况参照短台阶法或超短台阶法确定。

1) 施工作业顺序

单侧壁导坑法施工顺序如下：

(1) 开挖侧壁导坑，并进行初期支护(锚杆加钢筋网、锚杆加钢支撑，或钢支撑、喷射混凝土)，应尽快使导坑的初期支护闭合；

(2) 开挖上台阶，进行拱部初期支护，使其一侧支撑在导坑的初期支护上，另一侧支撑在下台阶上；

(3) 开挖下台阶，进行另一侧边墙初期支护，并尽快建造底部初期支护，使全断面闭合；

(4) 拆除导坑临空部分的初期支护；

(5) 建造内层衬砌。

2) 施工特点及适用范围

单侧壁导坑法是将断面横向分成三块或四块，每步开挖的宽度较小，而且封闭型的导坑初期支护承载能力大。所以，单侧壁导坑法适用于断面跨度大、地表沉陷难以控制的软弱松散围岩隧道施工。

3. 双侧壁导坑法(又称眼镜工法)

该法一般是将断面分成四块：左、右侧壁导坑 1 、上部核心土 2 、下台阶 3(表 8.2)。导坑尺寸拟定的原则同单侧壁导坑法，侧壁导坑形状应接近于椭圆形，但宽度不宜超过断面最大跨度的 1/3。左、右侧导坑错开距离一般为 30～50m，应根据开挖一侧导坑所引起的围岩应力重分布的影响不致波及另一侧已成导坑的原则确定。导坑开挖后应及时进行初期支护，并尽早封闭成环。

1) 施工顺序

双侧壁导坑法施工顺序如下：

(1) 开挖一侧导坑，并及时将其初期支护闭合；

(2) 相隔适当距离后开挖另一侧导坑，并建造初期支护；

(3) 开挖上部核心土，建造拱部初期支护，拱脚支撑在侧壁导坑的初期支护上；

(4) 开挖下台阶，建造底部初期支护，使初期支护全断面闭合；

(5) 拆除导坑临空部分的初期支护；

(6) 建造内层衬砌。

2) 施工特点及适用范围

双侧壁导坑法适用于 V～VI 级围岩隧道开挖。双侧壁导坑法虽然开挖断面分块多，扰动大，初期支护全断面闭合的时间长，但每个分块都是在开挖后立即各自闭合的，所以在施工中间变形几乎不发展。双侧壁导坑法施工安全，但速度较慢，成本较高。因此，当隧道跨度很大、地表沉陷要求严格、围岩条件特别差、单侧壁导坑法难以控制围岩变形时，可采用双侧壁导坑法。

4. 中洞法

中洞法适用于双连拱隧道，其采用先开挖中洞并支护，在中洞内施作隧道中墙混凝土，后开挖两侧的施工方法。

中洞法的施工要求如下：

(1) 开挖高度应大于中墙高度 1m，开挖宽度应大于 5m；

(2) 中洞开挖超前长度根据隧道长度、宽度以及地质情况综合考虑，一般为 50～80m；

(3) 对长度 200～300m 的短隧道可先贯通中洞，再施工两侧侧洞；

(4) 中洞开挖后应及时施作初期支护，再分段灌筑中墙混凝土，每一纵向段长度为 4～10m；

(5) 在中墙混凝土达到设计强度后方可拆模，并进行临时横向支撑。

5. 中隔壁法(CD 法)

中隔壁法是通过软弱、浅埋、大跨度隧道的最有效的施工方法之一，它适用于 V～VI 级围岩隧道。中隔墙开挖时应沿一侧自上而下分为两步或三步进行，每开挖一步均应及时施作锚喷支护、安设钢架、施作中隔壁。再开挖中隔墙的另一侧，其分步次数及支护形式与先开挖的一侧相同。

中隔壁法施工要求如下：

(1) 在各步开挖时，周边轮廓应尽量圆顺，减小应力集中；

(2) 各步的底部高程应与钢架接头处一致；

(3) 后一侧开挖应及时形成全断面封闭；

(4) 左右两侧纵向间距一般为 30～50m；

(5) 中隔壁设置为弧形或圆弧形。

6. 交叉中隔壁法(CRD 法)

交叉中隔壁法采用自上而下分为 2～3 步开挖中隔墙的一侧，及时支护并封闭临时仰拱，待完成 1～2 步后，即开始另一侧 1～2 步开挖及支护，形成左右两侧开挖及支护相互交叉的情形。一般适用于 V～VI 级围岩浅埋隧道。

采用交叉中隔壁法施工，除满足中隔壁法的要求，尚应满足：设置临时仰拱，步步成环；自上而下，交叉进行；中隔壁及交叉临时支护，在灌注二次衬砌时，应逐段拆除。

通常情况下，选择合理的施工方法，可以安全地施工隧道，并将地表沉降控制在设计要求范围内，因此选择一种合理的施工方法是工程成败的关键。综合国内外施工经验，基于经济性及工期考虑，目前常用的施工方法选择的顺序为全断面法—台阶法—台阶分部开挖法—CD 法—CRD 法—侧壁导坑法。

从安全性角度考虑，顺序正好相反。

在工程实践中，应根据地质条件、断面大小、地面环境等因素从施工方法的可实现性、安全性、工期、适应性、技术性和经济性六个方面综合考虑，选择施工方法。新奥法常用的七种施工方法的优缺点汇总于表 8.3。

表 8.3　不同施工方法对比表

施工方法	指标			
	沉降	工期	支护拆除量	造价
全断面法	一般	最短	没有拆除	低
台阶法	一般	短	没有拆除	低
台阶分部开挖法	一般	短	没有拆除	低
CD 法	较大	短	拆除少	偏高
CRD 法	较小	长	拆除多	高
单侧壁导坑法	较大	长	拆除多	高
双侧壁导坑法	小	长	拆除多	高

8.3　主要施工作业

8.3.1　开挖

新奥法的开挖工作包括钻眼、装药、爆破等几项内容，其应做到下面几点要求：

(1) 按设计要求开挖出断面(包括形状、尺寸、表面平整、超挖、欠挖等要求)；

(2) 石渣块度(石渣大小)便于装渣作业；

(3) 掘进速度快，少占作业循环时间；

(4) 爆破在充分发挥其能力的前提下，减少对围岩的振动破坏，减少对施工用具设备及支护结构的破坏，并尽量节省爆破器材消耗。

隧道施工所采用的爆破方法中，用得最多的是炮眼爆破法。爆破方法要研究的问题主要是炮眼布置、炮眼参数及装药起爆等。

一般情况下，隧道开挖前，应根据工程地质条件、开挖断面、开挖方法、循环进尺、钻眼机具和爆破器材等做好钻爆设计，合理地确定炮眼布置、数目、深度和角度，装药量和装药结构，起爆方法，起爆顺序，安排好循环作业等，以正确指导钻爆施工，达到预期效果。

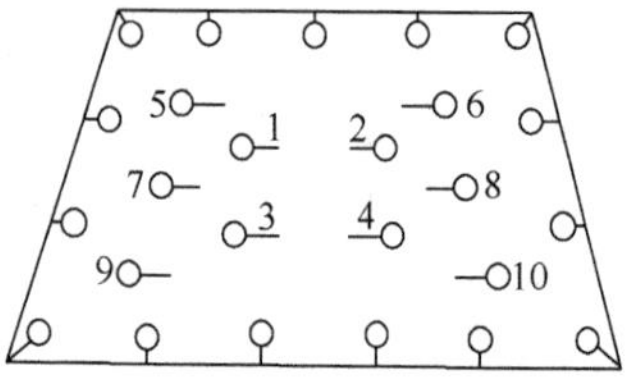

图 8.9　炮眼布置图

1～4 为掏槽炮眼，5～10 为辅助炮眼，其余为周边炮眼

1) 炮眼类型

掘进爆破的主要任务是在保证安全的前提下，高速度、高质量地将岩石按照规定断面爆破下来，并尽可能不损伤周围岩石。为此，需要在工作面上合理布置一定数量起不同作用的炮孔。以水平隧道为例，掘进工作面的炮眼可分为掏槽炮眼、辅助炮眼和周边炮眼，如图 8.9 所示。

(1) 掏槽炮眼。

掏槽炮眼的作用是将开挖面上某一部位的岩石掏出一个槽，以形成新的临空面，为其他炮眼的爆破创造有利条件。掏槽炮眼一般要比其他炮眼深 10～20cm，以保证爆破开挖深度一致。

(2) 辅助炮眼。

辅助炮眼的作用是进一步扩大掏槽体积和增大爆破量，并为周边炮眼创造有利的爆破条件，其布置主要是解决间距和最小抵抗线问题，由经验决定。最小抵抗线约为炮眼间距的 60%～80%。

(3) 周边炮眼。

周边炮眼的作用是爆破后使坑道断面达到设计的形状和规格。周边炮眼原则上沿着设计轮廓均匀布置，间距和最小抵抗线应比辅助炮眼小，以便爆出较为平顺的轮廓。眼口距设计轮廓线 0.1～0.2m，便于钻眼。

周边炮眼的底端，对于松软岩层应放在设计轮廓线以内，对于中硬岩层可放在设计轮廓线上，对于坚硬岩层则应略超出设计轮廓线外。

2) 掏槽爆破

隧道爆破与地面台阶爆破的主要不同在于前者只有一个可供岩石移动的自由面，后者有两个或者更多的自由面。因此，隧道爆破岩石受夹制作用较大，这就要求必须开创一个可供岩石破碎使之能从表面跑出的自由面，即应先进行掏槽爆破。隧道爆破中，都是使几个炮孔在只有一个自由面的工作条件下先爆破，为后续炮孔的爆破创造自由面，以提高隧道爆破的效率，这就是掏槽爆破。掏槽爆破是隧道开挖爆破技术中的主要难点和关键，掏槽的好坏直接影响其他爆破效果。因此，必须选择合理的掏槽布置方式。

根据坑道断面、围岩性质和地质构造等条件，掏槽炮眼排列形式有很多种，一般可分成斜眼掏槽、直眼掏槽等多种方式，如图 8.10 所示。

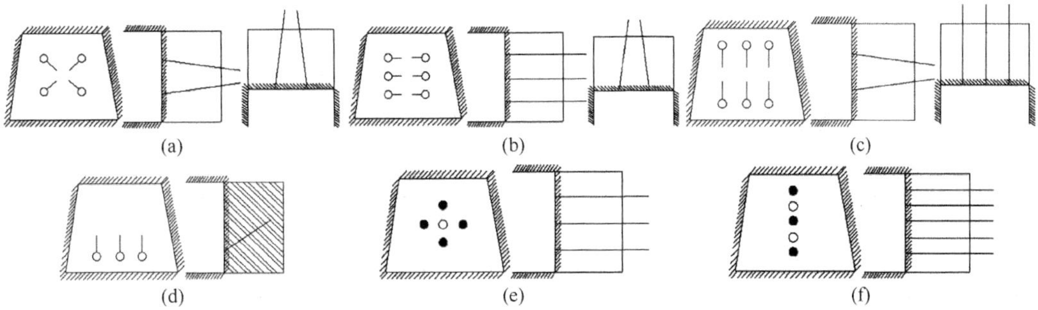

图 8.10　掏槽炮眼布置形式

(1) 斜眼掏槽。

其特点是掏槽炮眼与开挖面斜交。常用的有锥形掏槽、楔形掏槽及单向掏槽，其中最常用的是垂直楔形掏槽(图 8.10(b))和锥形掏槽(图 8.10(a))。

① 垂直楔形掏槽。掏槽炮眼水平成对布置，爆破后将炸出楔形槽口，如图 8.11 所示。

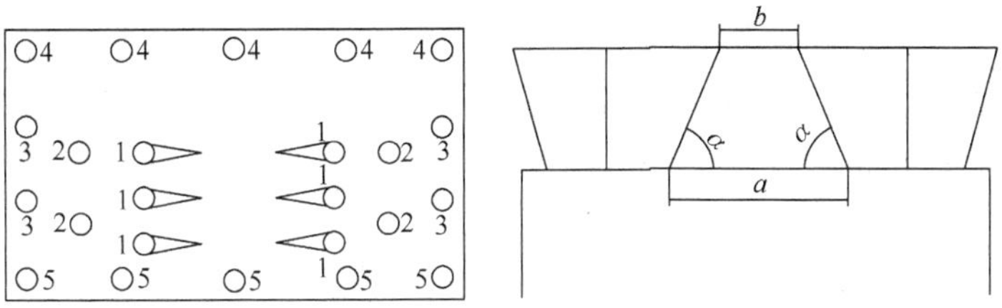

图 8.11　楔形掏槽

1-掏槽炮眼；2-辅助炮眼；3-帮眼；4-顶眼；5-底眼

影响此种掏槽爆破的重要因素包括炮眼与开挖面间的夹角 α 、上下两对炮眼的间距 a 、同一平面上一对掏槽炮眼眼底的距离 b ，它们的建议参数如表 8.4 所示。

表 8.4　垂直楔形掏槽参数

围岩级别	α/(°)	a/cm	b/cm	炮眼数量
IV 级及以上	70～80	70～80	30	4
III 级	75～80	60～70	30	4～6
II 级	70～75	50～60	25	6
I 级	55～70	30～50	20	6

② 锥形掏槽。这种炮眼呈角锥形布置，各掏槽炮眼以相等的角度向工作面中心轴线倾斜，眼底趋于集中，但互相并不贯通，爆破后形成锥形槽。影响此种掏槽爆破的主要因素见表 8.5。

表 8.5　锥形掏槽参数

围岩级别	α/(°)	a/cm	炮眼数量
IV 级及以上	70	100	3
III 级	68	90	4
II 级	65	80	5
I 级	60	70	6

根据掏槽炮眼个数，可将锥形掏槽分为三角锥形掏槽、四角锥形掏槽、五角锥形掏槽等多种类型。

斜眼掏槽的优点是操作简单，可以按岩层的实际情况选择掏槽方式和掏槽角度，易把岩石抛出，掏槽炮眼的数量少且炸药耗量低。其缺点为炮眼深度易受开挖断面尺寸的限制，不易提高循环进尺，也不便于多台凿岩机同时作业。

(2) 直眼掏槽。

直眼掏槽可以实行多机凿岩、钻眼机械化和深眼爆破，为加快掘进速度提供了有利条件。直眼掏槽凿岩作业比较方便，无须随循环进尺的改变而变化掏槽形式，仅需改变炮眼深度；而斜眼掏槽则要随循环进尺的不同而改变炮眼位置和角度。直眼掏槽石渣抛掷距离也可缩短，所以目前现场多采用直眼掏槽。但直眼掏槽的炮眼数量和单位用药量多，炮眼位置和钻眼方向也要求高度准确才能保证良好的掏槽效果，因此技术比较复杂。

直眼掏槽的形式很多，过去常用的有龟裂掏槽、五梅花掏槽和螺旋掏槽。近年来，由于重型凿岩机投入施工，尤其是能钻大于 100mm 直径大孔的液压钻机投入施工以后，直眼掏槽的布置形式有了新的发展。例如，已有了几种大孔中空(即临空孔)平行直眼掏槽形式，在现场施工爆破中具有良好的掏槽效果，包括：双临空孔形式(图 8.12(a))，适用于钻孔深度为 3.0～3.5m 的深孔爆破；三临空孔形式(图 8.12(b))，适用于钻孔深度为 3.50～5.15m 的深孔爆破；单临空孔形式(图 8.12(c))，适用于钻孔深度为 3m 以下的爆破。以上几种掏槽形式基本上均适用于中硬和坚硬的各种岩层中。

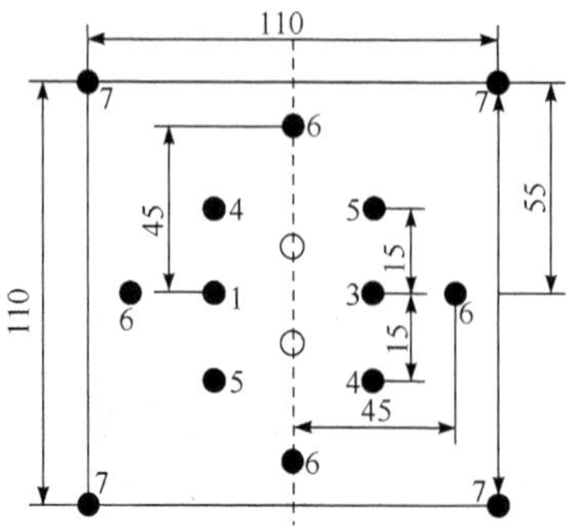

(a) 双临空孔形式

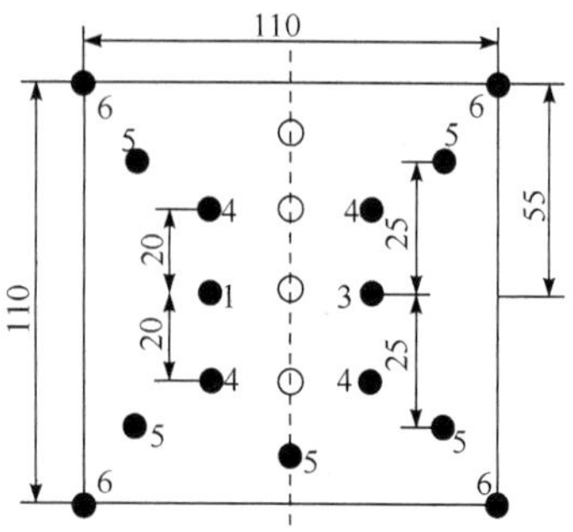

(b) 三临空孔形式

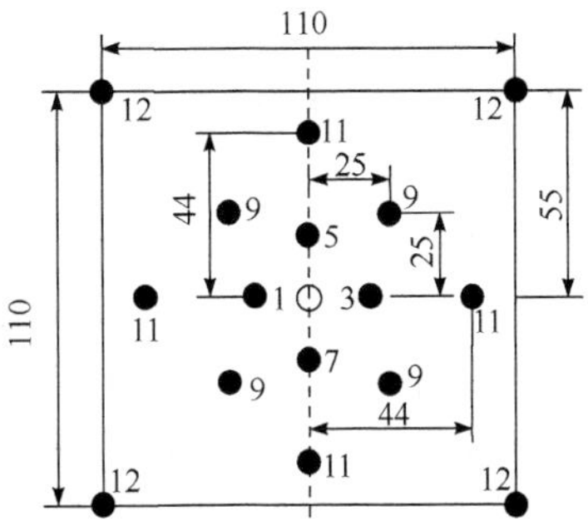

(c) 单临空孔形式

图 8.12 直眼掏槽的几种形式(单位：cm)

(3) 混合掏槽。

混合掏槽是指两种以上掏槽方式的混合使用，一般在岩石特别坚硬或隧道开挖断面较大时使用，主要包括如下形式：

① 复式掏槽。严格地说，复式掏槽也属于斜眼掏槽，它是在浅眼楔形掏槽的基础上发展起来的。在大断面隧道掘进中，为加大掏槽深度，可采用两层、三层或四层楔形掏槽炮眼，每对掏槽炮眼呈完全对称或近似对称，深度由浅到深，与工作面的夹角由小到大。复式掏槽又称多重楔形掏槽或 V 形掏槽。复式掏槽的爆破角(掏槽炮眼与工作面的夹角)与掏槽炮眼深度的相互关系，应使从每个眼底所作垂线恰好落在开挖断面两壁与开挖面相交的临空面上；最深掏槽炮眼底的垂线也须落在隧道内，即与已爆出的工作面相交；在每一掏槽炮眼眼底所作的垂线必须与隧道壁面相交。复式掏槽根据开挖断面的大小及进尺常分为两级复式掏槽和三级复式掏槽(图 8.13)。

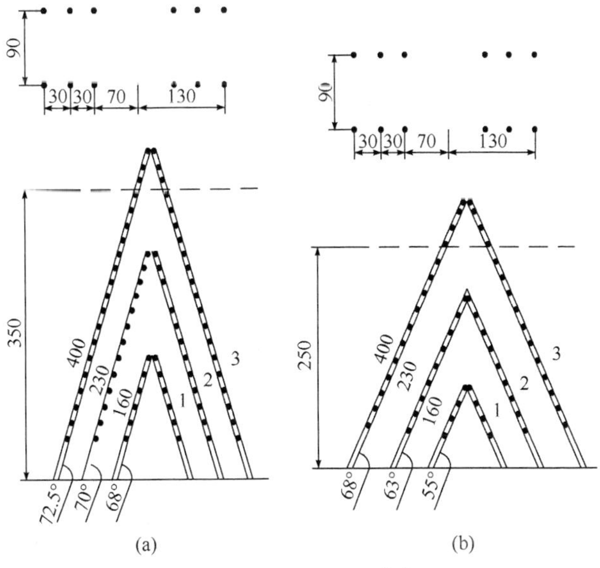

图 8.13 三级复式掏槽(单位：cm)

一般情况下，复式掏槽上、下排距为 50～90cm，硬岩取小值，软岩取大值。在硬岩中爆破时，最好使用高威力炸药，一般布置上、下两排即可；当岩石十分坚硬时，可三排或四排。

② 升级掏槽。升级掏槽采用逐级加深的炮眼布置，按掘进方向平行钻孔，把全部掏槽深度分阶段达到爆破的目的，如图 8.14 所示。升级掏槽将常用掏槽方法在爆破技术上的优点和直眼掏槽在钻眼技术上的优点结合起来，因此其适应能力强，可对各种不同条件和围岩状况采用不同方法加以处理，掏槽深度可以根据炮眼的级数来确定。

③ 分段掏槽。为克服深眼爆破中装药底部仅产生挤压破碎作用和弱抛掷，可将掏槽炮眼分次起爆，这样有利于槽腔形成，提高掏槽腔的有效深度，便于机械化作业。图 8.15 为直眼二次掏槽示意图，其炮眼利用率在 90%以上。实践表明，对于斜眼分段掏槽，循环进尺可达隧道开挖宽度的 76%，炮眼利用率可在 95%以上。

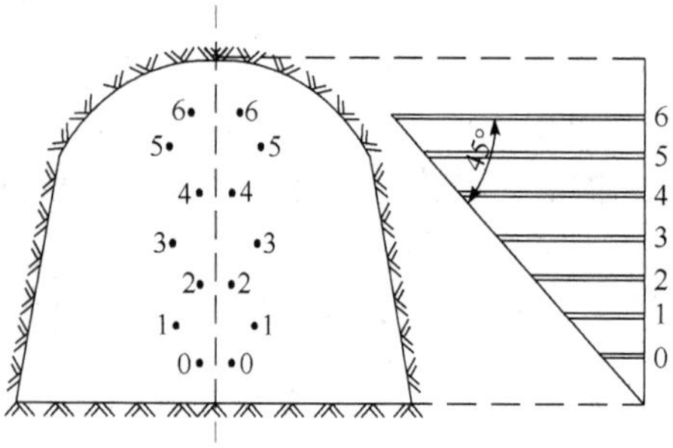

图 8.14　升级掏槽

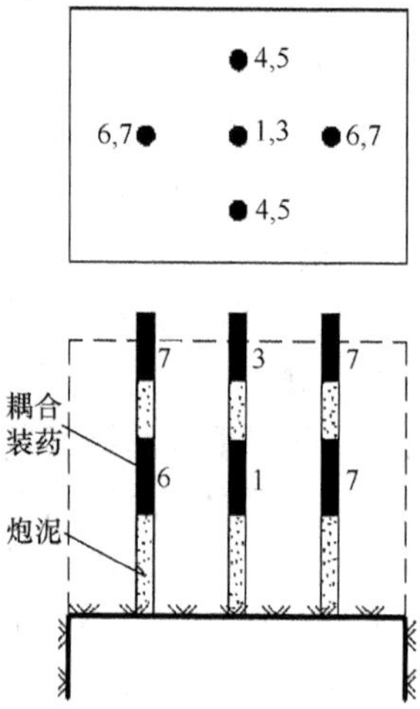

图 8.15　直眼二次掏槽

除此之外，其他混合掏槽还有角锥与直眼、楔形与直眼(图 8.16)等形式组合，这些混合掏槽形式一般用在比较坚硬的岩石中。

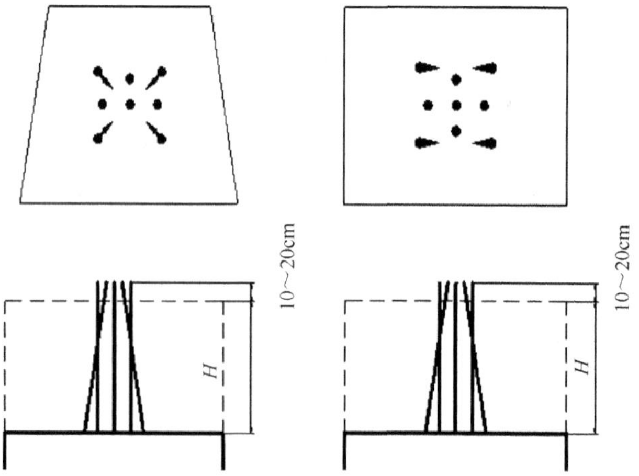

(a) 角锥与直眼　(b) 楔形与直眼

图 8.16　分段掏槽

3) 周边炮眼控制爆破

在隧道爆破施工中，首先要求炮眼利用率高，开挖轮廓及尺寸准确，对围岩振动小。按通常的周边炮眼布置，若全断面一次开挖，常常难以爆破出理想的设计断面，对围岩扰动又大。采用周边炮眼控制爆破技术，可以控制爆破轮廓，尽量保持围岩的稳定。周边炮眼控制爆破包括光面爆破与预裂爆破两种。

(1) 光面爆破。

光面爆破是指爆破后断面轮廓整齐，超挖和欠挖符合规定要求的爆破。其主要标准是：开挖轮廓成型规则，岩面平整；岩面上保存 50%以上孔痕，并无明显的爆破裂缝；爆破后围岩壁上无危石。

隧道施工中采用光面爆破，对围岩的扰动比较轻微，围岩松弛带的范围只有普通爆破法的 1/9～1/2，大大地减少了超/欠挖量，节约了大量混凝土和回填片石，加快了施工进度，围岩壁面平整、危石少，减轻了应力集中现象，避免了局部坍落，提高了施工安全，并为喷锚支护创造了条件。

实现光面爆破，就是要使周边炮眼起爆后优先沿各孔的中心连线形成贯通裂缝，然后由于爆炸气体的作用，破裂的岩体向洞内抛撒。确定合理的光面爆破参数是获得良好光面爆破效果的重要保证。光面爆破的主要参数包括周边炮眼间距、光面爆破层厚度、周边炮眼密集系数、周边炮眼线装药密度等。影响光面爆破参数选择的因素有很多，主要有岩石的爆破性能、炸药品种、一次爆破的断面大小及形状等，其中影响最大的是地质条件。光面爆破参数的选择，目前多采用经验方法。

为了获得良好的光面爆破效果，可采取以下技术措施：

① 适当加密周边炮眼。周边炮眼孔距适当缩小，可以控制爆破轮廓，避免超/欠挖，又不致过多增加钻眼工作量。孔间距的大小与岩石性质、炸药种类、炮眼直径有关，一般为 $E=(8\sim18)d$，E 为孔距(图 8.17)，d 为炮眼直径。一般情况下，坚硬或破碎的岩石宜取小值，软质或完整的岩石宜取大值。

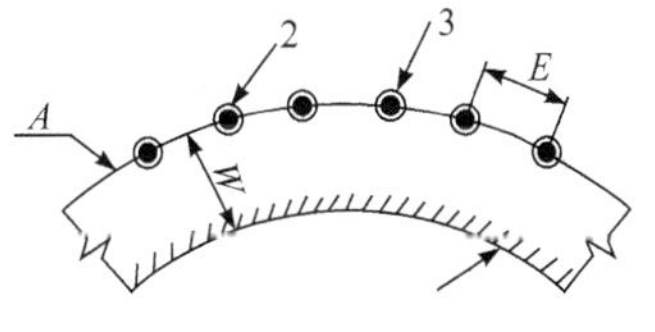

图 8.17　周边炮眼炮孔布置示意图

② 合理确定光面爆破层厚度。光面爆破层就是周边炮眼与最外层辅助炮眼之间的一圈岩石层。光面爆破层厚度为周边炮眼的最小抵抗线宽度 W(图 8.17)。周边炮眼的间距 E 与光面爆破层厚度 W 有着密切关系，通常以周边炮眼密集系数 K 表示为 $K=E/W$，必须使应力波在两相邻炮眼间的传播距离小于应力波至临空面的传播距离，即 $E<W$。K 是小于 1 的变量，国内外大量工程实践表明，取 $K=0.8$ 左右，光面爆破层厚度 W 一般取 50～90cm。

③ 合理用药。用于光面爆破的炸药，既要求有较高的破岩应力能，又要消除或减轻爆破对围岩的扰动，宜采用低猛度、低爆速、传爆性能好的炸药。但在炮眼底部，为了克服眼底岩石的夹制作用，应改用高爆速炸药。

周边炮眼的装药是光面爆破中最重要的一个参数，通常以线装药密度表示。线装药密度是指炮眼中间正常装药段每米长的装药量。恰当的装药量应为既要具有破岩所需的应力能，又不造成围岩的破坏，施工中应根据孔距、光面爆破厚度、围岩及炸药种类等综合考虑确定。

④ 采用小直径药卷不耦合装药结构。在装药结构上，宜采用比炮眼直径小的小直径药卷连续或间隔装药，此时药卷与炮眼壁间留有空隙，称为不耦合装药结构。炮眼直径与药卷直径之比称为耦合系数。光面爆破的不耦合系数最好大于 2，但药卷直径不应小于该炸药的临界直径，以保证稳定起爆。当采用间隔装药时，相邻炮眼所用药串的药卷位置应错开，以充分利用炸药效能。

⑤ 保证光面爆破眼同时起爆。据测定，各炮眼的起爆时差超过 0.1s 时，等同于单个炮眼爆破。使用即发雷管与导爆索起爆是保证光面爆破眼同时起爆的好方法，同段毫秒雷管起爆次之。

⑥ 要为周边炮眼光面爆破创造临空面。在开挖程序和起爆顺序上应注意不要使先爆落的石渣堵死周边炮眼的临空面。一个均匀的光面爆破层是有效实现光面爆破的重要一环，应对靠近光面爆破层的辅助炮眼布置和装药量给予特殊关注。

(2) 预裂爆破。

预裂爆破实质上也是光面爆破的一种形式，其爆破原理与光面爆破相同，只是在爆破的顺序上，光面爆破是先引爆掏槽炮眼，接着引爆辅助炮眼，最后才引爆周边炮眼。而预裂爆破则是首先引爆周边炮眼，使沿周边炮眼的连心线炸出平顺的预裂面。这个预裂面的存在，对后爆的掏槽炮眼和辅助炮眼的爆炸波能起反射和缓冲作用，可以减轻爆炸波对围岩的破坏影响，爆破后的开挖面整齐规则。由于成洞过程和破岩条件不同，在减轻对围岩的扰动程度上，预裂爆破较光面爆破的效果更好一些。所以，预裂爆破适用于稳定性差而又要求控制开挖轮廓的软弱岩层。但预裂爆破的周边炮眼间距和最小抵抗线都要比光面爆破小，相应地要增加炮眼数量，钻眼工作量增大。

与光面爆破一样，理想的预裂效果关键在于保证连心线上的预裂面产生贯通裂缝，形成光滑的岩壁。但由于预裂爆破受到只有一个临空面条件的制约，采取的爆破参数及技术措施均较光面爆破要求更严。

由于预裂爆破可以沿设计轮廓线裂出一条一定宽度的裂缝，对开挖岩石的破坏比较轻微，保持了岩体的完整性，因此目前已在我国得到广泛应用。

4) 炮眼参数

炮眼参数包括炮眼直径、炮眼数量和炮眼长度。

(1) 炮眼直径。

炮眼直径对凿岩生产率、炮眼数量、单位炸药消耗量和平整度均有影响。炮眼直径以及相应药径增加可使炸药能量相对集中，爆炸效果得以提高。但炮眼直径过大将导致凿岩速度显著降低，并影响岩石破碎质量、洞壁平整程度和围岩稳定性。因此，必须根据岩性、凿岩设备和工具、炸药性能等综合分析，合理选用孔径。药卷与炮眼壁之间的空隙通常为炮眼直径的 10%～15%。当采用标准直径ϕ32～ϕ35mm 药卷时，炮眼直径常为 38～43mm。

一般情况下，炮眼直径主要根据装药直径来确定(光面爆破除外)，而装药直径的选择需要考虑以下因素：

① 对装药爆轰性能的影响。装药直径不能小于炸药临界直径。对于工业用混合炸药，

在临界直径和极限直径范围内增大装药直径，可以提高炸药的爆速、爆轰压、殉爆和爆轰的稳定性。

② 对应力波参数的影响。增大装药直径可以增大应力波峰值(因峰值与爆速有关)、应力波作用时间及其冲量。

③ 对爆破参数和爆破效果的影响。增大装药直径，可以提高装药的最小抵抗线，减小炮眼数量，降低单位体积炸药消耗量，提高炮孔利用率和减小岩石破碎块度，但相应地会增加破碎岩石的功能、抛掷距离和爆准范围。

④ 对钻孔爆破技术经济指标的影响。改变装药直径会直接或间接影响掘进循环各工序的工时和劳动效率，从而影响掘进速度和成本。

(2) 炮眼数量。

炮眼数量主要与开挖断面、岩石性质和炸药性能有关。炮眼数量应能装入所需的适量炸药，通常可根据各炮眼平均分配炸药量的原则来计算炮眼数量 N，具体为

$$N = \frac{qs}{\alpha\gamma} \tag{8.1}$$

式中，q 为单位炸药消耗量(由经验决定，一般取 q=1.2～2.4kg/m^3)；s 为开挖断面面积；α 为装药系数，指装药深度与炮眼长度的比值，可参考表 8.6；γ 为每米药卷的炸药质量(kg/m)，2 号岩石硝胺炸药的每米药卷质量见表 8.7。

表 8.6　装药系数 α 值

炮眼名称	围岩类别			
	II/III	IV	V	VI
掏槽炮眼	0.5	0.55	0.60	0.65～0.80
辅助炮眼	0.4	0.45	0.50	0.55～0.70
周边炮眼	0.4	0.45	0.55	0.60～0.75

表 8.7　2 号岩石炸药每米药卷质量 γ 值

药卷直径/mm	32	35	38	40	45	50
γ/(kg/m)	0.78	0.96	1.10	1.25	1.59	1.90

(3) 炮眼长度。

炮眼长度决定着每一掘进循环的钻眼工作量、出渣工作量、循环时间和次数以及施工组织。它对掘进速度的影响很大，对围岩的稳定性和断面超/欠挖也有重大影响。因此，合理的炮眼长度，应是在隧道施工优质、安全、节省投资的前提下，能够防止爆破面以外围岩过大的松动，减少繁重支护，避免过大的超/欠挖量，也能获得最好的掘进速度的炮眼长度。其一般根据下列因素确定：

① 考虑围岩的稳定性，并避免过大的超/欠挖量；

② 考虑凿岩机的允许钻眼长度、操作技术条件和钻眼技术水平；

③ 考虑掘进循环安排，保证充分利用作业时间。

根据围岩性质、所拥有的掘进设备的能力，结合以往的实践经验，可初步进行掘进循环安排，进而确定合理的炮眼长度(一般为导坑宽度或高度的 50%～85%)。

在隧道全断面开挖中，随着大型液压凿岩台车的使用和钻眼技术水平的提高，炮眼深度已由原来的 1.2～1.8m 逐渐增至 2.5m、3.0m、3.5m、4.0m，有不少隧道已采用钻深 5.15m、钻孔直径 48mm(中空孔直径为 102mm)。总的来说，在每一掘进循环中，应遵循提高钻眼、出渣作业的效率，又使其他各项作业紧凑、顺利完成这一原则，来确定合理的炮眼长度。

一个循环的时间 T 应事先初步规定，如每班 6h(或 8h)内完成一个或两个循环，则 T 为 6h 或 3h(8h 或 4h)。每一循环中各项作业的时间可分析如下。

① 钻眼时间 t_1：

$$t_1 = \frac{NL}{mv} \tag{8.2}$$

式中，m 为同时使用的凿岩机台数；L 为平均炮眼长度，m；v 为钻眼速度，可先根据 L 的大致值近似决定。

② 装药时间 t_2：

$$t_2 = \frac{N'}{n} \tag{8.3}$$

式中，N' 为一个炮眼的装药时间，min；n 为同时装药的放炮工数量。

在有自动装药机的工地，装药时间可根据实测资料统计确定。

③ 起爆及通风时间 t_3：

$$t_3 = 15 \sim 30\text{min} \tag{8.4}$$

采用无轨运输的独掏头双线铁路隧道通风时间长达 1h。

④ 装渣时间 t_4：

$$t_4 = \frac{\eta L S \sin\theta}{\rho} \tag{8.5}$$

式中，ρ 为按实方计算的实际装渣生产率，m^3/min；η 为炮眼利用系数，可估计为 0.75～0.95；θ 为炮眼与开挖面所成的平均角度。

⑤ 其他时间 t_5。此时间应包括在开挖面设置钻眼和装渣机械与清除危石的时间，以及其他时间损失等，按实际情况估算。

根据上列五项时间可得出：

$$T = t_1 + t_2 + t_3 + t_4 + t_5 \tag{8.6}$$

由此可推导出在规定循环时间内完成各项作业的炮眼长度 L 为

$$L = \frac{T - \left(\dfrac{N'}{n} + t_3 + t_5\right)}{\dfrac{N}{mv} + \dfrac{\eta S \sin\theta}{\rho}} \tag{8.7}$$

以上是传统施工中所采用的计算炮眼长度的方法。当采用喷锚支护施工时，还应考虑增加喷锚 t_6 和位移量测 t_7 两项作业时间。

5) 爆破网络

由于起爆器材类型的不同，起爆方法各异，目前工程爆破使用最广泛的起爆方法通常分为电力起爆法和非电力起爆法两大类。

(1) 电爆破网络。

在一个工作面上，往往一次要起爆几十发至两百发炮眼。为了准确起爆，最好采用电起爆。其最大特点是可以用仪表检查电雷管的质量和起爆网络的连接情况，从而保证起爆网络的正确性和可靠性。只要网络设计正确，计算无误，就能保证安全起爆。非电起爆在有瓦斯的环境下不准采用，而电起爆则可以，所以电起爆的适用范围较广。其主要缺点是准备工作比较复杂，需要一定的电力设备，网络设计计算较烦琐，相对于导爆管起爆，不易广泛推广使用。

采用电起爆法需要将电雷管联成电爆网络，以便从母线输入电流后，每一雷管都能接收足够的电流而起爆。电爆破网络可以设计成串联、并联、混合联三种形式。

① 串联。串联的优点是消耗电能小、接线简单、易于操作、便于检查、导线消耗少；其缺点为：一个雷管不通会造成全部雷管拒爆；或因敏感度高的雷管先爆而使电路中断，造成其他雷管拒爆。为了提高这种网络的准爆可靠性，实际爆破中也常采用复式串联网络。

② 并联。并联的优点是不致因为其中一个雷管断路而引起其余雷管拒爆；其缺点为电爆网路总电流大、需要断面较大的母线、连接线消耗多、漏接雷管不易发现。此外，当各雷管电阻不同，通过电流不同时，可能产生拒爆现象。这种方法适用于导坑等小断面爆破。

③ 混合联。混合联可分为串并联和并串联两种，是实际工作中采用较多的方法。它要求各支路的电阻基本平衡，否则会造成瞬发雷管发火时间的差异，更造成毫秒雷管秒量的额外误差。

(2) 非电起爆网络。

导爆管起爆法问世以来，由于其显示的优越性，目前在无瓦斯隧道爆破施工中受到越来越广泛的欢迎，得到迅速推广。

导爆管起爆系统如图 8.18 所示，其包括三个组成部分：起爆元件、传爆元件和末端工作元件。

起爆系统的工作过程为：导火索点燃后引爆雷管，从而使传爆元件中的导爆管起爆传爆，当导爆管传爆到连接块中的传爆雷管时，雷管起爆，再引起周围的导爆管起爆和传爆，如此连续传爆下去，使所有炮眼炸药起爆。

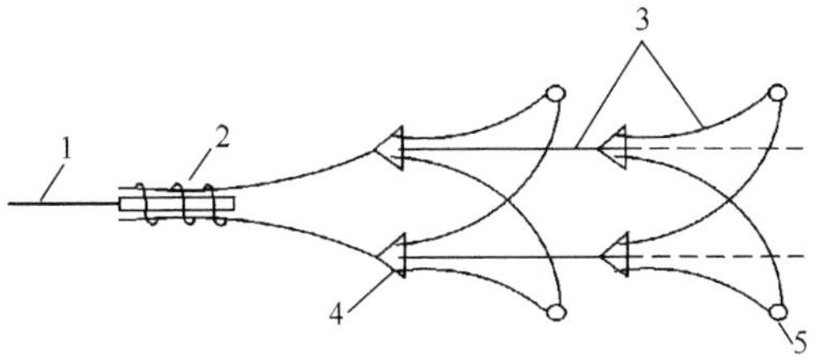

图 8.18　导爆管起爆系统

1-导火索；2-8 号雷管及胶布；3-导爆管；4-连接块；5-炮眼

整个爆破网络的设计，采用串联、并联或串并联都很方便。但对于隧道爆破，实践证明串并联网络较好。

利用导爆管起爆系统的起爆性能和用法，可以实行网络的孔外控制微差爆破。孔外控制微差爆破，是在各炮眼内装非电瞬发雷管，而在孔外装非电毫秒雷管作为传爆雷管来实现微差爆破。它操作简便，不易出错。对于大断面爆破，为了解决毫秒雷管段数不足的问题，可以进行孔内外延期相结合的控制微差爆破，以增加起爆段数。

导爆管非电起爆系统网络连接简单，操作方便，安全可靠，技术先进。但不能像电爆网络那样用仪器来检查网络，因此操作应仔细，网络连接好后，要进行细致、直观的检查，确认无误再起爆，以免产生瞎炮。

6) 装药及起爆

(1) 装药。

装药前要检查炮眼位置和长度是否符合设计要求，并进行清渣排水。装药时要严格按照炮眼的设计装药量装填，可以按设计要求连续装药或间隔装药或不耦合装药，总的装药长度不宜超过炮眼深的 2/3，靠炮眼口的剩余长度要用炮泥堵塞好。

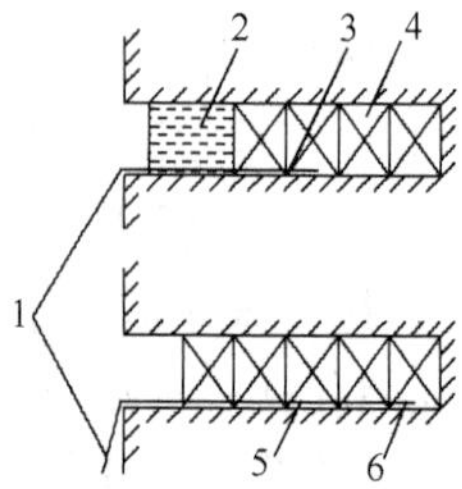

图 8.19　常用连续装药结构
1-引线；2-炮泥；3, 6-引爆药卷；4, 5-普通药卷

装药结构可分为几种方式：第一种方式为起爆药卷放在靠近眼口的第二个药卷位置，雷管聚能穴朝向眼底，称为正向起爆装药；第二种方式为起爆药卷放在靠近眼底的第二个药卷位置，雷管聚能穴朝向眼口，称为反向起爆装药；第三种方式为起爆药卷放在炮眼装药中部，称为双向起爆装药。图 8.19 为常用的连续装药结构。

过去多采用正向装药结构，经多年国内外实践证明，反向装药能提高炮眼利用率，减少瞎炮，减少岩石破碎块度，增大抛渣距离和降低炸药消耗量，炮眼越深，效果越好。但反向装药结构的雷管脚线长，装备麻烦。在有水时炮眼中起爆易受潮拒爆。机械化装药时，易产生静电引起早爆，也不宜于炮眼较浅(小于 1.5m)的场合。

间隔装药是在药卷之间留出一定的空隙，使药量分散以使爆破力沿孔长分布均匀，药卷之间的距离由现场通过殉爆试验确定。不耦合装药时药卷置于炮眼孔的中央，药卷与孔壁间留有空气间隙。为了保证药卷位置准确居中定位，可采用塑料扩张套管定位。

深眼爆破有利于提高掘进速度，但在使用中可能会产生“管道效应”现象。管道效应现象有多种，其原因错综复杂。深眼爆破中产生的中途熄爆、药卷不全部爆炸就是此现象的一种表现。为了克服管道效应所造成的熄爆，可采用合理的装药结构和增大装药直径，并选用合适的不耦合装药。此外，采用新型炸药(如乳胶炸药)也有利于减弱管道效应。

(2) 起爆。

在工程爆破中，根据起爆的原理和使用器材的不同，通用的起爆方法大致可分为两种：非电起爆法和电起爆法。非电起爆法又可分为火雷管起爆、导爆索和导爆管起爆。电起爆法则应用电雷管起爆。

① 非电起爆。火雷管起爆是把火雷管和导火索结合在一起的一种起爆方法。用导火索的火花首先引爆火雷管，利用火雷管的爆炸能量引爆药卷爆炸，进而使全部装药爆炸。

使用导火索起爆，器材较简单，操作容易；但不能使多个炮眼同时起爆，也不能进行准确的延期起爆，只宜于炮眼不多的场合。

导爆索起爆是不需要采用引爆炸药的雷管而可直接引爆炸药的一种方法，也称为无雷管起爆法。导爆索的一端直接插入孔底炸药中，另一端用火雷管引爆导爆索本身，从而传爆至炮眼引爆炸药。塑料导爆管起爆法问世以来，已迅速取代了导火索火雷管起爆法。

② 电起爆。电雷管起爆的可靠程度与导线、电雷管、电源本身的质量以及电爆网络连接是否正确有关。电爆网络设计已在前面介绍过，这里介绍对导线、检测仪表和起爆电源的要求。

a. 导线。要求电阻系数小，导电率高；绝缘耐压 250V 或 500V；有一定的强度和韧性、不易断裂等；母线断面应不小于 0.75mm，开挖面附近的连接线直径应不小于 0.6mm。

b. 检测仪表。为了保证起爆线路的质量，电雷管在使用前必须经过一定的检查，包括电阻检验、安全电流试验、延期秒量试验及雷管串联试验等，还要用线路电桥测量整个网络的总电阻是否与计算数值相符，若检测值小于计算值或大于计算值的 10%时，应找出原因，消除故障。

c. 起爆电源。电起爆的电源，可根据网络所需准爆电流的大小，选用放炮器、干电池、蓄电池、移动式发电站、照明电力线、电力动力线等。移动式发电站、照明电力线、电力动力线是电起爆中最可靠的电源，但使用时不能将母线直接接到电力线上，必须设置爆破开关站。

③ 瞎炮的处理。在爆破过程中，炮眼装药未能起爆，称为拒爆，即瞎炮。瞎炮产生后，应封锁现场，查明原因，采取相应处理措施。一般可以采用二次爆破法、炸毁法及冲洗法等三种方法。具体参见有关爆破的书籍。

7) 非炸药爆破技术新进展

炸药爆破具有效率高、成本低的特点，在采矿、水利水电、深地资源开发等领域岩土体的开挖与预裂增渗中应用广泛。然而，炸药的生产、存储、运输和施工过程中存在安全隐患。炸药爆破产生的强冲击波会造成近区岩体过度损伤破坏以及远区岩体振动危害。例如，浅埋地下工程钻爆法施工引起的强振动可能造成毗邻隧道及构筑物开裂、边坡垮塌等事故；深部地下构筑物由炸药爆破开挖导致围岩体损伤破坏范围增大，从而对地下构筑物长期稳定性构成威胁。寻求一种安全性高、冲击波可控性强的破岩方法成为必然趋势。

静态破碎是近年发展起来的不使用炸药破碎岩石和混凝土的一种方法，又称静力破裂和静力破碎技术。静态破碎剂以氧化钙和硅酸盐为主，配上有机、无机添加剂而制成，组成有：

(1) 膨胀性物质。采用硬烧(过火)生石灰，将硬烧生石灰磨成 1500～5000cm^3/g 的细粉，即可用于配制。

(2) 水硬性物质。一般采用硅酸盐水泥，也可用快硬水泥和矾土水泥，用它们包裹生石灰颗粒，降低氧化钙与水的直接接触面积，使水化反应缓慢进行。此外，水硬性物质还能使破碎剂浆体具有一定的自硬性，显示出一定的强度。

(3) 添加剂。添加剂一方面有包裹氧化钙颗粒、控制水化速度的作用，另一方面还有减少用水量、降低水灰比和提高膨胀压力的作用。

静态破碎剂具有以下特点：

(1) 破碎剂不属于危险品，在购买、运输、保管和使用上，不像民爆器材要受到管制，尤其在城市中使用更为方便。

(2) 破碎过程安全，不存在工业炸药爆炸时产生的爆破振动、空气冲击波、飞石、噪声和有毒气体等爆破危害。

(3) 施工简单，破碎剂用水拌和后注入炮孔即可，无须堵塞。

20 世纪 80～90 年代，一种高压气体破岩技术，即 CO_2 相变膨胀致裂技术在岩体采掘和煤矿开挖领域被逐步推广。该技术利用液态 CO_2 为媒介，将液态 CO_2 和发热药封装在密闭容器内，激发发热管使之在 0.1s 内产生 800℃以上的高温，使液态 CO_2 瞬间气化，体积急速膨胀产生高压，从而使围岩膨胀破裂。

相比压缩空气、氮气等介质，液态 CO_2 由于其在环境温度下较易压缩并获得高密度而成为绝佳的做功介质。最早基于液态 CO_2 相变机理研制致裂器具的国家是英国和美国，分别称为 Cardox Tube System 和液态 CO_2 爆破筒，其基本部件由储液管、点火发热装置、定压片和卸能头等组成(图 8.20)。

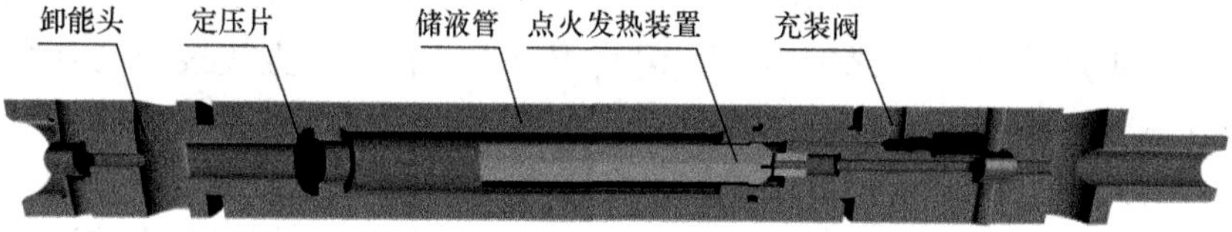

图 8.20　CO_2 致裂器结构示意图

试验研究表明，液态 CO_2 受热相变瞬间爆破压力范围在 100～300MPa，能够满足大多数岩体致裂、推移的要求。相比炸药爆破，液态 CO_2 相变过程在毫秒内完成，比炸药爆轰过程缓慢，因此更有利于岩体裂纹的产生和扩展，并且振动危害和噪声污染也较小。

CO_2 气爆技术作为一种煤矿井下压裂增透技术被引入我国，并得到长足发展。但随着 CO_2 气爆技术在我国大范围的使用，也逐渐暴露出一些突出问题：首先，致裂管内部高压气体只能在储液管下端部定向释放，爆破威力受限；其次，液态 CO_2 运输、充装、搬运过程中均需接触高压容器，给施工安全带来隐患；此外，由于内部发热药具有爆炸性，CO_2 致裂器在充装过程中曾发生多起意外触发事件，出现炸管/飞管事故。为此，近年提出了一种干冰粉气动压裂破岩新思路(图 8.21)，其是利用干冰粉(固体 CO_2)为媒介的本安型 CO_2 聚能剂，实现安全、高效、自适应的动态破岩技术。其既能从根本上降低强冲击扰动对周边围岩及环境的影响，又能使岩石达到最优破裂状态。

另外，近年来，高能量、重复可控式电爆炸脉冲技术成为研究热点，如已提出基于液电效应的高能电弧脉冲压裂技术、水中金属丝电爆炸技术和基于高功率脉冲技术和金属丝电爆炸原理的可重复冲击波压裂技术等。

可以预见，随着科学技术和理论研究的推进，非炸药爆破技术在国民经济建设中将拥有广阔的应用前景，其成果有望为露天破岩、基坑开挖、隧道开挖、压裂增渗作业等提供一种安全、环保、节能的破岩新方法。

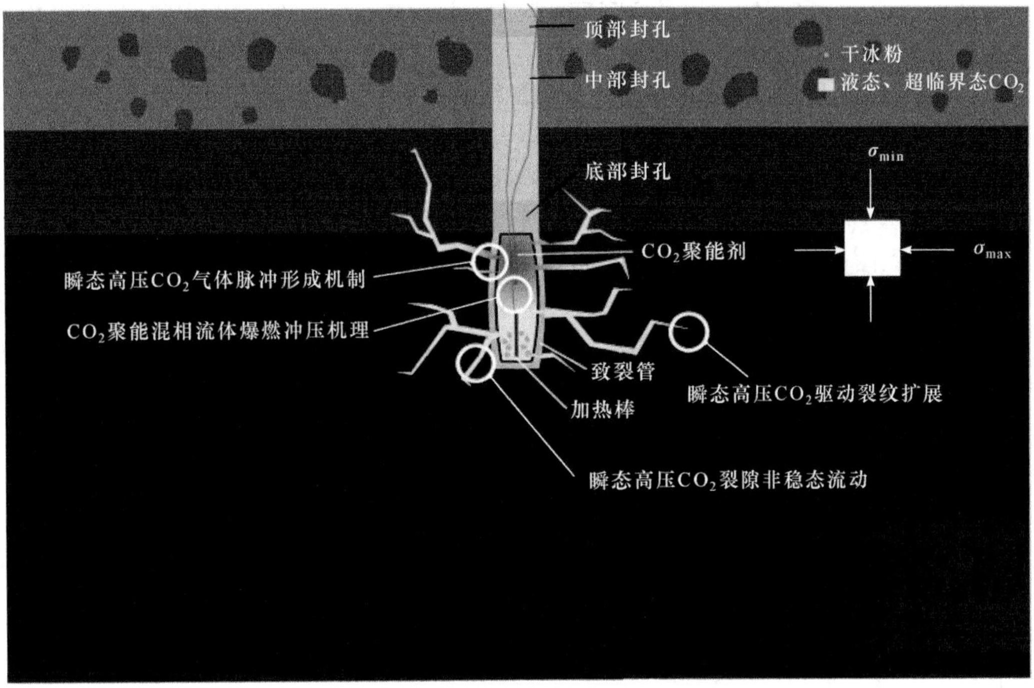

图 8.21　干冰粉气动压裂破岩原理示意图

8.3.2　支护

1. *初期支护*

隧道开挖破坏了地层的初始应力平衡，产生围岩应力释放和洞室变形，过量变形将导致围岩松动甚至坍塌。在开挖后的洞室周边，施作钢、混凝土等支撑物，向洞周提供抗力，控制围岩变形，称为隧道支护。为控制围岩应力适量释放和变形，增加结构安全度和方便施工，隧道开挖后立即施作的刚度较小并作为永久承载结构一部分的结构层，称为初期支护。

初期支护一般由锚杆、喷射混凝土、钢架、钢筋网等及它们的组合组成。初期支护施作后即成为永久性承载结构的一部分，在这一点上，初期支护不同于传统施工方法中采用的钢木构件支撑，这些构件支撑在模筑整体式衬砌时，通常予以拆除，即不作为永久承载构件，称为临时支撑。

初期支护由锚杆和混凝土等作为主要支护结构，称为锚喷支护，其在施工工艺和作用机理上具有以下一些特点：

(1) 灵活性。锚喷支护由喷射混凝土、锚杆、钢筋网、钢架等支护进行适当组合而成，它们既可以单独使用，也可以组合使用。其组合形式和支护参数可以根据围岩的稳定状态、施工方法和进度、隧道形状和尺寸等加以选择和调整。它们既可以用于局部加固，也易于实施整体加固；既可一次完成，也可分次完成。

(2) 及时性。锚喷支护能在施作后迅速发挥对围岩的支护作用。这不仅表现在时间上，即喷射混凝土和锚杆都具有早强性能，需要它时，它就能起作用，而且表现在空间上，即喷射混凝土和锚杆可以最大限度地紧跟开挖面施工，甚至可以利用锚杆进行超前支护。

(3) 密贴性。喷射混凝土能与坑道周边的围岩全面、紧密地黏结，因而可以抵抗岩块之间沿节理的剪切和张裂。从整体结构来看，喷射混凝土填补了洞壁的凹穴，使洞壁变得圆顺，从而减少应力集中。喷射混凝土尚能使锚杆和钢筋网的点约束作用得以分配和改善，使其发挥协同作用，从而增强支护对围岩的有效约束。

(4) 深入性。锚杆能探入围岩体内部一定深度，对围岩起约束作用。这种作用尤其是以适当密度的径向锚杆群(称为系统锚杆)的效果最为明显，系统锚杆在围岩中形成一定厚度的锚固区，锚固区内的岩体强度和整体性得以提高和加强，应力分布状态也得以改善，因此其承载能力和稳定能力显著增强。在围岩中加以锚杆，相当于在混凝土中加入钢筋形成钢筋混凝土，可以称为加筋岩石或加筋土。

(5) 柔性。锚喷支护属于柔性支护，它可以较便利地调节围岩变形，允许围岩做有限变形，即允许围岩在围岩塑性区内有适度发展，以发挥围岩的自承能力。这一方面是因为喷射混凝土工艺上的特点，使得它能与岩体密贴黏结，且能喷得很薄，呈现柔性，而且这种柔性还可以通过分层分次喷射和加钢纤维或钢筋网来进一步发挥。另一方面，锚杆也有一定的延性，它可以允许岩体有较大的变形，甚至同被加固岩体一起做小量整体位移后，仍能继续工作而不失效。

(6) 封闭性。喷射混凝土能全面及时地封闭围岩，这种封闭不仅阻止洞内潮气和水对围岩的侵蚀作用，减少膨胀性岩体的潮解软化和膨胀，加上能够及时有效地阻止围岩变形，使围岩较早地进入变形收敛状态。

1) 锚杆

锚杆(索)是用金属或其他高抗拉性能材料制作的一种杆状构件。使用某些机械装置和黏结介质，通过一定的施工操作，将其安设在隧道围岩中。

锚杆的支护效应一般认为有如下几种：

(1) 支撑围岩。锚杆能约束围岩变形，并向围岩施加压力，从而使处于两向应力状态的洞室内表面附近围岩保持三向应力状态，制止围岩强度的恶化，如图 8.22(a)所示。

(2) 加固围岩。由于系统锚杆的加固作用，围岩中尤其是松动区中的节理裂隙、破裂面得以连接，增大了锚固区围岩的强度(即 c 、φ 值)，成为“加固带”(图 8.22(b))，而且，锚杆本身在加固带内，也提高了其抗剪强度。

(3) 悬吊作用。悬吊作用是指为防止个别危岩的掉落或滑落，用锚杆将其与稳定围岩连接起来，这种作用主要表现在加固局部失稳的岩体(图 8.22(c))。

(4) 组合梁作用。对于水平或缓倾料的层状围岩，用锚杆群能把数层岩层连在一起，增大层间摩阻力，从结构力学观点来看就是形成组合梁(图 8.22(d))，从而提高其整体承载能力。

锚杆的种类很多，按其与被支护体的锚固形式，大致可分为以下几种(图 8.23)：

(1) 端头锚固式锚杆。利用内、外锚头的锚固作用来限制围岩变形松动。其安装容易，工艺简单，安装后即可起到支护作用，并能对围岩施加预应力。但杆体易腐蚀，锚头易松动，影响长期锚固力，一般用于硬岩工程中的临时加固。隧道工程中常用作局部锚杆。

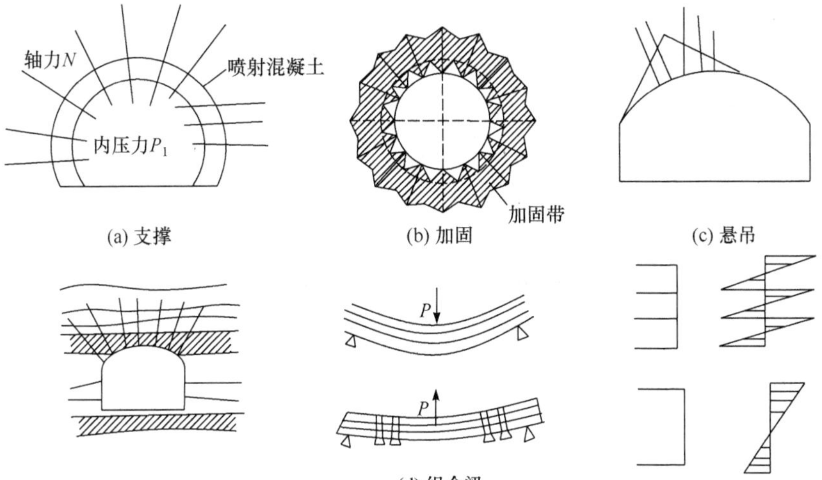

(a) 支撑　(b) 加固　(c) 悬吊

(d) 组合梁

图 8.22　锚杆作用

- 端头锚固式锚杆
  - 机械内锚头锚杆(索)
    - 胀壳式锚杆(索)
    - 楔缝式锚杆
    - 楔头式锚杆
  - 黏结式内锚头锚杆(索)
    - 水泥砂浆内锚头锚杆(索)
    - 快硬水泥卷内锚头锚杆
    - 树脂内锚头锚杆
- 全长黏结式锚杆
  - 水泥浆全黏结式锚杆
  - 水泥砂浆全黏结式锚杆(砂浆锚杆)
  - 树脂全黏结式锚杆
- 摩擦式锚杆
  - 楔管式锚杆
  - 缝管式锚杆
- 混合式锚杆
  - 先张后拉灌浆预应力锚杆(索)
  - 先灌浆后张拉预应力锚杆(索)

图 8.23　锚杆分类

(2) 全长黏结式锚杆。采用水泥砂浆(或树脂)作为填充黏结料，不仅有助于锚杆的抗剪、抗拉及防腐蚀作用，而且具有较强的长期锚固能力，有利于约束围岩位移。其安装简便，在无特殊要求的各类工程中，可大量用于初期支护和永久支护。隧道工程中常用作系统锚杆和超前锚杆。

(3) 摩擦式锚杆。摩擦式锚杆是用一种沿纵向开缝(或预变形)的钢管，装入比钢管直径小的钻孔，对孔壁施加摩擦力，从而约束孔周岩体变形。其安装容易，安装后立即起作用，能及时控制围岩变形，又能与孔周变形相协调。但其管壁易锈蚀，故一般不适于做永久支护。隧道工程中，常由于端头机械锚固容易失效，或全长黏结不便施工(不能生效)，而采用全长摩擦式锚杆。

(4) 混合式锚杆。混合式锚杆是端头锚固方式与全长黏结锚固方式的结合使用，它既可以施加预应力，又具有全长黏结锚杆的优点。但其安装施工较复杂，一般用于大体积、大范围工程的加固。

隧道工程中几种常用锚杆的构造和设计、施工要点介绍如下。

(1) 水泥砂浆锚杆。

普通水泥砂浆锚杆是以普通水泥砂浆作为黏结剂的全长黏结式锚杆，构造如图 8.24 所示。其设计、施工要点如下：

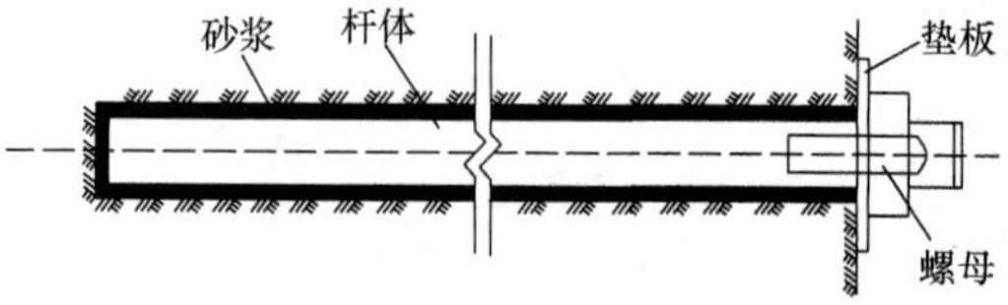

图 8.24　水泥砂浆锚杆

① 杆体材料宜采用螺纹钢筋、20MnSi 钢筋，也可采用 A_3 钢筋，杆体尺寸应满足设计要求。

② 水泥一般选用普通硅酸盐水泥，砂的粒径不大于 3mm，并过筛。

③ 砂浆标号不低于 M10，配合比一般为水泥:砂:水=1:(1～1.5):(0.45～0.50)。

④ 钻孔孔径应与杆径配合好。一般孔径比杆径大 15mm(采用先插杆体后注浆施工的孔径比先注浆后插杆体施工的孔径要大一些)。孔位允许偏差为±(15～50)mm；孔深允许偏差为±50mm。钻孔方向宜适当调整以尽量与岩层主要结构面垂直。

⑤ 锚杆及黏结剂材料应符合设计要求，并整直、除锈和除油，外端不用垫板的锚杆应先弯制弯头。锚杆外露端应加工 120～150mm 的标准螺纹，并采用配套标准螺母。

⑥ 黏结砂浆应拌和均匀，并调整其和易性，随拌随用，一次拌和的砂浆应在初凝前用完。

⑦ 当先注浆后插杆体时，注浆管应先插到钻孔底 50～100mm 处，开始注浆后，徐徐均匀地将注浆管往外抽出，压力不宜大于 0.4MPa，并始终保持注浆管口埋在砂浆内，以免浆中出现空洞。

⑧ 注浆体积应略大于需要体积，将注浆管全部抽出后，应立即迅速插入杆体，可用锤击或通过套筒用风钻冲击，使杆体强行插入钻孔。

⑨ 杆体插入孔内的长度不得短于设计长度的 95%，实际黏结长度也不应短于设计长度的 95%。

(2) 早强水泥砂浆锚杆。

早强水泥砂浆锚杆的构造、设计和施工与普通水泥砂浆锚杆基本相同，所不同的是早强水泥砂浆锚杆的黏结剂由硫铝酸盐早强水泥、砂、早强剂和水组成。因此，它具有早期强度高、承载快、不增加安装困难等优点，弥补了普通水泥砂浆锚杆早强低、承载慢的不足，尤其是在软弱、破碎、自稳时间短的围岩中显示出其一定的优越性。

(3) 缝管式锚杆。

缝管式锚杆由前端冠部制成锥体的开缝管杆体、挡环以及垫板组成(图 8.25)。缝管式锚杆是一种全长锚固，主动加固围岩的锚杆，其立体部分是一根纵向开缝的高强度钢管，当安装于比管径稍小的钻孔时，可立即在全长范围内对孔壁施加径向压力和阻止围岩下滑的摩擦力，加上锚杆托盘托板的承托力，从而使围岩处于三向受力状态。

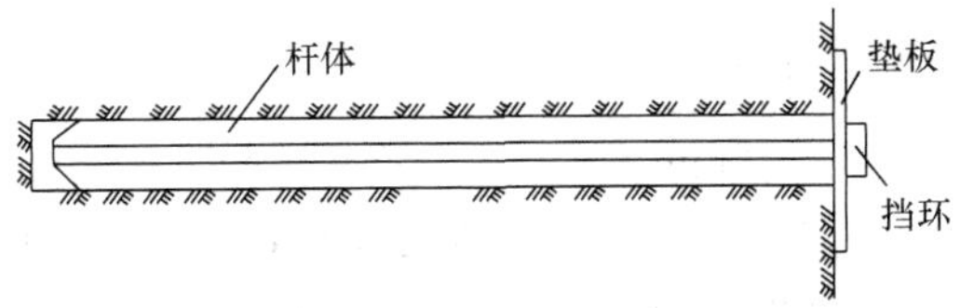

图 8.25　缝管式锚杆

缝管式锚杆设计、施工要点如下。

① 缝管式锚杆的锚固力与锚杆的材质、构造尺寸、围岩条件、钻孔与缝管直径之差、锚固长度等有关，其中，钻孔与缝管直径之差是设计与施工要严格控制的主要因素。锚固力与孔、管径差的关系为：径差小，锚杆安装推进阻力小，锚固力也小；径差大，锚杆安装推进阻力大，锚固力也大。

② 可根据需要，选择不同直径的钻头和管径，通过现场试验确定最佳径差。

③ 缝管式锚杆的杆体一般要求材质有较高的弹性极限。

④ 安装时先将锚杆套上垫板。将带有挡环的冲击钎杆插入锚管内，钎杆尾端套入凿岩机或风镐的卡套内，锚头导入钻孔，调整方向，开动凿岩机，即可将锚杆打入钻孔内，至垫板压紧围岩为止。停机取出钎杆即告完成。

(4) 早强药包内锚头锚杆。

早强药包内锚头锚杆由内锚头(快硬水泥卷、早强砂浆卷或树脂)、螺纹钢锚杆体、垫板及螺母组成，其构造如图 8.26 所示。

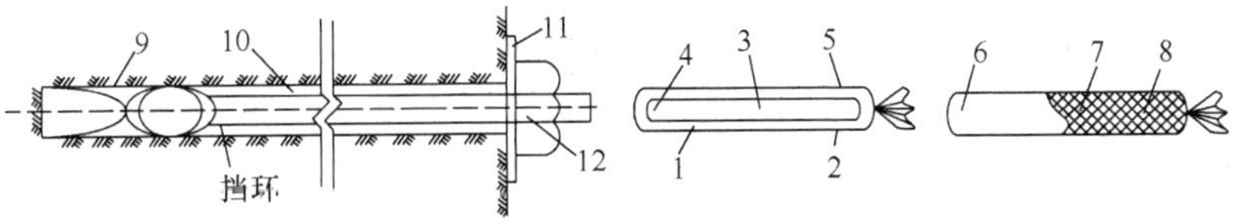

图 8.26　早强药包内锚头锚杆

1-不饱和聚酯树脂+加速剂+填料；2-纤维纸和塑料袋；3-固化剂+填料；4-玻璃管；5-堵头(树脂胶泥封口)；6-快硬水泥；7-湿强度较大的滤纸筒；8-玻璃纤维纱网；9-树脂锚固器；10-带麻花头杆体；11-垫板；12-螺母

不管采用什么类型的药包，其设计、施工基本一致，以快硬水泥卷内锚头锚杆为例进行说明。其设计、施工要点如下：

① 快硬水泥卷直径要与钻眼直径配合好。

② 快硬水泥卷长度 L 根据内锚固段长度 l 和生产制作的要求决定，其计算公式为

$$L=\frac{D^2-\varphi^2}{d^2}lk \tag{8.8}$$

式中，D 为钻眼直径，mm；φ 为锚杆直径，mm；l 为内锚固段长度，mm；d 为快硬水泥卷直径，mm；k 为富余系数，一般 k=1.05～1.10。

③ 快硬水泥卷的水泥质量 G 主要由装填密度 γ 来确定。γ 是控制水灰比的关键，当 γ=1.45g/cm^3 时，水泥净浆的水灰比控制在 0.34 左右。每个快硬水泥卷的 G 值可按式(8.9)计算。

$$G = \frac{\pi d^2}{4} L\gamma \tag{8.9}$$

④ 钻眼要求同前，但孔眼应比锚杆长度短 4～5cm。

⑤ 用直径 2～3mm、长 150mm 的锥子，在快硬水泥卷端头扎两个排气孔。然后将水泥卷竖立放于清洁水中，保持水面高出水泥卷 100mm。浸水时间以不冒气泡为准，但不得超过水泥初凝时间，必要时要做浸水后的水灰比检查。

⑥ 将浸好水的水泥卷用锚杆送至眼底，并轻轻捣实。若中途受阻，应及时处理，若处理时间超过水泥终凝时间，则应换装新水泥卷或钻眼作废。

⑦ 将锚杆外端套上连接套筒，装上搅拌机，然后开动搅拌机，带动锚杆旋转，搅拌水泥浆，并用人力推进锚杆至眼底，再保持 10s 的搅拌时间(总时间 30～40s)。

⑧ 轻轻卸下搅拌机头，用木楔楔住杆体，使其位于钻眼中心。当快硬水泥有足够强度时，卸下连接套筒。

(5) 楔缝式端头锚固型锚杆。

楔缝式内锚头锚杆由杆体、楔块、垫板和螺母组成，如图 8.27 所示。

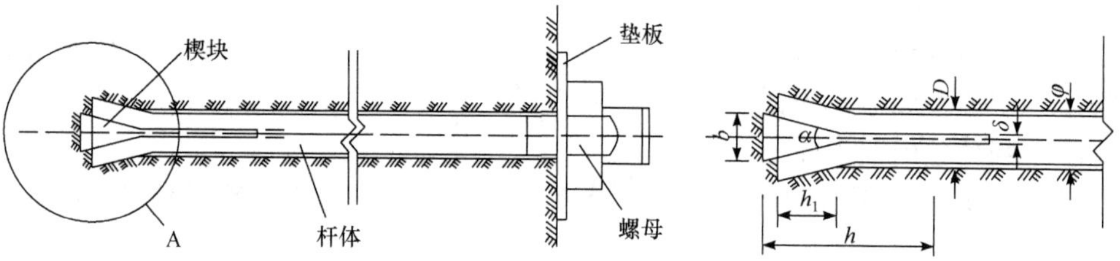

图 8.27　楔缝式内锚头锚杆

D-钻孔直径；*φ*-锚杆杆体直径；*δ*-锚杆杆体楔缝宽度；*b*-楔块端头厚度；*α*-楔块楔角；*h*-楔块长度；h_1-楔头两翼嵌入钻孔壁的长度

楔缝式端头锚固型锚杆设计、施工要点如下：

① 在其他条件相同时，围岩越坚硬，锚固力越大；嵌入孔底围岩的深度与长度越大，锚固力越大；锚杆有效直径越大，锚固力越大。

② 一般而言，对于坚硬岩体，楔角在 8°以上为好；楔缝宽度一般为 3mm；其他尺寸可根据其对锚固力的影响关系适当选择。

③ 采用楔缝式端头锚固型锚杆，若对锚固力有明确要求，则应根据以上配合和影响关系，先行试验，以检验初选参数的合理性，否则应修改参数，直到满足锚固力要求。

④ 楔缝式锚杆安装前，应检查杆体与部件(楔块、托板)、杆体长度、检查楔缝、楔块、螺母与螺栓的尺寸和配合情况。钻孔直径应大于杆体直径 15～18mm。

⑤ 楔缝式锚杆的安装是将锚杆与楔块同时送入孔内，楔块不得偏斜或脱落，楔块到达孔底时，用锤敲击锚杆端头，使锚头楔紧，上好托板，拧紧螺帽。

⑥ 一般均要求锚杆具有一定的预应力，此时可采用测力矩扳手或定力矩扳手来拧紧螺母，以控制锚固力。

隧道工程中的锚杆布置一般采用局部和系统两种形式。在硬岩中，由于岩层倾斜或呈水平状，常用锚杆进行局部加固。这种锚杆的布置不规则，锚杆的方向按实际需要布置。而系统锚杆是指沿着隧道开挖周边纵横方向有规则布置的锚杆，其是将锚杆有系统地深入岩层内部，改善围岩的承载能力。系统锚杆的布置形式一般有两种，即矩形和梅花形。梅花形布置比较均匀，效果较好，因此工程中多以梅花形布置为主。

2) 喷射混凝土

喷射混凝土支护结构是使用混凝土喷射机，将掺有速凝剂的细石混凝土喷射到岩壁表面上，并迅速固结成一层支护结构，从而对围岩起到支护作用。

喷射混凝土可以作为隧道工程的永久性和临时性支护，也可以与各种形式的锚杆、钢纤维、钢拱架、钢筋网等构成组合式支护结构。它的灵活性很大，可以根据需要分次追加厚度。

喷射混凝土的支护作用一般包括以下几种。

(1) 支撑围岩。由于喷层能与围岩密贴和粘贴，并施与围岩表面以抗力和剪力，从而使围岩处于三向受力状态，防止围岩强度恶化。此外，喷层本身的抗冲切能力可阻止不稳定块体的滑塌，如图 8.28(a)所示。

(2) 卸载作用。由于喷层属柔性结构，能在控制下使围岩进行一定程度的变形，从而使围岩卸载，同时喷层中的弯曲应力减小，有利于混凝土承载力的发挥，如图 8.28(b)所示。

(3) 填平补强围岩。喷射混凝土可射入围岩张开的裂隙，填充表面凹穴，使裂隙分割的岩层面黏结在一起，保护岩块间的咬合、镶嵌作用，提高其黏聚力、摩阻力，并避免或缓和围岩应力集中，如图 8.28(c)所示。

(4) 覆盖围岩表面。喷层直接粘贴岩面，形成风化和止水的保护层，并阻止裂隙中充填物流失，起到保持围岩强度的作用，如图 8.28(d)所示。

(5) 阻止围岩松动。喷层能紧跟掘进进程并及时进行支护，早期强度较高，能及时向围岩提供抗力，阻止围岩松动，如图 8.28(e)所示。

(6) 分配外力。通过喷层把外力传给锚杆、钢拱架等，使支护结构受力均匀，如图 8.28(f)所示。

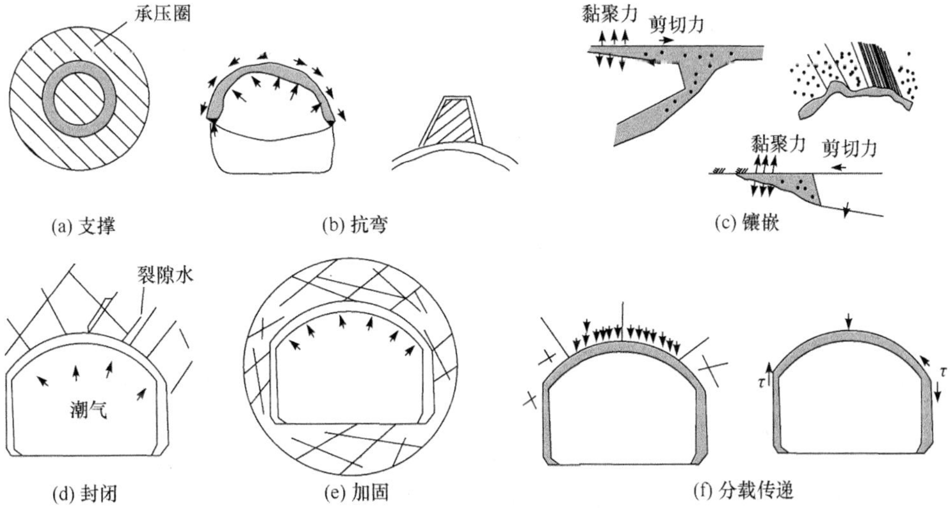

(a) 支撑　(b) 抗弯　(c) 镶嵌

(d) 封闭　(e) 加固　(f) 分载传递

图 8.28　喷射混凝土的作用

喷射混凝土结构的优点有：

(1) 强度增长快、黏聚力强、密度大、抗渗性好。能较好地填充岩块间的裂隙、凹穴，增加围岩的整体性，防止自由面的风化和松动，并与围岩共同工作。

(2) 喷射混凝土施工将输送、浇筑、捣固几道工序合而为一，不需模板，因而施工快速、简捷。

(3) 能及早发挥承载作用。

由于采用喷射法施工，拌和料高速喷到岩面上且反复冲击压密，故喷射混凝土一般具有良好的密实性和较高的抗压强度。喷射混凝土的黏结强度包括抗拉黏结强度和抗剪黏结强度，前者用于衡量喷射混凝土在受到垂直于界面方向拉应力作用时的黏结能力，后者则反映抵抗平行于界面作用力的能力。喷射混凝土与岩石的黏结强度、待喷岩石性质、岩面条件、节理充填物等有密切关系。

喷射混凝土的工艺流程有干喷、潮喷、湿喷和混合喷射四种，主要区别为各工艺的投料程序不同，尤其是加水和速凝剂的时机不同。

(1) 干喷和潮喷。干喷是将骨料、水泥和速凝剂按一定的比例干拌均匀，然后装入喷射机，用压缩空气使干集料在软管内呈悬浮状态送到喷枪，再在喷嘴处与高压水混合，以较高速度喷射到岩面上。干喷的缺点是产生的粉尘量大，回弹量大，加水由喷嘴处的阀门控制，水灰比的控制程度与喷射手操作的熟练程度有关。但使用的机械较简单，机械清洗和故障处理容易。

潮喷是将骨料预加少量水，使之呈潮湿状，再加水泥拌和，从而降低上料、拌和与喷射时的粉尘。但大量的水仍是在喷头处加入和喷出的，其喷射工艺流程和使用机械与干喷工艺相同，如图 8.29 所示。目前施工现场较多使用的是潮喷工艺。

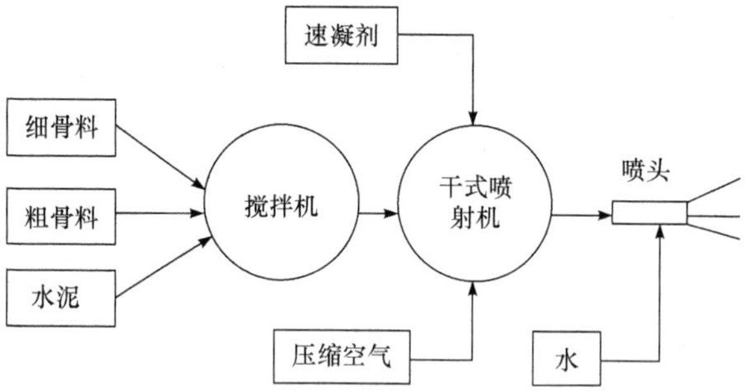

图 8.29　干喷、潮喷工艺流程

(2) 湿喷。湿喷是将骨料、水泥和水按设计比例拌和均匀，用湿式喷射机压送到喷头处，再在喷头上添加速凝剂后喷出，其工艺流程如图 8.30 所示。

湿喷混凝土质量容易控制，喷射过程中的粉尘和回弹量很少。但对喷射机械要求较高，机械清洗和故障处理较麻烦。对于喷层较厚的软岩和渗水隧道，则不宜使用湿喷。

(3) 混合喷射。

混合喷射又称水泥裹砂造壳喷射法，是将一部分砂加第一次水拌湿，再投入全部水泥强制搅拌造壳；然后加第二次水和减水剂拌和成砂浆；将另一部分砂、石、速凝剂强制搅拌均匀。然后分别用砂浆泵和干式喷射机压送到混合管混合后喷出。其工艺流程如图 8.31 所示。

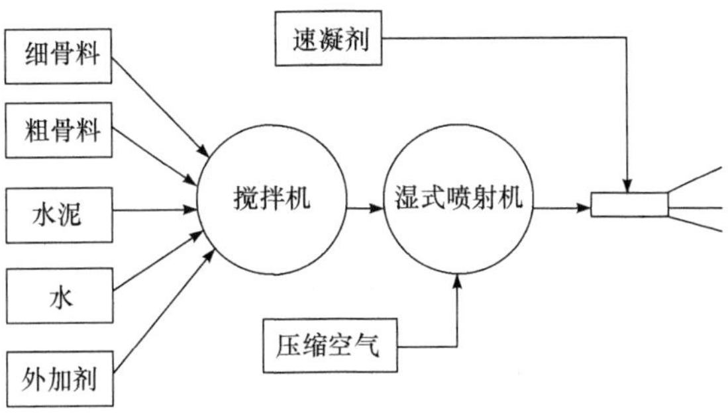

图 8.30　湿喷工艺流程

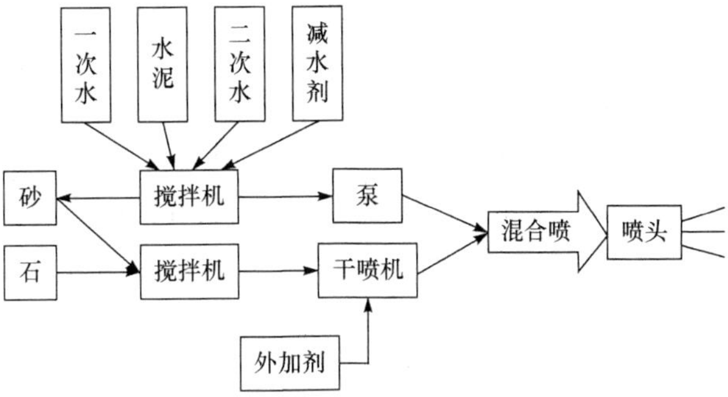

图 8.31　混合喷射工艺流程

混合喷射是分次投料搅拌工艺与喷射工艺的结合，关键是水泥裹砂造壳技术。混合喷射工艺使用的主要机械设备与干喷工艺基本相同，但混凝土的质量较干喷混凝土质量好，且粉尘和回弹率有大幅度降低。但使用机械数量较多，工艺较复杂，机械清洗和故障处理很麻烦。因此，混合喷射工艺一般只用在喷射混凝土量大及大断面隧道工程中。

另外，由于喷射工艺的不同，喷射混凝土强度也不同，干喷和潮喷混凝土强度较低，一般只能达到 C20，而混合喷射和湿喷则可达到 C30～C35。

喷射混凝土的设计、施工要点如下。

(1) 为使喷射混凝土有一定的力学性能、耐久性以及早期强度，喷射混凝土设计的最低强度不应低于 15MPa，一般设计强度为 20MPa，一天龄期抗压强度不应低于 5MPa。对 I～II 级围岩，喷射混凝土与岩面的黏结强度不应低于 0.8MPa，对 IV 级围岩，喷射混凝土与岩面的黏结强度不应低于 0.5MPa。

(2) 喷射混凝土支护的设计厚度规定如下：若作为防止围岩风化、侵蚀，不得小于 30mm；若作为支护结构，不得小于 50mm；若围岩含水，不得小于 80mm；为防止喷射混凝土由于收缩裂纹而剥落并妨碍喷射混凝土柔性特点的发挥，以及减少在软弱围岩中产生较大的变形压力，喷射混凝土最厚不宜超过 200mm。

(3) 在 II、III、IV 级围岩中，易出现局部不稳定岩块，喷射混凝土设计厚度应按式 (8.10)验算：

$$d \geqslant \frac{k_s G}{0.75 f_{cr} u_r} \tag{8.10}$$

式中，d 为喷射混凝土设计厚度，当 d>10cm 时，仍按 10cm 计；f_{cr} 为喷射混凝土设计抗拉强度；u_r 为局部不稳定块体出露的周边长度；G 为不稳定岩块重量；k_s 为安全系数，一般取 2.5。

(4) 当采用水泥裹砂喷射工艺时，除应试验确定总水灰比，还应注意试验选择最佳造壳水灰比。

(5) 拌制砂浆应采用强制式搅拌机，以缩短搅拌时间和改善造壳效果。

喷射混凝土施工的机械设备如下：

(1) 喷射机。它是喷射混凝土的主要设备，常用的干式喷射机有双罐式喷射机、转体式喷射机、转盘式喷射机，湿式喷射机有挤压泵式喷射机、转体活塞聚式喷射机、螺杆泵式喷射机。

(2) 机械手。喷头移动和喷射方向、距离的控制，可采用人力直接控制或机械手控制。人力直接控制虽然可以近距离随时观察喷射情况，但劳动强度大、粉尘危害健康，因此要求佩戴防尘面具；对于软弱破碎围岩，需紧跟开挖面及时喷射，有可能因突发性坍塌危及工人人身安全；另外，对于大断面隧道，还需要搭设临时性工作台。所以，人力直接控制一般只用于解决少量局部喷射。机械手控制则可以避免以上缺点，且方便灵活，工作范围大，可覆盖 140m^2(图 8.32)。

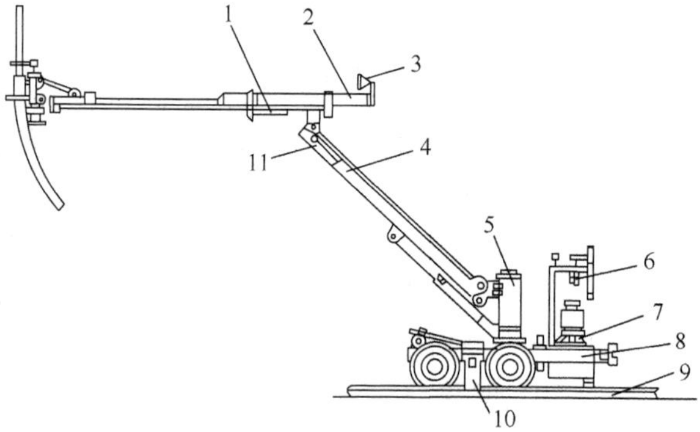

图 8.32　喷射机械手

1-翻转油缸；2-伸缩油缸；3-探照灯；4-大臂；5-转筒；6-风水系统；7-液压系数；8-车架；9-钢轨；10-卡轨器；11-拉杆

此外，喷射时风压为 0.1～0.15MPa，且水压应稍高于风压。湿式喷射时，风压及水压均较干喷高。输料管在使用过程中应注意转向，以减少管道磨损。

另外，喷射作业应注意以下事项：

(1) 喷射时应分段(不超过 6m)、分部(先下后上)、分块(2m×2m)，严格按先墙后拱、先下后上的顺序进行(图 8.33(a))，以减少混凝土因重力作用而引起的滑动或脱落。

(2) 喷射时可以采用 S 形往返移动前进，也可以采用螺旋形移动前进(图 8.33(b))。

(3) 喷射时喷嘴要垂直于受喷面，倾斜角不大于 10°，距离 0.8～1.2m。

(4) 对于岩面凹陷处应先喷多喷，凸出处应后喷少喷。

(5) 喷射时一次喷射厚度不得太薄或太厚，一般规定如表 8.8 所示。

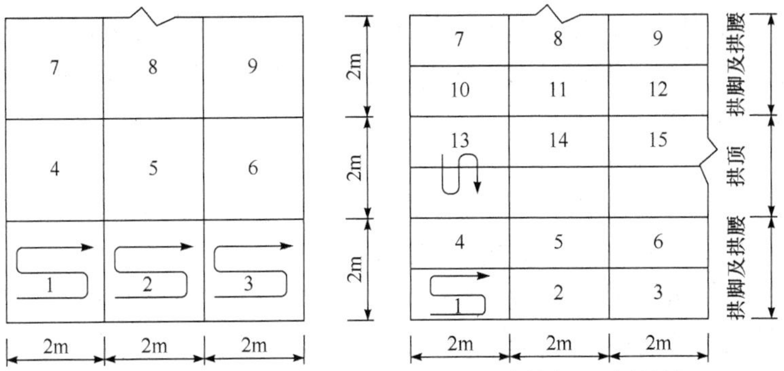

(a) 边墙喷射分区及喷射顺序　(b) 拱圈喷射分区及喷射顺序

图 8.33　喷射分区及喷射顺序

表 8.8　一次喷射厚度　(单位：cm)

部位	掺速凝剂	不掺速凝剂
边墙	7～10	5～7
拱部	5～7	3～5

(6) 若设计喷射混凝土较厚，应分层喷射，一般分 2～3 层喷射；分层喷射的间隔时间一般要在初喷混凝土终凝后再进行复喷。

(7) 喷射混凝土的养护应在其终凝 1～2h 后进行，养护时间一般不少于 7 天。

(8) 冬季施工时喷射混凝土作业区的气温不得低于 5℃；若气温低于 5℃，不得洒水；混凝土强度未达到设计强度的 50%时，若气温降低到 5℃以下，则应注意采取保温防冻措施。

3) 钢筋网喷射混凝土

钢筋网喷射混凝土是在喷射混凝土之前，在岩面上挂设钢筋网，再喷射混凝土，目前主要用于软弱破碎围岩，而更多的是与锚杆或钢拱架构成联合支护。

钢筋网喷射混凝土施工要点如下：

(1) 钢筋网应根据被支护围岩面上的实际起伏形状铺设，且应在喷射一层混凝土后再行铺设。钢筋与岩面或与初喷混凝土面的间隙应不小于 3～5cm，钢筋网保护层厚度不小于 3cm，有水部位不小于 4cm。

(2) 为便于挂网安装，常将钢筋网先加工成网片，长宽可为 100～200cm。

(3) 钢筋网应与锚钉头连接牢固，并应尽可能多点连接，以减少喷射混凝土时钢筋发生“弦振”现象。锚钉的锚固深度不得小于 20cm。

(4) 当开始喷射时，应调小喷头至受喷面之间的距离，并适当调整喷射角度，使钢筋网背面混凝土密实。对于干燥土质隧道，第一次喷射不能太厚，以防起鼓剥落。

4) 钢拱架

无论是采用喷射混凝土还是锚杆(或是加长、加密锚杆)或是在混凝土中加入钢筋网、钢纤维，主要都是利用其柔性和韧性，而对其整体刚度并未过多要求。这对支护不太破碎的围岩是可行的，但当围岩软弱破碎严重且自稳性差时，开挖后要求早期支护具有较大的刚度，以阻止围岩的过度变形和承受部分松弛荷载，此时需要施工钢拱架。钢拱架可以采用型钢、工字钢、钢管或钢筋制成。现场采用以钢筋制作的格栅钢架较多。

钢拱架施工要点如下：

(1) 钢拱架应架设在隧道横向竖直平面内，其垂直度允许误差为±2°。

(2) 钢拱架的拱脚应稳定，一般设有垫板、纵向托梁、锁脚锚杆等。

(3) 钢拱架的安设应在开挖后 2h 内完成。

(4) 钢拱架应尽可能多地与锚杆露头及钢筋网焊接，以增强其联合支护效应。

(5) 可缩性钢拱架的可缩性节点不宜过早喷射混凝土，应待其收缩合拢后，再补喷。

(6) 喷射混凝土时，应注意将钢拱架与岩面之间的间隙喷射密实。

5) 联合支护

在隧道工程中，为适应地质条件和结构条件的变化，常将各种单一支护方法进行恰当组合，共同构成较为合理、有效和经济的支护结构体系。但不论何种组合形式，将其通称为联合支护。目前，在隧道工程中，作为初期支护，使用最多的组合形式是锚杆(主要指系统锚杆)加喷射混凝土(素喷或网喷)，称为锚喷支护，它是一种最基本的组合形式。

联合支护的施工不仅应满足各部件安设施工的技术要求，还应注意以下事项：

(1) 联合支护宜联不宜散，彼此要直接地牢固相连，以充分发挥联合支护效应。

(2) 钢筋网及钢拱架要尽可能多地与锚杆头焊连，锚杆要有适量的露头。

(3) 钢筋网及钢拱架要被喷射混凝土所包裹、覆盖，即喷射混凝土要将钢筋网和钢拱架包裹密实。

(4) 分次施作的联合支护，应尽快将其相连，如超前锚杆与系统锚杆及钢拱架的连接。

6) 初期支护阶段可能发生的问题及对策

初期支护施工阶段由于很多原因可能会产生一些工程问题，这些原因主要有以下几个方面：①在施工、设计过程中，对围岩性质判断不准或情况不明；②支护类型与实际要求不适应；③支护的时机和方法不恰当；④其他不明原因。由于以上原因，在实际施工过程中，经常会出现不良变形甚至松弛坍塌等异常现象。

将施工中出现的问题及对策总结归纳如表 8.9 所示。其中措施 A 指进行比较简单的改变就可解决问题的措施，措施 B 指包括需要改变支护方法等比较大的变动才能解决问题的措施。

表 8.9 施工中的现象及其处理措施

	施工中的现象	措施 A	措施 B
开挖面及其附近	正面不稳定	(1) 缩短一次掘进长度； (2) 开挖时保留核心土； (3) 向正面喷射混凝土； (4) 用插板或并排钢管打入地层进行预支护	(1) 缩小开挖断面； (2) 在正面打锚杆； (3) 采取辅助施工措施对地层进行预加固
	开挖面顶部掉块增大	(1) 缩短开挖时间并提前喷射混凝土； (2) 采用插板或并排钢管； (3) 缩短一次开挖长度； (4) 开挖面暂时分部施工	(1) 加钢支撑； (2) 预加固地层

续表

	施工中的现象	措施 A	措施 B
开挖面及其附近	开挖面出现涌水或者涌水量增大	(1) 加速混凝土硬化(增加速凝剂等); (2) 喷射混凝土前做好排水; (3) 加挂网格密的钢筋网; (4) 设排水板	(1) 采取排水方法(如排水钻孔、井点降水); (2) 预加固围岩
	地基承载力不足，下沉增大	(1) 开挖时，不要损害地基围岩; (2) 加厚底角处喷混凝土，增加支撑面积	(1) 增加锚杆; (2) 缩短台阶长度，及早闭合支护环; (3) 用喷混凝土做临时底拱; (4) 预加固地层
	产生底鼓	及早喷射底拱混凝土	(1) 在底拱处打锚杆; (2) 缩短台阶长度，及早闭合支护环
喷混凝土	喷混凝土层脱离甚至塌落	(1) 开挖后尽快喷射混凝土; (2) 加钢筋网; (3) 解除洒水压力; (4) 加厚喷层	打锚杆或增加锚杆
	喷混凝土层中应力增大，产生裂缝和剪切破坏	(1) 加钢筋网; (2) 在喷射混凝土层中增设纵向伸缩缝	(1) 增加锚杆(用比原来长的锚杆); (2) 加入钢支撑
锚杆	锚杆轴力增大、垫板松弛或锚杆断裂		(1) 增长锚杆; (2) 采用承载力大的锚杆; (3) 为增大锚杆的变形能力，在锚杆垫板间夹入弹簧垫圈等
钢支撑	钢支撑中应力增大，产生屈服	松开接头处螺栓，凿开喷射混凝土层，使之可自由伸缩	(1) 增强锚杆; (2) 采用可伸缩的钢支撑，在喷射混凝土层中设纵向伸缩缝
	净空位移量增大，位移速度变快	(1) 缩短从开挖到支护的时间; (2) 提前打锚杆; (3) 缩短台阶、底拱一次开挖的长度; (4) 当喷射混凝土开裂时，设纵向伸缩缝	(1) 增强锚杆; (2) 缩短台阶长度，提前闭合支护环; (3) 在锚杆垫板间夹入弹簧垫圈等; (4) 采用超短台阶法，或在上半断面建造临时底拱

2. 二次支护(永久衬砌)

二次支护一般采用模筑混凝土整体衬砌的方式进行。二次衬砌在围岩与初期支护基本稳定后施作，此时隧道已成型，为保证衬砌质量，衬砌施工应按先仰拱、后墙拱，即由下到上的顺序连续灌筑。另外，在隧道纵向分段进行，分段长度一般为 9～12m。

1) 模板类型

常用模板类型有整体移动式模板台车、穿越式分体移动模板台车及拼装式拱架模板。

(1) 整体移动式模板台车。

整体移动式模板台车主要由大块曲模板、机械或液压脱模及背附式振捣设备集装成整体，并在轨道上走行(图 8.34)。有的还设有自行设备，从而缩短立模时间，并使墙拱连续灌筑，从而加快衬砌施工速度。

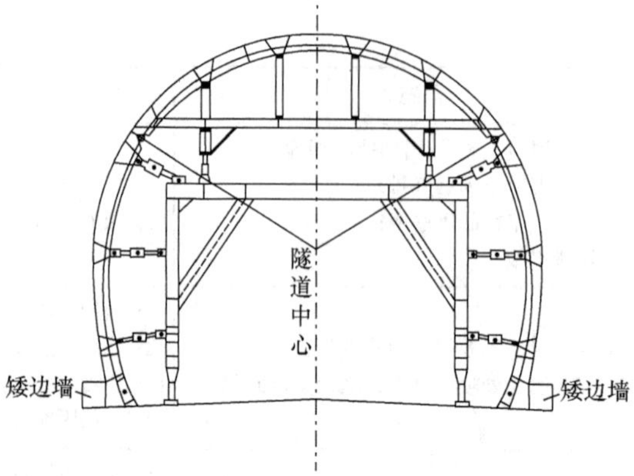

图 8.34　整体移动式模板台车

模板台车的长度即一次模筑段长度，应根据施工进度要求、混凝土生产能力和灌筑技术要求以及曲线隧道的曲线半径等条件确定。

整体移动式模板台车的生产能力大，可配合混凝土输送泵联合作业，是较先进的模板设备，但其尺寸大小比较固定，可调范围较小，影响其适用性，且一次性设备投资较大。

(2) 穿越式分体移动模板台车。

穿越式分体移动模板台车(图 8.35)是将走行机构与整体模板分离，因此一套走行机构可以解决几套模板的移动问题，既提高走行机构的利用率，又可多段衬砌同时施作。

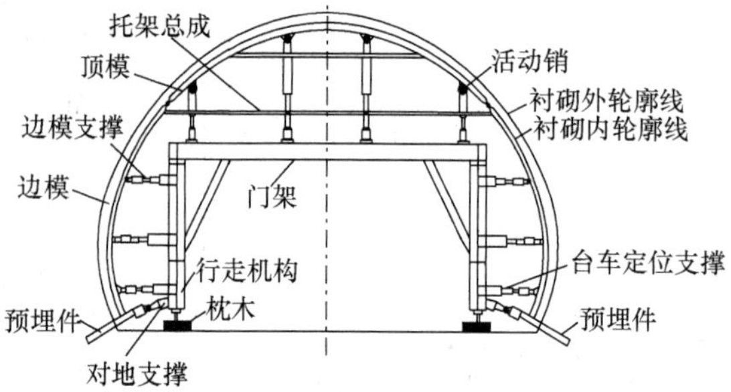

图 8.35　穿越式分体移动模板台车

(3) 拼装式拱架模板。

拼装式拱架模板(图 8.36)的拱架可采用型钢制作或现场用钢筋加工成桁架式拱架。为便于安装和运输，常将整榀拱架分解为 2～4 节，进行现场组装，其组装连接方式有夹板连接和端板连接两种。为减少安装和拆卸工作量，可以做成简易移动式拱架，即将几榀拱架连成整体，并安设简易滑移轨道。

拼装式拱架模板的一次模筑长度，应与围岩地质条件、施工进度要求、混凝土生产能力及开挖后围岩的动态等情况相适应。一般分段长度为 2～9m，松软地段最长不超过 6m。拱架间距应视未凝混凝土荷载大小及隧道断面大小而定，一般可采用 90cm、120cm 及 150cm。

拼装式拱架模板的灵活性大，适应性强，尤其适用于曲线地段。因其安装架设较费时费力，故生产能力较模板台车低。

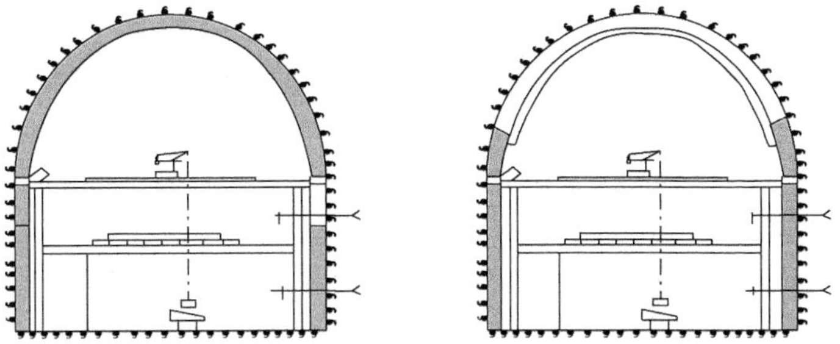

图 8.36　拼装式拱架模板

2) 模筑混凝土衬砌的施工

模筑混凝土衬砌是隧道施工的一个重要部分，其施工质量直接影响隧道的使用寿命，因此施工中必须满足设计要求，以确保工程质量。衬砌施工顺序一般有先墙后拱或先拱后墙两种方式；在全断面开挖时，应尽量使用金属模板台车灌注整体混凝土衬砌。

(1) 衬砌施工的准备工作。

在衬砌施工开始前，要进行中线和水平测量，检查开挖断面是否符合设计要求，欠挖部分应予修凿。然后放线定位，架设衬砌模板支架或拱架。

先墙后拱法施工，应按线路中线确定边墙模板的设计位置。然后搭设工作平台灌注边墙混凝土。整个支架模板系统必须牢靠，以免灌注混凝土时发生变形、移动和倾倒，特别应防止支架模板系统向隧道内凸出而使衬砌侵入限界。灌注前应清除边墙基底的虚渣和污物，排净积水。先墙后拱法施工中拱架架设在墙架的立柱上。当先拱后墙法施工时，拱架的架设是在复核检查中线及拱部净空无误后，在拱脚放线定位，直接支撑在地层上。为了运输和拆装方便，每根钢拱架分成左右两片。架立时在拱顶处用钢夹板和螺栓连接起来，采用不同长度的夹板，就能得出不同加宽值的衬砌断面。

拱架的标高要预留沉降量，先墙后拱法不大于 5cm，先拱后墙法可参见表 8.10，并应在施工过程中按实际情况加以校正。另外，考虑到测量和施工误差，以及灌注混凝土时拱脚内挤，为了保证设计净空，拱架的拱脚每侧应加宽 5～10cm，拱矢加高 5cm。

表 8.10　先拱后墙法施工拱架预留沉降量

围岩级别	IV 及 IV 以上	III	II	I
预留沉落量/cm	≤5	5～10	10～15	15～20

拱架和边墙模板支架的间距，应根据衬砌地段的围岩情况、拱圈跨度和衬砌厚度，并结合模板长度来确定，一般采用 1m，最大不超过 1.5m。各拱架和边墙模板支架之间应设置纵向拉杆，最后一排应加设斜撑，并连接牢靠。

(2) 混凝土的制备与运输。

混凝土制备中应严格按照选定原材料重量配合比配料，特别要严格控制加水量，保证水灰比的正确性。使混凝土硬化后能获得设计所要求的强度和耐久性，又使拌和物具有施工要求的和易性。新拌和好的混凝土坍落度，在边墙处为 1～4cm，拱圈及其他施工不便处为 2～5cm。

混凝土一般应采用机械拌和。搅拌机有自落式和强制式两类，前者适于拌和低流动性和塑性混凝土，后者适用于拌和干硬性混凝土。混凝土拌和要保证足够的搅拌时间，应搅拌至各种组成材料混合均匀、颜色一致，石子表面应被砂浆包裹。如出料情况不符合上述要求，可适当延长搅拌时间。

混凝土可在设于隧道洞口外的中心搅拌站制备，当隧道较长时，也可在洞内设临时搅拌站进行拌和工作。混凝土输送的运输工具，可结合工地情况选用，常用的有斗车、手推车、自卸汽车、搅拌车、吊筒、吊斗、带式输送机、输送泵等。

为确保混凝土质量，在选用运输工具时，应考虑是否满足如下要求：

① 混凝土在运输过程中不得发生分层离析、漏浆、严重泌水等现象，以免破坏混凝土的均匀性。

② 在运至浇筑地点时，混凝土坍落度损失值不得超过原规定的 30%，使其仍有较好的流动性。

③ 从搅拌机出料到捣固完毕，不得超过混凝土的初凝时间(一般为 45min)。

如运至浇筑地点的混凝土有离析现象时，必须在灌注前进行二次搅拌；但混凝土从搅拌机中卸出后，在任何情况下均不得再次加水。

(3) 混凝土的灌注。

混凝土衬砌在灌注以前，要做好灌注段的清理检查，灌注后还须切实做好捣固工作。混凝土灌注前应按规范规定和设计要求对灌注混凝土地段的地基、基岩、旧混凝土面进行清理和准备工作。必须清除基底虚渣和污物，排除基坑积水。对于先拱后墙法施工的拱圈，灌注前应将拱脚支撑面找平。模板和钢筋上的杂物应清除干净。模板接合如有缝隙应嵌塞严密，防止模板走动和漏浆。

衬砌混凝土灌注应划分环节进行，在松软地层一般每个环节长度不超过 6m。混凝土灌注时的自由倾落高度不宜超过 2m。混凝土应分层灌注，每层厚度应根据拌和能力、运输条件、灌注速度、捣固能力等决定，一般不超过如表 8.11 所示的规定。

表 8.11　分层灌注厚度

捣固方法		灌注层厚度/cm
用插入式振动器	—	振动器作用部分长度的 1.25 倍
用表面振动器	在无筋或配筋稀疏的结构中	25
	在配筋密列的结构中	15
用附着式振动器		30
人工捣固	—	20

混凝土灌注必须保证其连续性。灌注层之间的时间间隔，应能使混凝土在前一层初凝前灌注完毕。否则，如必须中断灌注时，应按照施工接缝进行处理，才能继续灌注。必须使衬砌具有较好的整体性。

当灌注边墙混凝土时，要求两侧混凝土保持分层对称灌注，以免两侧边墙模板受力不均匀而倾斜或移位。当灌注拱圈混凝土时，应从两侧拱脚开始，同时向拱顶分层对称进行，层面应保持辐射状。当灌注到拱顶时，改为沿隧道纵向进行灌注，边灌注边铺封口模板，这种封顶称为“活封口”。当衬砌灌注到最后一个节段时，只能在拱顶中央留出一个 50cm×50cm 的缺口，进行“死封口”封顶，如图 8.37 所示。

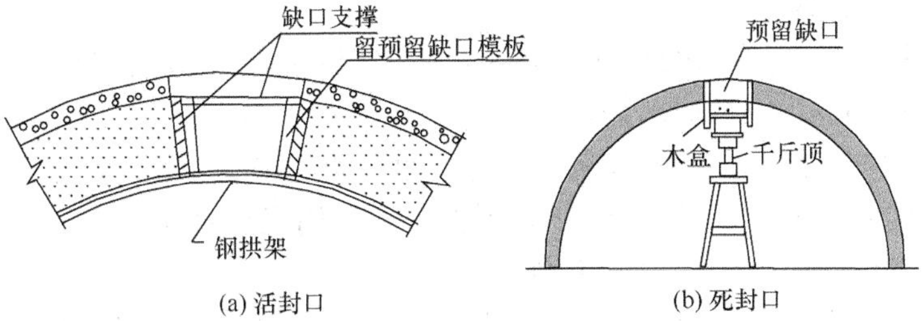

图 8.37　封口类型

混凝土的捣固应使用振动器进行。在无条件使用振动器时，允许人工捣固。振动器捣固可产生强烈的机械振动，能克服混凝土拌和物颗粒间的摩擦力和黏聚力，增强了砂浆的流动性，使骨料滑动下沉，而使砂浆填满骨料间的空隙，气泡上浮；同时也使拌和物填满模板的各个角落。振动器按工作方式分有插入式内部振动器、表面(平板)振动器、附着式振动器等。隧道衬砌混凝土施工中应用最多的是插入式内部振动器。

振动延续时间，应保证混凝土获得足够的密实度，但也要防止振动过量。若用人工捣固，应保证捣固密实。

(4) 混凝土养护与拆模工作。

为保证混凝土有良好的硬化条件，防止早期干缩产生裂纹，应在灌注后 12h 内，根据气候条件，使用适当的材料覆盖混凝土的外露面，洒水养护，并做好受冻害范围的防寒保温工作。洒水养护时间，应根据养护地段的气温、空气相对湿度和使用的水泥品种来确定。

拱架、墙架和模板的拆除时间，应根据围岩压力、衬砌部位、环境温度、所用水泥品种和标号等因素确定，并应在满足有关施工规则要求时方可拆模。

(5) 衬砌灌注中若干问题的处理。

为保证衬砌灌注质量，应处理好如下问题：

① 衬砌灌注中支撑及墙拱接口的处理。当灌注衬砌时，支撑应逐步拆除，不得将支撑木料留在衬砌断面内。在围岩压力较大的地段，应使用预制混凝土短柱，先顶后拆，取出木料。衬砌断面以外的支撑及背材，除塌方地段不易拆除外，均应拆除。衬砌背后未能取出的木料，应记明附于竣工文件中。

当先拱后墙法施工时，要注意墙顶与拱脚间的接口封填。如边墙用塑性混凝土灌注时，应在接近拱脚处留 7～10cm 的缺口，24h 后，使先灌的边墙充分收缩，经过施工间歇处理，再以较干的混凝土紧密填实。如边墙用干硬性混凝土灌注时，墙顶封口可连续完成。

② 回填与压浆。隧道拱圈和边墙背后的空隙必须回填密实，并应与混凝土灌注工作

同时进行。在用先拱后墙法施工时，拱脚以上 1m 范围内，应用与拱圈同级的混凝土一起灌注。边墙基底以上 1m 范围内，宜用与边墙同级的混凝土一起灌注。其余部位的回填，应根据围岩稳定情况、空隙大小确定。在不良地质地段，除必须回填密实外，可视具体情况进行压浆加固。向衬砌背后压浆能填充衬砌与围岩之间的空隙，防止围岩进一步变形。压浆工作应在衬砌达到设计强度后或拱架拆除前及时进行，每段长度为 20～30m，在衬砌两侧同时自下而上压注。

③ 仰拱的灌注。有仰拱的衬砌，在拱圈和边墙修筑后，可修建仰拱。当底压和侧压较大时，每环衬砌的拱圈和边墙修好后，需立即修仰拱，再灌注下一环衬砌。灌注仰拱时必须把隧道底部的虚渣、杂物及淤泥清除干净。仰拱超挖部分，若在允许范围内，应用与仰拱同级的混凝土回填。超出允许范围的部分，应用浆砌片石或片石混凝土回填密实。

3) 模筑混凝土衬砌的综合机械化施工

在全断面开挖时，灌注整体式混凝土衬砌有着良好的条件来实行综合机械化。综合机械化是把配料、混凝土搅拌、运输、立模、灌注、捣固等主要施工过程的机械化配套进行，其中以机械化搅拌站、混凝土输送泵和活动式模板的配套使用为主。目前，隧道工地采用的混凝土搅拌站分为集中搅拌式和分散搅拌式两种。对于长隧道或隧道群施工，现在都趋向于集中搅拌式为主。

混凝土输送泵有风动输送泵和活塞输送泵两类。风动混凝土输送泵是利用压缩空气将混凝土从钢罐内压入输送管中，并沿管道吹送到终端，经减压器降低速度和冲力而后卸出。风动输送泵装置的结构比较简单，操作方便，能间歇输送，每次压送后管道内没有剩余的混凝土拌和物，消耗动力少，清洗容易，故在灌注混凝土衬砌中广泛采用。活塞式混凝土输送泵是利用活塞作用压送混凝土的机械，又可分为连杆式和液压式两种。活塞泵的优点是能保证混凝土输送的连续性，生产效率较高。

在使用混凝土输送泵时，为了不使混凝土在输送过程中发生离析和堵管现象，对混凝土的坍落度、水灰比、水泥用量、最大骨料粒径都有较严格的要求。坍落度以 5～10cm 为佳，如要增加混凝土的流动性，可掺加塑化剂。水灰比在 0.5～0.6 为好，水灰比过大易引起混凝土离析。水泥用量不宜少于 300kg/m^3。粗骨料最大粒径，除符合一般混凝土施工要求外，尚需符合表 8.12 的要求。

表 8.12　粗骨料最大粒径　　(单位：mm)

输送管道的内径	粗骨料最大粒径	
	碎石	卵石
200	70	80
180	60	70
150	40	50

8.3.3　出渣运输

出渣就是将开挖的石渣迅速装车运到洞外，其是提高隧道掘进速度的重要环节，也是隧道施工作业的基本作业之一。出渣作业能力的强弱，决定了它在整个作业循环中所占时间的长短(一般在 40%～60%)，因此出渣运输作业能力的强弱在很大程度上影响了施工进度。

在选择出渣方式时，应对隧道或开挖坑道断面大小、围岩地质条件、一次开挖量、机械配套能力、经济性及工期要求等相关因素综合考虑。

出渣作业可以分为装渣、运输、卸渣三个环节。

1. 装渣

装渣就是把开挖下来的石渣装入运输车辆。

1) 渣量计算

装渣的首要工作就是进行出渣量的计算。出渣量应为开挖后的虚渣体积，可按式(8.11)计算：

$$Z = R \cdot \Delta \cdot L \cdot S \tag{8.11}$$

式中，Z 为单循环爆破后的石渣量，m^3；R 为岩体松胀系数，见表 8.13；Δ 为超挖系数，视爆破质量而定，一般可取 1.15～1.25；L 为设计循环进尺，m；S 为开挖断面面积，m^2。

表 8.13　岩体松胀系数

围岩级别	VI		V		IV	III	II	I
土石名称	砂砾	黏性土	砂夹卵石	硬黏土	石质	石质	石质	石质
松胀系数 R	1.15	1.25	1.30	1.35	1.6	1.7	1.8	1.85

2) 装渣方式及装渣机械

装渣的方式可采用人力装渣或机械装渣。人力装渣劳动强度大，速度慢，仅在短隧道、缺乏机械或断面小而无法使用机械装渣时才考虑采用。机械装渣速度快，可缩短作业时间，目前隧道施工中常用，但仍需配少数人工辅助。

装渣机械的类型很多，按其扒渣机构形式可分为铲斗式、蟹爪式、立爪式及挖斗式。铲斗式装渣机为间歇性非连续装渣机，有翻斗后卸、前卸和侧卸三种卸渣方式。蟹爪式装渣机、立爪式装渣机和挖斗式装渣机是连续装渣机，均配备刮板(或链板)转载后卸机构。

装渣机的走行方式有轨道走行和轮胎走行两种。也有配备履带走行和轨道走行两套机构的。轨道走行式装渣机须铺设轨道，因此其工作范围受到限制。但有些轨道走行式装渣机的装渣机构能转动一定角度，以增加其工作宽度。轮胎走行式装渣机移动灵活，工作范围不受限制。但在有水的隧道中，有可能出现打滑和下陷。

装渣机扒渣的方式不同、走行方式不同、装备功率不同，因此其工作能力各不相同。装渣机的选择应充分考虑围岩及坑道条件、工作宽度及其与运输车辆的匹配和组织，以充分发挥各自的工作效能，缩短装渣时间。

隧道施工中几种常用的装渣机介绍如下：

(1) 翻斗式装渣机。这种装渣机多采用轨道走行机构。它是利用前方的铲斗铲起石渣，然后后退并将铲斗后翻，把石渣倒入停在机后的运输车内(图 8.38)。

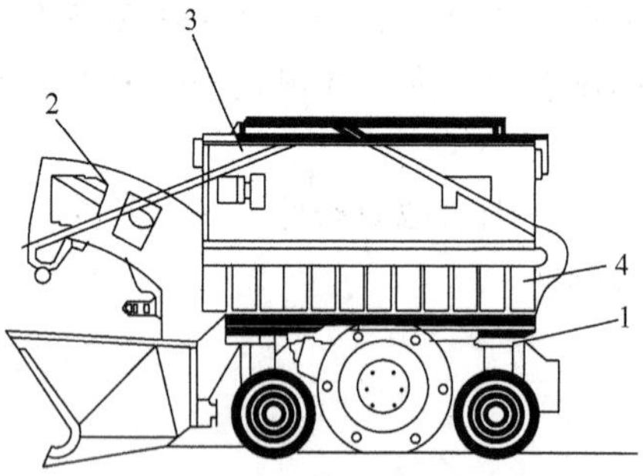

图 8.38　翻斗式装渣机
1-走行部分；2-铲斗；3-操纵箱；4-回转部分

翻斗式装渣机构造简单，操作方便，采用风动或电动，对洞内无废气污染。但其工作宽度一般只有 1.7～3.5m，工作长度较短，须将轨道延伸至渣堆，且一进一退间歇装渣，工作效率较低，箕斗容量小，工作能力较低，一般只有 30～120m^3/h(技术生产率)，主要适用于小断面或规模较小的隧道中。

(2) 蟹爪式装渣机。这种装渣机多采用履带走行，电力驱动。它是一种连续装渣机，其前方倾斜的受料盘上装有一对由曲轴带动的扒渣蟹爪。装渣时，受料盘插入岩堆，两个蟹爪交替将岩渣扒入受料盘，并由刮板输送机将岩渣装入机后的运输车内(图 8.39)。

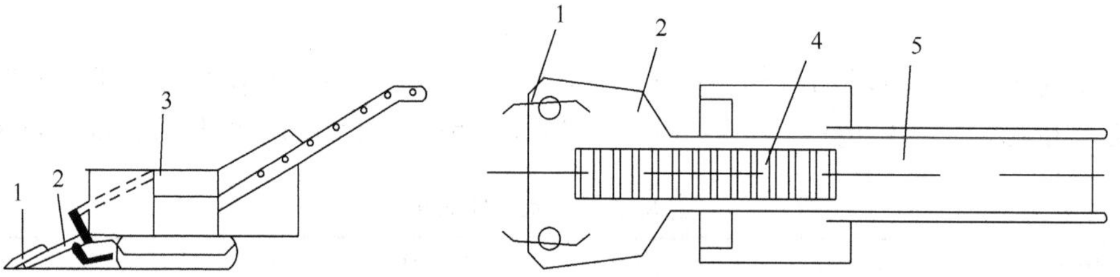

图 8.39　蟹爪式装渣机
1-蟹爪；2-受料盘；3-机身；4-链板输送机；5-带式输送机

因受蟹爪扒渣限制，当岩渣块度较大时，其工作效率显著降低，故主要用于块度较小的岩渣及土的装渣作业，工作能力一般在 60～80m^3/h。

(3) 立爪式装渣机。这种装渣机多采用轨道走行，也有采用轮胎走行或履带走行的，以采用电力驱动、液压控制为宜。装渣机前方装有一对扒渣立爪，可以将前方或左右两侧的石渣扒入受料盘，其他同蟹爪式装渣机(图 8.40)。

立爪扒渣的性能较蟹爪好，对岩渣的块度大小适应性强。当轨道走行时，其工作宽度可达 3.8m，工作长度可达到轨端前方 3.0m。工作能力一般在 120～180m^3/h。

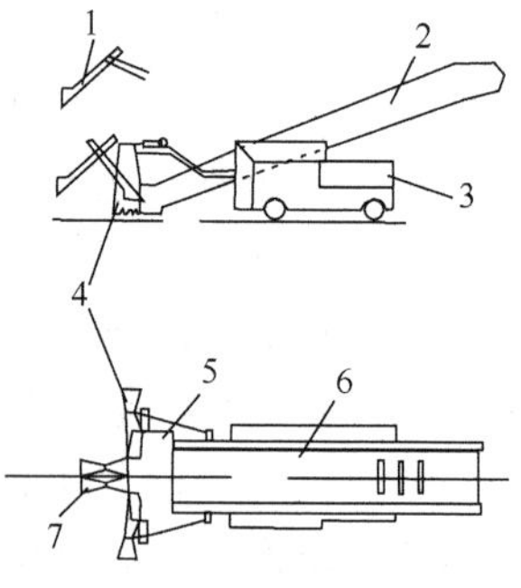

图 8.40　立爪式装渣机
1-立爪；2,6-链板输送机；3-机体；4-立爪(左右位置)；5-机架；7-立爪(前方位置)

(4) 铲斗式装渣机。这种装渣机多采用轮胎走行，也有采用履带或轨道走行的。轮胎走行的铲斗式装渣机多采用铰接车身、燃油发动机驱动和液压控制系统(图 8.41)。

轮胎走行铲斗式装渣机转弯半径小，移动灵活；铲取力强，铲斗容量大，可达 0.76～3.8m^3，工作能力强；可侧卸也可前卸，卸渣准确。但燃油废气污染洞内空气，须配备净化器或加强隧道通风，常用于较大断面的隧道装渣作业。

轨道走行及履带走行的铲斗式装渣机，多采用电力驱动。轨道走行装渣机一般只适用于断面较小的隧道，履带走行的大型装渣机则适用于特大断面隧道。

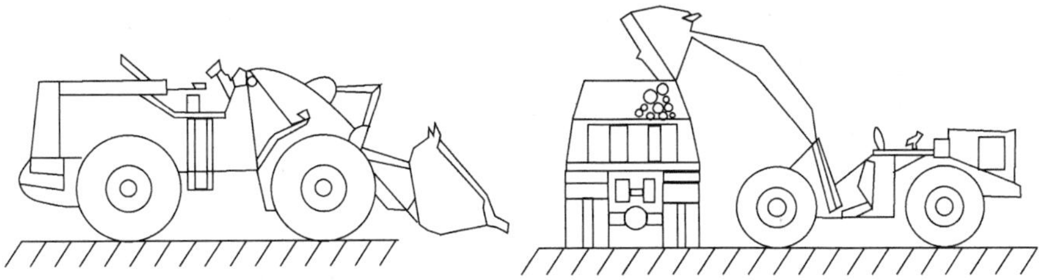

图 8.41　轮胎走行铲斗式装渣机

(5) 挖斗式装渣机。这种装渣机是较为先进的隧道装渣机。其扒渣机构为自由臂式挖掘反铲，其他同蟹爪式装渣机，并采用电力驱动和全液压控制系统，配备有轨道走行和履带走行两套走行机构。

当立定时，工作宽度可达 3.5m，工作长度可达轨道前方 7.11m，且可以下挖 2.8m 和兼作高 8.34m 范围内清理工作面及找顶工作，生产能力达 250m^3/h。

2. 运输

隧道施工的洞内运输(出渣和进料)可以分为有轨运输和无轨运输两种方式。有轨运输是铺设小型轨道，用轨道式运输车出渣和进料。有轨运输多采用电瓶车及内燃机车牵引，斗车或梭式矿车运渣，它既适应大断面开挖的隧道，也适用于小断面开挖的隧道，尤其适应于较长的隧道运输(3km 以上)，是一种适应性较强和较为经济的运输方式。无轨运输采用各种无轨运输车出渣和进料，其特点是机动灵活，不需要铺设轨道，能适用于弃渣场离洞口较远和道路坡度较大的场合；缺点是由于多采用内燃机驱动，作业时在整个洞中排出废气，污染洞内空气，故一般适用于大断面开挖和中等长度的隧道，并应注意加强通风。

运输方式的选择应充分考虑与装渣机的匹配和运输组织，还应考虑与开挖速度及运量的匹配，以尽量缩短运输和卸渣时间。必要时应作技术经济合理性分析，以求方案最佳。一般情况下，双线铁路隧道，掘进长度在 3000m 以下时，可采用无轨运输。单线铁路隧道，长度在 1000m 以下时，宜采用无轨运输；在长度大于 1500m 时，宜采用有轨运输。

1) 有轨运输

有轨运输的优点有：基本上不排放有害气体(电瓶式机车不排放有害气体，内燃机因行车密度小，排放有害气体少)，对空气污染较轻；占用空间小而且固定等。不足之处在于轨道铺设较复杂，维修工作量大；调车作业复杂；延伸轨道影响正常装渣作业等。

(1) 运输车辆。

有轨运输较普遍采用的出渣车辆有斗车、梭式矿车和槽式矿车等。

① 斗车。斗车结构简单，使用方便，适应性强，是较经济的运输方式。按其容量大小可分为小型斗车(容量小于 3m^3)和大型斗车。小型斗车轻便灵活，满载率高，调车便利，一般均可人力翻斗卸渣。在无牵引机械时还可以人力推送，它是最常用的运输车辆。大型斗车单车容量较大，可达 20m^3，须用动力机车牵引，并配用大型装渣机械装渣才能保证快速装运。

根据斗车类型采用驼峰机构侧卸或翻车机构卸渣，对轨道要求严格，但可以减少装渣中的调车作业次数，缩短装渣时间。

② 梭式矿车。梭式矿车采用整体式车身，下设两个转向架，车箱底部设有刮板式或链式转载机构，石渣从前端装入，依靠输送带传递到后端，便于将整体车箱装满和转载或向后卸渣。梭式矿车由机车牵引，与凿岩台车、装渣机等配套使用，组成隧道机械化作业线。由于梭式矿车本身具有自卸料功能，在卸料场不需配置辅助卸料设备，但需在料堆的上方卸渣。它对装渣机械要求条件不高，能保证快速运输，但机构复杂，使用费用较高。

梭式矿车单车容量为 6～18m^3，可以单车使用，也可以 2～4 节搭接使用，以减少调车作业次数。其刮板式自动卸渣机构可以向后卸渣，也可以使前后转向架分别置于相邻的两股道上，实现向轨道侧面卸渣，扩大弃渣的范围。轨道间距应为 2.0～2.5m，车体与轨道的交角可达 35°～40°。

③ 槽式矿车。槽式矿车是由一个接渣车、若干个仅有两侧侧板而没有前后挡板的斗车单元和一个卸渣车串联组成的长槽形列车，在其底板处安装有贯通整个列车的链板式输送带。使用时由装渣机向接渣车内装渣，装满接渣车后，开动链板传送带使石渣在列车内移动一个车位，如此反复装移石渣，即可装满整个列车。卸渣时采取类似的操作，由卸渣车将石渣卸去。

(2) 有轨运输牵引类型。

常用的轨道式牵引机车有电瓶车、内燃机车，主要用于坡度不大的隧道运输牵引。当采用小型斗车或在坡度较缓的短隧道施工时，还可采用人力推送。

电瓶车牵引无废气污染，但电瓶须充电，能量有限。必要时可增加电瓶车台数，以保证行车速度和运输能力。内燃机车牵引能力较大，但会增加洞内噪声污染和废气污染。在必要时，须配备废气净化装置和加强通风。

(3) 运输类型。

运输类型分为单线运输和双线运输两类。

单线运输能力较低，常用于地质条件较差或小断面隧道。当单线运输时，为调车方便和提高运输能力，在整个路线上应合理布设会让站(错车道)。会让站间距应根据装渣作业时间和行车速度确定，并编制和优化列车运行图，以减少避让等待时间。会让站的站线长度应能够容纳整列车，并保证会车安全(图 8.42)。

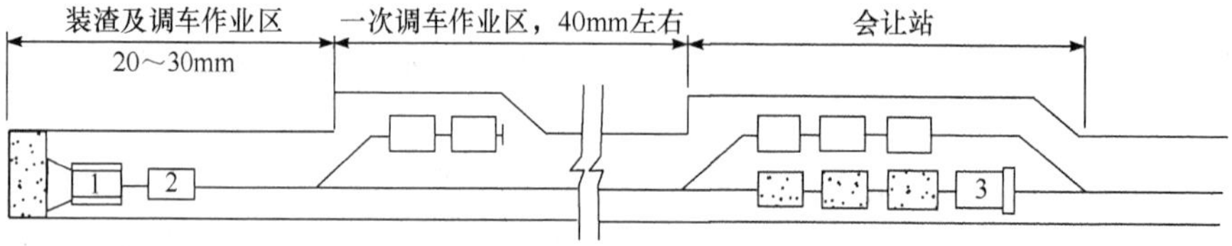

图 8.42 单线运输轨道布置

1-翻斗式装渣机；2-斗车；3-牵引电瓶车

当双线运输时，进出车分道行驶，无须避让等待，故通过能力较单线有显著提高。为了调车方便，应在两线间合理布设渡线。渡线间距应根据工序安排及运输调车需要确定，一般间距为 100～200m 或更长，并每隔 2～3 组渡线设置一组反向渡线(图 8.43)。

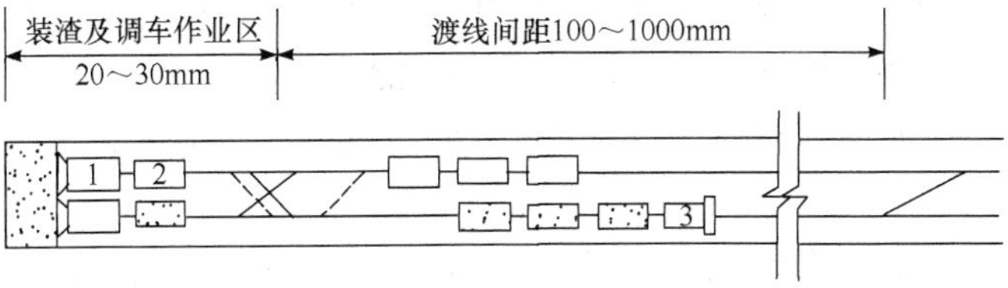

(a) 双机装渣

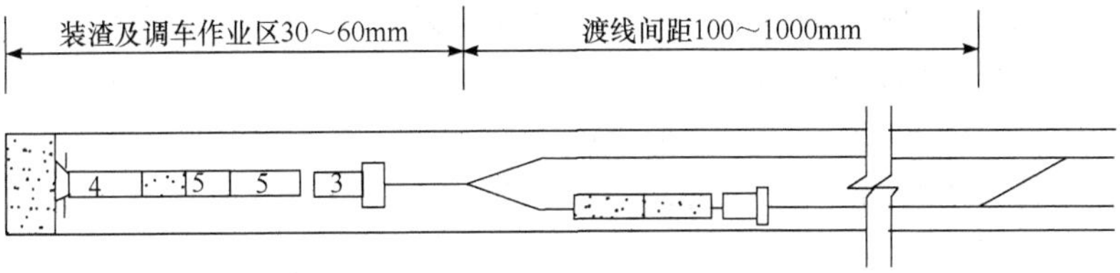

(b) 单机装渣

图 8.43 双线运输轨道布置

1-翻斗式装渣机；2-斗车；3-牵引电瓶车；4-立爪式装渣机；5-梭式矿车

(4) 轨道布置及调车。

工作面的轨道延伸，应满足钻眼、装渣、运输机械的走行和作业要求，并避免轨道延伸与其他工作的干扰。有时需延至开挖面，延伸的方法可以采用浮放“卧轨”、“爬道”及接短轨。待开挖面向前推进后，将连接的几根短轨换成长轨。

工作面附近的调车，应根据机械走行要求和转道类型来合理选择，并尽量离开挖面近一些，以缩短调车的时间。当单线运输时，首先应利用就近的会让站调车，当开挖面距离会让站较远时，可设置临时岔线、浮放调车盘或平移调车器来调车，并逐步前移。当双线运输时，应尽量利用就近的渡线来调车，当开挖面距渡线较远时，则可设置浮放调车盘，并逐步前移。

洞口外的轨道布置包括卸渣线、上料线、修理线、机车整备线以及调车场等。卸渣线应搭设卸渣码头，其重车方向应设置一段 0.5%～1%的上坡，并在轨端加设车挡，以保证卸渣车安全，其他各线均应满足使用要求。

2) 无轨运输

无轨运输主要是指汽车运输。隧道用无轨运输车的品种很多，多为燃油式动力、轮胎走行的自卸卡车，载重量 2t 到 25t 不等。为适应在隧道内运输，有的还采用了铰接车身或双向驾驶的坑道专用车辆。随着大型装载机械及重载自卸汽车的研制和生产，近年来无轨运输在隧道掘进中得到了越来越广泛的应用。无轨运输不需要铺设复杂的运输轨道，具有运输速度快、管理工作简单、配套设备少等特点。但由于内燃机排放大量废气，对洞内空气污染较为严重，尤其长期在长大隧道中使用时需要有良好的通风能力。

无轨运输车的选择应注意与装渣机的匹配，尤其是能力配套，充分发挥各自的工作效率，提高整体工作能力。此外，在隧道施工中，应选用车身较短、车斗容量大、转弯半径小、能自卸、车体坚固、轮胎耐磨、配有废气净化装置、能双向驾驶的运输车，以增加运行中的灵活性，避免洞内回车和减轻对洞内空气的污染。

(1) 调车作业。

由于无轨运输采用的装渣及运渣设备都是自配动力，属自行式，其调车作业主要解决回车、错车和装渣场地问题。根据不同隧道开挖断面和洞内运输距离，常用的调车方式如下：

① 当有条件构成循环通路时，最好制定单向行驶的循环方案，以减少回车、错车需用场地及待避时间。

② 当开挖断面较小，只能设置单车通道而装渣点距洞口又较近时，可考虑汽车倒行进洞至装渣点装渣，正向开行出洞，不设置错车、回车场地。如果洞内运行距离较长时，可在适当位置将导洞向侧壁加宽构成错车、回车场地，以加快调车作业。

③ 当隧道开挖断面较大，足够并行两辆汽车时，应布置成双车通道，在装渣点附近回车，空车、重车各行其道，提高出渣速度。

④ 在采用装渣机装渣，汽车运输的情况下，要充分利用双方都有机动能力的特点，可以采取双方同时机动或一方机动，另一方固定的方式进行装渣。

(2) 作业要求。

① 运输道路应铺设路面，与仰拱、底板混凝土配合施工，并做好排水和路面的维修工作。

② 行车速度在施工作业地段不得大于 15km/h。

③ 洞内应加强通风，洞内环境应符合劳动卫生标准。

④ 当单线隧道采用无轨运输时，应在每间隔 150～300m 处设一个会车点。

⑤ 当单线隧道采用无轨运输时，宜采用轮式正铲侧卸装载机等小型装渣设备；当采用立爪式装渣机时，应在距开挖面 70～80m 范围内铺设轨道，轨枕采用槽钢代替，并与钢轨焊接成整体。

⑥ 当隧道采用无轨运输时，严禁汽油机车进洞，柴油机车宜采用尾气净化装置并加强通风。

8.4　特殊地段施工

修建隧道中常遇到一些不利于施工的特殊地质地段，如膨胀土围岩、黄土、溶洞、断层、松散地层、流沙、岩爆等，在开挖、支护过程中，由于各种因素的影响都可能发生土石坍塌、坑道支撑变形、衬砌结构断裂等工程事故，严重影响施工进度、安全和质量。

隧道通过特殊地质地段施工时应注意以下几点：

(1) 当施工前应对设计所提供的工程地质和水文地质资料进行详细分析了解，深入细致地进行施工调查，制定相应的施工方案和措施，备足有关机具及材料，认真编制和实施施工组织设计，使工程达到安全、优质、高效的目的。

(2) 特殊地质地段隧道施工，以“先治水、短开挖、弱爆破、强支护、早衬砌、勤检查、稳步前进”为指导原则。在选择和确定施工方案时，应以安全为前提，综合考虑隧道工程地质及水文地质条件、断面形式、尺寸、埋置深度、施工机械装备、工期和经济的可行性等因素。同时，应考虑围岩变化时施工方法的适应性及其变更的可能性，以免造成工程延误及增加投资。

(3) 隧道开挖方式应视地质、环境、安全等条件确定，采用光面爆破和预裂爆破技术，既能使开挖轮廓线符合设计要求，又能减少对围岩的扰动破坏。爆破应严格按照设计进行施工，如遇地质变化应及时修改完善设计。

(4) 当隧道通过自稳时间短的软弱破碎岩体、浅埋软岩和严重偏压、岩溶、流泥地段、砂层、砂卵(砾)石层、断层破碎带及大面积淋水或涌水地段时，为保证洞体稳定，可采用超前锚杆、超前小钢管、管棚、地表预加固地层和围岩预注浆等辅助施工措施，对地层进行预加固、超前支护或止水。

(5) 为了掌握施工中围岩和支护的力学动态及稳定程度，以及确定施工工序，保证施工安全，应实施现场监控量测，充分利用监控量测指导施工，对软岩浅埋隧道须进行地表下沉观测，通过监测及时预报工程稳定状态，修正施工方案。

(6) 如穿过未胶结松散地层和严寒地区冻胀地层，施工时应采取相应的措施，均可采用锚喷支护施工。爆破后如开挖工作面有坍塌可能，应在清除危石后及时喷射混凝土护面。如围岩自稳性很差，开挖难以成型，可沿设计开挖轮廓线预设超前锚杆。在锚喷支护后仍不能提供足够支护能力时，应及早装设钢架支撑加强支护。

(7) 当采用构件支撑作临时支护时，支撑要有足够的强度和刚度，能承受开挖后的围岩压力。围岩出现底部压力，产生底鼓现象或可能产生沉陷时应加设底梁。当围岩极为松软破碎时，应采用先护后挖，暴露面应用支撑封闭严密。根据现场条件，可结合管棚或超前锚杆等支护，形成联合支撑。支撑作业应迅速、及时，以充分发挥构件支撑的作用。

(8) 围岩压力过大，支撑受力下沉侵入衬砌设计断面，必须挑顶(即将隧道顶部提高)时，其处理方法为：在拱部扩挖前发现顶部下沉时，应先挑顶后扩挖。当扩挖后发现顶部下沉时，应立好拱架和模板先灌筑满足设计断面部分的拱圈，待混凝土达到所需强度并加强拱架支撑后，再行挑顶灌筑其余部分。挑顶作业宜先护后挖。

(9) 对于极松散的未固结围岩和自稳性极差的围岩，当采用先护后挖法仍不能开挖成型时，宜采用压注水泥砂浆或化学浆液的方法，以固结围岩，提高其自稳性。

(10) 特殊地质地段的隧道衬砌，应防止围岩松弛，使大的围岩压力作用在衬砌结构上，致使衬砌出现开裂、下沉等不良现象。因此，在采用模筑衬砌施工时，除遵守隧道施工技术规范的有关规定施工外，还应注意：当拱脚、墙基松软时，灌筑混凝土前应采取措施加固基底。衬砌混凝土应采用高标号或早强水泥，提高混凝土等级，或采用掺速凝剂、早强剂等措施，提高衬砌的早期承载能力。仰拱施工，应在边墙完成后抓紧进行，或根据需要在初期支护完成后立即进行，使衬砌结构尽早封闭，构成环形以改善受力状态，确保衬砌结构的长期稳定。

8.4.1　膨胀土围岩

1. 膨胀土围岩对隧道施工的危害

膨胀土围岩施工中常见下列几种情况：

(1) 围岩裂缝。隧道开挖后，由于开挖面上主体原始应力释放产生胀裂；另外，因为表层土体风干而脱水，产生收缩裂缝。同时，两种因素都可以使土中原生隐裂隙张开扩大，沿围岩周边产生裂缝，尤其拱部围岩容易产生张拉裂缝与上述裂缝贯通，形成局部变形区。

(2) 坑道下沉。由于坑道下部膨胀土体的承载力较低，加之上部围岩压力过大，而产生坑道下沉变形。坑道的下沉，往往造成支撑变形、失效，进而引起主体坍塌等现象。

(3) 围岩膨胀突出和坍塌。膨胀土开挖过程中或开挖后，围岩产生膨胀变形，周边土体向洞内膨胀突出，开挖断面缩小。在土体丧失支撑或支撑力不够的状态下，围岩压力和膨胀压力的综合作用，使土体产生局部破坏，由裂缝发展到出现溜塌，然后逐渐牵引周围土体连续破坏，形成坍塌。

(4) 底膨。隧道底部开挖后，洞底围岩的上部压力解除，在无支护体约束的条件下，由于应力释放，洞底围岩产生卸荷膨胀，加之坑道积水，使洞底围岩产生浸水膨胀，造成洞底围岩膨胀变形。

(5) 衬砌变形和破坏。在先拱后墙法施工中，拱部衬砌完成后至开挖马口的这段时间，由于围岩的膨胀压力，常常产生拱脚内移，同时发生不均匀下沉，拱脚支撑受力大，发生扭曲、变形或折断。拱顶受挤压下沉，也有向上凸起。拱顶外缘经常出现纵向贯通拉裂缝，而拱顶内缘出现挤裂、脱皮、掉块现象。在拱腰部位出现纵向裂缝，这些裂缝有时可发展到张开、错台。当采用直墙时，边墙常受膨胀侧压而开裂，甚至张开、错台，少数曲墙也有出现水平裂缝的情况。当底部未做仰拱或仅做一般铺底时，有时会出现底部膨胀，铺底被破坏。

2. 膨胀土围岩隧道施工要点

1) 加强调查、量测围岩的压力和流变

在膨胀土地层中开挖，除了认真实现设计文件所提出的技术要求外，在施工过程中应对围岩压力及其流变情况进行充分的调查和量测，分析其变化规律。对地下水应探明分布范围及规律，了解水对施工的影响程度，以便根据围岩动态采取相应的施工措施。

2) 合理选择施工方法

膨胀土隧道围岩压力的施工效应，是导致隧道变形病害的主要原因。采用合理的施工方法对隧道的稳定性有着十分重要的作用。因此，在施工中应以尽量减少对围岩产生扰动和防止水的浸湿为原则，宜采用无爆破掘进法，如采用掘进机、风镐、液压镐等开挖。在开挖过程中尽可能缩短围岩暴露时间，并及时衬砌，以尽快恢复洞壁因土体开挖而解除的部分围岩应力，减少围岩膨胀变形。开挖方法宜不分部或少分部，多采用正台阶法、侧壁导坑法和“眼镜法”。正台阶法适用于跨度小的隧道，其分部少，相互干扰小，且能较早地使支护(衬砌)闭合。侧壁导坑法和“眼镜法”较适用于跨度较大的隧道，它具有防止上半断面支护(衬砌)下沉的优点，但全断面闭合时间较晚，必须注意防止边墙混凝土受压向隧道内挤。

3) 防止围岩湿度变化

隧道开挖后，膨胀土围岩风干脱水或浸水，都将引起围岩体积变化，产生胀缩效应。

因此，隧道开挖后应及时喷射混凝土、封闭和支护围岩。在有地下水渗流的隧道，应采取切断水源并加强洞壁与坑道防、排水措施，防止施工积水对围岩的浸湿等。若局部渗流，可采用注浆堵水阻止地下水进入坑道或浸湿围岩。

4) 合理进行围岩支护

膨胀土围岩支护必须适应围岩的膨胀特性，在施工时应注意以下两点：

(1) 喷锚支护，稳定围岩。喷锚支护作为开挖膨胀土围岩的施工支护，可以加强围岩的自承能力，允许有一定的变形而又不失稳。采用喷锚支护，应紧跟开挖，必要时在喷射混凝土的同时采用钢筋网。也可采用钢纤维混凝土提高喷层的抗拉和抗剪能力。当膨胀压力很大时，可用锚喷及钢架或格栅联合支护，在隧道底部打设锚杆，也可以在隧道顶部打入超前锚杆或小导管支护。膨胀土围岩隧道的支护应尽可能使其在开挖面周壁上迅速闭合。若为台阶开挖，则可在上半部开挖后尽快做出半部闭合，使围岩尽早约束。总之，不论采用哪一种类型的支护，都必须根据工程实际情况及围岩变形状态而定。

(2) 衬砌结构及早闭合。膨胀土围岩隧道开挖后，围岩向内挤压变形一般在四周同时发生，所以施工时要求隧道衬砌及早封闭。从理论上讲，拱部、边墙及仰拱宜整体完成，此时衬砌受力条件最好，但受施工条件限制往往难以实现。因此，在灌筑拱圈部分时，应在上台阶底部先设置临时混凝土仰拱或喷射混凝土作临时仰拱，以使拱圈在边墙、仰拱未完成前自身形成临时封闭结构。当进行下部台阶施工时，再拆除临时仰拱，并尽快灌筑永久性仰拱。

8.4.2　黄土围岩

1. 黄土对隧道施工的影响

1) 黄土节理

在红棕色或深褐色的古土壤黄土层，常具有各方向的构造节理，有的原生节理呈 X 形，成对出现，并有一定延续性。在隧道开挖时，土体容易顺着节理张松或剪断。若这种地层位于坑道顶部，则极易产生“塌顶”；若位于侧壁，则普遍出现侧壁掉土，施工时处理不当，常会引起较大的坍塌。

2) 黄土冲沟

隧道在黄土冲沟或塬边地段施工时，当隧道在较长范围内沿着冲沟或塬边平行走向分布，而覆盖较薄或偏压很大时，容易发生较大的坍塌或滑坡现象。

3) 黄土溶洞与陷穴

黄土溶洞与陷穴是黄土地区经常见到的不良地质现象，隧道若修建在其上方，则有基础下沉的危险；若修建在其下方，常有发生冒顶的危险；若修建在邻侧，则有可能承受偏压。

4) 水

在含有地下水的黄土层中修建隧道，由于黄土干燥时很坚固，承压力也较高，施工可顺利进行。当其受水浸湿后，呈不同程度的湿陷，会突然发生下沉，使开挖后的围岩迅速丧失自稳能力，如果支护措施满足不了变化后的情况，极易造成坍塌。施工中洞内排水不良，洞内道路会形成泥泞，不论是无轨还是有轨运输都会给道路的维护、机械的使用与保养、隧道的铺底或仰拱施工作业等带来很大的困难。

2. 黄土隧道的施工方法

黄土隧道的施工方法如下：

(1) 黄土隧道施工，应做好黄土中构造节理的产状与分布状况的调查。对因构造节理切割而形成的不稳定部位，在施工时加强支护，防止坍塌，保证安全施工。

(2) 施工中应遵循“短开挖、少扰动、强支护、实回填、严治水、勤量测”的施工原则，紧凑施工工序，精心组织施工。

(3) 开挖方法宜采用短台阶法或分部开挖法(留核心土法)，初期支护应紧跟开挖面施作。

(4) 黄土围岩开挖后暴露时间过长，围岩周壁风化至内部，围岩体松弛加快，进而发生塌方。因此，宜采用复合式衬砌，开挖后以喷射混凝土、锚杆、钢筋网和钢支撑作初期支护，以形成严密的支护体系。必要时可采用超前锚杆、管棚支撑加固围岩。在初期支护基本稳定后，进行永久支护衬砌。衬砌背后回填要密实，尤其是拱顶回填。

(5) 做好洞顶、洞门及洞口的防排水系统，并妥善处理好陷穴、裂缝，以免地面积水侵蚀洞体围岩，造成土体坍塌。在含有地下水的黄土层中施工时，洞内应施作良好的排水设施。当水量较大时，应采用井点降水等将地下水位降至隧道衬砌底部以下，以改善施工条件加快施工速度。在干燥无水的黄土层中施工时，应管理好施工用水，不使废水漫流。

3. 黄土隧道施工中的注意事项

黄土隧道施工中的注意事项如下：

(1) 施工中如发现工作面有失稳现象，应及时用喷射混凝土封闭、加设锚杆、架立钢支撑等加强支护。

(2) 施工时特别注意拱脚与墙脚处的断面，如超挖过大，应用浆砌片石回填。如发现该处主体承载力不够，应立即采取相应措施进行加固。

(3) 黄土隧道施工，宜先作仰拱，如果不能先作仰拱时，可在开挖与灌筑仰拱前，加设横撑，防止边墙向内位移。

(4) 施工中如发现不安全因素，应暂停开挖，加强临时支护，以便采取适应性的工序安排。

8.4.3　溶洞

1. 溶洞对隧道施工的影响

溶洞一般有死、活、干、湿、大、小几种。死、干、小的溶洞比较容易处理，而活、湿、大的溶洞，处理方法则较为复杂。

当隧道穿过可溶性岩层时，有的溶洞岩质破碎，容易发生坍塌。有的溶洞位于隧道底部，充填物松软且深，使隧道基底难以处理。有时遇到填满饱含水分的充填物溶槽，当坑道掘进至其边缘时，含水充填物不断涌入坑道，难以遏止，甚至使地表开裂下沉，山体压力剧增。有时遇到大的水囊或暗河，岩溶水或泥沙夹水大量涌入隧道，有的溶洞、暗河迂回交错、分支错综复杂、范围宽广，处理十分困难。

2. 溶洞地区隧道的施工方法

溶洞地区隧道的施工方法如下：

(1) 隧道通过岩溶区，应查明溶洞分布范围和类型，岩层的完整稳定程度、填充物和地下水情况，从而确定施工方法。对尚在发育或穿越暗河水囊等地质条件复杂的岩溶区，应查明情况，谨慎选定施工方案。对有可能发生突然大量涌水、流石、流泥、崩坍落石等，必须事先制定措施，确保施工安全。

(2) 隧道穿过岩溶区，如岩层比较完整、稳定，溶洞已停止发育，有比较坚实的填充，且地下水量小，可采用探孔或物探等方法，探明地质情况，如有变化便于采取相应的措施。当溶洞尚在发育或穿越暗河水囊等岩溶区时，必须探明地下水量大小、水流方向等，先要解决施工中的排水问题，一般可采用平行导坑的施工方案，以超前钻探方法，向前掘进。当出现大量涌水、流石、流泥、崩坍落石等情况时，平行导坑可作为泄水通道，正洞堵塞时也可利用其在前方开辟掘进工作面而不致正洞停工。

(3) 隧道常用处理溶洞的方法有“引、堵、越、绕”四种。

① 引。在遇到暗河或溶洞有水流时，宜排不宜堵。应在查明水源流向及其与隧道位置的关系后，用暗管、涵洞、小桥等设施宣泄水流或开凿泄水洞将水排出洞外(图 8.44)。当岩溶水流的位置在隧道顶部或高于隧道顶部时，应在适当距离处开凿引水斜洞(或引水横洞)将水位降低到隧底标高以下，再行引排。当隧道设有平行导坑时，可将水引入平行导坑排出。

② 堵。对已停止发育、跨径较小、无水的溶洞，可根据其与隧道相交的位置及其充填情况，采用混凝土、浆砌片石或干砌片石予以回填封闭；或加深边墙基础，加固隧道底部，如图 8.45 所示。当隧道拱顶部有空溶洞时，可视溶洞的岩石破碎程度在溶洞顶部采用锚杆或锚喷网加固，必要时可考虑注浆加固并加设隧道护拱及拱顶回填进行处理，如图 8.46 所示。

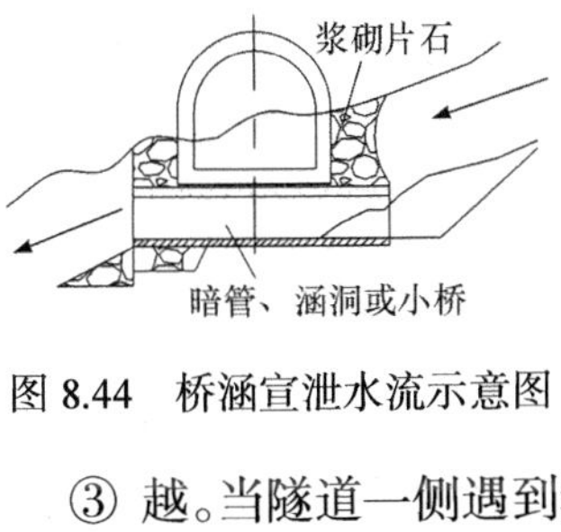

图 8.44　桥涵宣泄水流示意图

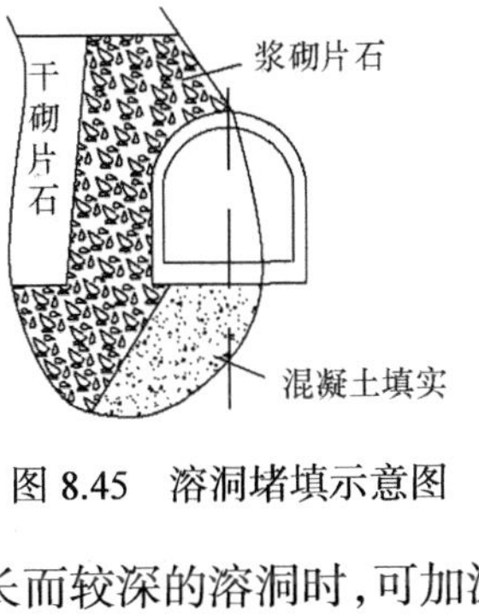

图 8.45　溶洞堵填示意图

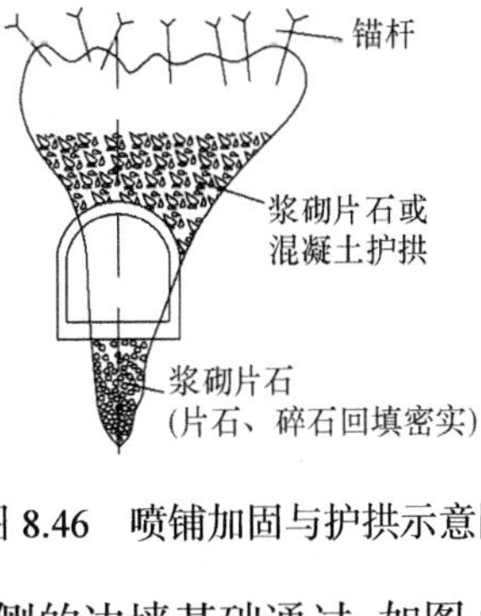

图 8.46　喷铺加固与护拱示意图

③ 越。当隧道一侧遇到狭长而较深的溶洞时，可加深该侧的边墙基础通过，如图 8.47 所示。当隧道底部遇有较大溶洞并有流水时，可在隧道底部以下砌筑支墙，支撑隧道结

构，并在支墙内套设涵管引排溶洞水，如图 8.48 所示。当隧道边墙部位遇到较大、较深的溶洞，不宜加深边墙基础时，可在边墙部位或隧底以下筑拱跨过，如图 8.49 所示。当隧道中部及底部遇有深狭的溶洞时，可加强两边墙基础，并根据情况设置桥台架梁通过，如图 8.50 所示。当隧道穿过大溶洞，情况较为复杂时，可根据情况，采用边墙梁、行车梁等，由设计单位负责特殊设计后施工。

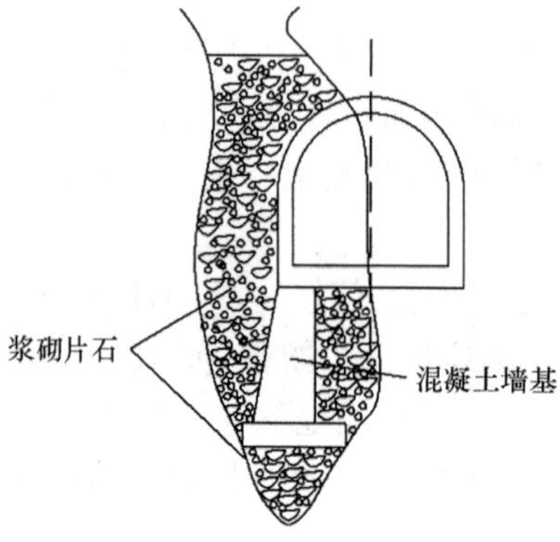

图 8.47　加深边墙基础示意图

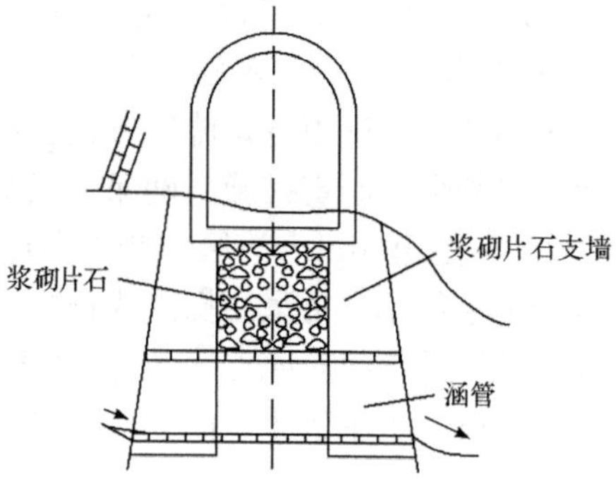

图 8.48　支墙内套设涵管示意图

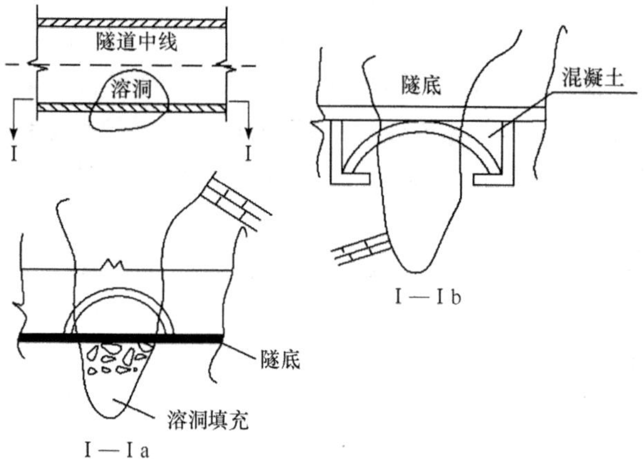

图 8.49　筑拱跨过示意图

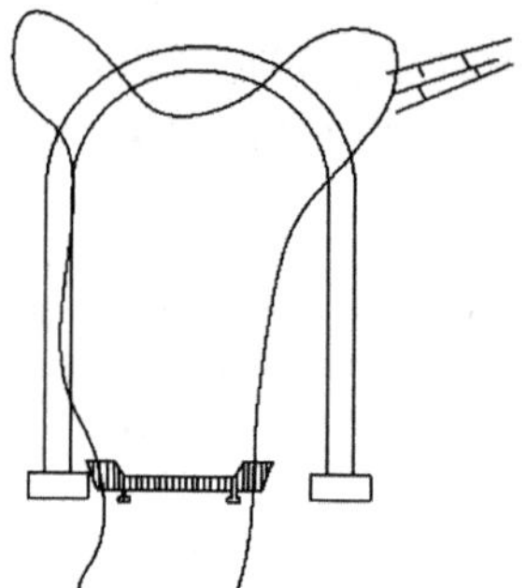

图 8.50　架梁跨过示意图

④ 绕。在岩溶区施工，当个别溶洞处理耗时且困难时，可采取迂回导坑绕过溶洞，继续进行隧道前方施工，并同时处理溶洞，以节省时间，加快施工进度。在绕行开挖时，应防止洞壁失稳。

3. 溶洞地段隧道施工的注意事项

溶洞地段隧道施工的注意事项如下：

(1) 当施工达到溶洞边缘时，各工序应紧密衔接，支护和衬砌超前。同时应利用探孔或物探作超前预报，设法探明溶洞的形状、范围、大小、充填物及地下水等情况，据以制订施工处理方案及安全措施。

(2) 施工中注意检查溶洞顶部，及时处理危石。当溶洞较大、较高且顶部破碎时，应先喷射混凝土加固，再在靠近溶洞顶部附近打锚杆，并应设置施工防护架或钢筋防护网。

(3) 在溶蚀地段的爆破作业应尽量做到多打眼、打浅眼，并控制爆破药量，减少对围岩的扰动。防止在一次爆破后溶洞内的填充物突然大量涌入隧道，或溶洞水突然袭击隧道，造成严重损失。

(4) 在溶洞充填体中掘进，如充填物松软，可用超前支护施工。如充填物为极松散的砾石、块石堆积或流塑状黏土及砂黏土等，可于开挖前采用地表注浆、洞内注浆或地表和洞内注浆相结合的方法加固。如遇颗粒细、含水量大的流塑状土壤，可采用劈裂注浆技术，注入水泥浆或水泥水玻璃双液浆进行加固。

(5) 溶洞未做出处理方案前，不要将弃渣随意倾填于溶洞中。若弃渣覆盖溶洞，不但不能了解其真实情况，反而会造成更多困难。

8.4.4　松散地层及流沙

1. 松散地层

松散地层结构松散，胶结性弱，稳定性差，在施工中极易发生坍塌，如极度风化破碎丧失岩性的松散体、漂卵石地层、砂夹砾石和含有少量黏土的土壤以及无胶结松散的干沙等。隧道穿过这类地层，应减少对围岩的扰动，一般采取先护后挖、密闭支撑、边挖边封闭的施工原则，必要时可采用超前注浆改良地层和控制地下水等措施。主要施工方法如下：

1) 超前支护

隧道开挖前，先向围岩内打入钎、管、板等构件，用以预先支护围岩，防止坑道掘进时岩体发生坍塌。

(1) 超前锚杆或超前小钢管。

爆破前，将超前锚杆或小钢管打入掘进前方稳定的岩层内。末端支撑在拱部围岩内的悬吊锚杆或格栅拱支撑上。使其起到支护掘进进尺范围内拱部上方围岩，有效约束围岩在爆破后一定时间内不发生松弛坍塌。超前锚杆宜采用早强型砂浆锚杆，以尽早发挥超前支护作用。

(2) 超前管棚法。

此法适用于围岩为砂黏土、黏砂土、亚黏土、粉砂、细砂、砂夹卵石夹黏土等非常松软、破碎的土壤，以及钻孔后极易塌孔的地层。采用此法时，管棚长度应按地质情况选用，但应保证开挖后管棚有足够的超前长度。为增加管棚刚度，可在钢管内灌入混凝土或设置钢筋笼，注入水泥砂浆，从而在地层中建立一个临时承载棚，在其防护下施工。

2) 超前小导管预注浆

沿开挖外轮廓线，以一定角度打入管壁带孔的小导管，并以一定压力向管内压注水泥或化学浆液。它既能将洞周围岩体预加固，又能起超前预支护作用。此法适用于自稳时间很短的砂层、砂卵(砾)石层等松散地层。

3) 降水、堵水

松散地层的含水，对隧道施工的危害极大。排除施工部位的地下水，有利于施工。

降水、堵水的方法较多，如降水可在洞内或辅助坑道内井点降水。在埋深较浅的隧道中，可用深井泵降水，在洞外地面隧道两侧布点进行。

在地下水丰富而且排水条件或排水费用太高，经过技术、经济比选，可采用注浆堵水措施。注浆堵水又分为地面预注浆和洞内开挖工作面预注浆。二者采用哪种方法，应根据隧道埋深、工程地质和水文地质情况，钻孔和压浆设备能力，以及技术、经济、工期等方面进行综合分析后采用。

2. 流沙

流沙是沙土或粉质黏土在水的作用下丧失其内聚力后形成的，多呈糊浆状，对隧道施工危害极大。由于流沙可引起围岩失稳坍塌，支护结构变形，甚至倒塌破坏。因此，治理流沙必先治水，以减少沙层的含水量为主。宜采取以下措施进行治理。

1) 加强调查，制订方案

施工中应调查流沙特性、规模，了解地质构成、贯入度、相对密度、粒径分布、塑性指数、地层承载力、滞水层分布、地下水压力和透水系数等，并制订切实可行的治理方案。

2) 因地制宜，综合治水

隧道通过流沙地段，处理地下水的问题，是解决隧道流沙、流泥施工难题中的首要关键技术。施工时，因地制宜，采用“防、截、排、堵”的治理方法。

(1) 防：建立地表沟槽导排系统及仰坡地表局部防渗处理，防止降雨和地表水下渗。

(2) 截：在正洞之外水源一侧，采用深井降水，将储藏丰富的构造裂隙水，通过深井抽水排走，减少正洞的静水和动水压力，对地下水起到拦截作用。

(3) 排：有条件的隧道在正洞水源下游一侧开挖一条洞底低于正洞仰拱的泄水洞，用以降排正洞的地下水，或采用水平超前钻孔真空负压抽水的办法，排除正洞的地下水。

(4) 堵：采用注浆方法充填裂隙，形成止水帷幕，减少或堵塞渗水通道。

以上几种施工方法，应根据工程地质、水文地质条件和地下水的性质、类型、赋存部位以及工期要求和经济效益等因素综合分析，合理选用。

3) 先护后挖，加强支护

开挖时必须自上而下分部进行，先护后挖，密闭支撑，边挖边封闭，遇缝必堵，严防沙粒从支撑缝隙中溢出。也可采用超前注浆，以改善围岩结构，用水泥浆或水泥水玻璃为主的注浆材料注入或用化学浆液注浆加固地层，然后开挖。

在施工中应观测支撑和衬砌的实际沉降量变化，及时调整预留量。架立支撑时应沿底梁进行，并纵横、上下连接牢固，以防箱架断裂倾倒。拱架应加强刚度，架立时设置底梁并垫平楔紧，拱脚下垫铺牢固。支撑背面用木板或槽型钢板遮挡，严防流沙从支撑间溢出。在流沙溢出口附近较干燥围岩处，应尽快打入锚杆或施作喷射混凝土，加固围岩，防止溢出扩大。

4) 尽早衬砌，封闭成环

流沙地段，拱部和边墙衬砌混凝土的灌筑应尽量缩短时间，尽快与仰拱形成封闭环。这样即使围岩中出现流沙也不会对洞身衬砌造成破坏。

8.4.5　岩爆及高地温

1. 岩爆

在深部隧道工程中，岩爆有时频繁出现，有时甚至会延续一段时间后才逐渐消失。其不仅直接威胁作业人员与施工设备的安全，而且严重影响施工进度，增加工程造价。

1) 岩爆的特点

岩爆的特点如下：

(1) 岩爆在未发生前并无明显的预兆，一般认为不会掉落石块的地方也会突然发生岩石爆裂声响，石块有时应声而下，有时暂不坠落。这与塌顶和侧壁坍塌现象有明显的区别。

(2) 当岩爆时，岩块自洞壁母体弹射出来，一般呈中厚边薄的不规则片状，多呈几平方厘米的薄片，个别达几十平方厘米。在严重时，上吨重的岩石从拱部弹落，造成岩爆性塌方。

(3) 岩爆发生的地点，多在新开挖工作面及其附近，个别在距新开挖工作面较远处。岩爆发生的频率随暴露后的时间延长而降低，一般岩爆发生在 16 天之内，但是也有的滞后一个月，甚至数月。

2) 岩爆的防治措施

岩爆产生的条件取决于围岩的应力状态及其岩性条件。在施工中控制和改变这两个因素就可能防止或延缓岩爆的发生。因此，防止岩爆发生的措施主要可以概括为强化围岩及弱化围岩两种。

强化围岩的措施很多，如喷射混凝土或喷钢纤维混凝土、锚杆加固、锚喷支护、锚喷网联合支护、钢支撑喷网联合支护，紧跟混凝土衬砌等，这些措施的出发点是给围岩一定的径向约束，使围岩的应力状态较快地从二维转向三维应力状态，以达到延缓或抑制岩爆发生的目的。

弱化围岩的主要措施有注水、超前预裂爆破、排孔法、切缝法等。注水的目的是改变岩石的物理力学性质，降低岩石的脆性和储存能量的能力。后三者的目的是解除能量，使能量向有利的方向转化和释放。一般情况下，切缝法和排孔法能将能量向深层转移。围岩内的应力，特别是在切缝或排孔附近周边的切向应力显著降低。同时，围岩内所积蓄的弹性应变能也得以大幅度地释放，因此可有效地防治岩爆。

3) 岩爆地段隧道施工的注意事项

岩爆地段隧道施工的注意事项如下：

(1) 如设有平行导坑，则平行导坑应掘进超前正洞一定距离，以了解地质情况，分析可能发生岩爆的地段，为正洞施工达到相应地段时加强防治，采取必要措施提供依据。

(2) 爆破应选用预先释放部分能量的方法，如超前预裂爆破法、切缝法和排孔法等，先期将岩层的原始应力释放一些，以减少岩爆的发生。爆破应严格控制用药量，以尽可能减少爆破对围岩的影响。

(3) 根据岩爆发生的频率和规模情况，必要时应考虑缩短爆破循环进尺。初期支护和衬砌要紧跟开挖面，以尽可能减少岩层的暴露面和暴露时间，防止岩爆的发生。

(4) 当岩爆引起塌方时，应迅速将人员和机械撤到安全地段，采用摩擦型锚杆进行支护，增大初期锚固力。采用喷射钢纤维混凝土，抑制开挖面围岩的剥落。采取挂钢筋网或用钢支撑加固，充分做好岩爆现象观察记录，采用声波探测预报岩爆。

2. 高地温

在火山地带修建隧道或深部隧道施工时，有时会遇到高温、高热地段，它会给施工带来很大困难，更甚者，在高温隧道中发生过施工人员由于地层喷出热水或硫化氢等有害气体而烫伤或中毒的事故。

高地温地段隧道施工的主要措施如下：

(1) 为保证隧道施工人员正常安全生产，我国有关部门对隧道施工作业环境的卫生标准都有规定。为达到规定的标准，在施工中一般采取通风、洒水及通风与洒水相结合的措施。当地温较高时，可采用大型通风设备予以降温；当地温很高时，在正洞开挖工作面前方的一段距离，利用平行导坑超前钻探，如有热水涌出，可在平行导坑内增建降水、排水设施和排水钻孔，以降低正洞的水位。如正洞施工中仍有热水涌出时，可采用水玻璃水泥等材料注浆，以发挥截水及稳定围岩的作用。

(2) 在高温(如 70℃高温)的岩体及喷射混凝土上浇筑二次衬砌混凝土时，即使厚度再薄，水化热也不易溢出。由于混凝土里面和表面的温差，在早龄期有可能存在裂缝。因此，对二次混凝土衬砌防止裂缝，应采取下述措施：

① 为了防止高温时的强度降低，应选定合适的水灰比，并考虑到对温泉水的耐久性，宜采用高炉矿渣水泥(分离粉碎型水泥)。混凝土配合比和掺合剂应做试验优选。

② 在防水板和混凝土衬砌之间设置隔热材料，可隔断从岩体传播来的热量，使混凝土内的温度应力降低。

③ 把一般衬砌混凝土的浇筑长度适当缩短。

④ 用防水板和无纺布组合成缓冲材料，由于与喷射混凝土隔离，因此混凝土衬砌的收缩可不受约束。

⑤ 适当设置诱发缝，一般在两拱角延长线方向设置。

8.4.6 瓦斯地层

瓦斯是地下坑道内有害气体的总称，其成分以沼气(甲烷为主)，一般习惯即称沼气为瓦斯。当隧道穿过煤层、油页岩或含沥青等岩层，或从其附近通过而围岩破碎、节理发育时，可能会遇到瓦斯。如果洞内空气中瓦斯浓度已达到爆炸限度并与火源接触，就会引起爆炸，对隧道施工带来很大的危害和损失。所以，在瓦斯地层中修建隧道，必须采取相应措施，才能安全顺利施工。

施工中防止瓦斯事故的主要措施如下。

(1) 隧道穿过瓦斯溢出地段，应预先确定瓦斯探测方法，并制定瓦斯稀释措施、防爆措施和紧急救援措施等。

(2) 隧道通过瓦斯地区的施工方法，宜采用全断面开挖，因其工序简单、面积大、通风好，随掘进随衬砌，能够缩短地层瓦斯放出时间和缩小围岩暴露面，有利于排除瓦斯。

上下导坑法开挖，因工序多，岩层暴露的总面积大，成洞时间长，洞内各工序交错分散，易使瓦斯分处积滞浓度不匀。采用这种施工方法，要求工序间距离尽量缩短，尽快采用衬砌封闭瓦斯地段，并保证混凝土的密实性，以防瓦斯溢出。

(3) 加强通风是防止瓦斯爆炸最有效的办法。有瓦斯的坑道，决不允许用自然通风，必须采用机械通风。通风设备必须防止漏风，并配备备用的通风机，一旦原有通风机发生故障，备用机械能立即供风，保证工作面空气内的瓦斯浓度在允许限度内。当通风机发生故障或停止运转时，洞内工作人员应撤离到新鲜空气地段，直至通风恢复正常，才准许进入作业面继续工作。

(4) 洞内空气中允许的瓦斯浓度应控制在下述规定以下：

① 洞内总回风风流中小于 0.75% 。

② 从其他工作面进来的风流中小于 0.5%。

③ 掘进工作面 2%以下。

④ 工作面装药爆破前 1%以下。

如瓦斯浓度超过上述规定，工作人员必须立即撤到符合规定的地段，并切断电源。

(5) 当开挖工作面风流中和电动机附近 20m 以内风流中瓦斯浓度达到 1.5%时，必须停工、停机，撤出人员，切断电源，进行处理。当开挖工作面内，局部积聚的瓦斯浓度达到 2%时，附近 20m 内必须停止工作，切断电源，进行处理。因瓦斯浓度超过规定而切断电源的电气设备，都必须在瓦斯浓度降到 1%以下时，方可开机运行。

(6) 由于停电或检修，使主要通风机停止运转，必须有恢复通风、排除瓦斯和送电的安全措施。恢复正常通风后，所有受到停风影响的地段，必须经过监测人员检查，确认无危险后方可恢复工作。所有安装电动机和开关地点附近 20m 范围内，必须检查瓦斯，符合规定后才可启动机器。局部通风机停止运转，在恢复通风前，也必须检查瓦斯，符合规定后方可开动局部风机，恢复正常通风。

(7) 如开挖进入煤层，瓦斯排放量较大，使用一般的通风手段难以稀释到安全标准时，可使用超前周边全封闭预注浆。在开挖前沿掌子面拱部、边墙、底部轮廓线轴向辐射状布孔注浆，形成一个全封闭截堵瓦斯的帷幕。特别对煤层垂直方向和断层地带进行阻截注浆，其效果更佳。开挖后要及时进行喷锚支护，并保证其厚度，以免漏气和防止围岩失稳。

(8) 采用防爆设施：

① 遵守电气设备及其他设备的保安规则，避免发生电火，在瓦斯散发区段使用防爆安全型的电气设备，洞内运转机械须具有防爆性能，避免运转时发生高温火花。

② 凿岩时用湿式钻岩，防止钻头发生火花，在洞内操作时，防止金属与坚石撞击、摩擦发生火花。

③ 爆破作业，使用安全炸药及毫秒雷管，在采用毫秒雷管时，最后一段的延期时间不得超过 130ms。爆破电闸应安装在新鲜风流中，并与开挖面保持 200m 左右距离。

④ 洞内只准用电缆，不准使用皮线，使用防爆灯或蓄电池灯照明。

⑤ 铲装石渣前必须将石渣浇湿，防止金属器械摩擦和撞击发生火花。

(9) 严格执行有关制度。

① 瓦斯检查制度：指定专人、定时和经常进行检查，测量风流和瓦斯含量，严格执行瓦斯允许浓度的规定。瓦斯检查手段可采用瓦斯遥测装置、定点报警仪和手持式光波干涉仪。随时发现异常情况，应及时报告技术主管负责人，采取措施进行处理。

② 洞内严禁使用明火，严禁将火柴、打火机、手电筒及其他易燃品带入洞内。

③ 进洞人员必须经过瓦斯知识和防止瓦斯爆炸的安全教育。抢救人员未经专门培训不准在瓦斯爆炸后进洞抢救。

④ 瓦斯检查人员必须是工作认真负责、有一定业务能力、经过专业培训、考试合格的人员，否则不可进行监测工作。

8.4.7　塌方

隧道开挖时，导致塌方的原因有多种，概括起来可归结为：一是自然因素，即地质状态、受力状态、地下水变化等；二是人为因素，即不适当的设计，或不适当的施工作业方法等。由于塌方往往会给施工带来很大困难和很大经济损失，需要尽量注意排除导致塌方的各种因素，尽可能避免塌方的发生。

1. 发生塌方的主要原因

1) 不良地质及水文地质条件

(1) 隧道穿过断层及其破碎带，或在薄层岩体的小曲褶、错动发育地段，一经开挖，潜在应力释放快、围岩失稳，小则引起围岩掉块、坍落，大则引起塌方。当通过各种堆积体时，由于结构松散，颗粒间无胶结或胶结差，开挖后引起坍塌。如软弱结构面发育或泥质充填物过多，均易产生较大的坍塌。

(2) 隧道穿越地层覆盖过薄地段，如在沿河傍山、偏压地段、河谷凹地浅埋和丘陵浅埋地段极易发生塌方。

(3) 水是造成塌方的重要原因之一。地下水的软化、浸泡、冲蚀、溶解等作用加剧了岩体的失稳和坍落。岩层软硬相间或有软弱夹层的岩体，在地下水的作用下，软弱面的强度大为降低，因而极易发生滑坍。

2) 隧道设计考虑不周

(1) 在隧道选定位置时，地质调查不细，未能详细地分析，或未能查明可能塌方的因素，没有绕开可以绕避的不良地质地段。

(2) 缺乏较详细的隧道所处位置工程地质及水文地质资料，引起施工指导或方案失误。

3) 施工方法和措施不当

(1) 施工方法与地质条件不适应；地质条件发生变化，没有及时改变施工方法；工序安排不当；支护不及时，支撑架立不符合要求，或抽换不当“先拆后支”；地层暴露过久等。

(2) 喷锚支护不及时，喷射混凝土的质量、厚度不符合要求。

(3) 新奥法施工的隧道，没有进行量测，或信息反馈不及时，决策失误、措施不力。

(4) 围岩爆破用药量过多，因振动引起坍塌。

(5) 对危石检查不重视、不及时，处理危石措施不当，引起岩层坍塌。

2. 预防塌方的施工措施

(1) 预防塌方，选择安全合理的施工方法和措施至关重要。在掘进到地质不良、围岩破碎的地段，应采取“先排水、短开挖、弱爆破、强支护、早衬砌、勤量测”的施工方法。必须制订出切实可行的施工方案及安全措施。

(2) 加强塌方的预测。为了保证施工作业安全，及时发现塌方的可能性及征兆，并根据不同情况采用不同的施工方法，需要在施工阶段进行塌方预测。

预测塌方常用的方法如下：

① 观察法。

a. 在掘进工作面采用探孔对工程地质或水文地质情况进行探察，同时对掘进工作面进行地质素描，分析判断掘进前方有无可能发生塌方。

b. 定期和不定期观察洞内围岩的受力及变形状态，检查支护结构是否发生了较大的变形，观察岩层的层理、节理裂隙是否变大，坑顶或坑壁是否松动掉块，喷射混凝土是否发生脱落，以及地表是否下沉等。

② 一般量测法。

按时量测观测点的位移、应力，测得数据进行分析研究，及时发现不正常的受力、位移状态以及有可能导致塌方的情况。

③ 微地震学测量法和声学测量法。

前者采用地震测量原理制成的灵敏专用仪器，后者通过测量岩石的声波分析确定岩石的受力状态，并预测塌方。

(3) 加强初期支护，控制塌方。当开挖出工作面后，应及时有效地完成喷锚支护或喷锚网联合支护，并应考虑采用早强喷射混凝土、早强锚杆和钢支撑支护措施等。

3. 隧道塌方的处理措施

(1) 隧道发生塌方，应及时迅速处理。处理时必须详细观测塌方范围、形状、坍穴的地质构造，查明塌方发生的原因和地下水活动情况，经认真分析，制订处理方案。

(2) 处理塌方应先加固未坍塌地段，防止继续发展，并可按下列方法进行处理：

① 小塌方。当纵向延伸不长、坍穴不高时，首先加固坍体两端洞身，并及时喷射混凝土或采用锚喷联合支护封闭坍穴顶部和侧部，再进行清渣。在确保安全的前提下，也可在坍渣上架设临时支架，稳定顶部，然后清渣。临时支架待灌筑衬砌混凝土达到要求强度后方可拆除。

② 大塌方。当坍穴高、坍渣数量大，坍渣体完全堵住洞身时，宜采取先护后挖的方法。在查清坍穴规模大小和穴顶位置后，可采用管棚法和注浆固结法稳固围岩和渣体，待其基本稳定后，按先上后下的顺序清除渣体，采取短进尺、弱爆破、早封闭的原则挖除坍体，并尽快完成衬砌。

③ 塌方冒顶。在清渣前应支护陷穴口，地层条件极差时，在陷穴口附近地面打设地表锚杆，洞内采用管棚支护和钢架支撑。

④ 洞口塌方。一般易坍至地表，可采取暗洞明作的办法处理。

(3) 处理塌方的同时，应加强防排水工作。塌方往往与地下水活动有关，治塌应先治水。防止地表水渗入坍体或地下，引截地下水防止渗入塌方地段，以免塌方范围扩大。具体措施有：

① 用不透水土壤夯填紧密地表沉陷和裂缝，开挖截水沟，防止地表水渗入坍体。

② 当塌方通顶时，应在陷穴口地表四周挖沟排水，并设雨棚遮盖穴顶。陷穴口回填应高出地面并用黏土或圬工封口，做好排水。

③ 当塌体内有地下水活动时，应用管槽引至排水沟排出，防止塌方范围扩大。

(4) 塌方地段的衬砌，应视塌穴大小和地质情况予以加强。衬砌背后与塌穴洞孔周壁间必须紧密支撑。当塌穴较小时，可用浆砌片石或干砌片石将塌穴填满；当塌穴较大时，可先用浆砌片石回填一定厚度，其上空间采用钢支撑等顶住稳定围岩；特大塌穴应进行特殊处理。

(5) 塌方后要加设量测点，增加量测频率，根据量测信息及时研究对策。浅埋隧道要进行地表下沉量测。

8.5　辅 助 坑 道

一般隧道开挖是从两洞口或从其中一个洞口进行的。但在长大隧道中，由于工期、经济、施工、地形、环境等条件限制，通常有必要分成几个工程区段同时施工，此时需要设置辅助工作的坑道。

辅助坑道按其坡度大小一般分为横洞、平行导坑、竖井和斜井。选择哪种形式，取决于地形、地质、工期、运输能力及设置地点等条件。

8.5.1　横洞

横洞是在隧道侧面修筑的与之相交的辅助坑道。当隧道傍山沿河、侧向覆盖层较薄时，可考虑设置横洞。一般情况下，横洞不长，故较经济，另外，它比斜井、竖井在作业与安全方面都优越，且无须采用特殊的机械和设备。因此，除因地形等条件及长度很大，宜优先考虑采用横洞来增加工作面。

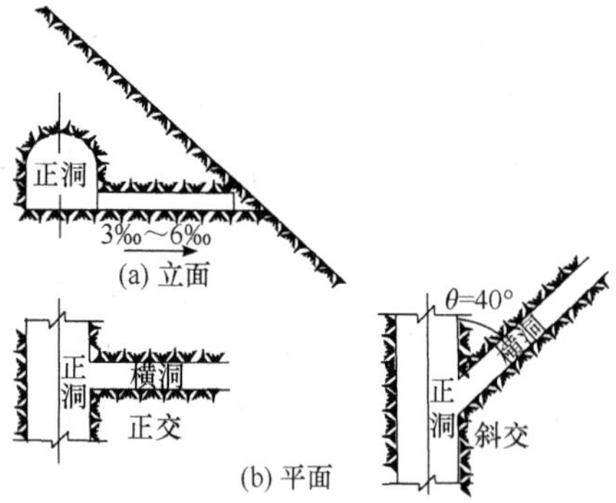

图 8.51　横洞布置示意图

横洞的布置如图 8.51 所示。为便于车辆运输，相交处可用大半径圆曲线相连。其运输方式可采用无轨运输或有轨运输。但应注意，横洞纵坡因考虑到便于排水及重车下坡运输方便，有轨运输时应向外设不小于 3‰的下坡，无轨运输时可视车辆情况而定。

横洞与隧道的交角一般不小于 60°，地形限制时不宜小于 40°，斜交时最好朝向隧道主挖方向。横洞与隧道的连接形式有双联式或单联式

(表 8.14)，相交处用半径不小于 12m 的曲线连接。

表 8.14　横洞与隧道的连接形式

连接形式	图式	说明	连接形式	图式	说明
单联式 正交		横洞与隧道中线的平面交角宜为 40°～50°	双联式 正交	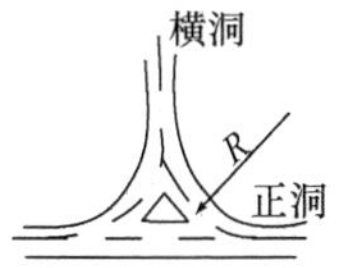	L 为 15～25m
单联式 斜交	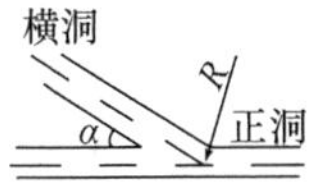		双联式 斜交	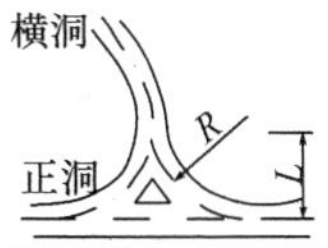	

在考虑把横洞作为运营通风口的情况下，横洞断面大小应按通风要求及施工需要一并考虑，并宜修筑(至少在两端适当长度范围内)永久衬砌。

8.5.2　平行导坑

平行导坑是与隧道平行修筑的坑道。对于长大越岭隧道，当由于地形限制，或因机具设备条件、运输道路等条件限制，无法选用其他辅助坑道时，为加快施工速度及超前地质勘察，可采用平行导坑方案。但由于开挖导坑使工程造价提高，因此在 3000m 以上的隧道，无其他辅助导坑可采用时才考虑设置平行导坑。然而，当对大断面开挖的隧道，由于采用大型机具施工，施工条件好(如通风排水、运输等)，一般不需采用平行导坑。

平行导坑的布置如图 8.52 所示。一般设于地下水流向隧道的一侧，以利用平行导坑排水，使正洞干燥，但同时应结合地质情况及弃渣场地等条件综合确定。平行导坑与正洞之间的最小净距，应视地质条件、施工方法、导坑跨度等因素确定，并应考虑导洞和正洞开挖的相互影响，一般平行导坑距正洞约为 20m。平行导坑底面标高应低于隧道底面标高 0.2～0.6m，以有利于正洞的排水和运输。平行导坑纵坡原则上与隧道纵坡一致，或向出洞方向设 3‰的下坡。

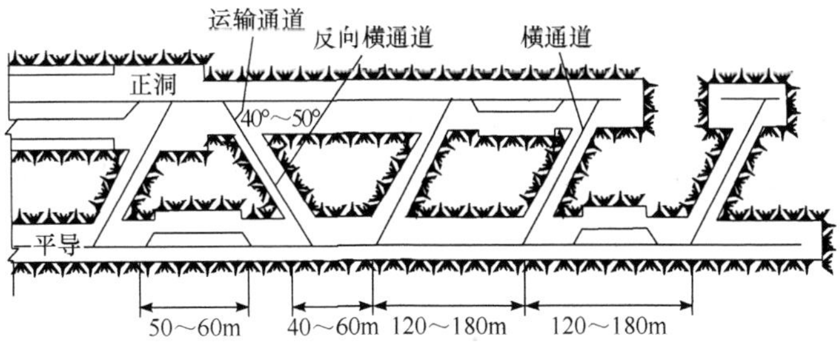

图 8.52　平行导坑布置

平行导坑初进洞时可在适当长度(500m 左右)设置横通道，以后每隔 120～180m 设一横通道，以便于运输。另外，为方便运输调车作业，每隔 3～4 个横通道设置一个反向横通道。从维持围岩稳定和运输顺畅考虑，横洞与正洞中线的平面交角一般以 40°～45°为宜，夹角过小则影响围岩稳定并增加横通道长度，夹角过大则运输线路的运行条件差。横通道坡度根据正洞与平行导坑的高差而定。

平行导坑是否做衬砌，视地质情况而定，一般可不修筑。但当考虑作为永久通风道或泄水洞时应作衬砌。为更好地发挥平行导坑增加工作面的作用，及利用平行导坑超前预测正洞经过地的地质情况，平行导坑应超前正洞两个横通道以上间距，但也不宜过大，以减少平行导坑施工通风等的困难。平行导坑与正洞的各项作业应分区分段进行，以减少干扰，分区分段长度应结合横通道及运输组织来确定。当采用有轨运输时，在平行导坑中一般都采用单道运输，为满足运输调车的需要，可每隔 2～3 个横通道铺设一个双道的会车站，其有效长度一般为 50～60m。

8.5.3　竖井

竖井是在隧道上方垂直开挖与隧道相连的竖向坑道。当覆盖层较薄的长隧道或在中间适当位置覆盖层不厚，具备提升设备，施工中又需增加工作面时，可采用竖井。通常竖井深度不超过 150m。

竖井与主坑道的衔接方式有设置在主坑道的正上方和不从主坑道设置两种。设在主坑道正上方，通风效果好，不需另设水平通道，但坑底设备必须设在主坑道内，施工干扰大，施工中不太安全，而且与主坑道连接处理上会产生困难。一般在竖井深度小时，可设于主坑道上方。当竖井设置在隧道一侧时，与隧道的距离一般情况下为 15～25m (图 8.53)，其施工安全、干扰少，但通风效果差。

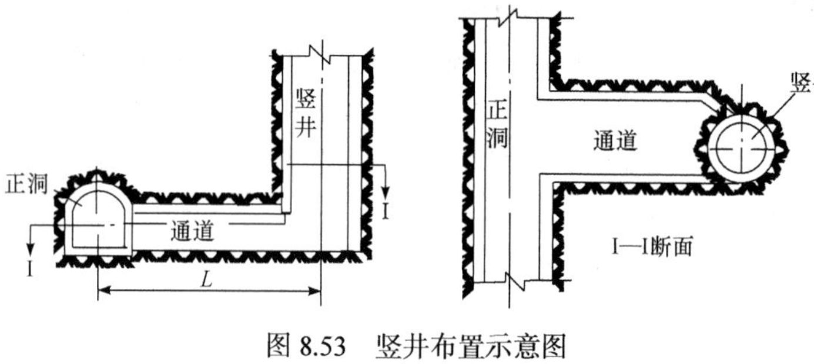

图 8.53　竖井布置示意图

竖井的位置选择必须考虑地形、地质条件，与主坑道的衔接，完工后的处理等条件来决定，特别是设在山谷部分的竖井多数延长短，要研究防止井口附近地表水和泥沙的流入措施。通常，竖井的位置、断面形状，应根据施工要求、通风、是否作为永久通风道、造价等因素综合考虑确定。竖井断面形式普遍为圆形，但深度小时，也有矩形的情况。其断面的内部空间，考虑搬运设备、作业通路、其他各种设备等的大小和形状来决定。最小断面尺寸由升降车、吊桶等搬运设备，通过竖井机械的最大尺寸，电梯，非常时期使用的出入井设备，给排水管路，压缩空气管路等的大小、配置，竖井和联络坑道的衔接部分的构造等来研究决定，如图 8.54 所示。

根据地质及水文条件，竖井可采用人工开挖或下沉沉井的方法进行施工。竖井的支护和衬砌，应考虑地质、深度、断面形状、使用时间、目的、施工方法等进行设计。当圆形断面时，支撑多数采用四根“H”形钢组成的环接杆件，也有采用衬圈板的例子。另外，在固结度低的浅地层竖井，一般采用挡土结构明挖法施工。衬砌厚度由设计计算确定，但不小于 20cm。竖井构造包括井口圈、井筒、壁座井筒与隧道间的连接段、井下集水坑等部分，如图 8.55 所示。

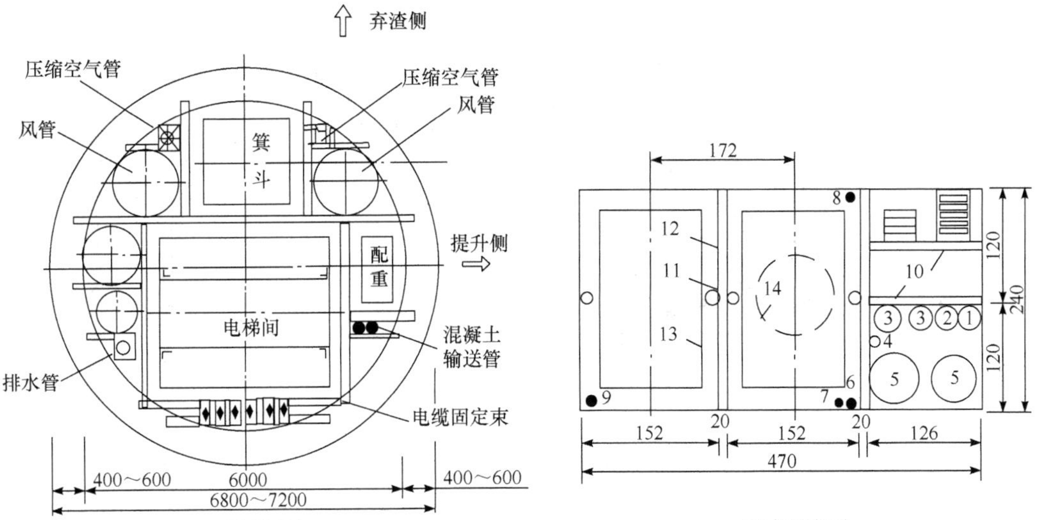

(a) 圆形断面　　(b) 矩形断面

图 8.54　竖井断面规划示例示意图(单位：mm)

1-供水管；2-排水管；3-压风管；4-喷射混凝土；5-通风管；6-信号电缆；7-照明电缆；8-动力电缆；9-放炮电缆；10-木梯梁；11-木罐道；12-木罐梁；13-200mm×118mm 罐笼；14-吊桶

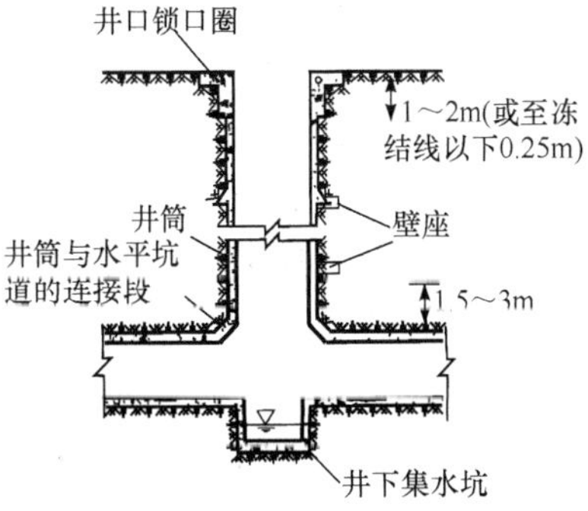

图 8.55　竖井结构

竖井中的出渣方式有升降车和箕斗两种。升降车方式是向箱形的升降车直接装载运渣推车，用卷扬机提升至地面。工作人员和材料也以升降车运送。升降车方式不需要进行渣石倒装，但需大型的卷扬设备。箕斗方式是用钢制的吊斗、渣罐，上下间隔向井外运送的方式。工作人员和材料以升降车设备运送。箕斗方式要箕斗到达坑底才能装渣，当竖井深度大时，很不方便，因此一般采用升降车方式。

坑底设备有装渣设备和抽水设备。在使用箕斗方式时，装渣设备由渣罐、手推车倒转装置、装渣设备组成。规模和容量取决于地质、主坑道的施工方法、掘进工期等因素。在使用升降车方式时，因直接向推车装渣，不需要特别的设备。抽水设备要根据预测的涌水量，并考虑设备的保养、故障、停电等来决定储水罐、抽水泵、排水管、泵室的配置。

8.5.4　斜井

斜井是在隧道侧面上方开挖的与之相连的倾斜坑道。当隧道埋深不大、地质条件较好、隧道侧面有较开阔的山谷且覆盖不太厚时，可采用斜井作为辅助坑道，如图 8.56 所示。斜井长度一般不超过 200m，以降低工程造价及保证运输效能，因此在选用较长斜井方案时，应做经济比较。

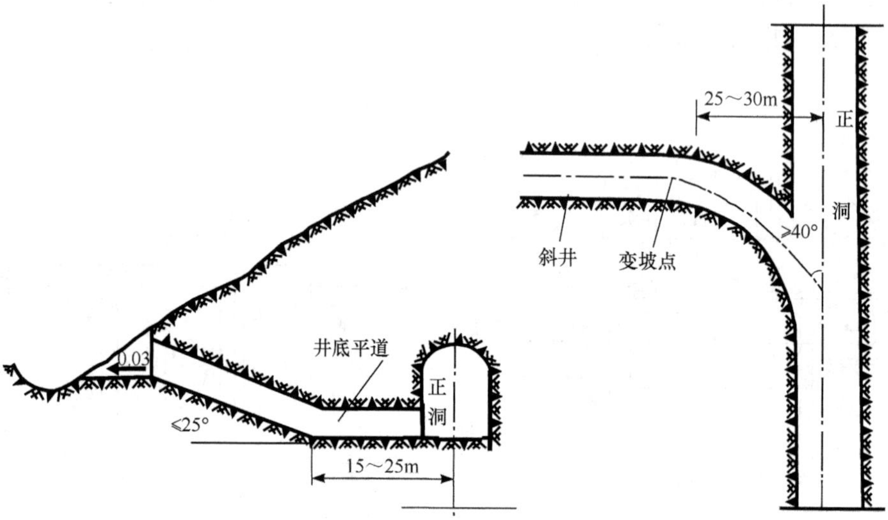

(a) 平面布置　　(b) 剖面布置

图 8.56　斜井平面和剖面布置示意图

在确定斜井位置时，考虑以下因素：洞口设置在地形简单，地质良好，涌水量不大，能保证洞外渣罐、卷扬机安装等洞外设备布置的用地需要；井身避免穿越含水量大及不良地质区段；与主坑道连接要合适，长度尽可能短，能提供适合运输方式的坡度。在规划坡度和断面时，重要的是要注意不给主坑道的作业造成障碍和制约。

若斜井坡度过陡，接近竖井，在运输上会不方便，过缓则存在加长延长的问题。因此，坡度是否适当，主要取决于主坑道开挖出渣的运输方式，若采用输送带方式，则取决于限制渣石滑滚的条件，一般约 14°以下。当斜坡道方式时，采用箕斗和渣罐用卷扬机提升，坡度可比输送带时陡些，但必须从安全和卷扬机能力来考虑决定。另外，当主坑道开挖方式是全断面或上部半断面超前施工法，斜井采用轮胎运输时，从自卸汽车走行性能和通风来考虑，希望坡度缓些，采用约 9°。另外，井身不宜设变坡。

斜井与隧道正洞的平面连接形式有单联式、斜双联式和正交双联式三种。当采用单联式时，斜井与正洞中线的平面交角不宜小于 40°，此连接方式施工比较简单，多用在皮带运输机或梭式矿车出渣时，如图 8.57(a)所示。图 8.57(b)为斜交双联式，特点是在对着斜井的井底车站前方，有一段安全岔线。此时，斜井井底变坡点与正洞中线的距离应为 25～30m；车站长度为 8～12m；安全岔线长度为 8～10m；连接曲线半径为车辆轴距的 7～10 倍；双通道与正洞平面交角为 30°～35°。正交双联式的特点及基本数据与斜交双联式相同，不同的是安全岔线设于两通道中间的岩体之中，开挖爆破时容易引起坍塌，故必须加强支护。

斜井的断面由出渣运输设备、搬入主坑道使用的机械、钢支撑、混凝土输送、扬排水用的配管、送排风管、电气配线(电力、照明、信号)和用于工作的通道等，同时考虑各

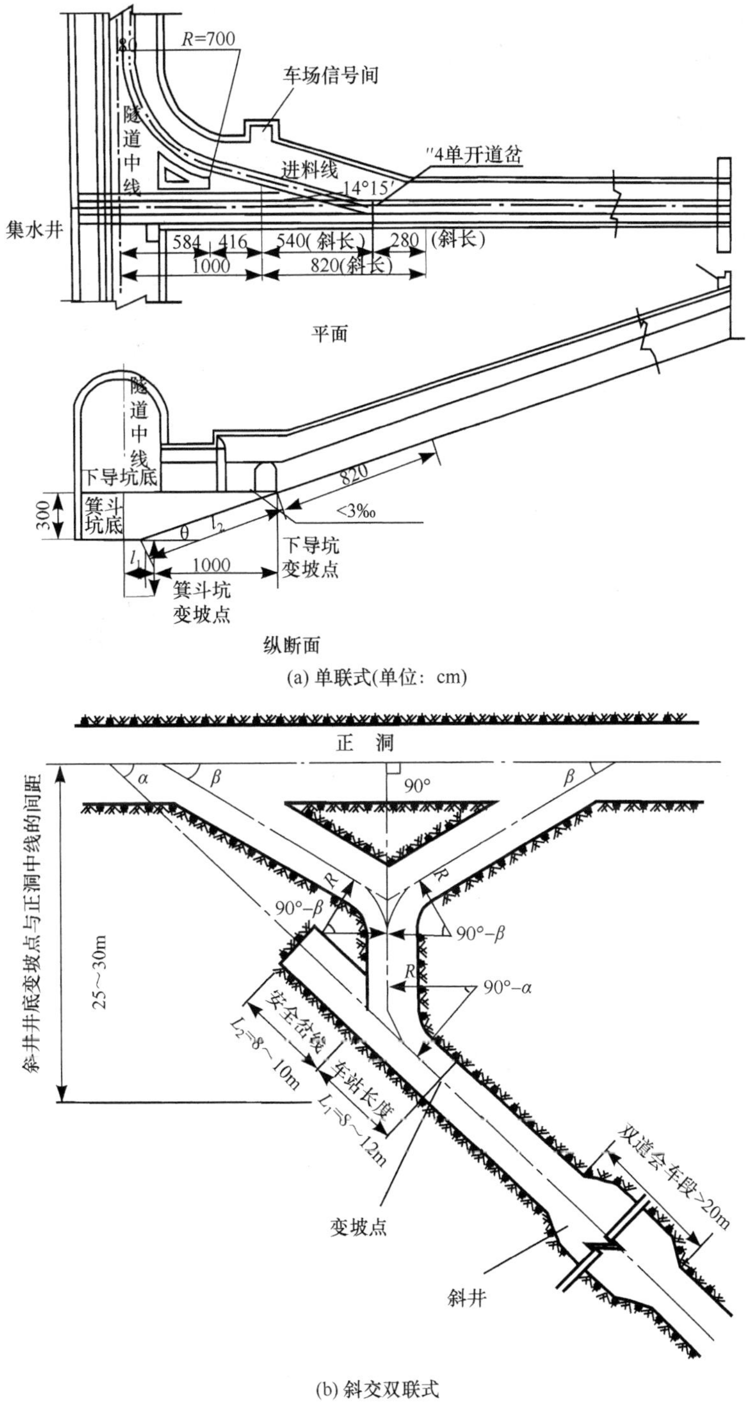

图 8.57　斜井与隧道正洞的平面连接形式示意图

种余量，综合研究得出必要的最低限度尺寸大小。另外，井口段应修筑衬砌，其他部分视地质条件及是否作为永久通风道等条件决定是否修筑永久衬砌。在斜井需作为通风道时，其断面大小应满足通风要求。其断面可以设置为圆形、拱形及矩形三种形式，如图 8.58 所示。斜井内应设置人行通道，其台阶尺寸设置如表 8.15 所示。

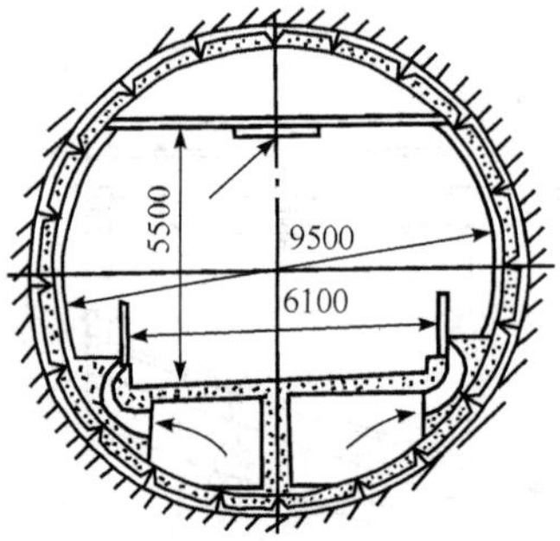

(a) 圆形

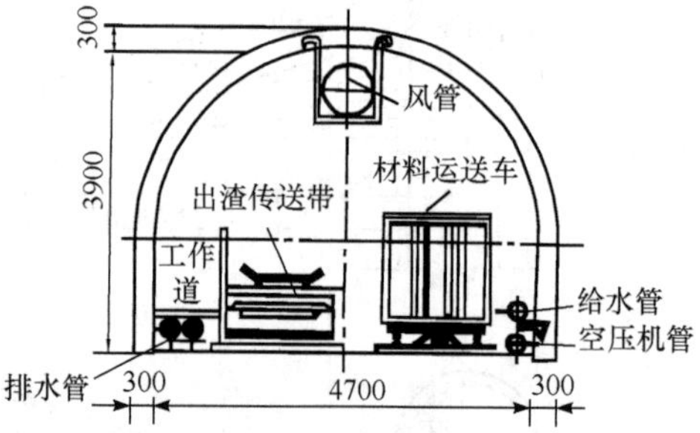

(b) 拱形

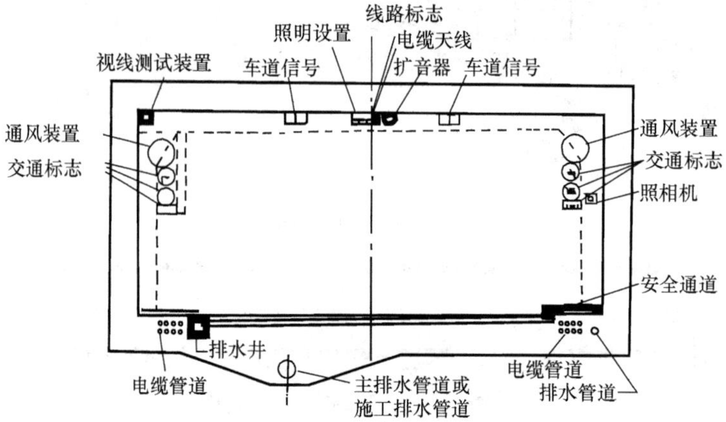

(c) 矩形

图 8.58　斜井断面示意图(单位：mm)

表 8.15　斜井人行台阶尺寸表

图示	斜井倾角 α/(°)	台阶高度 H/mm	台阶宽度 T/mm	附记
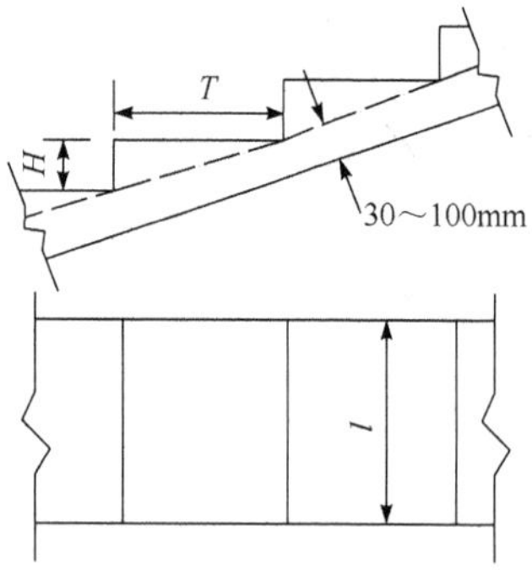	16	120	420	$\frac{H}{T}=\tan\alpha$ 式中，H 为台阶高度；T 为台阶宽度；α 为斜井倾角；l 为台阶横向长度，610～650mm
	17	120	390	
	18	120	370	
	19	130	380	
	20	130	360	
	21	140	365	
	22	140	350	
	23	150	355	
	24	150	340	
	25	150	320	
	26	160	330	

主坑道的坑底设备根据主坑道的施工方法及斜井的运输方式确定。当采用输送带方式时，在斜井底部水平坑道内设渣石转运等设备，水平坑道部分的长度，除考虑渣石转运设备外，还要考虑临时堆放的材料、充电、集水槽等设施来决定，一般多在 50～100m。当斜坡道采用有轨运输方式时，因为坑底设备简单，水平坑道可短些。轮胎运输方式时更简单，可以为 10m。

一般情况下，竖井和斜井可以进行比选。竖井与斜井比较，当高差相同时，长度约为斜井的 1/4，在有不良地质和涌水情况下比较有利。但是，斜井运输效率比竖井高，且大型机械进入也较容易。除作业中的坠落、落石等，在隧道主坑道开挖时万一出现大涌水、停电等事故，竖井安全度均较低。除在覆盖层不厚的地点、设置 30m 左右的辅助竖井有特别理由的情况，为保证工程的可靠性多数情况下采用斜井。

思　考　题

1. 简述隧道施工方法选择的因素及其原则。
2. 何为新奥法，其优缺点及施工原则是什么？
3. 何为新意法，其优点及其与新奥法的区别是什么？
4. 何为浅埋暗挖法，其施工原则是什么？
5. 何为沉埋法，其施工工艺及优缺点是什么？
6. 简述新奥法中的全断面法、台阶法、分部开挖法的优缺点及适用条件。
7. 试述新奥法施工中喷射混凝土、锚杆、钢支撑各自所起的作用。
8. 简述隧道塌方处理的一般原则。
9. 简述流沙治理的方法。
10. 掏槽炮眼的形式有哪几种？并简述其优缺点。
11. 简述光面爆破的基本原理。
12. 什么是预裂爆破？它与光面爆破有何异同？
13. 隧道中常用的装渣机械有哪些？各自的优缺点及适用范围如何？
14. 简述各种辅助坑道的特点及适用条件。

第 9 章　隧道掘进机施工

9.1　盾 构 施 工

9.1.1　盾构端头井加固

盾构施工通常需要先进行竖井的施工，以便盾构机械的安装、调试和始发、到达。而洞门端头加固是盾构始发、到达技术的一个重要组成部分，其效果直接影响盾构机能否安全始发和到达。

盾构始发之前要对洞口地层的稳定性进行评价，如果进洞地层在破除洞门后稳定性不足，必须对进洞地层进行加固，但是土体加固的强度不能太高，否则刀盘扭矩会大幅度增加，给土体切削带来困难，同时引起机器的故障并影响工程进度。据日本工程设计经验，在盾构始发施工中一般要求加固体强度达到如下要求：内聚力 c=0.22～0.25MPa；抗压强度 f_c=1.0MPa。加固范围一般为纵向一倍洞径左右或略微超过盾壳长度，横向超出隧道开挖轮廓 1～3m 甚至更远。地层加固要保证洞门破除后的土体有充分的强度和稳定性，在盾构始发掘进之前不能坍塌。

洞门加固方法较多，目前国内盾构法施工中常用的加固方法主要有高压旋喷桩、深层搅拌桩、冻结加固法等，常用加固方法如图 9.1 所示。当地质条件较为复杂时，洞门加固方案一般采用两种或两种以上方法相结合。其方案的选取主要取决于地质情况、覆盖层厚度、盾构机型、施工环境等因素。

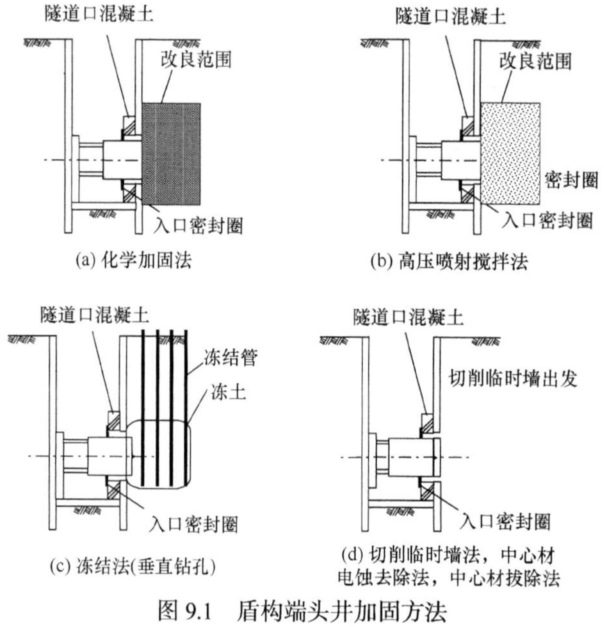

(a) 化学加固法　(b) 高压喷射搅拌法

(c) 冻结法(垂直钻孔)　(d) 切削临时墙法，中心材电蚀去除法，中心材拔除法

图 9.1　盾构端头井加固方法

深层搅拌桩是利用水泥作固化剂，通过深层搅拌机械在土体深部就地将软土和固化剂强制拌和，利用固化剂和软土发生一系列物理、化学反应，使其凝结成整体性、水稳性好和较高强度的水泥加固体。搅拌桩加固土体后，提高了土体强度，桩体连接成壁后有隔水帷幕作用。在加固过程中无振动、无噪声，对环境无污染，对土体无侧向挤压，对邻近建筑物影响很小，具有工期短，价格便宜，效益显著等特点。但当采用深层搅拌桩加固时，搅拌桩与盾构井围护结构之间存在一定间隙，无法进行搅拌加固。对该间隙要进行一排压密注浆或旋喷桩加固，对间隙土体进行固化和止水，防止盾构始发或到达时该间隙处土体中水流较大而出现塌方。深层搅拌桩适用于淤泥、淤泥质土体、粉土等软土地层。

高压旋喷桩加固是利用钻机钻孔，当钻至设计深度后用高压脉冲泵将一定压力的水泥浆液和空气向四周高速射入土体切削土层，使喷流射程内土体遭受破坏，然后使土体与水泥浆液充分搅拌混合，固结硬化后形成比较均匀并具有一定强度的圆柱体。旋喷桩加固土体后，提高了土体的抗剪强度，改善了土体的变形性质，使加固体在上部结构荷载作用下不产生破坏和较大沉降。高压旋喷桩加固具有桩径大、强度高等特点，可以对渗透系数很小的细颗粒土层进行加固，形成较好的封闭式止水帷幕。但当始发井深度超过 30m 或更深时，高压旋喷桩形成的加固桩位垂直度无法保证，极易形成加固盲区或渗漏通道。高压旋喷桩加固适用于淤泥、淤泥质土、黏性土、粉土、砂土和人工填土等地层。

考虑到深层搅拌桩和高压旋喷桩与混凝土灌注桩之间以及桩之间咬合得可能不够紧密，在洞门破除时可能仍然会有局部地方的土体发生坍塌。为了防止这种情况的发生，必须加强旋喷加固体与盾构工作井围护结构之间(即钢筋混凝土灌注桩)的注浆效果。采取在加固体与基坑围护结构钢筋混凝土灌注桩之间用预埋花管进行补注浆。

冻结加固法是利用钻孔机械对土体钻孔布置一定数量的垂直冻结孔，利用液氨压缩或者盐水调节制冷，使地层中的水变成冰，冰与土颗粒共同形成冻结连续体，冻结管周边地层的冻土圆柱体直径不断扩展增大，并与相邻冻土圆柱体相交，在冷冻土体范围内形成冻土挡土墙，使不稳定的含水地层形成强度很高的冻土体，一般可达到 8～10MPa。冻结加固区是一个完整、均匀、连续的区域，冻结体在洞门处形成板状冻土帷幕和完整的防水屏蔽，起到隔水作用，并防止土层塌落和泥水涌入工作井内，同时能起到挡土墙作用以承受外来荷载。但要考虑冻结法的融沉对地下结构的影响，特别是存在地面建筑物时，其影响需要专门评估。

9.1.2　盾构始发洞门破除

当盾构始发端头地层条件较差时，破除洞门围护结构容易造成端头地层塌陷、地下水涌入盾构工作井等事故，因此破除洞门前要根据端头土体的自稳能力、地下水状况等因素制定相关的洞门破除施工方案，提前对端头土体进行加固，同时为了减少洞门破除对端头土体的扰动，把围护结构分成多个小块。盾构始发工作井洞门混凝土凿除前，端头加固土体达到设计所要求的强度、稳定性和渗透性的要求后，方可开始凿除洞门。洞门破除时应注意在盾构前面及时进行支护设置，破除作业工作要迅速、连续。

采取人工高压风镐凿除洞门壁混凝土，凿除工作通常分两步进行：第一步，先凿除内层混凝土并割除钢筋及预埋件，保留最外层钢筋；内层凿除工作先上部后下部，钢筋预埋件割除需彻底，以保证预留洞门的直径；第二步，当盾构组装调试完成，并推进至距离洞门处 1.0～1.5m 时，凿除外层围护结构及钢筋。外层凿除方法根据断面大小的不同将其分割成 9 至 20 块不等。通常将洞门分割为 12 块或 9 块，地铁盾构地下连续墙洞门，分为 9 块的情况较多，如图 9.2 所示。具体操作时首先在洞门中心位置上凿两条或三条水平槽，沿洞门周围凿一条环槽，然后开两条竖槽。

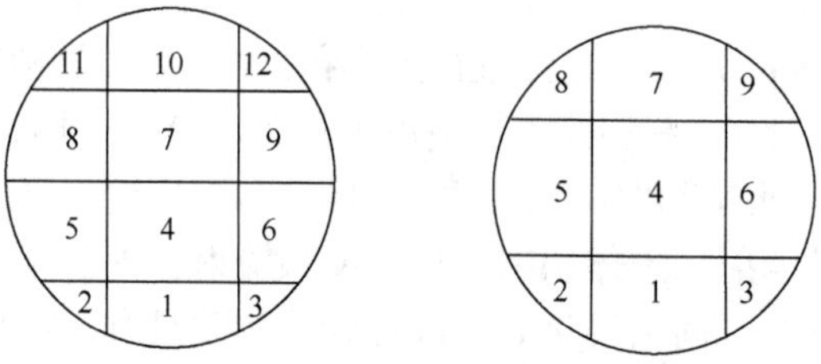

(a) 洞门分12块破除　　(b) 洞门分9块破除

图 9.2　洞门凿除顺序

9.1.3　盾构施工流程

1. *盾构始发*

为了防止盾构始发时泥土、地下水从端头地层透过盾壳和土体之间的间隙涌入盾构工作竖井，以及注浆浆液通过盾尾流失，盾构始发时均需安装洞门密封。

当完成洞门凿除、洞门密封装置安装及盾构组装调试等工作后，要组织相关工作人员对盾构设备、反力架、始发基座等进行全面检查与验收。验收合格后，开始将盾构向隧道方向推进，并开始安装管片。盾构始发流程为地基加固→基座安放→后靠支撑安装→洞圈止水装置安装→洞门处理→盾构始发→盾构推进管片拼装→盾构掘进→洞门封堵，如图 9.3 所示。

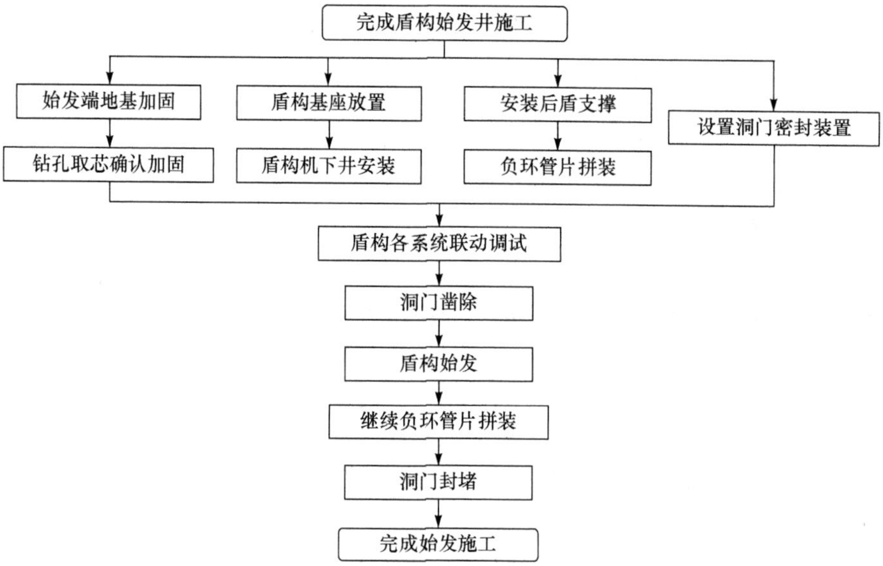

图 9.3　盾构始发流程

在考虑到盾构初始始发时，作业空间狭小，盾构后部台车布置有一定的困难，对盾构出渣有一定的影响，可采用如下三阶段始发方案。

第一阶段：考虑工作井作业空间狭小，初始阶段仅盾构主体下井，辅助台车在井上一次排布，盾尾配备一节平板车(配备一节小号渣土箱)。此时井内没有牵引车作业空间，采用卷扬机牵引平板车至行车吊运位置进行出土，循环反复，如图 9.4 所示。

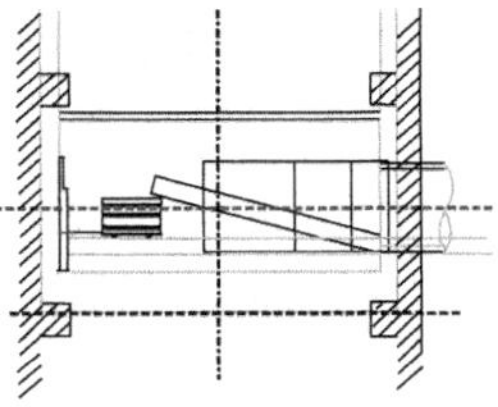

图 9.4　第一阶段施工示意图

第二阶段：待盾构机掘进 3～4 环后，井下作业空间扩大，此时采用一节标准土箱，同时牵引设备由卷扬机改为电瓶车。当一环管片出土完成后，吊出土箱，管片下井，循环反复，如图 9.5 所示。

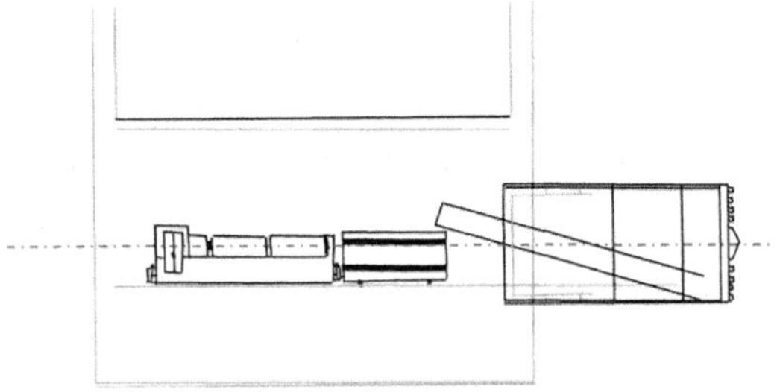

图 9.5　第二阶段施工示意图

第三阶段：待台车下井后，电瓶车前方布置两节管片运输车，后方连接三节土箱，土箱装土完成后由电瓶车牵引至井下吊运位置，此时土箱及平板车整体吊运，电瓶车回撤至后靠位置，下管片或浆车，如此循环反复，正常顶进，如图 9.6 所示。

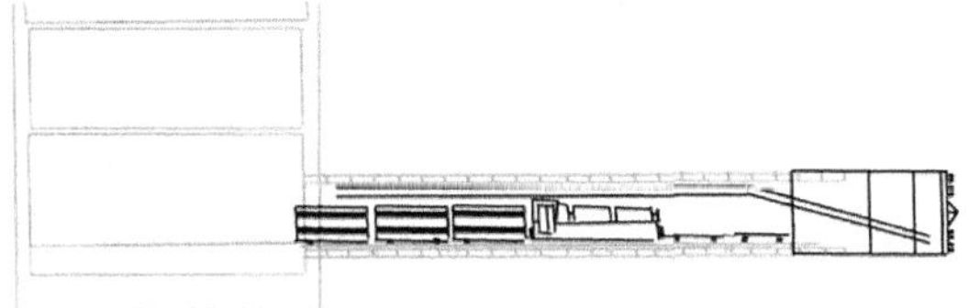

图 9.6　第三阶段施工示意图

盾构始发和盾构到达属于盾构施工中较为容易发生事故的工序，存在较大的风险，在施工中应引起足够的重视。根据大量盾构始发工程案例分析，总结出如下工程注意事项：

(1) 盾构始发掘进时的总推力应控制在反力架所能承受的范围内，同时确保在此推力下刀具切入地层所产生的扭矩小于始发基座所能提供的反扭矩。

(2) 在盾构推进建立土压过程中应注意洞门密封、始发基座、反力架及反力架支撑的变形，严格控制盾构的施工参数，发现异常，应该迅速调整土压力(泥水压力)、盾构推力、推进速度、刀盘扭矩等相关施工参数，或马上停止掘进，查清原因，寻找解决办法。

(3) 由于始发基座轨道与管片存有一定空隙，为了避免负环管片全部脱离尾盾后下沉，可在始发基座导轨上焊接外径与理论间隙相当的圆钢，使圆钢将负环管片托起。

(4) 随着负环管片的拼装，应该不断用木楔填塞负环管片与始发基座轨道及三角支撑之间的间隙，待洞门围护结构拆除后，盾构应快速通过洞门进行始发掘进施工。

(5) 当盾构掘进至第 60～100 环时(视地层、设备总长度与同步注浆情况确定具体数值)，可拆除反力架及负环管片。盾构施工中，始发掘进长度应尽可能缩短，但不短于以下两个长度中较长的一个：一是管片外表面与同步注浆浆液(凝固后)之间的摩擦力应大于盾构的推力，根据管片环的自重及管片与浆液之间的摩擦系数，计算出此长度；二是盾构的始发长度应至少能容纳盾构及后配套台车。

(6) 盾构始发过程中，严格控制同步注浆浆液的质量和严格进行渣土管理，防止由于浆液质量问题或者由于渣土管理控制不当造成地表沉降或隆起；盾构始发过程中必须加强监控量测，及时调整盾构掘进参数。

(7) 盾尾完全进入洞门密封后，调整洞门密封，及时通过同步注浆系统对洞门进行注浆，封堵洞门圈，防止洞门密封处出现漏泥水和所注浆液外漏现象发生。

(8) 盾构始发阶段也是盾构设备的磨合阶段，要注意推力、扭矩、土压力等参数的控制，同时要注意各部位油脂(特别是各种润滑油脂系统是否正常的检验)的有效使用。

(9) 洞门破除以后，应该立即推进盾构。若采用泥水平衡盾构，由于临时洞门破除过程留下的混凝土残渣容易堵塞泥水循环管路，因此必须在确定障碍物已经完全清除干净后才能继续掘进。

(10) 盾构刀盘完全进入地层后，逐渐开始对掘削面加压，在监控洞门密封状况的同时缓慢提高土压力，直到达到预设压力值。当盾构刀盘和尾部通过洞门密封装置时，易造成密封装置状态不正，从而导致密封装置局部破坏，此时应更加密切注意监控，如有局部破坏，应立即采取相应处理措施，尤其是对泥水盾构或土压平衡盾构洞门处存在水砂情况时。同时盾构宜保持慢速推进，待整个盾构主机完全进入洞门后，及时进行壁后同步注浆封堵洞门，确保端头土体的稳定性。

2. 盾构掘进

盾构施工过程为：盾构机从始发竖井出发，根据地质条件、盾构机特性设定相应的掘进参数，直到接收竖井，盾构机在接收竖井掉头或者吊出，一个盾构区间隧道建设完成。其施工工序如图 9.7 所示。

盾构施工包括以下几方面工作。

1) 盾构试掘进

初始掘进前准备工作主要包括如下三部分：

(1) 盾构机出洞前，应尽量精确定位，盾构机的上下左右偏差应控制在相关规范规定范围之内，其可以通过控制砂浆基座施工精度调整；

(2) 为使盾构机能以最佳姿态出洞，应做好轴线测量工作。对地面水准点和井下高程控制点进行复核。在出洞前对盾构原始姿态再次测量，确保盾构机出洞的姿态偏差控制在相关规范规定的范围之内。

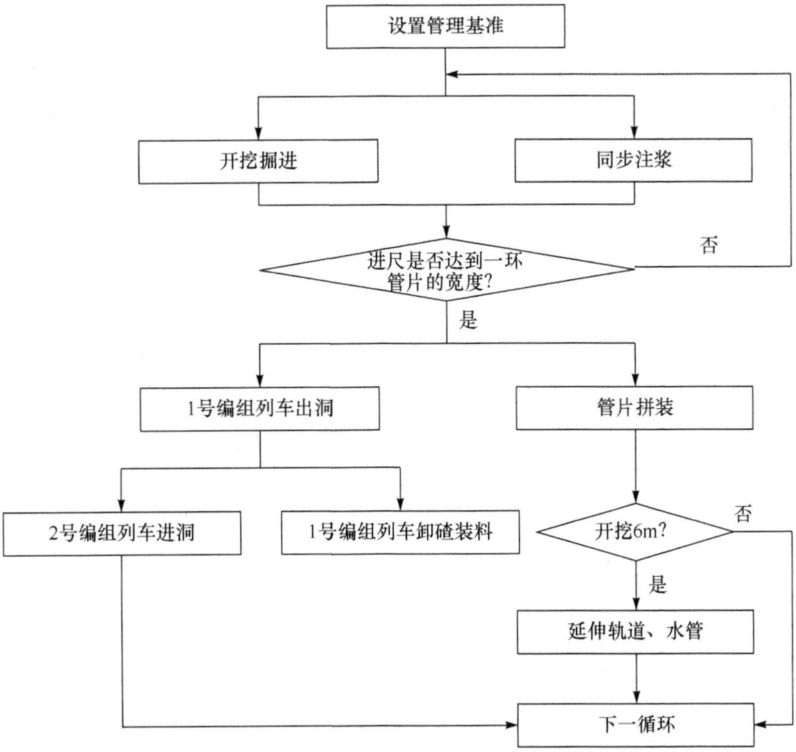

图 9.7　盾构掘进流程

(3) 为了能及时反映盾构机出洞以及推进时对周围环境的影响，应在地面布置一定数量的沉降监测点。为了能及时地反馈盾构机出洞时的地面及土层的变形情况，在端头井外沉降监测点适当加密。在盾构机出洞之前，对已布设好的沉降监测点须测得原始数据。

盾构正式掘进前的试掘进阶段一般以初始 100 环摸索掘进规律、优化掘进参数。为此，在始发 100 环的地面布置较密的观测点，根据不同的掘进参数所对应的地面沉降值，总结和优化出相应的盾构掘进参数(土舱压力、推进速度、总推力、排土量、刀盘扭矩、注浆压力和注浆量等)，为加快正常掘进打下基础。

(1) 土压力的设定。平衡压力的设定是土压平衡式盾构施工的关键，维持和调整设定的压力值又是盾构推进操作中的重要环节，包含推力、推进速度和出土量的三者相互关系，其对盾构施工轴线和地层变形量的控制起主导作用。

平衡压力设定值按水土合算或者水土分算原则计算，可以按下式确定：

$$P = k_0 \gamma h$$

式中，P 为土压力(包括地下水)；γ 为土体的平均重度；h 为隧道埋深；k_0 为土的侧向静止土压力系数，根据地质报告取值。

掘进过程中，土压力需要根据地面沉降或隆起监测情况，结合盾构机的工作状态，及时做出调整，寻找合理的压力舱压力，以减少对周围环境的影响。

由于隧道埋深在纵向上的变化，盾构掘进过程中应每掘进若干环计算一次土压设定值。当加大土压时，首先关闭螺旋输送机，停止出渣，同时通过压力传感器观察土舱内土压的变化，当土舱内的土压达到设定值时，打开螺旋输送机，根据压力传感器所反映的土压变化调节螺旋输送机的速度，直到土压保持在土压设定值基本不变。

(2) 螺旋机转速。螺旋机转速与盾构机的掘进速度存在一定的匹配关系，即当盾构掘进挖掘下来的渣土与螺旋机旋转排出的渣土在质量上一致时，土舱中的土压力能够保持较好的稳定性。实际操作过程中，盾构操作人员应为了维持土舱压力大小而不断调整螺旋机的转速。

(3) 掘进速度。掘进速度根据土质、刀盘扭矩、推力和土舱压力等综合确定，受土质影响最大。当为坚硬围岩时，盾构掘进速度应该降低，加快刀盘转速，形成较小的贯入度，从而降低刀盘扭矩。反之则可以适当提高掘进速度。根据不同的地层选择合适的贯入度是盾构掘进时要非常注意的一个参数。盾构贯入度的定义为刀盘旋转一周盾构掘进的距离。盾构掘进速度是一个非常重要的参数，不能一味地追求高速度，由此导致盾构安全事故。其可初步参考类似地层盾构掘进经验确定盾构掘进速度，而且盾构始发、到达与盾构正常掘进时掘进速度不一样。

(4) 掘进出土量控制。由于盾构机的压力舱全封闭构造，无法观察开挖面稳定的情况，掘进过程中只能通过出渣量的大小来推算掌子面的情况，出渣量过大，地面会出现过大沉降或开挖面可能出现坍塌；出渣量过小，则开挖面发生向前挤压而隆起。所以必须控制好实际出渣量与理论出渣量的差异。每环理论出土量为 $\lambda\times\pi/4\times D^2\times B$($\lambda$ 为土的松散系数，根据土质条件通常设为 1.2～1.3；D 为盾构机刀盘外径；B 为管片环宽度)。每环出土量应控制在理论出土量的 95%～110%。

2) 盾构掘进

盾构施工过程应最大可能减少对周围环境的影响，减少盾构施工异常事故的发生，除了盾构机的选型应与地层条件相适应，还应加强盾构掘进参数的管理。掘进参数的选择根据地质情况判断，一般根据地质资料、掘进参数和渣土状态来判断。

由于盾构机的操作较为复杂，重要的掘进参数包括盾构推力、刀盘扭矩、刀盘转速、土舱压力、螺旋排土器转速、螺旋排土器扭矩等。掘进参数的选择不能一概而定，需根据不同地质情况、不同刀具磨损情况以及掘进过程中的现状，选择相应的掘进参数。不仅掘进速度与掘进参数密切相关，刀盘、刀具等设备的保护都与掘进参数的选择有直接关系，所以掘进中一定要根据现场状况，灵活正确地选择掘进参数。影响掘进的参数主要有掘进模式、土舱压力、刀盘扭矩、刀盘转速、盾构推力、螺旋排土器扭矩、铰接油缸的行程、泡沫注入率等。

正式推进阶段采用 100 环试推进阶段掌握的最佳施工参数。通过加强施工监测，不断完善施工工艺，控制地面沉降。推进过程中，严格控制好推进里程，将施工测量结果不断与计算所得三维坐标相校核，及时调整，控制偏差。

盾构应根据当班指令设定的参数推进，推进出土与衬砌外注浆同步进行。不断完善施工工艺，应控制施工后地表最大变形量在+10～−30mm。

盾构掘进过程中，姿态不能突变，否则将对掘进造成重大安全隐患。盾构掘进施工全过程须严格受控，工程技术人员根据地质变化、隧道埋深、地面荷载、地表沉降、盾构机姿态、刀盘扭矩、千斤顶推力等各种勘探、测量数据信息，正确下达每班掘进指令，并即时跟踪调整。盾构机操作人员须严格执行指令，谨慎操作，对初始出现的小偏差应及时纠正，应尽量避免盾构机走“蛇”形，盾构机一次纠偏量不宜过大，做到勤纠、少纠，以减少对地层的扰动。

3) 管片拼装

管片在出厂时须经严格质量检验，质量控制资料齐全，并达到设计强度。管片进入现场后，堆放不得超过三层，并在每层之间搁置点处设置木衬垫。搁置点应上下对齐。凡有缺角、损边、麻面的管片不得下井拼装。管片通过地面门式起重机吊至井下管片车上，然后通过隧道内的工矿电瓶车运输至车架处，再由车架上的运输设备转驳至拼装作业面。

衬砌之间采用通缝或者错缝拼装(目前错缝拼装居多)，由下而上，按标准块→邻接块→封顶块的顺序进行。在拼装封顶块时，先与邻接块搭接部分竖向插入，然后径向推入，而后纵向插入成环。

施工中应保证和提高衬砌环的拼装精度，控制环面不平整度与相邻块管片的错台，特别是注意封顶块环面不能凸出相邻管片的环面，以免邻接块接缝处管片碎裂。相邻环高差量的大小直接影响建成隧道轴线的质量及隧道的有效断面，因此必须严格控制环高差。

区间管片由纵、环向螺栓连接，其连接的紧密度将直接影响隧道的整体性能和质量。因此，每环拼装结束后应及时拧紧纵、环向螺栓，在推进下一环时，应在千斤顶顶力的作用下，复紧纵向螺栓。当成环管片推出车架后，必须再次复紧纵、环向螺栓。

管片拼装过程中应注意的事项如下：

(1) 管片拼装按顺序进行。首块管片位置定位误差要小，相邻管片允许高差≤4mm，相对旋转值偏差≤3mm，环、纵缝张开<2mm，衬砌成环后直径误差≤12mm。

(2) 拼装机安装管片到位时动作应平缓，不准撞击已定位管片。在安装封顶块时，应在相邻管片接触的密封垫表面涂抹专用润滑剂，防止在楔入时密封垫发生位置的偏移或拉损。每块管片的环向、纵向螺栓必须全部穿进拧紧，防水垫圈不得遗漏。脱离盾尾后的衬砌管片螺栓必须重新复拧一次。

(3) 在拼装过程中要清除盾尾拼装部位的垃圾，保持管片环面的整洁干净，同时必须根据盾构机和管片环姿态调整管片排版，有利于盾构姿态保持良好。

(4) 盾尾千斤顶应按拼装管片的顺序相应缩回，不得提前缩回。

(5) 管片拼装好后应及时伸出千斤顶，防止盾构后退。

4) 盾构掘进模式

盾构掘进模式如下：

(1) 敞开模式。该模式适用于能够自稳、地下水少的地层，类似于掘进机掘进，盾构机切削下来的渣土进入土舱内即刻被螺旋输送机排出，土舱内仅有极少量的渣土，土舱基本处于清空状态，掘进中刀盘所受反扭力较小。由于土舱内压力为大气压，故不能支撑开挖面地层和防止地下水渗入。

(2) 半开敞模式。半开敞模式又称为局部气压模式，该掘进模式适用于具有一定自稳能力和地下水压力不太高的地层。其防止地下水渗入的效果主要取决于压缩空气的压力。掘进中土舱内的渣土未充满土舱，尚有一定的空间，通过向土舱内输入压缩空气与渣土共同支撑开挖面和防止地下水渗入。

(3) 土压平衡模式。该掘进模式适用于不能稳定的软土和富水地层，是将刀盘切削下来的渣土充满土舱，并通过推进操作产生与土压力和水压力相平衡的土舱压力来稳定开挖面地层和防止地下水的渗入。该掘进模式主要通过控制盾构推进速度和螺旋输送机的排土量来产生压力，并通过测量土舱内土压力来随时调整、控制盾构推进速度和螺旋输送机转速。在该掘进模式下，刀盘所受的扭力较大。

5) 特殊地层掘进

特殊地层主要包括如下几种：

(1) 软硬不均地层。软硬不均地层是指盾构机掘进断面的地质不均，断面的上部、中部、下部、左边、右边的围岩强度变化大，例如，上部是软弱土层，下部是完整性较好的岩层。当在此地层中施工时，由于掌子面地质不均，掘进时，刀盘各部位受力不均，容易使部分刀具受力过大而不能转动，最终导致偏磨。当推进速度太快时，刀具的切入量也很大，容易使刀盘扭矩突然上升超过设定值而卡死，甚至使刀圈崩裂脱落。因此，在此地层中应采用低刀盘转速、低推进速度掘进。

(2) 硬岩地层。硬岩地层是指盾构机掘进断面的各部分围岩强度变化小，整体强度在70MPa 以上的地层，如隧道全断面都是中风化、微风化岩层。此种地层中，掘进中刀盘的扭矩大，推进速度明显减慢，盾构机有较大的滚动和振动现象及连续的响声，渣土中会有很多石块出现。在此地层中应采用高刀盘转速、低推进速度掘进。掘进时要向刀盘和螺旋机多加泡沫，向土舱加水，对刀盘和螺旋机进行冷却、润滑，降低刀具和螺旋带的磨损速度。为了防止刀具的超载，不能为了提高推进速度而盲目加大油缸推力。

(3) 黏土地层。黏土地层是指土质比较黏，土的渗水性弱，与水不易混合，容易形成块状。一般是黏粒含量超过 50%的地层，且具有较高的强度。

掘进中容易在刀盘上形成泥饼，当泡沫和水与渣土搅拌不均时，容易造成喷涌。此种地层中掘进应向刀盘多加泡沫和水，多搅拌，改善渣土的流动性和塑性；防止在刀盘上形成泥饼，裹住刀具使刀具不能转动而偏磨。另外，掘进中要随时注意刀盘扭矩及其速度的变化，当掘进速度明显降低，而刀盘扭矩却增加时，很有可能是刀盘上形成了泥饼，应立即采取措施处理，加泡沫和水搅拌除去泥饼，如地质条件允许，可开仓用水冲洗刀盘，快速除去泥饼。

(4) 含砂富水地层。此地层自稳性差，含有大量砂粒、砾石，遇水容易坍塌。盾构掘进过程中向土舱内及刀盘面注入泡沫等添加材料，改善渣土性能，提高渣土的流动性和止水性，防止涌水流沙和发生喷涌现象，并利于螺旋输送机排土。每环掘进结束前要保证土舱相当的渣土量，让下一环开始掘进时不会因土舱水太多而发生喷涌。掘进应采用土压平衡模式，掘进中要严格控制出渣量；要加大盾尾油脂的注入量和调整好盾构姿态，防止水带沙土从盾尾或铰接密封处进入隧道。

(5) 硬岩破碎地层。此地层岩石强度较大，但整体结构性差；岩层节理裂隙发育、透水能力强，岩层中含有石英、角砾、硅化角砾。掘进时刀盘扭矩变化大，有较大的振动和响声，对刀具的损伤较大，可能出现较大块岩石的崩落和振断刀圈。掘进中要适当降低刀盘转速和掘进速度，防止刀具因超载而损坏，多加泡沫改善渣土性能，减小对刀具的磨损，提高渣土的流动性和止水性，以防失水；加强盾尾密封油脂的注入，确保盾尾密封效果；加强铰接处的密封检查，及时调节密封压板螺栓，保证其密封效果。随时观察出渣口渣土情况。在地质条件允许的情况下，应适当增加检查刀具的频率。

6) 掘进方向控制

盾构方向的调节是通过推进系统几组油缸的不同压力来进行的。一般的调节原则是使盾构掘进方向趋向隧道的理论中心线方向。

调节盾构推进油缸的每组压力对盾构掘进方向的影响一般为：当盾构油缸左侧压力大于右侧压力时，盾构姿态自左向右摆；当上侧压力大于下侧压力时，盾构姿态自上向下摆；依次类推即可调整盾构的姿态；为了保证盾构的铰接密封、盾尾密封工作良好，同时为了保证管片不受破坏，在调整盾构姿态的过程中，要优先考虑盾尾间隙的大小，在调向的过程中不能有太大的趋势，避免调向过猛，盾构出现蛇行。

当盾构处于水平线路掘进时，应使盾构保持稍向上的掘进姿态，以纠正盾构因自重而产生的低头现象。为了保证盾构在推进过程中正确的受力状态，盾构不能有太大的自转。如果发生了盾构自身的自转，通过调整盾构刀盘的转向可以调整盾构的自转。在软硬不均的地层中，盾构会向地层软的方向偏转，姿态难以控制，此时要仔细调整各组油缸的推力，控制好掘进的方向。

7) 掘进中对刀具的保护

对刀具的保护是指准确掌握地层的情况，在操作时正确选择掘进参数，防止刀具偏磨、刀圈崩裂等非正常磨损。

掘进时由于刀具和工作面的摩擦，刀具温度升高，加剧了刀具的磨损，如果渣土太干，温升就会更快。注入泡沫能对刀具进行润滑，并改良渣土，是防止刀具磨损最有效的手段。刀具偏磨主要是因为推进力太大，部分刀具所受压力过大，致使刀具不能正常转动，出现偏磨，所以要注意根据不同地层选择合适的推力；或者因为刀具被渣土裹死，使刀具停转，出现偏磨，为避免这种情况出现，要注意渣土的改良。

如果在地层情况良好、渣土正常时出现掘进速度异常下降的情况，有可能是刀具被渣土裹死或刀盘前结成泥饼，刀具不能正常工作，致使掘进速度下降。在出现这种情况时，如果地质条件允许，应开舱检查。

刀圈崩裂主要是因为刀盘的振动、刀具的撞击及刀具的切入量过大等。在比较破碎的硬岩地层，刀盘的振动比较大，刀具经常受到撞击，刀盘前响声大，有可能发生刀圈崩裂。当地层中的砂层石英含量大时，盾构掘进过程中容易对刀具产生过大的磨损，导致盾构推力、扭矩增大等异常情况。

8) 掘进中对管片的保护

要保证管片的质量，除控制好背衬注浆效果之外，掘进过程的控制也特别重要。在隧道转弯和盾构掘进方向调整时，管片所能承受的推力和管片环不在同一直线上，管片所受的斜向推力可能导致管片破损，此时要注意控制推力的大小。当盾构姿态调整时，要注意趋势不能太大，推力和管片环轴线的夹角不要过大。另外，盾构主机的转动会对管片形成一种扭力，也可能损坏管片，因此盾构的转动不能太大。合适的盾尾间隙是保护管片所必需的，在调节盾构姿态时要先考虑到盾尾间隙的大小，在掘进方向不超限的前提下，以缓慢的纠偏速度来保证盾尾间隙最小不小于 50mm。

9) 渣土改良

要保证掘进速度，保护刀具，就必须改良渣土的状态。时刻注意渣土的状态，随时调节泡沫和水的注入量，保持渣土的可塑性和流动性，便于渣土的排出和压力传递确保开挖面压力稳定，减少超挖。

3. 盾构到达

盾构的到达施工通常有两种，一种是盾构到达后拆除到达竖井的围护结构，或者是围护结构可以由盾构刀盘直接破除，然后将盾构推进至指定位置；另一种是事先拆除围护结构，再将盾构推进到指定位置。

盾构竖井到达方法如图 9.8 所示。盾构到达施工流程如图 9.9 所示。

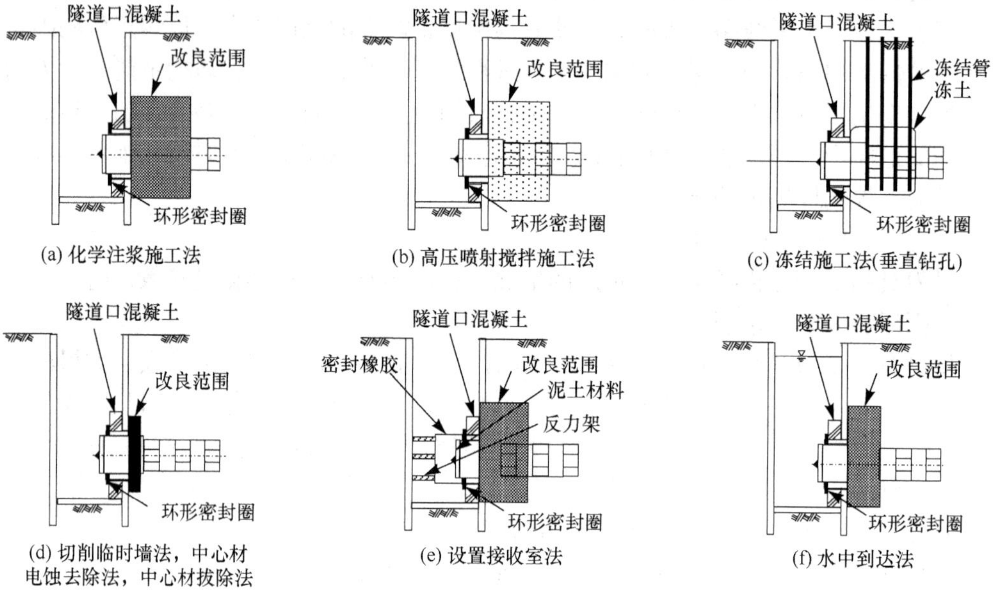

图 9.8　竖井到达方法

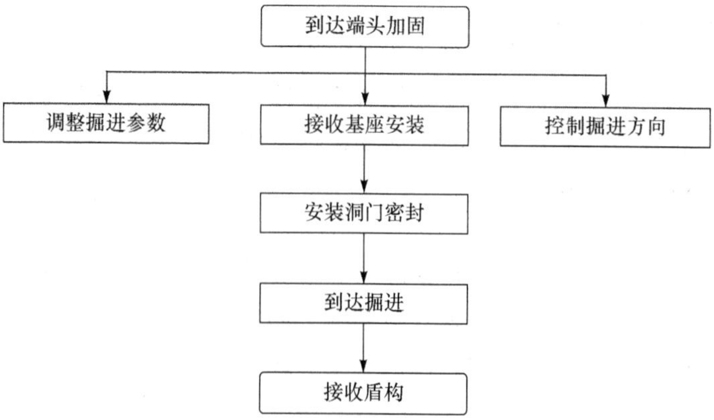

图 9.9　盾构到达施工流程

1) 盾构到达后拆除围护结构再推进的盾构到达施工

这种方法是当盾构刀盘顶上到达竖井端头处的围护结构后，利用地层加固措施使得土体自稳，同时拆除围护结构，再将盾构推进到指定位置。当端头土体自稳性较好、地层中无地下水时，使用该工法可以不对地层进行预先加固，但是必须控制盾构到达掘进参数，掌握好洞门破除时间。用该方法破除洞门围护结构时，盾构刀盘与到达竖井间的间隙小，故端头土体自稳性好，工序少，施工容易，能较好地保证盾构到达施工的安全，因而被广泛采用，多用于地层稳定性较好的中小型断面盾构工程。

需要特别注意的是：如果盾构到达端地层中存有地下水管(如雨污水管、上水管、热力管等)时，无水地层也应按照有水地层对待处理。这种方法的另外一种变化形式为盾构水中到达技术，一般为泥水盾构到达时使用，如上海的沪崇隧道等，或土压平衡盾构紧急情况下不得已而为之。

2) 先拆除围护结构再盾构到达的施工

盾构刀盘顶上围护结构之前预先拆除洞门处的围护结构，端头土体将直接暴露出来，如果地层条件较差，容易发生端头土体失稳，因此采用此工法进行盾构到达施工时必须采用相应的土体改良措施提前对盾构到达竖井附近的端头地层进行加固处理，使端头加固土体满足强度、稳定性和渗透性的要求。

该工法盾构不用停机再启动，能较好地防止地层坍塌，洞口处的防渗性也较强，但是地层加固规模较大，一般在地层较差、盾构开挖断面较大的到达施工中采用。这种方法的关键是根据端头的地层条件，选取合适的端头加固方法，确保端头加固范围和加固效果满足要求。

盾构到达时的注意事项如下：

(1) 盾构到达前应检查端头土体加固效果，确保加固质量满足要求。

(2) 做好贯通测量，并在盾构贯通之前 100m、50m，至少两次对盾构姿态进行人工复核，确保盾构顺利贯通。

(3) 合理安排到达洞门凿除施工计划，确保洞门掌子面暴露时间不会过长，并针对洞门凿除施工制订专项施工方案。

(4) 盾构接收基座定位要精确，定位后应固定牢靠。

(5) 增加地表沉降监测的频率，并及时反馈监测结果指导施工。盾构到站前要加强对车站结构的观察和监测，并加强与盾构施工现场的沟通，确保信息畅通。

(6) 为保证进洞管片稳定，盾构贯通时需对进洞口段至少 10～15 环管片进行纵向拉紧。

(7) 帘布橡胶板内衬涂抹油脂，避免刀盘刮破影响密封效果。

(8) 在盾构刀盘顶进到距围护结构前的 2～3 环管片长度时，一定要保证注浆及时、饱满并确保注浆压力不至于破坏土体而进入接收井，必要时进行二次补浆作业。隧道贯通后必要时对洞门进行注浆封堵处理。

9.1.4　盾尾壁后注浆

盾尾壁后注浆指在管片与开挖土体之间的空隙(盾尾空隙)中注入填充材料，以主动控制盾构施工过程中的扰动并减少地层沉降。

图 9.10 为从壁后注浆的规划到施工的流程图。

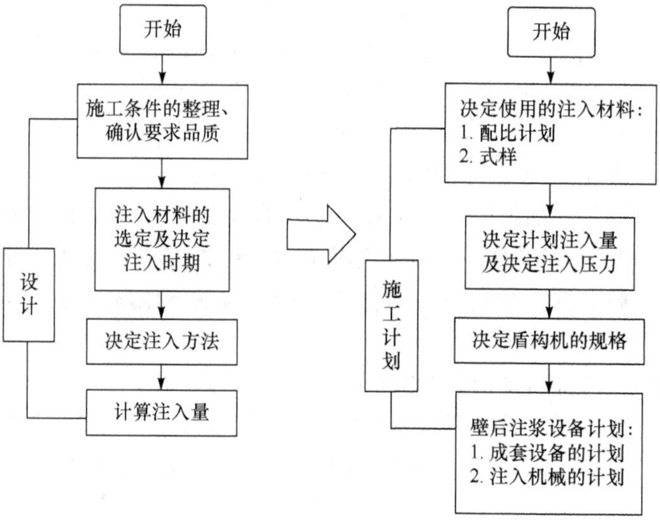

图 9.10　从壁后注浆设计到施工的整体流程图

1. 注浆目的

管片拼装完后如推进盾构则由于盾尾钢壳厚度、盾尾管片拼装及超挖等而出现尾部空隙。若原封不动不加处置，土体将产生应力释放，周边地基变形，导致地表及相邻建(构)筑物产生沉降、倾斜及损伤等恶性事件。壁后注浆的目的在于将这类地基变形防患于未然，当然还有其他重要的目的，汇总如下：

(1) 控制隧道周边地基的松动，防止地基变形。

(2) 让管片早期稳定，顺利将千斤顶的推力传递给土体。另外，应使作用在管片的土压力均匀，降低管片的弯曲应力及变形，同时还易于控制盾构掘进的方向，减少蛇形掘进。

(3) 当采用防止漏水及压气工法时，还可形成防止漏气的有效层。

2. 注浆材料

1) 要求品质

注入材料所要求的一般品质如下：①不得丧失流动性；②泵送时不得引起材料离析；③后期强度必须大于土体的强度；④充填性理想，应充满盾尾空隙；⑤注入后浆液的排水量少，最终的体积减小量低；⑥水密性好；⑦有适当的黏性，必须能防止漏到开挖面处并可防止漏向尾部；⑧无公害且经济性好。

2) 按使用材料分类

注浆材料按使用材料的特性分类如图 9.11(a)所示，其中，①～④四种比较常用。

3) 按注入状态分类

按注入时的状态对注入材料分类如图 9.11(b)所示。其中，日本目前使用最多的是双液浆型的可塑状型材料，其比例已超过 90%，而在国内 90%以上使用的是单液型的悬浊液型。

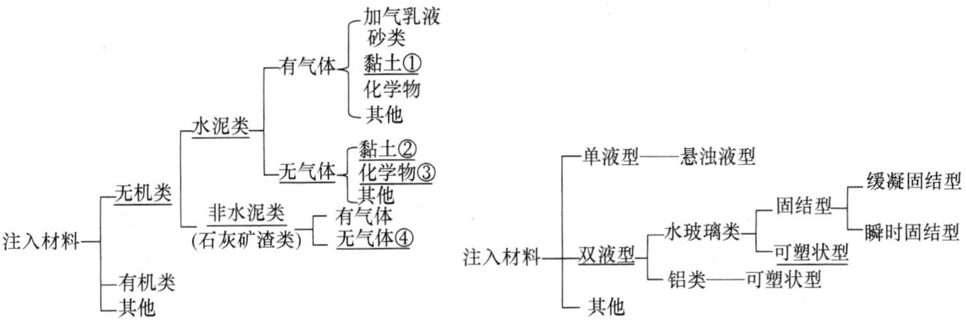

(a) 按使用材料分类　　(b) 按注入状态分类

图 9.11　壁后注浆材料的分类

3. 注浆时机

1) 一次注浆

(1) 同步注浆。这是与尾部空隙发生的同时进行注浆及充填的方法，其中有由设在盾构上的注浆管进行注浆的方法与由管片的注浆软管进行注浆的方法。壁后注浆的时机越早越好，前者在盾构的外侧呈突起状布置，有可能给周边土体及盾构的姿势控制带来影响，如果每次注浆后不认真清洗，注浆管有可能被堵塞，有导致不能注浆被迫停机清洗管路耽误工期的危险等。后者可在掘进中进行注浆、可早期充填，但其位置处在盾尾脱出之前是不能注浆的，所以也可称其为半同步注浆。

(2) 及时注浆。及时注浆是待一环掘进完后由管片的注浆管进行注浆的方法。

(3) 后方注浆。后方注浆是在数环后由管片的注浆管进行注浆的方法。

日本隧道技术协会汇总了有关壁后注浆的调查报告(以下简称为 ITA 调查)，给出了注浆时期与盾构外径，注浆时期与开挖面代表土质的关系如图 9.12 所示。在与盾构外径的关系中，外径越大同步注浆的比例越高，从中可以看出盾构外径 5m 以上时同步注浆占 70%以上。另外，在与开挖面代表土质的关系中，可以看出后方注浆对可自稳的软岩较多。

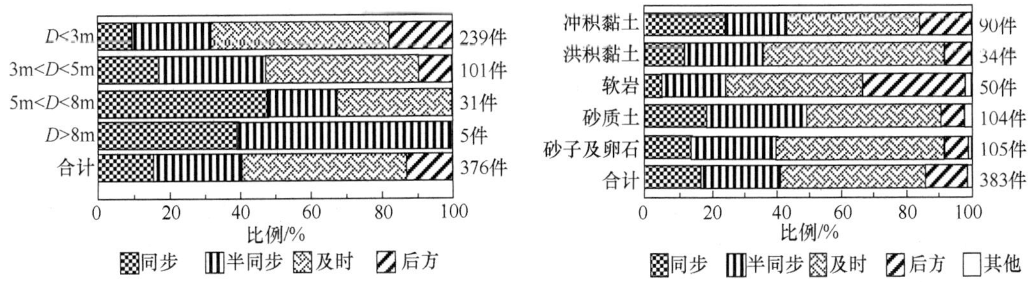

(a) 壁后注浆时机与盾构外径　　(b) 注浆时机与开挖面土质

图 9.12　壁后注浆时机

2) 二次注浆

二次注浆是以弥补一次注浆的缺点为目的进行的注浆，其目的主要有：①一次注浆未充填部分的完全充填；②对注浆材料的浮浆及气泡消失等造成的体积减小的补充；③防止对周边土体松动领域的扩大而进行补充。

在①、②中多半使用与一次注浆相同的材料，在③中则使用药液注浆材料。

4. 注浆量及注浆压力

壁后注浆的管理一般是压力管理及注浆量管理并用：①压力管理是经常保持注浆设定压力的方法，注浆量则不一定；②注浆量管理经常是注入一定量浆液的方法，注浆压力会随注入浆液的变化而产生变化。总之，单独使用一种是不可行的，应使用以上两种方法进行综合管理。

1) 注浆量

注浆量除了受到注浆材料向土体中渗透及泄漏影响，还要受到曲线施工、超挖、壁后注浆材料的种类等的影响，实际上无法明确规定，通常可按如下思路进行确定。

(1) 注浆量的计算：

$$Q = V \times a \tag{9.1}$$

式中，V 为计算空隙量；a 为注浆率。

(2) 计算空隙量。计算空隙量由开挖体积减去管片体积得到。

(3) 设定注浆率。注浆率是考虑了注浆材料的特殊性质(体积变化)、土质及施工中超挖引起的地层损失后的加成系数，其以实际情况为基础进行设定。

2) 注浆压力

注浆压力应由土压力、水压力、管片的强度及盾构的形式与使用材料特性进行综合判断，目前多以施工实例为基础按如下方法确定：

(1) 在管片注浆口处一般为 100～300kN/m^2(1～3kg/cm^2)，多半取孔隙水压力+200kN/m^2(+2kg/cm^2)左右。

(2) 如注浆压力太大，要注意钢制管片钢壳的过度变形，而对半径方向插入型的管片有时接头螺栓将被剪断。

(3) 当使用双液型可塑状类型的注浆材料时，重要的是对胶凝时间的选定。

对注浆量及注浆压力都要经过某种程度的反复试验不断摸索，在确认注浆效果、周边土体与对其他建(构)筑物的影响等的基础上决定。即便在实际施工中，也必须每隔一定范围都要确认效果，再将其效果反馈到实际施工中。

9.1.5 盾构施工辅助措施

围岩不稳定地区会引起崩塌和地基变形，有可能给周围环境造成影响，此时必须考虑施工计划和设计条件、地基条件、盾构形式、施工条件及环境条件等因素，采取化学注浆施工法、高压喷射搅拌施工法、冻结施工法等地基改良方法和降低地下水位施工法等其他辅助施工方法，以便稳定围岩。这些辅助施工方法简述如下。

1. 化学注浆施工法

这是将水玻璃系或者管片注浆材料压入地基中，以便确保止水性和增加强度而采用的施工方法。化学注浆施工法有渗透注浆、劈裂注浆、劈裂渗透注浆等方式。其注入原理为：不破坏土体的骨架，只是将注浆材料渗透到土的间隙和裂缝中，填充间隙提高止水性，同时使土颗粒结合在一起，提高土的黏聚力，通过脉状注浆，提高土的压密性，可望提高土体强度。

当周围存在水井、河流、田地等时，为了不影响水质和水脉，不使周围地基和结构物产生隆起等变形，要充分注意对注浆材料的种类、注浆量、注浆速度、注浆压力的管理，同时还要确认注浆范围、透水性、强度特性等改良效果。

2. 高压喷射搅拌施工法

这是一种通过高压喷射流来切削围岩，切削下来的土砂与硬化材料置换，或混合搅拌，形成圆柱形改良体的方法。其目的是确保止水性和提高土体的强度。通常，与化学注浆施工法相比，该方法可以得到均质的改良体，适用于需要较大改良强度和止水性的场合，但其适用的地基制约条件较小。

高压喷射搅拌施工法施工时需要注意的事项，基本上与化学注浆施工法相同。尤其是高压喷射造成地基内压力不稳定使地基隆起，影响透水性，必须进行土体改良体合理配置。

3. 冻结施工法

冻结施工法是一种通过使地基孔隙水冻结，而使地基暂时固结，作为隔水墙和受力墙等使用的施工方法。一般在其他施工法很难达到围岩稳定的目的时采用。该施工方法的特点是，在存在地下水的条件下受地基条件的制约因素少，冻土强度及止水性极高，而且只要测定地中温度，就能确认冻土的形成状态等，没有地下水污染。当采用冻结施工法时，地下水的流速较大也不会形成冻土墙。但由于冻土的形成速度慢，需要较长的工期，冻结膨胀和解冻对周围地基会有一定的影响，对此应引起注意。

4. 降低地下水位施工法

在围岩的透水性大，开挖面涌水而造成开挖面坍塌时，可单独采用降低地下水位施工法，也可与其他辅助施工法并用。当采用降低地下水位施工法时，需要注意包括周围水井在内的地下水利用情况，以及地下水位下降所造成的地基下沉。

5. 其他辅助施工方法

其他辅助施工方法主要包括地中结合部和障碍物去除部使用的压气施工法、深层混合处理施工法、小厚度覆盖土时使用的填土和浅层改良施工法、在急曲线和邻近施工时使用的反力架和拱顶套管施工法等。

9.2　岩石掘进机施工

利用掘进机在岩石地层中进行隧道开挖的方法，称为掘进机法。该方法是利用回转刀盘和掘进机推进装置的推进力使刀盘上的滚刀切割(或破碎)岩面，以达到破岩开挖隧道的目的。按岩石的破碎方式，掘进机施工分为挤压破碎式和切削破碎式两种。前者是将较大的推力给刀具，通过刀具的楔子作用将岩石挤压破碎；后者是利用旋转扭矩在刀具的切线及垂直方向上切削破碎岩石。如果按刀具切削的旋转方式，可分为单轴旋转式和多轴旋转式两种。掘进机由切削破碎装置、行走推进装置、出渣运输装置、驱动装置、机器方位调整机构、机架和机尾，以及液压、电气、润滑除尘系统等组成。

掘进机最大的优点是快速，其掘进速度为常规钻爆法的 3～10 倍。此外，采用掘进机施工还有优质、安全、环保和节省劳动力等优点。掘进机施工的缺点主要是对地质条件的适应性不如常规的钻爆法灵活；主机重量大；前期订购掘进机费用较高；要求施工人员技术水平和管理水平高；对短隧道不能发挥其优越性。

9.2.1　岩石掘进机的分类

掘进机可分为部分断面掘进机和全断面掘进机两大类。全断面岩石掘进机一般分为支撑式全断面岩石掘进机、护盾式全断面岩石掘进机、扩孔式全断面岩石掘进机和摇臂式全断面岩石掘进机。

1. 支撑式(敞开式或开敞式)全断面岩石掘进机

支撑式全断面岩石掘进机是利用支撑机构撑紧洞壁，以承受向前推进的反作用力及反扭矩，它适用于岩体整体性较好的隧道。掘进机主机上可根据岩性不同选择配置临时支护设备，如圈梁(环梁或钢拱架)安装机、锚杆钻机、钢丝网安装机、超前钻管棚钻机等，喷混凝土机、灌浆机装置配套在掘进机后。支撑式全断面岩石掘进机如图 9.13 所示。如遇有局部破碎带及松软夹层岩体，应用超前钻及灌浆设备预先固结周边岩石再开挖。

(a) 实物

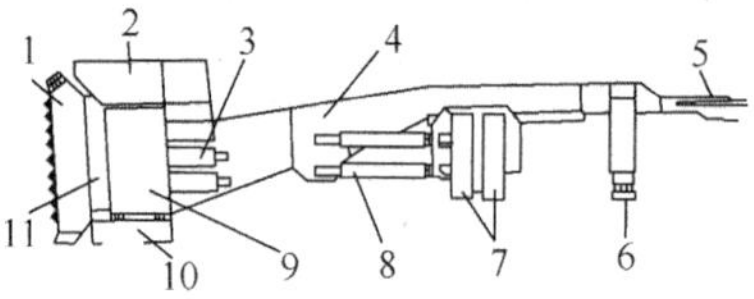

(b) 示意图

图 9.13　支撑式全断面岩石掘进机组成

1-掘进刀盘；2-拱顶护盾；3-驱动组件；4-主梁；5-出渣输送机；6-后下支撑；7-撑靴；8-推进千斤顶；9-侧护盾；10-下支撑；11-刀盘支撑

2. 护盾式全断面岩石掘进机

护盾式全断面岩石掘进机是在整机外围设置与机器直径相对应的圆筒形护盾结构，以利于掘进松软、破碎或复杂岩层，如图 9.14 所示。护盾式掘进机可分为单护盾掘进机、双护盾掘进机(伸缩式)和三护盾掘进机三类。

当遇到复杂岩层，岩石软硬兼有时，则可采用双护盾掘进机。当遇软岩时，软岩不能承受撑板的压应力，盾尾推进液压缸支撑在已拼装的预制衬砌块上或钢圈梁上，以推进刀盘破岩前进；当遇硬岩时，则靠支撑板撑紧洞壁，由主推进液压缸推进刀盘破岩前进。

(a) 实物

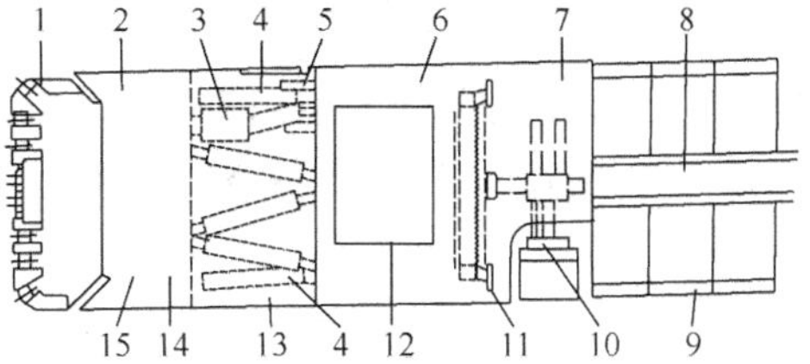

(b) 示意图

图 9.14　护盾式全断面岩石掘进机组成

1-掘进刀盘；2-前护盾；3-驱动组件；4-推进油缸；5-铰接油缸；6-撑靴护盾；7-尾护盾；8-出渣输送机；9-拼装好的管片；10-管片安装机；11-辅助推进靴；12-水平撑靴；13-伸缩护盾；14-主轴承大齿圈；15-刀盘支撑

3. 扩孔式全断面岩石掘进机

扩孔式全断面岩石掘进机是先打导洞，然后分级或一次扩孔掘进成洞。在用支撑式或护盾式全断面掘进机开挖隧洞时，当刀盘最外缘的边刀滚动线速度超过刀具设计最大允许值(约 215m/s)时，从破岩机理分析，破岩量将停止增加；根据机械设计计算，此时外缘边刀的使用寿命将急剧下降。由于刀盘最外缘边刀的滚动线速度为刀盘转动角速度和掘进机开挖半径之积，因此当开挖直径较大时，刀盘的转速受刀具最大线速度的限制而不得不相应减小，从而降低了掘进速度。为此，德国维尔特公司采用一台较小直径的全断面掘进机先沿隧洞轴线开挖一个导洞，再用扩孔式掘进机将隧洞扩至所需直径。扩孔式掘进机最大开挖直径可达 15m。

由于扩孔式掘进机是先开挖导洞再扩孔，因此具有以下优点：开挖导洞时已掌握了详细的地质资料，另外，在开挖导洞时可对围岩采取预防措施，以改善岩石质量，减少扩孔时出现突发情况而导致施工长期中断的风险。利用导洞可进行排水、降低地下水位和处理瓦斯；可及时进入关键的隧洞段或通风竖井，扩孔时可用导洞进行通风。由于机器主要支撑在导洞里，扩孔刀盘后面有足够的空间，可立即进行岩石支护，与全断面掘进机相比，较易改变开挖直径。扩孔技术也有其缺点，主要为：要用一台开挖导洞的全断面掘进机和一台扩孔式掘进机，总投资较高；除了掘进导洞外还要扩孔，因此总的施工时间较长；若导洞开挖需进行大量、复杂的岩石支护，则应慎重考虑是否选用扩孔方式开挖隧道。

4. 摇臂式全断面岩石掘进机

摇臂式全断面岩石掘进机的刀具和摇臂随机头一起转动，摇臂的摆动由液压缸活塞杆的伸缩来传递，通过摇臂使刀具内外摆动。转动与摆动这两种运动的合成使刀具以空间螺旋线轨迹破岩，可掘进圆形或带圆角的矩形隧道断面。其推进方式是靠支撑板及推进液压缸推进机头，与支撑式掘进机推进方式类同。摇臂式掘进机的旋转机头上装有若干条顶部带刀具的摇臂。

摇臂式掘进机重量轻、搬运方便、造价低、机身有足够的空间用于布置钻眼及灌浆设备，作业状况容易直接观察；洞壁支护衬砌后，整机能够退出洞外；其推力小、支撑比压小，适用于开挖岩石较软的隧道。

9.2.2　全断面岩石掘进机的构造

掘进机与在软土掘进的盾构不同，是以围岩的自稳为前提的，因此掘进机的设计相对来说是比较自由的，可以有各种各样的构造，但最重要的是刀盘和支撑靴。

1. 刀具及刀盘

刀具是掘进机破碎岩石的工具，是掘进机的关键部件和易损件，掘进机目前使用的刀具多采用盘形滚刀。盘形滚刀的刀圈为整体结构，刀具形状为圆形，有单刃、双刃和多刃，如图 9.15 所示。实践证明，单刃盘形滚刀的破岩效果最好，且适应于中硬岩到硬岩(岩石单轴抗压强度 30～250MPa)。

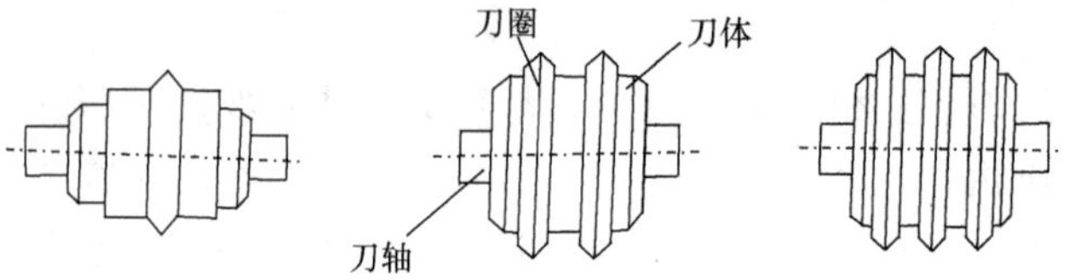

(a) 单刃盘形滚刀　(b) 双刃盘形滚刀　(c) 三刃盘形滚刀

图 9.15　刀盘滚刀的形式

1) 球面刀盘和平面刀盘

刀盘的前面以一定的间隔配置滚刀。滚刀一般有中心滚刀、正滚刀和边滚刀。滚刀的配置间隔，取决于滚刀的材质、岩石强度和日掘进进度要求等。在外周部分，为防止滚刀的刀体从刀头上飞出，设置一定的角度，并使刀头的切削面形状呈圆弧形。

2) 周边支持型和中央主轴刀盘

周边支持型刀盘是由圆筒状的筒体和主机架构成的，采用大口径轴承，其后背设有开口很大的周边支持结构。在施工时，通过把主机架作为料斗提升，将石渣送到排土装置中。该种刀盘与在软弱围岩中使用的盾构掘进机刀盘是一样的，它在崩塌性地质条件下很有效。滚刀的突出量可以设置得很小，也允许在机内更换。中央主轴型刀盘是一个圆板构造体，在其中心处设主轴，用小口径的轴承来支持，滚刀设置在圆板上。出渣利用设在刀盘外周的刮板从下部收集，然后通过外周部的料斗由上部送到排土装置中。滚刀安设在板的前面，不受主轴的限制，其设置方式比较自由。

2. 反力支撑靴

支撑靴的作用是提供掘进机推进时所需的反力。为提供充分的反力和不损害隧道壁面，应该加大其接触面，以减小接地压力，把上述支撑靴称为主支撑靴。

1) 盾构型掘进机支撑靴

在盾构型掘进机中，设有提供推进反力的主支撑靴(尾部)和掌子面支撑靴(前部)，主支撑靴一般水平、左右设置一对，但对大口径的掘进机，有时在周边上要设置 4～5 个支撑靴，如图 9.16 所示。采用球面刀盘和盾壳保护，其地质适应范围很广；在开挖过程中可控制方向；因有盾壳，掘进机在隧道内的后退受到限制，千斤顶要具备两倍以上的推力。

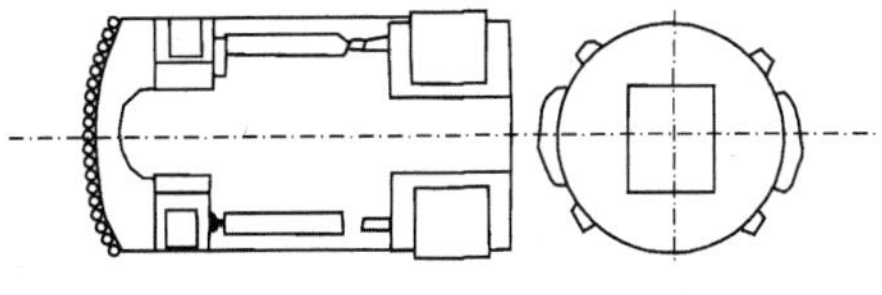

图 9.16 盾构型掘进机支撑靴

2) 开敞式掘进机支撑靴

开敞式掘进机支撑靴有单支撑靴方式和双支撑靴方式两种。单支撑靴方式是在主梁上左右设一对支撑靴。该支撑靴对应推进时主梁的方位变化。双支撑靴方式是前后各有一对支撑靴，前面的支撑靴有 4 个(X 形)、2 个(I 形)、3 个(T 形)的布置形式。

不管是哪种支撑靴，方向修正应在设置支撑靴前进行。但单支撑靴方式开挖过程中也能改变方向，而双支撑靴方式在开挖进程中不能改变方向。双支撑靴的特征是：支撑靴把机体牢固地固定在壁面上，方向控制性能好；重量平衡好，方向控制容易；但方向控制只能在掘进前进行；因刀盘是板型的，不适合于黏性土的开挖。

开敞式掘进机支撑靴受地质变化的影响小，直进性能好，如图 9.17 所示。

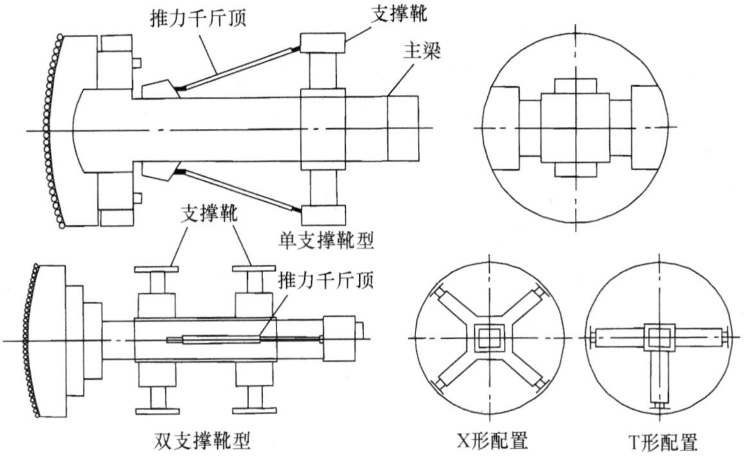

图 9.17 开敞式掘进机支撑靴

3. 推进部

掘进机的推进部主要使用推进千斤顶，推进按下述动作循环进行(图 9.18)：①扩张支

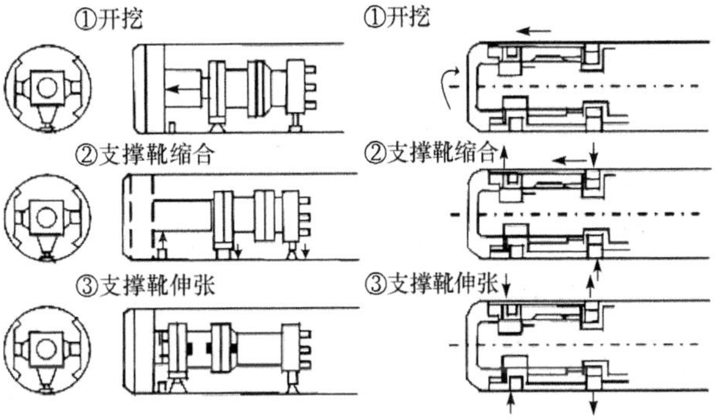

图 9.18 掘进机的开挖循环过程

撑靴，将机体固定在隧道壁上；②回转刀盘，开动千斤顶前进；③推进一个行程后，缩回支撑靴，把支撑靴移置到前方，返回①的状态。

4. 排土部

掘进机排土设备一般有皮带运输机、喷射泵、螺旋式输送机、液体管道输送等。

皮带运输机在所有的梁型掘进机和开敞式盾构掘进机中使用，该方式运量大，可实现高速化，但有涌水时，排土困难。螺旋式输送机用于密闭式盾构掘进机，也可以在土压式盾构中使用。在使用该方法时，掌子面自稳性高，在无涌水时，掌子面可开放。液体管道输送机使用在密闭式盾构掘进机中，该法对掌子面的稳定效果很好。

5. 掘进机的附属设施

掘进机的附属设施包括后配套设备、在整个洞内布设的设备及洞外的设备。在这些设备中，通常多与钻爆法中采用的设备是一致的，掘进机的附属设备首先是洞内的后续设备，除了石渣运输设备，还有超前钻孔机、集尘机、压缩机、喷射机、电力电缆等。

通常后配套设备是安装在轨道平台车上，小断面掘进机受开挖隧道空间的限制，考虑采用单线运渣轨道；而较大断面的掘进机，有可能采用双线运渣轨道布置。由于开挖的隧道是圆形，所以铺设轨道时一般先将预制的仰拱块安装在隧道底部。仰拱块上预留排水槽、钢拱架沟槽及预埋轨道螺栓扣件。因此，轨道的铺设延伸不仅能保证轨道的铺设精度，同时也提高了出渣列车的运行稳定和速度。运渣列车铺设于隧道的轨道上，通过后配套设备尾部的爬轨斜坡道进入平台车上的轨道系统。

在后配套平台车上安放通风管、接力风机，供应新鲜空气的主风机安放在洞外，通过风管与后配套上的接力风机连接。在掘进机施工中，隧道通风考虑的主要因素是施工人员的需要、设备运输中产生的热量、岩石破碎中以及喷射混凝土中产生的粉尘、内燃机设备产生的废气等。

在后配套平台车上安放供排水设备。供水设备用来对盘形刀进行冷却，对刀盘内腔室的水雾进行除尘，对液压系统的油进行冷却、对驱动电机进行水冷以及必要的空气冷却等。隧道开挖中排水至关重要，必须采取强制排水措施防止积水对主机的漫浸，尤其在安放仰拱块时更需要将水排净。当顺坡开挖时，应充分利用仰拱块上的排水沟；当反坡开挖时，应设多处积水槽、多处水泵站将水排至洞外。

目前，在隧道施工中采用的出渣方式为有轨方式、无轨方式、连续皮带运输方式、泥浆运输方式等几种。

在掘进机施工中，无轨方式采用的比轨道方式少，是因为无轨运输空间要求大；掘进机施工的隧道一般都较长，需要较强的通风设备，为此应用要求能源大、排放大量有害气体的内燃机车的无轨方式有很多不利之处；在掘进机施工中，开挖和出渣是连续的，当大型装载车运输时，如不使掘进中断，就要设置大型的储渣设施，但这受工作空间限制有时是不可能的。无轨方式的最大特点是运输设施简便，在大断面隧道中还是可以采用的。掘进机后方设有几个与汽车容量相配合的斗仓，将汽车置于其下，即可直接将石渣排入。开挖中的石渣用皮带运输机连续地送到空斗仓中，走行路面在掘进机正后方的位置用石渣填筑而成。连续皮带运输方式与泥浆运输方式都是能发挥掘进机特点的连续输送方式，是很有效的方式，但是输送石渣的条件比轨道方式和无轨方式都严格。皮带机输送石渣量的能力，是由装载断面、皮带速度及装载率决定的，并要考虑坡度、输送距离等条件。

9.2.3　全断面岩石掘进机的施工方法

1. 滚刀破岩机理

掘进机切削破碎岩石的机理为：在掘进时盘形刀沿岩石开挖面滚动，同时滚刀在巨大推力和回转力矩下，对岩石施加压、滚、劈、磨的作用，达到破碎岩石的目的。岩石的破碎是压裂、胀裂、剪裂、磨碎的综合过程，其中以胀裂破碎为主。滚刀破碎岩体特性与岩体裂隙发育、破碎程度有关：

(1) 在完整、密实、均匀的岩石中，刀具的刀刃在巨大的刀具推力下切入岩体，形成割痕。刀刃顶部的岩石在巨大压力下急剧压缩，随着刀盘的回转，滚刀滚动，这部分岩石首先破碎成粉状，积聚在刀刃顶部范围内形成粉核区。

(2) 刀刃侵入岩石和刀刃的两侧劈入岩体，在岩石结合力最薄弱处产生多处微裂孔。

(3) 随着滚刀切入岩石深度的加大，岩粉不断充入微裂纹，由于微裂纹端部容易应力集中，微裂纹逐渐扩展成显裂纹。

(4) 当显裂纹与相邻刀具作用产生的显裂纹交汇，或显裂纹发展到岩石表面时，就形成了岩石断裂体。

(5) 在产生断裂体的同时，各断裂体相互之间会形成一些粒度较小的碎裂体。在断裂体从掌子面落入洞底进入铲斗时，由于断裂体与刀盘及相互间的碰撞作用，又会产生新的破碎体和岩粉。

对于盘刀楔入岩体产生破碎的机理，目前有三种不同的理论：一是由楔块作用引起剪切破坏；二是岩体在盘刀楔块作用下产生径向裂纹，裂纹扩展到岩体表面而破坏，或由相邻裂纹的交错而引起岩石破碎；三是盘刀楔入并滚压岩石时，岩石破坏属几种机理的结合，有裂缝扩展张拉破坏、剪切破坏及挤压破坏，一种为主，其他为辅，单用一种强度理论很难圆满加以解释。以上三种盘刀破岩理论均假定岩体是均质且各向同性的。

不同的岩石需要不同的盘形刀压入岩石的最低压强值，才能达到较理想的贯入深度。而贯入深度在坚硬和裂隙很少的岩石中，一般为 2.5～3.5mm/r；在中等坚硬和裂隙较多的岩石中，一般为 5～9mm/r。

盘形刀的刀间距对开挖效率影响较大，如果刀间距太大，一把盘形刀产生的压力达不到与相邻盘形刀的影响范围相接，必定开挖不出片状石渣，从而使开挖效率降低；反之，若刀间距太小，则会使石渣块太小，从而浪费了设备的功率。

2. 开敞式掘进机掘进作业原理

1) 开敞式掘进机掘进原理

开敞式掘进机主要用于围岩较稳定、硬岩或中硬岩的隧道开挖。其核心部分是主机系统，主机系统由刀盘、刀盘驱动和推进系统组成。主机刀盘安装有一定数量的盘形滚刀，当刀盘旋转时，滚刀切出的痕迹是以刀盘中心为圆心、间距均匀的同心圆切槽。在掘进时，支撑系统把主机架牢固地锁定在开挖的隧道洞壁上，承受刀盘扭矩和推进力的反力。推进油缸以支撑系统为支点，把推力施加给主机架和刀盘，推动刀盘破岩掘进。在推力作用下，安装在刀盘上的盘形滚刀紧压岩面，随着刀盘的旋转，盘形滚刀绕刀盘中心轴公转，并绕自身轴线自转。在刀盘强大的推力扭矩作用下，滚刀在掌子面固定同心圆切缝上滚动，当推力超过岩石的强度时，盘形刀下的岩石直接破碎。切碎崩落的岩石由于刀盘的旋转均布在刀盘的铲斗中，再由刮板收集到皮带机上，通过后续运渣设施运出洞外。

2) 开敞式掘进机工作循环原理

刀盘停止回转→伸出后支撑撑紧洞壁→收缩支撑使靴板离开洞壁→收缩推进缸，将支撑向前移一行程。对于双 X 形支撑掘进机，除双套支撑可以有较多的支撑位置选择，其余和单 T 形(X 形)支撑的掘进机一样。在双支撑中每一支撑都必须能独立完成支撑的作用，即双支撑中任一支撑不能工作时，另一支撑都可以承担完成掘进作业的功能。开敞式掘进机循环作业时必须确保安全，其动作顺序和安全保护按液压系统安全点执行。

开敞式掘进机换步的方法为：推进油缸推进一个行程，掘进机就破岩掘进一个循环行程，每个循环结束后即进行换步作业，如图 9.19 所示。

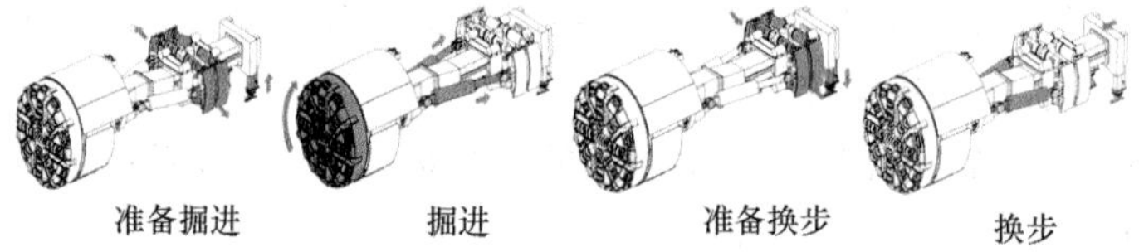

图 9.19　开敞式掘进机换步

图 9.19 表示开敞式掘进机换步示意图，基本适应各种类型开敞式掘进机的换步过程。以双 X 形支撑靴为例，当一个循环结束时，停止掘进，刀盘后退，放下护盾下支撑和主机后支撑，将主机支撑牢固后，收回前后两组支撑靴，前移支撑靴一个循环的距离，然后根据激光导向系统 ZED 提供的主机位置参数进行掘进机调向，调向完成后将两组支撑靴紧至一定压力，收回后支撑及护盾支撑，拖拉后配套并前移一个循环的距离后，即可接着进行下一个循环的掘进作业。

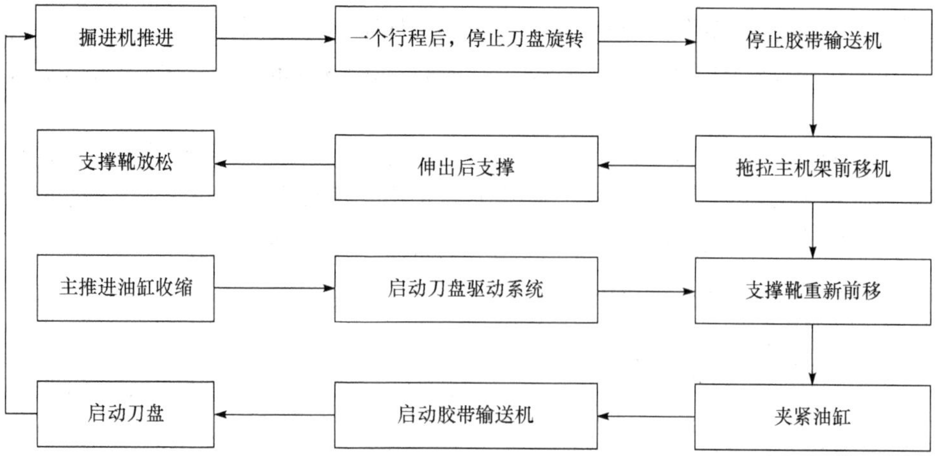

图 9.20　开敞式掘进机掘进循环流程图

3. 单护盾掘进机的工作原理

单护盾掘进机只有一个护盾，大多用于软岩和破碎地层，因此不采用像支撑式掘进机那样的支撑板。在开挖隧洞时，机器的作业和隧洞管片安装是在护盾的保护下进行的。由于不使用支撑靴板，机器的前推力是靠护盾尾部的推进油缸支撑在管片上获得的，即掘进机的前进要靠管片提供“反力”。

由于这类掘进机的掘进靠衬砌管片来承受后坐力，因此在安装管片时必须停止掘进，即机器的岩石开挖和管片的安装不能同时进行，从而限制了掘进速度。但由于隧洞衬砌紧接在机器后部进行，可以消除采用支撑式掘进机时因岩石支护可能引起的停机延误，因此掘进速度会有所补偿。单护盾掘进机的工作循环特点如图 9.21 所示。

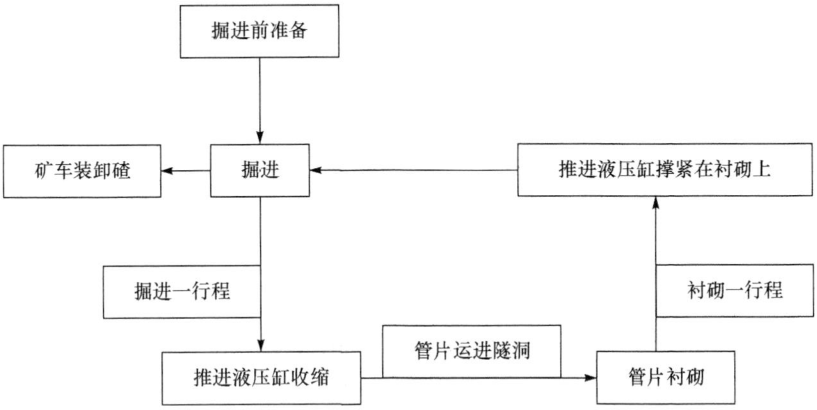

图 9.21　单护盾掘进机掘进流程图

4. 双护盾掘进机的工作原理

双护盾掘进机在不良地层与硬岩层掘进的过程是不一样的，主要区别是：

(1) 在不良地层掘进时，伸缩节和前盾在合拢状态，不相对移动。推进油缸和支撑靴一直保持在缩回位置不工作。

(2) 在不良地层，依靠辅助推进系统油缸进行掘进，推进的反作用力经辅助推进油缸传递到管片上。而在硬岩时，推进反作用力由撑靴来承受。

(3) 在不良地层，掘进和管片安装分开进行，而在硬岩时是同时进行的。

1) 硬岩掘进循环过程(图 9.22)

第一步 作业：前护盾、伸缩节、支撑靴和推进油缸回到初始位置，辅助推进油缸伸长一个行程，撑紧洞壁，反扭矩梁撑紧；掘进机完全找正；切削刀盘转动，推进液压缸逐渐伸出，推动工作部分和前护盾前移一个行程。推进过程中，管片安装同时进行，直至全部作业完成。

第二步 换步(1)：掘进行程(推进行程)终了，管片安装完毕，切削盘停止转动，支撑靴回缩，反扭矩梁松开。

第三步 换步(2)：辅助油缸推进一个行程，推进油缸回缩，伸缩节、支撑靴和后护盾前进到位。

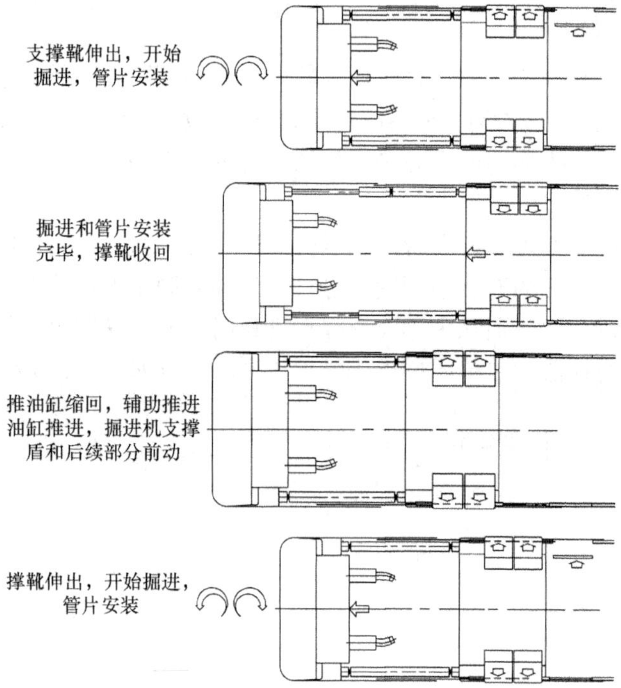

图 9.22　硬岩中双护盾掘进机掘进作业流程

第四步 作业：换步完成后，支撑靴伸出，再与围岩接触撑紧，掘进机定位找正，在坡道上必要时定坡度。回到第一步，切削刀盘又一次旋转，掘进机准备进行下一个掘进循环。

2) 不良地层掘进循环过程(图 9.23)

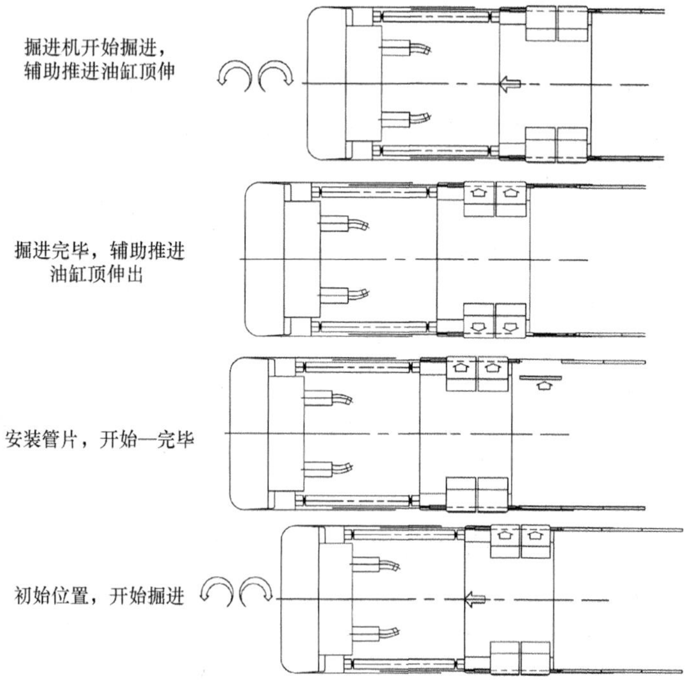

图 9.23　不良地质条件下双护盾掘进机掘进作业流程图

第一步 掘进：辅助推进油缸回缩到初始位置，掘进机完全找正；切削刀盘转动；辅助推进液压系统油缸逐渐伸出，推动工作部分和主机(前护盾、伸缩节、撑靴、后护盾)前移一个行程。

第二步 管片安装：掘进行程(推进行程)终了，切削盘停止转动，进行管片安装，安装完毕后，进行下一个作业循环。

双护盾掘进机工作周期可归纳为两个阶段：

(1) 掘进和管片放置过程。支撑护盾牢固地撑紧在洞壁，刀盘推进油缸支撑在接触护盾的连接处，并在掘进过程中将刀盘向前推进，保持所达到的掘进速率直至刀盘推进油缸行程结束。同时管片在盾尾安装，在安装期间用于后护盾的护盾推进油缸支撑着管片直至整环闭合。

(2) 后护盾换位阶段。后护盾盾壳(伸缩护盾、接触护盾和盾尾)换位只持续几分钟。首先，推进油缸卸载，随后护盾盾壳支撑的径向支撑油缸缩回并卸载，然后，借助后护盾推进油缸使刀盘推进油缸周围的后护盾盾壳前移。在此过程中，护盾推进油缸支撑在管片环上。在伸缩护盾区域，后护盾盾壳以望远镜伸缩形式插进前护盾(刀盘护盾)内。最后，重复掘进和管片安装过程。

5. 衬砌施工

用掘进机施工的隧道，其衬砌结构一般由临时或初期支护和二次衬砌组成。初期或临时支护是隧道开挖中保证掘进期围岩稳定和掘进机顺利掘进所不可缺少的。

采用掘进机施工，由于开挖工作面被掘进机主体充塞，很难对围岩进行直接观察和判断，而且造成进行支护的位置相对开挖面滞后一段距离。因此，不同类型的掘进机，也要求采用不同的支护形式。一般在充分进行地质勘探后，在隧道设计时就应确定基本支护形式。例如，对于引水隧道，为保证输水的可靠性，要求支护对围岩有密封性，大都采用护盾式掘进机进行管片衬砌的结构形式；而对于一般公路、铁路隧道，除进行临时支护外，视地质情况采用二次喷射混凝土或二次模筑混凝土作为永久衬砌。

1) 管片式衬砌

当使用护盾掘进机时，一般采用圆形全周管片式衬砌。其优点为：适合软弱围岩，特别是当围岩允许承载力很低、支撑靴不能支撑岩面时，可利用尾部推力千斤顶，顶推已安装的管片获得推进反力。当支撑靴可以支撑岩面时，双护盾掘进机可以使掘进和换步同时进行，提高循环速度。利用管片安装机安装管片速度快、支护效果好、安全性强，但是它的造价高。为了防水需要，每块之间要安装止水条，并需在管片外圆和洞壁间隙压入碎石和注浆。另外，为了预制管片，需要在工地建设混凝土制品工厂。

2) 二次模筑混凝土

使用开敞式掘进机，一般是随开挖先施作临时支护，然后进行二次模筑混凝土永久性衬砌，这是为了保证掘进机的高速掘进，不可能使开挖作业与模筑混凝土衬砌作业同时进行。此外，在上部进行衬砌作业，会给掘进机设备带来严重的混凝土污染，因此只在刀盘后部进行必要的临时支护(如锚杆、喷射混凝土、架钢拱架)。

二次混凝土衬砌，根据地质条件也有用喷射混凝土作为永久衬砌的。多数隧道往往采取二次模筑混凝土衬砌，使用穿行式模板台车，进行永久衬砌的灌注。根据设计的断面形状，制造模板台车，这与钻爆法施工一致。值得注意的是，二次衬砌完成后，掘进机在完成掘进任务后不可能从原路退出，只有在完成开挖位置进行扩大洞室，在隧道内进行拆卸掘进机部分机件(如大刀盘的解体)，才有可能退出。若用一台掘进机从进口一直掘进到出口，则不会发生洞内拆卸问题。

二次模筑混凝土的拌和工厂、输送车、混凝土泵等与钻爆法施工相同。

思 考 题

1. 掘进机开挖隧道的优缺点有哪些?
2. 岩石隧道掘进机有哪些类型?
3. 岩石隧道掘进机由哪些部分组成?
4. 盾构机和掘进机有哪些异同点?
5. 盾构施工的流程主要有哪些?
6. 盾构施工前的准备工作?
7. 谈谈对盾构机与地层适应性的理解。

第 10 章 隧 道 通 风

隧道内的通风可分为施工期间的通风和运营期间的通风。通风方式的选择应根据技术经济条件，考虑安全、效果、维修、防灾救援等因素，综合比较确定，以下分别进行介绍。

10.1 施工期通风

隧道施工中，由于炸药爆炸、内燃机械等的使用，开挖时地层中放出的有害气体以及施工人员的呼吸等排出的气体，使得洞内空气十分污浊，因此隧道施工过程中必须采取通风措施来降低隧道内有害气体和粉尘的浓度，供给足够的新鲜空气，以改善劳动条件，保障作业人员的身体健康。

10.1.1 隧道施工作业环境

按照有关规定，隧道施工作业环境必须符合下列卫生标准。

1. 坑道中氧气含量

按体积计，坑道中氧气含量不得低于 20%。

2. 粉尘允许浓度

粉尘允许浓度要求如下：

(1) 含 10%以上游离 SiO_2 的水泥粉尘浓度不大于 2mg/m^3；

(2) 含 10%以下游离 SiO_2 的水泥粉尘浓度不大于 4mg/m^3；

(3) SiO_2 含量在 10%以下；

(4) 矿物性和动植物性(不含有毒物质)的粉尘浓度不大于 10mg/m^3。

3. 有害气体浓度

有害气体浓度要求如下：

(1) CO 不大于 30mg/m^3，当作业时间短暂时，CO 浓度可放宽。作业时间在 1h 内为 50mg/m^3，在 0.5h 以内为 100mg/m^3，在 15～25min 内为 200mg/m^3，在上述条件下反复作业时，两次作业时间间隔必须在 2h 以上。

(2) CO_2 按体积计，不得超过 0.5%。

(3) 氮氧化物(换算成 NO_2)应在 5mg/m^3 以下。

(4) SO_2 浓度不大于 15mg/m^3。

(5) H_2S 浓度不大于 10mg/m^3。

4. 瓦斯(CH_4)浓度

按体积计瓦斯浓度不得大于 0.5%，否则必须按煤炭行业现行的《煤矿安全规程》的规定实施。

5. 洞内温度

洞内工作地点的空气温度不得超过 28℃。

10.1.2 通风方式

隧道施工通风方式应根据隧道的长度、掘进坑道的断面大小、施工方法和设备条件等诸多因素来确定，其一般包括自然通风和强制机械通风两类。自然通风是利用洞内外的温差或气压差来实现通风的一种方式，一般仅限于短直隧道。它受洞外气候条件的影响极大，仅用在隧道长度小于 400m 或独头掘进长度小于 200m 的少数情况下。因此，一般情况下，均应采用强制机械通风。

1. 机械通风方式分类

机械通风方式可分为管道式通风和巷道式通风两大类。根据隧道内空气流向的不同，管道式通风又可分为压入式通风、吸出式通风和混合式通风三种，如图 10.1 所示。

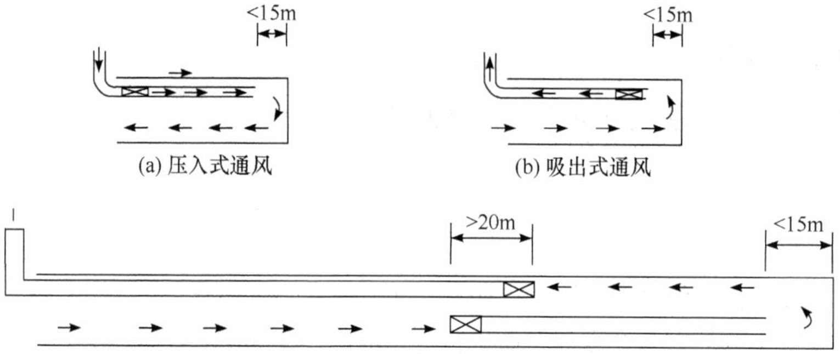

(a) 压入式通风　(b) 吸出式通风

(c) 混合式通风

图 10.1　管道式通风

巷道式通风根据通风风机(简称风机)的台数及其设置位置、风管的连接方法又可分为集中式和串联(或分散)式两种。巷道式通风是利用隧道本身(包括成洞、导坑及扩大地段)或辅助坑道(如平行导坑)组成主风流和局部风流两个系统互相配合达到通风目的。这里以设有平行导坑的隧道为例来说明：在平行导坑的侧面开挖一个通风洞，通风洞口安装主通风机，平行导坑洞口设置两道风门，除最里面一个横通道作风流通道外，其余横通道全部设风门或砌筑堵塞。当主通风机向外抽风时，平行导坑内产生负压，洞外新鲜空气向洞内补充，由于平行导坑口及横通道全部风门关闭或砌堵，新鲜空气只得由正洞进入，直至最前端横通道，带动污染气体经平行导坑进入通风洞排出洞外，形成循环风流，如图 10.2 所示。

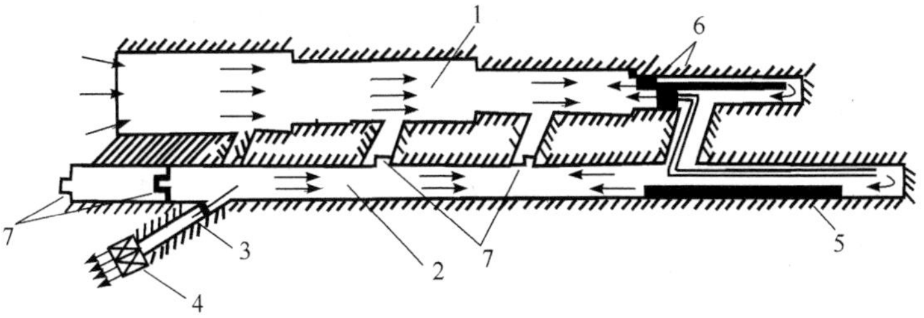

图 10.2　巷道式通风

1-正洞；2-平导；3-施工通风道；4-主通风机(主扇)；5-局扇(吸出)；6-局扇(压入)；7-风门

另外，巷道平行导坑通风有风墙式、通风竖井、通风斜井、横洞等。但随着我国独头掘进技术的提高，开挖断面增大，通风方式趋向于采用大功率、大管径的压入式通风。

2. 通风方式选择

通风方式应针对污染源的特性，尽量避免成洞地段的二次污染，且应有利于快速施工，因此在选择时应注意以下几个问题：

(1) 自然通风因其影响因素较多，通风效果不稳定且不易控制，故除短直隧道外，应尽量避免采用。

(2) 压入式通风能将新鲜空气直接输送至工作面，有利于工作面施工，但污染空气将流经整个坑道。另外，风机位置固定，随隧道掘进不断延伸风管，施工方便。但其排烟速度慢，通风耗能多。

(3) 吸出式通风的风流方向与压入式相反，新鲜空气流经整个坑道，排烟速度快，通风耗能少。但风机位置要随隧道掘进不断向前移，施工不方便。

(4) 混合式通风集压入式和吸出式的优点于一身，但管路、风机等设施较多。

(5) 利用平行导坑作巷道通风，是解决长隧道施工通风的方案之一，其通风效果主要取决于通风管理的好坏。若无平行导坑，如断面较大，可采用风墙式通风。

10.1.3　通风计算

通风计算的目的是提供洞内所需的新鲜空气，选择合适的通风机，以便布置合理的通风管道，从而满足施工作业环境的要求。

1. 风量计算

通风计算因施工方法、隧道断面、爆破器材、炸药种类、施工设备等不同而变化，一般按以下几个方面计算，并取其中最大者，再考虑漏风因素进行调整，另外再加备用系数后，作为选择风机的依据。

(1) 按洞内同时工作的最多人数计算：

$$Q = kmq \tag{10.1}$$

式中，Q 为所需风量，m^3/min；k 为风量备用系数，常取 k=1.1～1.2；m 为洞内同时工作的最多人数；q 为洞内每人每分钟需要新鲜空气量，通常按 $3m^3/(min \cdot 人)$计算。

(2) 按同时爆破的最多炸药量计算。由于通风方式不同，计算方法也各不相同，以下分别进行介绍。

① 巷道式通风：

$$Q = 5Ab/t \tag{10.2}$$

式中，A 为同时爆破的炸药量，kg；b 为 1kg 炸药折合成 CO 的体积，一般采用 40L/kg；t 为爆破后的通风时间，min。

② 管道式通风。

a. 压入式通风：

$$Q = \frac{7.8}{t}\sqrt[3]{A \cdot S^2 \cdot L^2} \tag{10.3}$$

式中，S 为坑道断面面积，m^2；L 为坑道长度，m；其他符号含义同前。

b. 吸出式通风：

$$Q = \frac{15}{t}\sqrt{A \cdot S \cdot L_{散}} \tag{10.4}$$

式中，$L_{散}$为爆破后炮烟的扩散长度(m)，当非电起爆时，$L_{散}=15+A$；当电雷管起爆时，$L_{散}=15+A/5$；其他符号含义同前。

c. 混合式通风：

$$Q_{混压} = \frac{7.8}{t}\sqrt[3]{A \cdot S^2 \cdot L_{入口}^2} \tag{10.5}$$

$$Q_{混吸} = 1.3Q_{混压} \tag{10.6}$$

式中，$Q_{混压}$为压入风量；$Q_{混吸}$为吸出风量；$L_{入口}$为压入风口至工作面的距离，一般采用 25m 计算；其他符号含义同前。

(3) 按内燃机作业废气稀释的需要计算：

$$Q = n_i A \tag{10.7}$$

式中，n_i 为洞内同时使用内燃机作业的总功率，kW；A 为洞内同时使用内燃机每千瓦所需的风量，一般用 $3m^3/(min \cdot kW)$计算。

(4) 按洞内允许最小风速计算：

$$Q = 60 \cdot v \cdot S \tag{10.8}$$

式中，v 为洞内允许最小风速(m/s)，全断面开挖时为 0.15m/s，其他为 0.25m/s；S 为坑道断面面积，m^2。

2. 漏风计算

通风机的供风量，除满足上述计算的需风量外，还应考虑漏失的风量，即

$$Q_{供} = P \cdot Q \tag{10.9}$$

式中，Q 为需风量计算结果的最大值；P 为漏风系数，管道通风时根据风管材料不同可分别查表 10.1～表 10.3，巷道式通风常采用 1.2～1.3。

表 10.1　聚氯乙烯塑料风管漏风系数

风管直径	风管延长量									
	100m	200m	300m	400m	500m	600m	700m	800m	900m	1000m
0.5m	1.019	1.045	1.091	1.145	1.157	1.230	1.280	—	—	—
0.6m	1.014	1.036	1.071	1.112	1.130	1.180	1.201	1.330	—	—
0.7m	1.010	1.028	1.053	1.080	1.108	1.145	1.188	1.237	1.288	1.345
0.8m	1.008	1.022	1.040	1.067	1.090	1.126	1.153	1.195	1.229	1.251

表 10.2　胶皮风管漏风系数

风管延长量/m	漏风系数
50	1.04
100	1.08
150	1.11
200	1.14
250	1.16
300	1.19
400	1.25
500	1.30

表 10.3　金属风管漏风系数

风管长	风管每节为 3m 及以下直径			风管每节为 4m 及以下直径		
	0.5m	0.7m	0.8m	0.5m	0.7m	0.8m
100m	1.02	1.01	1.01	1.02	1.01	1.008
	1.09	1.04	1.03	1.06	1.03	1.02
200m	1.08	1.05	1.03	1.06	1.02	1.02
	1.27	1.16	1.16	1.19	1.11	1.06
300m	1.16	1.09	1.06	1.10	1.06	1.04
	1.51	1.29	1.18	1.37	1.22	1.12
400m	1.25	1.15	1.10	1.16	1.10	1.06
	1.82	1.46	1.32	1.61	1.34	1.23
500m	1.36	1.21	1.14	1.25	1.14	1.08
	2.25	1.62	1.45	1.88	1.51	1.32
600m	1.49	1.28	1.19	1.27	1.18	1.12
	2.76	1.93	1.57	2.22	1.66	1.45
700m	1.63	1.36	1.27	1.48	1.28	1.16
	3.44	2.20	1.79	2.60	1.85	1.56
800m	—	1.45	1.33	—	1.30	1.22
	—	2.63	2.05	—	2.13	1.74

续表

风管长	风管每节为 3m 及以下直径			、风管每节为 4m 及以下直径		
	0.5m	0.7m	0.8m	0.5m	0.7m	0.8m
900m		1.54 2.89	1.36 2.25		1.39 2.28	1.25 1.87
1000m		1.65 3.42	1.50 2.52		1.46 2.62	1.28 2.07

注：表中同格内上行值为风管接头用橡皮或油封衬垫密封，螺栓完全拧紧。下行值为风管接头用马粪纸或麻绳密封，螺栓完全拧紧。

对于长距离大风量供风，一般采用 PVC(聚氯乙烯)软管，管路直径大于 1m。由于采用长管节(20～50m)，从而大大降低了接头漏风，漏风以管壁为主。如选用优质管路，在良好管理的条件下，每百米漏风率一般可控制在 2%以下，其漏风系数可由送风距离、每百米距离及每百米漏风率计算得到。若处于高山地区，由于大气压降低，供风量尚需进行风量修正，即

$$Q_{高}=\frac{100}{P_{高}}Q_{正} \tag{10.10}$$

式中，$Q_{高}$为高度修正后的供风量，m^3/min；$P_{高}$为地区大气压(kPa)，见表 10.4；$Q_{正}$为正常条件下的供风量。

表 10.4　海拔与大气压($P_{高}$)的关系

海拔/m	大气压/kPa
1600	6.119
2000	5.845
2600	5.423
3000	5.158
3200	5.031
3400	4.903
3600	4.776
3800	4.648
4000	4.531
4400	4.305
5000	3.972

3. 风压计算

通风过程要克服风流沿途所受阻力，保证将所需风量送到洞内，并达到规定的风速，必须要有一定的风压。因此，风压计算的目的就是要确定通风机本身应具备多大的压力才能满足通风需要。

风流所受到的阻力有摩擦阻力、局部阻力(包括断面变化处阻力、分岔阻力、拐弯阻力)及正面阻力，其计算可采用式(10.11)和式(10.12)

$$h_{机} \geqslant h_{总阻} \tag{10.11}$$

$$h_{总阻} = \sum h_{摩} + \sum h_{局} + \sum h_{正} \tag{10.12}$$

式中，$h_{机}$为通风机的风压；$h_{总阻}$为风流受到的总阻力；$h_{摩}$为风流经过各种断面的管(巷)道时产生的摩擦阻力；$h_{局}$为风流经过断面变化、拐弯、分岔等处分别产生的阻力；$h_{正}$为巷道通风时受运输车辆阻塞而产生的阻力。

1) 摩擦阻力

摩擦阻力是管道(巷道)周壁与风流互相摩擦及风流中空气分子间的紊动和摩擦而产生的阻力，也称为沿程阻力。根据达西公式可以得到隧道通风的摩擦阻力计算公式为

$$h_{摩} = \lambda \cdot \frac{Lv^2}{d \cdot 2g}\gamma \tag{10.13}$$

式中，$h_{摩}$为摩擦阻力；λ为达西系数；L为风管长度；v为风流速度；d为风管直径；g为重力加速度；γ为空气重度。

在任意形状时，$d=4S/U$(U为风道周边长度，S为风管面积)，代入式(10.13)有

$$h_{摩} = \frac{\lambda \cdot \gamma}{8g} \cdot \frac{LU}{S} \cdot v^2 \tag{10.14}$$

若风道流量为$Q(\text{m}^3/\text{s})$，则$v=Q/S$。令$\alpha=\lambda\gamma/(8g)$(称为摩擦阻力系数，$\text{N}\cdot\text{s}^2/\text{m}^4$)，$\alpha$值见表 10.5 及表 10.6。将$\alpha$、$v$代入式(10.14)有

$$h_{摩} = \alpha LUQ^2 / S^3 \tag{10.15}$$

表 10.5　管道摩擦阻力系数

金属管		塑料管		浸胶风管			
风管直径/mm	α	风管直径/mm	α	雷诺数 Re	α	雷诺数 Re	α
500	0.0035	500	0.0016	1×10^5	0.0096	6×10^5	0.0035
600	0.0032	600	0.0015	2×10^5	0.0063	7×10^5	0.0032
700	0.0030	700	0.0013	3×10^5	0.0051	8×10^5	0.0030
800	0.0025	800	0.0013	4×10^5	0.0042	9×10^5	0.0029
900	0.0024	900	—	5×10^5	0.0038	10×10^5	0.0029
1000	0.0023	1000	—				

注：$Re=(Q/1.201)\times10^5$，Q为风量(m^3/s)。

表 10.6　巷道摩擦阻力系数

项别	施工地段及其支护特征	α
1	成洞，用混凝土砌筑	0.0004～0.00045
	成洞，用块石砌筑，带有角面	0.0006～0.0008

续表

项别	施工地段及其支护特征	α
2	用木料支撑的全断面开挖隧道	0.0012
3	用金属拱架木模板支护的隧道	0.001～0.0012
4	上导坑，有支撑	0.0025
	下导坑，有支撑，但中间没有加强支柱	0.002～0.0025
5	下导坑，双道中间有支柱	0.003～0.004
	下导坑，没有支撑	0.0011～0.002
6	用木料框架支撑的漏渣孔	0.0026
7	拱部扩大	0.0055～0.006
8	完成拱部衬砌，马口未开挖	0.001～0.0012
9	挖底	0.001
10	风道	0.004

2) 局部阻力

风管的某些局部位置(如断面扩大处、断面减小处、拐弯交叉处等)由于速度和方向发生突然变化而导致风流本身产生剧烈的冲击，由此产生风流阻力，这一阻力称为局部阻力。

这里以风流突然扩大为例来介绍局部阻力的计算。设空气自小截面 S_1 流到大截面 S_2，小截面中的风速为 v_1，到大截面中流速降为 v_2，此时所产生的能量损失为

$$h_{大}=\frac{(v_1-v_2)^2}{2g}\cdot\gamma \tag{10.16}$$

$$S_1v_1=S_2v_2\text{，}\quad v_2=\frac{S_1}{S_2}v_1 \tag{10.17}$$

即

$$h_{大}=\left(1-\frac{S_1}{S_2}\right)^2\cdot\frac{v_1^2}{2g}\cdot\gamma \tag{10.18}$$

令

$$\xi_{大}=\left(1-\frac{S_1}{S_2}\right)^2 \tag{10.19}$$

则有

$$h_{大}=\xi_{大}\cdot\frac{v_1^2}{2g}\cdot\gamma \tag{10.20}$$

类似于断面扩大时的局部阻力计算，此公式也适用其他几种不同情况，用 $v=Q/S$ 代替 v_1，γ 取 12N/m^3，得局部阻力公式为

$$h_{局}=0.612\xi\frac{Q^2}{S^2} \tag{10.21}$$

式中，ξ 为局部阻力系数，见表 10.7；其他符号含义同前。

表 10.7 局部阻力系数表

<table>
<tr><th>管(巷)道形式</th><th colspan="6">阻力系数ξ</th></tr>
<tr><td rowspan="3">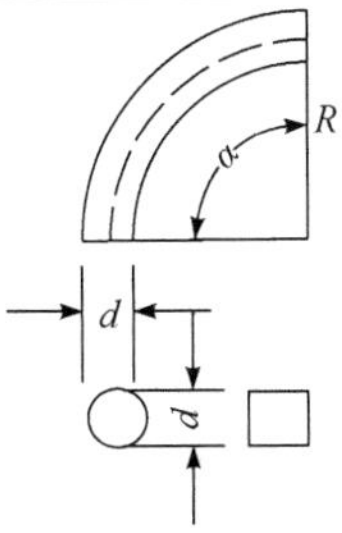
</td><td>R/d \ α</td><td>30°</td><td>45°</td><td>60°</td><td>90°</td><td>120°</td></tr>
<tr><td>1.5</td><td>0.08</td><td>0.11</td><td>0.14</td><td>0.175</td><td>0.20</td></tr>
<tr><td>2.0</td><td>0.07</td><td>0.10</td><td>0.12</td><td>0.15</td><td>0.17</td></tr>
<tr><td rowspan="7">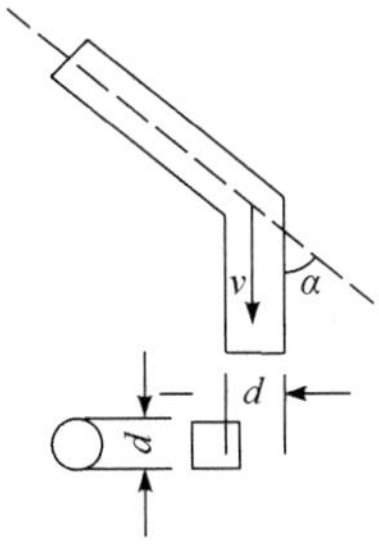
</td><td>α</td><td>10°</td><td>20°</td><td>30°</td><td>40°</td><td>50°</td></tr>
<tr><td>ξ</td><td>0.018</td><td>0.070</td><td>0.164</td><td>0.359</td><td>0.494</td></tr>
<tr><td>α</td><td>60°</td><td>70°</td><td>80°</td><td>90°</td><td>100°</td></tr>
<tr><td>ξ</td><td>0.654</td><td>0.818</td><td>1.145</td><td>1.471</td><td>1.800</td></tr>
<tr><td>α</td><td>110°</td><td>120°</td><td>130°</td><td>150°</td><td>170°</td></tr>
<tr><td>ξ</td><td>2.130</td><td>2.620</td><td>2.845</td><td>3.600</td><td>5.070</td></tr>
<tr><td colspan="6">如为圆形则需除以 1.22</td></tr>
<tr><td>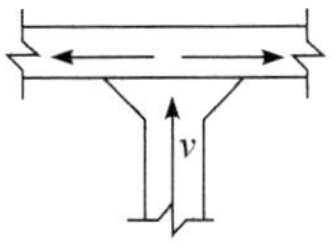
</td><td colspan="6">ξ= 1.5</td></tr>
<tr><td>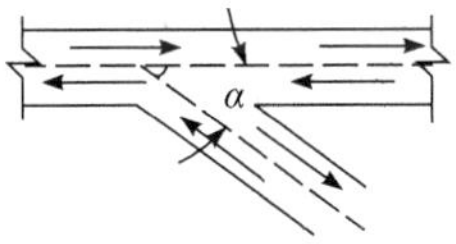
</td><td colspan="6">α=45°~60°
ξ=1.5</td></tr>
<tr><td>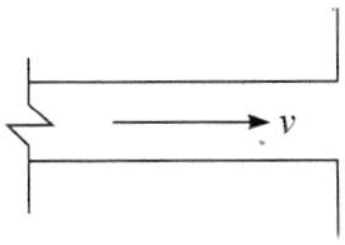
</td><td colspan="6">ξ= 1.0</td></tr>
<tr><td rowspan="2">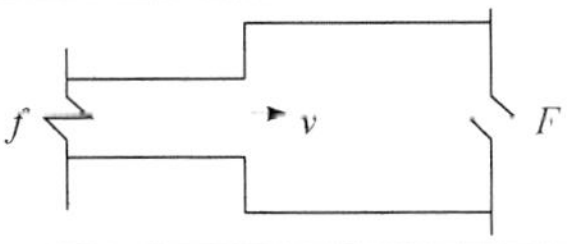
</td><td>面积比 f/F</td><td>0.2</td><td>0.4</td><td>0.5</td><td colspan="2">0.8</td></tr>
<tr><td>ξ</td><td>0.64</td><td>0.36</td><td>0.25</td><td colspan="2">0.04</td></tr>
</table>

断面变化地点	ξ
由洞口进入成洞	0.6
由成洞进入扩大断面及下导坑，扩大断面至上导坑	0.46
由上导坑进入漏斗机	0.77
由漏斗机进入导坑	2.00
导坑单道断面进入双道断面	1.70
导坑双道断面进入单道断面	1.00
由平行导坑进入通风洞	0.50

10.2　运营期通风

10.2.1　铁路隧道运营通风

1. 通风方式选择

当列车通过隧道时，会排出大量有害气体，同时还会散发出许多热量。为此，长大隧道必须进行洞内通风，将有害气体及热量等排出洞外，并把新鲜空气引入洞内。

1) 洞内空气的卫生标准

洞内空气的污染源主要为机车排出的有害废气。内燃机车排放的废气中，也有 CO 及 NO_x(多种氮氧化合物)，都对人体明显有害。除此以外，洞内劳动、过往人员及列车留下的生活垃圾，也是一种重要的污染源，同样会恶化环境，损害健康，需要治理。电力机车一般认为不产生污染。《铁路隧道设计规范》(TB 10003—2016)给出的运营隧道空气卫生及温湿度环境标准见表 10.8。

表 10.8　运营隧道空气卫生及温湿度环境标准

指标		最高容许值	备注
一氧化碳浓度/(mg/m³)		30	H<2000m
		20	2000m≤H≤3000m
		15	H>3000m
氮氧化物浓度(换算成 NO_2)/(mg/m³)		5	H<3000m
臭氧浓度/(mg/m³)		0.3	H<3000m
粉尘浓度/(mg/m³)	石英粉尘	8	M_{SiO_2} <10%
		2	M_{SiO_2} >10%
	动植物性粉尘	3	—
温度/℃		28	—
湿度/%		80	—

注：H 为隧址平均海拔(m)；M_{SiO_2} 为游离二氧化硅的粉尘浓度。

2) 保护洞内环境的综合治理措施

保护洞内环境的综合治理措施如下：

(1) 提高列车通过隧道的行驶速度。也就是在隧道线路设计中，控制使用连续长大坡道，保证列车正常运行时具有较高的速度，有了这样的速度可不致在洞内用足马力、增大废气排量，而且快速通过，会形成较大的活塞风，促使洞内外换气。

(2) 隧道内铺设混凝土宽枕道床或整体道床。为了减少养护、维修线路的工作量，一般情况下，整体道床比碎石道床可减少维修量 80%以上，从而减少维修人员进洞受侵害的时间，相应也减少人员活动滋生的污染。

(3) 设置机械通风。隧道短，借助自然风流(尤其是单面坡，两端洞口高大)就可以满足换气的需要，长大隧道则需要机械通风。

(4) 其他措施。隧道内污染空气高峰浓度持续时间较长地段的避车洞，宜安装防烟门，并为隧道内工作人员配备防毒口罩。

3) 通风方式

运营隧道的通风也有自然通风和机械通风两种。机械通风方式分为纵向式和横向式两类。当采用轴流风机时，可选用洞口风道式、斜井式及竖井式等；当采用射流风机时，可在纵向布置风机或在洞口同一断面集中布置风机，也可采用射流风机和轴流风机相结合的组合通风方式。

(1) 纵向式通风。纵向式通风是在通风机的作用下，使风流沿着隧道轴线方向流动的通风方式，这种通风方式又以通风形式的不同分为如下两种：

① 洞口风道式通风。这种通风方式是把通风机设置在隧道低洞口端处，通风道与隧道连通。当列车尾一出洞口，立即开动通风机，把已被活塞风挤到出门段内的污染空气排出洞外。与此同时，洞外新鲜空气由低洞口端随着风流进入隧道内，从而完成一次通风作业。

为防止在通风机工作时，新鲜空气从高洞口吸进隧道造成空气短路，降低通风效果，需在高洞口处设置一个用钢或钢木结构组成的框架式帘幕。它用轨道电路与信号系统进行连锁，当列车驶向隧道时，帘幕自动提起，在列车过后即自动落下，如图 10.3 所示。由于帘幕笨重及起落可靠性较差，近年来多采用缩小风道口断面和减少吹入风流与隧道中线的夹角、提高吹入风速等办法来取代帘幕。

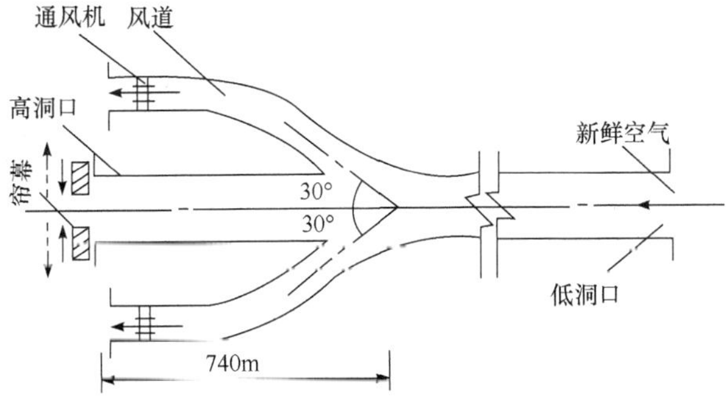

图 10.3　洞口风道式通风

② 喷嘴式通风。对于列车运行密度大，长度不太长的隧道，可采用环形喷嘴通风方式，如图 10.4 所示。

这种通风方式是在隧道洞口处的衬砌上方，设计一个汇集新鲜空气的空气室，空气室的出口在衬砌周边做成环形喷嘴通向洞内。开动通风机，洞外新鲜空气被压送到空气室，当积聚到一定压力时，由喷嘴以高速和极小的交角喷进隧道内，形成稳定风流。洞口段可不做帘幕，新鲜空气不会从洞口溢出，反而会由于高速风流引起的负压，带进一些新鲜空气。

但这种通风方式结构复杂，施工工艺要求高，维修不方便，且能量损失大、效率低。

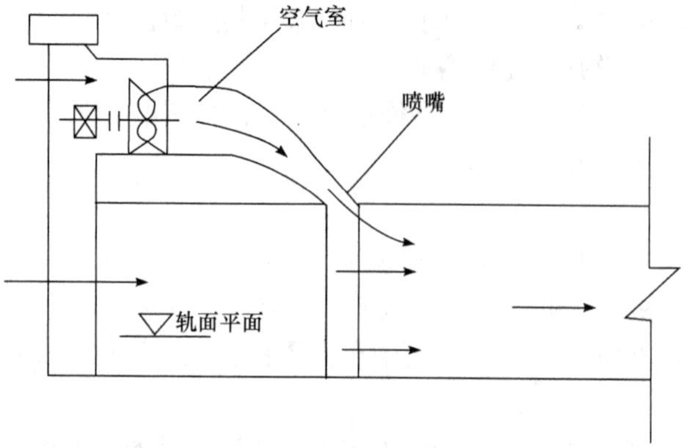

图 10.4　环形喷嘴式通风

③ 竖井、斜井式通风。当长大隧道纵剖面为人字坡时，污浊空气常积聚在坡顶，可利用施工辅助坑道作为通风道，把通风机置于竖井或斜井处，借助于通风机和竖井的换气作用，以达到通风目的。图 10.5 为竖井通风系统布置。

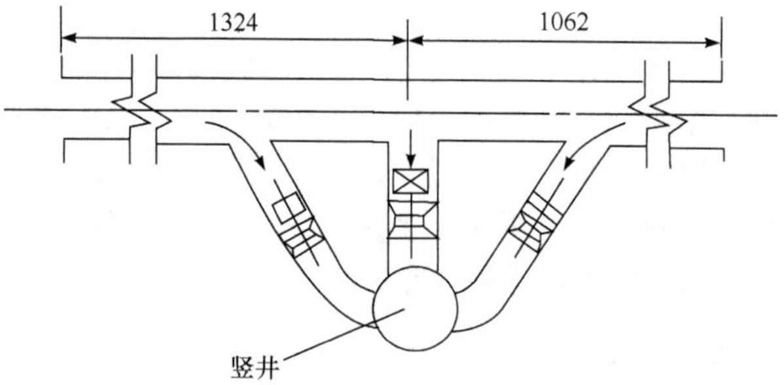

图 10.5　竖井式通风(单位：cm)

(2) 横向式通风。这种通风方式的特点为：隧道内风流方向与隧道轴线方向正交，如图 10.6 所示。

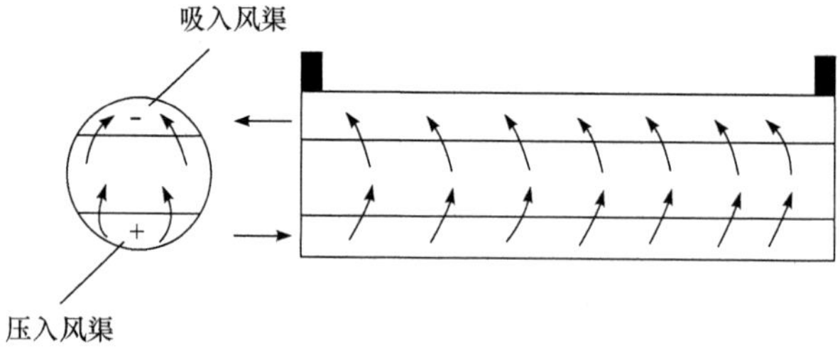

图 10.6　横向式通风

它是隔开隧道部分断面作为沿洞身轴线的通风渠，开动通风机，把新鲜空气先送入隧道底部的压入通风渠，再经出风口沿隧道全长范围内均匀吹入隧道内。而污浊空气经隧道顶部的吸出通风渠吸出洞外。横向式通风能将新鲜空气沿隧道全长范围内均匀吹入，而污浊空气就地直接被吸出，通风效果较好。

《铁路隧道设计规范》(TB 10003—2016)规定，运营通风设计应根据牵引种类、隧道长度、线路平面与纵断面、道床类型、行车速度和密度、气象条件及两端洞口地形条件等因素综合确定，并符合下列规定：①电力机车牵引，长度大于 20km 的高速铁路隧道及长度大于 15km 的货运专线、客货共线铁路隧道应设置机械通风；②内燃机车牵引，长度大于 2km 的铁路隧道宜设置机械通风；③有特殊要求的铁路隧道应设置机械通风。

2. 风量计算

1) 活塞风速度

当列车在隧道内运行时，如同活塞运动一样，会在隧道内产生顺着列车运行方向的风流，称为活塞风。活塞风速度的大小，可按如下经验公式计算：

$$v_{活}=\frac{v_{列}}{1+\sqrt{\dfrac{\xi_{隧}}{K}}} \tag{10.22}$$

式中，$v_{活}$ 为活塞风速度，m/s；$v_{列}$ 为列车在隧道内的运行速度，m/s；$\xi_{隧}$ 为隧道总阻力系数，其值为

$$\xi_{隧}=\sum\xi_{局}+\frac{\lambda(L_{隧}-L_{列})}{4R} \tag{10.23}$$

式中，$\sum\xi_{局}$ 为隧道内局部阻力系数总和；λ 为隧道内摩擦阻力系数；以上两者的计算详见后面“阻力计算”部分；$L_{隧}$ 为隧道长度，m；$L_{列}$ 为列车长度，m；R 为隧道的水力半径(m)，其值为

$$R = F_{隧} / S_{隧} \tag{10.24}$$

式中，$F_{隧}$ 为隧道的过风面积，m^2；$S_{隧}$ 为隧道断面湿周，m。

K 为活塞作用系数，其值为

$$K=\frac{86\times10^{-4}\times L_{列}}{1-a^2} \tag{10.25}$$

式中，a 为列车平均截面积 $F_{列}$ 与隧道过风面积 $F_{隧}$ 的比值，即表示列车“遮断”隧道断面的程度，其值为

$$a=\frac{F_{列}}{F_{隧}} \tag{10.26}$$

由式(10.22)可知，活塞风速度大小与如下因素有关：

(1) 与列车速度成正比，故提高列车在隧道内的行驶速度可得到较高的活塞风速。

(2) 与隧道的总阻力系数成反比，因此将隧道衬砌内表面做得光滑平顺，用整体道床代替普通碎石道床等都是有利的。

(3) 与列车活塞作用系数成正比，即与 a 值成正比，故单线隧道比双线隧道有利。

2) 列车活塞作用引进的新鲜空气段长度

列车活塞作用引进的新鲜空气段长度为

$$l_{活}=\frac{v_{活}t_{列}}{i} \tag{10.27}$$

式中，$v_{活}$ 为按式(10.22)算得的活塞风速，m/s；$t_{列}$ 为列车在隧道内的运行时间，s；i 为考虑冲淡作用的系数(又称换气系数)，建议 i=1.10，长大隧道适当减小。

3) 通风量计算

需要由通风机供给的风速为

$$v_{需}=\frac{l_{需}}{t\times 60} \tag{10.28}$$

式中，$l_{需}$ 为需要由机械通风的隧道长度(m)，其值为 $l_{需}=l_{隧}-l_{活}$；t 为规定的通风时间，一般为 15min。

$v_{需}$ 一般应小于 6m/s。由于压头损失与速度的平方成正比，过大的风速会带来巨大的能量损失，同时太大的风速对洞内维修人员的健康不利。如算得的 $v_{需}$ 大于上面数值，需要重新考虑选择的通风方案是否合理。

隧道需要的通风量计算为

$$Q_{需}=V_{需}F_{隧} \tag{10.29}$$

式中，$Q_{需}$ 为需要由风机提供的风量。

3. 通风阻力计算

为了最后选定通风设备，除了确定需要的通风量 Q，还需求出将 Q 压入隧道所需要的风压。通风机产生的压头，应足以克服通风系数的全部阻力，这些阻力有隧道及风道的摩擦阻力、各种局部阻力、克服自然风的阻力(当自然风与通风方向相反时)等。

1) 摩擦阻力

在整个通风系统中，把断面不同的风道分成单独的管段，根据水力学原理用式(10.30)计算各段风道的摩擦阻力：

$$h_{摩}=\lambda\frac{l}{d}\cdot\frac{\gamma}{2g}v^2 \tag{10.30}$$

式中，$h_{摩}$ 为摩擦阻力，Pa；λ 为摩擦系数(达西系数)，由隧道或风道表面粗糙程度确定，其值可查设计手册；γ 为空气重度，N/m^3；l 为通风长度，m；d 为隧道断面当量直径，m；g 为重力加速度，m^2/s；v 为计算管段内的气流速度，m/s。

2) 局部阻力

通风系统中的局部阻力是指风流在进口、出口、转弯、突然扩大、突然收缩等突变处遇到的阻力，其计算公式为

$$h_{局}=\xi\cdot\frac{\gamma}{2g}\cdot v^2 \tag{10.31}$$

式中，$h_{局}$ 为局部阻力，Pa；v 为在产生局部阻力前后的空气流动平均速度，m/s；ξ 为局

部阻力系数，对于每一种产生局部阻力的形式，用试验方法求得的无量纲系数，其值可查设计手册；其他符号含义同前。

3) 风道总阻力

如以 $h_{自}$ 代表自然风在通风系统中产生的阻力(方向与机械通风反向；若同向则不计入，这样增加了后备能力)，则整个通风系统的总阻力 $h_{总}$ 可表示为

$$h_{总}=\sum h_{摩}+\sum h_{局}+h_{自} \tag{10.32}$$

10.2.2　公路隧道运营通风

汽车排出的废气含有多种有害成分，如一氧化碳、煤烟、铝、磷化物、硫等，为气态和浮游固态微粒的混合物。汽车运行还携带尘土和卷起尘埃。这些物质共同构成了公路隧道内空气的污染。而隧道为闭塞空间，一般只有进出口与大气相通，污染物不能很快扩散，因此隧道内污染空气的浓度会逐渐积累，当浓度很小时，影响不大。但是，当剧毒性的一氧化碳浓度增加时，会使人体产生不同程度的中毒症状，甚至危及生命。空气中的烟雾可以影响能见度，含烟(尘)量达到一定程度后，可使能见度下降到妨碍行车安全的程度。总之，隧道内的空气污染，既会造成对人体的危害，又会影响行车安全。因此，改善隧道内的运营环境意义重大。

通常，改善隧道内空气污染的途径大体上有三种：①生产无公害汽车；②使用滤毒装置还原被污染的空气；③把污染空气的有害物稀释到容许值以下。无公害汽车是现在仍为有待彻底解决的重大课题，随着对新能源的开发和对公害问题的深入研究，将来这个问题有可能得到完全解决。目前用滤毒装置已经可以还原如一氧化碳之类的有害气体，但在效率上和经济上还需要深入研究。现阶段实用的方法是从洞外引进新鲜空气，冲淡隧道内的有害物质浓度，使空气满足卫生标准及能见度方面的要求。此方法即隧道通风，其目的是通过通风改变隧道内空气的化学组成和气候条件，使之满足人员工作、车辆运行的卫生和安全要求，保证隧道正常运营。

公路隧道的通风设计应从隧道调查开始入手，为了进行通风设计，还应做许多补充调查，如交通状况调查，环境调查，地形、地质调查等。交通量与交通流的组成是计算通风量的基础资料，这些资料越详细越好，它们的获取需通过详细调查得到。调查中，仅仅知道总的车辆数是不够的，还应该调查车种组成、上下行数量、变化规律等。作为一项系统的调查，应进行全年 365 天每天 24 小时的观测。最后，根据具体的调查资料和对未来可能发生交通状况的合理推断做出既合理又经济的通风设计。环境调查的目的是了解隧道通风排放有害成分对周围环境的影响，扩散的范围、排风塔的位置和高度，以及可能造成的后果等。此外，还应研究控制通风机噪声的办法等。地形、地质调查主要是为设置通风站、通风竖井、斜井等提供所需要的地形、地质资料。

通风设计需要考虑的主要问题有：①空气中有害物质的容许浓度；②需风量的计算方法；③判断自然通风的能力；④机械通风方式的选择；⑤通风设备的选择以及经济性等。

1. 空气中有害物质的设计浓度

对汽车排出的废气中的有害物质进行研究开始于 20 世纪 20 年代，美国对汽车排出的一氧化碳(CO)发生量进行过研究，同时还研究了人体对 CO 浓度的容许值。后来人们逐渐认识到，除 CO 浓度问题以外，还有视界内空气透明度的问题，尤其是大马力柴油机车在交通流组成中所占比例增大以后，排烟量大大增加，稀释烟尘浓度所需新风量有时超过稀释 CO 浓度所需新风量。目前，通常是按上述两项分别计算，并取其较大者作为设计通风量。因此，需要分别讨论 CO 和烟尘的设计浓度。

1) CO 设计浓度

研究证明，人体对 CO 的中毒程度与人的活动状态有关，CO 浓度、吸入时间以及活动状态与 CO-Hb 饱和率之间的关系如图 10.7 所示。

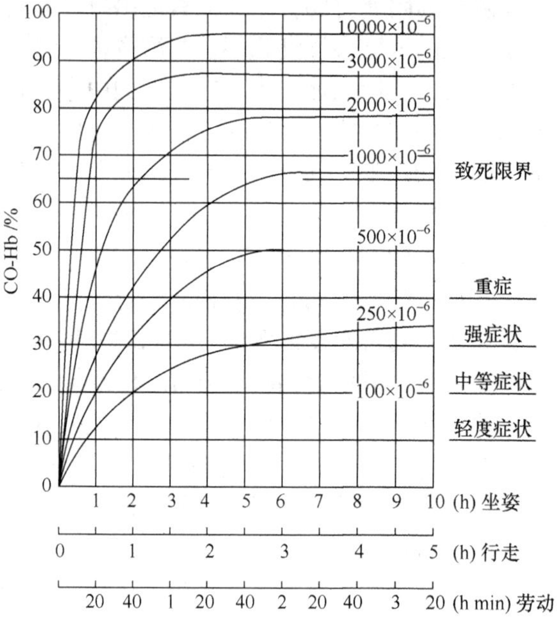

图 10.7　空气中的 CO 浓度、吸入时间以及活动状态与 CO-Hb 饱和率之间的关系

由图 10.7 可见，健康成年人受 CO 浓度的影响程度与呼吸量有关，“静坐时影响最小”，“劳动”时影响最大，“步行”时居中。患有呼吸器官障碍和贫血病的人，所受影响更大。而且，CO-Hb 饱和率与逗留时间、CO 浓度有关。

《公路隧道设计规范 第二册 交通工程与附属设施》(JTG D70/2—2014)规定，CO 设计浓度应满足下列要求：

(1) 当正常交通时，CO 设计浓度可按表 10.9 取值。

(2) 当交通阻滞时，阻滞段的平均 CO 设计浓度可取 150cm^3/m^3，同时经历时间不宜超过 20min。长度大于 1000m 的隧道，阻滞段宜按每车道长度为 1000m 计算；长度不大于 1000m 的隧道可不考虑交通阻滞。

(3) 人车混合通行的隧道，洞内 CO 设计浓度不应大于 70cm^3/m^3。

表 10.9　CO 设计浓度 δ_{CO}

隧道长度/m	≤1000	>3000
δ_{CO}/(cm³/m³)	150	100

大量现场实测数据充分说明，设计所依据的规范规定离开真正的“卫生标准”较远。由于现行规范对 CO 设计浓度只作保证卫生条件的要求，故以工程实践和实测数据为依据，参照规范进行了修正。

在纵向式通风系统中，CO 浓度呈三角形分布，过隧道人员只在经过隧道出口或其他排风口的很短时间内，才经受最大的 CO“点浓度”。因此，设计时不必按全隧道的平均浓度而按“点浓度”或最大 CO 计算浓度来计算需风量。

交通阻滞时的平均车速采用 PIARC 建议的 10km/h。在公路隧道中，长度在 1km 以上的通常均有交通监控设施，且在野外公路隧道中发生 1km 以上的交通阻滞概率较低(这与城市隧道不同)。因此，通风设计应考虑交通监控系统的功能，不必考虑 1km 以上的交通阻滞，否则过量的通风设施必定长期(甚至永远)闲置，显然是浪费的。

2) 烟尘设计浓度

为了保证停车视距，必须控制烟尘浓度。公路隧道内的停车视距不仅取决于车速，而且与路面亮度、路面材料的种类、烟尘浓度有关，通常需要综合考虑。随着对道路服务水平的要求不断提高，在保证停车视距的同时，还要求保证舒适性，因此需要把烟尘浓度控制在容许标准之下。

烟尘浓度有多种表示方法，常用的有两种，即质量浓度和体积浓度。前者是用单位体积空气所含溶质(这里指有害物质)的质量表示(g/m^3 或 mg/m^3)，后者是用单位体积空气中有害气体的体积所占百分比(%)或$\times10^{-6}$ 表示。体积浓度可以表示 CO 浓度，但它不能用来表示烟尘的浓度。质量浓度固然可以表示烟尘浓度，但用起来不直接、不方便。实用的方法是用光的透过率(透光率)表示烟尘浓度。

透光率是光线在污染空气中的透过量与在洁净空气中的透过量之比，一般用式(10.33)表示：

$$\tau=\frac{E}{E_0} \tag{10.33}$$

式中，E、E_0 分别为同一光源的光通过污染空气和洁净空气后的照度。

透过率随光源与受光部之间的距离而改变，同时还因烟尘浓度不同而不同。因此，把光源光通过单位距离(1m)后受光部所接收到的光通量减至光源通量的 1/10 定义为烟尘浓度为 1。光源光穿过 1m 厚烟尘浓度为 1 的污染空气后，透过率为 $\tau=(1/10)^{1\times1}$，则光源光穿过厚度为 l 的烟尘浓度为 K 的污染空气后，透光率为

$$\tau=\left(\frac{1}{10}\right)^{l\times K}\times100\% \tag{10.34}$$

式中，K 为烟尘浓度，m^{-1}；l 为烟尘层厚度，m。

式(10.34)还可以表示为

$$K=-\frac{1}{l}\lg\tau \tag{10.35}$$

式中，τ 为光源光穿过 l 距离后的容许透光率，设计中一般取 l=100m，故其容许浓度 $K=-\frac{1}{100}\lg\tau$ 。

当烟尘浓度、透过率(l=100m)和车速不同时，驾驶员对舒适程度的感觉也不同，表 10.10 是当行车速度为 40km/h 时，驾驶员对舒适水平的主观评价。

表 10.10　驾驶员对烟尘浓度的舒适度评价

烟尘浓度 $K/10^{-3}\text{m}^{-1}$	l=100m 处的透光率 τ_{100}/%	舒适水平主观评价
5	60	空气清洁
7	50	稍有烟尘
9	40	舒适度下降
12	30	不愉快的环境

烟尘设计浓度不但与车速(要求视距)有关，而且与亮度(或照度)及光源有关。规范规定，隧道内烟尘设计浓度应满足下列要求：

(1) 当采用显色指数为 33⩽Ra⩽60、相关色温为 2000～3000K 的钠光源时，烟尘设计浓度 K 应按表 10.11 取值。

表 10.11　烟尘设计浓度 *K*(显色指数为 33⩽Ra⩽60、相关色温为 2000～3000K 的钠光源)

设计速度 V_t/(km/h)	⩾90	$60\leqslant V_t<90$	$50\leqslant V_t<60$	$30<V_t<50$	$10\leqslant V_t\leqslant 30$
烟尘设计浓度 K/m^{-1}	0.0065	0.0070	0.0075	0.0090	0.012

(2) 当采用显色指数为 Ra⩾65、相关色温为 3300～6000K 的荧光灯、LED 灯等光源时，烟尘设计浓度 K 应按表 10.12 取值。

表 10.12　烟尘设计浓度 *K*(显色指数为 Ra⩾65、相关色温为 3300～6000K 的荧光灯、LED 灯等光源)

设计速度 V_t/(km/h)	⩾90	$60\leqslant V_t<90$	$50\leqslant V_t<60$	$30<V_t<50$	$10\leqslant V_t\leqslant 30$
烟尘设计浓度 K/m^{-1}	0.005	0.0065	0.0070	0.0075	0.012

2. 通风量计算

1) 按稀释 CO 浓度计算需风量

通风设计中，车辆有害气体的排放量及与之对应的交通量都应有明确的远景设计年限，二者应相匹配。计算近期的需风量时应采用相应年份的交通量。在确定需风量时，应对计算行车速度以下的各工况车速按 20km/h 为一档分别计算，并考虑交通阻滞状态，取其较大者作为设计需风量。

按《公路隧道通风设计细则》(JTG/T D70/2-02—2014)，为了计算稀释 CO 到容许浓度的需风量，必须首先计算隧道内汽车排放的 CO 量，汽车的排放量按照式(10.36)计算：

$$Q_{CO}=\frac{1}{3.6\times10^{6}}q_{CO}f_a f_d f_h f_{iv} L\sum_{m=1}^{n}(N_m f_m) \tag{10.36}$$

式中，Q_{CO} 为隧道全长 CO 排放量，m^3/s；q_{CO} 为设计目标年份的 CO 基准排放量 ($m^2/(辆 \cdot km)$)，可取 0.01；f_a 为考虑 CO 的车况系数，对高速公路、一级公路取 1.0，对二、三、四级公路取 1.1～1.2；f_d 为车密度系数，按表 10.13 取值；f_h 为考虑 CO 的海拔系数，按图 10.8 取值；N_m 为相应车型的设计交通量，辆/h；f_m 为考虑 CO 的车型系数，按表 10.14 取值；f_{iv} 为考虑 CO 的纵坡-车速系数，按表 10.15 取值；n 为车型类别数；L 为隧道长度，m。

表 10.13　车密度系数 f_d

车速/(km/h)	100	80	70	60	50	40	30	20	10
f_d	0.6	0.75	0.85	1	1.2	1.5	2	3	6

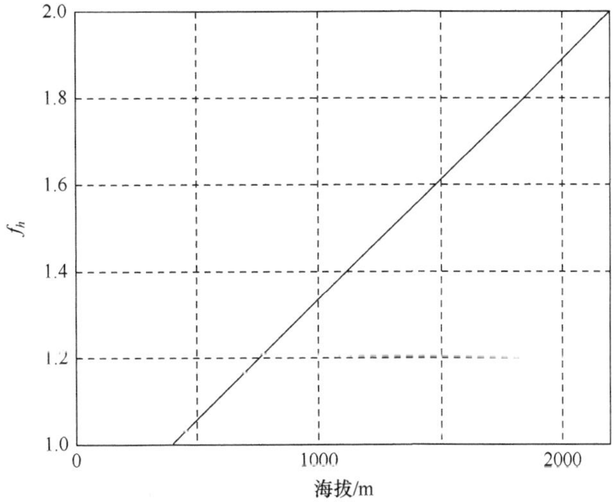

图 10.8　考虑 CO 的海拔系数 f_h

表 10.14　考虑 CO 的车型系数 f_m

车型	各种柴油车	汽油车			
		小客车	旅行车、轻型货车	中型货车	货车、拖挂车
f_m	1.0	1.0	2.5	5.0	7.0

表 10.15　考虑 CO 的纵坡-车速系数 f_{iv}

v	坡度/%								
	−4	−3	−2	−1	0	1	2	3	4
100km/h	1.2	1.2	1.2	1.2	1.2	1.4	1.4	1.4	1.4
80km/h	1.0	1.0	1.0	1.0	1.0	1.0	1.2	1.2	1.2
70km/h	1.0	1.0	1.0	1.0	1.0	1.0	1.0	1.2	1.2
60km/h	1.0	1.0	1.0	1.0	1.0	1.0	1.0	1.0	1.2
50km/h	1.0	1.0	1.0	1.0	1.0	1.0	1.0	1.0	1.0
40km/h	1.0	1.0	1.0	1.0	1.0	1.0	1.0	1.0	1.0
30km/h	0.8	0.8	0.8	0.8	0.8	1.0	1.0	1.0	1.0
20km/h	0.8	0.8	0.8	0.8	0.8	1.0	1.0	1.0	1.0
10km/h	0.8	0.8	0.8	0.8	0.8	0.8	0.8	0.8	0.8

根据式(10.36)计算的 CO 排放量，稀释到容许浓度的需风量按式(10.37)计算：

$$Q_{\mathrm{req(CO)}}=\frac{Q_{\mathrm{CO}}}{\delta}\cdot\frac{p_0}{p}\cdot\frac{T}{T_0}\times 10^6 \tag{10.37}$$

式中，$Q_{\mathrm{req(CO)}}$ 为隧道全长稀释 CO 的需风量，$\mathrm{m^3/s}$；p_0 为标准大气压，$\mathrm{kN/m^2}$，取 $101.325\mathrm{kN/m^2}$；p 为隧址设计气压，$\mathrm{kN/m^2}$；T_0 为标准气温(K)，取 273；T 为隧道夏季的设计气温，K；δ 为 CO 设计浓度。

2) 按稀释烟尘浓度计算需风量

烟尘排放量以柴油车作为计算依据，当交通流组成柴油车比例大到某一限度以后，烟尘危害超过 CO 危害，因此需要根据烟尘排放量计算所需通风量。

按《公路隧道通风设计细则》(JTG/T D70/2-02—2014)，汽车的烟尘排放量按照式(10.38)计算：

$$Q_{\mathrm{VI}}=\frac{1}{3.6\times 10^6}q_{\mathrm{VI}}f_{a(\mathrm{VI})}f_d f_{h(\mathrm{VI})}f_{iv(\mathrm{VI})}L\sum_{m=1}^{n_D}(N_m f_{m(\mathrm{VI})}) \tag{10.38}$$

式中，Q_{VI} 为隧道烟尘排放量，$\mathrm{m^2/s}$；q_{VI} 为设计目标年份的烟尘基准排放量($\mathrm{m^2}$/(辆 · km))，可取 2.5；$f_{a(\mathrm{VI})}$ 为考虑烟尘的车况系数，按表 10.16 取值；f_d 为车密度系数，按表 10.13 取值；$f_{h(\mathrm{VI})}$ 为考虑烟尘的海拔系数，按图 10.9 取值；N_m 为相应车型的设计交通量，辆/h；$f_{iv(\mathrm{VI})}$ 为考虑烟尘的纵坡-车速系数，按表 10.17 取值；L 为隧道长度，m；$f_{m(\mathrm{VI})}$ 为考虑烟尘的柴油车车型系数，按表 10.18 取值；n_D 为柴油车车型类别数。

稀释烟尘到设计浓度所需风量按式(10.39)计算：

$$Q_{\mathrm{req(VI)}}=\frac{Q_{\mathrm{VI}}}{K} \tag{10.39}$$

式中，$Q_{\mathrm{req(VI)}}$ 为隧道全长稀释烟尘的需风量，$\mathrm{m^3/s}$；K 为烟雾设计浓度，$\mathrm{m^{-1}}$，按表 10.11 或表 10.12 确定。

从而，公路隧道的通风量按式(10.40)计算：

$$Q_{\mathrm{req}} = \max(Q_{\mathrm{req(CO)}}, Q_{\mathrm{req(VI)}}) \tag{10.40}$$

表 10.16 考虑烟尘的车况系数

公路等级	$f_{a(\mathrm{VI})}$
高速、一级公路	1.0
二级及二级以下公路	1.2～1.5

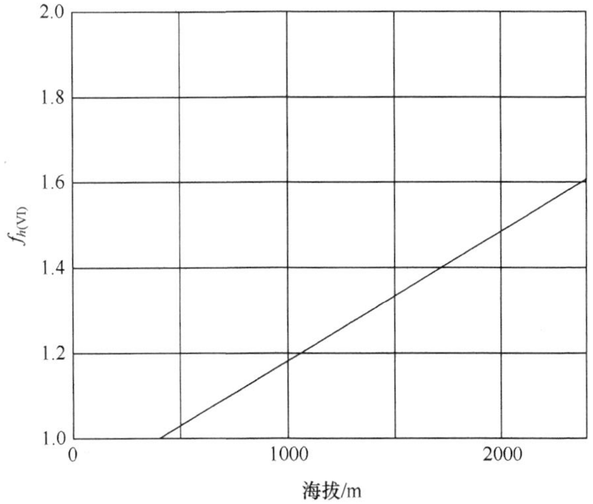

图 10.9 考虑烟尘的海拔系数

表 10.17 考虑烟尘的纵坡-车速系数

工况车速	隧道行车方向纵坡坡度/%								
	–4	–3	–2	–1	0	1	2	3	4
80km/h	0.30	0.40	0.55	0.80	1.30	2.60	3.70	4.40	—
70km/h	0.30	0.40	0.55	0.80	1.10	1.80	3.10	3.90	—
60km/h	0.30	0.40	0.55	0.75	1.00	1.45	2.20	2.95	3.70
50km/h	0.30	0.40	0.55	0.75	1.00	1.45	2.20	2.95	3.70
40km/h	0.30	0.40	0.55	0.70	0.85	1.10	1.45	2.20	2.95
30km/h	0.30	0.40	0.50	0.60	0.72	0.90	1.10	1.45	2.00
10～20km/h	0.30	0.36	0.40	0.50	0.60	0.72	0.85	1.03	1.25

表 10.18 考虑烟尘的柴油车车型系数

小客车、轻型货车	中型货车	重型货车、大型客车	拖挂车、集装箱车
0.4	1.0	1.5	3

3. 通风方式

隧道通风方式的种类很多，选择时最主要的是考虑隧道长度和交通条件，同时还要考虑气象、环境、地形及地质等条件。在充分考虑各种因素后，选择既有效又经济的通风方式。

按车道空间的空气流动方式，通风大体上可以粗略地区分为如图 10.10 所示的几种方式。

- 通风方式
  - 自然通风
  - 机械通风
    - 纵向式
      - 射流式
      - 风道式和喷嘴式
      - 竖井排风式
    - 半横向式
      - 送风式
      - 排风式
    - 全横向式
    - 混合式

图 10.10　隧道的通风方式

1) 自然通风

自然通风的效果与洞门的位置、坡度的大小等关系很大。为了充分利用自然通风，并达到较好的效果，需在选线时考虑有关影响因素，包括隧道纵轴线与风向接近、曲线半径不要太小、洞门不建在避风面等。

自然通风适用于较短的隧道，且其轴线接近直线。公路隧道内行驶的车辆也会形成活塞风，因此对单向行驶的隧道或当隧道处于下坡段且坡度较大时，可采用自然通风。如果公路隧道内车速较低、隧道为双向行驶，或隧道虽为单向行驶但长度较大时，通常自然通风不能满足要求，这种情况下采用自然通风的可能性很小。

目前还没有可靠的计算自然通风隧道最大容许长度的一般公式，因为隧道两个洞口的大气条件(气压、温度、风等)和高差引起的压头差值导致的隧道自然风是不稳定的。其压头差值可由式(10.41)计算：

$$\Delta P_{\text{MTW}}=\left(1+\xi+\frac{\lambda L}{D}\right)\frac{\rho}{2}V_n^2 \tag{10.41}$$

式中，ΔP_{MTW}为洞口间的自然风压差，Pa；ξ为隧道入口损失系数，$\xi\approx 0.6$；λ为隧道墙面摩阻损失系数，$\lambda\approx 0.24$；L 为隧道长度，km；V_n 为由自然通风引起的隧道内平均风速(m/s)，可取 2～3；ρ 为空气密度(kg/m^3)，可取 1.2；D 为隧道断面当量直径，由式(10.42)计算：

$$D=\frac{4\times\text{车道空间断面面积}}{\text{同一面积的周边长}}\approx 6\sim 8\text{m}(2\text{车道隧道}) \tag{10.42}$$

自然风的变化是复杂而不稳定的，用它作为通风计算的依据，可靠性很差。但是，作为机械通风时的辅助作用，却不应忽视，至少可以调节通风机的转速，有利于节能。不过，车道空间有 2m/s 左右的自然风是较佳的情况。当双向交通时，机械通风装置应为可逆式；当单向交通时，机械通风应具有克服自然通风逆压的能力。

不稳定的自然风对单向交通的隧道影响较小，如对水底隧道影响就较小。若车速能稳定在 50～60km/h，则交通风可达 6m/s，就不能忽视。车行道空间为 40～50m^{2}时，交通风的风量可达 240～275m³/s，这样的通风量完全可以满足数百米长的隧道通风需要。因此，是否考虑自然风，重要的是隧道长度和交通量，前提是保证车速。

一般情况下，可以用经验公式作为区分自然通风与机械通风的限界：

$$\begin{aligned} LN &< 6\times10^5(\text{双向交通}) \\ LN &< 2\times10^5(\text{单向交通}) \end{aligned} \tag{10.43}$$

式中，L 为隧道长度，m；N 为设计交通量(辆/h)，以小汽车为准。

由于交通风比自然风作用大，在单向交通情况下，即使隧道相当长，也有可能进行足够的通风。交通风力可按式(10.44)计算：

$$\Delta P_t = \frac{A_c\xi_c}{A_r}\cdot\frac{\rho}{2}\cdot n_t\cdot(V_t - V_m)^2 - \frac{A_c\xi_c}{A_r}\cdot\frac{\rho}{2}\cdot n_f\cdot(V_f + V_m)^2 \tag{10.44}$$

式中，ΔP_t 为交通风压头，Pa；A_r 为隧道断面面积，m²；A_c 为汽车的正投影面积，m²；ξ_c 为汽车的隧道内阻系数；ρ 为空气密度(kg/m³)，可取 1.2；n_t 为隧道内与风向相同的车辆数；n_f 为隧道内与风向相反的车辆数；V_t 为隧道内与风向相同的汽车速度，m/s；V_f 为隧道内与风向相反的汽车速度，m/s；V_m 为隧道内设计平均风速(m/s)，一般取 $V_m = \dfrac{Q_{\text{req}}}{A_r}$。其中，$A_c$ 与 ξ_c 为反映阻力的量，称为汽车的等效阻抗面积，用 A_m 表示，由于汽车种类繁多，故只能求出 A_m 的平均值。A_m 随大型车混入率不同而变化，其关系如图 10.11 所示。

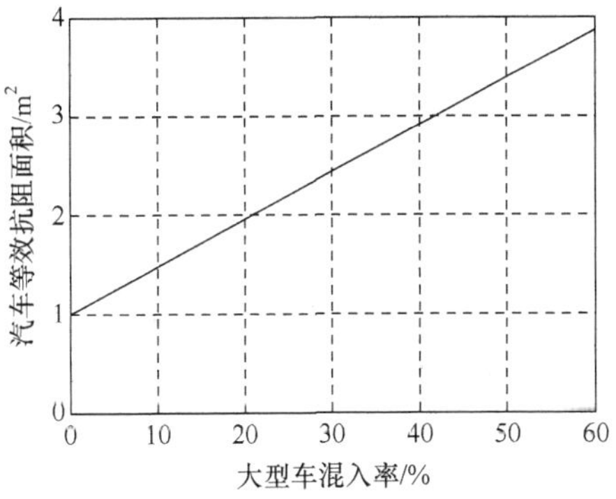

图 10.11　等效阻抗面积与大型车混入率的关系

通风阻抗力可按式(10.45)计算：

$$\Delta P_m = \left(1 + \xi + \frac{\lambda L}{D}\right)\frac{\rho}{2}V_m^2 \tag{10.45}$$

式中，ΔP_m 为通风阻抗，Pa；其他符号含义同前。

2) 机械通风

当自然通风系统不能满足洞内的通风要求时，需在洞内安装机械通风系统使得洞内气流按一定流速流动，达到通风目的。公路隧道常用的机械通风系统有以下几种方式：

(1) 纵向式通风。纵向式通风是指由通风机产生的气流方向和隧道的纵轴方向一致的通风方式，其通风效果与自然通风类似。纵向式通风系统的气流方向不随交通及气候的变化而变化，气流只流向气压低的一面。纵向式通风为较经济的机械通风方法，它不必设置专门的通风管道，因此造价低，其适用范围受洞内最大允许气流速度的限制，即对于单向行驶的隧道气体流速为 10～12m/s，对于双向行驶的隧道允许最大气流流速为 8m/s 左右。

采用纵向排烟的单洞双向交通隧道，排烟设计的火灾烟尘最大行程在隧道内不宜大于 3000m；采用纵向排烟的单向交通隧道，排烟设计的火灾烟尘最大行程在隧道内不宜大于 5000m。

当纵向式通风时，隧道内沿纵向流动的空气速度可以认为从入口至出口都是匀速的。这种方式的空气污染物浓度由入口向出口方向呈直线增加。如果自然风从出口吹入隧道(单向交通)，洞内空气污染物浓度会增大。双向交通没有交通风，当由自然风吹入隧道进行自然通风时，在下风方向空气污染物浓度也会增加。在没有自然风也没有交通风时，为了使隧道有风速为 V_n 的空气流动，则需要进行机械通风，其所需风压可按式(10.46)计算：

$$\Delta P=\left(1+\xi+\frac{\lambda L}{D}\right)\frac{\rho}{2}V_n^2 \tag{10.46}$$

式中符号含义同前。

纵向式通风有多种形式，如射流式通风、风道式通风和集中排气式通风等，根据交通不同又可以有不同的具体设计。

① 射流式通风。射流式通风是在车道空间上方直接吊设射流式通风机，用以升压进行通风的方式，通常根据需要，沿隧道纵向以适当的间隔吊设数组，每组为一至数个射流式通风机。射流式通风机具有体积小、风量大的特点，其喷射风速能达到 25～30m/s。射流式通风的风压、风速分布等如图 10.12 所示。

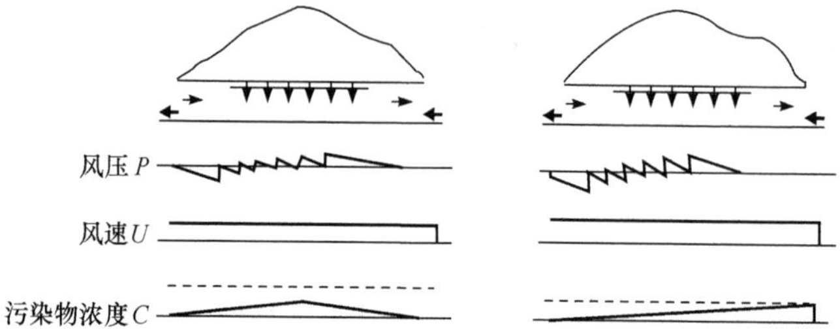

图 10.12　装有射流式通风机的纵向式通风

每台射流式通风机产生的升压值 ΔP_j 可按式(10.47)计算：

$$\Delta P_j=\frac{\rho}{2}\cdot V_j^2\cdot 2\phi(1-\psi) \tag{10.47}$$

式中，ρ 为空气密度(kg/m^3)，可取 1.2；V_j 为射流式通风机吹出的风速，km/h；ϕ 为断面面积比，按式(10.48)计算：

$$\phi=\frac{A_j}{A_m}=\frac{\text{射流式通风机吹出口的面积}}{\text{车道空间断面面积}} \tag{10.48}$$

ψ为速流比，按式(10.49)计算：

$$\psi=\frac{V_m}{V_j}=\frac{\text{隧道内的风速}}{\text{射流式通风机吹出风速}} \tag{10.49}$$

由所需风压和每台射流式通风机产生的升压值，可以求出射流式通风机的台数。当双向交通时，上下行的交通量比值经常变化，但是气流又具有一定的惯性，为了避免因交通量的变化需要频繁改变风向，应该有一定的备用系数，一般取1.2。在台数计算过程中应四舍五入。

射流式通风机的安装位置，应当在限界以外，并且喷出的气流对交通无不良影响。若为拱形顶棚，则由拱脚至拱顶均可吊设，平顶时应安装在墙顶角部。射流式通风机的安装间隔，要考虑到射流的能量和气流的搅动状况，使空气能充分混合。因此，沿纵向最外边一台距洞口可取100m左右，内部间隔取70m左右为宜，至少也要保持40～50m的距离。

射流式通风，双向交通时一般适用于1000m以下的隧道；在单向交通时，可达2000m左右。不过通常要根据所需通风量和车道风速限界允许的最大通风量检算。如果交通量小，即使隧道很长，仍可运用。射流式通风设备费用少、经济，但噪声较大。

② 有竖井的纵向式通风。纵向式通风所需动力与隧道长度的立方成正比，所以隧道越长，越不经济。如果在隧道中间设置竖井就可以克服这个缺点。因此，常用竖井对长隧道进行分段。

双向交通的隧道，竖井宜设置在中间。当单向交通时，竖井则应靠近出口侧，如图10.13所示。前者新风从两个洞口进入，而数量差不多，后者新风主要从隧道入口一侧进入。

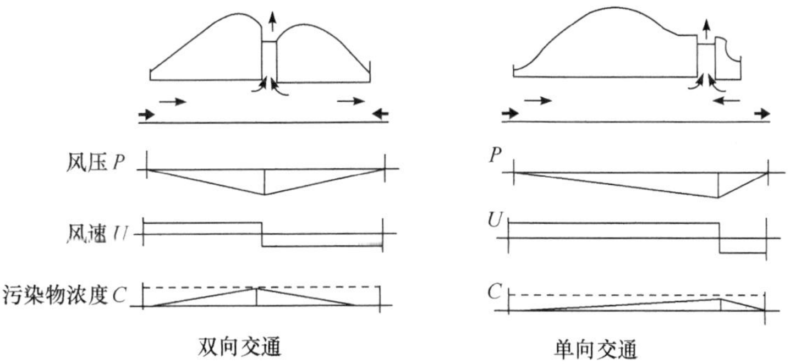

图10.13 有竖井的纵向式通风

纵向式通风沿车道纵向风速较大，通常为8～10m/s。在发生火灾时，对下风向的车辆威胁很大。不过这种威胁对单向交通小得多，因为下风向的车辆与烟火同方向，车辆驶出洞外没有问题。

当双向交通时，有竖井的纵向式通风适用于3000m以下的隧道；当单向交通时，有竖井的纵向式通风适用于1500m以下的隧道。

(2) 半横向式通风。半横向式通风系统的工作原理如图10.14所示，这种通风系统在隧道的顶部设置进气管，并在进气管的下部，沿隧道的长度方向每隔一定距离开一个通风口，气流沿风口流向隧道内。

半横向式通风效果比纵向式通风好，适应于中等而无高峰交通量的中长公路隧道，一般为 2000～4000m。这种通风系统的缺点为：需建造附加通风管道系统，造价高。它的适用范围受隧道内最大允许气流速度的限制。

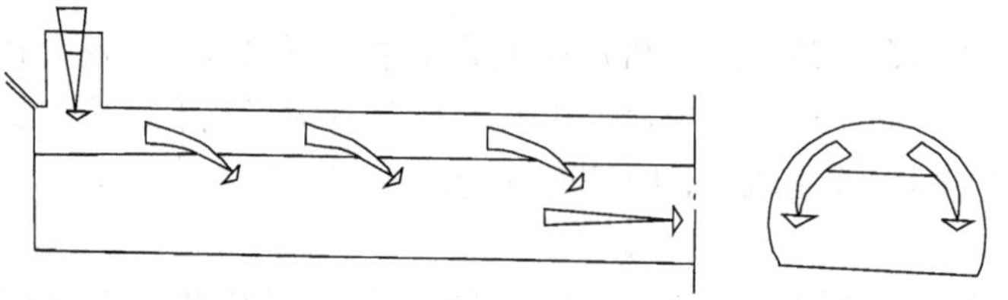

图 10.14　半横向式通风系统工作示意图

纵向式通风的污染物浓度不均匀，进风口处最低，出风口处最高。为使出口处的污染物浓度保持在容许限度以下，只好加大通风量，但此时其他地方的污染物浓度相当低，这样既不经济，又使隧道内风速过大。而半横向式通风可使隧道内的污染物浓度大体上接近一致。

送风式半横向式通风是半横向式通风的标准形式，新鲜空气经送风管直接吹向汽车的排气孔高度附近，对排气直接稀释，对后续车辆较为有利。如果有行人时，人可以吸到最新鲜的空气，污染空气在隧道上部扩散，经过两端洞门排出洞外，如图 10.15 所示。

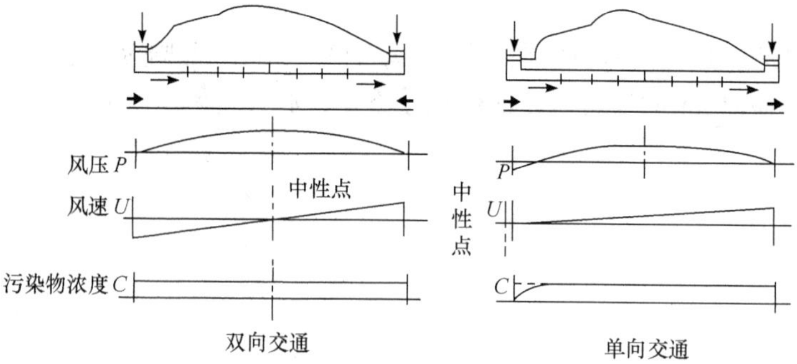

图 10.15　半横向式通风

在双向交通时，不论送风式还是排风式，如果交通流强度相等，当两洞口的气象条件也相同时，隧道内的风压分布为中央最大，两洞口排出或送入等量的空气。因此，在隧道中点空气是静止的，风速为零，这一点称为中性点。除这一点外，风速向两洞口呈直线增加。污染物浓度，送风式各处相同，排风式中性点处最大。若交通流强度不等，或两洞口的气象条件发生变化，则中性点的位置随之变动。在单向交通时，送风式的中性点多半移到入口外，排风式的中性点则靠近出口，污染物浓度和双向交通一样，中性点附近污染物浓度最高。

半横向式通风适用于 3000m 以下的隧道，即使是单向交通，也不能有效利用活塞作用。排风式的半横向式通风，因污染物浓度非常不均匀，通风效率也较差，在公路隧道中较少使用。

(3) 全横向式通风。全横向式通风系统的工作原理如图 10.16 所示，这种通风系统需要设置进气管和排气管，新鲜空气可以在洞内车辆行驶的高度处，如图 10.16(a)所示，然后沿隧道顶部的排气管排出，也可将进气及排气管道设置在同高度处，气流沿隧道横向一边流入，沿另一边流出，如图 10.16(b)所示。

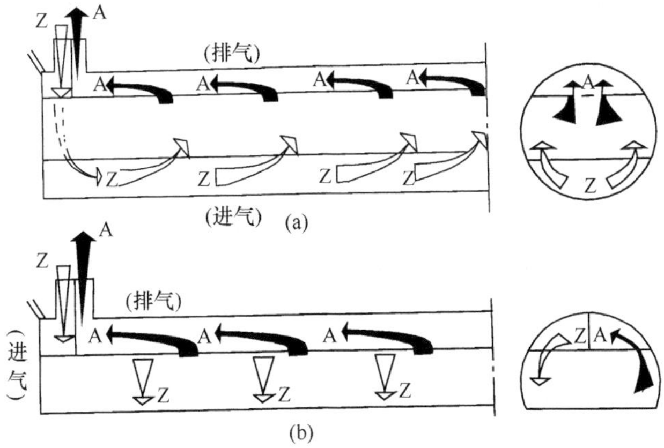

图 10.16　全横向式通风系统工作示意图

A-排气；Z-进气

全横向式通风系统沿整个横截面进行，因此其为通风能力最大的通风系统。由于这种通风系统需要建双向通风管道，因此需要占用较多隧道面积，造价最高，所以在长大隧道、重要隧道、水底隧道中，为了使隧道内不产生过大的纵向风速，采用全横向式通风。

全横向式通风方式同时设置送风管和排风管道，隧道内基本上不产生沿纵向流动的风，只有横向流动的风，如图 10.17 所示。这种方式在双向交通时，车道的纵向风速大致为零，污染物浓度的分布沿全隧道大体上是均匀的。但是在单向交通时，因为交通风的影响，在纵向能产生一定风速，污染物浓度由入口至出口有逐渐增加的趋势，一部分污染空气能直接由出口排向洞外，这种排风量有时占很大比例。但通常情况下，送风量与排风量基本相等，因而设计时把送风管道和排风管道的断面面积设计成相同的。

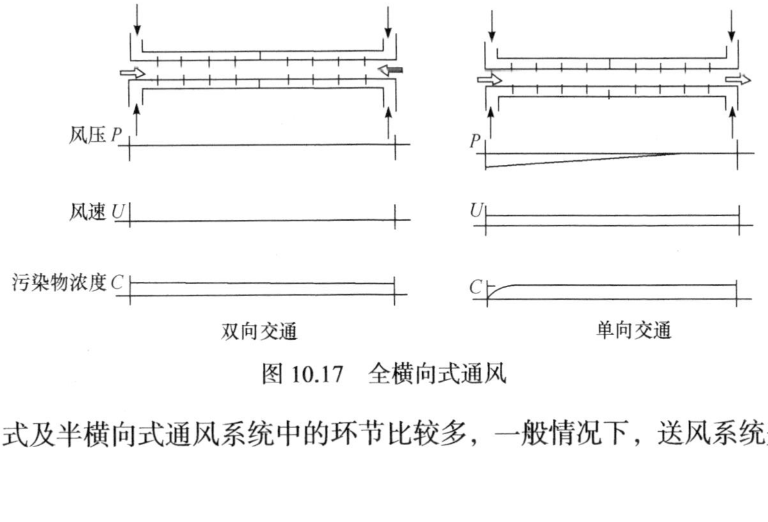

图 10.17　全横向式通风

全横向式及半横向式通风系统中的环节比较多，一般情况下，送风系统是由送风塔吸入新鲜空气，经过通风机升压，然后通过连接风道将空气送入隧道的送风管道，再经过通风孔将空气送入车道空间，污染后的空气由洞口或排风孔排出洞外。

(4) 混合式通风。混合式通风没有固定的格局，它是根据某些特殊需要，由上述几种基本通风形式组合而成的。其组合方式有许多种，但应符合一般性的设计原则，既经济，又实用。

4. 通风方式选择

通风方式选择的一般原则如下：

水底隧道的要求比较高，从重要性和安全性方面都希望用可靠性高的全横向式通风方式。水底隧道采用圆形断面尤为适宜，可以利用车道板下面的空间送风，利用顶棚以上的空间排风，其可靠性相当于两套半横向式通风。

对于城市隧道，一般交通量较多，交通流也不稳定。而全横向式通风及半横向式通风不受交通状况的影响，可以考虑这两种方式。如果在隧道内设置人行道和自行车道，从安全和舒适的角度考虑，全横向式通风最为理想。全横向式通风的逆风口通常设在两侧距车道面约 1m 高的位置上，行人能最先呼吸到新鲜空气。另外，这种通风方式沿隧道纵向几乎没有风流动，可以保证自行车的稳定和安全。

山岭隧道的通风方式要更多地考虑经济性，多半采用半横向式通风和纵向式通风方式。当车道空间因纵向式通风或半横向式通风而引起的沿隧道纵向流动的风速过大时，对车辆和行人均有影响，使人有不快感。万一发生火灾，烟火迅速蔓延，危及下风方向的车辆和行人。因此，风速应当有一定的限制，如果因隧道纵坡大或长度大，通风量很大时，风速可能超过风速限制，此时应考虑改变通风方式或进行分段通风。

当单向交通时，车速越大，活塞作用越显著，这种情况以纵向式通风为宜。不过速度和交通量有密切关系，随着交通量的增大车速会降低，也会影响到活塞作用的效果。因为交通量大，往往容易发生交通阻滞，这时交通风处于不稳定状态，最好改用全横向式或半横向式通风。活塞作用和车辆的平均截面积与隧道的过风面积比值有关。因此，当大型车所占百分比大时，活塞作用相对较大。双向交通的隧道没有活塞作用。

良好的地质条件给开挖大断面隧道提供了可能，此时可以把通风道修得足够大，使选择全横向式或半横向式通风变成现实可行的方案。竖井和斜井在长大隧道通风中有特殊作用，它可以把隧道分割成小的通风区段。为了减少竖井和斜井的埋置深度，往往将其坑口设置在鞍部或低洼处，因此要特别注意工程地质和水文地质条件。

从运营通风的观点看，要求尽量节省费用，如果能获得全年稳定的自然风供通风使用是最理想的。不过，自然风往往是不稳定的。通风设计应当从最不利的气象因素考虑。

对于通风方式的选择，应从不同方案的工程费、维持管理费上进行经济比较。这里，不应局限于成本比较，而应包括通风质量在内的综合性比较。

在选择通风方式时，首先需要决定隧道内所需通风量，然后讨论自然风和交通风能否满足需要，如果不能满足需要或者缺乏可靠性(自然风和交通风不稳定)，就应当采用机械通风。实际上影响通风方式选择的因素有很多，这里对四个主要因素进行介绍。

1) 隧道长度

隧道长度是影响隧道通风方式选择的最主要因素。隧道越长，隧道发生事故和灾害造成的损失一般也越大，对隧道通风的安全性和可靠性提出的要求也越高。根据经验，不同长度的隧道选择通风方式时可参照表 10.19。

表 10.19　各通风方式的适用长度

隧道类型	通风方式		隧道长度/m
单向行车隧道	纵向式通风	射流风机式	500～2000
		集中送排风式	2000～4000
	半横向式通风		1500～3000
	全横向式通风		2000～4000
双向行车隧道	纵向式通风	射流风机式	500～1000
		集中送排风式	500～2000
	半横向式通风		1000～3000
	全横向式通风		2000～4000

2) 隧道交通条件

隧道交通条件指隧道内为单向行车还是双向行车以及隧道的交通量。一般单向行车的隧道采用纵向式和半横向式通风较好，能够较充分地利用自然风和活塞风；交通量大的隧道一方面有害气体排放量大，另一方面安全要求高，因此一般应选用横向通风或半横向通风。

3) 隧道所处地层的地质条件

隧道所处地层的地质条件好，隧道施工比较容易，费用低，选用横向通风方式时隧道断面可适当加大，送风道和排风道容易布置并可以布置得大一些，这样隧道的建设和运营费用不会很高。相反，如果围岩条件差，可能由于隧道施工困难及施工费用高而影响横向通风方式的使用。

4) 隧道所处地区的地形和气象条件

地形和气象条件与隧道自然风流的流向和流量有关。当自然风流比较大、流向相对稳定时，对于较短的隧道，可直接利用自然通风。但对于纵向式通风的隧道，若自然风流变化较大，将会影响通风效果，严重者会造成隧道无风或风机损坏。因此，在这种条件下宜用横向通风方式，若采用纵向通风方式，需加强管理。

在选择通风方式时，应该综合考虑上述诸多因素。合理的通风方式应该是安全可靠性高、建设安装方便、投资小、隧道内环境好、对灾害的适应能力强、运营管理方便及运营费用低的通风方式。但是，各种通风方式都既有优点，又有缺点，一种通风方式不可能完全满足这些要求。因此，实际上的合理选择是在给定条件下尽可能做到既安全可靠，又经济方便。对于任何一个隧道，可供选择的通风方式可能有多种，而同一种通风方式，其风井、风道的布置方案也会有多种。经济是相对的，就是在诸多方案中选择建设安装投资少、运营管理费用低、综合经济效益最好的一个。而要做到这一点，就需要熟悉和掌握各种通风方式的特点，了解隧道所处环境及各种条件的特殊性，尽可能全面地提出各种可行方案，最后进行技术分析和经济比较。经济比较应该把建设投资和运营费用分别比较，在进行建设投资比较时要抓住主要项目，如风井、风道的建设费用，主要设备的投资等。在对建设投资和运营费用进行综合比较时，要做动态分析。隧道通风方式的选择是一项十分复杂而艰巨的工作，在选择通风方式时，一定要认真，要有科学和经济两个头脑，要对国家和人民负责。

为了学习方便，这里把各种通风方式的要点归纳于表 10.20 和表 10.21 中，实际选择通风方式可以参考这些要点进行。

表 10.20　单向交通隧道各主要通风方式的特点

通风方式		纵向式				半横向式		全横向式
基本特征		通风风流沿隧道纵向流动				隧道通风道送风或排风，由洞口沿隧道纵向排风或抽风		分别设有送、排风道，通风风流在隧道内横向流动
代表形式		射流式	洞口集中送入式	通风井排出式	通风井送排式	送风半横向式	排风半横向式	
形式特征		由射流风机群升压	由喷流送风升压	洞口两端进风、中部集中排风	由喷流送风升压	由送风道送风	由排风道排风	
通风系统隧道内压、隧道风速、污染物浓度分布		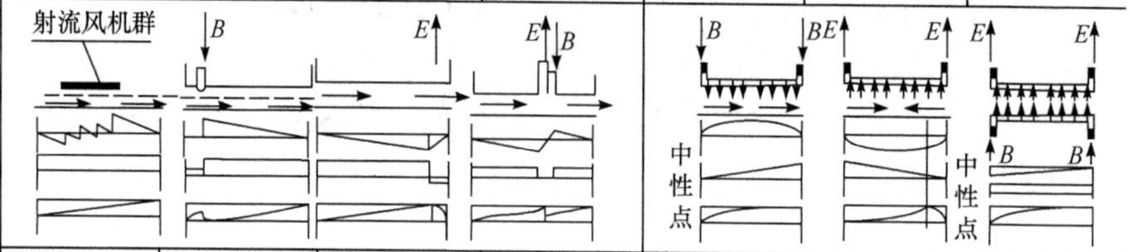						
一般特征	非火灾工况的适用长度	2500m 以内	2500m 左右	2000m 左右	不受限制	3000m 左右	3000m 左右	不受限制
	交通风利用	很好	很好	部分较好	很好	较好	不好	不好
	洞内环境	噪声较大	口部噪声较大	噪声较小	噪声较小	噪声小	噪声小	噪声小
	火灾处理	排烟不便	排烟不便	排烟较方便	排烟较方便	排烟方便	排烟方便	能有效排烟
	工程造价	低	一般	一般	一般	较高	较高	高
	管理与维护	不便	方便	方便	方便	一般	一般	一般
	分期实施	易	不易	不易	不易	难	难	难
	技术难度	不难	一般	一般	稍难	稍难	稍难	难
	营运费	低	一般	一般	一般	较高	较高	高
	洞口环保	不利	不利	有利	一般	一般	有利	有利

表 10.21　双向交通隧道各主要通风方式的特点

通风方式		纵向式			半横向式		全横向式
基本特征		通风风流沿隧道纵向流动			由隧道通风道送风或排风，由洞口沿隧道纵向排风或抽风		分别设有送、排风道，通风风流在隧道内横向流动
代表形式		全射流式	洞口集中送入式	通风井排出式	送风半横向式	排风半横向式	
形式特征		由射流风机群升压	由喷流送风升压	洞口两端进风中部集中抽风	由送风道送风	由排风道排风	
通风系统隧道内压、隧道风速、污染物浓度分布		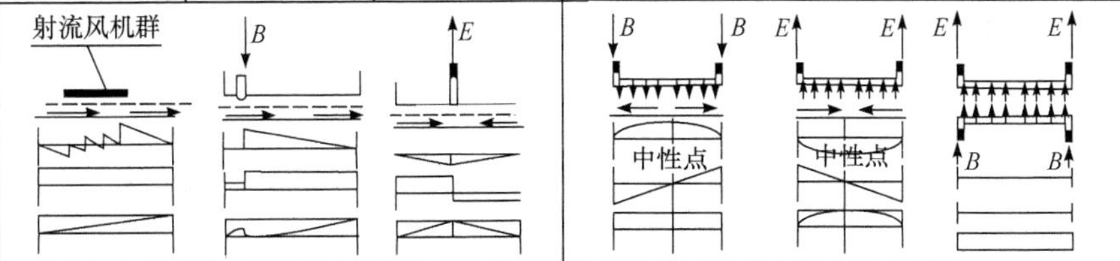					
一般特征	适用长度	1500m 左右	1500m 左右	3000m 左右	3000m 左右	3000m 左右	不受限制
	活塞风利用	不好	不好	不好	不好	不好	不好
	洞内环境	噪声较大	口部噪声较大	噪声较小	噪声小	噪声小	噪声小
	火灾处理	排烟不便	排烟不便	排烟较方便	排烟较方便	排烟较方便	排烟方便
	工程造价	低	一般	一般	较高	较高	高
	管理与维护	不便	方便	方便	一般	一般	一般
	分期实施	易	不易	不易	难	难	难
	技术难度	不难	一般	一般	稍难	稍难	难
	营运费	低	一般	一般	较高	较高	高
	洞口环保	不利	不利	有利	一般	有利	有利

思　考　题

1. 简述施工期通风的各种方式、特点及其选择。
2. 铁路隧道及公路隧道运营期通风的原因各是什么?
3. 简述铁路隧道和公路隧道的环境治理措施。
4. 铁路隧道运营期的通风方式有哪些，选择原则是什么?
5. 公路隧道烟尘设计浓度和哪些因素有关。
6. 如何计算公路隧道运营期的通风量?
7. 简述公路隧道运营期的各通风方式、特点及其选择。

第 11 章　隧道照明

11.1　照明基本知识

11.1.1　光的度量

1. 光通量

光通量是指单位时间内光辐射能量的大小，它是根据人眼对光的感觉来评价的，是描述光源发光能力的基本量。一般就视觉而言，即辐射体发出的辐射通量按 $V(\lambda)$ 曲线的效率被人眼所接受，若辐射体的光谱辐射通量为 $\Phi_{e\cdot\lambda}$，则其光通量 Φ 的表达式为

$$\Phi=K_m\int_{380}^{780}\Phi_{e\cdot\lambda}V(\lambda)\mathrm{d}(\lambda) \tag{11.1}$$

式中，K_m 为最大光谱光效能，683lm/W；$V(\lambda)$ 为明视觉光谱光效率；$\Phi_{e\cdot\lambda}$ 为光谱辐射通量，即在给定波长 λ 的附近无限小范围内，单位时间内发出辐射能量的平均值，单位为 W/nm，辐射通量也称为辐射功率；Φ 为光通量，lm(流明)。

2. 发光强度(光强)

由于辐射发光体在空间发出的光通量不均匀，大小也不相等，为了表示辐射体在不同方向上光通量的分布特性，需引入光通量的(空间)角密度概念。如图 11.1 所示，S 为点状发光体，它向各个方向辐射光通量，若在某方向上取微小立体角 $\mathrm{d}\omega$，在此立体角内所发出的光通量为 $\mathrm{d}\Phi$，两者的比值为该方向上的光强 I，即

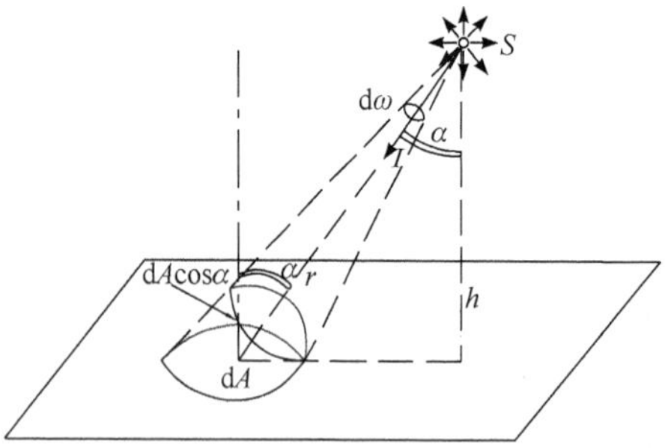

图 11.1　点光源的发光强度

$$I=\frac{\mathrm{d}\Phi}{\mathrm{d}\omega} \tag{11.2}$$

若光源辐射的光通量 Φ 是均匀的，则在立体角 ω 内的平均光强 I 为

$$I=\frac{\Phi}{\omega} \tag{11.3}$$

立体角是指任意一个封闭的圆锥面内所包含的空间。立体角的单位为球面度(sr)，即以锥顶为球心，以 r 为半径作一圆球，若锥面在圆球上截出面积 A 为 r^2，则该立体角为一个单位立体角，称为球面度，其表达式为

$$\omega=\frac{A}{r^2} \tag{11.4}$$

发光强度的单位是坎德拉(cd)，在数量上 1cd=1lm/sr。发光强度常用于说明光源和灯具发出的光通量在空间各方向或在选定方向上的分布密度。

3. 照度

照度用来表示被照面上光的强弱，以被照场所光通量的面积密度来表示。取微小面积 $\mathrm{d}A$ 入射的光通量为 $\mathrm{d}\Phi$，则照度 E 为

$$E=\frac{\mathrm{d}\Phi}{\mathrm{d}A} \tag{11.5}$$

对于任意大小的表面积 A，若入射光通量为 Φ，则在表面积 A 上的平均照度 E 为

$$E=\frac{\Phi}{A} \tag{11.6}$$

照度的单位为勒克斯(lx)，1lx 即在 $1\mathrm{m}^2$ 的面积上均匀分布 1lm 光通量的照度值，或者为一个光强为 1cd 的均匀发光的点光源，以它为中心，在半径为 1m 的球表面上，各点所形成的照度值。

4. 光出射度(面发光度)

具有一定面积的发光体，其表面上不同点的发光强弱可能不一致。为表示这个辐射光通量的密度，可在表面上任取一微小的单元面积 $\mathrm{d}A$，若它发出的光通量为 $\mathrm{d}\Phi$，则该单元面积的平均光出射度 M 为

$$M=\frac{\mathrm{d}\Phi}{\mathrm{d}A} \tag{11.7}$$

对于任意大小的发光表面 A，若发射的光通量为 Φ，则表面 A 的平均光出射度 M 为

$$M=\frac{\Phi}{A} \tag{11.8}$$

可见，光出射度就是单位面积发出的光通量，单位为辐射勒克斯(rlx)，1rlx 等于 $1\mathrm{lm/m}^2$。光出射度和照度具有相同的量纲，其区别在于光出射度是表示发光体发出的光通量表面密度，而照度则表示被照物体所接受的光通量表面密度。

5. 亮度

光出射度只表示单位面积上发出光通量的多少，没有考虑光辐射的方向，不能表征发光面在不同方向上的光学特性。如图 11.2 所示，在一个光源上取一个微小面积 ΔA，从与表面法线成 θ 角的方向去观察，在这个方向上的光强 I_θ 与人眼所“见到”的光源面积 $\Delta A'$ 及亮度 L_θ 间的关系为

$$L_\theta=\frac{I_\theta}{\Delta A'}=\frac{I_\theta}{\Delta A\cos\theta} \tag{11.9}$$

如果 ΔA 是一个理想的漫反射发光体或理想漫反射表面的二次发光体，它的光强将按余弦分布(图 11.3)，将 $I_\theta=I_0\cos\theta$ 代入式(11.9)得

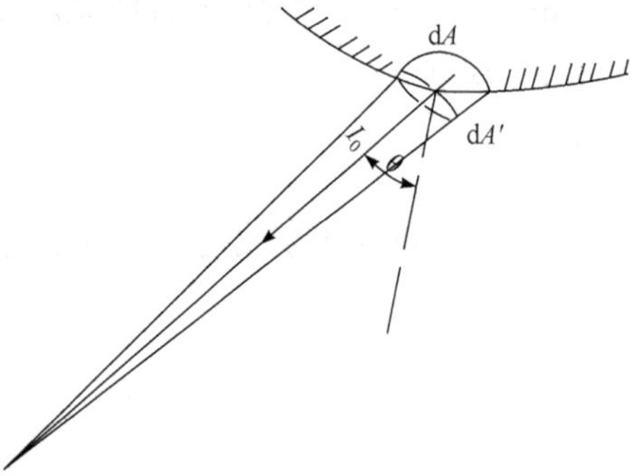

图 11.2　光源单元面积上的亮度

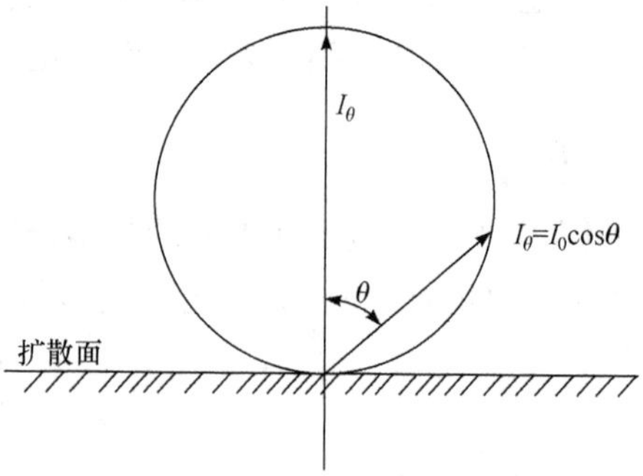

图 11.3　理想漫反射面的光强分布

$$L_\theta = \frac{I_0\cos\theta}{A\cos\theta} = \frac{I_0}{A} = L_0 \tag{11.10}$$

式(11.10)表明亮度 L_θ 与方向无关，等于常量 L_0，即从任意方向看，亮度都是一样的。对于完全扩散的表面，光出射度 M 与亮度 L 的关系为

$$M = \pi L \tag{11.11}$$

亮度的单位为尼特(nt)，1nt=1cd/m²。表 11.1 列出了各种常见光源的亮度。

表 11.1　常见光源的亮度

光源	亮度/(cd/m²)	光源	亮度/(cd/m²)
太阳	1.6×10^9 以上	蜡烛	$(0.5\sim1)\times10^4$
碳极弧光灯	$(1.8\sim12)\times10^8$	蓝天	0.8×10^4
钨丝灯	$(2.0\sim20)\times10^6$	电视屏幕	$(1.7\sim3.5)\times10^4$
荧光灯	$(0.5\sim1.5)\times10^4$		

11.1.2　人眼的视觉

1. 视野

人眼睛的视野比较广，但有一定的范围，为双眼视线左右各约 100°、上约 50°、下约 75°。在注视一个方向物体的形状、色彩、亮度时，能看清楚的仅为视线中心 1°～2°范围，要感知该范围以外的物体，视线需要在那个方向上固定 0.1～0.2s。

2. 可见光

肉眼所能感觉到的光，称为可见光，它仅是电磁波中的一小部分，其波长为 380～760nm(1nm=10^{-9}m)。不同波长的光给人眼以不同颜色的感觉，各种颜色是逐渐过渡的，没有截然分开的界线。此范围外的电磁波不能引起视觉。在可见光中，人眼对不同波长光的感觉具有不同的灵敏度。在亮环境中，亮视觉对波长 555nm 的黄绿光线最敏感，即各种辐射能量相同而波长不同的光，给人的感觉是黄绿光最亮，波长偏离 555nm 越远，则感觉越暗。在光线很弱的环境中，暗视觉对绿光最敏感，它与亮环境相比，最灵敏处向短波方向偏移。

3. 人的视觉

视网膜是人眼感觉光的始端，上面分布着两种感光细胞：锥状体细胞和杆状体细胞。锥状体细胞多位于视网膜的中心，在黄斑上特别密，它对光亮的敏感性较小，需要较强的光刺激才能兴奋，但对不同长度的光波具有不同的感觉能力，专管明亮时的视力，称为明视觉。柱状体细胞多在视网膜的周边，具有感觉弱光的能力，专管暗时的视力，强光反而会破坏它，但是它不能辨别颜色，在黑暗环境中观察到的景物是灰色的，它只能分辨亮度的大小。

眼睛对于外界的亮度变化，能适当地调节锥状体细胞和柱状体细胞，使之具有合适的感度，这种现象称为“亮度适应”。对暗环境的适应(视野内的亮度在0.01cd/m^{2}以下，如夜间、室内)主要是柱状体细胞呈工作状态，相反，对亮环境的适应(视野内的亮度在2cd/m^{2}以上，如白天、室外)主要是锥状体细胞呈工作状态。因此，暗适应过程很缓慢，而亮适应过程则快得多。

11.2 施工期照明

11.2.1 普通光源施工照明

1. 不同地段的照明布置

根据隧道施工规范要求，不同地段的照明布置如表11.2所示。

表 11.2 不同地段的照明布置

工作地段		灯头距离/m	悬挂高度/m	灯泡功率/W
施工作业面		不少于15W/m^2(断面较大时可适当采用投光灯)		
开挖地段和作业地段		4	2～2.5	60
运输巷道		5	2.5～3	60
特殊作业地段或不安全因素较多地段		2～3	3～5	100
成洞地段	白炽灯照明	8～10	4～5	60
	日光灯照明	20～30	4～5	40
竖井内		3	—	60

注：①在直线段灯头距离采用表中大数，在曲线段采用较小数；②在有水地段应用胶皮电线，工作面附近应用防水灯头。

2. 照度要求

在《公路隧道施工技术规范》(JTG/T 3660—2020)中，隧道施工作业地段采用普通光源照明时，其照度应满足表11.3的要求。

表 11.3　隧道施工照明标准

施工作业地段	照明标准/lx(平均照度不小于)	施工作业地段	照明标准/lx(平均照度不小于)
施工作业面	50	特殊作业地段或不安全因素较多地段	50
开挖地段和作业地段	50	成洞地段	10
运输通道	15	竖井内	15

注：①不安全因素较多的地段可加大照度；②在主要交通道路、洞内抽水机站或竖井等重要处所，应有安全照明。漏水地段照明应采用防水灯头和灯罩。瓦斯地段的照明器材应采用防爆型；③隧道施工照明也宜采用荧光灯、荧光高压汞灯、卤钨灯、长弧氙灯或高压钠灯等光源照明。

铁路隧道施工的照度要求施工作业面最小照度为 50lx，其他地段 30lx，运输通道为 15lx，成洞地段为 10lx。

11.2.2　新光源照明

普通光源一般使用白炽灯或荧光灯管，优点是价格低，使用方便，但其耗电量较大且亮度较低。而新光源，如低压卤钨灯、高压钠灯、钪钠灯、钠铊铟灯等，则具有以下优点：

(1) 大幅度地增加施工工作面和场地的光照度，为施工人员创造了一个明亮的作业环境，可保证操作质量。

(2) 安全性能好。

(3) 节电效果明显。

(4) 使用寿命长，维修方便，减少电工的劳动量。

新光源洞内外照明布置要求如表 11.4 所示。

表 11.4　新光源洞内外照明布置

工作地段	照明布置
开挖面后 40m 以内作业段	两侧用 36V、500W 卤钨灯各 2 盏(或 300W 卤钨灯 7 盏，以不少于 2000W 为准)，灯泡距离隧道底面高 4m
开挖面后 40～100m 区段	安设 2 盏 400W 高压钠灯和 2 盏 400W 钠铊铟灯，间距约 15m，灯泡距隧道底面高 5m
开挖面后的 100m 至成洞末端	每隔 40m，左右侧各设计 400W 高压钠灯 1 盏
模板台车衬砌作业段	台车前台 10～15m，增设 400W 高压钠灯各 1 盏，台车上亮度不足时，增设 36V、300W 或 500W 卤钨灯
成洞地段	每隔 40m 安装 400W 高压钠灯 1 盏
斜井、竖井井身掌子面及喷混凝土作业面	使用 36V、500W 或 36V、300W 卤钨灯，已施工井身部分选用小功率 110V 高压钠灯，间距：混合井 30m 安装 1 盏，主副井每 25m 安装 1 盏
洞外场地	每隔 200m 安装高压钠灯 1 盏

11.3　运营期照明

对于铁路及地铁隧道，通常不必设置照明系统，这是由于车辆的车灯有很强的照明能力。车辆驾驶员通常对线路较熟悉，不易发生由于光线强弱变化而导致的意外事故。

而公路隧道的照明系统布置、照明强度及照明位置则很重要，当照明不足时，驾驶员会产生不安全感，故在照明的强度及照明位置的布置上，需考虑人的肉眼不能足够快地适应从亮到暗的转换等因素。公路隧道的照明，是为了把必要的视觉信息传递给驾驶员，防止因视觉信息不足而出现交通事故，从而提高驾驶的安全性和乘坐舒适感。隧道照明与道路照明的显著不同是其白天也需要照明，而且白天照明问题比夜间更加复杂。从理论上讲隧道照明与道路照明一样，也需要考虑路面应具有一定的亮度水平，同时还应进一步考虑设计速度、交通量、线形等影响因素，并从驾驶的安全性和乘坐舒适性等方面综合确定照明水平，特别是在隧道入口及其相应区段需要考虑人的视觉适应过程。

汽车驾驶员在白天从明亮的环境接近、进入和通过隧道的过程中，将产生各种视觉问题：

(1) 进入隧道前的视觉问题(白天)。由于隧道内外的亮度差别极大，从隧道外部去看照明很不充分的隧道入口，会看到黑洞(长隧道)及黑框(短隧道)现象。

(2) 进入隧道立即出现的视觉问题(白天)。汽车由明亮的外部进入即使是不太暗的隧道以后，要经过一定时间才能看清楚隧道内部的情况，此为“适应的滞后现象”，这是因为急剧的亮度变化，人的视觉不能迅速适应。

(3) 隧道内部的视觉问题(白天、夜间)。隧道内部与一般道路不同，主要在于隧道内部汽车排出的废气无法迅速消散，形成烟雾，它可以将汽车头灯和道路照明器发出的光吸收和散射，降低能见度。

(4) 隧道出口处的视觉问题。白天，当汽车穿过较长的隧道接近出口时，由于通过出口看到的外部亮度极高，出口看上去是个亮洞，出现极强的眩光，驾驶员在这种极强的眩光效应下会感到十分不舒服；夜间与白天正好相反，隧道出口看到的不是亮洞而是黑洞，这样看不到外部道路的线形及路上的障碍物。

由于以上特殊情况，公路隧道应设电光照明，以利于行车安全。

11.3.1 隧道照明相关概念

在隧道内要保证驾驶员以设计车速安全舒适运行，首先要保证照明质量，其质量以能获得多少视觉信息为准。由于外界信息大部分通过驾驶员的眼睛传输到脑中枢，因此具备良好的必要视觉条件成为获得视觉信息的基本条件。隧道内良好的视觉条件有赖于照明设施，另外，正确发挥视觉生理和心理过程的作用，使照明维持在较低水平上，将有利于照明经济。

1. 驾驶员的视觉

1) 驾驶员的注视范围

由于视觉取决于亮度，隧道照明质量以视场内的亮度为依据。国际照明委员会建议：驾驶员观察路面的平均视点高度为 1.5m，大体相当于汽车驾驶员的人眼高度，若向前注视的视角约为 1°，则注视范围为正前方 60～160m，在此范围内的路面亮度分布状况，对驾驶员视觉直接起作用，如图 11.4 所示。在此范围内看视条件的好坏，对驾驶员辨认障碍物的可靠性和保持视觉的舒适性起决定作用。有良好的看视条件，才能保证驾驶员准确了解道路交通状态及其变化情况，做出及时判断和采取正确的机动动作。

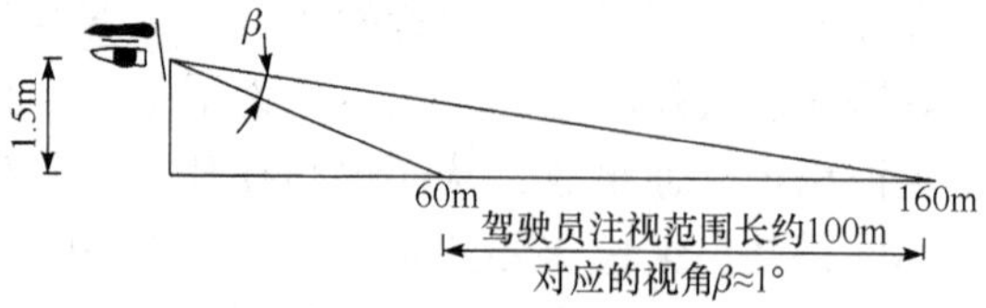

图 11.4　驾驶员视觉的注视范围

2) 驾驶员的看视条件

驾驶员的看视条件与一般人不同，几乎完全是在动态条件下进行，比静态条件的观察困难很多。由静态观测所得试验数据不能直接引用到动态条件中，一般应提高数倍至数十倍。通常影响驾驶员看视条件的基本因素有：①路面平均亮度及作为背景的墙面亮度；②路面亮度的均匀度；③物体的亮度；④物体与背景的亮度对比；⑤观察物体的有效时间；⑥眩光程度等。此外，还与物体的形状、轮廓的清晰度、在视野中的位置，以及是否出现在预料的位置上，或是突然出现在非预料位置上等有关。视觉是以生理量度量的，不仅受观察者的精神、视力、身体状况的影响，还受气象(如雾等)和空气混浊程度的影响。

2. 影响视觉的主要因素

1) 适宜的亮度

适宜的亮度是物体在视网膜成像引起视觉的基本条件。物体表面亮度大，视网膜上像的照度就高，就看得清楚，视觉与亮度的对数成正比。根据试验，人眼可以感觉到亮度为 $1/\pi\times10^{-5}$cd/m^2 的物体，称为“最低亮度阈”。当亮度为 $1/\pi\times10^{4}$cd/m^2 时，人眼识别物体的灵敏度最高，超过此值后，灵敏度开始下降。当亮度超过 10^5cd/m^2 时，视力会极度下降，甚至引起视觉损伤，该值称为视觉上限。这种刺眼的视觉状态称为眩光。

亮度(L)是一个具有方向性的物理量，当人眼从不同的方向观察同一对象(或背景)时，能感觉到在不同的观察方向，对象(或背景)的亮暗程度是不相同的。决定亮暗程度的并不是对象在发光面上的发光强度，而是垂直于视线方向上单位投影面积的发光强度。一般情况下，它是入射光方向与观察方向的函数。在不同入射光线照射下，对象(或背景)亮度随观察方向而变化，称为亮度特性。它反映了对象(或背景)的反射光通量在空间的分布情况。如果被观察的表面的反射光亮度与入射光的方向和观察方向均无关，那么称这种表面为均匀漫反射面。严格地讲，均匀漫反射面是很少的，但是粗糙无光泽的表面，可以近似视为均匀的漫反射面。在隧道照明中，光线投射到粗颗粒路面材料上时，可看成漫反射面。当投射到具有光泽的墙面材料上时，可观察到定向漫反射。实际上没有绝对的反光材料，任何表面上的反射亮度，在数值上永远小于投射到同一表面上的照度。路面和墙面是隧道中的背景，改善路面和墙面的反射率在照明效果上是非常有益的。

2) 对象的大小

“对象”的定义就是能够看到的事物或者事物的一部分。能否看清对象，除了依赖于照明条件，还取决于对象的大小。由日常经验可知，当观察距离很近时，对象的外形轮廓及细部都是清晰的，但是随着观察距离的增大，会逐渐变得模糊不清，并且失去棱角，产生显著的变形。眼睛分辨对象细部的能力是由它所能区别出的相近两点的能力决定的。对象上的两点对人眼的视角大，在视网膜上成像也大，看得就清楚，如图 11.5 所示。

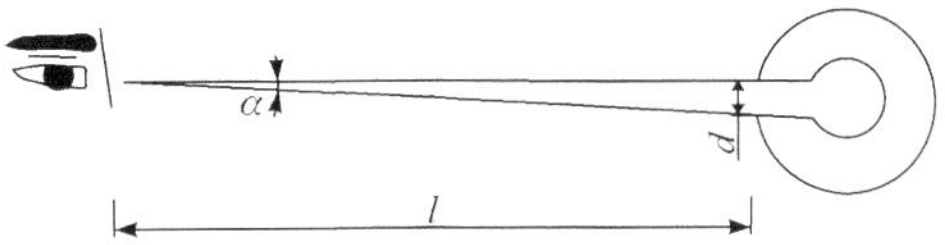

图 11.5　视角示意图

在对比度相同的条件下，视角越小越难识别物体。眼睛分辨最小尺寸的能力，用可分辨的最小视角 $\alpha_{\min}$ 的倒数衡量，即视力=1/$\alpha_{\min}$。人眼刚刚能分辨出的两点的视角称为视角阈。视角阈决定了可以分辨出的对象细部尺寸的大小，称为对象的最小可见尺寸，用式(11.12)表示：

$$d_{\min}=\frac{L\cdot\alpha_{\min}}{3400} \tag{11.12}$$

若 L 为停车视距(m)，则该距离上的最小可见尺寸可用式(11.12)求得。

3) 对象和背景的亮度对比

在观察方向上，若对象的表面亮度为 L_0，背景亮度为 L_b，则对象与背景的亮度对比 C 可用式(11.13)表示：

$$C=\frac{L_b-L_0}{L_b} \tag{11.13}$$

C 值表示对象与背景亮度差别的大小，其值越大，可以识别得越清楚。其值小到某一值以下则不能识别对象。人眼开始不能分辨对象与背景时的亮度对比值，称为亮度对比阈，以 ε 表示。当 $L_b>L_0$ 时，ε 为正值，称为正对比度；当 $L_b<L_0$ 时，ε 为负值，称为负对比度。无论对比度为正或为负，效果是相同的。但是识别对象时，必须满足 $C>\varepsilon$。亮度对比是决定对象可见性的主要因素。

4) 颜色对比

人眼所观察到的世界，暗视觉时色调是灰色的，只要有适当的亮度，明视觉发挥作用之后，世界就不再仅仅是灰色的，而是五彩缤纷的。在大多数情况下，对象与背景之间不会单纯地存在亮度对比，而是伴随着颜色对比，即存在着颜色上的差别。

亮度对比是识别对象的主要因素，颜色对比则为辅助因素。实际观察表明，一个亮度与背景相同，仅仅存在颜色对比的斑点，只能在距离很近时才能把它和背景区分开，而在不远的距离上它就和背景发生混色现象而融合到一起。当它和背景既存在颜色对比又存在亮度对比时，混色现象就不会很快发生，并且与亮度对比相同的黑白斑点的视角阈几乎相等。另外，在彩色斑驳的背景上，人眼的视角阈要加大，这主要是背景亮度不均匀造成的，颜色的作用是次要的。在道路照明中，“光斑效应”不仅影响驾驶员视觉的舒适性，更重要的是影响其识别对象的能力。另外，设置的道路标志图案，只有颜色差别是不够的，更重要的是亮度对比。

5) 环境亮度

用照明器照明的目的是既照明对象，又照明对象所在环境或对象的背景。这里主要是两个问题，一是光过分地集中在车行道上，驾驶员眼睛就会变得只能适应这个亮度水平，从而减弱了对较暗区域的观察能力；二是观察对象时需要有背景衬托，如果背景没有足够照明，对象将缺乏立体感，变得难以发现。前者在隧道内应加强墙面的照明，提高墙面材料的反射系数，后者可通过体视阈的概念理解。人眼对空间物体的立体形状及其在空间相对位置的分辨能力，是由双目观察产生的，称为双目视觉或体视视觉。由体视视觉概念可知，对背景亮度的要求是足以识别背景。隧道内的背景主要是路面和墙面，顶棚也可以是背景。从这个角度上讲，顶棚应该是浅色的，但是顶棚很容易脏，所以清洗工作负担较大，有一定的困难。足够亮的背景，才能衬托出对象的轮廓和相对位置，使驾驶员做出准确的判断，保证行车安全。

6) 空气对能见度的影响

(1) 空气对光通量的衰减作用和光幕。

发光(或反光)物体的光通量必须经过空气才能到达人的眼睛。在传播的过程中必然受到两种作用：一种是吸收作用，即空气把其中一部分光通量转换成其他形式的能量；另一种是散射作用，即空气使其中另一部分光通量偏离原来的传播方向，散向任意方向。空气的散射是造成定向传播光通量衰减的最主要原因。

空气不仅会把来自对象的光通量散射出去，使对象的亮度降低，而且会把日光散射到观察方向上来，使对象与观察者之间形成一层明亮的光幕，使对象的亮度得到增强。光幕还影响对象与背景的亮度对比。

(2) 空气的散射作用。

散射是指空气组成成分把原来向一个方向传播的光变成向各个方向传播，使原光线减弱的现象。空气的不同组成成分对不同波长光线的散射作用不同，可以分为以下两种情况：

① 分子散射。它的散射源是气体分子，其尺寸比可见光的波长小得多。此散射的特点是散射光的强度与波长的 4 次方成反比。所以波长越短的光线，受到的散射效应也越强，而长波不易被散射。

② 悬浮粒子的散射。它的散射源是悬浮于空气中的各种固态和液态微粒，如烟、雾、灰尘等。这些散射粒子的大小很不规则，其半径分布在 10nm～100μm 的范围内。它们对各种波长的光线的散射作用因微粒大小而不同，当散射粒子比可见光波长小得多时，其散射作用与分子散射相同；当散射粒子的半径与波长相近时，其散射作用最大；当散射粒子比可见光波长大得多时，其散射作用与波长无关，此时散射光谱与入射光谱相同，称为漫反射。

空气中的悬浮粒子越少越小，与波长的关系越大，称为有选择性的散射。对于下层空气分子，主要是波长较短的蓝色光被散射出来。由于这种有选择性的散射作用，来自对象(或背景)的不同波长的光线将受到不同程度的散射。

(3) 透过率。

在公路隧道的空气中，或多或少地存在着污染物质，如汽车卷起的灰尘、柴油车引擎产生的煤烟、氮氧化物所构成的烟雾、水蒸气及其凝结而成的雾等，其中最主要的是灰尘和烟。当光通过污染空气时，入射光通量的一部分被吸收，一部分被散射，其余部分得以通过，这三部分之和等于入射光通量，分别把这三部分光通量和入射光通量之比称为吸收系数(α)、反光系数(ρ)和透光系数(τ)。显然，$\alpha+\rho+\tau=1$，所以 τ 是小于 1 的系数。在公路隧道中，为了描述光透过空气的能力，用 E、E_0 分别表示同一光源所发出的光线、通过 100m 的污浊空气和清洁空气后的照度，用 τ_{100} 表示光在 100m 距离的透过率，则有

$$\tau_{100}=\frac{E}{E_0} \tag{11.14}$$

当行驶速度不同时，对 τ_{100} 有不同的要求，PIARC 提出：当 V=80km/h 时，τ_{100}=0.6；当 V=60km/h 时，τ_{100}=0.48；当 V= 40km/h 时，τ_{100}=0.4。并指出 τ_{100}<0.3 是不允许的。烟雾浓度不同，同一光源的透过率不同。当烟雾浓度相同时，不同类型光源的效果不同，其视距也不同。

7) 观察时间的长短

在驾驶员眼睛不停地注视视野内的物体时，发现视野内的障碍物的时间为 0.1～0.2s。观察尺寸大的物体只需很短的时间。同一物体，照度越高(背景亮度越大)，识别时间越短。对处于运动状态的驾驶员来说，辨别障碍物的时间受到限制，驾驶员从发现障碍物后，直到进行判断和制动的反作用时间，总共只有 2.5s，这时间是相当短的，所以应该保证有足够的照度。

识别时间还受视觉适应的影响，不论是暗适应还是明适应，识别时间都受到影响。急剧和频繁的适应会增加眼睛的疲劳，使视力迅速下降，忽明忽暗的路面与墙面亮度改变是应该受到限制的，即后面将要讨论到的均匀度问题。

8) 路面平均亮度

驾驶员观察障碍物的背景，在道路照明中主要是路面，在隧道照明中墙面也作为背景，但路面仍然是主要的。只有当路面亮度达到一定值以后，驾驶员才能获得立体感，在此基础上，亮度对比越大越容易察觉到障碍物。但是，正如前面已经叙述过的，路面(背景)亮度越高，眼睛的对比灵敏度越好(亮度对比阈越小)。

试验(实际道路上的运行试验)表明：当平均亮度升高时，察觉障碍物所必要的亮度对比变小，即障碍物变得更容易看清楚。世界上一些国家的路面平均亮度一般取 1～2cd/m^2。

9) 路面亮度均匀度

保证亮度均匀度是为了给驾驶员提供良好的能见度和视觉上的舒适性。若亮度高，则均匀度要求可以不很严格。干燥路面和湿路面的路面亮度有很大变化，均匀度也相应有很大变化。严格的均匀度要求，一般限于干燥路面和路面平均亮度较低的情况。路面亮度均匀度一般有如下两种表示方式。

(1) 总均匀度。

照明装置保证提供良好的路面平均亮度后，路面上一些局部区域还可能出现最小亮度。通常较差的亮度对比都发生在路面较暗的区域，往往影响到对障碍物的辨认。为了

使路面上所有区域都有足够的亮度和对比度，提供令人满意的能见度，需要规定路面最小亮度和平均亮度比值的范围，此为总均匀度，如式(11.15)所示：

$$U_0 = \frac{L_{\min}}{L_{\mathrm{av}}} \tag{11.15}$$

式中，L_{av}为距车道边缘 1/4 宽度处(左或右)测得的路面平均亮度；$L_{\min}$为距车道边缘 1/4 宽度处(左或右)测得的路面最低亮度。

隧道总均匀度包括路面和两侧 2m 高范围内的墙面，昼间 $U_0 \geqslant 0.7$，夜间 $U_0 \geqslant 0.5$。

(2) 纵向均匀度。

为了提供视觉舒适性，要求沿各车道中心线有一定的纵向均匀度。纵向均匀度是沿中心线的局部亮度的最小值和最大值之比，如式(11.16)所示：

$$U_l = \frac{L_{\min}}{L_{\max}} \tag{11.16}$$

式中，$L_{\max}$为从车道中心线上测得的最大亮度；$L_{\min}$为从车道中心线上测得的最小亮度。

隧道纵向均匀度包括路面及两侧 2m 高范围的墙面，昼间 $U_l \geqslant 0.8$，夜间 $U_l \geqslant 0.6$。

10) 眩光限制

道路照明的眩光可以分为两类：失能眩光和不舒适眩光。前者表示对照明设施造成的能见度损失方面的评价，用被视对象物体的亮度对比的阈值增量表示，是典型的驾驶员视觉作业。失能眩光是生理上的过程，是表示由生理眩光导致辨认能力降低的一种度量。后者表示在眩光感觉中的动态驾驶条件下，对道路照明设施的评价。该眩光减少驾驶员驾驶运行的舒适程度，用眩光控制等级表示，不舒适眩光是心理上的过程。

(1) 失能眩光。

这种眩光会导致识别能力的下降，是由光在眼睛里发生散射过程造成的。来自眩光光源的光在视网膜方向上的散射会引起光幕(等效光幕)作用，在视网膜方向上的散射程度越大，光幕作用也越大。在眩光条件下的总视感，必须把光幕亮度叠加在无眩光时景物成像亮度之上。该光幕会使驾驶员视觉感受到的障碍物与背景的亮度对比要比实际低得多，因此用光幕亮度的方法处理。另外，能重新看到物体所需要的亮度对比增加量与原来的亮度对比有关，是表达因失能眩光导致识别能力降低的一种度量。

(2) 不舒适眩光。

眩光造成的不舒适感，目前还没有专门的测量仪器，是用眩光控制等级(G)表示所感到的不舒适程度的主观评价。这种主观评价取决于各种照明器和其他照明装置的特性。眩光等级 G 与主观上对不舒适感觉评价的相应关系为：G=1 无法忍受；G=3 干扰；G=5 允许的极限；G=7 满意；G=9 无影响。

11.3.2　隧道亮度曲线

白天，当汽车驾驶员在接近、进入和通过隧道时，会遇到各种视觉问题。视觉信息不足是发生交通事故的因素，照明的任务是不间断地为驾驶员获得足够视觉信息，以提供照明条件。

提高洞内亮度水平的方法，是最简便的，但其最大问题是投资费用高、运营费用高、耗能大，而且没有充分利用人的视觉适应规律，把本来有可能节省的亮度浪费了。因此，充分考虑视觉适应规律，可以把亮度维持在一个较低的水平，根据情况，甚至可以维持在最低的水平。这个方法的目的是在各照明区段上把亮度维持在一个实际情况所容许的最低极限水平。其要点包括：根据现场调查确定洞外亮度；根据设计车速、交通方式、交通流量、空气透过率等确定中间段所需亮度水平；根据视觉适应规律、洞外与中间段亮度差、亮度减低的速率等，确定入口段和过渡段的亮度水平和长度。

由于入口段和过渡段需要一定的长度，太短的隧道摆不下它，加上出口眩光的影响，当隧道长度在 200m 以下时，不存在中间段照明，称为照明上的短隧道。短隧道的照明问题比较复杂，这里不做详细介绍。长度在 200m 以上的隧道，称为照明上的长隧道，这里将着重介绍。长度很短的隧道，受进、出口入射自然光影响较大，所以当长度小于 70m 时，一般白天可不考虑照明。

1. 照明区段的划分

长隧道照明基本上可以划分为接近段、入口段、过渡段、中间段和出口段五个区段。

1) 接近段

道路隧道各照明区段中，在洞口(设有光过渡建筑时，则为其入口)前，从注视点到适应点之间的一段道路，在照明上称为接近段。

通常情况下，当汽车驶近隧道，但距洞口尚有一定距离时，驾驶员的注意力会自然地集中在观察洞口附近情况上，开始注视的点称为注视点。当继续接近洞口时，在驾驶员的视野里，亮度较高的外界景物(其亮度为洞外亮度)逐渐减少，相应地洞内低亮度景物逐渐增加。当汽车到达洞外某一点(约距洞口 10m)时，驾驶员视野中的外界景物全部消失，开始适应洞内亮度的变化，不再为“感应现象”所困扰，该点称为适应点。

在照明设计中，车速与洞外亮度是两个主要基准值，车速由道路等级限定，洞外亮度值由道路照明设计者进行周密调查后确定。其取值等级升高一级对造价和运营费用都将产生很大影响，因而，需要采取适当的措施降低洞外亮度，以便减少造价和节能。

洞外亮度是驾驶员驾车驶入隧道洞口前所看到的周围环境平均亮度，用 L_1 表示。其取值的大小对确定入口段、过渡段以及出口段亮度有很大影响，因此要求尽量符合实际情况，不宜偏高。在隧道照明设计中，洞外亮度的估算，目前主要有如下三种方法。

(1) PLARC 法：

$$L_1 = L_{sp} \tag{11.17}$$

式中，L_1 为洞外亮度；L_{sp} 为距离洞口为停车视距处的面向洞口的前视亮度。

(2) CIE 法(国际照明委员会建议方法)：

$$L_1 = \frac{L_{13}+2L_{12}+3L_{11}}{6} \tag{11.18}$$

式中，L_{11} 为距洞口为 D_1 处面向洞口的前视亮度，数值上 $D_1=v$(v 为车速)；L_{12} 为距洞口为 D_2 处面向洞口的前视亮度，数值上 $D_2=2v$；L_{13} 为距洞口为 D_3 处面向洞口的前视亮度，

数值上 $D_3=3v$。

(3) 经验数据法(国际照明委员会建议方法)。具体取值见表 11.5。

表 11.5　不同环境下洞外亮度

现场条件	L_1/(cd/m²)
当洞外地形开阔，天空或海面之类高亮度景物在视野中占 50%以上时	5000～8000
当洞口在野外，略有树木背景，天空或海面等背景在视野中占 25%～50%时	4000～5000
当洞口在市区建筑物林立的环境中时	3000～4000
当洞外地形不开阔，且有山岭、树木等背景时	2000～3000

2) 入口段

在隧道照明区段中，进入洞口(设置光过渡建筑时，则为其入口)的第一段，称为入口段。洞口照明的主要问题是确定适应段在洞口处的最高亮度 L_2，其值应能满足安全上的需要。当驾驶员在接近段行驶时，已经适应了那里的亮度水平，当他处于适应点位置观察隧道内部时，至少应当满足在停车视距处能识别 20cm×20cm 的正方形障碍物(实换算长度与背景间的亮度对比 C=20%)。根据眼睛的适应能力，由洞外亮度 L_1 到入口段洞口处亮度 L_2 的减少速率受眼睛适应能力的限制。减少速率过快眼睛将产生不适现象，出现黑洞效应。相反，减少速率过慢，即 L_2/L_1 过高，不经济也不符合要求，因而，L_2/L_1 应该有一个恰当的比值。根据不同研究，其取值差异非常大。有学者推荐为 1/10，也有学者认为该值偏高，1979 年 PIARC 推荐为 1/15～1/30，日本推荐在车速为 40km/h 时，可为 1/118～1/138。

一些国家规定的 L_2 值虽然有所不同，但是大体上都是经过 2s 可完成对 L_2 的适应过程，以后开始对下一段的适应。因此，与之对应的入口段长度为 2s 内通过的距离，在车速低时，该距离还可适当缩短。

《公路隧道照明设计细则》(JTG/T D70/2-01—2014)中规定入口段划分为 TH_1、TH_2 两个照明段，与之对应的亮度分别按式(11.19)及式(11.20)确定：

$$L_{\text{th1}} = k \times L_{20}(S) \tag{11.19}$$

$$L_{\text{th2}} = 0.5 \times k \times L_{20}(S) \tag{11.20}$$

式中，L_{th1} 为入口段 TH_1 的亮度，cd/m²；L_{th2} 为入口段 TH_2 的亮度，cd/m²；k 为入口段亮度折减系数，可按表 11.6 取值；$L_{20}(S)$ 为洞外亮度(cd/m²)，可按表 11.7 取值。

表 11.6　入口段亮度折减系数 *k*

设计小时交通量 N		设计速度 v_1				
单向交通	双向交通	120km/h	100km/h	80km/h	60km/h	20～40km/h
⩾1200 辆/(h · ln)	⩾650 辆/(h · ln)	0.070	0.045	0.035	0.022	0.012
⩽350 辆/(h · ln)	⩽180 辆/(h · ln)	0.050	0.035	0.025	0.015	0.010

注：当交通量在其中间值时，按线性内插取值；ln 指车道数。

表 11.7 洞外亮度 $L_{20}(S)$ (单位：cd/m^2)

天空面积百分比	洞口朝向或洞外环境	设计速度 v_1				
		20～40km/h	60km/h	80km/h	100km/h	120km/h
35%～50%	南洞口			4000	4500	5000
	北洞口			5500	6000	6500
25%	南洞口	3000	3500	4000	4500	5000
	北洞口	3500	4000	5000	5500	6000
10%	暗环境	2000	2500	3000	3500	4000
	亮环境	3000	3500	4000	4500	5000
0	暗环境	1500	2000	2500	3000	3500
	亮环境	2000	2500	3000	3500	4000

注：①天空面积百分比指 20°视场中天空面积百分比；②南洞口指北行车辆驶入的洞口，北洞口指南行车辆驶入的洞口；③东洞口与西洞口取用南洞口与北洞口之中间值；④暗环境指洞外景物(包括洞门建筑)反射率低的环境，亮环境指洞外景物(包括洞门建筑)反射率高的环境；⑤当天空面积百分比处于表格两档之间时，按线性内插取值。

长度 L>500m 的非光学长隧道及长度 L>300m 的光学长隧道，入口段 TH_1、TH_2 的亮度应分别按式(11.19)及式(11.20)计算。长度 300m<L≤500m 的非光学长隧道及长度 100m<L≤300m 的光学长隧道，入口段 TH_1、TH_2 的亮度宜分别按式(11.19)和式(11.20)计算值的 50%取值。长度 200m<L≤300m 的非光学长隧道，入口段 TH_1、TH_2 的亮度宜分别按式(11.19)和式(11.20)计算值的 20%取值。

当通过隧道群，两座隧道间的行驶时间小于 15s，且前一个隧道的通过时间为 30s 以上时，在立即进入后续隧道的情况下，后续隧道的适应段照明亮度可适当折减，参考表 11.8。

表 11.8 隧道群亮度折减系数

两隧道之间行驶时间 t/s	t<2	2≤t<5	5≤t<10	10≤t<15
后续隧道入口段亮度折减系数	0.5	0.3	0.25	0.2

白天由入口进入自然光的影响范围约为入口高度的 2 倍，通常入口高度约为 5m，影响范围约为 10m。在此范围内，白天可以省略人工照明，但在夜间为了保持照明的连续性，仍应进行照明。

当洞外亮度发生变化时，如每日早、中、晚，天气与季节变化时，入口照明亮度可以按相应比例折减。为此，在隧道照明系统中，应设有调光设备，使隧道内亮度能随洞外亮度变化而自动调节。

3) 过渡段

过渡段是指在隧道照明中介于入口段与中间段之间的照明区段。其任务是解决从入口段高亮度到中间段低亮度的剧烈变化(常为数十倍)给驾驶员造成的不适应现象，使之能有充分的适应时间。该适应时间取决于基本段亮度与适应段亮度之比。根据适应时间与设计车速，求出过渡段所需长度，并以渐变的加强照明实现这种过渡。

《公路隧道照明设计细则》(JTG/T D70/2-01—2014)规定过渡段按渐变递减原则划分为 TR_1、TR_2、TR_3 三个照明段，与之对应的亮度为

$$L_{tr1} = 0.15 \times L_{th1} \tag{11.21}$$

$$L_{tr2} = 0.05 \times L_{th1} \tag{11.22}$$

$$L_{tr3} = 0.02 \times L_{th1} \tag{11.23}$$

长度 L≤300m 的隧道，可不设置过渡段加强照明；长度 300m<L≤500m 的隧道，当在过渡段 TR_1 能完全看到隧道出口时，可不设置过渡段 TR_2、TR_3 加强照明；当 TR_3 的亮度 L_{tr3} 不大于中间段亮度 L_{tr2} 的 2 倍时，可不设置过渡段 TR_2 加强照明。

4) 中间段

在公路隧道照明区段中，中间段照明的基本任务是保证停车视距。中间段的照明水平与空气透过率(即通风条件)、行车速度以及交通量等因素有关。在正常通风条件下中间段的亮度 L_{in} 参考《公路隧道照明设计细则》(JTG/T D70/2-01—2014)给出的取值，如表 11.9 所示。

表 11.9　中间段亮度表 L_{in}　　(单位：cd/m^2)

设计速度 v_1	单向交通(交通量)		
	N≥1200 辆/(h · ln)	350 辆/(h · ln)<N<1200 辆/(h · ln)	N≤350 辆/(h · ln)
	双向交通(交通量)		
	N≥650 辆/(h · ln)	180 辆/(h · ln)<N<650 辆/(h · ln)	N≤180 辆/(h · ln)
120km/h	10.0	6.0	4.5
100km/h	6.5	4.5	3.0
80km/h	3.5	2.5	1.5
60km/h	2.0	1.5	1.0
20～40km/h	1.0	1.0	1.0

注：当设计速度为 100km/h 时，中间段亮度可按 80km/h 对应亮度取值；当设计速度为 120km/h 时，中间段亮度可按 100km/h 对应亮度取值。

另外，行人与车辆混合通行的隧道，中间段亮度不应小于 $2cd/m^2$。当单向交通且以设计速度通过隧道的行车时间超过 135s 时，隧道中间段宜分为两个照明段，与之对应的长度及亮度不应低于表 11.10 的规定。

表 11.10　中间段各照明段长度及亮度取值

<table>
<tr><th>项目</th><th>长度/m</th><th>亮度/(cd/m^2)</th><th>适用条件</th></tr>
<tr><td>中间段第一照明段</td><td>设计速度下 30s 行车距离</td><td>L_{in}</td><td rowspan="2">—</td></tr>
<tr><td rowspan="2">中间段第二照明段</td><td rowspan="2">余下的中间段长度</td><td>L_{in}×80%，且不低于 1.0 cd/m^2</td></tr>
<tr><td>L_{in}×50%，且不低于 1.0 cd/m^2</td><td>采用连续光带布灯方式，或隧道壁面反射系数不小于 0.7 时</td></tr>
</table>

隧道长度与 L_{in} 有一定关系：隧道长，适应时间也长，L_{in} 可适当减小；反之 L_{in} 就大。从安装闭路电视的角度看，要求 L_{in} 稍大，但一般情况下，照度达到 30lx 就足够了。关于舒适性的标准，难以用一个数值限界表示，影响舒适性的因素除亮度之外还有许多其他因素，如光色、灯具布置、点光源还是线光源等都能影响驾驶员的主观感觉。

夜间没有白天那样强烈的暗适应问题，交通量也大大减少，所以照明标准可适当降低。其减少的程度以不会因此而导致交通事故为限度。夜间沿隧道全长按同一标准照明，但为了使出口处不产生黑洞效应，洞外接续道路应设计相应照明。通过自行车和行人的隧道，在保证路面亮度的同时，还要保证侧墙有足够的亮度，避免形成自行车和行人在暗带中通行的现象和可能由此导致的危险。

5) 出口段

在单向交通的隧道中，有时需要对出口段进行适当的处理，以便缓和白洞效应带来的不利影响。如出口洞外为空阔环境、面向大海、面对雪山等高亮度并能形成眩光时，出口处应加强照明，否则无须加强照明。在双向交通的隧道中，两端均为入口，同时也均为出口，两端的照明情况完全相同，不存在出口段的处理问题。

考虑出口段的眩光，朝东或朝西的出口，在日出或日落时阳光可能直接贯入隧道，形成强烈直接眩光。为了避免发生这种现象，出口应进行适当的处理。其方法主要有两个：在洞内出口段设置曲线，或在洞外设置曲线段并作遮挡。前者在出口段设曲线后阳光不会直接贯入隧道。即使有射入的阳光也会照射在墙上，经反射后可以增加出口段亮度，使驾驶员有明适应的亮度条件和时间。如果设置曲线后，出口方向刚好正对一座山，那么这种情况最为理想。后者在出口引道上设置曲线，并在曲线外侧设置挡墙、种植高大常青乔木等，挡住直射的阳光。

《公路隧道照明设计细则》(JTG/T D70/2-01—2014)规定出口段划分为 EX_1、EX_2 两个照明段，每段长度宜取 30m，与之对应的亮度应按式(11.24)及式(11.25)确定：

$$L_{ex1} = 3 \times L_{in} \tag{11.24}$$

$$L_{ex2} = 5 \times L_{in} \tag{11.25}$$

长度 $L \leqslant 300$m 的直线隧道可不设置出口段加强照明；长度 $300\text{m} < L \leqslant 500$m 的直线隧道可只设置 EX_2 出口段加强照明。

2. 亮度曲线的组成

沿道路轴线，由入口洞外的接近段经入口段、过渡段、中间段直至出口段，驾驶员在白天所需要的路面亮度变化曲线称为亮度曲线，如图 11.6 所示。

其中亮度包括自然光在路面反射引起的亮度和人工照明在路面反射引起的亮度，是综合亮度。前者有可以利用的亮度和需要限制的亮度两部分，后者是因自然光不足或根本影响不到而需用人工照明加以弥补的亮度。人工亮度沿路轴的变化曲线称为人工亮度曲线。由于自然光的影响范围很小，一般仅为 2 倍隧道入口高度(约 10m)的范围，除洞外散射光较强，可以不考虑人工照明外，在 10m 以外因自然光影响很小，不再考虑它的影响，所以只按人工亮度计算，这样做能使计算简化。

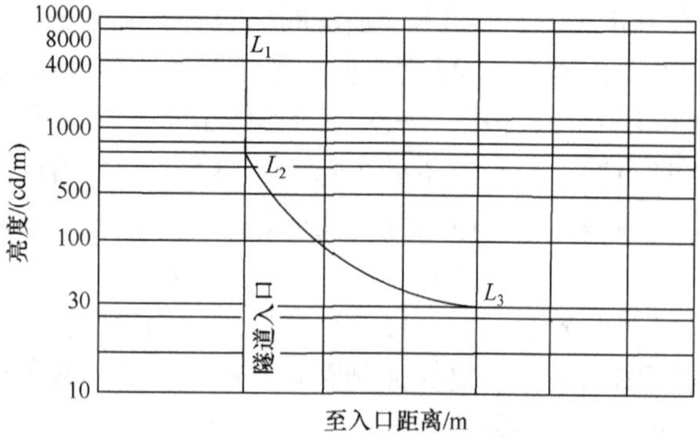

图 11.6　亮度曲线

由于目前人们对视觉适应能力的估算不一致，在入口(包括入口段和过渡段)亮度曲线的画法上相差甚远。我国《公路隧道照明设计细则》(JTG/T D70/2-01—2014)对各区段长度与亮度有具体规定。

11.3.3　隧道照明设计

公路隧道的内部照明，不仅要有足够的亮度，而且要有符合要求的质量，同时还要注意到隧道的特点，即它是一个封闭空间。当驾驶员在动态条件下观察障碍物时，需要更长的背景，即在增加的背景长度上要保证亮度和亮度对比。隧道照明必须不分昼夜地连续进行，虽然在点灯率上有变化，为了使照明可靠，确保连续性，必须保证有两个以上独立电网供电，并要求它能有效地自动转换。为了避免瞬间停电或转换电源时发生短暂的黑暗，应当设置瞬时启动(1/5～1/10s 以内)的辅助电源电池组作为瞬间照明设备。事故照明与正常照明应分别接在不同的供电线路上。

隧道照明的效果，不仅取决于电灯的亮度，也与背景空间的反射率密切相关，为此墙面和路面宜用反射率高的材料。一般隧道墙面反射率应大于 0.7，明亮的混凝土路面反射率为 0.24～0.31，明亮的沥青路面反射率为 0.18～0.21，很深的黑色路面反射率为 0.11～0.14。为了使路面明亮，采用加入浅色石子和氧化铁填料的沥青路面改善路面亮度。提高墙面的反射率，对改善照明效果十分有益，一般均采用明亮的颜色作为内装的基本色调，比较理想的墙面颜色是淡黄色和浅绿色。墙面应当平滑，容易清洗，并且难以附着灰尘和油污。墙面内装材料可用瓷砖和建筑饰面材料，也可使用加入氯化橡胶的油漆作涂料。顶棚也是背景的一部分，尤其在坡道上作用更明显，但顶棚的装修目前仍然需要研究。

1. 光源

作为采光和照明的电发光体称为电光源，目前常用的光源可分为热辐射光源和气体放电光源两大类。

1) 热辐射光源

利用电能使物体加热到白炽程度而发光的光源称为热辐射光源，如白炽灯、卤钨灯。

2) 气体放电光源

利用气体或蒸气放电而发光的光源，如荧光灯、荧光高压汞灯、高压钠灯、金属卤化物灯等。

隧道照明的光源，除了应满足在隧道特定环境下的光效、光通量、寿命及工作特性、光色、显色性和控制配光的难易程度等主要要求，还应选择在汽车排烟形成的烟雾中仍能保证有良好能见度的光源。因此，在通常情况下，应使用在烟雾中有较好透视性的低压钠灯，如果是短隧道或柴油车比例较小的隧道，烟雾较少，也可使用显色性好的荧光灯。隧道出入口照明，可用小型大光通量的高压钠灯或高压汞灯。随着新一代光源的不断问世，应积极选择、应用新光源。

隧道照明常用电光源种类和主要特性归纳如表 11.11 所示，供设计选择光源时参考。

表 11.11　隧道常用电光源的主要特性

光源名称	白炽灯	荧光灯	荧光高压汞灯	高压钠灯	低压钠灯
额定功率范围/W	10～1000	6～125	50～1000	100～400	18～180
光效/(lm/W)	6.9～19	25～67	30～50	90～100	100～175
平均寿命/h	1000	2000～3000	2500～5000	3000	2000～3000
一般显示指数 R	95～99	70～80	30～40	20～25	—
启动标定时间	瞬时	1～3s	1～2min	4～8min	7～15min
再启动时间	瞬时	瞬时	5～10min	10～20min	>15min
功率因数 $\cos\varphi$	1	0.33～0.7	0.44～9.67	0.44	0.06
频闪效应	不明显	明显	明显	明显	明显
表面亮度	大	小	较大	较大	较大
电压变化对光通量的影响	大	较大	较大	大	大
环境温度对光通量的影响	小	大	较小	较小	小
耐振性能	较差	较好	好	较好	较好
所需附件	无	镇流器、启辉器	镇流器	镇流器	漏磁变压器

2. 照明器(灯具)

照明器是根据对照明质量的要求，重新分布光源发出的光通量，防止人眼受强光作用的一种设备。它包括光源，控制光线方向的光学器件(反射器、折射器等)，固定和防护灯泡以及连接电源所必需的组件，供装饰、调整和安装用的部件等。通称照明灯具简称灯具。

灯具的作用是将光源光通量重新分配，提高光源所发出光通量的利用率，达到合理利用光通量和避免光源引起的眩光，保护视觉和光源等目的，此外还可起到装饰美化的效果。

1) 灯具的配光功能

不同的灯具分配光通量的特性不同。根据灯具在各个方位和角度的发光强度，可以得到光强体，并进一步通过灯具轴线的一个截面得到配光曲线。大部分灯具的形状都是轴线对称的旋转体，所以发光强度的空间分布也是轴线对称的，这种配光称为对称配光。另一部分灯具的形状是不对称的，此时需要做出一组曲线来表示不同方位和角度的配光情况，这种配光称为非对称配光。

在隧道照明中，根据灯具的种类和设置位置，可以有不同的选择。例如，适于隧道照明的线光源(荧光灯灯具)即属于非对称配光。灯具通常设置在顶棚或顶棚与墙顶交角处。

2) 灯具的保护角与限制眩光的措施

由光源的高亮度或高亮度对比直接射入眼睛所造成的眩光称为直接眩光。随着视线从眩光源移开的角度不同，对视力的影响程度也相应变化，如图 11.7 所示。在一些表面光滑的反光面上，反光强烈还能造成反射眩光。

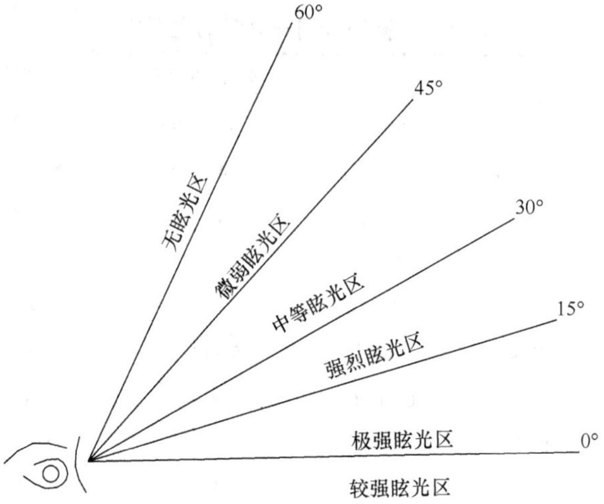

图 11.7　眩光强弱与视角的关系

眩光对视力危害很大，轻则使人产生不舒适感和降低视度，严重时可使人眩晕，甚至造成事故，为道路照明所不允许，尤其隧道照明更不能允许。即使轻微眩光，长时间照射也会使视力降低，在静态条件下目标与背景亮度对比超过 1/100 时就能引起眩光。所以，眩光限制是衡量道路照明质量的重要指标之一。

影响眩光作用强弱的因素，除上述与视角相对位置、眩光光源的亮度有关外，还与光源尺寸、背景亮度有关。光源尺寸小，眩光作用就小。因此，在强眩光视角区内光源面积较小时眩光可以相应小些。背景亮度较大时眩光作用相对减小；当背景亮度很小(很昏暗)时，即使不大的亮度也可引起眩光。通常采用的限制眩光的措施有：限制光源亮度；选择适当的悬挂高度和必要的保护角；适当提高环境亮度；合理布置光源等。

在隧道照明中，应当避免光源亮度过大。因此，低功率的线光源(荧光灯)，较其他光源更适宜。当光源亮度较大时，应考虑用半透明材料或不透明材料制成的灯罩减少亮度或遮挡强光直射眼睛。半透明材料有乳白玻璃、毛玻璃、花纹玻璃或塑料制品等，不透明材料有搪瓷灯罩、金属材料灯罩等。

经过灯具的透射和反射，光源的光通量必然要损失一些，所以灯具的效率总是小于

1。由于隧道内空气中含有油污、灰尘及其他有害物质的附着和腐蚀，灯罩变脏很快，因而需要经常清洗。洞内空气往往是潮湿的，所以灯具应当是封闭式的，隧道内使用的灯具应当在工厂组装成套，当光源的发光效率下降到初始值的 70%时，应整套更换。

灯具的设置位置，应该选择在行车限界之外，并能对墙面和路面进行最有效照明的位置，同时还应考虑到检修方便。光源有外露式和嵌入式之分。外露光源的表面亮度不宜过大，否则将导致眩光。当眩光光源较强时，可以考虑设置成嵌入式。

为了避免直接眩光，要求灯具有一定的保护角，保护角是指灯具的开口边缘至发光体最边缘的连线与水平线(人眼通常是平视状态)所成的夹角，以 α 表示，如图 11.8 所示。α 角通常不应小于 30°，最好为 45°，嵌入式灯具可以参照 α 值设计。

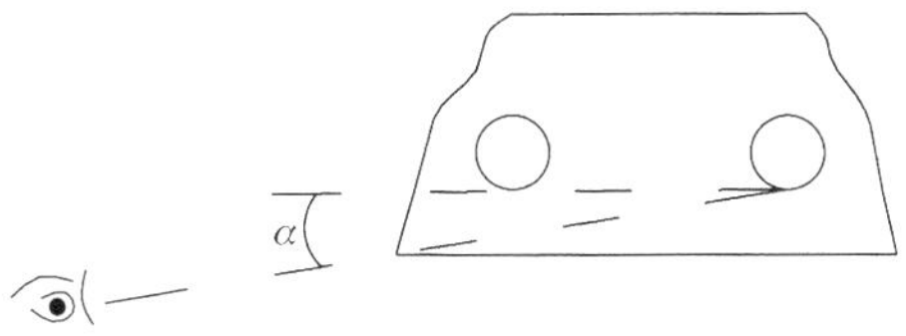

图 11.8 灯具的保护角

灯具中的反射板与灯之间的位置关系，应该是可调节的，以便把照射在路面上的亮度调节到最佳值。

3) 灯具的选择与布置

隧道用灯具的主要作用是控制配光及保护光源。在选择时，应注意以下几点：

(1) 灯具的配光特性是否符合照明目的，是否符合设置该灯具场所的几何条件；

(2) 形状和尺寸是否小而坚固，安装、维修应方便；

(3) 材料应有良好的耐腐蚀性能，必要时要施以表面处理；

(4) 对隧道墙面的配光及烟尘的污染应充分注意；

(5) 在满足照明质量、环境条件及防触电保护要求的情况下，尽量选用光输出比高、利用系数高、寿命长、光通量衰减小的灯具。

为了使路面亮度、均匀度、眩光及诱导性等照明基本参数较好，应该在选择灯具的悬挂方式、高度、间距等各方面进行综合考虑，以便获得最佳效果。

灯具的布置方式很多，可安装在拱顶、墙壁或吊装顶棚上，沿隧道纵向有单排布置，也有双排布置。在双排布置的情况下，既有成对布置的，也有交错布置的。总之，灯具的合理布置就是在最经济的条件下达到最好的照明效果，灯具的布置方式如图 11.9 所示。

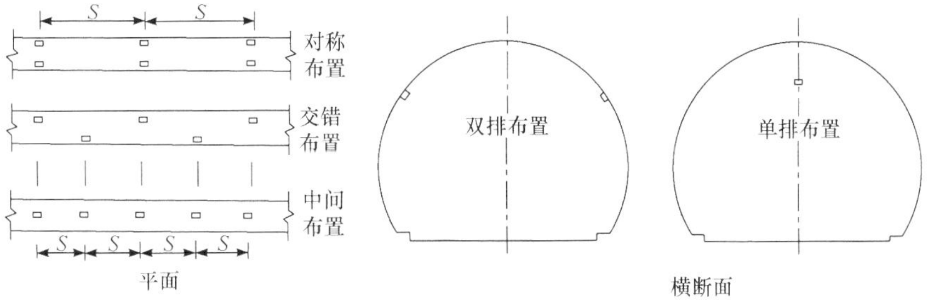

图 11.9 灯具的布置方式

灯具的间隔 S 与悬挂高度 H 之间，若组合得好，则能得到较好的路面亮度均匀度。一般可按下列关系组合。

对称排列：

$$S \leqslant 2.5H$$

中间排列及交错排列：

$$S \leqslant 1.5H$$

3. 隧道照明计算

根据视觉适应的要求，隧道照明分为接近段、入口段、过渡段、中间段和出口段。隧道照明计算自然也要分段进行。受烟尘影响，隧道墙、顶的反射率较低，在进行照度和亮度计算时，可以只考虑光源的直射作用。隧道照明的质量目前主要是用路面照度和亮度值来评价的，所以本节只简要介绍快速、实用的照度和亮度计算方法，详细的照明计算可参见相关书籍。

照度计算的目的是根据所需要的照度值及其他已知条件(灯具形式及布置、照明场所各个面的反射条件及污染情况等)来决定灯具的容量或灯具的数量，或在灯具形式、布置及光源的容量都已确定的情况下，计算某点的照度值。不论水平面、垂直面还是倾斜面上的某一点的照度，都是由直射光和反射光两部分组成的。

照明计算前应补充收集下列资料：①路面材料及其亮度系数或简化亮度系数；②灯具布置方式及安装高度、间距、仰角；③光源及灯具的类型、规格；④灯具的光强分布表、利用系数曲线图、等光强曲线图、亮度产生曲线图等光度数据。

照度计算的基本方法有利用系数法与逐点计算法(包括平方反比法、等照度曲线法、方位系数法等)，利用系数法用于计算平均照度与配灯数，逐点计算法用于计算某点的直射照度。它们的特点及适用范围见表 11.12。

表 11.12　照度计算法的特点及适用范围

方法名称		特点	适用范围
利用系数法	利用系数计算	此法考虑了直射光与反射光两部分所产生的照度，计算结果为水平面上的平均照度	计算室内水平面的平均照度，特别适用于反射条件的房间
	查概算曲线		一般生产及生活用房的灯数概略计算
逐点计算法	平方反比法	此法只考虑直射光产生的照度，可以计算任意面上某一点的直射照度	采用直射照明器的场所，可直接求得水平面照度，也可乘上系数求得任意面上的照度
	等照度曲线法		
	方位系数法		使用线光源的场所，求算任意面上一点的照度

照明设备久经使用后，被照面照度值会下降，这是由光源本身的光通量衰减、灯具被污染、透光材料及反光材料的老化等因素引起的。为了维持一定的照度水平，计算布灯时要考虑维护系数(表 11.13)，以补偿这些因素的影响。隧道内烟尘大，灯具不易擦洗，所以设计计算时应选用较低的维护系数。

表 11.13　维护系数

环境特征分类		维护系数		灯具擦洗次数/(次/年)
		白炽、高压荧光灯、日光灯	卤钨灯	
清洁	很少有灰尘、烟、烟灰及蒸汽(如办公室、阅览室、仪表车间等)	0.75(0.8)	0.8(0.85)	2
一般	有少量灰尘、烟、烟灰及蒸汽(如商店营业厅、剧场观众厅、机加工车间等)	0.7(0.75)	0.75(0.8)	2
污染严重	有大量粉、烟、烟灰及蒸汽(如铸工、锻工车间、厨房等)	0.6(0.65)	0.65(0.7)	3
室外	露天广场、道路	0.7	0.75	2

注：括号内数值用于反射光很少的场合。

1) 照度计算

路面一点上的照度是将所有灯对这一点产生的照度的叠加(其他光源所产生的照度忽略不计)，则一点 P 上的全部照度为

$$E_P = \sum \frac{I_{\gamma c}}{h^2} \cos^3 \gamma \tag{11.26}$$

式中，$I_{\gamma c}$ 为灯具指向 P 点方向的光强，方向用角 γ 表示；h 为计算灯的高度；n 为计算灯数。

一般路灯的光度数据图表给出的是等光强曲线，按 P 点所对应的方向角 γ 在曲线上查得 $I_{\gamma c}$。代入式(11.26)即可求得一盏路灯对 P 点产生的照度 E_P。如有几盏路灯时，逐盏重复这个过程，就可求出任何一种道路照明布置中一点上的总照度值。

为计算方便，往往做成等照度曲线。图 11.10 是 JTY-61 路灯(250W 高压钠灯)的等照度曲线。图中，计算高度为 10m，灯下垂直点照度 33.7lx，若安装高度不等于计算高度，则应用高度修正系数(表 11.14)来修正计算照度。

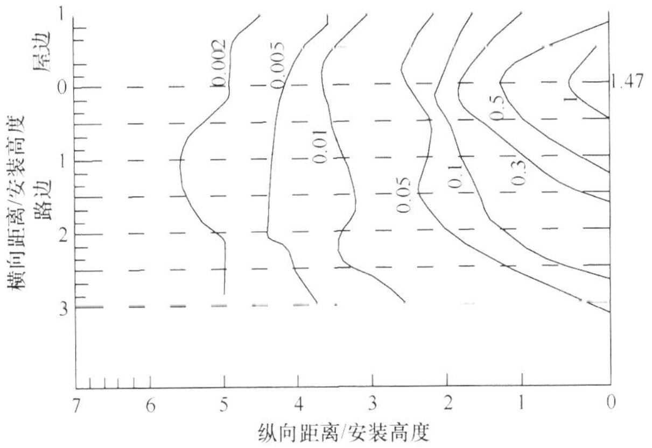

图 11.10　等照度曲线(单位：lx)

表 11.14　高度修正系数

安装高度/m	5	6	7	8	9	10	11	12	13	14	15	16
修正系数	4.00	2.78	2.04	1.56	1.23	1.00	0.83	0.69	0.59	0.51	0.44	0.39

计算一条无限长直道路上的平均照度，采用利用系数法求得，其计算公式为

$$E_{av}=\frac{n\Phi_s UNM}{WS} \tag{11.27}$$

式中，Φ_s 为光源光通量，lm；n 为每盏路灯中的光源数；M 为维护系数；W 为道路宽；S 为灯间距；N 为路灯排列方式，单排交错排列为 N=1，双侧排列 N=2；U 为路灯利用系数(查利用系数曲线得到)。

利用系数 U 指一盏路灯的照明范围内，确实照到路面上的光通量 Φ' 与光源所发出的总光通量 Φ 之比，如式(11.28)所示：

$$U=\frac{\Phi'}{\Phi} \tag{11.28}$$

灯具的利用系数曲线可以用两种方式得到：

(1) 作为横向距离的函数计算(以灯高 h 为计量单位)，其中，横向距离为路灯纵轴线到道路的两边侧面，如图 11.11 所示。

(2) 作为角 γ_1 和 γ_2 的函数计算，这两个角是路灯对两边侧面的张角，如图 11.11 所示。

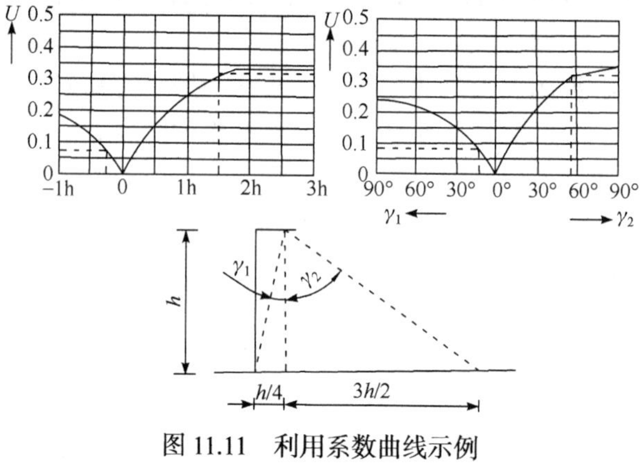

图 11.11　利用系数曲线示例

在每种情况下，“近墙侧”的 U 值和“远墙侧”的 U 值加起来必须等于整个路宽的真正利用系数。第一种表达方式对已知断面的隧道提供一种确定 U 值的简单方法。用第二种表达方式还能确定不同灯具倾角所对应的利用系数，从而求得较佳的平均照度。

另外，在《公路隧道照明设计细则》(JTG/T D70/2-01—2014)中给出了一种简单计算平均水平照度的方法。该方法利用灯具的光强分布表，可按下列步骤计算路面平均水平照度。

(1) 计算某一灯具在洞内路面计算点 P 产生的水平照度，可按式(11.29)计算：

$$E_{Pi}=\frac{I_{\gamma c}}{h^2}\cos^3\gamma\times\frac{\phi}{1000}\times M \tag{11.29}$$

式中，E_{Pi} 为灯具在洞内路面计算点 P 产生的水平照度，lx；γ 为 P 点对应的灯具光线入射角，(°)；$I_{\gamma c}$ 为灯具在计算点 P 的光强值，cd；M 为灯具的养护系数；ϕ 为灯具额定光通量，lm；h 为灯具光源中心至路面的高度，m。

(2) 计算数个灯具在计算点 P 所产生的照度：

$$E_P = \sum_{i=1}^{n} E_{Pi} \tag{11.30}$$

式中，E_P 为 P 点的水平照度，lx；n 为灯具数量，计算时可取计算区域前后各一组。

(3) 计算路面平均水平照度：

$$E_{\mathrm{av}} = \frac{\sum_{i=1}^{n} E_{Pi}}{m} \tag{11.31}$$

式中，E_{av} 为路面平均水平照度，lx；m 为计算区域内计算点的总数。

2) 平均照度与平均亮度的换算

能否看清路面及路面上的障碍物，取决于路面及障碍物的亮度。路面的亮度与其反射特性有关，路面的反射特性用亮度系数 q 表示，这个系数定义为一点上的亮度 L 与该点上的水平照度 E 之比，其取决于观察者和光源相对于路面上所考察点的位置(图 11.12)，即

$$q = q(\alpha, \beta, \gamma) \tag{11.32}$$

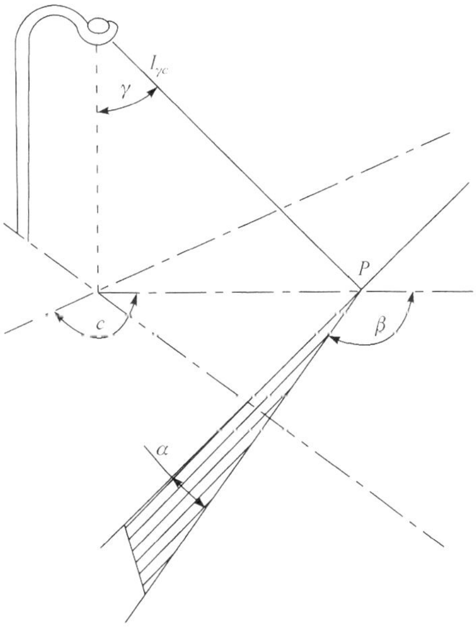

图 11.12　决定亮度系数的角度

对于驾驶员，主要观察车前 60～160m 这部分的隧道路面，此时，α 在 1.5°～0.5°范围内变化，因此可将 α 假定为一个固定值 1°(国际照明委员会标准)，此时路面亮度系数取决于 β、γ 两个角度的值。

路面某点的亮度可表示为

$$L = q(\beta, \gamma)E(c, \gamma) = \frac{q(\beta, \gamma)I_{\gamma c}}{h^2}\cos^3\gamma \tag{11.33}$$

式中，$I_{\gamma c}$ 为灯具在 P 点方向的光强；$q(\beta, \gamma)$ 为路面亮度系数；其他符号含义同前。

所有路灯对 P 点产生的亮度总和即 P 点的总亮度，如式(11.34)所示：

$$L_P = \sum \frac{I_{\gamma c}}{h^2} q(\beta, \gamma)\cos^3\gamma \tag{11.34}$$

实际上，路面亮度及其分布，除与照明条件、观测方向有关外，还与路面色彩的明暗程度、路表面粒度的粗细及其干湿状态等有关，相对比较复杂，故一般用求其平均亮度的方法计算。路面平均亮度和平均照度可用式(11.35)求得：

$$L_r = QE_{av} \tag{11.35}$$

式中，Q 为照明设备的综合亮度系数，在灯具配光、配置、观测场所等确定后，在固定的光入射方向和观测方向上，Q 是个定值。

Q 的倒数($1/Q = E_{av}/L_r$)称为平均照度换算系数，国际照明委员会的推荐值列于表 11.15。其中，暗路面如沥青混凝土路面，明路面如水泥石子混凝土路面等。

表 11.15　国际照明委员会推荐的平均照度换算系数

灯具配光类型	为获得 1cd/m² 亮度所需的平均照度换算系数	
	暗路面(ρ<0.15)	明路面(ρ>0.15)
截光型	24	12
半截光型	18	9
非截光型	15	5

注：ρ 为路面反射率。

4. 隧道照明设计的程序与要求

隧道照明设计必须符合隧道设计规范中有关照明的要求，照明电气设计还必须符合电气设计规范(规程)的有关规定。

按我国目前的设计程序，多数采用两阶段设计：初步设计和施工图设计。各阶段的设计深度和有关的设计内容、图纸、说明等要求分述如下。

1) 初步设计

(1) 初步设计的深度要满足下列要求：

① 综合各项原始资料经过比选，确定电源、照度、布灯方案、配电方式等初步设计方案，作为编制施工图设计的依据；

② 确定主要设备及材料规格和数量作为订货的依据；

③ 确定工程造价，据此控制工程投资；

④ 提出与其他工种设计及概算有关的技术要求(简单工程不需要)，作为其他有关工种编制施工图设计的依据。

(2) 说明书内容如下：

① 照明电源、电压、容量、照度选择及配电系统形式的确定原则；

② 光源与灯具的选择；

③ 导线的选择及线路控制方式的确定；

④ 工作、应急、检修照明控制原则，应急照明电源切换方式的确定。

(3) 图纸应表达的内容及详细程度如下：

① 照明干线、配电箱、灯具、开关平面布置，并注明区段名称和照度；

② 由配电箱引至各灯具和开关的支线。

(4) 计算书：照度计算、保护配合计算、线路电压损失计算等。

(5) 主要设备材料表：统计出整个工程的一、二类机电产品(灯具、导线、电缆、配电箱、开关、插座、管材等)和非标准设备的数量及主要材料。

2) 施工图设计

(1) 施工图设计深度的要求如下：

① 据此编制施工图预算；

② 据此安排设备材料和非标准设备的订货或加工；

③ 据此进行施工和安装。

(2) 图纸应表达的内容与深度如下。

① 照明平面图：

a. 配电箱、灯具、开关、插座、线路等平面布置；

b. 线路走向、引入线规格、有功计算容量、电能计算方法；

c. 复杂工程的照明，需绘局部平、剖面图；

d. 图纸说明，包括电源电压、引入方式，导线选型及敷设方式，设备安装高度，接地或接零，设备、材料表。

② 照明系统图：用单线图绘制、标出配电箱、开关、熔断器、导线型号规格、保护管径和敷设方法，用电设备名称等。

③ 照明控制图：包括照明控制原理图和特殊照明装置图。

④ 照明安装图：灯具及线路安装图。

说明书、图纸的内容、深度等根据各工程的特点和实际情况会有所增减，但一般上述每个阶段设计深度要求宜达到。

另外，各种图纸的绘制应按国家现行的制图标准执行。

思 考 题

1. 说明以下常用照明术语的定义及单位：光通量、光强、照度、光出射度、亮度。
2. 普通光源施工照明中，铁路隧道和公路隧道对照度的要求各是什么？
3. 汽车白天进入并通过隧道的过程中，驾驶员视觉会出现哪些问题？
4. 一般情况下，驾驶员的注视范围多大，取决于什么因素？

5. 简述影响驾驶员视觉的主要因素。
6. 何为隧道亮度曲线，其是如何组成的？
7. 常用照明电光源分哪几类，各自的特点是什么？
8. 简述照明计算的几种方法、其特点和适用范围。

第12章 隧道养护

12.1 概　　述

隧道结构的寿命是指设计时预计结构可安全稳定的工作年限。影响隧道寿命长短的因素有：隧道结构形式；使用的建筑材料；外界因素，如人为因素、工程地质和水文地质状态等，当然一些偶然因素也会使隧道寿命出现较大变化。为了尽量延长隧道结构寿命，应对隧道进行经常性养护。隧道养护应本着预防为主、预防与及时整治病害相结合的原则。要经常对隧道进行检查，及时发现问题，并采取有效措施，做到防治结合，把病害控制到最小范围。

隧道养护是指对隧道结构(主要指衬砌和洞门)及其附属结构的养护，按业务范围和工作性质可分为检查、保养、维修和大修等内容。隧道养护的基本任务是，根据隧道运营中的状态变化，合理投入人力物力，适时进行维修养护，预防或延缓设备状态的劣化，使之保持均衡完好状态，以保证车辆安全不间断地运行。

不同于地面结构，隧道内侧是半封闭的大气环境，内部酸性气体是影响其使用寿命的主要因素。而隧道外侧与地下水、复杂岩土介质、侵蚀性介质等紧密接触，服役环境复杂多变，寿命的影响因素复杂多样。因此，因隧道结构没有在合理的时间维修补强而引发的病害整治比一般地面建筑物更加严峻。最近，日本一些学者提出“2020年警钟”，指出日本从土建大国转化成修缮大国的必然趋势，而我国乃至世界上绝大多数国家都将面临同样的问题。表12.1给出了三个隧道大国隧道结构维修费用增加和结构劣化的基本情况。目前我国近半数隧道都已进入高维修管理阶段，维修费用的大幅增长不容忽视。因此，进行隧道日常养护意义重大。

表12.1　隧道维修费用及病害情况

国家	维修费用增加情况	结构劣化情况
中国	据成都铁路局统计，目前铁路隧道每年维修费用需求量达5亿元，但仅能到位1亿元，依然维持着“癌症疗法”，预计今后增长速度惊人	2007年铁路隧道检查统计：既有隧道5000余座，总长2500km，大都存在不同程度病害，有的还相当严重。失格隧道占隧道总数的65%。其中严重漏水1502座，占46%；严重腐蚀裂损710座，占22%；仰拱或铺底变形损坏占9.8%；拱拱掉块占12.4%。2008年统计铁路隧道受腐蚀而裂损的有1734座，占隧道总数的23.2%
美国	1975年由腐蚀引起的损失达700亿美元，1985年高达1680亿美元，今后每年用于维修或重建的费用预计将达3000亿美元	对于19世纪60年代以后才大力修建的隧道结构，接近1/3的隧道在使用过程中出现了功能性和结构性的损伤
日本	日本预计结构物维护费和改建费仅建设省就超过2兆亿日元，是2003年的3倍，维护费用将成为日本财政的巨大负担	日本建设省对全国3529座公路隧道检查，发现60%以上的隧道都存在着不同程度的病害。铁路隧道病害也相当严重，其中高速铁路隧道曾相继发生多起掉块事件

12.1.1　我国隧道工程病害及养护问题

1. 铁路隧道

我国主要铁路隧道的病害统计见表 12.2。

表 12.2　我国铁路隧道病害统计

线别	隧道总座数	严重漏水/座	衬砌裂损/座	仰拱、铺底损坏/座	塌方落石/座	失格座数/失格率(%)
陇海	232	80	134	—	33	207/89.2
成昆	276	170	58	28	36	235/85.1
襄渝	400	224	88	117	86	333/83.3
阳安	148	92	48	3	18	122/82.4
宝成	344	66	17	4	37	267/77.6
贵昆	180	63	32	34	31	134/74.4
焦柳	436	95	27	4	8	195/44.7
京原	128	19	4	1	6	83/64.8
襄黔	319	33	3	43	5	117/36.7

2. 公路隧道

公路隧道普遍存在渗漏水现象，20 世纪 60 年代以前修建的隧道大多未进行防水处理，其渗漏水问题比较突出。近年来一些新建的公路隧道也存在较严重的渗漏水现象。公路隧道渗漏水已被列为公路工程十大通病之一。另外，公路隧道内以内燃机动力车为主，废气和有害气体排放量大，普遍存在洞内空气污染问题。由于照明设计或运营管理不善，隧道内部亮度及照度达不到规范要求，会导致交通事故。这些问题极有可能引发灾难性的火灾事故。

3. 地铁隧道

一般来讲，采用盾构法施工的单洞圆形地铁隧道，每环衬砌由 5～7 块管片组成，每一环的接缝长度为 20～30m。在饱和软土中的隧道，受盾构施工工艺、地铁运营循环荷载和土质分布不均等影响，在水头压力作用下，渗漏水是目前地铁隧道的通病，随着服务期限的增加，其他病害也会出现。除此之外，还有地铁隧道人流密集，通风不良引起人的感觉不适；始终存在火灾引发重大伤亡事故的威胁。

与发达国家相比，我国隧道建设起步较晚，隧道设计、施工经验都存在一定差距，思想认识也存在偏见，使得病害发生率大于发达国家。我国目前在隧道养护方面存在的问题主要有：

(1) 已建隧道运营状态堪忧。我国目前还没有真正地把维修管理的理论和方法运用到隧道的养护管理中，这与一些发达国家差距明显。也就是说，要在维修管理中建立一个新的概念，即结构物在设计基准期内受到劣化外力作用(环境条件的变化等)，以把劣化状态控制在容许水准以内为目标；同时，根据经济性来设定材料规格设计基准和施工工艺，并确定相应的维修管理基准的概念。

(2) 隧道施工单位良莠不齐，且存在“重建设、轻维护”的理念。隧道投入运营后，缺乏早期发现变异现象的检查和检测方法，特别是铁路隧道由于洞内的运营条件差(潮湿、阴暗等)，很难早期发现变异的前兆和变异现象。因此，在日常检查中，充实、改进、完善检查和检测方法是当务之急。

(3) 对既有隧道功能状态的判定和评价方法有待提高。

(4) 目前，我国有近百年历史的铁路隧道已经进入“高维修”管理期。为了延长或提高隧道的使用寿命，必须改变“重建设，轻维护”，“重治理，轻检查”，“重晚期，忽视早期”等传统观念，建立“预防为主、早期发现、及时维护、对症下药”的基本观念。

(5) 我国隧道建设与维护的经验相对国外尚存在一定差距，对隧道健康的认识存在着严重不足，另外，我国隧道整治变异的方法也落后。因此，将一些成熟、有效、先进的整治方法模式化是十分必要的。

12.1.2 隧道病害检查

检查及发现隧道结构是否出现病害是隧道养护工作的重要内容，其目的是尽早发现结构已出现的破损，避免由于破损程度的发展而导致破损范围的扩大，以便尽可能减少维修的程度以及维修的工程费用，即遵循早发现、控制发展、早维修、少工料的原则。

1. 隧道质量检查

1) 隧道检查

隧道检查是做好隧道大修、维修工作的重要依据。对隧道建筑物进行周密检查的目的是详细了解隧道建筑物在运营中所发生的变化，及时发现病害和分析病害原因并据以采取有效防治措施，合理安排大修工作；积累技术资料，系统地掌握隧道状态，使其经常保持较好状态，保证车辆安全和不间断地运行。

对隧道建筑物的检查是隧道维修工作中极其重要的组成部分。各有关单位应建立检查登记簿、病害观测记录簿，并按规定认真填写，保证数据准确可靠，为分析评定状态和编制修理工作计划提供依据。为保证检查的工作效率和质量，应配备必要的交通工具，对各级检查人员配备检查工具和仪器、仪表，仪器、仪表应定期标定，统一计量标准。

2) 隧道检查分类

隧道检查一般有经常检查、定期检查、特别检查和限界检查四种。

(1) 经常检查：其内容包括排水设施是否通畅、衬砌表面是否漏水、洞口山坡是否有塌方落石、隧道上方地表是否出现冲沟和陷穴，且对已有病害进行观测并做好记录以便存档。

(2) 定期检查：对管区内所有隧道进行每年一次的全面检查。检查时间一般在秋季或春季，故称为秋检或春检。检查内容包括洞口、洞内各种建筑物的状况，可能产生的病害，洪水前后的状态变化以及严寒地区春季冰雪融化后对建筑物的影响等。

(3) 特别检查：应由隧道负责单位或指定有关单位组织，对个别长大、构造复杂和有严重病害的隧道进行特别检查。

(4) 隧道限界检查：隧道限界检查是专门对隧道衬砌限界所进行的全面检查，是隧道技术管理的重要内容之一。至少每5年检查1次，并做好检查记录以便存档。

3) 检查重点

隧道衬砌的检查，可使用分格检查方法。当发现衬砌腐蚀、裂缝或变形时，应安设测标，定期观测。还应对衬砌厚度、背后空洞、仰拱和铺底等情况进行检查。

对隧道内漏水涌水，应查明水源，并在每年流量最大的月份和地点，测量水流量和水温(严寒地区冬季最冷月份应增测水温)。在必要时，须取样化验水质，了解其是否对衬砌有侵蚀。

应检查隧道洞口边仰坡崩塌落石、滑坡情况，偏压隧道或明洞的山体滑动和衬砌有无变形裂缝等，明洞顶填土厚度和坡度是否符合要求。

运营中应按规定设置机械通风，在通风不良的隧道，应组织卫生等有关部门每年进行1次抽取空气试验测定有害气体的浓度，找出最大浓度及降至容许浓度的时间，必要时应进行通风试验同时测定自然风和活塞风的情况。

应对隧道内的排水设施出入口的天沟、吊沟、截水沟及隧道顶防排水情况进行检查。

2. 隧道病害调查

隧道病害发生较多的地段，从地质情况看，一般是断层破碎带、风化变质岩地带、裂隙发育的岩体、岩溶地层和软弱围岩地层等；从地形情况看，多发生在斜坡、滑坡构造带和岩堆崩塌地带等。主要的调查内容有以下几点。

1) 地质调查

对隧址处的工程地质和水文地质进行调查，包括设计勘测资料、施工所遇地质情况以及竣工资料等，必要时还需进行补充钻探勘测。应特别注重地下(地表)水的水质、水量以及水对围岩、结构等影响的调查分析。在对地质资料进行分析时，应特别注意围岩中是否夹有泥岩、千枚岩、泥质页岩和碳质页岩等膨胀性岩层，很多隧道产生病害的一个重要原因就是施工中未对存在此类岩层的围岩采取有效工程措施。

2) 施工情况调查

首先，应调查基本的施工情况，如开挖方式(全断面、台阶法、分步开挖)和支护形式(矿山法、新奥法、二次衬砌是一次性施作还是先拱后墙或先墙后拱)。其次，应调查锚杆数量和质量、注浆配比和注浆量、水泥生产厂家及质量、粗细骨料检验报告、混凝土的配合比及其养护和强度、隧道监测资料等情况。最后，应对塌方(塌方规模、处理方式)及变更(原因、方案和处理方式)等情况进行重点调查，调查资料应以设计文件、施工记录及监理签认单为准，同时可以参考当时的各种会议纪要、通知及竣工文件。

3) 隧道施工质量调查

(1) 衬砌厚度及背后空洞检测。

检测方法有无损、有损或无损与有损相结合。有损检测主要采取钻孔或开天窗，目前较常用的无损检测主要用地质雷达。

(2) 衬砌强度检测。

衬砌强度检测可以用回弹法或超声回弹综合法进行普查，同时辅以钻芯试验进行修正，或直接用钻芯方法推算混凝土强度。

(3) 衬砌完整性检测。

应根据超声仪检测声波在衬砌中的传播速度与声波在相应等级混凝土中传播速度的标准值相比较，来判断衬砌混凝土强度的完整性，由于完整衬砌与有裂缝衬砌的波谱不同，因此衬砌结构的完整性主要根据波谱特征进行判断。

(4) 断面净空检测。

应用激光断面仪检测隧道净空，对各测点与设计轮廓或行车限界进行比较，判断是否侵限。

4) 裂纹调查

裂纹的分布和形态调查对判断隧道病害的成因起着关键性作用。裂纹调查项目应包括裂纹分布、宽度、深度及性质，根据调查结果，按一定比例绘制裂纹展示图。

(1) 裂纹的宽度可用读数显微镜(一般其刻度为 0.02mm)检测。

(2) 裂纹深度可用声波仪检测(也可用比较直观的钻芯法)。

(3) 裂纹成因分为张拉、受压和受剪三种，张拉裂纹为外大内小，受压裂纹为外小内宽，裂纹附近有不规则的鱼鳞状，受剪裂纹用手触摸有错台情况。

(4) 应观察裂纹随时间的发展动态。目前也可采取摄影方法进行裂纹调查，但此法只能显示裂纹的宏观表象，很难反映微观表象。

5) 渗漏水调查

应调查渗漏水范围(里程)、部位、出水形式、水量、水压及水质，并绘制展示图，可与裂纹展示图一并绘制。

6) 路面或基底调查

绘制路面或基底下沉、翻浆冒泥(出泥、出水点)的展示图，采取钻芯法查明基底的围岩性质，绘制钻芯柱状图，同时查明常年地下水位。

7) 地下水调查

应调查地下水流向、补给及含水层分布。若衬砌出现腐蚀现象，应进行地下水的化验；有时边沟的水可能不具有腐蚀性，这时应在腐蚀地段进行钻孔，提取围岩裂隙水进行化验。

12.1.3 隧道病害原因

引起隧道病害的原因有多种，主要可分为人为因素和自然因素。

1. 人为因素

引起隧道病害的人为因素主要指由于设计和施工不当引起的病害，主要包括：建筑材料不当，即建筑材料强度低、质量差、易老化；设计不当，即截面形式不合理，强度偏小，密封及防排水系统不当；施工不当，即岩石松动或自承效应丧失，支护结构与岩石接触差，仰拱合拢过晚，开挖及衬砌方法不当等。

2. 自然因素

引起隧道病害的自然因素指因隧址处工程地质及水文地质、交通等状态的变化而引起的病害，主要包括：地质状态，即作用于岩体上的外力荷载发生改变；岩体自身由于发生应力重分布、松动或出现膨胀应力而改变了岩体原来的受力状态，围岩体积变化改变了原来的围岩作用；内部荷载，即交通状态的改变使洞内荷载强度及振动强度发生变化；地貌改变，即在隧道邻近处开挖土方进行振动较大的施工作业；地下水影响，即隧址处地下水位改变、水量及水质改变、密封层渗水等。

虽然引起隧道病害的因素复杂，但其基本形式和原因如表 12.3 所示。表 12.3 中：原因①表示由于基床变形而导致隧道结构产生较大的变形(图中虚线用来描述隧道结构的变形情况)；原因②表示由于侧向压力较大，隧道衬砌会发生位移、裂缝、塌落、压剪破坏(图 12.1(a))、斜压破坏及仰拱扭曲等破损情况；原因③表示在竖向压力较大时，拱圈下沉，拱顶开裂(图 12.1(b))；原因④表示当局部压力较大或有动态压力时，会发生局部脱落(图 12.1(c))、不对称变形及压剪或斜压破坏；原因⑤表示当岩石产生松动及应力重分布时，常会引起拱圈开裂、墙脚位移、压剪及斜压变形破坏；原因⑥表示流动式挤压会造成衬砌结构发生不对称位移、局部发生较大位移变形及压剪破坏；原因⑦表示当隧道无仰供时，由于开裂及位移而引起支座点发生较大位移，拱顶处发生剪压或斜压破坏；原因⑧表示当围岩产生膨胀应力时引起局部变形；原因⑨表示当围岩发生滑动时，截面被剪断；原因⑩表示在围岩产生下沉时，引起隧道沿着纵向发生不同的位移变形。图 12.1(d)表示锚杆垫板处围岩由于受力集中而出现塑性破坏。

表 12.3 衬砌破坏形式及原因

原因	病害形式
① 基床变形	
② 侧向压力	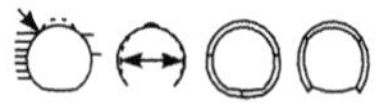
③ 竖向压力大	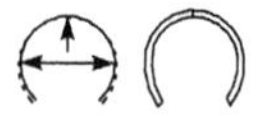
④ 局部及动态压力	
⑤ 松动及应力重分布	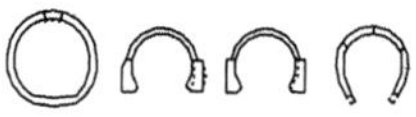
⑥ 流动式挤压	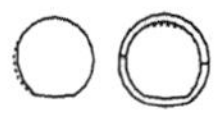
⑦ 支座位移	
⑧ 膨胀应力	
⑨ 地质滑坡	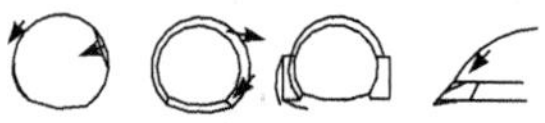
⑩ 岩石下沉	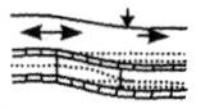

(a) 剪压破坏　(b) 拱顶开裂　(c) 局部脱落　(d) 塑性破坏

图 12.1　衬砌破坏形式图

12.1.4　隧道病害养护原则及措施

1. 原则

1) 预防为主

预防维修管理是最好的维修管理方法。也就是说，在劣化发生之前进行详细的检查，并采取必要对策不让劣化发生，这是最经济的维修管理方法。因此，建立一个完善的检查体系是十分重要的。

2) 早期发现

隧道变异的发生一般都有前兆。早期发现这些前兆，并做出正确的判定，及时处理可能发生的变异，是当前各国进行隧道维修管理的基本前提，这具有更重要的意义。早期发现、正确诊断、推定变异发生原因，应该成为进行维修管理的重要内容。

3) 及时维护

拖延处理发生的变异，只会使变异继续发展，最后可能导致隧道各种事故的发生。实践证明，出现变异及时处理，会收到“事半功倍”的效果。隧道是修筑在地下的线状结构物，围岩动态及环境条件是十分复杂的。因此，即使进行了详细的调查，有时也很难充分掌握隧道的变异状态。在变异有发展趋势的情况下，在变异发生的初期阶段，只要采取一些简单的措施就可解决问题。但如变异在发展过程中，就必须采取强有力的措施。

4) 对症下药

隧道发生变异，就和人生病一样。因此，有人把隧道的维修管理认为是“隧道临床医学”。“对症下药”是临床医学的重要原则，隧道的变异是各种各样的，整治的方法也各有不同。因此，必须了解变异与各种整治对策的相互对应关系以期获得最好的治理效果。

2. 措施

1) 建筑材料因素

(1) 如果建筑材料强度低、质量差、易老化而引起破损，可采用更换材料的维修方法。

(2) 如果建筑材料易表面脱落、风化及腐蚀，可在表面抹水泥浆或喷混凝土。

(3) 若由于材料冻裂，特别是在洞口附近，则需改善排水设施，尽可能将水引离结构，并加强通风。

2) 设计因素

(1) 如果由于外力过大引起结构强度偏低，可考虑更换高强度材料；增加钢锚杆、加受力铰以改变原来结构的受力形式；注浆加固以提高岩体的自承能力，并减少作用在隧道结构上的围岩压力，在注浆时要考虑结构原来的排水形式及排水系统。

(2) 如果隧道衬砌无仰拱，墙脚发生塑性位移，而只加固支座地基效果不明显，可考虑加钢锚杆或注浆以加强衬砌与围岩的连接，加固侧墙或增建仰拱。

3) 施工因素

(1) 如果因施工不当而造成衬砌与岩体接触差，可考虑注浆或填充，加强围岩与衬砌的连接以形成共同受力结构，减少松动。

(2) 如果由于施工引起隧道结构局部质量较差，可考虑更换。

4) 地质状态

如果由于围岩体积变化或岩体松动及应力重分布而改变了原来的抗力作用，可采用注浆填充空洞，并用钢锚杆加强隧道衬砌与围岩之间的接触。

5) 地下水

(1) 如果密封防水层发生局部破坏，可在渗水处插软管将水排入排水沟，或修建局部阻水层将水路阻塞，防止地下水流入隧道内部。

(2) 如果密封防水层被大面积破坏，而不起密封作用，通常无法恢复原来的密封层，只有考虑放弃原来的密封层，在衬砌内表面重修防水层，或采用改善排水系统功能的方法将水汇流后排出洞外。

12.2　隧道档案的建立

每座隧道都应建立相应的档案，特别是长大隧道的档案更应详细。隧道档案应收集与该隧道有关的设计、施工及竣工资料，还包括养护与维修过程中的一些记录资料，主要内容如下。

1. 隧道工程概况

(1) 隧道概况：包括隧道所处线路及区间名称，隧道全长，起讫里程，开工、竣工年月，地质情况等。

(2) 隧道结构的断面形状：包括内轮廓尺寸、衬砌材料及其厚度等。

(3) 辅助坑道：记录竖井、斜井、横洞及平行导坑的位置及其他情况。

(4) 线路情况：包括纵坡、平面、设备、道路等情况。

(5) 洞内排水设施：包括排水沟类型、长度、深度，检查井形状、间距、数量，盲沟情况、钻孔排水、泄水洞排水等情况。

(6) 洞外排水设施：包括洞外排水沟及山上排水沟类型、长度等。

(7) 路堑的起讫里程、护坡材料等。

(8) 通风设备情况。

(9) 电力及照明设备情况。

(10) 通信设施情况。

以上内容最好用表格形式表示，易于工作进行及后续处理。

2. 隧道病害展示图

在隧道检查时，应依次检查各个部位，注意发现异常情况和已有异常情况的变化。对于出现异常情况的结构，应在其适当位置做出标记，并绘入隧道病害展示图，如图 12.2 所示。

桩号		
	左墙	
土建工程	拱部	
	右墙	

隧道名称：______ 检查日期：__年__月__日

检查人： 记录人：

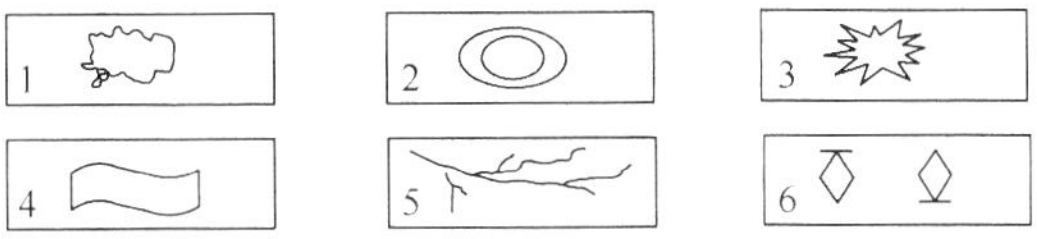

病害表述图例

图 12.2 隧道病害展示图

1-出水冒泥；2-衬砌凸起；3-围岩碎落；4-墙体变形；5-衬砌或围岩开裂；6-漏水、挂冰、堆冰

3. 隧道历史概况与现状分析

1) 隧道历史概况

在建立档案时要注意收集整理下述资料：开工时间、交付运营时间、设计及施工单位等；隧道工程地质及水文地质情况；在修建过程中，曾发生过塌方等事故的地点及处理措施等；交付运营时的工程质量及存在的问题等。

2) 隧道现状分析

在定期检查、专项检查及维修之后，应总结下述问题：

(1) 针对隧道的主要病害状况，分析其原因及危害性，并预测发展趋势；

(2) 针对主要病害曾采取过哪些整治措施，有何收效及经验教训；

(3) 历年来经过基建、大修解决了哪些问题，还存在什么问题；

(4) 对整治病害及技术改造的意见。

4. 图纸存档

1) 技术图纸

技术图纸是以后修理及维修工作开展时必须要有的资料，是保证维修及养护有效的必需文件，其主要包含：①设计单位提供的纵断面图、横断面图和平面图；②施工单位提供的衬砌内轮廓断面图、隧道开挖断面图、地形及排水设施图；③其他有关隧道的技术图纸。

2) 隧道衬砌展示图

为了便于检查、记录和分析病害，要使用衬砌展示图，即把衬砌划分为若干部分，如图 12.3 所示，每部分按纵向里程展开。

3) 隧道综合最小限界图

综合最小限界是限制装载货物最大宽度用的。隧道综合最小限界均按超高转动的线路坐标系施测计算，其测量方法可归纳为横断面法、轨迹法和摄影法。

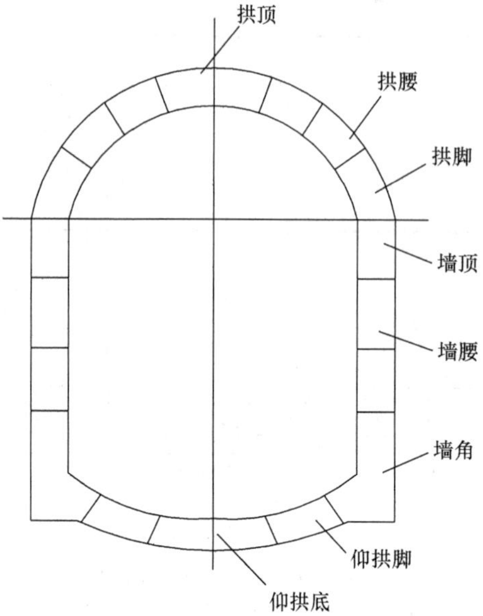

图 12.3 衬砌各部位的划分

5. 各种检查观测记录

每次检查的结果都必须进行相关的分析处理，备份保存。观测记录主要包括：①衬砌裂缝记录；②隧道洞外降雨记录；③衬砌漏水记录；④隧道洞内、外地下水的水源、流量及流速观测记录；⑤其他项目观测记录(如衬砌被腐蚀记录、冬季刨冰记录、洞内排水沟冻结记录和衬砌变形记录等)。

6. 隧道档案的建立

隧道管养单位和监管单位应建立健全的隧道技术档案管理制度，大力推广隧道信息管理系统。及时更新隧道技术数据，保证隧道技术档案真实完整，实现电子化管理。建立和完善隧道运营期管理的数字化系统，实现整条线路桥隧的综合管理，集成病害信息、养护信息以及设计、施工、勘察信息，实现数据的实时查询，为运期管理、病害治理及桥隧结构安全性评价提供服务。特别重要的特长隧道应建立符合自身特点的电子档案管理系统和养护管理系统。每次检查和养护维修结束后，及时更新隧道有关信息。

隧道档案的建立是一项细致的工作，需要管养技术人员长期逐步积累有关隧道的技术资料，为隧道的长期使用、维修、改建和扩建服务。

12.3 隧道水害及其整治措施

水害是隧道常见的一种病害，调查资料表明，大部分隧道都存在不同程度的水害。

水害不仅危害隧道结构，降低衬砌结构的可靠性，导致衬砌失稳破坏，而且还会引发其他病害，影响隧道整体结构的稳定性。

12.3.1　水害的种类及其危害

1. 隧道漏水

隧道衬砌的漏水现象一般表现为渗、滴、淌、涌等。“渗”是指地下水从衬砌外向内润湿，使衬砌内出现面积大小不等的润湿，但水仍附着在衬砌的内表面；“滴”是指水滴间断地脱离衬砌落入隧道，有时连续出水，也称为滴水成线；“淌”是指漏水现象在边墙的反映，水顺边墙内侧连续流淌而下；“涌”是指有一定压力的水外冒。以上四种漏水现象，其出露部位与水量的不同，会对隧道产生不同的危害：

(1) 会使电绝缘失效，发生短路、跳闸等事故，危及安全；

(2) 洞内空气潮湿，影响养护人员身体健康，使洞内设备锈蚀；

(3) 混凝土衬砌风化、腐蚀、剥落，造成衬砌结构破坏；

(4) 涌水病害造成衬砌破坏，隧底积水造成道路基底被软化或掏空，使路基翻浆冒泥或下沉开裂，中断行车；

(5) 有冻害地段的隧道漏水会造成衬砌挂冰侵限和冻融破坏。

2. 衬砌周围积水

衬砌周围积水主要是指运营隧道中地表水或地下水向隧道周围渗流汇集，不能迅速排走而引起的病害，主要包括：

(1) 水压较大时会导致衬砌破裂；

(2) 使原来完好的围岩及围岩的结构面软弱夹层因浸水而软化或泥化，失去承载力，对衬砌压力增大而导致衬砌破裂；

(3) 使膨胀性围岩体积膨胀，导致衬砌破坏；

(4) 在寒冷地区发生冰胀和围岩冻胀，导致衬砌快速破坏。

3. 潜流冲刷

潜流冲刷主要是指由于地下水渗流和流动而产生的冲刷和溶蚀作用，其危害有：

(1) 衬砌基础下沉，边墙开裂或者仰拱、整体道床下沉开裂；

(2) 围岩滑移错动导致衬砌变形开裂；

(3) 对超挖回填不密实或未全部回填者，引起围岩坍塌，导致衬砌破坏；

(4) 侵蚀性水对衬砌的侵蚀破坏。

12.3.2　水害产生的原因

水害产生的原因有很多，可以归纳为以下几种。

1. 勘测与设计方面

由于隧道是修建在地下的结构物，而地下工程地质和水文地质情况非常复杂，很难勘察得一清二楚，因此，在防水设计之前，设计人员对工程地质和水文地质情况不能全面了解，对衬砌周围地下水源、水量、流向及水质情况掌握不准；另外，在隧道修建前后由于各种因素影响，隧址处的水文地质情况会发生一些改变；而且，有时还缺乏反映防水材料性能的室内试验数据，对结构抗渗、抗腐蚀未做具体要求等。以上因素导致隧道的防排水设计很难在其使用期内完全满足防排水的要求，从而导致产生水害。

2. 施工方面

施工方面的原因有：

(1) 许多隧道施工中由于光面爆破效果不佳，喷射混凝土表面不平整，加上防水板接缝焊缝不均匀、不牢固，使防水板很容易产生空鼓开裂；

(2) 局部超挖过量，回填不好不实使塑料防水板无法发挥其防水性能；

(3) 锚杆孔眼和衬砌悬挂设备孔眼的防水处理不够好；

(4) 为了追求施工速度，忽视二次衬砌质量，造成混凝土内部有空隙、衬砌表面粗糙等；

(5) 排水设施不按施工规范要求操作。

以上因素均会导致地下水丰富地区的隧道产生严重的渗漏水。

3. 材料方面

如所选用防水材料达不到国家质量标准，会导致隧道的渗漏水病害。

4. 监理与验收方面

施工中，监理工程师对防水材料的选择和使用、铺设基层的处理和铺设工艺等进行跟踪检查不够严格；另外，竣工后，管理单位缺乏检验手段，有时又接近运营期限，往往对交验前的渗水情况缺乏进一步查验，这都导致运营后渗漏水现象严重。

5. 匹配方面

防水技术的匹配是指防水设计、防水材料和防水施工工艺与防水工程应相适应。防水施工不外乎喷射、涂刷、抹压、注浆和粘贴等，防水材料可分为沥青、橡胶、塑料、水泥及聚合物等。不论采用何种施工工艺和材料，都有与建筑物基面的接触问题。因此，防水效果的一个关键是防水层与基面的黏结和适应问题。

12.3.3　水害的整治措施

隧道水害要进行综合整治，需设计、施工和运营三阶段配合治理。首先，设计人员要重视建筑和结构上的防排水要求，了解工程地质和水文地质，摸清围岩地下水源、水量、流向和水质等情况，及时采用新技术、新材料和新防水施工措施；其次，施工阶段水害治理得好，就会减轻运营中养护维修的任务，否则会留下隐患，加重运营阶段的水害。整治隧道水害要以一座隧道或以相当长的一段隧道为研究对象，不应只考虑病害点，而应把洞内洞外、山上山下及有病害与无病害的区段一起分析，从而做出全面的整治规划。

隧道治水的原则与防排水相同，均为“防、排、截、堵结合，因地制宜，综合治理”。

1. 排水设施

运营中在衬砌外设置排水设施，难度较大，常用的做法有以下几种。

(1) 岩石暗槽，即适用于围岩稳定、水流清澈、不含泥沙的地段，一般沿主要含水裂隙走向开凿。

(2) 盲沟，主要适用于以下情况：①浅埋隧道地表潮湿、有积水，无法以地表排水疏干时；②衬砌背后有集中地下水出露；③有水地段但无明显的集中出水位置，应间隔2～5m设置竖向盲沟，并与纵向盲沟相连；④衬砌的伸缩缝、沉降缝和断面变化处设置竖向盲沟。

(3) 围岩排水钻孔，即在衬砌背后的岩体内布置一排或多排钻孔，使之形成一个或多个集渗幕，用以疏干围岩。可利用辅助坑道或将避车洞延伸而将集渗幕设在岩体内。一般用于IV级以上围岩，如用于IV级以下围岩，宜在孔内设过滤器，以防塌孔或淤塞。

(4) 排水沟，即纵向排水沟一般设在隧道两侧或地下水来源侧，也可设在隧道中心。当隧道纵向排水沟只设在一侧或位于中心时，需用横向排水沟作导引排水，即将盲沟汇集的水引入纵向排水沟排出。

在衬砌内设置排水设施，其主要优点是可以不开凿衬砌，工程量小，施工简单；但缺点是不易对准地下水露头位置，疏干围岩范围小，在冬季发生冰冻的地段不能采用。

在衬砌内设置排水设施主要有三种形式：

(1) 引水管，即主要用于衬砌湿痕或背后积水较高位置的引水，一般采用铁管、胶管、硬塑管和竹管，将其固定在拱墙内表面。

(2) 泄水孔，即主要为排出衬砌背后积水，将水引入洞内排水沟。泄水孔位一般不高于水沟盖板或人行道，否则应作引水管或引水暗槽。

(3) 引水暗槽，即衬砌凿出小槽，表面用砂浆封闭，将多个泄水孔的水引入一个槽中排入水沟内。暗槽以竖槽为主，严禁采用纵向水平的暗槽。

2. 堵水措施

对某些隧道衬砌的渗漏水，除采用排水措施外，还可以用堵漏材料进行封堵。堵漏材料为能在几十秒或数分钟开始初凝的材料。堵漏材料品种繁多，常用的有以下两种：

(1) 无机高效防水粉，它是一种硬性无机胶凝材料，主要有“堵漏王”“堵漏停”“堵漏灵”“确保时”等。其终凝时间在2.5～6h，特点是无毒、无味、无污染、耐高温、抗低寒，可在潮湿结构上施工，并有较好的黏结性。

(2) 水泥类堵漏材料，主要有双快水泥、石膏-水泥材料和水泥-防水浆等堵漏材料。

防截水措施与防排水部分相同，可以参见第6章。

总之，隧道的水害治理是个完整的治水系统，要排、堵、截相结合，只有防、排、截、堵互相配合，相辅相成，共同发挥作用，才有可能根治水害。

12.4 衬砌裂损及其整治措施

12.4.1 衬砌裂损的类型

隧道衬砌裂损的类型主要有衬砌变形、衬砌移动和衬砌开裂三种。

1. 衬砌变形

衬砌变形有横向变形和纵向变形两种，主要是横向变形。衬砌横向变形是指衬砌由于受力而引起拱轴形状的改变，基本形态如表 12.4 所示。

表 12.4 隧道衬砌横向变形的基本形态

变形种类		变形形态示意		变形特征
		对称变形	非对称变形	
整体变形	竖向压扁	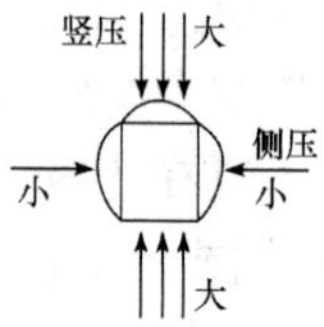	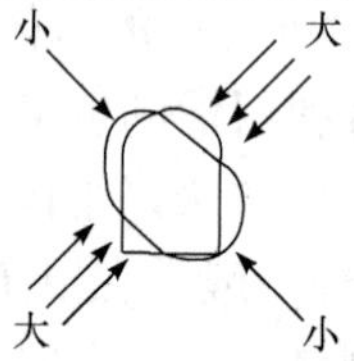	(1) 隧道内轮廓高度减小，宽度增大； (2) 非对称变形也称为斜向偏压； (3) 也可能出现部位对称、变形大小不等的情形
	横向压扁	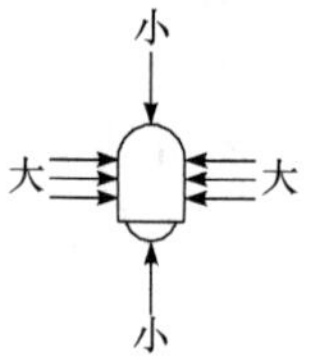	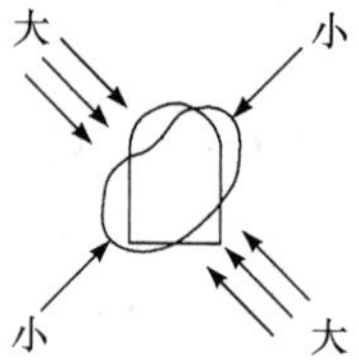	(1) 隧道内轮廓高度增大，宽度减小； (2) 非对称变形也称为斜向偏压； (3) 也可能出现部位对称、变形大小不等的情形
局部变形	拱顶下弯、仰拱上拱、边墙内鼓	围岩侧(外) 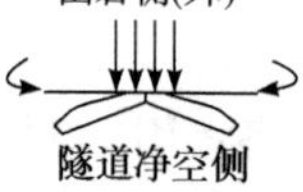 隧道净空侧(内)(上下或左右成对出现)	只发生在一侧，如左墙腰或左拱腰出现，右墙腰、右拱腰没出现等。如左、右或上、下相对变形范围相同，但变形大小不相等。属于变形部位对称，变形区不等	(1) 隧道内净高或净宽变小； (2) 除拱顶墙腰外，其他部位都可能发生
	拱顶上拱、仰拱下弯、边墙外鼓	围岩侧(外) 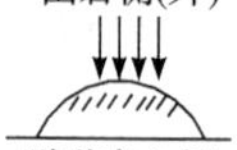 隧道净空侧(内)(上下或左右成对出现)		(1) 隧道内净高或净宽变大； (2) 除拱顶墙腰外，其他部位都可能发生

2. 衬砌移动

衬砌移动是指衬砌的整体或一部分出现转动(倾斜)平移和下沉(或上抬)等变化，也有纵向移动与横向移动之分，其基本形态如表 12.5 及表 12.6 所示。对于大多数已发生裂损的衬砌，纵向移动与横向移动常同时出现。

表 12.5 隧道衬砌纵向移动的基本形态

移动种类	移动形态示意	移动特征
节段转动	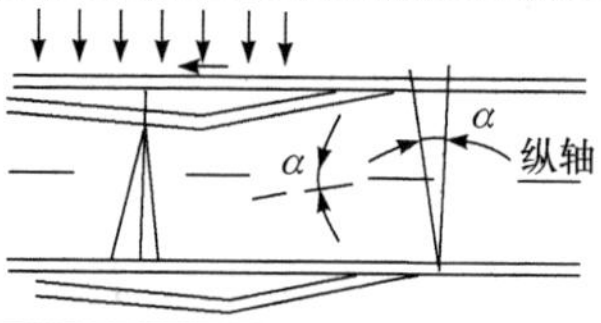	(1) 隧道纵轴发生 α 角； (2) 节段竖接缝出现 ∨ 形或 ∧ 形(上、下宽度不等)

续表

移动种类	移动形态示意	移动特征
节段平移	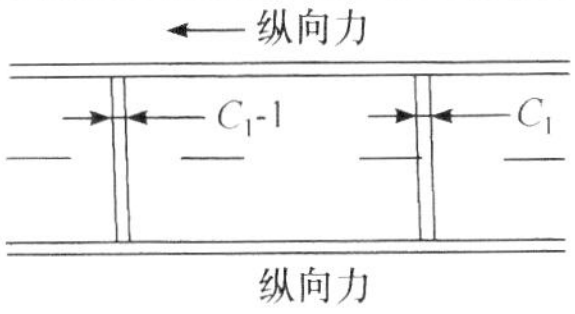	(1) 隧道纵轴不发生转动； (2) 节段竖接缝变宽，但上下变化量相等； (3) C_1 与 C_1-1 可能不等
节段下沉(或节段上抬)	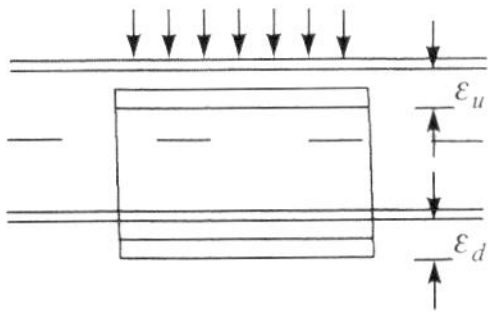	(1) 隧道纵轴不发生转动； (2) 节段竖接缝未必改变； (3) 当 $\varepsilon_u \neq \varepsilon_d$ 时，说明隧道有变形

表 12.6 隧道衬砌横向移动的基本形态

移动种类		移动形态示意	移动特征
整体移动	转动	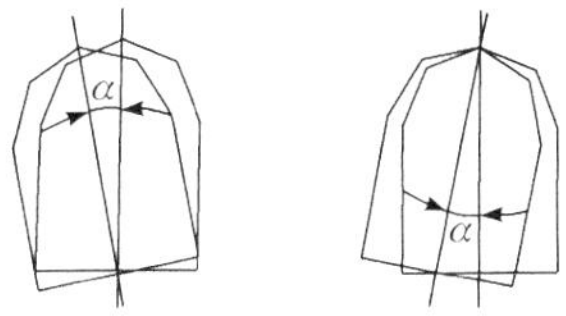	(1) 隧道竖轴产生移动； (2) 转动中心可能出现在不定的高度； (3) 移动方向视围岩岩体的变形和移动情形而定
	平移	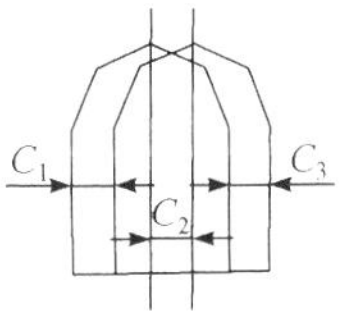	(1) 隧道竖轴产生平移； (2) C_1=C_2=C_3，否则 C_1 或 C_2 既有变形又有平移； (3) C_2 在不同高度应相等，否则 C_2 应同时含有转动影响
	上抬或下沉	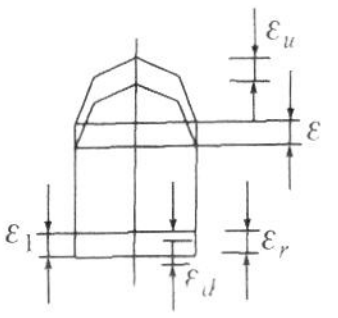	(1) 隧道横轴产生垂直位移； (2) ε_1=ε_r=ε_u=ε_d=ε，否则均含有转动和衬砌变形影响； (3) ε 沿横轴处处相等，否则隧道同时发生转动
局部移动	转动	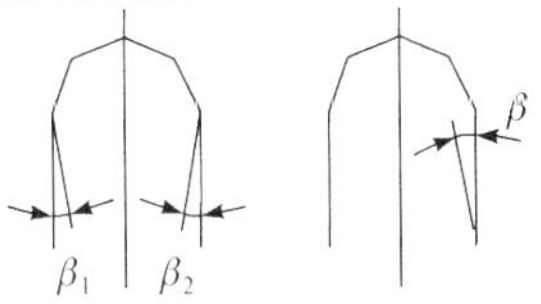	(1) 隧道竖轴不动，仅衬砌部分(半侧拱墙)发生转动； (2) β 指不包括拱轴变形的影响(如边墙的倾斜角)； (3) 既可能在一侧发生，也可能在两侧发生
	平移	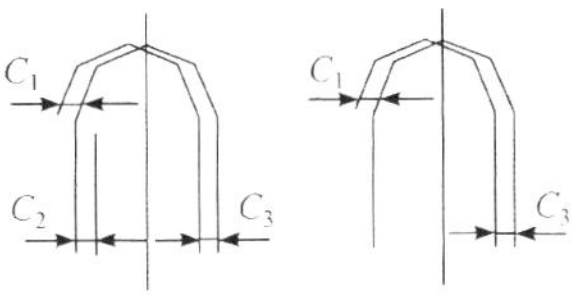	(1) 隧道竖向无转动； (2) 拱部发生平移，或墙体单独平移，或者两者兼有； (3) C_1、C_2、C_3 各值未必都相等
	上抬或下沉	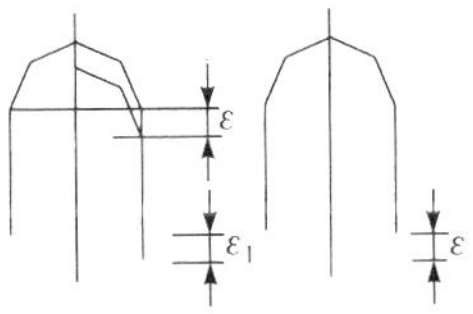	(1) 隧道横轴不动，仅衬砌一部分(半侧拱墙)发生垂直位移； (2) 当 ε_1=ε 时，墙身有变形或裂缝

3. 衬砌开裂

衬砌开裂是指衬砌表面出现裂纹(或龟裂)和裂缝(宽度较大)或贯通衬砌全部厚度的裂纹的总称，其为衬砌变形的结果。衬砌开裂包括张裂、压溃和错台三种。

1) 张裂

弯曲受拉和偏心受拉引起的裂损，其特征是裂纹、裂面与应力方向正交，缝宽由表及里逐渐变窄，如图 12.4 所示。对于衬砌裂损，应做好观测和记录工作，明确表示发生裂损的部位和裂损程度。通常用下列要素来描述衬砌张裂情况：

(1) 裂损部位，即将衬砌划分为左右拱圈、左右边墙及仰拱五个部分，再将每个部分依其内缘周长划分为四等份，即把衬砌断面分为 20 个部位，如图 12.3 所示。

(2) 裂缝宽度 δ，即 δ 值在缝口处沿垂直裂面方向量取，如图 12.4 所示。按裂缝宽度的大小可分为四个等级：$\delta\leqslant0.3$mm 为毛裂缝；0.3mm$<\delta\leqslant2.0$mm 为小裂缝；2.0mm$<\delta\leqslant20$mm 为中裂缝；$\delta>20$mm 为大裂缝。

(3) 裂缝错距，即当衬砌出现错牙状裂缝时用裂缝错距表示，如图 12.5 所示。沿裂缝垂直方向量取的 ε 值称为垂直错距；沿裂缝水平方向量取的 c 值称为水平错距。根据错距的大小分为三个级别，如表 12.7 所示。

(4) 裂缝间距，即走向大致相同的两条相邻裂缝之间的距离称为裂缝间距，它用来描述衬砌的破损程度。一般采取每节段或节段中的某一部位(如左半拱、右边墙、仰拱等)为单位来分析，有时会出现某一节段同时有若干组(走向大致平行者为一组)裂缝，此时应说明裂缝的组数及各组裂缝的平均间距值。

(5) 裂缝密度，即裂缝总面积(各裂缝长度与裂缝宽度乘积的综合)与所分析的节段或节段某一部分衬砌表面积之比，用此比值的百分数来表示衬砌裂损的程度。

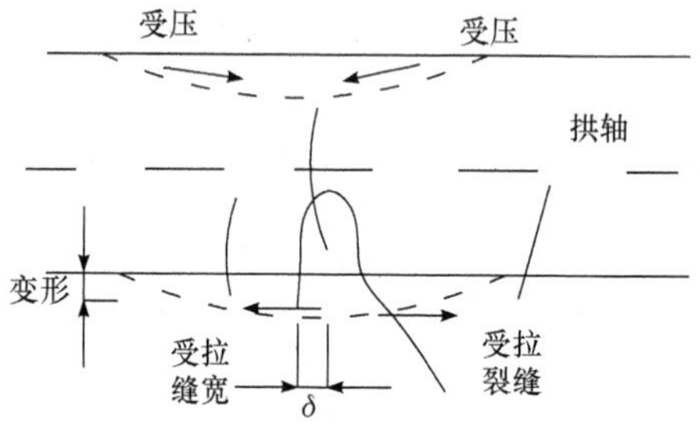

图 12.4　衬砌张裂

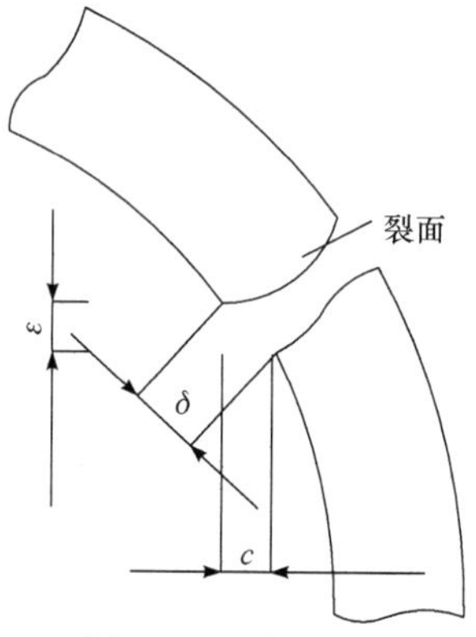

图 12.5　裂缝错距

表 12.7　裂缝错距分类　　(单位：mm)

错距分类	垂直错距 ε	水平错距 c
小错距	$\leqslant2$	$\leqslant2$
中错距	2～20	2～20
大错距	$\geqslant20$	$\geqslant20$

2) 压溃

压溃指弯曲或偏心受压引起的衬砌裂损。裂纹边缘呈压碎状，严重时受压区表面产生鱼鳞状碎片(中间厚、四周薄)剥落掉块等现象，如图 12.6 所示。

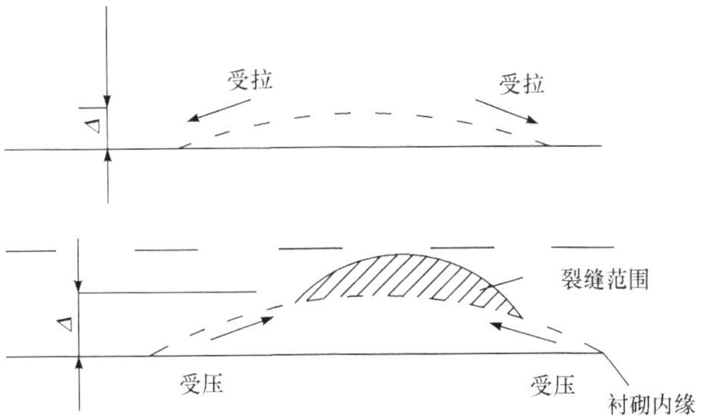

图 12.6 衬砌压溃

3) 错台

由剪切力引起的裂缝，裂缝宽度在表面至深处大致相同，衬砌在裂缝两侧沿剪切方向有错动，即形成错台，如图 12.7 所示。

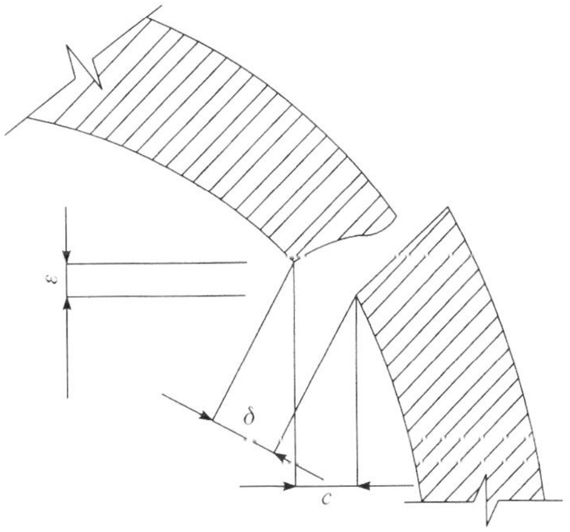

图 12.7 衬砌错台

12.4.2 衬砌裂损的特点

1. 裂损的自然发展过程

衬砌结构受力(轻微变形、移动)→局部出现少量裂纹(变形范围、变形量增大，移动部位、移动量增大)→裂纹宽度、密度增大，隧道净空变小(严重变形，移动显著增大)→隧道净空严重缩小、衬砌破碎、失去承载能力→局部掉块、失稳甚至拱坍墙倒。

2. 裂损发展的主要规律

衬砌的裂损发展一般有缓慢变化、急剧变化和相对稳定等三个不同阶段，往往呈交替周期性出现，主要表现如下：

(1) 节段衬砌没成环之前出现的裂损，在成环之后可能渐趋稳定。

(2) 由于衬砌背后回填不及时造成的裂损，在回填之后可能渐趋稳定。

(3) 因拆模过早造成的裂损，待圬工强度提高后可能呈相对稳定。

(4) 由于围岩膨胀引起的裂损，当外荷载发生变化(如雨季地下水使围岩软弱夹层被软化而产生错动，季节冻融变化引起围岩冻胀与融沉，以及由于种种外因引起围岩变形、山体压力大小和分布发生变化等)可能使已稳定裂损重新发展，或使完好的衬砌发生裂损。

3. 裂损的分布特点

衬砌裂损的分布一般有以下特点。

(1) 按纵向节段分布，包括：①洞口与洞口段，特别是斜交洞门有偏压或边坡、仰坡不稳固的洞口段；②设有大型洞室的节段或各种洞室的接头处；③洞身穿过断层、构造破碎带、接触变质带、滑坡带等山体压力大且岩体不稳定的节段；④洞身穿过软弱围岩的节段；⑤偏压隧道没有采用加强衬砌或偏压衬砌的节段；⑥寒冷地区围岩有冻胀现象的节段；⑦衬砌实际厚度不足或圬工强度过低的节段；⑧施工中超挖过大没有回填或回填不密实及施工中发生大塌方的节段；⑨施工中已经发生裂损的节段。

(2) 按横断面分布，包括：①洞口附近及傍山隧道靠山侧裂损多，靠河侧少；靠山侧以拱腰、墙腰内缘张裂多，靠河侧墙顶压劈或墙脚张裂较多；②衬砌断面对称，实际荷载分布不对称引起的变形、移动和裂损的部位也不对称；③衬砌的变形、移动和裂损多沿施工期间出现过的裂缝和施工缝发展；④衬砌背后存在没有回填或回填不密实处易出现较大的移动和外鼓；⑤衬砌背后临时支撑未能全部拆除的，在支撑部位会出现较大的集中荷载，此处衬砌内缘易出现张裂和错台；⑥采用三心圆尖拱衬砌的隧道，易在拱腰墙腰产生内鼓开裂，拱顶内缘压碎；⑦由于各种原因(如塌方、拱架下沉、施工困难等)造成衬砌厚度不足，则此处衬砌容易发生变形和裂损。

12.4.3　衬砌裂损的整治措施

整治衬砌裂损病害，首先要消灭已有衬砌裂损带来的对结构及运营的一切危害，并防止加大裂损；其次是采取以稳固围岩为主，稳固围岩与加固衬砌相结合的综合治理措施。

1. 稳固围岩的工程措施

1) 治水稳固岩体

地下水的浸泡与活动对各种围岩的稳定性削弱最大。通过疏干围岩含水，采取治水措施是稳固岩体的根本措施之一。

2) 锚杆加固岩体

对较好的岩体(小于 V 级)，自衬砌内侧向围岩内打入一定数量和深度(3～5m)的锚杆，可以把不稳定的岩块固定在稳定的岩体上，提高破碎围岩的黏结力，形成一定厚度的承载拱；在水平层状的岩石中把数层岩层串联成一个组合梁，与衬砌共同承受外荷载。

因此，对松散破碎的岩体采用锚杆加固，不仅可以有效地控制岩体的变形、提高其稳定性，而且可以使岩体对衬砌的压力大小和分布形态产生有利的转化。

3) 注浆加固岩体

通过向破碎松动的岩体压入水泥浆液和其他化学浆液加固围岩疏散地下水对围岩的浸泡与渗入衬砌，使衬砌背后形成一个1～4m厚的人工固结圈，能有效地稳固岩体，防止地下水的侵入，甚至使作用在衬砌上的地层压力大小和分布形态产生有利的转化。

4) 支挡加固岩体

对靠山、沿河偏压隧道或滑坡地带，除治水稳固山体外，可采用支挡措施，如设支挡墙、锚固沉井、锚固钻(挖)孔桩等来预防山体失稳与滑坡，这些措施只能用于洞外整治。

5) 回填与换填

如果衬砌外围存在着各种大小的空隙(如超挖而没有回填等)，不仅使地层压力分布形态产生不利影响，而且使得衬砌结构失去周边的有力支撑，不能使衬砌的承载能力得到更大的发挥。此时要采取回填措施，用砂浆或混凝土将围岩空隙回填密实。

如隧底存在厚度不大且软弱不稳定的岩体或有不稳定的充填物，可采取换填办法处理。

2. 加固衬砌的工程措施

已裂损的衬砌一般均有相当大的支护潜力，可以充分利用，仅在没有加固条件与经济不合理的情况下，或者根据长远技术改造规划的要求，才宜采用更换衬砌的办法。

1) 压浆加固

(1) 圬工体内压浆加固。衬砌裂损发展非常缓慢或已稳定，可以进行圬工体内压浆，一般以压环氧树脂浆为主，并选择无水季节施工。

(2) 衬砌背后压浆加固。主要是针对衬砌的外鼓和整体侧移。在拱后压浆增加拱的约束可以起到提高衬砌刚度和稳定性的作用，一般可以局部应用，主要在发生外鼓变形的部位。如果一环衬砌同时存在外鼓与内鼓部位，首先采取临时措施控制内鼓继续变形，然后在外鼓变形的部位压浆加固之后，再对内鼓采取加锚措施，最后对全断面进行整体加固。

2) 嵌补加固

对已呈稳定暂不发展的裂缝，如果不能采取压浆加固者可以采取嵌补，即将裂缝修凿剔深，在缝口处用水泥砂浆、环氧树脂砂浆或环氧树脂混凝土进行嵌补。

对发展较快的裂损，为确保安全，可以采取钢拱架临时加固。只加固拱部时用上部拱架加固，拱架脚可以嵌入墙顶或支撑于埋在墙顶的“牛腿”上，并加纵向连接。如要全断面加固，则可用长腿钢拱架。无论哪一种拱架，均采用多段组合安装，安装完毕后应尽量使铰接点变成刚性节点(1个断面内铰接点不应多于3个)。为了考虑纵向抗弯能力，支撑纵向应加强连接。如果隧道内部净空条件不足，钢拱架可以嵌入被加固的圬工体内一部分(或全部)，并在钢拱架之间再加纵向连接，然后灌注混凝土做成薄套拱形，如图12.8所示。但此法在衬砌厚度太薄或衬砌严重破损碎裂时不能采用。

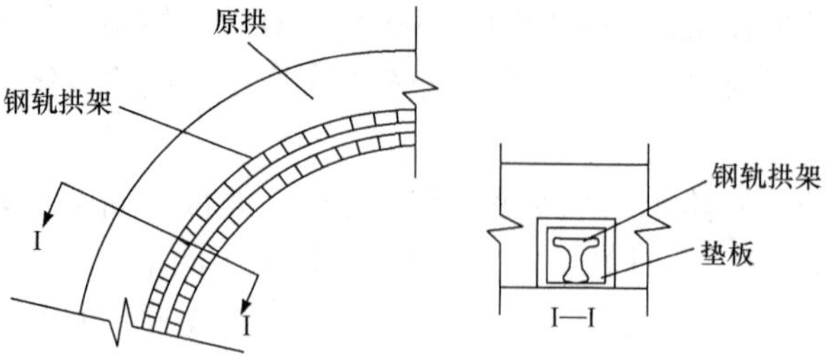

图 12.8　嵌补加固

3) 喷锚加固

裂损衬砌的内鼓变形和向内移动的裂损部位，采用(预应力)锚杆加固岩体(图 12.9)是有效的。此时锚杆既可沿内缘裂纹的走向两边布置，进行局部加固，也可按全断面加固，将衬砌与岩体嵌固在一起，形成一个均匀压缩带，以增强围岩的稳定性，提高支护结构的承载能力。采用此法时，应查清衬砌厚度、背后超挖回填及围岩整体性状况。锚杆的设置应在衬砌背后压浆 2 周后进行，锚杆的锚固段应设在稳定围岩中。对于衬砌上的裂缝，应及时嵌填。

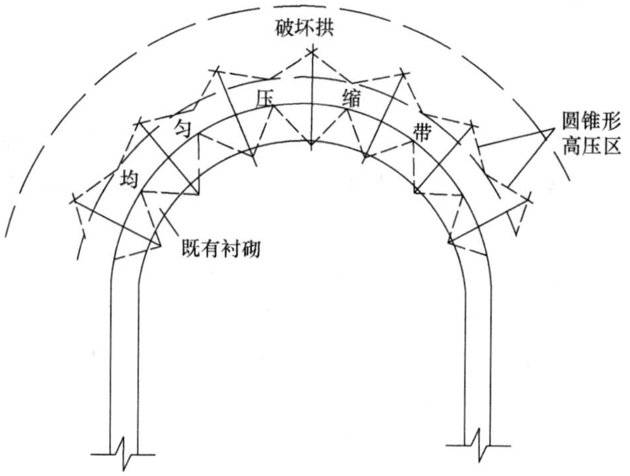

图 12.9　喷锚加固

喷射混凝土可以使所有已裂损的圬工块体紧密结合，阻止这些块体的松动，同时在喷射压力作用下嵌入裂缝内一定深度，使裂缝重新闭合，增强裂损(包括原有施工缝)衬砌的整体性，在较大幅度上提高裂损衬砌的承载能力，达到加固的目的。必要时也可以在喷层加入钢筋网用于防止收缩裂纹，提高加固结构的整体性和抗振、抗冲切能力。

4) 套拱加固

如果混凝土质量差，厚度不够，或受侵蚀，掉块剥落严重，并且拱顶净空有富余时，可对衬砌拱部加筑套拱(图 12.10)或全断面加筑套拱(图 12.11)。如果隧道内净空条件不足，可以采取卧底加套拱的办法。

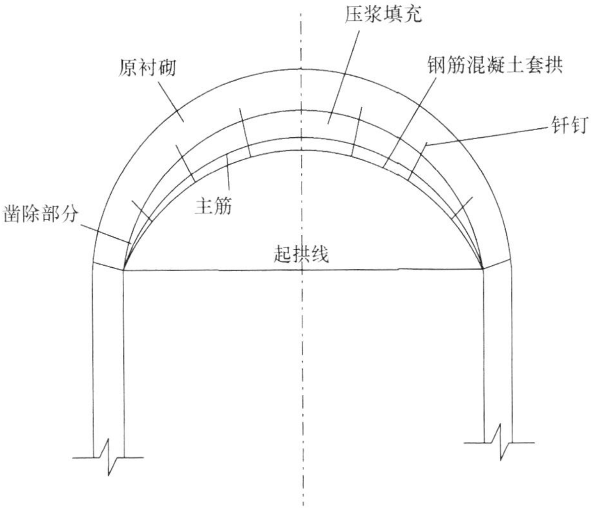

图 12.10 拱部加筑套拱图

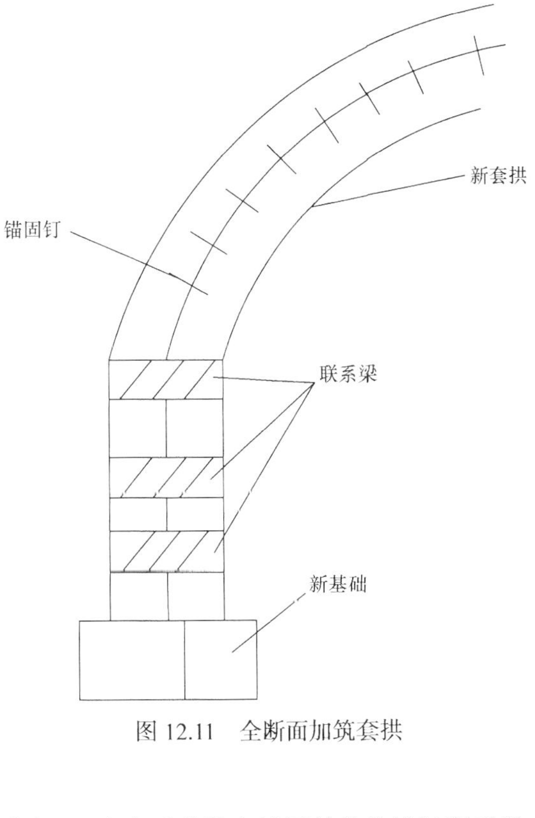

图 12.11 全断面加筑套拱

5) 更换衬砌

当拱部衬砌破坏严重，已丧失承载能力且用其他整治补强手段难以保证结构稳定，或者衬砌严重侵入限界，采用其他整治措施有困难时，可以采用全拱更换，彻底根除病害。

6) 其他加固手段

当仅有墙脚内移而不下沉或隧底岩土隆起时，可在墙基处增设混凝土支撑以扩大基础，如图 12.12 所示。

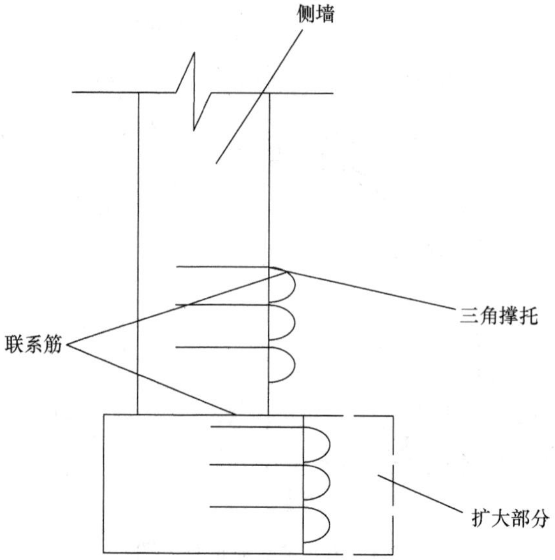

图 12.12 增设混凝土支撑

当隧底围岩软弱下沉或隧底填充上鼓时，可加设仰拱，如图 12.13 所示。边墙基底软弱，可将墙基延伸至坚实稳固的岩层或增设仰拱；若隧底或墙基下为溶洞或其他洞穴而引起衬砌结构开裂，可加设钢筋混凝土托梁，使墙基与路面结构设于钢筋混凝土托梁上。

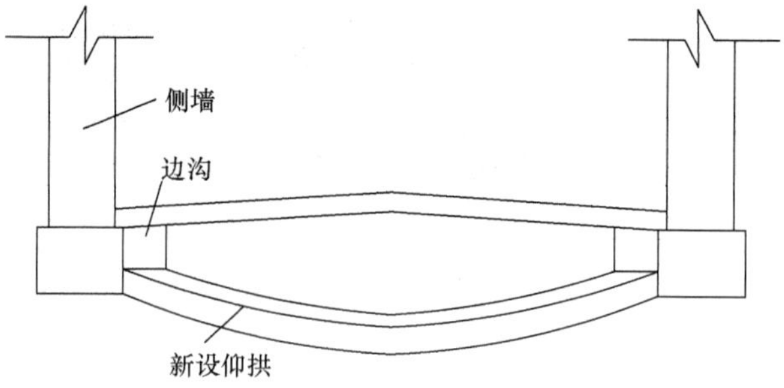

图 12.13 仰拱

12.5 衬砌侵蚀及其整治措施

12.5.1 衬砌侵蚀的种类及危害

隧道内金属构件的锈蚀、混凝土衬砌的侵蚀破坏，都属于腐蚀病害。一般来说混凝土具有较好的耐久性、耐腐蚀性和较高的强度。但是，一旦地下水侵入，衬砌受到侵蚀介质经常性的作用，就会出现起毛、疏松、蜂窝麻面、起鼓剥落、孔洞露石和骨料分离等材质破坏，导致材料强度降低，衬砌厚度变薄，渗、漏水严重，降低其使用寿命。隧道内混凝土衬砌的腐蚀按其种类不同，可分为水蚀、烟蚀、冻蚀及骨料溶胀等。

1. 水蚀

水蚀主要指衬砌受到地下水的作用而产生的腐蚀，一般发生在隧道的拱部、边墙、仰拱、排水沟和电缆槽等部位。

(1) 溶出型侵蚀：主要是指水泥中的生成物被水分解、溶蚀造成的侵蚀，表现为外观尚完善，常有白色沉淀物，内呈多孔状，强度较低。

(2) 硫酸盐侵蚀：主要是指环境水中含有的硫酸根离子对混凝土的侵蚀。

(3) 镁盐和氨化物的侵蚀。

2. 烟蚀

烟蚀主要是指隧道内“烟雾”对衬砌混凝土产生的侵蚀，分为化学性侵蚀和机械性侵蚀。

3. 冻蚀

冻蚀是指在严寒地区的隧道，混凝土衬砌由于冻融交替产生的侵蚀。

4. 骨料溶胀

骨料溶胀指衬砌混凝土中的骨料含有遇水溶解和膨胀的材料而造成对衬砌的侵蚀。

12.5.2 衬砌侵蚀的整治措施

1. 防侵蚀原则

在各类侵蚀病害中，除了烟的机械侵蚀，水是主要的致害媒介，因此防蚀必先治水。凡具有煤系地层、含硫化矿地层、含石膏地层、含盐地层、淤泥泥炭地层、盐渍土、盐田、海水及其渗入范围等地理条件的地区，可能产生环境水对混凝土的侵蚀破坏，应予注意。

根据相关规范，环境水对混凝土侵蚀类型及侵蚀程度的判定如表12.8所示。

表12.8 环境水对混凝土侵蚀分类表

序号	侵蚀类型	环境条件特征		判定项目	侵蚀程度		
		地质条件	水质pH		弱侵蚀	中等侵蚀	强侵蚀
1	硫酸盐侵蚀	石膏地层	7.0～8.0	SO_4^{2-}浓度/(mg/L)	500～1000	1001～2000	>2000
		含盐地层	7.5～9.0		1000～2000	2001～4000	>4000
2	镁盐侵蚀	含镁盐渍土、盐湖、盐田、海水	8.0～10.0	Mg^{2+}浓度/(mg/L)	1000～3000	3001～7500	>7500
3	盐类结晶侵蚀	干旱地区盐渍土、碱土、滨海平原盐渍土	10.0～12.0	溶解盐类浓度/(g/L)	10～15	16～30	>30
4	硫酸型酸性侵蚀	煤系地层、黑色岩层、有色金属矿田、矿脉	1.5～6.5	pH	6.5～6.1	6.0～5.0	<4.5
				SO_4^{2-}浓度/(mg/L)	≤250	251～1000	>1000
5	溶出型侵蚀(含碳酸型侵蚀)	富含有机质的淤泥和土壤、低矿化度河水和地下水	5.0～6.5	pH	6.5～6.1	6.0～5.0	—
				HCO_3^-浓度/(mol/L)	1.5～0.7	<0.7	—

环境水对混凝土和水泥砂浆的侵蚀作用主要可归纳为三种：溶出性侵蚀(即非结晶性

侵蚀)、结晶性侵蚀和复合性侵蚀(溶出性和结晶性两种侵蚀同时作用或交替作用)。

对于溶出性侵蚀，只要能解决衬砌的渗、漏水问题，彻底治理好水，就能达到防蚀的目的。对于结晶性侵蚀，由于侵蚀是因水泥中的化合物与水作用后的新生成物或水中盐类介质析出结晶，发生体积膨胀而导致材料破坏，而析出结晶的条件是混凝土中的干湿变化，干湿变化越频繁，侵蚀速度越快。因此，对这类侵蚀，不仅要防渗漏，还要防止混凝土浸水，避免侵蚀水与混凝土发生作用，这就需要采用抗侵蚀混凝土修建衬砌或利用防蚀层来防止混凝土衬砌受到侵蚀。

2. 防侵蚀方法

1) 采用抗侵蚀混凝土

(1) 抗侵蚀水泥材料的选择。

抗硫酸盐水泥、火山灰质水泥具有较好的抗硫酸盐和抗海水腐蚀的能力；矾土水泥抵抗各种化学腐蚀的能力较强；火山灰质水泥对各种化学侵蚀介质也有较好的抵抗能力，价格又便宜，适合于在中、低侵蚀性介质中使用，但其抗冻性较差，使用时需加注意。为抵抗硫酸盐侵蚀，注浆与浇筑混凝土采用低碱高抗硫酸盐水泥为佳；运营维修、养护堵漏、抹面喷混凝土或砂浆，用双快水泥为佳。

(2) 采用外加剂。

外加剂的主要用法有：①掺用火山灰质的活性掺和料；②加入引气剂和减水剂；③使用提高混凝土密实性和抗渗性的外加剂。

2) 采用防蚀层

采用防蚀层是一种对混凝土表面进行处理的方法，各种耐腐蚀的材料铺设在衬砌混凝土的表面，使之成为一层防蚀层，这是提高衬砌抗腐蚀能力的常用方法。

(1) 防蚀层铺设面的确定。

防蚀层可以设在衬砌外面，也可以设在衬砌里面。对于隧道衬砌，一般采用防蚀层与防水层合二为一，在衬砌外面铺设。

(2) 制作防蚀层。

防蚀层按其成型工艺有注浆、抹面、喷涂(喷射混凝土和喷涂料)和块材镶嵌等。

(3) 伸缩缝、变形缝防蚀。

当隧道衬砌的沉降缝、伸缩缝发生腐蚀病害，一般可在病害发生处作衬砌背后排水盲沟把水排走。如果采用防水措施，可用油膏和胶油嵌缝，缝口再用氯丁橡胶黏合剂粘贴氯丁橡胶，用开卸式塑料止水带或软的聚氯乙烯板条封口。如果施工缝发生腐蚀，可用聚氨酯压浆防水，同时兼有防蚀作用，或预留凹槽，用硫黄胶泥腻缝。

(4) 已腐蚀衬砌的加固与翻修。

一般的措施有抹补、浇补和镶补等。

12.6　隧道冻害及其整治措施

隧道冻害会导致衬砌冻胀开裂，以致疏松剥落，造成隧道衬砌结构的失稳破坏，降低衬砌结构的安全可靠性，严重影响运输的安全和隧道正常使用。同时，由于我国幅员辽阔，冻土地区分布广泛(其中多年冻土占整个陆地面积的1/5)，不可避免地会在寒冷地区修建隧道，因此防治与整治隧道冻害是十分必要的。

1. 冻害的种类及其危害

1) 冰柱、冰溜子

渗漏的地下水通过混凝土裂缝逐渐渗出，在渗出点出口处受低温影响积成冰柱，尤其在施工接缝处渗水点多，结晶明显，累积十至几十厘米厚的冰溜子(又称为挂冰)。如不清理，冰溜子越积越大，会侵入建筑限界，危及行车安全。

拱部渗漏会逐渐形成冰柱子(冰葫芦)，一般地区仅仅影响限界。在电气化牵引铁路隧道区段，冰柱子下垂，挂在接触网高压电线上会造成短路，坠断电线造成放电、跳闸，严重时危及人身安全。

2) 衬砌发生冰楔

隧道砌筑在围岩良好地段，且衬砌壁后有空隙，渗透岩层的地下水在排水不通畅时积在衬砌与壁后围岩间，结冰冻胀产生冰冻压力，传递给衬砌。经缓慢发展，常年积累的冰冻压力像楔子一样使衬砌发生破碎、断裂和掉块等现象。

隧道修筑在不良地质地段的围岩(V、VI级围岩及破碎花岗岩、砂岩)地段，如果围岩层面及结构内含水多，则冬季就容易发生冻胀破坏。

(1) 隧道拱部衬砌发生变形与开裂。

当拱部受冻害影响时，拱顶下沉内层开裂，衬砌开裂严重时尚有错牙发生，拱脚变形移动。冻融时又有恢复(留有残余裂缝)，如此多次循环会危及结构安全。

(2) 隧道边墙变形严重。

边墙壁后排水不畅，积水成冰，产生冻胀压力，造成拱脚不动墙顶内移，有的是墙顶不动墙中发生内鼓现象，也有墙顶内移致使多段断裂。

(3) 隧道内线路冻害。

道路结构下部无排水设施，在地下水丰富地区，水在冬季就冻结，路面隆起。因水沟处保温不好，与线路一样有冻结，这样水沟全长也会高低不平。冻融会使线路和路面翻浆冒泥，水沟断裂破坏。水沟破坏后排水困难，渗入线路又加大了线路冻害范围。

(4) 衬砌材料冻融破坏。

隧道混凝土设计标号较低，抗渗性差，在地下水丰富地区，水会渗入混凝土内部。到冬季，水在混凝土结构内冻结膨胀产生冻胀压力，长年冻融循环使结构变酥，强度降低，造成冻融破坏。洞口段冻融变化大，衬砌除结构内因含水受冻害外，还受岩体冻胀压力传递等破坏，会促使衬砌发生纵向和环向裂纹。

(5) 隧底冻胀和融沉。

对多年冻土隧道，隧底季节融化层内围岩若有冻胀性，而底部没有排水设备，每年必出现冻胀融沉交替，无铺底的线路很难维持正常状态；有时铺底和仰拱也发生隆起或下沉开裂。

2. 冻害的成因

1) 寒冷气温

隧道冻害与所在地区的气温(低于 0℃或正负交替)有直接关系。

2) 季节冻结圈

沿衬砌周围各最大冻结深度连成的一个圈称为季节冻结圈。衬砌周围超挖尺寸大小不等、超挖回填用料不当及回填密实不够产生积水，会形成冻结圈。

隧道的排水设备如埋在冻结圈内，冬季易发生冰塞。在冻结圈范围内的岩土，由于受强烈频繁的冻融破坏，风化破碎程度与日俱增，也是冻害成因之一。

3) 围岩岩性

冻结圈内冻土的分布情况决定了发生冻害的部位。若隧道围岩全是冻胀性土且均匀分布，则发生冻胀时沿衬砌外围对称均匀分布；如果冻胀性土与非冻胀性土成层状分布，就可能出现冻胀部位不对称和非均匀分布。

4) 隧道设计和施工

有的隧道在设计和施工时，对防冻问题没有考虑或考虑不周，造成衬砌防水能力不足、洞内排水设施埋深不够、治水措施不当，加上施工单位未按规范认真施工等，都会造成和加重运营阶段隧道的冻害。

3. 冻害的整治措施

严寒及寒冷地区隧道冻害的防治与整治，其基本措施是综合治水、更换土壤、保温防冻、防止融塌和结构加强等，可根据实际情况综合运用。

1) 综合治水

隧道冻害的根本原因就是围岩地下水的冻结，如果能将水排除在冻结圈以外，杜绝水进入冻结圈，就能达到防治冻害的目的，即综合治水是防治冻害的最基本措施。

为防治冻害而采取的治水措施主要是：消灭衬砌漏水缺陷，保证衬砌圬工不再充水受冻，同时加强结构层和接缝防水(所用防水材料要有一定的抗冻性)；对有冻害的路段，要设置防排水系统，不允许衬砌背后积水，并防止冻结圈外的地下水向冻结圈内迁移；衬砌背后空隙用砂浆回填密实；排水设施或排水沟应保证在任何季节、任何条件下不冻结，严寒地区可采用中心深埋泄水洞。

2) 更换土壤

更换或改造冻结圈内的围岩，将冻胀土变为非冻胀土，可达到防治冻害的目的。

更换土壤就是将强冻胀土(主要是细粒土)更换为透水性强的粗粒土。当允许保留总冻胀量不大于允许值的冻胀土时，换土厚度可取为冻深的 80%～90%；若充分发挥排水设施的作用时，换土厚度可为冻深的 70%。

把冻胀性土改造为非冻胀性土的方法主要有：向冻结圈内注入水泥浆液或其他化学浆液，使围岩固结而消除冻胀性；向冻结圈内注入憎水性填充材料，使之堵塞所有孔隙、裂隙，从而通过阻止土中水分迁移和聚冰作用来消除围岩冻胀。

3) 保温防冻

保温防冻就是通过控制温度，使围岩中的水分达不到冰点，达到防治冻害的目的，采用的类型主要有保温、降低水的冰点和供热。

(1) 在隧道内加筑保温层。

在消除隧道渗、漏水的基础上，隧道衬砌的内缘(或外缘)或双层衬砌之间加筑一层保温衬层，防止衬砌周围形成季节冻结圈，以消除冻害。所采用的保温材料主要有加气混凝土、泡沫混凝土、浮石混凝土和膨胀珍珠岩混凝土等，厚度一般20～40cm。保温衬层的四周应设防潮层，以避免受潮失效，而且不能与结构层共同受力。

(2) 降低水的冰点。

在对隧道局部范围的冻害进行临时处理时，可向围岩注入丙二醇、氯化钙和氯化钠等使水的冰点降低，从而降低围岩的起始冻结温度，达到防冻的目的。

(3) 供热防冻。

此法采用不多，一般只在紧急情况下使用，主要方法有红外线融冰、电热和锅炉采暖等。

4) 防止融塌

在洞内要防止基础融沉和隧底春融翻浆。前者可以将边墙加深至冻土上限以下或冻而不胀层，后者可加强底部排水，疏干底部围岩含水或采用换土法。两者只要能防止冬季冻胀，就可同时解决春季融沉问题。

5) 结构加强

结构加强是防治冻害不可缺少的措施和内容，对于因冻害而开裂的衬砌，应采取减轻冻害因素的措施。

结构加强的主要措施有：①加大侧向拱度，使拱轴线能更好地抵抗侧向冻胀；②增加拱部衬砌厚度，一般加厚10cm左右；③提高衬砌混凝土标号或采用钢筋混凝土；④隧底增设混凝土支撑。

思 考 题

1. 隧道工程病害的类型有哪些?
2. 隧道病害的原因有哪些?
3. 隧道档案应包括哪些内容?
4. 隧道水害的种类、产生原因及整治措施有哪些?
5. 隧道衬砌裂损的种类、分布特点及整治措施有哪些?
6. 隧道衬砌侵蚀的种类及整治措施有哪些?
7. 隧道冻害的种类、产生原因及整治措施有哪些?

主要参考文献

北京市规划委员会. 2013. 地铁设计规范[S]. GB 50157—2013. 北京：中国建筑工业出版社.

陈建芹，冯晓燕，魏怀，等. 2021. 中国水下隧道数据统计[J]. 隧道建设, 41(3): 483-518.

陈志敏，欧尔峰，马丽娜. 2014. 隧道及地下工程[M]. 北京：清华大学出版社.

国家铁路局. 2017. 铁路隧道设计规范[S]. TB 10003—2016. 北京：中国铁道出版社.

国家铁路局. 2010. 铁路隧道盾构法技术规程[S]. TB 10181—2017. 北京：中国铁道出版社.

洪开荣. 2019. 近 2 年我国隧道及地下工程发展与思考(2017—2018 年)[J]. 隧道建设(中英文), 39(5): 710-723.

交通运输部公路局，中交第一公路勘察设计研究院有限公司. 2014. 公路工程技术标准[S]. JTG B01—2014. 北京：人民交通出版社.

彭立敏，刘小兵. 2009. 隧道工程[M]. 长沙：中南大学出版社.

隋修志，高少强，王海彦. 2010. 隧道工程[M]. 北京：中国铁道出版社.

覃仁辉，王成. 2015. 隧道工程[M]. 重庆：重庆大学出版社.

田四明，王伟，巩江峰. 2021. 中国铁路隧道发展与展望(含截至2020年底中国铁路隧道统计数据)[J]. 隧道建设, 41(2): 308-325.

王道远. 2014. 隧道施工技术[M]. 北京：中国水利水电出版社.

王毅才. 2006. 隧道工程-上册[M]. 2 版. 北京：人民交通出版社.

王智远，张宏. 2014. 隧道工程[M]. 北京：人民交通出版社.

油新华，曲连峰，罗朝洪. 2020. 我国城市综合管廊的建设经验、问题与建议[J]. 隧道建设, 40(5): 621-628.

招商局重庆交通科研设计院. 2014a. 公路隧道照明设计细则[S]. JTG D70/2-01—2014. 北京：人民交通出版社.

招商局重庆交通科研设计院. 2014b. 公路隧道设计规范 第二册 交通工程与附属设施[S]. JTG D70/2—2014. 北京：人民交通出版社.

招商局重庆交通科研设计院. 2018. 公路隧道设计规范 第一册 土建工程[S]. JTG 3370.1—2018. 北京：人民交通出版社.

中华人民共和国住房和城乡建设部. 2017. 盾构法隧道施工及验收规范[S]. GB 50446—2017. 北京：中国建筑工业出版社.

中交第一公路工程局有限公司. 2009. 公路隧道施工技术细则[S]. JTG/T F60—2009. 北京：人民交通出版社.

中交一公局集团有限公司. 2020. 公路隧道施工技术规范[S]. JTG/T 3660—2020. 北京：人民交通出版社.

中铁第一勘察设计院集团有限公司. 2016. 铁路路基设计规范[S]. TB 10001—2016. 北京：中国铁道出版社.

朱永全，宋玉香. 2015. 隧道工程[M]. 北京：中国铁道出版社.

Zhao Y, Li P F. 2018. A statistical analysis of China’s traffic tunnel development data[J]. Engineering, 4: 3-5.